U0052838

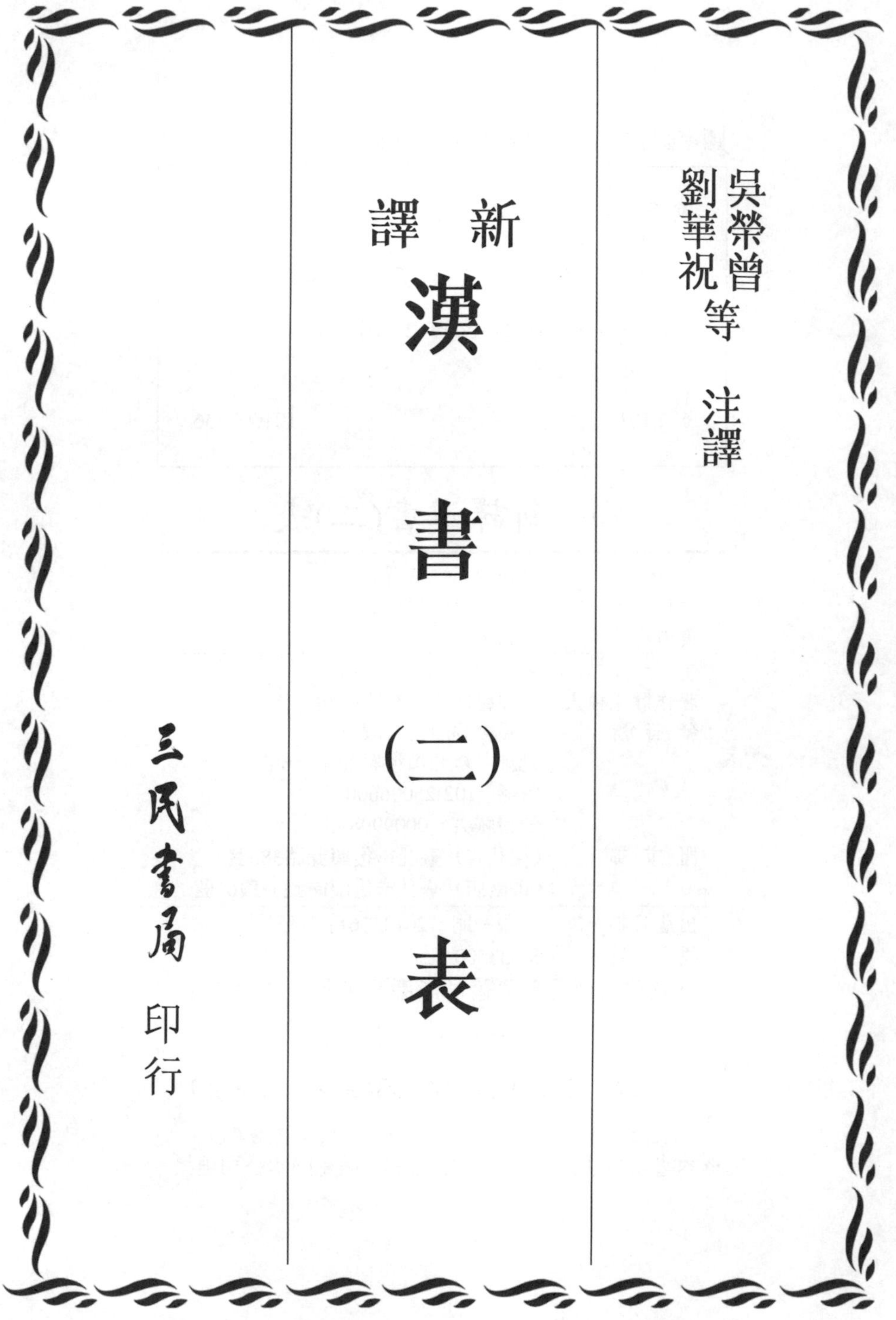

吳榮曾
劉華祝 等 注譯

新譯漢書(二)表

三民書局 印行

國家圖書館出版品預行編目資料

新譯漢書(二)表／吳榮曾,劉華祝等注譯.－－初版一刷.－－臺北市: 三民, 2013
面； 公分.－－(古籍今注新譯叢書)

ISBN 978-957-14-5649-2 (平裝)

1.漢書 2.注釋

622.101 101003236

© 新譯漢書(二)表

注譯者	吳榮曾 劉華祝等
責任編輯	三民古籍編輯小組
美術設計	陳宛琳
發行人	劉振強
著作財產權人	三民書局股份有限公司
發行所	三民書局股份有限公司
	地址 臺北市復興北路386號
	電話 (02)25006600
	郵撥帳號 0009998-5
門市部	(復北店) 臺北市復興北路386號
	(重南店) 臺北市重慶南路一段61號
出版日期	初版一刷 2013年6月
編號	S 033500

行政院新聞局登記證局版臺業字第〇二〇〇號

ISBN 978-957-14-5649-2 (平裝)

http://www.sanmin.com.tw 三民網路書店

新譯漢書 目次

第二冊

卷十三

異姓諸侯王表第一

【題解】《漢書》八表，是從《史記》的「表」發展而來。《漢書》表與《史記》表有同有異。表與紀、傳，血脈相連。各表之序，表明旨要，值得注意。班固撰〈異姓諸侯王表〉，襲用了《史記》的〈秦楚之際月表〉及〈漢興以來諸侯王年表〉的內容，而略有修改。它以時間為經，以王國為緯，立了漢、楚、衡山……二十欄，分別記述了漢元年一月至文帝後元七年項羽所封十八王和劉邦所封異姓八王的置廢興亡。其中可以漢五年劉邦稱帝為分界線，分前、後兩部分。前一部分按月記事，後一部分按年記事，自漢五年至文帝後元七年長沙國除為止。

昔詩書述虞夏❶之際，舜禹受禪❷，積德累功，洽❸於百姓，攝位❹行政，考之于天❺，經數十年，然後在位。殷周❻之王，乃繇卨稷❼，修仁行義，歷十餘世，至于湯武❽，然後放殺❾。秦起襄公❿，章文、繆⓫，獻、孝、昭、嚴⓬，稍蠶食六國⓭，百有餘載，至始皇，乃并天下。以德若彼，用力如此其艱⓮難也。

秦既稱帝，患周之敗，以為起於處士橫議⑮，諸侯力爭，四夷交侵，以弱見⑯奪。於是削去五等⑰，墮城銷刃⑱，箝語燒書⑲，內鋤雄俊，外攘胡粵⑳，用壹威權㉑，為萬世安。然十餘年間，猛敵橫發乎不虞㉒，適戍彊於五伯㉓，閭閻偪於戎狄㉔，嚮應憯於謗議，奮臂威於甲兵㉕。鄉秦之禁㉖，適所以資豪桀而速自斃也。是以漢亡尺土之階㉗，繇一劍之任㉘，五載而成帝業㉙。書傳所記，未嘗有焉。何則？古世相革㉚，皆承聖王之列㉛，今漢獨收孤秦之弊㉜。鐫㉝金石者難為功，摧枯朽者易為力，其勢然也。故據漢受命㉞，譜十八王㉟，月而列之，天下一統，乃以年數㊱。訖于孝文㊲，異姓盡矣。

【章　旨】以上為〈異姓諸侯王表〉序，簡要地說明作此表的宗旨及其主要內容，是全篇總論。

【注　釋】❶虞夏　古代部族名。虞，即有虞氏，都於蒲阪（今山西永濟蒲州鎮）。其首領為舜。夏，即夏后氏，《帝王世紀》說：「禹受封為夏伯，在豫州方外之南，今河南陽翟是也。」陽翟，今河南禹州。曾多次遷都。夏王朝建立，曾長期都安邑（今山西夏縣西北）。❷䄠　古「禪」字。以帝位讓與人。❸洽　周遍。❹攝位　代理君主執政。❺考之于天　顏師古注：「考之于天，知已合天心不也。」楊樹達《漢書窺管》曰：「此當如《孟子・萬章篇》所云，謳歌訟獄以民意表之者耳。」❻殷周　指商和周兩個朝代。商朝又稱殷朝。❼乃繇卨稷　繇，通「由」。卨，即「契」。商代的始祖。稷，后稷，周代的始祖。❽湯武　指商周兩代的開國之君商湯、周武王。❾放殺　商湯流放夏朝的末代國君桀，周武王斬殺商朝的末代國王紂。❿秦起襄公　謂秦國自襄公時始躋身諸侯國行列。襄公，即秦襄公（西元前七七七－前七六六年在位）。他護送周平王東遷雒邑有功，被封為諸侯。⓫章文繆　謂秦國在文公、繆公時期開始壯大，在諸侯國中凸顯出來。章，通「彰」。顯著；

凸顯。文，秦文公（西元前七六五—前七一六年在位），襄公之子，曾戰勝戎狄，擴地至岐山以西。繆，秦繆公（西元前六五九—前六二一年在位），名任好，春秋五霸之一。繆，通「穆」。⑫獻孝昭嚴　獻，秦獻公（西元前三八四—前三六二年在位），名師隰，城櫟陽（今陝西臨潼北），使秦地擴張到黃河以西地區。孝，秦孝公（西元前三六一—前三三八年在位），名渠梁，獻公之子，任用商鞅變法，國富民強，奠定了秦統一六國的基礎。昭，秦昭襄王（西元前三〇六—前二五一年在位），名稷，又名則。在位期間攻略三晉及齊、楚等國，秦國的勢力進一步向外擴張。嚴，秦莊襄王（西元前二四九—前二四七年在位），名異人，後改名子楚，昭襄王之孫，秦始皇之父。因避漢明帝劉莊諱，改「莊」為「嚴」。⑬稍蠶食六國　逐漸地吞滅六國。稍，逐漸。蠶食，比喻像蠶吃桑葉一樣，逐步侵占。⑭囏　古「艱」字。⑮處士橫議　處士，不在朝做官的士人。橫議，肆意議論。⑯見　被。⑰五等　指周代的公、侯、伯、子、男五等爵。⑱墮城銷刃　墮城，毀壞城郭。秦始皇三十二年，下令毀壞原來諸侯國的城郭，決通各國之間用於防禦的溝壑堤防。墮，通「隳」。毀壞。銷刃，銷毀兵器。秦始皇二十六年，收聚天下的兵器，集中到咸陽，銷毀之後，鑄以為鐘鐻以及十二個銅人，重各千石。刃，指有鋒刃的兵器。⑲箝語燒書　皆秦始皇三十四年根據丞相李斯奏議而採取的專制政策。箝語，謂禁民私議或誹謗國家政令。箝，鉗制；禁閉。燒書，指焚燒《詩》、《書》、百家語，所不焚燒的只有秦國史書以及醫藥卜筮種樹之書。⑳攘胡粵　攘，打退；排斥。胡，指匈奴。粵，通「越」。指越族。㉑用壹威權　以此來使威風和權力全部集中在自己手裡。用，以。壹，統一。㉒橫發乎不虞　橫發，恣肆發生。橫，恣肆；放肆。不虞，意外；意料不及。虞，料度。㉓適戍彊於五伯　被謫發戍邊者的威力強過春秋五霸。適戍，古代將有罪的人遣送到遠方戍守，稱為謫戍。適，通「謫」。這裡指以陳勝、吳廣為首的九百名被謫發漁陽（今北京密雲西南）的人在大澤鄉（今安徽宿州東南劉村集）起義的事。五伯，指春秋時期出現的五個諸侯盟主，說法不一。一說指齊桓公、晉文公、秦穆公、楚莊王、宋襄公，一說指齊桓公、晉文公、楚莊王、吳闔閭、越句踐。伯，通「霸」。指諸侯盟主。㉔閭閻偪於戎狄　鄉民對秦的威脅比戎狄還嚴重。閭，里門。閻，里中門。陳勝、吳廣本為閭左貧民，故總言閭閻。偪，通「逼」。㉕嚮應憯於謗議二句　應劭注：「秦法，誹謗者族。今陳勝奮臂大呼，天下莫不嚮應，嚮應之害更憯烈於所謗議也。」憯，慘痛。謗議，誹謗的議論。㉖鄉秦之禁　過去秦朝的禁令。鄉，通「嚮」。往昔；過去。秦之禁，秦朝所禁止的事物，指墮城銷刃、箝語燒書之類。㉗漢亡尺土之階　漢高祖劉邦沒有一尺封土作為憑藉。亡，通「無」。階，憑藉。㉘繇一劍之任　憑藉一把劍。繇，通「由」。任，用；事。㉙五載而成帝業　西元前二〇六年劉邦被封為漢王，到西元前二〇二年稱帝，共五年。㉚革　改變；變革。㉛烈　功業。㉜弊　敗壞；凋敝。㉝鐫　雕刻。㉞據漢受命　以漢元年為起始的依據。據，根據；以……為據。漢受命，指劉邦被封為漢王。㉟譜十八王　應劭注：「項羽為西楚霸王，為天下主，命立十八王，王高祖於蜀漢。漢元年，諸王畢封各就國。始受命之元，故以冠表焉。」十八王，指項羽所分封的十八個異姓諸侯王。㊱月而列之三句　張晏注：「時天下未定，參錯變易，不可以年紀，故列其月。五年誅（項）籍，乃以年紀焉。」㊲孝文　漢文帝劉恆。諡號「文」。因漢代統治者重視孝道，故於諡號前皆冠以「孝」字（漢高祖除外）。

【語　譯】過去《詩經》、《尚書》記述虞、夏交替的時候，舜和禹接受禪讓，他們都是積累仁德和功業，使恩澤普及百姓，然後代理君主處理國政，接受上天的考驗，經過數十年，然後登上帝位。殷和周得以統治天下，是由於卨和稷修養推行仁德、正義，經歷十多代，分別到了商湯和周武王的時候，然後流放夏桀，殺死商紂王。秦國的興起始於襄公，文公、繆公時期更為章顯，到獻公、孝公、昭襄王、莊襄王，逐漸一步一步地吞滅六國，經過一百多年，到秦始皇，才兼併天下。憑著像他們那樣的道德，要實現對天下的統治，還要這樣艱難用力啊。

秦王已經做了皇帝，擔憂自己會像周朝一樣滅亡，認為周滅亡的原因在於處士肆意發表議論，諸侯以武力互相爭奪，四邊的外族交相侵犯，國家因此弱小而被奪去。於是秦取消了五等爵位，毀壞各國的城郭，銷毀民間的兵器，限制言論，焚燒《詩》、《書》，對內剷除雄才俊傑，對外驅除匈奴和越人，把一切權力集中在一人之手，以實現萬世的安寧。然而才十多年，勇猛的強敵出人意料地突然出現，謫發戍邊的起義軍強大超過春秋五霸，閭里百姓對秦的威脅比戎狄還嚴重，人們對起義軍的響應比誹謗議論的危害還慘痛，奮臂造反的起義軍的聲威超過了擁有武裝的軍隊。過去秦的禁令，恰好幫助反秦的豪傑加速秦自身的滅亡。因而漢高祖沒有一尺封土作為憑藉，僅憑著一把利劍，經過五年就完成帝業。古代書傳所記載的史事中，從來沒有過這種情況。為什麼呢？古時朝代的變革，都承受了聖王的功業，如今唯獨漢朝接收的是孤弱之秦朝的凋敝局面。雕刻金石者難以取得功效，摧毀枯草朽木者易於使力，這是它們各自的形勢造成的啊。因此以漢高祖承受天命為起始，編排記錄十八個異姓諸侯王，按月列出他們的大事，到漢朝統一天下之後，才按年記錄。一直到漢文帝時為止，這時異姓諸侯王都沒有了。

西元前206

漢❶	元年一月
楚❷	西楚霸王項籍始，為天下主，命立十八王。
分為衡山❸	王吳芮始，故番君⑳。
分為臨江❹	王共敖始，故楚柱國㉑。
分為九江❺	王英布始，故楚將。
趙 常山❻	王張耳始，故趙將。
分為代❼	廿七 王趙歇始，故趙王㉒。
齊 臨淄❽	王田都始，故齊將。
分為濟北❾	王田安始，故齊將。
分為膠東❿	二十 王田市始，故齊王㉓。
雍⓫ 分關中	王章邯始，故秦將。
塞⓬ 分關中	王司馬欣始，故秦長史。
翟⓭ 分關中	王董翳始，故秦都尉㉔。
燕⓮	王臧荼始，故燕將。
分為遼東⓯	三十 王韓廣始，故燕王㉕。
魏⓰	十九 王魏豹始，故魏王㉖。
分為殷⓱	王司馬卬始，故趙將。
韓⓲	廿二 王韓成始，故韓王㉗。
分為河南⓳	王申陽始，故楚將。

❶項羽分封劉邦為漢王，轄今陝西南部，四川東部及西部，湖北西北部。❷項羽自立為西楚霸王，轄今河南東部、山東西南部、江蘇與安徽兩省大部以及浙江北部。❸項羽封吳芮為衡山王，轄今湖北東部、湖南全部、安徽西部。❹封共敖為臨江王，轄今湖北洪湖以西、四川巫山以東。❺封黥布為九江王，轄今江蘇與安徽兩省長江以北、淮河以南地區，江西全境。❻封張耳為常山王，轄今河北中部及陝西東部一部分地區。❼徙趙王歇為代王，轄今河北西部及山西北部。❽封田都為齊王，都臨淄。❾封田安為濟北王，轄今山東西北部濟水以北地區。❿徙田市為膠東王，轄今山東東部地區。⓫封章邯為雍王，轄今陝西西部及甘肅東部。⓬封司馬欣為塞王，轄今陝西東部。⓭封董翳為翟王，轄今陝西北部。⓮封臧荼為燕王，轄今河北北部。⓯徙燕王韓廣為遼東王，轄今遼寧遼河以東地區。⓰徙魏王豹為西魏王，轄今山西西南部黃河以東地區。⓱封司馬卬為殷王，轄今河南商丘一帶。⓲封故韓王成仍為韓王，轄今河南洛陽一帶。⓳封申陽為河南王，轄今河南西北部大部分地區。⓴吳芮初為秦番陽令，故稱「番君」。㉑共，通「恭」。柱國，戰國時楚官名，位在令尹下。㉒謂趙歇始立為趙王（始封於二世二年正月），至此已二十七個月，今徙為代王。實止二十六個月。㉓謂田市始立為齊王（始封於二世二年八月），至此已二十個月，今徙為膠東王。實止十九個月。㉔都尉，武官名，職位略低於將軍。㉕謂韓廣始立為燕王（始封於二世元年九月），至此已三十個月，今徙為遼東王。㉖魏豹始立為魏王（始封於二世二年九月），至此已十九個月。實止十八個月。㉗韓成始立為韓王（始封於二世二年六月），至此已二十二個月。實止二十一個月。

二月	三月	四月㊻	五月	六月	七月	八月
二 都彭城㉘。	三	四	五	六	七	八
二 都郴㉙。	三	四	五	六	七	八
二 都江陵㉚。	三	四	五	六	七	八
二 都六㉛。	三	四	五	六	七	八
二 都襄國㉜。	三	四	五	六	七	八
廿八 都代㉝。	廿九	三十	卅一	卅二	卅三	卅四
二 都臨淄㉞。	三	四 田榮擊都，降楚㊼。	五 王田榮始，故齊相。	二	三	四
二 都博陽㉟。	三	四	五	六 田榮擊殺安。屬齊㊾。		
廿一 都即墨㊱。	廿二	廿三	廿四 田榮擊殺市。屬齊㊽。			
二 都廢丘㊲。	三	四	五	六	七 邯守廢丘，漢圍之(51)。	八
二 都櫟陽㊳。	三	四	五	六	七 欣降漢。	屬漢，為渭
二 都高奴㊴。	三	四	五	六	七 翳降漢。	屬漢，為上
二 都薊㊵。	三	四	五	六	七	八
卅一 都無終㊶。	卅二	卅三	卅四	卅五	卅六 臧荼擊殺廣。屬燕(52)。	
二十 都平陽㊷。	廿一	廿二	廿三	廿四	廿五	廿六
二 都朝歌㊸。	三	四	五	六	七	八
廿三 都陽翟㊹。	廿四	廿五	廿六	廿七 項籍誅成㊿。	王鄭昌始，項王立之(53)。	二
二 都雒陽㊺。	三	四	五	六	七	八

205

	九月	十月	
	九	十	
	九	十	
	九	十	
	九	十	
	九 耳降漢(56)。	代王歇還王趙。	
	卅五 歇復趙王(57)。	歇以陳餘為代王，號成安君。	
	五	六	
	九	十 漢拔我隴西(59)。	
南、河上郡(54)。			
郡(55)。			
	九	十	
	廿七	廿八	
	九	十	
	三	韓王信始，漢立之(60)。	
	九 陽降漢(58)。	屬漢，為河南郡(61)。	

㉘彭城在今江蘇徐州。㉙邾在今湖北黃岡西北。㉚江陵在今湖北江陵。㉛六在今安徽六安北。㉜項羽改秦信都縣為襄國，在今河北邢臺。㉝代在今河北蔚縣東北。㉞臨淄在今山東淄博東北。㉟博陽在今山東泰安東南。㊱即墨在今山東平度東南。㊲廢丘在今陝西興平東南。㊳櫟陽在今陝西臨潼東北。㊴高奴在今陝西延安東北。㊵薊在今北京城西南隅。㊶無終在今天津薊縣境內。㊷平陽在今山西臨汾西南。㊸朝歌在今河南淇縣。㊹陽翟在今河南禹州。㊺雒陽在今河南洛陽東北。㊻是月，諸侯罷戲下兵，皆之國。㊼夏燮曰：「按《史》表係田榮逐都於五月，係擊殺田市及自立為齊王於六月。證之〈高祖本紀〉，亦分係之五、六兩月，表中分書於四、五兩月者，亦相差一月，疑傳寫亂次也。」按：此表載高帝二年前事，多誤前一月。㊽田榮擊殺田市，自立為齊王，兼併膠東國。㊾田榮西擊殺濟北王田安，兼併濟北國。㊿因韓王成沒有軍功，項羽帶他到彭城，不久殺之。(51)劉邦襲擊章邯，敗之於陳倉，包圍廢丘。(52)臧荼驅逐韓廣到遼東，廣不從，故殺之。(53)鄭昌，項羽將，曾任吳縣令。(54)渭南、河上二郡，後改稱京兆尹（在長安東）、左馮翊（在長安北）。(55)上郡，秦置，治膚施（今陝西榆林東南）。(56)陳餘聯合田榮攻常山，張耳敗，降劉邦。(57)陳餘趕走張耳，迎立故趙王歇。趙王歇立陳餘為代王。(58)《史記・高祖本紀》二年，漢王東略地，塞王欣、翟王翳、河南王申陽降。(59)此與下文「漢拔我北地」，乃根據雍王章邯的國史而記錄（陳直說）。隴西，郡名，治狄道（今甘肅臨洮）。(60)韓信，戰國時韓襄王後代，隨劉邦入關，封為韓王。(61)河南郡，秦三川郡，漢改稱河南郡，治雒陽（今河南洛陽東北）。

十一月	十二月	二年一月	二月	三月，項王三萬
十一	十二	二年一月	二	三
十一	十二	二年一月	二	三
十一	十二	十三	十四	十五
十一	十二	二年一月	二	三
卅七	卅八	卅九	四十	四十一
二	三	四	五	六
七	項籍擊榮，走平原[62]，民殺之。	二 項籍復立故齊王田假為王。	田榮弟橫反城陽[64]，擊假，假奔楚。楚殺假。	王廣始，故田榮
十一	十二 漢拔我北地[63]。	二年一月	二	三
十一	十二	二年一月	二	三
廿九	卅	卅一	卅二 豹降，為王。	卅三 從漢伐楚。
十一	十二	十三	十四 卬降漢。	屬漢，為河內郡
二	三	四	五	六 從漢伐楚。

	四月	五月	六月	七月
人破漢兵五十六萬[65]。				
	四	五	六	七
	四	五	六	七
	十六	十七	十八	十九
	四	五	六	七
	四十二	四十三	四十四	四十五
	七	八	九	十
子，橫立之。	二	三	四	五
	四	五　漢殺邯。屬漢為中地[68]、隴西、北地郡。		
	四	五	六	七
	卅四　豹歸，畔漢[67]。	卅五	卅六	卅七
[66]。				
	七	八	九	十

[62]平原，秦齊郡地，漢初改置平原郡，治平原（今山東平原西南）。[63]北地，郡名，治馬領（今甘肅慶陽西北）。[64]城陽，縣名，故城在今山東鄄城東南。[65]項羽與劉邦大戰於彭城靈壁東睢水上，漢軍大敗。[66]河內郡，治懷縣（今河南武陟西南）。[67]是年五月，豹歸視親疾，至則斷絕河津，叛漢降楚。[68]中地，漢初所置郡，九年廢，併入內史郡。

204

八月	九月[69]	十月	十一月	十二月	三年一月	二月	三月
八	九	十	十一	十二	三年一月	二	三
八	九	十	十一	十二	三年一月	二	三
廿	廿一	廿二	廿三	廿四	廿五	廿六	廿七
八	九	十	十一[74]	布降漢。[76]			
四十六	四十七	四十八 漢滅歇。[72]					
十一	十二[70]	十三[73]	屬漢，為太原郡。[75]				
六	七	八	九	十	十一	十二	十三
八	九	十	十一	十二	三年一月	二	三
卅八 漢將韓信擊虜豹。	屬漢，為河東、上黨郡。[71]						
十一	十二	二年一月	二	三	四	五	六

203

四月	五月	六月	七月	八月	九月	十月	十一月
四 漢圍滎陽。(77)	五	六	七	八	九	十	十一 漢將韓信擊殺龍且。(79)
四	五	六	七	八	九	十	十一
廿八	廿九	卅	卅一	子尉(78)嗣為王。	二	三	四
							復趙，張耳始王，漢立之。
十四	十五	十六	十七	十八	十九	廿	廿一 漢將韓信擊殺廣。屬漢，為郡。(80)
四	五	六	七	八	九	十	十一
七	八	九	十	十一	十二	三年一月	二

(69)漢二年有後九月，此表漏記，則載諸王始封以來月數，必然有誤；且又漏記此月史事。(70)《史》表有「漢將韓信斬陳餘」七字。(71)河東，郡名，治安邑（今山西夏縣西北）。上黨，郡名，治長子（今山西長子西）。(72)《史》表有「屬漢為郡」四字。謂為常山郡。(73)王先謙曰：後文「屬漢，為太原郡」，當移入此格。(74)王先謙曰：下文「布降漢」三字，當在此行。(75)太原郡治晉陽（今山西太原西南）。(76)布，指英布。(77)滎陽，縣名，在今河南滎陽東北。(78)尉，《史》表作驩。共敖之子。(79)龍且，項羽部將。(80)漢初在齊地置齊、濟北、

十二月	四年一月	二月	三月	四月	五月	六月	七月	八月	九月
十二	四年一月	二	三	四	五	六	七	八	九
十二	四年一月	二	三	四	五	六	七	八	九
五	六	七	八	九	十	十一	十二	十三	十四
						更為淮南國[82]。	王英布始,漢立之。	二	三
二	三	四	五	六	七	八	九	十	十一
	齊國[81]。	王韓信始,漢立之。	二	三	四	五	六	七	八
十二	四年一月	二	三	四	五	六	七	八	九 漢反。誅荼[83]。
									置梁國[84]。
三	四	五	六	七	八	九	十	十一	十二
									初置長沙國[85]。

202	201
五年 即皇帝位。86	六年
正月，漢誅籍。87 王韓信始。88	十一月，信廢為侯。97
十 徙芮長沙。89	
十二月，漢虜尉。90	
二年	三
十二月乙丑，耳薨。91	一 子敖嗣為王。98
以太原為國。92	王韓信始。九月，信反，降匈奴。99
徙韓信王楚。93	
後九月，王盧綰始，故太尉。94	二
王彭越始。95	二
四年	五 徙太原。100
二月乙未，王吳芮始，六月，薨。96	成王臣嗣。101

琅琊、膠東四郡。81劉邦立韓信為齊王。統轄今河南淮陽以東近海地區。82英布故封九江王，漢因其故封改稱淮南，都六（今安徽六安北）。據施之勉說，《史》表、〈布傳〉均作「淮南王」，乃虛封，非實有其國。83臧荼反，漢誅之，事在漢五年九月，《史》表不誤。下文「後九月，王盧綰始」為漢五年後九月。84梁，封國名，都定陶（今山東定陶）。85長沙，封國名，都臨湘（今湖南長沙）。86漢五年二月甲午，劉邦於定陶氾水北岸即皇帝位。今山東定陶西北有漢高祖壇，傳聞為劉邦即位處。87《史》表誅籍在漢五年十二月。88劉邦封韓王信為韓王，都陽翟（今河南禹州）。89是年二月乙未，吳芮被封為長沙王，其時吳芮為衡山王已四年十四月，此處「十」後脫「四」字。90臨江王共尉叛漢，投降項羽，劉邦派遣盧綰、劉賈攻打並俘虜尉，殺之洛陽。91謂趙王張耳立十二個月之後去世，應是漢五年十月。〈張耳傳〉載張耳薨於「五年秋」，《史》表作五年七月，七應為「十」字之訛。諸侯王死稱薨。92都馬邑（今山西朔州）。93都下邳（今江蘇邳州西南）。94劉邦滅臧荼之後，立太尉盧綰為燕王。太尉，官名，為最高軍事長官。95彭越原為獨立力量，後降漢，被封為梁王。都定陶。96吳芮原為衡山王，項羽奪其地，劉邦徙封他為長沙王。97韓信廢為淮陰侯。淮陰，縣名，在今江蘇淮陰西南。98敖，即張敖。張耳之子。99夏燮曰：此表五年下書「以太原為國」，六年下書「王韓信始」，二事同在六年，表分書之，遂請置太原於五年下。100劉邦徙封韓王信統轄太原以北地區，防禦胡人。101臣，即吳臣。吳芮之子，謚號成王。

191	192	193	194	195	196	197	198	199	200
四年	三年	二年	孝惠元年[106]	十二年	十一年	十年	九年	八年	七年
					八 布反，誅。[104]	七	六	五	四
								三 敖廢為侯。[102]	二
					綰反，降匈奴。[105]	六	五	四	三
						六 越反，誅。[103]	五	四	三
三	二	哀王回嗣。[107]	八	七	六	五	四	三	二

190	189	188	187
五年	六年	七年 (108)	高后元年
		初置魯國。(109)	四月，王張偃始，高后外孫。(113)
		初置淮陽國。(110)	四月辛卯，王強始，高后所詐立孝惠子。(114)
		復置常山國。(111)	四月辛卯，王不疑始，高后所詐立孝惠子。(115)
		初置呂國。(112)	四月辛卯，王呂台始，高后兄子。(116)
四	五	六	七

(102)張敖因其部屬貫高等謀殺劉邦，廢為宣平侯。夏燮曰：「此表據坐事之始書之，實則廢侯事相差一年也。」(103)此表大概據彭越稱病始書之，據〈高紀〉誅彭越在十一年三月。(104)此表據英布謀反之事書之，誅布則在十二年冬（見〈高帝紀〉）。(105)盧綰反，始於十一年，其降匈奴則在十二年四月高帝崩後。(106)孝惠帝，劉邦之子劉盈。(107)吳回為吳臣之子。(108)是年之「初置魯國」、「初置淮陽國」、「復置常山國」、「初置呂國」等，皆當在高后元年有關各欄內。夏燮曰：「按此在高后元年王張偃及孝惠子之等表中橫行書之，遂淆入孝惠之末。」(109)魯國，秦為薛郡，漢初屬楚國，呂后析置魯國，立張偃為魯王，都魯（今山東曲阜）。(110)淮陽國，本秦潁川郡地，析置淮陽國。後廢為郡。今復置。都陳（今河南淮陽）。初置，當依《史》表作「復置」。(111)常山國，本趙國地，呂后分置常山國，都元氏（今河北元氏西北）。(112)呂國，呂后割齊國之濟南而置呂國，都歷城（今山東濟南市郊）。(113)呂后之女魯元公主為張敖之妻、張偃之母。(114)劉強是漢惠帝劉盈後宮所生，立為淮陽王。(115)劉不疑為漢惠帝劉盈後宮所生，立為常山王。(116)呂台為呂后兄呂澤之子，封為呂王。

	186	185	184	183
	二年	三年	四年	五年
	三	三	四	五
2				
	三	三	四	五 強薨，諡曰懷，無子。
4				
	不疑薨，諡曰哀，無子。十月癸丑，王義始，故襄城侯。[117]	二	義立為帝。五月丙辰，王朝始，故軹侯。[120]	二
6				
	台薨，諡曰肅。子嘉嗣為王。[118]	二	三	四
8				
10				
12				
14				
16				
18				
20	共王若嗣。[119]	二	三	四

182	181	180
六年	七年	八年
六	七	八 偃廢為侯。[127]
王武始，故壺關侯。[121]	二	三 武以非子誅。
三	四	五 朝以非子誅。
	趙王呂祿始，高后兄子。[124]	八月，漢大臣共誅祿。[128]
嘉坐驕廢。十一月，王呂產始。[122]	產徙梁。十一月丁巳，王大始，故平昌侯。[125]	
	初置燕國。[126]	七月癸丑，王呂通。八月，漢
初置梁國。[123]	二月，王呂產始。	二 漢大臣共誅產。
五	六	七

[117]高后二年十月無「癸丑」，十月之「十」乃「七」之誤。《通鑑》書義封於七月癸丑。義，即弘之更名。一作「山」。劉不疑死後因無子，呂后立其弟劉弘（山）為常山王，更名劉義。襄城，縣名，在今河南襄城。[118]台薨、嘉嗣，皆在十一月。[119]吳若為吳回之子。若，《吳芮傳》作「右」。[120]朝，即劉朝，孝惠帝之子。軹，縣名，在今河南濟源東南。[121]劉武，漢惠帝之子。繼劉強為淮陽王。壺關，地名，在今山西長治東南。[122]呂產，呂台之弟。呂嘉廢後，呂產被封呂王。[123]梁國，漢初以梁王彭越故地兼東郡所置，都睢陽（今河南商丘南）。此高后七年事，當併入七年表中。[124]呂祿，呂后兄呂釋之之子。[125]十一月為辛酉朔，無「丁巳」。夏燮曰：此表十一月「十一」二字，疑「七」字分書之誤也。按《史記・呂太后本紀》，「十一月」當作「二月」。大，通「太」。即劉大，漢惠帝之子，封為呂王。平昌，地名，故城在今山東商河西北。[126]呂后封呂台之子為燕王。此當併入高后八年表中。[127]《史》表載於孝文元年。[128]呂后死，

169	170	171	172	173	174	175	176	177	178	179	
十一年	十年	九年	八年	七年	六年	五年	四年	三年	二年	孝文元年[130]	
											大臣共誅通[129]。
十	九	八	七	六	五	四	三	二	靖王產嗣。	八	

168	167	166	165	164	163	162	161	160	159	158	157
十二年	十三年	十四年	十五年	十六年	後元元年	二年	三年	四年	五年	六年	七年
十一	十二	十三	十四	十五	十六	十七	十八	十九	二十	二十一	二十二來朝，

漢大臣周勃、陳平等發動政變，誅呂祿、呂產等。129 七月，乃「十月」之誤。《史記》紀、表皆作十月。八月，《史》表作「九月」，〈外戚表〉也作「九月」。130 孝文帝劉恆，劉邦妾薄姬所生，初封代王。漢大臣誅殺諸呂之後，被立為帝。

薨。無子，國除。

【研　析】〈異姓諸侯王表〉為《漢書》八表之一。「表」是紀傳體史書中的一種體例，它通過寓繁於簡的形式，把錯綜複雜的歷史現象極為扼要地概括反映出來，在史書中有很重要的作用。清人萬斯同說：「表立，然後紀傳之文可省。讀史不讀表，非深于史者也。」〈異姓諸侯王表〉主要譜列了漢初異姓諸侯王的世系與興亡，它與相關紀傳相表裡，是研究漢初異姓諸侯王與分封制度不可缺少的資料。不足之處在於，此表的序言未對異姓諸侯王興廢原因及歷史作用予以說明，稍欠觀變精神。

秦始皇統一六國後，廢除了周代以來的分封制，在全國範圍內確立了郡縣制。諸子和功臣僅賜以爵祿，不封給土地。但分封制的社會基礎並未消除，割地封侯的思想還相當普遍地存在於人們的頭腦中。秦二世元年（西元前二〇九年），陳勝、吳廣起義後，六國貴族的殘餘勢力紛紛乘反秦之機割地稱王。當時，齊國的田儋自立為齊王，魏咎立為魏王，韓廣為燕王，武臣為趙王等等。秦朝滅亡後，反秦武裝中力量最強大的項羽，為了鞏固自己的盟主地位，不僅承認了六國貴族並立為王的局面，還自封為西楚霸王，並繼續分封自己的親信為王。於是，形成了以秦降將、舊六國貴族及滅秦有功將領為諸侯王的十八個王國。楚漢戰爭中，劉邦為了爭取勝利，分化瓦解項羽的勢力，一方面拉攏項羽所分封的諸王，如張耳、英布、吳芮、臧荼等，另一方面也不得不滿足其重要將領割地分封的要求，陸續封了一些諸侯王。漢王朝正式建立時（漢五年，即西元前二〇二年），劉邦已先後分封異姓功臣七人為王。西漢初年，由於社會經濟凋敝，統治秩序尚待重建，漢高祖不得不維持現狀，封功臣大者為王，小者為侯。異姓諸侯王的封國跨州連郡，佔據了戰國時期東方六國大部分的疆域，又握有重兵，對於中央權力的穩定與鞏固是很大的障礙。漢五年七月，張耳、吳芮死。不久，燕王臧荼謀反，劉邦親自領兵討平。剩下的四人中，楚王韓信、梁王彭越和淮南王英布對西漢王朝的建立都立有大功，力量最強，成為漢高祖劉邦的心腹之患。高祖在呂后的協助下，採取了新的對策，一一翦除了異姓諸侯王勢力。至高帝十二年，異姓諸侯王中只剩下勢力最弱的長沙王，對漢王朝已經沒有什麼威脅了。

楚漢之際至漢初，異姓諸侯王的存在是歷史的必然，是周代以來分封制的殘餘。劉邦在統一全國的過程中，利用了這一制度，故而能夠聯合形成強大的軍事力量。但隨著中央集權制政權的建立，分封制不再適應歷史的發展，統一之後，鏟除異姓諸侯王就成為必然。

卷十四

諸侯王表第二

【題解】本卷以表的形式歸納了西漢同姓諸侯王的始封年代、國名、傳承世系及其廢置。司馬遷《史記・漢興以來諸侯王年表》包括異姓諸侯王與同姓諸侯王。其異姓諸侯王事班固收入《漢書・異姓諸侯王表》中。本卷則襲用《史記》年表中同姓諸侯王之事，加上續寫武帝太初以後直至西漢末年同姓諸侯王的部分而成。《史記》年表以年為經，以諸侯王為緯，為年經國緯體，設楚、齊、荊、淮南、燕、趙、梁、淮陽、代等欄。但《漢書》年表以諸侯王為經，以諸侯王的世系為緯，立號諡、屬、始封、子、孫、曾孫、玄孫、六世、七世等欄，以記劉姓諸侯王的世系及其存亡繼絕，是為譜牒體。在本表之前，作者首先對整個西漢時期諸侯王對國家政治的影響作了概括說明，並說明自己編撰此表的目的在於使後人吸取其中的經驗教訓。

1 昔周監❶於二代❷，三聖❸制法，立爵五等❹，封國八百，同姓五十有餘。周公❺、康叔❻建於魯、衛，各數百里；太公❼於齊，亦五侯❽九伯❾之地。詩❿載其制曰：「介人惟藩，大師惟垣。大邦惟屏，大宗惟翰。懷德惟寧，宗子惟城。毋俾城壞，毋獨斯畏[11]。」所以親親賢賢，褒表[12]功德，關諸盛衰，深根固本，為不可拔者也。故盛則周、邵[13]相[14]其治，致刑錯[15]；衰則五伯[16]扶其弱，與共守。自幽、平[17]之後，日以陵夷[18]，至虖[19]阸[20]陿[21]河洛[22]之間，分為二周[23]，有逃責之臺[24]，被[25]竊鈇[26]之言。然天下謂之共主，彊大[27]弗之敢傾[28]。歷載八百餘年，數極德盡，既[29]於王赧[30]，降為庶人[31]，用[32]天年終。號位已絕於天下，尚猶枝葉相持，莫[33]得居其虛位，海內無主，三十餘年[34]。

2 秦據勢勝之地，騁[35]狙詐[36]之兵，蠶食[37]山東[38]，壹切[39]取勝。因矜[40]其所習，自任私知[41]，姍[42]笑三代[43]，盪[44]滅古法，竊[45]自號為皇帝，而子弟為匹夫[46]，內亡骨肉本根之輔，外亡[47]尺土藩翼[48]之衛。陳、吳[49]奮其白挺[50]，劉、項[51]隨而斃之。故曰，周過其曆[52]，秦不及期[53]，國勢然也。

3 漢興之初，海內新定，同姓寡少，懲戒[54]亡秦孤立之敗，於是剖裂疆土，立二等之爵[55]。功臣侯者百有餘邑，尊王子弟，大啟[56]九國[57]。自鴈門[58]以東，盡遼陽[59]，為燕[60]、代[61]。常山[62]以南，太行左轉[63]，度河、濟[64]，漸[65]于海，為齊[66]、趙[67]。穀[68]、泗[69]以往，奄[70]有龜、蒙[71]，為梁[72]、楚[73]。東帶江[74]、湖[75]，薄會稽[76]，為荊、吳[77]。北界淮[78]瀕[79]，略[80]廬[81]、衡[82]，為淮南[83]。波漢[84]之陽[85]，亘[86]九嶷[87]，為長沙[88]。諸侯比境，周帀三垂[89]，外接胡[90]越[91]。天子自有三河[92]、東郡[93]、潁川[94]、南陽[95]，自江陵[96]以西至巴[97]蜀[98]，北自雲中[99]至隴西[100]，與京師內史[101]凡十五郡[102]，公主、列侯頗邑其中[103]。而藩國[104]大者夸[105]州兼郡，連城數十，宮室百官同制京師[106]，可謂撟枉過其正[107]矣。雖然，高祖創業，日不暇給[108]，孝惠[109]享國[110]又淺[111]，高后[112]女主攝位[113]，而海內晏如[114]，亡狂狡[115]之憂，卒[116]折[117]諸呂之難[118]，成太宗[119]之業者，亦賴之於諸侯也[120]。

4 然諸侯原本以大，末流濫[121]以致溢[122]，小者淫荒越法，大者睽孤[123]橫逆，以害身喪國。故文帝采賈生[124]之議分齊、趙，景帝用鼂錯[125]之計削吳、楚。武帝施主父[126]之冊[127]，下推恩之令[128]，使諸侯王得分戶邑以封子弟，不行黜陟[129]，而藩國自析。自此以來，齊分為七[130]，趙分為六[131]，梁分為五[132]，淮南分為三[133]。皇子始立者，大國不過十餘城。長沙、燕、代雖有舊名，皆亡南北邊矣[134]。景[135]遭七國之難[136]，抑損諸侯，減黜其官[137]。武[138]有衡山、淮南之謀[139]，作左官之律[140]，設附益之法[141]，諸侯惟得衣食稅租，不與[142]政事。

5 至於哀[143]、平[144]之際，皆繼體[145]苗裔，親屬疏遠[146]，生於帷牆之中[147]，不為士民所尊，勢與富室亡異。而本朝短世，國統三絕[148]，是故王莽[149]知漢中外殫微[150]，本末(151)俱弱，亡所忌憚，生其姦心。因母后(152)之權，假(153)伊(154)周之稱，顓(155)作威福廟堂之上，不降(156)階序(157)而運天下。作謀既(158)成，遂據南面(159)之尊，分遣五威之吏(160)，馳傳(161)天下，班行符命(162)。漢諸侯王厥角(163)稽首(164)，奉上璽韍(165)，惟恐在後，或(166)迺(167)稱美頌德，以求容媚(168)，豈不哀哉！是以究其終始彊弱之變，明監戒焉。

【章　旨】以上是本表的序，作者概括了劉姓諸侯王勢力在整個西漢時期的消長及其對政局的影響。

【注　釋】❶監　顏師古注曰：「監，視也。」❷二代　指夏、商兩個朝代。❸三聖　指周文王、周武王、周公旦。❹五等　周制，爵位分為公、侯、伯、子、男五個等級。❺周公　姬姓，名旦。周武王之弟，因采邑在周（今陝西岐山縣東北），故又稱周公。武王死後，因成王年幼，故由他攝政，前後攝政約七年。曾出師東征、平定管蔡叛亂、大封諸侯。又制作禮樂，建立典章制度。為後世所敬慕。其子伯禽被封於魯（今山東曲阜）。❻康叔　周武王之弟，周成王時封於衛（今河南淇縣）。❼太公　即姜尚。姜姓，呂氏，商末周初人。輔佐武王滅商建周，封於齊（今山東臨淄）。❽五侯　公、侯、伯、子、男五等侯爵。❾九伯　九州之長。古代我國分為九州。九州有多說，其中一種說法為冀州、兗州、青州、徐州、揚州、荊州、豫州、梁州、雍州。❿詩　即《詩經》。我國第一部詩歌總集。收錄上自西周初年、下至春秋中期的詩歌三〇五篇。其內容按音樂特點分為三大類，即「風」、「雅」、「頌」。⓫介人惟藩八句　出自《詩經・大雅・板》。介，善。惟，是。藩，樊籬。引申為屏障。大師，大眾。垣，牆。大邦，大國。屏，屏障。大宗，嫡長房之族為大宗，餘則為小宗。這是古代宗法制度下所定的一種世襲制。周代完備此制，周天子王位必須由嫡長子繼承，稱為大宗，既是全國統治者，又是同族最高權力者。天子的庶子封為諸侯，對天子而言，則稱為小宗，而這些諸侯在本國則為大宗，其位亦由嫡長子繼承，諸侯的庶子則又為小宗，同樣諸侯庶子封為卿大夫，他們在本封地內又是大宗，其位亦由嫡長子繼承，其庶子則稱小宗。這些世襲嫡長子，稱為宗子。他們掌管本族財產，負責宗族祭祀。翰，通「幹」。骨幹；棟梁。懷德，以德相和。寧，安寧。毋，通「無」。俾，使。毋獨斯畏，毋獨其威。獨，獨行；一意孤行。畏，通「威」。⓬褒表　嘉獎；稱讚。褒，同「襃」。⓭周邵　指周公旦、邵公奭。邵公奭，周之同姓，曾與周公旦一起輔佐周成王，治理陝（今河南陝縣）以西地區。⑭相　輔助；幫助。⑮刑錯　刑具放置不用，指不用刑拷打。錯，同「措」。放置；棄置。⑯五伯　即春秋五霸。有多種說法。顏師古注曰：「此五霸謂齊桓、宋襄、晉文、秦穆、吳王夫差。」⑰幽平　指周幽王、周平王。⑱陵夷　顏師古注曰：「陵夷，言如山陵之漸平。夷謂頹替也。」⑲虖　通「乎」。⑳阸　通「阨」。困窮；艱危。㉑嘔　通「嶇」。崎嶇；道路不平。比喻處境困難。㉒河洛　指黃河和洛水。當時周室西迫於秦、東迫於魏。困守於黃河與洛水之間。㉓二周　戰國時東周與西周兩國。戰國初期周考王封其弟於河南（今河南洛陽）為西周桓公。戰國中期西周惠公封其少子於鞏（今河南鞏縣），稱東周。周王畿至此分為西周、東周兩國。㉔逃責之臺　周的末代國君周赧王負債無力償還，債主逼債，赧王逃往洛陽南宮之誃臺。責，通「債」。㉕被　遭受。㉖竊鈇　顏師古注曰：「鈇鉞，王者以為威，用斬戮也。言周室衰微，政令不行于天下，雖有鈇鉞，無所用之，是謂私竊隱藏之耳。」㉗彊大　指力量強大的諸侯國。㉘弗之敢傾　即「弗敢傾之」。傾，傾覆；顛覆。㉙既　顏師古注曰：「既亦盡也。」㉚王赧　周代最後一位君主。㉛庶人　平民。㉜用　以。㉝莫　沒有誰。無定代詞。㉞三十餘年　由秦昭襄王五十二年（西元前二五五年）西周滅亡，到秦王政二十六年（西元前二二一年）滅六國實現統一，其間三十五年沒有共主。㉟騁　縱馬奔馳；盡情施展，放任無約束。㊱狙詐　狡猾奸詐。狙，窺伺。㊲蠶食　顏師古注曰：「蠶食，謂漸吞滅之，如蠶食葉也。」㊳山東　戰國時期稱崤山以東地區為山東。這裡指山東六國（齊、楚、燕、韓、趙、魏）。㊴壹切　一時權宜。㊵矜　矜持；驕傲自負。㊶知　通「智」。㊷姍　通「訕」。譏笑；諷刺。㊸三代　指夏、商、周三代。㊹盪　通「蕩」。毀壞；清除。㊺竊　私自。㊻匹夫　古代泛指沒有爵位的平民。秦始皇不實行分封，所以子弟沒有爵位成為平民。㊼亡　通「無」。㊽藩翼　屏障；輔助。㊾陳吳　指陳勝、吳廣。為秦末農民起義領袖。㊿白挺　棍杖。指未裝金屬矛頭的棍杖。(51)劉項　指劉邦、項羽。(52)曆　曆數；帝王相繼的次節。(53)期　百年為期。由秦統一（西元前二二一年）至秦滅亡（西元前二〇六年）僅十五年，故謂不及期。(54)懲戒　懲治過錯，警戒將來。指引以為戒。(55)二等之爵　漢初功臣大者王、小者侯。分王、侯二等爵位。(56)啟　開。(57)九國　指漢初分封的九個同姓王國。即：齊、荊、楚、淮南、燕、趙、梁、代、淮陽。(58)鴈門　郡名。治善無（今山西右玉南）。(59)遼陽　縣名。今遼寧遼陽西北。(60)燕　諸侯國名。建都薊（今北京西南隅）。(61)代　諸侯國名。建都代（今河北蔚縣東北）。(62)常山　山名。本名恆山，為五嶽之一。為避漢文帝劉恆諱而改稱常山，在今河北曲陽西。(63)太行左轉　指自太行山轉向東。太行，山名。縱貫於今河北、山西二省交界。(64)濟　濟水。古水名，古四瀆之一。發源於今河南濟源南王屋山，往東流入古黃河，又自懷縣往東流入渤海。(65)漸　流入；臨近。(66)齊　諸侯國名。建都臨淄（今山東淄博東北）。(67)趙　諸侯國名。建都邯鄲（今河北邯鄲）。(68)穀　穀水，古水名。在今河南北部。(69)泗　泗水，古水名。在今山東中部。(70)奄　覆；包括。(71)龜蒙　龜山與蒙山。在今山東新汶東南。(72)梁　諸侯國名。建都睢陽（今河南商丘南）。(73)楚　諸侯國名。建都彭城（今江蘇徐州）。(74)江　長江。(75)湖　太湖。指太湖流域一帶的湖泊。(76)薄會稽　靠近會稽山。薄，迫近；靠近。會稽，山名。在今浙江紹興東南。(77)荊吳　諸侯國名。在今江淮一帶。漢初置荊國，建都吳（今江蘇蘇州），後置吳國，建都廣陵（今江蘇揚州西北）。(78)淮　淮河。(79)瀕　水邊。(80)略　地界。引申為巡視地界。(81)廬　廬山。在今江西九江南。(82)衡　衡山，古山名。即今安徽霍山西南之天柱山，古為南嶽衡山。隋代以後南嶽衡山乃在今湖南衡山縣。(83)淮南　諸侯國名。建都壽春（今安徽壽縣）。(84)波漢　指漢水。波，通「陂」。堤岸。(85)陽　指河的北岸。(86)亘　通「亙」。從頭到尾；連貫。(87)九嶷　山名。在今湖南寧遠南。(88)長沙　諸侯國名。建都臨湘（今湖南長沙）。(89)諸侯比境二句　比，相互連接。境，邊境。周帀，環繞。帀，環繞一周叫一帀。三垂，指北、東、南三邊。垂，遠邊。(90)胡　北方部族名，也稱「匈奴」。戰國時活動於長城以北地區，秦漢之際，匈奴勢力強大，戰勝了周圍很多部族，統一了大漠南北廣大地區。漢初，匈奴不斷侵擾漢朝的北部邊境，武帝時期經過大規模的征伐匈奴的戰爭，匈奴勢力逐漸衰弱。(91)越　指南越。古代越人的一支，秦漢時期分布在今廣東、廣西一帶，秦朝在那裡設置了南海郡、象郡、桂林郡。秦末，南海郡尉趙佗兼併三郡，建立南越國。(92)三河　指河東、河南、河內三郡。河東，治安邑（今山西夏縣西北）。河南，治洛陽（今河南洛陽東北）。河內，治懷縣（今河南武陟西南）。(93)東郡　郡名。治濮陽（今河南濮陽西南）。(94)潁川　郡名。治陽翟（今河南禹州）。(95)南陽　郡名。治宛（今河南南陽）。(96)江陵　縣名。在今湖北江陵。(97)巴　郡名。治江州（今重慶嘉陵江北岸）。(98)蜀　郡名。治成都（今四川成都）。(99)雲中　郡名。治雲中（今內蒙古托克托東北）。(100)隴西　郡名。治狄道（今甘肅臨洮南）。(101)內史　政區名。相當於今陝西關中地區。(102)十五郡　指河東、河南、河內、東郡、潁川、南陽、南郡、漢中、巴、蜀、隴西、北地、上郡、雲中、內史諸郡。(103)公主列侯頗邑其中　顏師古注曰：「十五郡中又往往有公主、列侯之邑。」列侯，秦漢二十等爵的最高一級。(104)藩國　古代稱分封及臣服的各國為藩國。(105)夸　通「跨」。(106)同制京師　指諸侯王國與中央朝廷體制相同。(107)撟抂過其正　顏師古注曰：「撟與矯同。抂，曲也。正曲曰矯。言矯秦孤立之敗而大封子弟，過于強盛，有失中也。」意謂矯正彎曲的事物過頭了。這裡是指漢初為了矯正秦王朝孤立的局面而大封子弟，各諸侯國過於強盛，形成尾大不掉之勢。抂，同「枉」。(108)日不暇給　沒有閒暇。給，充足。(109)孝惠　劉邦之子劉盈。「惠」是諡號。漢統治者重視孝道，除開國皇帝外，都在諡號前冠以「孝」字。(110)享國　在位；執政。(111)淺　歷時不久。(112)高后　即呂后，劉邦的皇后、劉盈的生母。(113)攝位　代理執政。(114)晏如　顏師古注曰：「晏如，安然也。」

[115]狂狡　狂暴狡詐。[116]卒　終於。[117]折　挫敗。[118]諸呂之難　呂后死後，呂氏集團企圖篡奪政權發動叛亂，漢大臣周勃、陳平等誅諸呂，平息了叛亂。難，災難；不幸的事變。[119]太宗　漢文帝劉恆的廟號。[120]亦賴之於諸侯也　在平定諸呂叛亂中，諸侯如齊王劉襄、朱虛侯劉章、東牟侯劉興居都發揮了作用。[121]濫　過度；無節制。[122]溢　水滿外流，引申為超出。[123]睽孤　乖離孤獨。睽，乖離。[124]賈生　即賈誼。西漢文學家、政治家。十八歲時即通百家之書，以文才聞名郡中。二十歲時被文帝召為博士。力主削弱諸侯王勢力，加強中央集權、勸農重本。本書卷四十八有傳。[125]鼂錯　漢景帝的謀臣，主張採取削弱諸侯王國的政策。七國之亂初起，景帝為平息叛亂，聽從袁盎的建議將其處死。本書卷四十九有傳。[126]主父　即主父偃。武帝採其「推恩」之議，使諸侯王多分封子弟為侯，王國封地漸小。後為齊相，因脅迫齊王自殺，被誅。本書卷六十四有傳。[127]冊　通「策」。[128]推恩之令　元朔二年（西元前一二七年），漢武帝接受主父偃的建議，下推恩令，允許各諸侯王將其封地分予其庶子弟，目的是削弱諸侯國的勢力，進一步加強中央集權。推恩，意謂將自己的恩澤推廣及他人。[129]黜陟　指官員的進退升降。黜，罷免；貶抑。陟，升遷。[130]齊分為七　齊國被分為七國。即：齊、城陽、濟北、濟南、菑川、膠西、膠東七國。[131]趙分為六　指趙國被分為趙、平原、真定、中山、廣川、河間六國。[132]梁分為五　指梁國被分為梁、濟川、濟東、山陽、濟陰五國。[133]淮南分為三　指淮南國被分為淮南、衡山、廬江三國。[134]長沙燕代二句　指漢初長沙國之南，燕、代國之北均置邊郡，歸諸侯國統轄，吳楚七國之亂以後這些邊郡均收歸中央直接統轄。[135]景　指漢景帝。[136]七國之難　指漢景帝三年（西元前一五四年）所發生的以吳國為首的武裝叛亂。[137]減黜其官　吳楚之亂後諸侯國丞相改稱相，廢除諸侯國中的御史大夫、廷尉、少府等職。各諸侯國重要官員均由朝廷任命，進一步削弱各諸侯王的權限。[138]武　指漢武帝。[139]衡山淮南之謀　指元狩元年（西元前一二二年）衡山王劉賜、淮南王劉安的謀反事件。[140]左官之律　律令名。漢代以右為尊，故稱任職於諸侯國為左官。漢武帝時，為防止諸侯王強大難制，在衡山、淮南謀反事後，作左官之律，規定凡在諸侯國任官者，其地位低於中央任命之官吏，並不得進入中央任職。[141]附益之法　律令名。附益，增益。規定官員有背棄朝廷法令而阿媚諸侯王，並為其私家增益財富權勢者，處以重刑。[142]與　參與。[143]哀　指漢哀帝。詳見卷十一〈哀帝紀〉。[144]平　指漢平帝。詳見卷十一〈平帝紀〉。[145]繼體　繼位。[146]親屬疏遠　指諸侯王非始封之君，與天子關係益加疏遠。[147]帷牆之中　指生長在諸侯重門之內。帷牆，帷幕、牆垣。[148]國統三絕　漢成帝、哀帝、平帝均早逝，沒有繼嗣。國統，指國家一脈相承的系統。[149]王莽　新王朝的建立者。原為西漢末年外戚，後獨攬大權，終至代漢。本書卷九十九有傳。[150]殫微　衰敗微弱。殫，顏師古注曰：「殫，盡也。」[151]本末　指漢朝廷與各諸侯王。本，指中央政權。末，指各諸侯國。[152]母后　指王莽的姑母王政君，為漢元帝皇后。

153假　借。154伊　伊尹。商初大臣。輔佐商湯攻滅夏桀，被尊為「阿衡」（宰相）。155顓　通「專」。156降　走下。157階序　指東西廂臺階。序，顏師古注曰：「序謂東西廂。」158既　已經。159南面　古代以坐北朝南為尊位，君主南面而坐見群臣，所以以「南面」指稱君主之尊。160五威之吏　王莽所設置的五威將軍（武官名，五威為將軍名號），王莽始建國元年（西元九年）秋，遣五威將軍王奇等十二人頒《符命》四十二篇於天下。161馳傳　乘傳車急行。漢朝規定，用四匹上等馬拉的傳車稱為置傳，用四匹中等馬拉的傳車稱為馳傳，用四匹下等馬拉的傳車稱為乘傳。傳，指驛站或驛站的車馬。162符命　古代以祥瑞的徵兆附會為君主得到天命的憑證。163厥角　叩頭。厥，下頓。角，額。164䭬首　叩頭至地。䭬，「稽」的異體。165璽韍　指諸侯王之印。韍，繫璽印的帶子。166或　有的。167迺　竟然；卻。168容媚　以容顏姿態取媚。

【語　譯】過去周天子考察夏、商兩個朝代，文王、武王、周公三位聖人制定法規，設定五等爵位，分封諸侯國八百個，同姓被封的有五十多人。周公、康叔封在魯、衛，各有封域數百里；太公封在齊國，也擁有五侯九伯之地。《詩經》上記載周代的制度說：「善良的臣民是國家的樊籬，大眾百姓是國家的牆垣。諸侯大國是國家的屏障，周天子的同姓是國家的棟梁。諸侯們若以德相和便能得到安寧，周天子的同姓子弟是國家的城垣。不要使城垣毀壞，不要強逞威風，一意孤行。」所以親近自己的親族，以賢者為賢，嘉獎表彰那些立功有德之士，這關係著國家的盛衰，國家根深本固，才能不被拔動。所以當周室強盛的時候，便有周公、邵公輔佐天子治理國家，使得刑罰擱置不用；當周室衰落的時候，便有五霸扶助它的頹弱，共同守護周室。從幽王、平王以後，周天子的力量日益衰微，甚至於艱難地處在黃河與洛水之間，分為西周、東周兩個小國，以致有周赧王逃債的謻臺，蒙受政令不行於天下的傳言。然而天下的臣民還是把周天子稱作共主，強大的諸侯也不敢把它顛覆。經歷了八百多年，周室的曆數和德望到了盡頭，直到周赧王被貶為平民，以天年告終。周天子的號令和帝位雖然已經斷絕於天下，諸侯尚且像枝葉一樣扶持著它，沒有誰能占據它的空位，天下沒有共主達三十多年。

2　秦國占據形勢優越的地理位置，盡情施展狡猾奸詐的軍事手段，像蠶食桑葉一樣侵占山東六國之地，一時取得勝利。於是驕傲矜持自己所習用的手段，任憑自己的私智，譏笑三代的做法，清除毀滅古代法規，私自號稱皇帝，而子弟成為平民，朝廷內部沒有自己的親族作為輔佐，外部沒有一尺土地的諸侯藩國作為護衛。陳勝、吳廣奮起無金屬矛頭的棍杖首先起義，劉邦、項羽隨即推翻了它。因此說，周朝超過了它的曆數，而秦朝存在不到百年，國家的情勢就是這樣啊。

3 漢朝興起的初期，天下剛剛安定，同姓親族很少，吸取亡秦由於孤立而導致失敗的教訓，因此剖疆裂土，建立了王、侯二等爵位。有功之臣被封為侯的共有一百多個食邑，重視分封子弟，大開九國之封。從鴈門以東，直至遼陽，其間為燕國、代國。常山以南，從太行山往東，渡過黃河、濟水，臨靠大海，其間是齊國、趙國。穀水、泗水往南，包括龜山、蒙山，其間是梁國、楚國。東邊圍繞長江、太湖流域，靠近會稽山，其間為荊國、吳國。北面隔著淮水岸邊，經過廬山、衡山，其間是淮南國。從漢水北岸起，到九嶷山止，其間是長沙國。諸侯的邊境互相連接，環繞漢中央的北、東、南三邊，諸侯國的邊界與匈奴、南越接壤。天子直接統轄的有三河、東郡、潁川、南陽，從江陵以西到巴、蜀，北面從雲中到隴西，包括京師內史共十五郡，公主、列侯的食邑大都在這些地區。而大的諸侯國跨州連郡，數十個城池相連，他們的宮室百官在制度上和中央相同，這可以說是矯枉過正了。即使是這種情況，高祖創建基業，公務繁多不得閒暇，惠帝劉盈在位的時間不長，呂后以女主代理執政，而天下安然無事，沒有狂暴狡詐事件發生的憂慮，終於挫敗諸呂之亂，成就太宗的事業，也是有賴於諸侯之力啊。

4 然而，諸侯原本是根幹的枝末，其後代發展膨脹過分超過了限制，小的荒淫超越法令規定，大的一意孤行強橫抗逆，因此損害了自身，喪失了封國。所以文帝採取賈誼的建議分割齊國和趙國，景帝用鼂錯的計謀削弱吳國、楚國。漢武帝施行主父偃的計策，下達推恩之令，使各諸侯國王可把自己的戶邑封給他們的眾庶子弟，不用廢黜或升遷，諸侯國就自行分割離析了。從此以後，齊國分成七國，趙國分成六國，梁國分成五國，淮南分成三國。皇子開始被分封的，大的封國不過十餘城。長沙國、燕國、代國雖然還保持舊的名稱，卻都失去南面和北面的邊郡了。漢景帝遭遇七國之亂，抑制減損諸侯國，減削降黜了他們的官員。漢武帝時有衡山王、淮南王的謀反事件，因此制定了左官之律，設立了附益之法，諸侯只能在封邑內徵收供給他們衣食的賦稅田租，不能參與政事。

5 到了哀帝、平帝時期，諸侯王都是始封國君的後裔，與天子的親屬關係益加疏遠，他們生長在重門之中，不被士民尊敬，地位和權力同平民中的富豪沒有什麼差異。而皇帝壽命不長，成帝、哀帝、平帝三代都沒有後嗣，因此王莽知道朝廷和地方諸侯國力量都趨於微小竭盡，本末都已衰弱，所以無所忌憚，萌生了奸詐之心。利用太后的權威，假借伊尹、周公的稱號，獨掌大權，在朝廷中作威作福，不用走下皇宮東西廂臺階而運掌天下。他的奸詐計謀成功之後，便竊居皇帝的尊位，分道派遣五威將軍等官吏乘著傳車馳行天下，頒布符命。漢朝的諸侯王都向他們叩頭臣服，獻上大印，只怕落在後面，有的竟然稱頌王莽的美德，以自己的容顏姿態向他獻媚，這難道不值得哀痛嗎！所以我探索前代諸侯王勢力的終始強弱的變化，以顯明其中的借鑑和教訓。

號諡	屬	始封	子	孫	曾孫	玄孫	六世	七世
楚元王交❶	高帝弟。❷	六年正月丙午立，二十三年薨。❸	孝文二年，夷王郢客嗣，四年薨。❹ 孝景四年，文王禮以元王子平陸侯紹封，三年薨。❻	六年，王戊嗣，二十一年，孝景三年，反，誅。❺ 七年，安王道嗣，二十二年薨。	元朔元年，襄王注嗣，十二年薨。❼	元鼎元年，節王純嗣，十六年薨。❽	天漢元年，王延壽嗣，三十二年，地節元年，謀反，誅。❾	
代王喜❿	高帝兄。	正月壬子立，七年，為匈奴所攻，	吳 高祖十二年十月辛					

	齊悼惠王肥⓭		
	高帝子。⓮		
棄國自歸，廢為郚陽侯，孝惠二年薨。⓫	正月壬子立，十三年薨。		
丑，王濞以故代王子沛侯立，四十二年，孝景三年，反，誅。⓬	孝惠七年，哀王襄嗣，十年薨。⓯	孝文十六年，孝王將閭以悼惠王子楊虛侯紹封，十一年薨。	城陽
	孝文二年，文王則嗣，十四年薨，亡後。	孝景四年，懿王壽嗣，二十三年薨。	四年，共王
		元光四年，厲王次昌嗣，五年薨，亡後。⓰	孝景後元
			元狩六年，
			元封三年，
			天漢四年，

❶楚，諸侯國名。建都彭城（今江蘇徐州）。元王，諡號。諡號為古代帝王、貴族、大臣死後依其生前事跡所給予的帶有褒貶意義的稱號。❷劉交為漢高祖劉邦同父異母弟。❸六年，即漢六年（西元前二〇一年）。薨，諸侯死稱薨。❹孝文二年，西元前一七八年。郢客，《史記・漢興以來諸侯王年表》作「郢」。❺孝景三年（西元前一五四年）劉戊因參加吳楚七國之亂，叛亂失敗後自殺。❻紹封，繼承祖業而受封。紹，繼承；接續。❼元朔元年，西元前一二八年。元朔，漢武帝年號。❽元鼎元年，西元前一一六年。元鼎，漢武帝年號。❾天漢元年，西元前一〇〇年。天漢，漢武帝年號。地節元年，西元前六九年。地節，漢宣帝年號。❿代，諸侯國名。建都代（今河北蔚縣東北）。⓫郚陽，縣名。在今陝西合陽。⓬吳，諸侯國名。建都廣陵（今江蘇揚州西北）。⓭齊，諸侯國名。建都臨淄（今山東淄博東北）。⓮劉肥為漢高祖劉邦的庶長子。⓯孝惠七年，西元前一八八年。十年原作「十一年」，據《史》表改。⓰元光四年，西元前一三一年。元光，漢武帝年號。

號謚				
屬				
始封				
子	孝文二年二月乙卯，景王章以悼惠王子朱虛侯立，二年薨。⑰	八世 甘露三年，戴王恢嗣，八年薨。㉓	濟北 二月乙卯，王興居以悼惠王子東牟侯立，二年謀反，誅。㉖	菑川
孫	喜嗣，八年，徙淮南四年，復還，凡三十三年薨。⑱	九世 永光元年，孝王景嗣，二十四年薨。㉔		元光六年，
曾孫	頃王延年嗣，二十六年薨。⑲	十世 鴻嘉二年，哀王雲嗣，一年薨，亡後。永始元年，王俚以雲弟紹封，二十五年，王莽篡位，貶為公，明年廢。㉕		元封二年，
玄孫	敬王義嗣，九年薨。⑳			元平元年，
六世	惠王武嗣，十一年薨。㉑			初元三年，
七世	荒王順嗣，四十六年薨。㉒			永光四年，

十六年四月丙寅，懿王志以悼惠王子安都侯立為濟北王，十一年，孝景四年，徙菑川，三十五年薨。㉗	八世 元延四年，懷王友嗣，六年薨。㉜
靖王建嗣，二十年薨。㉘	九世 建平四年，王永嗣，十二年，王莽簒位，貶為公，明年廢。㉝
頃王遺嗣，三十五年薨。㉙	
思王終古嗣，二十八年薨。㉚	
考王尚嗣，六年薨。㉛	
孝王橫嗣，三十一年薨。	

⑰城陽，諸侯國名。漢初置郡，文帝二年改為國，建都莒縣（今山東莒縣）。⑱淮南，諸侯國名。國都先在六縣（今安徽六安北）後遷壽春（今安徽壽縣）。武帝元狩初國除為九江郡。⑲孝景後元年，西元前一四三年。⑳元狩六年，西元前一一七年。元狩，漢武帝年號。㉑元封三年，西元前一〇八年。元封，漢武帝年號。十一年原作「十二年」，據景祐本及王先謙說改。㉒天漢四年，西元前九七年。天漢，漢武帝年號。㉓甘露三年，西元前五一年。甘露，漢宣帝年號。㉔永光元年，西元前四三年。永光，漢元帝年號。㉕鴻嘉二年，西元前一九年。鴻嘉，漢成帝年號。永始原作元始，據《資治通鑑》改。永始元年，西元前一六年。永始，漢成帝年號。㉖濟北，諸侯國名。漢文帝置。後併入泰山郡。建都盧縣（今山東長清西南）。東牟，縣名。在今山東牟平。㉗菑川，諸侯國名。原齊國地，文帝分置菑川國，建都劇縣（今山東昌樂西北）。㉘元光六年，西元前一二九年。元光，漢武帝年號。㉙元封二年，西元前一〇九年。㉚元平元年，西元前七四年。元平，漢昭帝年號。㉛初元三年，西元前四六年。初元，漢元帝年號。㉜元延四年，西元前九年。元延，漢成帝年號。㉝建平四年，西元前三年。建平，漢哀帝年號。

號謚				
屬				
始封				
子	濟南 四月丙寅，王辟光以悼王子扐侯立，十一年反，誅。㉞	菑川 四月丙寅，王賢以悼惠王子武成侯立，十一年反，誅。	膠西 四月丙寅，王卬以悼惠王子平昌侯立，十一年反，誅。㉟	膠東 四月丙寅，王熊渠以悼惠王子白石侯立，十一年反，
孫				
曾孫				
玄孫				
六世				
七世				

			誅。㊱					
荊王賈㊲	高帝從父弟。㊳	六年正月丙午立，六年十二月，為英布所攻，亡後。㊴						
淮南厲王長㊵	高帝子。	十一年十月庚午立，二十三年，孝文六年，謀反，廢徙蜀，死雍。㊶	十六年四月丙寅，王安以厲王子阜陵侯紹封，四十三年，元狩元年，謀反，自殺。㊷					
			衡山 四月丙寅，王賜以厲王子陽周侯立為廬					

㉞濟南，諸侯國名。原齊國地，文帝置濟南國後國除為郡，建都東平陵（今山東章丘西北）。扐，縣名。在今山東惠民西。㉟膠西，諸侯國名。本齊國地，文帝置膠西國，後更名為高密國。建都高密（今山東高密西南）。㊱膠東，諸侯國名。本齊國地，文帝置膠東國，建都即墨（今山東平度東南）。㊲荊，諸侯國名。建都吳縣（今江蘇蘇州）。㊳從父弟，堂弟。從父，堂伯或堂叔。㊴淮南王英布東擊劉賈，劉賈敗於富陵（今江蘇洪澤西北）被殺。劉邦立劉濞為吳王，統轄荊地。㊵淮南，諸侯國名。漢高祖以淮南王英布故地立其子劉長為淮南王，建都壽春（今安徽壽縣）。㊶劉長被流放蜀地之嚴道（今四川滎經），中途死於雍（今陝西鳳翔南）。㊷四十三年，本作「四十二年」，依《史》表及王先謙說改。

號謚	屬	始封	子	孫	曾孫	玄孫	六世	七世
			江王，十二年，徙衡山，四十三年，謀反，自殺。43					
			濟北四月丙寅，王勃以厲王子安陽侯立為衡山王，十二年，徙濟北，一年薨，謚曰貞王。	孝景六年，成王胡嗣，五十四年薨。	天漢四年，王寬嗣，十一年，後二年，謀反，自殺。44			
趙隱王如意45	高帝子。	九年四月立，十二年，為呂太后所殺，亡後。						
代王46	高帝子。	十一年正月丙子立，十七年，高后八年，為皇帝。47						
趙共王恢	高帝子。	十一年三						

		月丙午，為梁王，十六年，高后七年，徙趙，其年自殺，亡後。❹❽						
趙幽王友	高帝子。	十一年三月丙寅立，為淮陽王，二年，徙趙，十四年，高后七年，自殺。	孝文元年，王遂以幽王子紹封，二十六年，孝景三年，反，誅。					
			河間孝文二年三月乙卯，文王辟彊以幽王子立，十三年薨。❹❾	十五年，哀王福嗣，一年薨，亡後。				
燕靈王建	高帝子。	十二年二						

❹❸廬江，諸侯國名。原淮南國地，漢文帝分置廬江國，建都舒縣（今安徽廬江西南）。衡山，諸侯國名，原淮南國地，漢文帝分置衡山國，後改為六安國，建都郲縣（今湖北黃岡西北）。四十三年原作「三十三年」，據景祐本及王先謙說改。❹❹後二年，漢武帝後元二年（西元前八七年）。❹❺趙，諸侯國名。漢高祖以趙王張敖故地，立其子劉如意為趙王，建都邯鄲（今河北邯鄲）。❹❻代，諸侯國名。漢高祖立其子劉恆為代王，統轄原代王喜故地兼韓王信之地，建都晉陽（今山西太原西南），後遷至中都（今山西平遙西南）。❹❼代王劉恆即漢文帝。❹❽高后七年，西元前一八一年。❹❾河間，諸侯國名。本趙地，文帝分置河間國，建都樂成（今河北獻縣東南）。三月原作

號謚	屬	始封	子	孫	曾孫	玄孫	六世	七世	八世
[50]		月甲午立，十五年，高后七年，薨。呂太后殺其子。							
燕敬王澤	高帝從祖昆弟。[51]	高后七年，以營陵侯立為琅邪王，二年，孝文元年，徙燕，二年薨。[52]	三年，康王嘉嗣，二十六年薨。	孝景六年，王定國嗣，二十四年，坐禽獸行，自殺。[53]					
右高祖十一人。吳隨父，凡十二人。									
梁懷王揖[54]	文帝子。	二年二月乙卯立，十年薨，亡後。							
梁孝王武	文帝子。	二月乙卯，立為代王，三年，徙為淮陽王，十年，徙梁，三十五年薨。	孝景後元年，恭王買嗣，七年薨。	建元五年，平王襄嗣，四十年薨。[55]	太始元年，貞王毋傷嗣，十一年薨。[56]	始元二年，敬王定國嗣，四十年薨。[57]	初元四年，夷王遂嗣，六年薨。[58]	永光五年，荒王嘉嗣，十五年薨。[59]	陽朔元年，

王立嗣，二十七年，元始三年，有罪，廢，徙漢中，自殺。元始五年二月丁酉，王音以孝王玄孫之曾孫紹封，五年，王莽簒位，貶為公，明年廢。[60]	濟川 孝景中六年五月丙戌，王明以孝王子桓邑侯立，七年，建元三

「二月」，據〈文紀〉及汪本改。[50]燕，諸侯國名。漢高祖以燕王盧綰故地，立子建為燕王，建都薊縣（今北京城西南隅）。[51]從祖昆弟，同一個曾祖父的堂兄弟。從祖，伯祖父或叔祖父。昆弟，兄弟。[52]琅邪，諸侯國名。原屬齊國，呂后分置琅邪國，後除為郡，建都東武（今山東諸城）。[53]坐，特指辦罪的因由。[54]梁，諸侯國名，漢初以梁王彭越故地兼東郡置梁國，建都睢陽（今河南商丘南）。[55]建元五年，西元前一三六年。建元，漢武帝年號。[56]太始元年，西元前九六年。太始，漢武帝年號。[57]始元二年，西元前八五年。始元，漢昭帝年號。[58]初元四年，西元前四五年。初元，漢元帝年號。[59]永光五年，西元前三九年。永光，漢元帝年號。[60]陽朔元年，西元前二四年。陽朔，漢成帝年號。漢中，郡名。治西城（今陝西安康西北）。

號謚	屬	始封	子	孫	曾孫	玄孫	六世	七世
		年，坐殺中傅，廢遷房陵。❻❶						
		濟東 五月丙戌，王彭離以孝王子立，二十九年，坐殺人，廢遷上庸。❻❷						
		山陽 五月丙戌，哀王定以孝王子立，九年薨，亡後。❻❸						
		濟陰 五月丙戌，哀王不識以孝王子立，二年薨，亡後。❻❹						
代孝王參	文帝子。	二月乙卯，立為太原	孝文後三年，恭王登	清河 元光三年，	太始三年，頃王陽嗣，	地節元年，王年嗣，四	廣宗 元始二年	

	右孝文三人。齊、城陽、兩濟北、濟南、菑川、膠西、膠東、趙、河間、淮南、衡山十二人隨父，凡十五人。	河間獻王德	
		景帝子。	
王，三年，更為代王，七年薨。[65]		二年三月甲寅立，二十六年薨。	
嗣，二十九年薨。		元光六年，共王不周嗣，四年薨。	
剛王義嗣，十九年，元鼎三年，徙清河，三十八年薨。[66]		元朔四年，剛王基嗣，十二年薨。	
二十五年薨。		元鼎四年，頃王緩嗣，十七年薨。	
年，坐與同產妹姦，廢遷房陵，與邑百家。[67]		天漢四年，孝王慶嗣，四十三年薨。[69]	
四月丁酉，王如意以孝王玄孫之子紹封，七年，王莽簒位，貶為公，明年廢。[68]		五鳳四年，王元嗣，十七年，建昭元年，坐殺人，廢遷房陵。[70]	建始元年正月丁亥，惠王良以
			建平二年，王尚嗣，十四年，王莽

[61]濟川，諸侯國名，呂后置濟川國，後改為陳留郡，建都濟陽（今河南蘭考東北）。中傅，官名，宦官。房陵，縣名，在今湖北房縣。[62]濟東，諸侯國名，原梁地，景帝置濟東國，後改為東平國，建都無鹽（今山東東平東南）。上庸，縣名。故城在今湖北竹山西南。[63]山陽，諸侯國名，原梁國地，景帝分置山陽國，後除為山陽郡，建都昌邑（今山東金鄉西北）。[64]濟陰，諸侯國名，原梁地。景帝分置濟陰國，後除為郡，建都定陶（今山東定陶西北）。[65]三年原作「王三年」，據景祐本刪「王」字。[66]清河，諸侯國名，本趙地，景帝分置清河國，後除為郡。建都清陽（今河北清河東南）。[67]同產妹，同母所生之妹。[68]廣宗，諸侯國名，漢平帝置，建都廣平（今河北曲周北）。[69]四十三年原作「四十七年」，據王先謙說改。[70]五鳳四年，西元前五四年。五鳳，漢宣帝年號。建昭元年，西元前三八年。建昭，漢元帝年號。

號諡	屬	始封	子	孫	曾孫	玄孫	六世	七世
							孝王子紹封，二十七年薨。(71)	篡位，貶為公，明年廢。(72)
臨江哀王閼(73)	景帝子。	三月甲寅立，三年薨，亡後。						
魯共王餘(74)	景帝子。	三月甲寅，立為淮陽王，二年，徙魯，二十八年薨。	元朔元年，安王光嗣，四十年薨。	後元元年，孝王慶忌嗣，三十七年薨。	甘露三年，頃王封嗣，二十八年薨。(75)	陽朔二年，文王睃嗣，十九年薨，亡後。(76)		
					建平三年六月辛卯，以頃王子郚鄉侯紹封，十三年，王莽篡位，貶為公，明年，獻神書言莽德，封列侯，賜姓王。(77)			
江都易王非(78)	景帝子。	三月甲寅，立為汝南	元朔二年，王建嗣，六	廣世元始二年				

	趙敬肅王彭祖	
	景帝子。	
王，二年，徙江都，二十八年薨。79	二月甲寅，立為廣川王，四年，徙趙，六十三年薨。81	
年，元狩二年，謀反，自殺。	征和元年，頃王昌嗣，十九年薨。82	
四月丁酉，王宮以易王庶孫盱眙侯子紹封，五年，王莽篡位，貶為公，明年廢。80	本始元年，懷王尊嗣，五年薨。83	地節四年二月甲子，哀王高以頃王子紹封，四月薨。
		元康元年，共王充嗣，五十六年薨。84
		元延三年，王隱嗣，十九年，王莽篡位，貶為公，明年廢。85

71建始元年，西元前三二年。建始，漢成帝年號。72建平二年，西元前五年。建平，漢哀帝年號。73臨江，諸侯國名，漢初置國，後除為南郡，建都江陵（今湖北江陵）。74魯，諸侯國名，建都魯縣（今山東曲阜）。75甘露三年，西元前五一年。甘露，漢宣帝年號。76陽朔二年，西元前二三年。陽朔，漢成帝年號。77郚鄉，縣名。在今山東泗水東南。78江都，諸侯國名，原屬荊、吳國，漢景帝更名江都國，武帝改名廣陵國，建都廣陵（今江蘇揚州西北）。79汝南，諸侯國名，漢初置，後除為汝南郡，治上蔡（今河南上蔡西南）。80廣世，〈本紀〉作「廣川」。本傳作「廣陵」。81廣川，諸侯國名，本趙地，漢景帝分置廣川國，後改為信都國，建都信都（今河北冀州）。82征和元年，西元前九二年。征和，漢武帝年號。83本始元年，西元前七三年。本始，漢宣帝年號。84元康元年，西元前六五年。元康，

號諡	屬	始封	子	孫	曾孫	玄孫	六世	七世
			平干征和二年，頃王偃以敬肅王小子立，十一年薨。(86)	元鳳元年，繆王元嗣，二十四年，五鳳二年，坐殺謁者，會薨，不得代。(87)				
長沙定王發(88)	景帝子。	三月甲寅立，二十八年薨。	元朔二年，戴王庸嗣，二十七年薨。	天漢元年，頃王附朐嗣，十七年薨。(89)	始元四年，剌王建德嗣，三十四年薨。	黃龍元年，煬王旦嗣，二年薨，亡後。(90)		
						初元四年，孝王宗以剌王子紹封，三年薨。	永光二年，繆王魯人嗣，四十八年薨。	居攝二年，舜嗣，二年，王莽篡位，貶為公，明年廢。(91)
膠西于王端	景帝子。	三年六月乙巳立，四十七年，元封三年薨，亡後。						
中山靖王勝(92)	景帝子。	六月乙巳立，四十二年薨。	元鼎五年，哀王昌嗣，二年薨。	元封元年，穅王昆侈嗣，二十一	征和四年，頃王輔嗣，三年薨。	始元元年，憲王福嗣，十七年薨。	地節元年，懷王脩嗣，十五年薨，	廣德鴻嘉二年八月，夷王

				年薨。[93]			亡後。	雲客以懷王從父弟子紹封，一年薨，亡後。[94]
								廣平 建平三年正月壬寅，王漢以夷王弟紹封，十三年，王莽篡位，貶為公，明年廢。[95]
膠東王	景帝子。	四年四月乙巳立，四年為皇太子。[96]						
臨江閔王榮	景帝子。	七年十一月己酉，以故皇太子						

漢宣帝年號。[85]元延三年，西元前一〇年。元延，漢成帝年號。[86]平干，諸侯國名，漢武帝分趙地置平干國，後改為廣平國，建都廣平（今河北曲周北）。[87]謁者，官名。掌賓贊受事。[88]長沙，諸侯國名，原為吳芮封國，後除為郡，景帝復置國，建都臨湘（今湖南長沙）。[89]附朐，本傳作「鮒鮈」。[90]黃龍元年，西元前四九年。黃龍，漢宣帝年號。[91]居攝二年，西元七年。居攝，漢孺子嬰年號。[92]中山，諸侯國名。本趙地，漢景帝分置中山國，建都盧奴（今河北定州）。[93]穉，顏師古注曰：「好樂怠政曰穉。」[94]廣德，諸侯國名。在今安徽黟縣東北。[95]建平三年，西元前四年。建平，漢哀帝年號。[96]膠東王劉徹即漢武帝。

號諡		廣川惠王越		
屬		景帝子。		
始封	立，三年，坐侵廟壖地為宮，自殺。97	中二年四月乙巳立，十二年薨。		
子		建元五年，繆王齊嗣，四十五年薨。		
孫		征和二年，王去嗣，二十二年，本始四年，坐亨姬不道，廢徙上庸，與邑百戶。98	地節四年五月庚午，戴王文以繆王子紹封，二年薨。	
曾孫			元康二年，王汝陽嗣，十五年，甘露四年，殺人，廢徙房陵。	廣德 元始二年四月丁酉，靜王楡以惠王曾孫戴王子紹封，四年薨。
玄孫				居攝元年，王赤嗣，三年，王莽篡位，貶為公，明年廢。
六世				
七世				

膠東康王寄		清河哀王乘	常山憲王舜
景帝子。		景帝子。	景帝子。
四月乙巳立，二十八年薨。		中三年三月丁酉立，十二年薨，亡後。	中五年三月丁巳立，三十二年薨。
元狩三年，哀王賢嗣，十四年薨。	六安 元狩二年七月壬子，恭王慶以康王少子立，三十八年薨。101		元鼎三年，王勃嗣，坐憲王喪服姦，廢徙房陵。103
元封五年，戴王通平嗣，二十四年薨。	始元四年，夷王祿嗣，十年薨。102		
始元五年，頃王音嗣，五十四年薨。	本始元年，繆王定嗣，二十三年薨。		
河平元年，恭王授嗣，十四年薨。99	甘露四年，頃王光嗣，二十七年薨。		
永始三年，王殷嗣，二十三年，王莽篡位，貶為公，明年廢。100	陽朔二年，王育嗣，三十三年，王莽篡位，貶為公，明年廢。		

97廟壖地，指漢文帝廟的內牆和外牆之間的空隙地帶。98亨，通「烹」。古代的一種將人烹煮而死的酷刑。99河平元年，西元前二十八年。河平，漢成帝年號。100永始三年，西元前十四年。永始，漢成帝年號。101六安，諸侯國名。漢初置淮南國，漢文帝分置衡山國，武帝改為六安國，建都六縣（今安徽六安東北）。102十年原作「十四年」，據王先謙說改。103服姦，服喪期間而犯罪。

號謚	屬	始封	子	孫	曾孫	玄孫	六世	七世
			真定 元鼎三年，頃王平以憲王子紹封，二十五年薨。104	征和四年，烈王偃嗣，十八年薨。	本始三年，孝王申嗣，三十三年薨。105	建昭元年，安王雍嗣，十六年薨。	陽朔三年，共王普嗣，十五年薨。	綏和二年，王楊嗣，十六年，王莽篡位，貶為公，明年廢。106
			泗水 元鼎二年，思王商以憲王少子立，十五年薨。107	太初二年，哀王安世嗣，一年薨，亡後。108				
				三年，戴王賀以思王子紹封，二十年薨。	元鳳元年三月丙子，勤王綜嗣，三十九年薨。109	永光三年，戾王駿嗣，三十一年薨。	元延三年，王靖嗣，十九年，王莽篡位，貶為公，明年廢。110	
右孝景十四人。楚、濟川、濟東、山陽、濟陰五人隨父，凡十九人。111								
齊懷王閎	武帝子。	元狩六年四月乙巳立，八年，元封元年薨，亡後。						

燕刺王旦	廣陵厲王胥		
武帝子。	武帝子。		
四月乙巳立，三十七年，元鳳元年，坐謀反，自殺。[112]	四月乙巳立，六十三年，五鳳四年，坐祝詛上，自殺。		
廣陽 本始元年五月，頃王建以刺王子紹封，二十九年薨。[113]	初元二年三月壬申，孝王霸以厲王子紹封，十三年薨。		高密
初元五年，穆王舜嗣，二十一年薨。	建昭五年，共王意嗣，十三年薨。[114]	元延二年，靖王守以孝王子紹封，十七年薨。	元康元年，
陽朔二年，思王璜嗣，二十一年薨。	建始二年，哀王護嗣，十五年薨，亡後。[115]	居攝二年，王宏嗣，三年，王莽篡位，貶為公，明年廢。[116]	建始二年，
建平四年，王嘉嗣，十二年，王莽篡位，貶為公，明年廢。			鴻嘉元年，

[104]真定，諸侯國名，漢武帝分常山國置真定國，建都真定（今河北正定南）。[105]申原作「由」，三十三年原作「二十二年」，據景祐本及王先謙說改。[106]綏和二年，西元前七年。綏和，漢成帝年號。[107]泗水，諸侯國名。本東海郡地，漢武帝分置泗水國，建都淩縣（今江蘇泗陽西北）。[108]太初二年，西元前一〇三年。太初，漢武帝年號。[109]元鳳元年，西元前八〇年。元鳳，漢昭帝年號。[110]元延三年，西元前十年。元延，漢成帝年號。[111]顏師古注曰：「此表中諸王次第與本傳不同者，本傳因母氏之次而盡言所生，表則敘其昆弟長幼。又臨江閔王封時年月在後，故不同也。」[112]坐謀原作「主謀」，據景祐本及王先謙說改。[113]廣陽，諸侯國名。本燕國地，漢初置廣陽郡，本始元年改為國，建都薊縣。[114]十三年，本傳作「三年」。[115]十五年，本傳作「十六年」。[116]居攝二年，西元七年。居攝，漢孺子嬰年號。

號諡	屬	始封	子	孫	曾孫	玄孫	六世	七世
			本始元年十月，哀王弘以厲王子立，八年薨。[117]	頃王章嗣，三十四年薨。[118]	懷王寬嗣，十一年薨。	王慎嗣，二十九年，王莽篡位，貶為公，明年廢。[119]		
昌邑哀王髆[120]	武帝子。	天漢四年六月乙丑立，十一年薨。	始元元年，王賀嗣，十二年，徵為昭帝後，立二十七日，以行淫亂，廢歸故國，予邑三千戶。					
右孝武四人。六安、真定、泗水、平干四人隨父，凡八人。								
淮陽憲王欽	宣帝子。	元康三年四月丙子立，三十六年薨。	河平二年，文王玄嗣，二十六年薨。[121]	元壽二年，王縯嗣，十九年，王莽篡位，貶為公，明年廢。[122]				
東平思王宇[123]	宣帝子。	甘露二年十月乙亥立，三十二	鴻嘉元年，煬王雲嗣，十六年，建	元始元年二月丙辰，王開明嗣，				

		楚孝王囂[124]
		宣帝子。
年薨。		十月乙亥，立為定陶王，四年，徙楚，二十八年薨。
平三年，坐祝詛上，自殺。		陽朔元年，懷王芳嗣，一年薨亡後。
立五年薨，亡後。	中山元始元年二月丙辰，王成都以思王孫桃鄉頃侯宣子立，奉中山孝王後，八年，王莽篡位，貶為公，明年，獻書言莽德，封列侯，賜姓王。	
	居攝元年，嚴鄉侯子匡為東平王。	

[117]高密，諸侯國名，由膠西國改置，建都高密（今山東高密西）。[118]元康元年，西元前六五年。元康，漢宣帝年號。[119]鴻嘉元年，西元前二〇年。鴻嘉，漢成帝年號。[120]昌邑，諸侯國名。原為山陽國，漢武帝更名昌邑國，後除為山陽郡，建都昌邑（今山東金鄉西北）。[121]河平二年，西元前二七年。河平，漢成帝年號。[122]元壽二年，西元前一年。元壽，漢哀帝年號。[123]東平，諸侯國名。本梁國地，景帝分置濟東國，武帝廢為大河郡，宣帝甘露二年更為東平國，建都無鹽（今山東東平東南）。[124]楚，諸侯國名，漢初置國，景帝時楚王戊

號謚			中山哀王竟
屬			宣帝子。
始封			初元二年二月丁巳，立為清河王，五年，徙中山王，十三年薨，亡後。
子	陽朔二年，思王衍以孝王子紹封，二十一年薨。[125]		
孫	元壽元年，王紆嗣，十年，王莽篡位，貶為公，明年廢。	信都 綏和元年十一月壬子，王景以孝王孫立為定陶王，奉恭王後，三年，建平二年，徙信都，十三年，王莽篡位，貶為公，明年廢。[126]	
曾孫			
玄孫			
六世			
七世			

右孝宣四人。燕王繼絕，高密隨父，凡六人。								
定陶共王康[127]	元帝子。	永光三年三月，立為濟陽王，八年，徙山陽，八年，河平四年四月，徙定陶，凡十九年薨。	陽朔三年，王欣嗣，十四年，綏和元年，為皇太子。[128]					
中山孝王興	元帝子。	建昭二年六月乙亥，立為信都王，十五年，陽朔二年，徙中山，凡三十年薨。	綏和二年，王箕子嗣，六年，元壽二年，立為皇帝。					
右孝元二人。廣陵繼絕，凡三人。孝成時河間、廣德、定陶三國，孝哀時廣平一國，孝平時東平、中山、廣德、廣世、廣宗五國，皆繼絕。								

謀反被誅，其地入漢，後幾經廢置，宣帝時復為楚國，建都彭城（今江蘇徐州）。[125]二十一年原作「十一年」，依王先謙說補「二」字。[126]信都，諸侯國名。由廣川國改置，建都信都（今河北冀州）。綏和元年，西元前八年。綏和，漢成帝年號。[127]定陶，諸侯國名，原梁國地，景帝改置濟陰國，宣帝甘露二年更名定陶國，後更名濟陰郡，建都定陶（今山東定陶西北）。[128]定陶王劉欣即漢哀帝。

【研 析】分封制在周代盛行一時。秦始皇在建立郡縣制的同時，廢除了傳統的分封制，在一定程度上是歷史的進步。由於秦的短祚，西漢初期諸多政論家探討亡秦的教訓，其中便把秦代廢除分封制作為其速亡的一個原因。另外，基於西漢初期特殊的政治背景，漢初分封了大批異姓諸侯王，這些諸侯王很快就成為割據勢力的代表。劉邦剪滅異姓諸侯王後又分封大批同姓諸侯王，力圖使這些劉氏子弟成為國家的有力依仗。這些諸侯王們占據了全國大部分富庶的土地與人口。隨著諸侯王勢力的增大，他們很快又成為與中央分庭抗禮的割據勢力，嚴重威脅著剛剛建立不久的統一政權。景帝時終於爆發以吳王劉濞為首的七國之亂，僅三個月這場叛亂就被平息，諸侯王割據勢力受到重創。

七國之亂之所以沒有形成氣候，與漢初以來社會穩定、人民安居樂業、厭惡戰亂的心理密切相關，是休養生息政策產生了積極的政治效果。景帝抓住有利時機，進一步加強中央集權。第一，繼續實行文帝時「眾建諸侯而少其力」的方針，在原諸侯國的土地上分封更多的諸侯王，削弱其力量。第二，改革制度，原先王國高級官吏由諸侯王自行任命改為由中央直接任命。第三，「令諸侯王不得復治國」，剝奪諸侯王對王國的治理權。通過這些措施，諸侯王勢力受到很大削弱。至武帝時期，頒行「推恩令」，使諸侯王分封子弟為侯，王國封地被分割，進一步削弱了諸侯王國勢力。隨著漢中央政權的逐步穩定，從西漢中期到西漢末期，諸侯王的勢力逐漸衰弱，只能衣食封地的租稅，「勢與富室無異」。

班固在本表序中總結了漢代分封諸侯的歷史經驗，認為漢初分封同姓諸侯以代替異姓諸侯頗有必要，只是矯枉過正，藩國自大，於是進行削藩，以收弱枝強幹之效，但削藩過頭，以至「本末俱微」，被王莽篡權以至亡漢，並表明此表的目的在於「究其終始彊弱之變，明監（鑑）戒焉」。

卷十五上

王子侯表第三上

【題解】本表分上、下兩分卷，表列西漢劉姓王子侯的情況。《史記・建元已來王子侯者年表》只是記武帝實行「推恩」（實是為了削藩），封諸王子弟為侯一百六十二人的史實。本表參考了《史記》表，重新編製而成。它記西漢一代的王子侯，上、下兩分卷以武、昭間為分界線。司馬遷立表，抓住了武帝採取主父偃推恩之策，王子無不封侯，致使諸侯「銷弱」的歷史特點，可謂獨具隻眼。班氏將西漢一代王子侯籠而統之囊括於一表，雖未區分漢初特恩（不是通例）、武帝推恩、後世例行等各階段特點，但表序重點指出武帝推恩，自是「支庶畢侯」，王莽「偽褒宗室，侯及王之孫」，與司馬遷可謂途殊而歸同，同時在體例上也頗具新意。

大哉，聖祖❶之建業也！後嗣承序❷，以廣親親❸。至于孝武❹，以諸侯王畺土過制❺，或替差失軌❻，而子弟為匹夫，輕重不相準，於是制詔❼御史：「諸侯王或欲推私恩分子弟邑者❽，令各條上❾，朕且臨❿定其號名⓫。」自是支庶畢⓬侯矣。詩云：「文王孫子，本支百世⓭。」信矣哉⓮！

【章旨】以上為本表上篇的序文，簡略介紹西漢王子侯產生的原因及發展情況。

【注釋】❶聖祖　指劉邦，因其為漢代開國國君，故尊之為聖祖。❷承序　按順序繼承。❸以廣親親　廣，推廣；擴大。親親，親愛自己的親屬。前一「親」字為動詞，親愛；後一「親」字為名詞，親屬。❹孝武　漢武帝劉徹。❺制　制度。❻替差失軌　逾越等級，不守法度。替，本作「朁」，古「僭」字。假冒；超越。差，等級。軌，軌道；法度。❼制詔　皇帝頒布的命令和文書。❽諸侯王句　推私恩，將自己的所愛推廣到他人。元朔二年（西元前一二七年），漢武帝接受主父偃的建議，頒發推恩令。規定除嫡長子繼承王位外，其他子弟可以分封部分土地為列侯，這樣王國封地越封越小，諸侯國被削弱，中央集權因而得到進一步加強。分子弟邑，分封子弟為侯國。❾條上　分條上奏。❿臨　親自；親臨。⓫其號名　指食邑的封號名稱。⓬畢　完全。⓭文王孫子二句　引詩見《詩經・大雅・文王》。本，指周王一系。支，枝屬旁系。⓮信矣哉　顏師古曰：「侯所食邑，皆書其郡縣於下。其有不書者，史失之也，或但言某人嗣及直書薨，不具年月，皆闕文也。」

【語譯】聖祖建立的基業，多麼偉大呀！後代子孫依次繼承，擴大所愛之親屬的範圍。到武帝時，因為諸侯王的疆土超過了制度，有的超越本分，不守法度，而子弟卻淪為平民，以致輕重不成比例。當時頒布命令給御史大夫說：「諸侯王有想要推廣恩愛，把食邑分給子弟的，命令他們各自分條上奏，我將親自確定這些食邑的封號名稱。」從此旁支庶子全都封侯了。《詩經》上說：「文王的子子孫孫，本宗支庶百代昌盛。」的確如此啊！

號謚名	屬	始封位次	子	孫	曾孫	玄孫
羹頡侯信❶	帝兄子。❷	七年中封，十三年，高后元年，有罪，削爵一級，為關內侯。❸				
合陽侯喜❹	帝兄，為代王。匈奴攻代，棄國，廢	八年九月丙午封，七年，孝惠二	沛十一年十二月			

	為侯。❺	年薨，以子為王，諡曰頃王。❻	癸巳，侯濞以帝兄子封，十二年，為吳王。❼			
德哀侯廣❽		一百二十七 十二年十一月庚辰，以兄子封，七年八月薨。❾	高后三年，頃侯通嗣，二十四年薨。❿	孝景六年，康侯齕嗣，二十四年薨。⓫	元鼎四年，侯何嗣，五年，坐酎金免。⓬	泰山 元康四年，廣玄孫長安大夫猛，詔復家。⓭
			六世⓮	七世 元壽二年五月甲子，侯勳以廣玄孫之孫長安公乘紹封，千戶，九年王莽篡位，絕。⓯		

❶羹頡，山名，在今河北懷來境。一說暗喻羹盡的意思。頡，刮。❷帝，指漢高帝劉邦。兄，指劉伯。❸七年，漢高帝七年（西元前二〇〇年）。十三年，受封後十三年。高后元年，當西元前一八七年。高后，高帝后呂雉。關內侯，二十等爵位中第十九級，有封號，居京郊，無國邑。❹合陽，縣名，在今陝西合陽東南。喜，劉邦的二哥劉喜，表字仲。❺代，封國名，建都代縣（今河北蔚縣東北）。匈奴，北方部族名。❻八年九月丙午，按查該月無丙午日。七年，受封後七年。孝惠二年，西元前一九三年。❼沛，縣名，在今江蘇沛縣。濞，劉濞，劉邦兄劉仲之子。❽德，其地無考，一說在濟南郡，一說在泰山郡。廣，劉廣，代王劉仲之子，吳王劉濞之弟。哀，諡號。❾一百二十七，這是高后時由陳平主持評定的列侯位次。十二年十一月庚辰，十二年夏曆十一月二十八日。七年，當作「十年」，自高帝十二年到高后二年，正十年。❿高后三年，西元前一八五年。二十四年，指繼位二十四年，此「二十四年」當作「三十四年」，自高后三年至孝景五年，正三十四年。⓫孝景六年，西元前一五一年。孝景，漢景帝劉啟。二十四年，誤。自孝景六年至元鼎三年，實三十八年。⓬元鼎四年，西元前一一三年。元鼎，漢武帝的年號。酎金，漢制，諸侯於宗廟祭祀時獻金助祭，叫酎金。⓭泰山，指劉廣之封地德隸屬泰山郡，在今山東長清、棋源、泰安、蒙陽一帶，治奉高（今泰安東）。《漢書補注》認為「泰山」當作「濟南」。元康四年，西元前六二年。大夫，二十等爵位的第五級。復家，免除一家的賦役。⓮六世，第六代，此指劉廣的第六代。⓯元壽二年，

號謚名	屬	始封位次	子	孫	曾孫	玄孫
右高祖						
上邳侯郢客⑯	楚元王子。⑰	一百二十八 二年五月丙申封，七年，為楚王。⑱				
朱虛侯章⑲	齊悼惠王子。⑳	一百二十九 五月丙申封，八年，為城陽王。㉑				
東牟侯興居㉒	齊悼惠王子。	六年四月丁酉封，四年為濟北王。㉓				
右高后						
管共侯罷軍㉔	齊悼惠王子。	四年五月甲寅封，二年薨。㉕	六年，侯戎奴嗣，二十年，孝景三年，反，誅。㉖			
氏丘共侯甯國㉗	齊悼惠王子。	五月甲寅封，十一年薨。	十五年㉘侯偃嗣，十年，孝景三年，反，誅。			
營平侯信都㉙	齊悼惠王子。	五月甲寅封，十年薨。	十四年，侯廣嗣，十一年，孝景三年，反，誅。			
楊丘共侯安㉚	齊悼惠王子。	五月甲寅封，十二年薨。	十六年，侯偃嗣，十一年，孝景四年，坐出國界，耐			

			為司寇。㉛		
楊虛侯將閭㉜	齊悼惠王子。	五月甲寅封，十二年，為齊王。㉝			
朸侯辟光㉞	齊悼惠王子。	五月甲寅封，十二年，為濟南王。㉟			
安都侯志㊱	齊悼惠王子。	五月甲寅封，十二年，為濟北王。㊲			
平昌侯卬㊳	齊悼惠王子。	五月甲寅封，十二年，為膠西王。㊴			

西元前一年。元壽，漢哀帝的年號。五月甲子，夏曆五月初二日。公乘，二十等爵位的第八級。紹，繼承。⑯上邳，邑名，在今山東滕州南。郢客，一作「郢」。⑰楚元王，劉交，漢高帝之弟。⑱二年，高后二年（西元前一八六年）。五月丙申，夏曆五月初九日。七年，指受封後七年，事實上，自高后二年至孝文二年為楚王，實八年。⑲朱虛，縣名，在今山東臨朐東南。⑳齊悼惠王，漢高帝庶長子劉肥，諡號悼惠王。㉑一百二十九，姪列侯位次，張晏曰：「高后二年詔丞相陳平，令差第列侯位次高下，故王子侯三人有第，二年之後皆不第。」城陽，封國名，建都莒縣（今山東莒縣），轄境相當今山東莒縣沂南和蒙陰東部地帶。㉒東牟，縣名，在今山東牟平。㉓六年四月丁酉，高后六年夏曆四月初三日。濟北，封國名，在今山東濟寧一帶，建都盧縣（今山東長清西南）。㉔《漢書補注》認為「管」當作「菅」；菅，縣名，在今山東濟陽東。共，通「恭」。諡號。㉕四年，文帝四年（西元前一七六年）。五月甲寅，夏曆五月二十六日。二年，指受封後二年。㉖二十年，指受封後二十年。孝景三年，西元前一五四年。㉗《漢書補注》認為「氏丘」當作「斥丘」。斥丘，縣名，在今河北魏縣西北。㉘指文帝十五年，西元前一六五年。㉙營，即營丘，在齊郡臨淄縣中；臨淄，在今山東淄博東北。平，諡號。㉚楊丘，即「陽丘」，縣名，在今山東章丘北。共，諡號。㉛出國界，越出封國疆界，前往他國。耐，刑名，只剃去鬢鬚，不損傷皮肉，因此又名完刑。一本作「削」。司寇，刑名，即發往邊地，防禦外敵，二歲刑。司，通「伺」。㉜楊虛，縣名，在今山東茌平東北。㉝齊，封國名，在今山東淄博以東一帶，建都臨淄（今淄博東）。㉞朸，縣名，在今山東商河縣東北。㉟濟南，封國名，在今濟南一帶，建都東平陵（今山東章丘西北）。㊱安都，邑名，在今河北高陽西南。㊲濟北，封國名。㊳平昌，縣名，在今山東諸城

號謚名	屬	始封位次	子	孫	曾孫	玄孫
武成侯賢[40]	齊悼惠王子。	五月甲寅封，十二年，為菑川王。[41]				
白石侯雄渠[42]	齊悼惠王子。	五月甲寅封，十二年，為膠東王。[43]				
阜陵侯安[44]	淮南厲王子。[45]	八年五月丙午封，八年，為淮南王。				
安陽侯勃[46]	淮南厲王子。	五月丙午封，八年，為衡山王。[47]				
陽周侯賜[48]	淮南厲王子。	五月丙午封，八年，為廬江王。[49]				
東城哀侯良[50]	淮南厲王子。	五月丙午封，七年薨，亡後。[51]				
右孝文						
平陸侯禮[52]	楚元王子。[53]	元年四月乙巳封，三年，為楚王。[54]				
休侯富[55]	楚元王子。	四月乙巳封，三年，以兄子楚王戊反，免。三年，侯富更封紅侯，六年薨，諡曰懿。[56]	七年[57]，懷侯登嗣，一年薨。	中元年[58]，敬侯嘉嗣，二十四年薨。	元朔四年[59]，哀侯章嗣，一年薨，亡後。	

沈猷夷侯歲[60]	楚元王子。	四月乙巳封，二十年薨。[61]	建元五年，侯受嗣，十八年，元狩五年，坐為宗正聽請，不具宗室，耐為司寇。[62]		
宛朐侯埶[63]	楚元王子。	四月乙巳封，三年，反，[64]誅。			
棘樂敬侯調[65]	楚元王子。	三年八月壬子封[66]，十六年薨。	建元三年[67]，恭侯應嗣，十五年薨。	元朔元年，侯慶嗣，十六年[68]，元鼎五年，坐酎金免。	

東北。[39]膠西，封國名，在今山東膠河以西一帶，建都高密（今高密西南）。[40]武成，即南成，縣名，在今山東費縣西南。[41]菑川，封國名，在今山東壽光一帶，建都劇縣（今壽光南）。[42]白石，邑名，在今山東陵縣南。[43]膠東，封國名，在今山東平度一帶，建都即墨（今平度東南）。[44]阜陵，縣名，在今安徽和縣西。[45]淮南，封國名，在今安徽、河南淮河以南地區和湖北東部。建都壽春（今安徽壽縣）。厲王，劉長，漢高帝的小兒子。[46]安陽，縣名，在今河南信陽東北。[47]衡山，封國名，在今安徽、河南、湖北交界地區，建都六縣（今安徽六安東北）。[48]陽周，鄉名，在今山東莒縣境。[49]廬江，封國名，在今安徽南部和湖北東端，建都舒縣（今安徽廬江縣西南）。[50]東城，縣名，在今安徽定遠東南。哀，諡號。[51]亡，通「無」。[52]平陸，在今河南尉氏東北。[53]楚元王，劉交，漢高帝的弟弟。[54]元年，漢景帝元年，西元前一五六年。四月乙巳，夏曆四月十二日。三年，指受封後三年。[55]休，鄉名，在今山東滕州境。[56]三年，指免爵後三年。紅，不詳，一說在今安徽蕭縣西。六年，指改封後六年。[57]漢景帝七年，西元前一五〇年。[58]中元年，西元前一四九年。中，中元，漢景帝第一次改元，史稱中元。[59]元朔四年，西元前一二五年。元朔，漢武帝的年號。[60]沈猷，鄉聚名，在今山東淄博西南。夷，諡號。[61]二十年，指受封後二十年。[62]宗正，掌皇族親屬事務。聽請，接受別人的請託。不具宗室，辦理皇族事務不合制度。顏師古曰：「受為宗正，人有私請求者，受聽許之，故於宗室之中事有不具，而受獲罪。」[63]宛朐，縣名，在今山東東明東南。[64]指吳楚七國反叛漢朝廷一事。[65]棘樂，地名，在今河南永城西北。敬，諡號。[66]三年，漢景帝三年，西元前一五四年。[67]建元三年，西元前一三八年。建元，漢武帝年號。[68]指繼位後十六年。

號謚名	屬	始封位次	子	孫	曾孫	玄孫
乘氏侯買[69]	梁孝王子。[70]	中五年五月丁卯封[71]，一年，為梁王。				
桓邑侯明[72]	梁孝王子。	五月丁卯封，一年，為濟川王。[73]				
右孝景						
茲侯明[74]	河間獻王子。[75]	元光五年正月壬子封，四年[76]，元朔三年，坐殺人，自殺。				
安城思侯蒼[77]	長沙定王子。[78]	六年七月乙巳封，十三年薨。[79]	元鼎元年，節侯自當嗣。[80]	侯壽光嗣，五鳳二年，坐與姊亂，下獄病死。[81]		豫章[82]
宜春侯成[83]	長沙定王子。	七月乙巳封，十七年[84]，元鼎五年，坐酎金免。				[85]
句容哀侯黨[86]	長沙定王子。	七月乙巳封，二年薨，亡後。				會稽[87]
容陵侯福[88]	長沙定王子。	七月乙巳封，十七年，元鼎五年，坐酎金免。				
杏山侯成[89]	楚安王子。[90]	後九月壬戌封，十七年，元鼎五年，坐酎金免。[91]				

浮丘節侯不害[92]	楚安王子。	後九月壬戌封，十一年薨。	元狩五年，侯霸嗣，六年，[93]元鼎五年，坐酎金免。			沛[94]
廣戚節侯將[95]	魯共王子。[96]	元朔元年十月丁酉封[97]，薨。	侯始嗣[98]，元鼎五年，坐酎金免。			
丹陽哀侯敢[99]	江都易王子。[100]	十二月甲辰封，[101]六年，元狩元年薨，亡後。				無湖[102]
盱台侯蒙之[103]	江都易王子。	十二月甲辰封，十六年，元鼎五				

[69]乘氏，縣名，在今山東巨野西南。[70]梁孝王，漢武帝之子劉武。[71]中五年，指漢景帝中元五年（西元前一四五年）。[72]桓邑，《史記志疑》認為當作「長桓」；長桓，縣名，在今河南長桓東北。[73]五月丁卯，指中元五年夏曆五月初八日。濟川，本梁地，呂后時分置濟川國，在今河南開封以東至民權以西地區，都濟陽（今河南民權東北），後改為陳留郡。[74]茲，指茲氏縣，在今山西汾陽東南；一說指姑幕縣之茲亭，在今山東安邱南。[75]河間獻王，漢景帝之子劉德。河間，封國名，在今河北獻縣一帶，建都樂成（今獻縣東南）。[76]元光五年，西元前一三〇年。正月壬子，夏曆正月十九日。四年，指受封後四年。[77]安城，縣名，在今江西萍鄉東南。思，諡號。[78]長沙定王，漢景帝之子劉發。定，諡號。[79]六年，元光六年（西元前一二九年）。七月乙巳，夏曆七月二十日。十三年，指受封後十三年。[80]元鼎元年，西元前一一六年。自當，人名。[81]五鳳二年，西元前五六年。五鳳，漢宣帝的年號。亂，亂倫，指近親通姦。[82]此指劉蒼之封地安城屬於豫章郡。豫章，在今江西南昌；一說此當為長沙，安城屬長沙。[83]宜春，縣名，在今江西宜春。[84]七月，元光六年七月。十七年，指受封後十七年。[85]此格當有豫章。[86]句容，縣名，即今江蘇句容。哀，諡號。[87]此指句容縣屬於會稽。會稽，郡名，在今江蘇東南、浙江大部、福建全境，治吳縣（今江蘇蘇州）。[88]容陵，縣名，在今湖南攸縣西南。[89]杏山，其地無考。[90]漢高祖弟劉交的孫子劉道。[91]後九月壬戌，此指元光六年夏曆閏九月初八日。[92]浮丘，其地無考。節，諡號。[93]指繼位後六年。[94]此指「浮丘」屬沛。沛，郡名，在今安徽、江蘇、河南交界地區，治相縣（今安徽淮北西北）。[95]廣戚，縣名，在今江蘇沛縣東南。節，諡號。[96]魯共王，漢景帝之子劉餘。共，通「恭」。諡號用字。[97]十月丁酉，夏曆十月二十日。[98]始，劉始，人名。[99]丹陽，縣名，在今安徽馬鞍山西南。哀，諡號。[100]江都易王，漢景帝之子劉非。[101]十二月甲辰，指元朔元年夏曆十二月二十八日。[102]無湖，即「蕪湖」。「丹陽」由蕪湖分出，在今安徽蕪湖東南。[103]盱台，縣名，在今江蘇盱眙東北。

號謚名	屬	始封位次	子	孫	曾孫	玄孫
		年，坐酎金免。				
胡孰頃侯胥行 104	江都易王子。	正月丁卯封，105 十六年薨。	元鼎五年，侯聖嗣，坐知人脫亡名數，以為保殺人，免。106			丹陽 107
秣陵終侯纏 108	江都易王子。	正月丁卯封，元鼎四年薨，亡後。				
淮陵侯定國 109	江都易王子。	正月丁卯封，十六年，元鼎五年，坐酎金免。				淮陵 110
張梁哀侯仁 111	梁共王子。112	二年五月乙巳封，113 十三年薨。	元鼎三年，侯順嗣，二十三年，征和三年，114 為奴所殺。			
龍丘侯代 115	菑川懿王子。116	五月乙巳封，十五年，元鼎五年，坐酎金免。				琅邪 117
劇原侯錯 118	菑川懿王子。	五月乙巳封，十七年薨。	元鼎二年，孝侯廣昌嗣。	戴侯骨嗣。	質侯吉嗣。	節侯嚚嗣。
			六世 侯勝容嗣。119			
懷昌夷侯高遂 120	菑川懿王子。	五月乙巳封，二年薨。	四年，胡侯延年嗣。	節侯勝時嗣。	侯可置嗣。	

號謚名	屬	始封	子	孫	曾孫	玄孫
平望夷侯賞[121]	菑川懿王子。	五年乙巳封，七年薨。	元狩三年，原侯楚人嗣，二十六年薨。	太始三年[122]，敬侯光嗣，十四年薨。	神爵四年[123]，頃侯起嗣。	孝侯均嗣。
			六世 侯旦嗣。[124]			
臨眾敬侯始昌[125]	菑川懿王子。	五月乙巳封，三十一年薨。	太始元年，康侯革生嗣，十八年薨。	元鳳三年[126]，頃侯廣平嗣，薨。	原侯農嗣。	臨原 節侯理嗣。
			六世 釐侯賢嗣。[127]	七世 侯商嗣[128]，王莽篡位，絕。		
葛魁節侯寬[129]	菑川懿王子。	五月乙巳封，八年薨。	元狩四年，侯戚嗣，五年，元鼎三年，坐縛家吏恐			

[104]胡孰，縣名，在今江蘇江寧東南。頃，謚號。[105]正月丁卯，指元朔元年夏曆正月十五日。[106]脫亡名數，逃亡的人數。名數，即戶籍。以為保，以之為保。保，庸保，受雇被役使的人。殺人，指劉聖又殺人。[107]胡孰由丹陽分出。[108]秣陵，縣名，在今江蘇江寧南。終，謚號。[109]淮陵，當作「睢陵」，縣名，在今江蘇盱眙北（已沉入洪澤湖）。[110]淮陵，當作「臨淮」；臨淮，郡名，在今江蘇境內，治徐縣（今泗洪南）。[111]張梁，其地無考。哀，謚號。[112]梁共王，漢文帝的孫子劉買。[113]二年，指元朔二年，西元前一二七年。五月乙巳，夏曆五月初一日。[114]征和三年，西元前九〇年。征和，漢武帝年號。[115]龍丘，屬琅邪郡，今地不詳。[116]菑川懿王，漢高帝的孫子劉志。[117]琅邪，郡名，在今山東東南，治東武（今諸城）。[118]劇，縣名，在今山東昌樂西北。原，謚號。[119]六世，指劉勝容為劉錯的第六代孫，一說容為「客」字訛。[120]懷昌，《史記》「懷」作「壤」，無「昌」字。《史記志疑》認為「壤」即「穰」，縣名，在今河南鄧縣。夷，謚號。[121]平望，縣名，在今山東壽光東北。夷，謚號。[122]西元前九四年。太始，漢武帝的年號。[123]神爵四年，西元前五八年。神爵，漢宣帝年號。[124]六世，劉旦為劉賞的第六代孫。[125]臨眾，《漢書補注》認為當作「臨原」。臨原，縣名，在今山東臨朐東。有學者認為「臨眾」係由「臨原」分出。敬，謚號。[126]元鳳三年，西元前七八年。元鳳，漢昭帝的年號。[127]劉賢為始昌的第六代孫。[128]劉商為始昌的第七代孫。[129]葛魁，一作「莒」，縣名；一說為鄉名。節，謚號。

號謚名	屬	始封位次	子	孫	曾孫	玄孫
			猲受賕130，棄市。			
益都敬侯胡131	菑川懿王子。	五月乙巳封，薨。	原侯廣嗣。	侯嘉嗣，元鳳三年，坐非廣子免。		
平的戴侯強132	菑川懿王子。	五月乙巳封，十七年薨。	元狩元年，思侯中時嗣，三十年薨。133	太始三年，節侯福嗣，十三年薨。	神爵四年，頃侯鼻嗣。	釐侯利親嗣。
			六世 侯宣嗣。134			
劇魁夷侯黑135	菑川懿王子。	五月乙巳封，十七年薨。	元狩元年，思侯招嗣，三年薨。	四年136，康侯德嗣。	孝侯利親嗣。	釐侯嬰嗣。
			六世 侯向嗣。137			
壽梁侯守138	菑川懿王子。	五月乙巳封，十五年，元鼎五年，坐酎金免。				壽樂139
平度康侯行140	菑川懿王子。	五月乙巳封，四十七年薨。	元鳳元年，節侯慶忌嗣，三年薨。	四年141，質侯帥軍嗣。	頃侯欽嗣。	孝侯宗嗣。
			六世 侯嘉嗣。142			
宜成康侯偃143	菑川懿王子。	五月乙巳封，十一年薨。	元鼎元年，侯福嗣，十二年，太初元年，坐殺弟棄市。			平原144

號諡名	屬	始封	子	孫	曾孫	玄孫
臨朐夷侯奴[145]	菑川懿王子。	五月乙巳封，四十一年薨。	戴侯乘嗣。	節侯賞嗣。	孝侯信嗣。	東海[146] 安侯禕嗣。
			六世 侯岑嗣。[147]			
雷侯豨[148]	城陽共王子。[149]	五月甲戌封[150]，十五年，元鼎五年，坐酎金免。				東海
東莞侯吉[151]	城陽共王子。	五月甲戌封，五年，痼病不任朝，免。[152]				
辟土節侯壯[153]	城陽共王子。	五月甲戌封，三年薨。	五年[154]，侯明嗣，十二年，元鼎五年，坐酎金免。			東海
尉文節侯丙[155]	趙敬肅王子。[156]	六月甲午封[157]，五年薨。	元狩元年，侯犢嗣，十年，元鼎五年，坐酎金免。			南郡[158]

[130]恐猲，恫嚇；威脅。賕，賄賂。[131]益都，鄉名，在益縣北；益縣，在今山東壽光南。敬，諡號。[132]平的，縣名，在漢北海郡，今地不詳。戴，諡號。[133]十三年，下欄載「神爵四年，頃侯鼻嗣」，然而從太始三年至神爵三年凡三十六年，此誤。[134]劉宣為劉強的第六代孫。[135]劇魁，縣名，在今山東昌樂西北。夷，諡號。[136]指元狩四年。[137]劉向是劉黑的第六代孫。[138]壽梁，《漢書補注》認為即「壽良」；壽良，縣名，在今山東汶上西北。[139]縣名，今地不詳。[140]平度，縣名，在今山東平度西北。康，諡號。[141]指元鳳四年。[142]劉嘉是劉行的第六代孫。[143]宜成，縣名，在今山東商河縣南。康，諡號。[144]平原，郡名，在今山東西北部，治平原（今平原西南）。[145]臨朐，縣名，在今山東挾縣西北。夷，諡號。[146]在今山東、江蘇交界地區，治郯縣（今山東郯城北）。[147]劉岑是劉奴的第六代孫。[148]雷，當作「盧」，《漢書補注》認為即「盧縣」，在今山東長清西。[149]城陽共王，漢高帝之孫劉喜。[150]五月甲戌，指元朔二年夏曆五月三十日。[151]東莞，漢屬琅邪郡，縣名，故城在今山東沂水縣。[152]痼病，救治不癒的病。[153]辟土，《漢書補注》認為即「辟陽」，在今河北棗強西南。一說當作「壁」，《建元已來王子侯者年表》作「辟」，「壁」、「辟」二字互通。[154]指元朔五年，西元前一二四年。[155]尉文，地名，或說在今河北

號謚名	屬	始封位次	子	孫	曾孫	玄孫
封斯戴侯胡傷[159]	趙敬肅王子。	六月甲午封，二十五年薨。	太初三年[160]，原侯如意嗣，五十二年薨。	甘露四年[161]，孝侯宮嗣。	侯仁嗣。	
榆丘侯受福[162]	趙敬肅王子。	六月甲午封，十五年，元鼎五年，坐酎金免。				
襄嚵侯建[163]	趙敬肅王子。	六月甲午封，十五年，元鼎五年，坐酎金免。				廣平[164]
邯會衍侯仁[165]	趙敬肅王子。	六月甲午封，薨。	哀侯慧嗣。	後元年[166]，勤侯賀嗣，三十五年薨。	甘露元年，原侯張嗣。	釐侯康嗣。
			六世 節侯重嗣。[167]	七世 懷侯蒼嗣[168]，薨，亡後。		
朝節侯義[169]	趙敬肅王子。	六月甲午封，十三年薨。	元鼎三年，戴侯祿嗣。	侯固城嗣，五鳳四年，坐酎金少四兩免。		
東城侯遺[170]	趙敬肅王子。	六月甲午封，十一年，元鼎元年，為孺子所殺[171]。				
陰城思侯蒼[172]	趙敬肅王子。	六月甲午封，十七年，太初元年薨。嗣子有罪，不				

號諡名	屬	始封	子	孫	曾孫	玄孫
		得代。[173]				
廣望節侯忠[174]	中山靖王子。[175]	六月甲午封，三十年薨。	天漢四年[176]，頃侯中嗣，十三年薨。	始元三年[177]，思侯何齊嗣。	恭侯遂嗣。	侯閣嗣。
將梁侯朝平[178]	中山靖王子。	六月甲午封，十五年，元鼎五年，坐酎金免。				涿[179]
薪館侯未央[180]	中山靖王子。	六月甲午封，十五年，元鼎五年，坐酎金免。				涿
陸城侯貞[181]	中山靖王子。	六月甲午封，十五年，元鼎五年，坐酎金免。				涿
薪處侯嘉[182]	中山靖王子。	六月甲午封，十五年，元鼎五年，坐酎金免。				涿

無極西。節，諡號。[156]趙敬肅王，漢景帝之子劉彭祖。[157]六月甲午，指元朔二年夏曆六月二十日。[158]郡名，在今湖北中西部，治江陵（今江陵）。[159]封斯，縣名，在今河北趙縣西北。戴，諡號。[160]西元前一〇二年。太初，漢武帝的年號。[161]甘露四年，西元前五〇年。甘露，漢宣帝的年號。[162]榆丘，其地無考。[163]襄嚵，縣名，今地不詳。[164]縣名，在今河北曲周北。[165]邯會，縣名，在今河北肥鄉西南。衍，諡號。[166]西元前八八年。後，後元，漢武帝最末年號。[167]劉重是劉仁的第六代孫。[168]劉蒼是劉仁的第七代孫。[169]朝，地名，即朝城，在今山東陽谷西南。節，諡號。[170]東城，縣名，在今安徽定遠東南。[171]孺子，妾的名號。[172]陰城，縣名，在今河北曲周西。思，諡號。[173]嗣子，嫡長子當嗣者。不得代，不能代而為侯。[174]廣望，縣名，在今河北清苑西南。節，諡號。[175]中山靖王，漢景帝之子劉勝。[176]西元前九七年。天漢，漢武帝的年號。[177]西元前八四年。始元，漢昭帝的年號。[178]將梁，鄉名，在廣望縣（今河北保定西南）。[179]郡名，在今北京房山區至河北安平一帶，治涿縣（今河北涿州）。[180]薪館，《史記志疑》認為可能是「新昌」之誤；新昌，縣名，在今河北新城東南。[181]陸城，縣名，在今河北安國東。[182]薪處，縣名，在今河北望都西南。

號謚名	屬	始封位次	子	孫	曾孫	玄孫
蒲領侯嘉[183]	廣川惠王子。[184]	三年十月癸酉封[185]，有罪，絕。				東海
西熊侯明[186]	廣川惠王子。	十月癸酉封[187]，薨，亡後。				
棗彊侯晏[188]	廣川惠王子。	十月癸酉封，薨，亡後。				
畢梁侯嬰[189]	廣川惠王子。	十月癸酉封，十九年，元封四年，坐首匿罪人，為鬼薪。[190]				魏[191]
旁光侯殷[192]	河間獻王子。	十月癸酉封，十年，元鼎元年，坐貸子錢不占租，取息過律，會赦，免。[193]				魏
距陽憲侯匄[194]	河間獻王子。	十月癸酉封，十四年薨。	元鼎五年，侯渫嗣，坐酎金免。			
蔞節侯退[195]	河間獻王子。	十月癸酉封，十六年薨。	元封元年，釐侯嬰嗣，二十二年薨。	後元年[196]，原侯益壽嗣，三十一年薨。	五鳳元年，安侯充世嗣，三年薨。	四年，侯遺嗣，二十年，建始四年薨，亡後。[197]
阿武戴侯豫[198]	河間獻王子。	十月癸酉封，二十四年薨。	太初三年，敬侯宣嗣，二十年薨。[199]	始元三年[200]，節侯信嗣，二十三年薨。	神爵元年，釐侯嬰齊嗣。[201]	頃侯黃嗣。
			六世			

			侯長久嗣[202]，王莽篡位，絕。			
參戶節侯免[203]	河間獻王子。	十月癸酉封，四十六年薨。	元鳳元年，敬侯嚴嗣。	頃侯元嗣。	孝侯利親嗣。	侯度嗣。
州鄉節侯禁[204]	河間獻王子。	十月癸酉封，十一年薨。	元鼎二年，思侯齊嗣。	元封六年，憲侯惠嗣。	釐侯商嗣。	恭侯伯嗣。
			六世侯禹嗣[205]，王莽篡位，絕。			
平城侯禮[206]	河間獻王子。	十月癸酉封，六年，元狩三年，坐恐猲取雞以令買償免，復謾，完為城旦。[207]				[208]

[183]蒲領，縣名，在今河北交河縣西南。[184]漢景帝之子劉建。[185]三年，指元朔三年（西元前一二六年）。十月癸酉，按元朔三年十月癸酉乃夏曆十月初一日。當時以十月為歲首。[186]西熊，其地無考。[187]十月，指元朔三年十月。[188]棗彊，縣名，在今河北棗強東南。[189]畢梁，屬魏郡，今地不詳。[190]元封四年，西元前一〇七年。元封，漢武帝的年號。首匿，主謀藏匿罪犯。鬼薪，漢代的一種徒刑，「取薪給宗廟」。[191]郡名，在今河北、河南、山東交界地區，治鄴縣（今河北臨漳西南）。[192]旁光，或疑為房子縣（今河北高邑西南）。[193]不占租，不自報所得息金。占，自報數目。租，租金，指放高利貸所得息金。律，律令；法令。取息過律，指取息超過了律令，即取息過多。會，適逢。[194]距陽，即細陽，縣名，在今安徽阜陽北。憲，諡號。[195]蔞，亭名，在今河北饒陽東北。節，諡號。[196]即後元元年，西元前八八年。後元，漢武帝最末年號。[197]四年，五鳳四年。二十年，五鳳四年至建始四年共二十五年，此誤。建始四年，西元前二九年。建始，漢成帝年號。[198]阿武，縣名，在今河北河間。戴，諡號。[199]二十年，太初三年至始元二年只十八年，此誤。[200]西元前八四年。始元，漢昭帝年號。[201]神爵元年，西元前六一年。神爵，漢宣帝年號。爵，通「雀」。[202]劉長久是劉豫的第六代孫。[203]參戶，縣名，在今河北滄州西北。節，諡號。[204]州鄉，縣名，在今河北河間東北。節，諡號。[205]劉禹為劉禁的第六代孫。[206]平城，《漢書補注》認為當作「成平」；成平，縣名，在今河北滄州西南。[207]買償，依令買雞以償。謾，欺謾。顏師古曰：「恐猲取人雞，依令買雞以償，坐此免

號謚名	屬	始封位次	子	孫	曾孫	玄孫
廣侯順[209]	河間獻王子。	十月癸酉封，十四年，元鼎五年，坐酎金免。				勃海[210]
蓋胥侯讓[211]	河間獻王子。	十月癸酉封，十四年，元鼎五年，坐酎金免。				魏
陰安康侯不害[212]	濟北貞王子。[213]	十月癸酉封，十一年薨。	元鼎三年，哀侯秦客嗣，三年薨，亡後。			魏
滎關侯騫[214]	濟北貞王子。	十月癸酉封，坐謀殺人，會赦，免。				茌平[215]
周望康侯何[216]	濟北貞王子。	十月癸酉封，八年薨。	元狩五年，侯當時嗣，六年，元鼎五年，坐酎金免。			
陪繆侯則[217]	濟北貞王子。	十月癸酉封，十一年薨。	元鼎二年，侯邑嗣，五年，坐酎金免。			平原
前侯信[218]	濟北貞王子。	十月癸酉封，十四年，元鼎五年，坐酎金免。				平原
安陽侯樂[219]	濟北貞王子。	十月癸酉封，三十八年薨。	後元年，穅侯延年嗣，十六年薨。	本始二年[220]，康侯記嗣，十五年薨。	五鳳元年，安侯戚嗣。	平原 哀侯得嗣，薨，亡後。
五據侯曜丘[221]	濟北式王子。[222]	十月癸酉封，十				泰山

		四年，元鼎五年，坐酎金免。				
富侯龍[223]	濟北式王子。	十月癸酉封，十六年，元康元年，坐使奴殺人，下獄瘐死。[224]				
平侯遂[225]	濟北式王子。	十月癸酉封，四年，元狩元年，坐知人盜官母馬為臧，會赦，復作。[226]				
羽康侯成[227]	濟北式王子。	十月癸酉封，六十年薨。	地節三年，恭侯係嗣。[228]	侯棄嗣，王莽篡位，絕。		
胡母侯楚[229]	濟北式王子。	二月癸酉封[230]，十四年，元鼎五年，坐酎金免。				泰山

侯，又犯欺謾，故為城旦也。」完，一種較輕的刑罰，不施肉刑，只服勞役。城旦，服築城的勞役。[208]此格脫「南皮」二字。[209]廣，據《漢書補注》考證，廣縣屬齊郡，距河間國遠，不可能是劉順的封邑，此「廣」不詳所在。[210]郡名，在今河北滄州一帶，治浮陽（今滄州東南）。[211]蓋，其地無考。[212]陰安，縣名，在今河南南樂西南。康，諡號。[213]濟北貞王，漢高祖之孫劉勃。[214]滎關，縣名，在今山東阿縣北。[215]縣名，在今山東茌平西南，滎關係由茌平分出。[216]周望，其地無考。康，諡號。[217]陪，其地無考。繆，諡號。[218]前，或作「葥」，其地無考。[219]安陽，縣名，今地不詳。陽，也可能是諡號「煬」的誤字。[220]西元前七二年。本始，漢宣帝的年號。[221]五據，今地不詳。曜丘，人名。[222]濟北式王，漢高帝曾孫劉胡。[223]富，《史記志疑》疑為「富陽」；富陽，縣名，在今山東汶上北。[224]元康元年，《漢書補注》認為當作「元封元年」。瘐死，指罪犯病死在監獄中。[225]平，縣名，在今河南偃師西北。[226]為臧，為之收藏。臧，通「藏」。復作，刑罰名，免除枷鎖，只服勞役。顏師古曰：「有人盜馬，為藏匿之，雖會赦，猶復作。復作者，徒役也。」[227]羽，侯國名，在今山東高唐東南。康，諡號。[228]地節三年，西元前六七年。地節，漢宣帝的年號。[229]胡母，鄉名，今地不詳。[230]二月，當依〈建元已來

號謚名	屬	始封位次	子	孫	曾孫	玄孫
離石侯綰(231)	代共王子。(232)	正月壬戌封(233)，後更為涉侯，坐上書謾，耐為鬼薪。				(234)
邵侯順(235)	代共王子。	正月壬戌封，二十六年，天漢元年，坐殺人及奴凡十六人，以捕匈奴千騎，免。				(236)
利昌康侯嘉(237)	代共王子。	正月壬戌封，五十一年薨。	元鳳五年，戴侯樂嗣，十二年薨。	元康二年(238)，頃侯萬世嗣。	節侯光祿嗣。	刺侯殷嗣。
			六世 侯換嗣(239)，王莽篡位，絕。			
藺侯罷軍(240)	代共王子。	正月壬戌封，後更為武原侯，坐盜賊免。				西河(241)
臨河侯賢(242)	代共王子。	正月壬戌封，後更為高俞侯，坐酎金免。				
濕成侯忠(243)	代共王子。	正月壬戌封，後更為端氏侯，薨，亡後。				
土軍侯郢客(244)	代共王子。	正月壬戌封，後				

		更為鉅乘侯，坐酎金免。				
皋琅侯遷[245]	代共王子。	正月壬戌封，薨，亡後。				臨淮[246]
千章侯遇[247]	代共王子。	正月壬戌封，後更為夏丘侯，坐酎金免。				平原[248]
博陽頃侯就[249]	齊孝王子。[250]	三月乙卯封[251]，薨。	侯終古嗣，元鼎五年，坐酎金免。			濟南[252]
寧陽節侯恬[253]	魯共王子。	三月乙卯封，五十二年薨。	元鳳六年，安侯慶忌嗣，十八年薨。	五鳳元年，康侯信嗣。	孝侯邑嗣。	侯方嗣[254]。
瑕丘節侯政[255]	魯共王子。	三月乙卯封，五十三年薨。	元平元年[256]，思侯國嗣，四年薨。	本始四年[257]，孝侯湯嗣，十年薨。	神爵二年，煬侯奉義嗣。	釐侯遂成嗣。

王子侯者年表》作「十月」。[231]離石，縣名。在今山西離石。[232]代共王，漢文帝之孫劉登。共，通「恭」。[233]正月壬戌，此指元朔三年夏曆正月二十二日。[234]《漢書補注》認為此格缺「上黨」二字。上黨，郡名，在今山西東南部地區，治長子（今長子西）。[235]邵，今地不詳。[236]《漢書補注》認為此格缺「山陽」二字。山陽，郡名，在今山東西南部，治昌邑（今巨野南）。[237]利昌，屬齊郡，今地不詳。康，謚號。[238]西元前六四年。元康，漢宣帝的年號。[239]劉換是劉嘉的第六代孫。[240]藺，縣名，在今山西離石西。羆軍，人名。[241]郡名，在今內蒙古、山西、陝西交界地區，治平定（今內蒙古東勝境）。[242]臨河，縣名，在今內蒙古臨河北。[243]濕成，濕，當作「隰」，縣名，在今山西離石西南。[244]土軍，縣名，在今山西石樓。[245]皋琅，一作「皋狼」，縣名，在今山西離石西北。[246]皋琅屬西河郡，此誤。[247]千章，屬西河郡，今地不詳。[248]千章在西河郡，此誤。[249]博陽，縣名，在今山東泰安東南。《漢書補注》認為當作「傅陽」；傅陽，縣名，在今山東棗莊南。頃，謚號。[250]齊孝王，漢高帝之孫劉將閭。[251]三月乙卯，此指元朔三年夏曆三月十六日。[252]「博陽」衍文，傅陽屬楚。[253]寧陽，縣名，在今山東寧陽南。節，謚號。[254]《漢書補注》認為此格缺「濟南」二字。[255]瑕丘，縣名，在今山東兗州東北，《漢書補注》認為當作「敬丘」；敬丘，侯國名，在今河南永城西北。節，謚號。[256]西元前七四年。元平，漢昭帝的年號。[257]西元前七〇年。本始，漢宣帝的年號。

號謚名	屬	始封位次	子	孫	曾孫	玄孫
			六世侯禹嗣[258]。			
公丘夷侯順[259]	魯共王子。	三月乙卯封，三十年薨。	太始元年，康侯置嗣。	地節四年，煬侯延壽嗣，九年薨。	五鳳元年，思侯賞嗣。	侯元嗣，王莽篡位，絕。
郁根侯驕[260]	魯共王子。	三月乙卯封，十四年，元鼎五年，坐酎金免。				
西昌侯敬[261]	魯共王子。	三月乙卯封，十四年，元鼎五年，坐酎金免。				
陸地侯義[262]	中山靖王子。	三月乙卯封，十四年，元鼎五年，坐酎金免。				辛處[263]
邯平侯順[264]	趙敬肅王子。	三月乙卯封，十四年，元鼎五年，坐酎金免。				廣平[265]
武始侯昌[266]	趙敬肅王子。	四月甲辰封[267]，三十四年，為趙王。				魏
爲氏節侯賀[268]	趙敬肅王子。	四月甲辰封，十八年薨。	元封三年，思侯安意嗣，二十七年薨。	始元六年[269]，康侯千秋嗣，十六年薨。	元康元年，孝侯漢強嗣。	侯豐嗣，王莽篡位，絕。
易安侯平[270]	趙敬肅王子。	四月甲辰封，二十年薨。	元封五年，康侯種嗣。	侯德嗣，始元元年，坐殺人免。		鄗[271]

路陵侯童[272]	長沙定王子。	四年三月乙丑封，[273]四年，元狩二年，坐殺人，自殺。				南陽[274]
攸輿侯則[275]	長沙定王子。	三月乙丑封，二十二年，太初元年，坐篡死罪囚，棄市。[276]				南陽[277]
荼陵節侯訢[278]	長沙定王子。	三月乙丑封，十年薨。	元鼎二年，哀侯湯嗣，十一年，太初元年薨，亡後。			桂陽[279]
建成侯拾[280]	長沙定王子。	三月乙丑封，元鼎二年，坐使行人奉璧皮薦，賀元年十月不會，免。[281]				[282]

[258]劉禹為劉政的第六代孫。[259]公丘，縣名，在今山東滕州西南。夷，謚號。[260]郁根，地名，在今山東魚臺東北。[261]西昌，《史記志疑》認為即「須昌」；須昌，縣名，在今山東東平西北。[262]陸地，地名，在今河北望都西南。[263]辛處，即新處，縣名，在今河北望都西南。[264]邯平，地名，今地不詳。[265]廣平，封國名、縣名，國在今河北任縣至丘縣一帶，建都廣平（今曲州北）。[266]武始，縣名，在今河北邯鄲西南。[267]四月甲辰，按元朔三年四月無甲辰。甲辰乃夏曆五月初五日。[268]爲氏，不詳，《漢書補注》認為當作「象氏」；象氏，縣名，在今河北柏鄉東南。節，謚號。[269]始元六年，西元前八一年。始元，漢昭帝的年號。[270]易，縣名，在今河北雄縣西北。安，謚號。[271]縣名，在今河北柏鄉北，易縣屬涿郡，鄗縣屬常山郡，相去很遠。[272]路陵，《方輿紀要》謂即長沙之昭陵；昭陵，縣名，在今湖南邵陽。童，《漢書補注》認為當作「章」。[273]四年三月乙丑，指元朔四年夏曆三月初二日。[274]郡名，在今河南、湖北交界地區，治宛縣（今河南南陽）。[275]攸輿，即攸縣，在今湖南攸縣東北。[276]篡，奪取。[277]攸輿在長沙郡，此誤。[278]荼陵，縣名，在今湖南茶陵東北。節，謚號。[279]荼陵屬長沙，不屬桂陽；桂陽，郡名，在今湖南、廣東交界地區，治郴縣（今湖南郴州）。[280]建成，縣名，在今江西高安。[281]行人，

號諡名	屬	始封位次	子	孫	曾孫	玄孫
安眾康侯丹(283)	長沙定王子。	三月乙丑封，三十年薨。(284)	元封六年，節侯山柎嗣，三十八年薨。	地節三年，繆侯毋妨嗣。	釐侯褒嗣。	侯歙嗣。
			侯崇嗣，居攝元年舉兵(285)，為王莽所滅。			
			侯寵，建武二年以崇從父弟紹封。(286)	建武十三年，侯松嗣。		今見(287)
葉平侯喜(288)	長沙定王子。	三月乙丑封，十三年，元鼎五年，坐酎金免。				
利鄉侯嬰(289)	城陽共王子。	三月乙丑封，五年，元狩三年，有罪免。				
有利侯釘(290)	城陽共王子。	三月乙丑封，三年，元狩元年，坐遺淮南王書稱臣棄市。(291)				東海
東平侯慶(292)	城陽共王子。	三月乙丑封，五年，元狩三年，坐與姊姦，下獄瘐死。				東海
運平侯記(293)	城陽共王子。	三月乙丑封，十				東海

號諡名姓	屬	始封	子	孫	曾孫	玄孫
		三年，元鼎五年，坐酎金免。				
山州侯齒	城陽共王子。	三月乙丑封，十三年，元鼎五年，坐酎金免。				
海常侯福	城陽共王子。	三月乙丑封，十三年，元鼎五年，坐酎金免。				琅邪(294)
騶丘敬侯寬(295)	城陽共王子。	三月乙丑封，六年薨。	元狩四年，原侯報德嗣。	侯毋害嗣，本始二年，坐使人殺兄棄市。		
南城節侯貞(296)	城陽共王子。	三月乙丑封，四十二年薨。	始元四年，戴侯猛嗣，二十二年薨。	神爵元年，元侯尊嗣，二年薨。	四年，釐侯充國嗣。	頃侯遂嗣。
			六世　侯友嗣(297)，王莽篡位，絕。			

指使者。皮薦，以皮墊璧。賀元年十月，漢初（太初以前）沿用秦代曆法，以夏曆十月為歲首，故舉行慶賀。不會，指前往朝會慶賀未及時。(282)《漢書補注》認為此格缺「豫章」二字。(283)安衆，縣名，在今河南鄧州東北。康，諡號。(284)元朔四年至元封五年凡二十年，「三」字誤。(285)居攝元年，西元六年。居攝，漢孺子嬰的年號。(286)建武二年，西元二六年。建武，漢光武帝年號。從父弟，堂弟。從父，堂伯父或堂叔父。紹，繼續；繼承。(287)作表時現為侯，表示尚在人世。見，同「現」。(288)葉，縣名，在今河南葉縣西南。平，諡號。(289)利鄉，即「利成」；利成，縣名，在山東臨沭東南。(290)有利，即「即丘」；即丘，縣名，在今山東臨沭西。(291)遺，贈予。淮南王，指淮南王劉安，劉釘的從祖父。(292)東平，即無鹽縣，在今山東汶上西北。(293)運平，即東莞，在今山東沂水縣。(294)郡名，在今山東半島南部，治東武（今山東諸城）。(295)騶丘，其地無考。敬，諡號。(296)南城，即南成，在今山東費縣西南。節，諡號。(297)劉友為劉貞的第六代孫。

號諡名	屬	始封位次	子	孫	曾孫	玄孫
廣陵庣侯表(296)	城陽共王子。	三月乙丑封，七年薨。	元狩五年，侯成嗣，六年，元鼎五年，坐酎金免。			
杜原侯皋	城陽共王子。	三月乙丑封，十三年，元鼎五年，坐酎金免。				
臨樂敦侯光(299)	中山靖王子。	四月甲午封(300)，二十年薨。	元封六年，憲侯建嗣。	列侯固嗣。	五鳳三年，節侯萬年嗣。	侯廣都嗣，王莽篡位，絕。
東野戴侯章(301)	中山靖王子。	四月甲午封，薨。	侯中時嗣，太初四年薨，亡後。			
高平侯喜(302)	中山靖王子。	四月甲午封，十三年，元鼎五年，坐酎金免。				平原(303)
廣川侯頗(304)	中山靖王子。	四月甲午封，十三年，元鼎五年，坐酎金免。				
重侯擔(305)	河間獻王子。	四月甲午封，四年，元狩二年，坐不使人為秋請免(306)。				平原
被陽敬侯燕(307)	齊孝王子。	四月乙卯封(308)，十三年薨。	元鼎五年，穅侯偃嗣，二十八年薨。	始元二年，頃侯壽嗣。	孝侯定嗣。	節侯閎嗣。

六世

			侯廣嗣[309]，王莽篡位，絕。			
定敷侯越[310]	齊孝王子。	四月乙卯封，十二年薨。	元鼎四年，思侯德嗣，五十一年薨。	元康四年，憲侯福嗣。	恭侯湯嗣。	定侯乘嗣[311]，王莽篡位，絕。
稻夷侯定[312]	齊孝王子。	四月乙卯封，薨。	簡侯陽都嗣。	本始二年，戴侯咸嗣，四十二年薨。[313]	甘露元年，頃侯閔嗣。	侯永嗣，王莽篡位，絕。
山原侯國[314]	齊孝王子。	四月乙卯封，二十七年薨。五百五十戶。	天漢三年，康侯棄嗣，十四年薨。	始元三年，安侯守嗣，二十二年薨。	侯發嗣。	勃海 甘露二年，孝侯外人嗣，十八年，建始五年薨。[315]
繁安夷侯忠[316]	齊孝王子。	四月乙卯封，十八年薨。	元封四年，安侯守嗣。	節侯壽漢嗣。	元鳳五年，頃侯嘉嗣。	孝侯光嗣。
			六世 侯起嗣。[317]			

[298]廣陵，縣名，在今江蘇揚州西北，《史記志疑》認為當作「廣陽」；廣陽，縣名，在今北京房山區東北。虒，謚號。[299]臨樂，縣名，在今河北南皮東南。敦，謚號，《漢書補注》認為是「穆」字古文的誤字。[300]四月甲午，指元朔四年夏曆四月初一日。[301]東野，《史記志疑》認為是邑名，今地不詳。戴，謚號。[302]高平，縣名，在今江蘇泗洪東南。[303]高平屬臨淮郡，距平原郡甚遠。[304]廣川，縣名，在今河北棗強東。[305]重，即「千童」；千童，縣名，在今河北鹽山西南。擔，《漢書補注》認為當作「陰」。[306]朝會名，春曰朝，秋曰請。[307]被陽，縣名，在今山東博興西南。敬，謚號。[308]四月乙卯，指元朔四年夏曆四月二十二日。[309]劉廣為劉燕的第六代孫。[310]定，侯國名，在今山東樂陵東北。敷，謚號，《漢書補注》認為是「穆」字古文的誤字。[311]定，《漢書補注》認為是衍文。[312]稻，縣名，在今山東高密西。夷，謚號。[313]本始二年，西元前七二年。本始，漢宣帝的年號。本始二年至甘露元年只二十年。本始當為太始之誤。[314]山，國名，今地不詳。原，謚號。[315]建始，為「建昭」之誤；建昭，漢元帝的年號。[316]繁安，縣名，屬千乘郡，今地不詳。夷，謚號。[317]劉起為劉忠的第六代孫。

號謚名	屬	始封位次	子	孫	曾孫	玄孫
柳康侯陽已[318]	齊孝王子。	四月乙卯封，薨。	敷侯罷師嗣。[319]	于侯自為嗣。	安侯擕嗣。	繆侯軵嗣。
			六世 侯守嗣[320]，王莽篡位，絕。			
雲夷侯信[321]	齊孝王子。	四月乙卯封，十四年薨。	元鼎六年，侯茂發嗣。	太始二年，康侯遂嗣。	釐侯終古嗣。	侯得之嗣，王莽篡位，絕。
牟平共侯渫[322]	齊孝王子。	四月乙卯封，五年薨。	元狩三年，節侯奴嗣，二十五年薨。	太始二年，敬侯更生嗣，二十九年薨。	地節四年，康侯建嗣，一年薨。	元康元年，孝侯齕嗣。
			六世 釐侯咸嗣。[323]	七世 侯隆嗣[324]，王莽篡位，絕。		
柴原侯代[325]	齊孝王子。	四月乙卯封，三十四年薨。	征和二年[326]，節侯勝之嗣，二十七年薨。	元康二年，敬侯賢嗣。	三年，康侯齊嗣。	恭侯莫如嗣，薨，亡後。
[327]柏暢戴侯終古	趙敬肅王子。	五年十一月辛酉封[328]，薨。	侯朱嗣，始元三年薨，亡後。			中山[329]
歊安侯延年[330]	趙敬肅王子。	十一月辛酉封，十二年，元鼎五年，坐酎金免。				[331]
[332]乘丘節侯將夜	中山靖王子。	三月癸酉封[333]，十一年薨。	元鼎四年，戴侯德嗣。	侯外人嗣，元康四年，坐為子時與後母亂，免。		

高丘哀侯破胡[334]	中山靖王子。	三月癸酉封，八年，元鼎元年薨，亡後。				
柳宿夷侯蓋[335]	中山靖王子。	三月癸酉封，四年薨。	元狩三年，侯蘇嗣，八年，元鼎五年，坐酎金免。			[336]
戎丘侯讓[337]	中山靖王子。	三月癸酉封，十二年，元鼎五年，坐酎金免。				
樊輿節侯脩[338]	中山靖王子。	二月癸酉封[339]，三十六年薨。	後元年，煬侯過倫嗣。	思侯異眾嗣。	頃侯土生嗣。	侯自予嗣，王莽篡位，絕。
曲成侯萬歲[340]	中山靖王子。	三月癸酉封，十二年，元鼎五年，坐酎金免。				涿
安郭于侯傳富[341]	中山靖王子。	三月癸酉封，薨。五百二十戶。	釐侯偃嗣。	侯崇嗣，元康元年，坐首匿死罪免。		涿

[318]柳，侯國名，在今河北鹽山縣東北。康，諡號。[319]敷，《漢書補注》認為是「穆」字古文的誤字。[320]劉守為劉陽已的第六代孫。[321]雲，侯國名，在琅邪郡，今地不詳。夷，諡號。[322]牟平，縣名，在今山東牟平。共，通「恭」。諡號。渫，人名。[323]劉威為劉渫的第六代孫。[324]劉隆為劉渫的第七代孫。[325]柴，縣名，在山東泗水縣北。原，諡號。[326]西元前九一年。征和，漢武帝的年號。[327]柏暢，亭名，在今河北臨城西。戴，諡號。[328]五年，指元朔五年，即西元前一二四年。十一月辛酉，按元朔五年十一月辛酉為夏曆十一月初一日。當時以十月為歲首。[329]封國名，在今河南中部，治盧奴（今河南定州）。[330]鄗，鄗的誤字；鄗，縣名，在今河北高邑東南。安，諡號。[331]按「鄗」地屬常山。此格脫「常山」二字。[332]乘丘，當作「桑丘」，縣名，在今山東濟寧東北。節，諡號。[333]三月癸酉，指元朔五年夏曆三月十五日。[334]高丘，其地無考。哀，諡號。[335]柳宿，聚邑名，在今河北定縣東北。夷，諡號。[336]一說此格脫「涿」字。[337]戎丘，即西縣，在今甘肅天水市西南。[338]樊輿，縣名，在今河北徐水縣東南。節，諡號。[339]二月，當作三月。[340]曲成，鄉名，今地不詳。萬歲，人名。[341]

號謚名	屬	始封位次	子	孫	曾孫	玄孫
安險侯應[342]	中山靖王子。	三月癸酉封，十二年，元鼎五年，坐酎金免。				
安道侯恢[343]	中山靖王子。	三月癸酉封，十二年，元鼎五年，坐酎金免。				
夫夷敬侯義[344]	長沙定王子。	三月癸酉封[345]，十二年薨。	元鼎五年，節侯禹嗣，五十八年薨。	五鳳三年，頃侯奉宗嗣。	釐侯慶嗣。	懷侯福嗣。
			六世 侯商嗣[346]，王莽篡位，絕。			
舂陵節侯買[347]	長沙定王子。	六月壬子封[348]，四年薨。	元狩三年，戴侯熊渠嗣，五十六年薨。	元康元年，孝侯仁嗣。[349]	侯敞嗣。	建武二年[350]，立敞子祉為城陽王。
都梁敬侯定[351]	長沙定王子。	六月壬子封。八年薨。	元鼎元年，頃侯係嗣。	節侯弘嗣。	原侯順懷嗣。	煬侯容嗣。
			六世 侯佗人嗣[352]，王莽篡位，絕。			
洮陽靖侯狩燕[353]	長沙定王子。	六月壬子封，七年，元狩六年薨，亡後。				
眾陵節侯賢[354]	長沙定王子。	六月壬子封，五	本始四年，戴侯	黃龍元年[355]，頃	侯骨嗣，王莽篡	

		十年薨。	真定嗣，二十二年薨。	侯慶嗣。	位，絕。	
終弋侯廣置[356]	衡山賜王子。[357]	六年四月丁丑封[358]，十一年，元鼎五年，坐酎金免。				汝南[359]
麥侯昌[360]	城陽頃王子。[361]	元鼎元年四月戊寅封[362]，五年，坐酎金免。				琅邪
鉅合侯發[363]	城陽頃王子。	四月戊寅封，五年，坐酎金免。				平原[364]
昌侯差[365]	城陽頃王子。	四月戊寅封，五年，坐酎金免。				琅邪
蕢侯方[366]	城陽頃王子。	四月戊寅封，五年，坐酎金免。				[367]

安郭，亭名，在今河北安國東南。于，諡號。[342]安險，縣名，在今河北定縣東南。[343]安道，其地無考。[344]夫夷，縣名，在今湖南邵陽。敬，諡號。[345]三月癸酉，長沙王子之封皆宜在「六月壬子」。[346]劉商為劉義第六代孫。[347]舂陵，鄉名，在今湖南寧遠東北。節，諡號。[348]六月壬子，指元朔五年夏曆六月二十六日。[349]侯國遷至南陽郡蔡陽縣白水鄉（今湖北棗陽南）。[350]西元二六年。建武，東漢光武帝劉秀的年號。[351]都梁，縣名，在今湖南武岡東北。敬，諡號。[352]劉佗人為劉定的第六代孫。[353]洮陽，縣名，在今廣西壯族自治區全州北。靖，諡號。[354]眾陵，當作「泉陵」，侯國名，在今湖南零陵。節，諡號。[355]西元前四九年。黃龍，漢宣帝的年號。[356]終弋，今地不詳。[357]衡山賜王，為「衡山王賜」之誤，劉賜為漢高帝之孫。[358]六年，指元朔六年，西元前一二三年。四月丁丑，按元朔六年四月無丁丑，丁丑乃夏曆五月二十六日。[359]郡名，在今河南東部、安徽西北部，治上蔡（今河南上蔡西南）。[360]麥，今地不詳。[361]城陽頃王，漢高帝玄孫劉延。[362]元鼎元年，西元前一一六年。元鼎，漢武帝年號。四月戊寅，夏曆四月初七日。[363]鉅合，侯國名，在今山東章丘西北。[364]巨合在濟南郡，不在平原郡。[365]昌，縣名。[366]蕢，一作「費」，即費縣，在今山東費縣北。[367]一說此格脫「琅邪」二字。

號謚名	屬	始封位次	子	孫	曾孫	玄孫
虖葭康侯澤 368	城陽頃王子。	四月戊寅封，六十二年薨 369。	神爵元年，夷侯舞嗣。	頃侯閎嗣。		侯永嗣，王莽篡位，絕。
原洛侯敢 370	城陽頃王子。	四月戊寅封，二十六年，征和三年，坐殺人棄市。				琅邪
挾術侯昆景 371	城陽頃王子。	四月戊寅封，十六年，天漢元年薨，亡後。				琅邪
挾釐侯霸 372	城陽頃王子。	四月戊寅封，三十五年薨。	始元五年，夷侯戚嗣，二十一年薨。	神爵元年，節侯賢嗣。	頃侯思嗣。	孝侯眾嗣，薨，亡後。
朸節侯讓 373	城陽頃王子。	四月戊寅封，薨。	侯興嗣，為人所殺。			平原
文成侯光 374	城陽頃王子。	四月戊寅封，五年，坐酎金免。				東海
挍靖侯雲 375	城陽頃王子。	四月戊寅封，五年，坐酎金免。				
庸侯餘 376	城陽頃王子。	四月戊寅封，有罪死。				琅邪
翟侯壽 377	城陽頃王子。	四月戊寅封，五年，坐酎金免。				東海
鱣侯應 378	城陽頃王子。	四月戊寅封，五年，坐酎金免。				襄賁 379

彭侯強[380]	城陽頃王子。	四月戊寅封，五年，坐酎金免。				東海
瓡節侯息[381]	城陽頃王子。	四月戊寅封，五十五年薨。	元康四年，質侯守嗣，七年薨。			
虛水康侯禹[382]	城陽頃王子。	四月戊寅封，三十八年薨[383]。	地節元年，息侯爵嗣，七年薨[384]。	五鳳四年，侯敞嗣，王莽篡位，絕。		
東淮侯類[385]	城陽頃王子。	四月戊寅封，五年，坐酎金免。				北海
拘侯賢[386]	城陽頃王子。	四月戊寅封，五年，坐酎金免。				千乘[387]
淯侯不疑[388]	城陽頃王子。	四月戊寅封，五年，坐酎金免。				東海
陸元侯何[389]	菑川靖王子。[390]	七月辛卯封[391]，薨。	原侯賈嗣。	侯延壽嗣，五鳳三年，坐知女妹夫亡命笞二百，首匿罪，免。[392]		壽光[393]

[368]虖葭，即雩虖，屬琅邪郡，今地不詳。康，謚號。[369]自始封至神爵元年只五十六年，此云「六十二年」，誤。[370]原洛，當作「石洛」，今地不詳。[371]挾術，《史記索隱》認為是祓；祓，侯國名，在今山東諸城東北。[372]挾，《史記》作「校」，在山東臨朐東。釐，謚號。[373]枎，縣名，在今山東商河縣東北。節，謚號。[374]文成，縣名，在東海郡，今地不詳。[375]《史記志疑》疑為掖；掖，縣名，在今山東掖縣。靖，謚號，劉雲坐酎金免，不應有謚，「靖」可能是衍文。[376]庸，其地無考。[377]翟，其地無考。[378]鱣，縣名，由襄賁分出。[379]襄賁，縣名，在今山東蒼山縣南。[380]彭，即百祊亭，在今山東費縣境。[381]瓡，此字音義有三說：同「執」，同「瓠」，同「孤」。侯國名，屬北海郡，今地不詳。節，謚號。[382]虛水，縣名，屬琅邪郡，今地不詳。康，謚號。[383]三十八年，元鼎元年至地節元年凡「四十八年」，此誤。[384]七年，自地節元年至五鳳三年凡五十年，此誤。[385]東淮，《史記索隱》認為在東海，今地不詳。[386]《漢書補注》認為當作朐；朐，縣名，在今江蘇連雲港市西南。[387]《漢書補注》認為當作「東海」。[388]淯，《漢書補注》認為當作「涓」；涓，鄉聚名，在今山東諸城西。[389]陸，侯國名由壽光分出。元，謚號。[390]菑川靖王，漢高帝曾孫劉建。[391]按元鼎元年七月無辛卯，辛卯乃夏曆八月二十二日。[392]亡

號諡名	屬	始封位次	子	孫	曾孫	玄孫
廣饒康侯國394	菑川靖王子。	七月辛卯封，五十年薨。	地節三年，共侯坊嗣，十四年薨。	甘露元年，侯麟嗣，王莽篡位，絕。		
缾敬侯成395	菑川靖王子。	七月辛卯封，五十四年薨。396	地節二年，頃侯龍嗣，五十年薨。	元康三年，原侯融嗣。	侯閔嗣，王莽篡位，絕。	
俞閭煬侯毋害397	菑川靖王子。	七月辛卯封，四十四年薨。398	地節三年，原侯況嗣，十年薨。	五鳳元年，侯瞵嗣，十二年，初元三年薨399，亡後。		
甘井侯光400	廣川繆王子。401	七月乙酉封402，二十五年，征和二年，坐殺人棄市。				鉅鹿403
襄隄侯聖404	廣川繆王子。	七月乙酉封，五十年，地節四年，坐奉酎金斤八兩少四兩，免。	元始二年，聖子倫以曾祖廣川惠王曾孫為廣德王。405			鉅鹿
皋虞煬侯建406	膠東康王子。407	元封元年五月丙午封408，九年薨。	太初四年，穅侯定嗣，十四年薨。409	本始二年，節侯裒嗣。	釐侯動嗣。	頃侯顯嗣。
			六世 侯樂嗣410，王莽篡位，絕。			
魏其煬侯昌411	膠東康王子。	五月丙午封，十七年薨。	本始四年，原侯傅光嗣，三十三年薨。412	甘露三年，孝侯禹嗣。	質侯蟜嗣。	侯嘉嗣，王莽篡位，絕。

祝茲侯延年413	膠東康王子。	五月丙午封，五年，坐棄印綬出國，免。				琅邪
高樂康侯414	齊孝王子。	不得封年，薨，亡後。				濟南415
參鬷侯則416	廣川惠王子。	不得封年，坐酎金免。				東海417
沂陵侯喜418	廣川惠王子。	不得封年，坐酎金免。				東海
沈陽侯自為419	河間獻王子。	不得封年。				勃海420
漳北侯寬421	趙敬肅王子。	不得封年，元鳳三年，為奴所殺。				魏
南䜌侯佗422	趙敬肅王子。	不得封年，征和二年，坐酎金免。				鉅鹿

命笞二百，謂妹夫有笞二百罪，亡命。393縣名，在今山東壽光東北。394廣饒，縣名，在今山東廣饒東。395缾，縣名，屬琅邪郡，今地不詳。敬，謚號。396五十四年，自元鼎元年至地節元年只四十八年，此誤。397俞閭，其地無考，一說在今山東壽光東南。煬，謚號。398四十四年，自元鼎元年至地節二年凡四十九年，此誤。399初元三年，西元前四六年。初元，漢元帝的年號。400甘井，其地無考。401廣川繆王，漢景帝之孫劉齊。402七月乙酉，按元鼎元年七月無乙酉，乙酉夏曆八月十六日。403鉅鹿，郡名，在今河北南部，治鉅鹿（今河北平鄉西南）。404襄隄，《漢書補注》認為當作「襄陵」；襄陵，縣名，在今山西臨汾東南。405《漢書補注》謂「曾祖」二字疑衍。406皋虞，侯國名，在今山東即墨東北。煬，謚號。407膠東康王，漢景帝之子劉寄。408元封元年，西元前一一〇年。元封，漢武帝年號。五月丙午，按五月無丙午，丙午乃夏曆六月十一日。409十四年，自太初四年至本始元年凡二十九年，此誤。410劉樂為劉建的第六代孫。411魏其，縣名，在今山東臨朐東南。煬，謚號。412自元封元年至本始四年，凡四十年，此云「三十三年」，誤。413祝茲，侯國名，在今山東膠縣西南。414高樂，縣名，在今河北南皮東南。康，謚號。415高樂在勃海郡，不在濟南郡。416參鬷，亭名，在今山東定陶境。417參鬷在濟南郡，不在東海郡。418沂陵，其地無考。419沈陽，縣名，在今陝西華縣東北。420即渤海。沈陽縣屬左馮翊，不屬勃海郡。421漳北，其地無考。422南䜌，縣名，在今河北巨鹿北。

號諡名	屬	始封位次	子	孫	曾孫	玄孫
南陵侯慶(423)	趙敬肅王子。	不得封年，後三年(424)，坐為沛郡太守橫恣罔上，下獄瘐死。				臨淮(425)
鄗侯舟(426)	趙敬肅王子。	不得封年，征和四年，坐祝䙡上，要斬。(427)				常山(428)
安檀侯福(429)	趙敬肅王子。	不得封年，後三年，坐為常山太守祝䙡上，訊未竟，病死。(430)				魏
爰戚侯當(431)	趙敬肅王子。	不得封年，後三年，坐與兄廖謀反，自殺。				濟南(432)
栗節侯樂(433)	趙敬肅王子。	征和元年封，二十七年薨。	地節四年，煬侯忠嗣。	質侯終根嗣。	侯況嗣。	
洨夷侯周舍(434)	趙敬肅王子。	元年封(435)，薨。	孝侯惠嗣。	節侯迺始嗣。	哀侯動嗣。	侯承嗣。
猇節侯起(436)	趙敬肅王子。	元年封，十三年薨。	始元六年，夷侯充國嗣，二十年薨。	神爵元年，恭侯廣明嗣。	釐侯固嗣。	侯鉅鹿嗣。
揤裴戴侯道(437)	趙敬肅王子。	元年封，十二年薨。	元鳳元年，哀侯尊嗣。	頃侯章嗣。	釐侯景嗣。	東海侯發嗣。(438)
澎侯屈氂(439)	中山靖王子。	二年三月丁巳封，三年，坐為丞				

右孝武	相祝禮要斬。

❹❷❸南陵，其地無考。❹❷❹後元只二年，別本作「二年」是對的。❹❷❺郡名，在今江蘇、安徽交界地區，治徐縣（今江蘇泗洪東南）。❹❷❻鄗，縣名，在今河北柏鄉北。❹❷❼祝禮，詛咒。禮，同「詛」。上，皇上。要，通「腰」。❹❷❽郡名，在今河北西部，治元氏（今河北元氏西北）。❹❷❾其地無考。❹❸⓪後三年，當作「後二年」。訊，拷問；審訊。竟，完畢。❹❸❶爰戚，侯國名，在今山東嘉祥西。❹❸❷爰戚不在濟南郡，在山陽郡。❹❸❸栗，侯國名，在今河南夏邑。節，謚號。❹❸❹洨，侯國名，在今安徽固鎮東。夷，謚號。❹❸❺元年，指征和元年。❹❸❻猇，侯國名，在今山東丘縣西北。節，謚號。❹❸❼揤裴，一作「即裴」，縣名，在今河北肥鄉西南。❹❸❽揤裴當屬魏郡。❹❸❾澎，即彭，縣名，在今山東費縣東。

卷十五下

王子侯表第三下

孝元之世，亡❶王子侯者，盛衰終始，豈非命哉！元始❷之際，王莽擅朝❸，偽褒宗室，侯及王之孫❹焉。居攝❺而愈多，非其正，故弗錄❻。旋踵❼亦絕，悲夫！

【章旨】以上為下篇的序文，扼要介紹了漢代自元帝之後王子侯封侯的變化及其王莽新朝濫封王子不予收錄的原因。

【注釋】❶亡　通「無」。❷元始　漢平帝年號，共五年（西元一—五年）。❸擅朝　專擅朝政。擅，獨攬。❹侯及王之孫　謂諸侯王之孫亦得封侯。❺居攝　孺子劉嬰年號，僅二年（西元六—七年）。❻弗錄　因王莽掌權所封，故不以為正，不予記錄。❼旋踵　旋轉腳跟，比喻時間短促。

【語譯】元帝的後代，沒有王子封侯的，漢朝氣運始盛終衰的變化，難道不是命運決定的嗎！在元始年間，王莽獨攬朝政，虛偽地褒揚漢朝皇族，給各國王的孫子封了侯。居攝年間，王莽封的侯愈來愈多，那不是正道，所以不予記載。這些侯爵不久也斷絕了，可悲啊！

號謚姓名	屬	始封	子	孫	曾孫	玄孫
松茲戴侯霸❶	六安共王子。❷	始元五年六月辛丑封，二十二年薨。❸	神爵二年，共侯始嗣。❹	頃侯綈嗣。	侯均嗣。王莽篡位，絕者凡百八十一人。❺	
溫水侯安國❻	膠東哀王子。❼	六月辛丑封，十年，本始二年，坐上書為妖言，會赦免。❽				
蘭旗頃侯臨朝❾	魯安王子。❿	六月辛丑封，二十二年薨。	神爵二年，節侯去疾嗣，七年薨。	甘露元年，釐侯嘉嗣。	侯位嗣，絕。	
容丘戴侯方山⓫	魯安王子。	六月辛丑封。	頃侯未央嗣。	侯昭嗣，絕。		
良成頃侯文德⓬	魯安王子。	六月辛丑封。	共侯舜嗣。	釐侯原嗣。	戴侯元嗣。	侯閔嗣，絕。
蒲領煬侯祿⓭	清河綱王子。⓮	六年五月乙卯封。⓯	哀侯推嗣，亡後。⓰			

❶松茲，侯國名，在今安徽宿松東北。戴，謚號。❷六安共王，景帝之孫劉慶。❸始元五年，西元前八二年。始元，漢昭帝的年號。六月辛丑，夏曆六月十九日。二十二年，指封後二十二年。❹神爵二年，西元前六〇年。神爵，漢宣帝的年號。爵，通「雀」。嗣，繼位。❺絕者，廢除侯爵的。❻溫水，其地無考。❼膠東哀王，漢景帝之孫劉賢。❽本始二年，西元前七二年。本始，漢宣帝年號。妖言，怪誕不經的邪說。❾蘭旗，《漢書補注》認為「旗」當作「祺」；蘭祺，縣名，屬東海郡，今地不詳。頃，謚號。❿魯安王，景帝之孫劉光。⓫容丘，侯國名，在今江蘇邳縣北。戴，謚號。⓬良成，侯國名，在今江蘇邳縣東南。頃，謚號。⓭蒲領，侯國名，在今河北阜城東北。煬，謚號。⓮清河綱王，當作「清河剛王」，漢文帝曾孫劉義。⓯六年，指始元六年。五月乙卯，夏曆五月二十一日。⓰亡，通「無」。

號謚姓名	屬	始封	子	孫	曾孫	玄孫
			元延三年，節侯不識以推弟紹封。⑰	侯京嗣，免。		
南曲煬侯遷⑱	清河綱王子。	五月乙卯封，三十年薨。	甘露三年，節侯江嗣。	侯尊嗣，免。		
高城節侯梁⑲	長沙頃王子。⑳	六月乙未封。	質侯景嗣。	頃侯請士嗣。	侯馮嗣，免。	
成獻侯喜㉑	中山康王子。㉒	元鳳五年十一月庚子封㉓，十五年薨。	神爵元年，頃侯得疕嗣。	煬侯偹嗣。	哀侯貴嗣，建平元年薨㉔，亡後。	涿郡㉕
新市康侯吉㉖	廣川繆王子。㉗	十一月庚子封，二十五年薨。	甘露三年，頃侯義嗣。	侯欽嗣。		堂陽㉘
江陽侯仁㉙	城陽慧王子。㉚	六年十一月乙丑封，十年，元康元年，坐役使附落免。㉛				東海
陽武侯㉜	孝武皇帝曾孫。㉝	元平元年七月庚申封㉞，即日即皇帝位。				
右孝昭十二						
朝陽荒侯聖㉟	廣陵厲王子。㊱	本始元年七月壬子封。㊲	思侯廣德嗣。	侯安國嗣，免。		濟南
平曲節侯曾㊳	廣陵厲王子。	七月壬子封，十九年，五鳳四年，	釐侯臨嗣。	侯農嗣，免。		東海

		坐父祝詛上，免，後復封。㊴				
南利侯昌㊵	廣陵厲王子。	七月壬子封，五年，地節二年，坐賊殺人免。㊶				汝南
安定戾侯賢㊷	燕刺王子。㊸	七月壬子封。	頃侯延年嗣。	侯昱嗣，免。		鉅鹿
東襄愛侯寬㊹	廣川繆王子。	二年四月壬申封。㊺	侯使親嗣，建昭元年薨，亡後。㊻			信都㊼
宣處節侯章㊽	中山康王子。	三年六月甲辰封，㊾四年薨。	地節三年，原侯眾嗣，薨，亡後。			

⑰元延三年，西元前十年。元延，漢成帝年號。推，指哀侯劉推。紹，繼續；繼承。⑱南曲，縣名，在今河北丘縣西北。煬，謚號。

⑲高城，一作「高成」，縣名，在今河北鹽山縣東南。節，謚號。⑳長沙頃王，漢景帝曾孫劉鮒鮈。㉑成，又作「鮈」，邑名，在今山東寧陽東北。獻，謚號。㉒中山康王，漢景帝曾孫劉昆侈。㉓元鳳五年，西元前七六年。元鳳，漢昭帝的年號。十一月庚子，夏曆十一月二十五日。㉔建平元年，西元前六年。建平，漢哀帝的年號。㉕成邑在泰山郡，不屬涿郡。㉖新市，地名，在今河北新河縣南。康，謚號。㉗廣川繆王，漢景帝之孫劉齊。繆，通「穆」。㉘縣名，在今河北新河縣西北，「新市」在堂陽縣境。㉙江陽，今地不詳。㉚城陽慧王，當作「城陽惠王」，漢高帝七代孫劉武。㉛六年十一月乙丑，漢昭帝元鳳六年夏曆十一月二十七日。元康元年，西元前六五年。元康，漢宣帝的年號。役使，驅使服役。附落，指封邑以外來依附的村落居民。㉜陽武，縣名，在今河南原陽東南。㉝指漢宣帝劉詢。

㉞元平元年，西元前七四年。元平，漢昭帝的年號。七月庚申，夏曆七月二十五日。㉟朝陽，縣名，在今山東鄒縣西北。荒，謚號。

㊱廣陵厲王，漢武帝之子劉胥。㊲本始元年，西元前七三年。本始，漢宣帝年號。七月壬子，夏曆七月二十三日。㊳平曲，城名，在今河北霸縣東。節，謚號。㊴十九年，指受封後十九年。五鳳四年，西元前五四年。五鳳，漢宣帝年號。㊵南利，地名，在今河南商水縣西南。㊶地節二年，西元前六八年。地節，漢宣帝年號。㊷安定，縣名，在今河北深州西。戾，謚號。㊸燕刺王，漢武帝之子劉旦。

㊹東襄，地名，屬信都國，今地不詳。愛，謚號。㊺二年，指本始二年。四月壬申，夏曆四月十七日。中華本〈校勘記〉改「二」為「三」，誤。本始三年四月庚辰朔，無壬申，且下行書「三年」，可證此非三年，當作「二年」。㊻使親，《漢書補注》認為當作「便親」，猶言「利親」。建昭元年，西元前三八年。建昭，漢元帝年號。㊼信都，封國名，在今河北東南部，建都信都（今冀縣）。㊽宣處，其地無考。節，謚號。㊾三年，指本始三年。六月甲辰，夏曆六月二十六日。

號諡姓名	屬	始封	子	孫	曾孫	玄孫
修市原侯寅(50)	清河綱王子。	四年四月己丑封(51)，三年薨。	地節三年，頃侯千秋嗣。	釐侯元嗣。	侯雲嗣，免。	勃海
東昌趮侯成(52)	清河綱王子。	四月己丑封。	頃侯親嗣。	節侯霸嗣。	侯祖嗣，免。	
新鄉侯豹(53)	清河綱王子。	四月己丑封，四年薨。	地節四年，釐侯步可嗣。	煬侯尊嗣。	侯佟嗣，元始元年上書言王莽宜居攝(54)，莽篡位，賜姓王。	
修故侯福(55)	清河綱王子。	四月己丑封，五年，元康元年，坐首匿群盜棄市。(56)				清河(57)
東陽節侯弘(58)	清河綱王子。	四月己丑封，十年薨。	神爵二年，釐侯繎嗣。	頃侯廼始嗣。	哀侯封親嗣。	侯伯造嗣，免。
新昌節侯慶(59)	燕剌王子。	五月癸丑封(60)。	頃侯稱嗣。	哀侯未央嗣，薨，亡後。元延元年，釐侯婟以未央弟紹封。	侯晉嗣，免。	涿
邯蕼節侯偃(61)	趙頃王子。(62)	地節二年四月癸卯封(63)，九年薨。	神爵三年，釐侯勝嗣。	頃侯度嗣。	侯定嗣，免。	魏
樂陽繆侯說(64)	趙頃王子。	四月癸卯封。	孝侯宗嗣。	頃侯崇嗣。	侯鎮嗣，免。	常山
桑中戴侯廣漢	趙頃王子。	四月癸卯封。	節侯繎嗣。	頃侯敬嗣，亡後。		

[65]						
				元延二年，侯舜以敬弟紹封，十九年免。		
張侯嵩[66]	趙頃王子。	四月癸卯封，八年，神爵二年，坐賊殺人，上書要上，下獄瘐死。[67]				常山[68]
景成原侯雍[69]	河間獻王子。[70]	四月癸卯封，六年薨。	元康四年，頃侯歐嗣。	釐侯禹嗣。	節侯福嗣，免。	勃海
平隄嚴侯招[71]	河間獻王子。	四月癸卯封，一年薨。	三年，繆侯祭嗣。	節侯曾世嗣。	釐侯育嗣。	鉅鹿[72] 侯迺始嗣，免。
樂鄉憲侯佟[73]	河間獻王子。	四月癸卯封，九年薨。	神爵三年，節侯蒯嗣。	頃侯鄧嗣。	釐侯勝嗣。	鉅鹿[74] 侯地緒嗣，免。

[50]修市，侯國名，在今河北景縣西北。原，諡號。[51]四年四月己丑，指本始四年夏曆四月十六日。[52]東昌，縣名，在今河北武邑北。趮，諡號。[53]新鄉，即「信鄉」；信鄉，侯國名，在今山東夏津西。[54]居攝，皇帝年幼不能理政，由大臣代居其位，治理國事，叫居攝。[55]修，縣名，在今河北景縣南。故，諡號。[56]首匿，主謀藏匿罪犯。棄市，死罪名，指在鬧市中處決（罪犯）。[57]清河，郡名，在今河北東南、山東西北，治清陽（今河北清河縣東南）；修縣在信都國，不在清河郡。[58]東陽，縣名，在今山東武城東北。節，諡號。[59]新昌，縣名，在今河北涿州東南。節，諡號。[60]五月癸丑，指本始四年夏曆五月初十日。[61]邯冓，侯國名，在今河北肥鄉西。冓，同「溝」。今作「溝」。節，諡號。[62]趙頃王，漢景帝之孫劉昌。[63]地節二年，西元前六八年。地節，漢宣帝年號。四月癸卯，夏曆四月十二日。[64]樂陽，縣名，在今河北石家莊西北。繆，諡號。說，同「悅」。[65]桑中，縣名，在今河北石家莊西北。戴，諡號。[66]張，縣名，在今河北邢臺東北。[67]賊殺，兇殘地殺害。要上，顏師古注云「怙親而不服罪」。瘐死，在獄中病死。[68]張縣在廣平國，不在常山郡。[69]景成，縣名，在今河北滄州南。原，諡號。[70]河間獻王，漢景帝之子劉德。《漢書補注》認為獻王死已六十年，不應有未封之子，疑誤。[71]平隄，縣名，在今河北武邑東南。嚴，諡號。[72]平隄在信都，不在鉅鹿郡。[73]樂鄉，縣名，在今河北深州東南。憲，諡號。[74]樂鄉縣在信都國，不在鉅鹿郡。

號謚姓名	屬	始封	子	孫	曾孫	玄孫
高郭節侯嶿[75]	河間獻王子。	四月癸卯封，薨。	孝侯久長嗣。	頃侯菲嗣。	共侯稱嗣。	哀侯霸嗣，薨，亡後。
						鄚[76] 元延元年，侯異眾以霸弟紹封。
			六世 侯發嗣[77]，免。			
樂望孝侯光[78]	膠東戴王子。[79]	四年二月甲寅封。[80]	釐侯林嗣。	侯起嗣，免。		北海[81]
成康侯饒[82]	膠東戴王子。	二月甲寅封。	侯新嗣，免。			北海
柳泉節侯強[83]	膠東戴王子。	二月甲寅封，十七年薨。	黃龍元年[84]，孝侯建嗣。	煬侯萬年嗣。	侯永昌嗣，免。	南陽[85]
復陽嚴侯延年[86]	長沙頃王子。	元康元年正月癸卯封。[87]	煬侯漢嗣。	侯道嗣，免。		南陽
鍾武節侯度[88]	長沙頃王子。	正月癸卯封。	孝侯宣嗣。	哀侯霸嗣，亡後。		
			元延二年，節侯則以霸叔父紹封。[89]			
高城節侯梁[90]	長沙頃王子。	正月癸卯封。	質侯景嗣。	頃侯諸士嗣。	侯馮嗣，免。	
富陽侯賜[91]	六安夷王子。[92]	二年五月丙戌封，二十八年，建昭二年，坐上書歸印綬免，八百				

		戶。93				
海昏侯賀94	昌邑哀王子。95	三年四月壬子，以昌邑王封，四年，神爵三年薨。坐故行淫辟，不得置後。96	初元三年97，釐侯代宗以賀子紹封。	原侯保世嗣。	侯會邑嗣，免，建武後封。98	豫章99
曲梁安侯敬100	平干頃王子。101	七月壬子封102。	節侯時光嗣。	侯瓠辯嗣，免。		魏郡103
遽鄉侯宣104	真定列王子。105	四年三月甲寅封106，二年薨，亡後。				常山
新利侯偃107	膠東戴王子。	神爵元年四月癸巳封，十一年，甘露四年，坐上				

75高郭，縣名，在今河北任丘西北。節，諡號。76鄚，縣名，在今河北雄縣東南；高郭由鄚縣分出。77劉發為劉[illegible]的第六代孫。78樂望，縣名，在今山東濰坊西北。孝，諡號。79膠東戴王，漢景帝曾孫劉通平。80四年，地節四年。二月甲寅，夏曆二月初三日。81北海，郡名，在今山東北部，治營陵（今濰坊南）。82《漢書補注》認為當作「饒康侯成」。饒，侯國名，在今山東壽光東北。康，諡號。83柳泉，縣名，在今山東昌樂南。節，諡號。84黃龍元年，西元前四九年。黃龍，漢宣帝年號。85柳泉在北海郡，不在南陽郡。86復陽，縣名，在今河南桐柏西北。嚴，諡號。87元康元年，西元前六五年。元康，漢宣帝年號。正月癸卯，夏曆正月二十八日。88鍾武，縣名，在今河南信陽東南。節，諡號。89指劉則以哀侯劉霸之叔父的身分繼承封爵。90高城，一作「高成」，縣名，在今湖北松滋南。節，諡號。91富陽，縣名，在今山東寧陽西北。92六安夷王，漢景帝曾孫劉祿。93二年，指元康二年。五月丙戌，夏曆五月十八日。建昭二年，西元前三七年。建昭，漢元帝的年號。94海昏，縣名，在今江西修水西北。95昌邑哀王，漢武帝之子劉髆。96三年，元康三年。四月壬子，按四月無壬子日。淫辟，淫亂邪惡。辟，通「僻」。97西元前四六年。初元，漢元帝的年號。98此格疑脫「今見」二字。99豫章，郡名，在今江西，治南昌（今南昌）。100曲梁，縣名，在今河北邯鄲東北。安，諡號。101平干頃王，漢景帝之子劉彭祖的小兒子劉偃。102七月壬子，指元康三年夏曆七月二十一日。103曲梁在廣平國，不在魏郡。104遽鄉，其地無考。105真定列王，漢景帝之子常山憲王劉舜孫劉偃，列當作「烈」。106四年三月甲寅，指元康四年夏曆三月二十七日。107新利，其地無考。

號謚姓名	屬	始封	子	孫	曾孫	玄孫
		書謾，免，復更封戶都侯，建始三年又上書謾，免。四百戶。[108]				
樂信頃侯強[109]	廣川繆王子。[110]	三年四月戊戌封。[111]	孝侯何嗣。	節侯賀嗣。	侯涉嗣，免。	鉅鹿
昌成節侯元[112]	廣川繆王子。	四月戊戌封，四年薨。	五鳳三年，頃侯齒嗣。	釐侯應嗣。	質侯江嗣，建平三年薨[113]，亡後。	信都[114]
廣鄉孝侯明[115]	平干頃王子。	七月壬申封[116]。	節侯安嗣。	釐侯周齊嗣。	侯充國嗣，免。	鉅鹿[117]
成鄉質侯慶[118]	平干頃王子。	七月壬申封，九百戶。	節侯霸嗣，鴻嘉三年薨[119]，亡後。			廣平[120]
			元延二年，侯果以霸弟紹封，十九年免。			
平利節侯世[121]	平干頃王子。	四年三月癸丑封[122]。	質侯嘉嗣。	釐侯禹嗣。	侯旦嗣，免。	魏郡[123]
平鄉孝侯壬[124]	平干頃王子。	三月癸丑封。	節侯成嗣。	侯陽嗣，免。		魏郡[125]
平纂節侯梁[126]	平干頃王子。	三月癸丑封，薨，亡後。				平原
成陵節侯充[127]	平干頃王子。	三月癸丑封，四百一十戶。	侯德嗣，鴻嘉三年，坐弟與後母亂，共殺兄德，知不舉，不道，下獄			廣平

			瘐死。128			
西梁節侯闞兵 129	廣川戴王子。130	三月乙亥封 131，七年薨。	甘露三年，孝侯廣嗣。	哀侯宮嗣。	侯敞嗣，免。	鉅鹿 132
歷鄉康侯必勝 133	廣川繆王子。	七月壬子封 134，五年薨。	甘露元年，頃侯長壽嗣。	繆侯宮嗣。	侯東之嗣，免。	鉅鹿
陽城愍侯田 135	平干頃王子。	七月壬子封。	節侯賢嗣。	釐侯説嗣。	侯報嗣，免。	
祚陽侯仁 136	平干頃王子。	五鳳元年四月乙未封 137，十三年，初元五年，坐擅興繇賦，削爵一級，為關內侯，九百一十戶。				廣平
武陶節侯朝 138	廣川繆王子。	七月壬午封 139。	孝侯弘嗣。	節侯勳嗣。	侯京嗣，免。	鉅鹿

108 神爵元年四月癸巳，查該年四月無癸巳日，為閏四月十二日。謾，欺騙；蒙蔽。建始三年，西元前三〇年。建始，漢成帝年號。109 樂信，縣名，在今河北辛集（束鹿）東南。頃，諡號。110 廣川繆王，漢景帝之孫劉齊。111 三年四月戊戌，指神爵三年夏曆四月二十九日。112 昌成，縣名，在今河北冀州西北。節，諡號。113 建平三年，西元前四年。建平，漢哀帝年號。114 信都，封國名，在今河北、山東交界地區，治信都（今河北冀州）。115 廣鄉，縣名，在今河北任縣西。孝，諡號。116 七月壬申，神爵三年七月無壬申，壬申乃夏曆八月初五日。117 廣鄉在廣平國，不在鉅鹿郡。118 成鄉，縣名，在今山東安丘東北。質，諡號。119 鴻嘉三年，西元前一八年。鴻嘉，漢成帝年號。120 成鄉在北海郡，不在廣平國。121 平利，縣名，今地不詳。節，諡號。122 四年三月癸丑，查神爵四年三月無癸丑，癸丑乃夏曆四月二十日。123 平利在廣平國，不在魏郡。124 平鄉，縣名，在今河北平鄉西南。孝，諡號。125 平鄉在廣平國，不在魏郡。126 平纂，其地無考。127 成陵，其地無考。節，諡號。128 亂，淫亂，指發生不正當的兩性關係。舉，舉報。129 西梁，縣名，在今河北辛集（束鹿）南。節，諡號。130 廣川戴王，漢景帝曾孫劉廣。131 三月乙亥，指神爵四年夏曆三月十一日。132 西梁在信都國，不在鉅鹿郡。133 歷鄉，侯國名，在今河北晉縣東。康，諡號。134 查神爵四年七月無壬子日，壬子日乃夏曆八月二十一日。135 陽城，《漢書補注》認為即「陽臺」。陽臺，侯國名，在廣平國，今地不詳。愍，諡號。136 祚陽，其地無考。137 五鳳元年，西元前五七年。五鳳，漢宣帝年號。四月乙未，夏曆四月初七日。138 武陶，侯國名，在鉅鹿郡。今地不詳。節，諡號。139 七月壬午，指五鳳元年夏曆七月二十六日。

號諡姓名	屬	始封	子	孫	曾孫	玄孫
陽興侯昌(140)	河間孝王子。(141)	十二月癸巳封，二十六年，建始二年，坐朝私留它縣，使庶子殺人，棄市。千三百五十戶。(142)				涿郡
利鄉孝侯安(143)	中山頃王子。	甘露元年三月壬辰封。(144)	戴侯遂嗣。	侯國嗣，免。		常山
都鄉孝侯景(145)	趙頃王子。	二年七月辛未封。(146)	侯溱嗣，免。			東海(147)
昌慮康侯弘(148)	魯孝王子。(149)	四年閏月丁亥封。(150)	釐侯奉世嗣。	侯蓋嗣，免。		泰山(151)
平邑侯敞(152)	魯孝王子。	閏月丁亥封，二年，初元元年(153)，坐殺一家二人棄市。				東海(154)
山鄉節侯綰(155)	魯孝王子。	閏月丁亥封。	侯丘嗣，免。			東海
建陵靖侯遂(156)	魯孝王子。	閏月丁亥封，一年薨。	黃龍元年，節侯魯嗣。	侯連文嗣，免。		東海
合陽節侯平(157)	魯孝王子。	閏月丁亥封，千一百六十戶。	孝侯安上嗣，建始元年薨，亡後。			東海
東安孝侯強(158)	魯孝王子。	閏月丁亥封。	侯拔嗣，免。			東海
承鄉節侯當(159)	魯孝王子。	閏月丁亥封，二	侯德天嗣，鴻嘉			東海

		千七百戶。	二年，坐恐猲國人，受財臧五百以上，免。[160]			
建陽節侯咸[161]	魯孝王子。	閏月丁亥封。	孝侯霸嗣。	侯並嗣，免。		東海
高鄉節侯休[162]	城陽惠王子。	十一月壬申封[163]。	頃侯興嗣。	侯革始嗣，免。		琅邪
茲鄉孝侯弘[164]	城陽荒王子。[165]	十一月壬申封。	頃侯昌嗣。	節侯應嗣。	侯宇嗣，免。	琅邪
藉陽侯顯[166]	城陽荒王子。	十一月壬申封，十六年，建昭四年，坐恐猲國民取財物，免。六百戶。				東海
都平愛侯丘[167]	城陽荒王子。	十一月壬申封。	恭侯訢嗣。[168]	侯堪嗣，免。		東海

[140]陽興，其地無考。[141]河間孝王，漢景帝六代孫劉慶。[142]十二月癸巳，指五鳳元年夏曆十二月初九日。建始二年，西元前三一年。建始，漢成帝年號。庶子，妾所生之子。[143]利鄉，侯國名，先屬常山郡，後屬涿郡，今地不詳。孝，諡號。[144]甘露元年三月壬辰，指漢宣帝甘露元年夏曆三月二十七日。[145]都鄉，侯國名，今地不詳。孝，諡號。[146]二年七月辛未，按甘露二年七月無辛未，辛未乃夏曆八月十四日。[147]都鄉在常山郡，不在東海郡。[148]昌慮，侯國名，在今山東滕州東南。康，諡號。[149]魯孝王，漢景帝曾孫劉慶忌。[150]四年，指甘露四年。閏月丁亥，閏二月初九日。[151]昌慮在東海郡，不在泰山郡。[152]平邑，縣名，在今山西大同東。[153]初元元年，西元前四八年。初元，漢元帝年號。[154]平邑縣在代郡，不在東海郡。[155]山鄉，侯國名，在東海郡，今地不詳。節，諡號。絹，人名。[156]建陵，縣名，在今江蘇新沂南。靖，諡號。[157]合陽，其地無考，疑為「合鄉」，鄉、陽古音相近；合鄉，縣名，在今山東滕州東北。節，諡號。[158]東安，侯國名，在今江蘇東海縣西北。孝，諡號。[159]承鄉，疑即承縣，在今山東棗莊東南。節，諡號。[160]恐猲，恐嚇。猲，嚇唬。臧，通「贓」。[161]建陽，縣名，在今山東棗莊西南。節，諡號。[162]高鄉，侯國名，在今山東莒南。節，諡號。[163]十一月壬申，指甘露四年夏曆十一月二十九日。[164]茲鄉，縣名，在今山東安丘東南。孝，諡號。[165]城陽荒王，漢高帝八代孫劉順。[166]藉陽，其地無考。[167]都平，侯國名，在東海郡，今地不詳。愛，諡號。[168]訢，同「欣」。

號謚姓名	屬	始封	子	孫	曾孫	玄孫
東原侯山[169]	城陽荒王子。	十一月壬申封。	節侯蕩嗣。	侯妾得嗣[170]，薨，亡後。		琅邪
箕愿侯文[171]	城陽荒王子。	十一月壬申封。	節侯疄嗣。	侯褒嗣，免。		琅邪
高廣節侯勳[172]	城陽荒王子。	十一月壬申封。	哀侯賀嗣。	質侯福嗣。	侯吳嗣，免。	琅邪
即來節侯佼[173]	城陽荒王子。	十一月壬申封。	侯欽嗣，免。			琅邪
右孝宣						
膠鄉敬侯漢[174]	高密哀王子。[175]	初元元年三月丁巳封，七百四十戶。	節侯成嗣，陽朔四年薨[176]，亡後。			琅邪
桃煬侯良[177]	廣川繆王子。	三月封。	共侯敞嗣。[178]	侯狗嗣[179]，免。		鉅鹿
安平釐侯習[180]	長沙孝王子。[181]	三月封。	侯嘉嗣，免。			鉅鹿[182]
陽山節侯宗	長沙孝王子。	三月封。	侯買奴嗣，免。			桂陽
庸釐侯談[183]	城陽荒王子。	三月封，九百一十戶。	侯端嗣，永光二年[184]，坐強姦人妻，會赦，免。			琅邪
昆山節侯光[185]	城陽荒王子。	三月封。	侯儀嗣，免。			琅邪
折泉節侯根[186]	城陽荒王子。	三月封。	侯詡嗣，免。			琅邪
博石頃侯淵[187]	城陽荒王子。	三月封。	侯獲嗣，免。			琅邪
要安節侯勝[188]	城陽荒王子。	三月封。	哀侯守嗣，薨，亡後。			琅邪
房山侯勇[189]	城陽荒王子。	三月封，五十六年薨。[190]				琅邪

侯號	屬	始封	子	孫	曾孫	玄孫	郡
式節侯憲[191]	城陽荒王子。	三月封，三百戶。	哀侯霸嗣，鴻嘉元年薨，亡後。元延元年，侯萌以霸弟紹封，十九年免。				泰山
臨鄉頃侯雲[192]	廣陽頃王子。[193]	五年六月封。[194]	侯交嗣，免。				涿
西鄉頃侯容[195]	廣陽頃王子。	六月封。	侯景嗣，免。				涿
陽鄉思侯發[196]	廣陽頃王子。	六月封。	侯度嗣，免。				涿
益昌頃侯嬰[197]	廣陽頃王子。	永光三年三月封。	共侯政嗣。	侯福嗣，免。			涿
羊石頃侯回[198]	膠東頃王子。[199]	三月封。	共侯成嗣。	侯順嗣，免。			北海
石鄉煬侯理[200]	膠東頃王子。	三月封。	侯建國嗣，免。				北海
新城節侯根[201]	膠東頃王子。	三月封。	侯霸嗣，免。				北海

[169]棗，《漢書補注》認為是「柔」字的誤文。柔，侯國名，今地不詳。原，諡號。[170]妾得，人名。[171]箕，侯國名，在今山東沂水縣東北。愿，諡號。[172]高廣，侯國名，在今山東莒縣南。節，諡號。[173]即來，侯國名，在琅邪郡，今地不詳。節，諡號。[174]膠鄉，其地無考。敬，諡號。[175]高密哀王，漢武帝之孫劉弘。[176]陽朔四年，西元前二一年。陽朔，漢成帝年號。[177]桃，侯國名，在今河北衡水縣西北。[178]共，通「恭」。諡號。[179]狗，人名。[180]安平，侯國名，在今江西即安西北。釐，諡號。[181]長沙孝王，漢景帝六代孫劉宗。[182]安平在豫章郡，不在鉅鹿郡。[183]庸，其地無考。釐，通「僖」。諡號。[184]永光二年，西元前四二年。永光，漢元帝年號。[185]昆山，侯國名，在今山東五蓮東南。節，諡號。[186]折泉，侯國名，在今山東五蓮西北。節，諡號。[187]博石，侯國名，今地不詳。頃，諡號。[188]要安，《漢書補注》認為是「西安」的誤文；西安，縣名，屬齊郡，在今山東桓台東。節，諡號。[189]房山，侯國名，在今山東昌樂東南。[190]五十六年，指受封後五十六年。[191]式，縣名，在泰山郡，今地不詳。節，諡號。[192]臨鄉，侯國名，在今河北涿州東南。頃，諡號。[193]廣陽頃王，漢武帝之孫劉建。[194]五年，初元五年。[195]西鄉，侯國名，在今河北涿州西北。[196]陽鄉，侯國名，在今河北涿州東北。思，諡號。[197]益昌，侯國名，在今河北永清東南。頃，諡號。[198]羊石，侯國名，在北海郡，今地不詳。頃，諡號。[199]膠東頃王，漢景帝玄孫劉音。[200]石鄉，侯國名，在北海郡，今地不詳。煬，諡號。[201]新城，即「新成」；新成，侯國名，在北海郡，今地不詳。節，諡號。

號諡姓名	屬	始封	子	孫	曾孫	玄孫
上鄉侯歆[202]	膠東頃王子。	三月封，三十九年免。				北海
于鄉節侯定[203]	泗水勤王子。[204]	三月封。	侯聖嗣，免。			東海
就鄉節侯璋[205]	泗水勤王子。	三月封，七年薨，亡後。				東海
石山節侯玄[206]	城陽戴王子。[207]	三月封。	釐侯嘉嗣，免。			
都陽節侯音[208]	城陽戴王子。	三月封。	侯閎嗣，免。			
參封侯嗣[209]	城陽戴王子。	三月封。	侯殷嗣，免。			
伊鄉頃侯遷[210]	城陽戴王子。	三月封，薨，亡後。				
襄平侯豐[211]	廣陽厲王子。[212]	五年三月封，四十七年免。[213]				
貰鄉侯平[214]	梁敬王子。[215]	建昭元年正月封，四年，病狂自殺。[216]				
樂侯義[217]	梁敬王子。	正月封，四年，坐使人殺人，髡為城旦。[218]				
中鄉侯延年[219]	梁敬王子。	正月封，四十六年薨。				
鄭頃侯罷軍[220]	梁敬王子。	正月封。	節侯駿嗣。	侯良嗣，免。		
黃節侯順[221]	梁敬王子。	正月封。	釐侯申嗣，元壽二年薨[222]，亡後。			濟陰[223]
平樂節侯遷[224]	梁敬王子。	正月封。	侯寶嗣，免。			

菑鄉釐侯就[225]	梁敬王子。	正月封。	侯逢喜嗣，免。			濟南[226]
東鄉節侯方[227]	梁敬王子。	正月封。	侯護嗣，免。			沛[228]
陵鄉侯訢[229]	梁敬王子。	正月封，七年，建始二年，坐使人傷家丞，又貸穀息過律，免。[230]				沛
溧陽侯欽[231]	梁敬王子。	正月封。	侯畢嗣，免。			沛
釐鄉侯固[232]	梁敬王子。	正月封，二十一年，鴻嘉四年，坐上書歸印綬，免。四百七十二戶。				沛
高柴節侯發[233]	梁敬王子。	正月封。	釐侯賢嗣。	侯隱嗣，免。		沛

[202]上鄉，侯國名，在北海郡，今地不詳。歙，人名。[203]于鄉，侯國名，在東海郡，今地不詳。節，謚號。[204]泗水勤王，漢景帝玄孫劉煖。[205]就鄉，其地無考。節，謚號。瑋，人名。[206]石山，侯國名，在琅邪郡，今地不詳。節，謚號。[207]城陽戴王，漢高帝九代孫劉恢。[208]都陽，侯國名，屬東海郡，在今山東棗莊南。節，謚號。[209]參封，侯國名，屬琅邪郡，今地不詳。[210]伊鄉，侯國名，屬琅邪郡，今地不詳。頃，謚號。[211]襄平，侯國名，屬臨淮郡，今地不詳。嚳，人名。[212]廣陽厲王，《漢書補注》認為廣陽無厲王，當是「廣陵」厲王，即指漢武帝之子劉胥。[213]五年，指永光五年。四十七年，指受封後四十七年。[214]貰鄉，其地不詳；鉅鹿郡有貰縣，在今河北寧晉東北。[215]梁敬王，漢文帝六代孫劉定國。[216]狂，發瘋。[217]樂，其地無考。[218]髡為城旦，刑罰名。髡，剃去頭髮。[219]中鄉，侯國名，屬山陽郡，今地不詳。[220]鄭，侯國名，屬山陽郡，今地不詳。頃，謚號。罷軍，人名。[221]黃，侯國名，在今河南民權東。節，謚號。[222]元壽二年，西元前一年。元壽，漢哀帝年號。[223]黃先屬濟陰郡，後屬山陽郡。[224]平樂，侯國名，屬山陽郡，在今山東單縣東。節，謚號。[225]菑鄉，侯國名，今地不詳。釐，謚號。[226]菑鄉在山陽郡，不在濟南郡。[227]東鄉，縣名，今地不詳。節，謚號。[228]沛，郡名，在今安徽、江蘇、河南交界地區，治相縣（今安徽淮北西北）。[229]陵鄉，《漢書補注》認為是縣名，當時屬清河郡，在今河北清河縣西北。[230]家丞，列侯家管理家政的官員。過律，超過法律規定。[231]溧陽，《漢書補注》認為「溧」當為「漂」；漂陽，縣名，屬沛郡，今地不詳。[232]釐鄉，其地無考。[233]高柴，侯國名，在沛郡，今地不詳。節，謚號。

號諡姓名	屬	始封	子	孫	曾孫	玄孫
[234]臨都節侯未央	梁敬王子。	正月封。	侯息嗣，免。			
高質侯舜[235]	梁敬王子。	正月封。	釐侯始嗣。[236]	侯便翁嗣，免。		
北鄉侯譚[237]	菑川孝王子。[238]	四年六月封[239]，四十三年免。				
蘭陵節侯宜[240]	廣陵孝王子。[241]	五年十二月封。	共侯譚嗣。	侯便強嗣，免。		
廣平節侯德[242]	廣陵孝王子。	十二月封。	侯德嗣，免。			
博鄉節侯交[243]	六安繆王子。[244]	竟寧元年四月丁卯封。[245]	侯就嗣，免。			
柏鄉戴侯買[246]	趙哀王子。[247]	四月丁卯封。	頃侯雲嗣。	侯譚嗣，免。		
安鄉孝侯喜[248]	趙哀王子。	四月丁卯封。	釐侯胡嗣。	侯合眾嗣，免。		
廣釐侯便[249]	菑川孝王子。	四月丁卯封。	節侯護嗣。	侯宇嗣，免。		齊[250]
平節侯服[251]	菑川孝王子。	四月丁卯封。	侯嘉嗣，免。			齊
右孝元						
昌鄉侯憲[252]	膠東頃王子。	建始二年正月封，三十年[253]，元壽二年，坐使家丞封上印綬，免。				
順陽侯共[254]	膠東頃王子。	正月封，三十九年免。				
樂陽侯獲[255]	膠東頃王子。	正月封，三十九年免。				

平城釐侯邑[256]	膠東頃王子。	正月封。	節侯珍嗣。	侯理嗣，免。		
密鄉頃侯林[257]	膠東頃王子。	正月封。	孝侯欽嗣。	侯敞嗣，免。		
樂都煬侯訢[258]	膠東頃王子。	正月封。	繆侯臨嗣。	侯延年嗣，免。		
卑梁侯都[259]	高密頃王子。[260]	正月封，三十九年免。				
膠陽侯恁[261]	高密頃王子。	正月封，三十九年免。				
武鄉侯慶[262]	高密頃王子。	正月封。	侯勁嗣，免。			
成鄉釐侯安[263]	高密頃王子。	正月封。	侯德嗣，免。			
麗茲共侯賜[264]	高密頃王子。	正月封。	侯放嗣，免。			
竇梁懷侯強[265]	河間孝王子。	正月封，四年薨，亡後。				

[234]臨都，縣名，屬沛郡，今地不詳。節，諡號。[235]高，侯國名，屬沛郡，今地不詳。質，諡號。[236]始，人名。[237]北鄉，侯國名，屬齊郡，今地不詳。[238]菑川孝王，漢高帝八代孫劉橫。[239]四年，建昭四年。[240]蘭陵，《漢書補注》認為當作「蘭陽」；蘭陽，侯國名，屬臨淮郡，今地不詳。節，諡號。[241]廣陵孝王，漢武帝之孫劉霸，廣陵厲王劉胥之子。[242]廣平，侯國名，屬臨淮郡，今地不詳。節，諡號。[243]博鄉，侯國名，屬九江郡，在今安徽六安東。節，諡號。[244]六安繆王，漢景帝玄孫劉定。[245]竟寧元年，西元前三三年。竟寧，漢元帝年號。四月丁卯，夏曆四月二十九日。[246]柏鄉，侯國名，屬鉅鹿郡，在今河北柏鄉西南。戴，諡號。[247]趙哀王，漢景帝曾孫劉高。[248]安鄉，侯國名，屬鉅鹿郡，在今河北晉縣東南。孝，諡號。[249]廣，縣名，在今山東青州西南。釐，諡號。[250]齊，郡名，在今山東北部，治臨淄（今淄博東）。[251]平，《漢書補注》認為當作「平廣」；平廣，侯國名，屬齊郡，今地不詳。節，諡號。[252]昌鄉，其地無考。[253]指受封後三十年。[254]順陽，其地無考。[255]樂陽，《漢書補注》認為當作「陽樂」；陽樂，侯國名，屬東萊郡，在今山東掖縣西南。[256]平城，侯國名，屬北海郡，在今山東濰縣東南。釐，諡號。[257]密鄉，侯國名，屬北海郡，在今山東昌邑東南。[258]樂都，侯國名，屬北海郡，今地不詳。煬，諡號。[259]卑梁，邑名，在今安徽鳳陽東北。[260]高密頃王，漢武帝曾孫劉章。[261]膠陽，侯國名，屬北海郡，在今山東安丘北。恁，人名。[262]武鄉，侯國名，屬琅邪郡，今地不詳。[263]成鄉，侯國名，屬北海郡，在今山東安丘東北。釐，諡號。[264]麗茲，《漢書補注》認為「茲」是衍文；麗，侯國名，屬琅邪郡，在今山東諸城西南。共，諡號。[265]竇梁，其地無考。懷，諡號。

號謚姓名	屬	始封	子	孫	曾孫	玄孫
廣戚煬侯勳[266]	楚孝王子。[267]	河平三年二月乙亥封。[268]	侯顯嗣。	子嬰，居攝元年為孺子[269]，王莽篡位，為定安公，莽敗，死。		
陰平釐侯回[270]	楚孝王子。	陽朔二年正月丙午封。[271]	侯詩嗣，免。			
			承鄉 元始元年二月丙午，侯閔以孝王孫封，八年免。[272]			
樂平侯訢[273]	淮陽憲王子。[274]	閏六月壬午封，病狂易，免。元壽二年更封共樂侯。[275]	外黃 元始元年二月丙辰[276]，侯圉以憲王孫封，八年免。			
			高陽[277] 二月丙辰，侯並以憲王孫封，八年免。			
			平陸[278] 二月丙辰，侯寵以憲王孫封，八年免。			

郚鄉侯閔[279]	魯頃王子。	四年四月甲寅封，十七年，建平三年，為魯王。[280]	宰鄉[281] 侯延以頃王孫封，八年免。			
建鄉釐侯康[282]	魯頃王子。	四月甲寅封。	侯自當嗣，免。			
安丘侯常[283]	高密頃王子。	鴻嘉元年正月癸巳封[284]，二十八年免。				
栗鄉頃侯護[285]	東平思王子。[286]	四月辛巳封。[287]	侯玄成嗣，免。			
			金鄉[288] 元始元年二月丙辰，侯不害以思王孫封，八年免。			
			平通[289] 二月丙辰，侯旦			

[266]廣戚，侯國名，屬沛郡，在今江蘇沛縣東南。煬，謚號。[267]楚孝王，漢宣帝之子劉囂。[268]河平三年，西元前二六年。河平，漢成帝年號。二月乙亥，夏曆二月十六日。[269]居攝元年，西元六年。[270]陰平，侯國名，屬東海郡，在今山東棗莊西南。釐，謚號。[271]陽朔二年，西元前二三年。陽朔，漢成帝年號。正月丙午，夏曆正月初四日。[272]承鄉，《漢書補注》疑為東海郡承縣（今山東棗莊南）。元始元年二月丙午，漢平帝元始元年夏曆二月十八日。閎，人名。[273]樂平，其地無考。[274]淮陽憲王，漢宣帝之子劉欽。[275]閏六月壬午，陽朔二年無閏六月，有閏三月，閏三月壬午乃夏曆閏三月十一日。病狂易，病狂而改變其本性。易，改變。[276]外黃，縣名，屬陳留郡，在今河南蘭考東南。元始元年二月丙辰，元始元年夏曆二月二十八日。[277]高陽，侯國名，屬琅邪郡，在今山東莒縣東南。[278]平陸，侯國名，在今河南尉氏東北。[279]郚鄉，侯國名，屬東海郡，在今山東泗水縣東南。[280]四年四月甲寅，陽朔四年夏曆四月二十五日。建平三年，西元前四年。建平，漢哀帝年號。[281]宰鄉，其地無考。[282]建鄉，侯國名，屬東海郡，今地不詳。釐，謚號。[283]安丘，侯國名，屬琅邪郡，在今山東安丘西南。[284]鴻嘉元年，西元前二〇年。鴻嘉，漢成帝年號。正月癸巳，夏曆正月初九日。[285]栗鄉，侯國名，屬山陽郡，今地不詳。頃，謚號。[286]東平思王，漢宣帝之子劉宇。[287]四月辛巳，鴻嘉元年夏曆四月二十八日。[288]金鄉，侯國名，在今山東嘉祥南。[289]

號諡姓名	屬	始封	子	孫	曾孫	玄孫
			以思王孫封，八年免。			
			西安[290] 二月丙辰，侯漢以思王孫封，八年薨。			
			湖鄉[291] 二月丙辰，侯開以思王孫封，八年免。			
			重鄉[292] 二月丙辰，侯少柏以思王孫封，八年薨。			
桑丘侯頃[293]	東平思王子。	四月辛巳封。	陽興[294] 二月丙辰，侯寄生以思王孫封，八年免。			
			陵陽[295] 二月丙辰，侯嘉以思王孫封，八年免。			
			高樂[296] 二月丙辰，侯修			

			以思王孫封，八年免。			
			平邑(297) 二月丙辰，侯閔以思王孫封，八年免。			
			平纂(298) 二月丙辰，侯況以思王孫封，八年免。			
			合昌(299) 二月丙辰，侯輔以思王孫封，八年免。			
			伊鄉(300) 二月丙辰，侯開以思王孫封，八年免。			
			就鄉(301) 二月丙辰，侯不害以思王孫封，			

平通，侯國名，屬汝南郡，在今河南周口東南。(290)西安，縣名，屬齊郡，在今山東桓臺東。(291)湖鄉，其地無考。(292)重鄉，地名，在今山東魚臺西北。(293)桑丘，縣名，在今山東濟寧東北。(294)陽興，其地無考。(295)陵陽，縣名，屬丹陽郡，在今安徽石臺東北。(296)高樂，縣名，屬勃海郡，在今河北鹽山縣西南。(297)平邑，縣名，屬代郡，在今山西大同東南。(298)平纂，地名，屬平原郡，今地不詳。(299)合昌，其地無考。(300)伊鄉，侯國名，屬琅邪郡，今地不詳。(301)就鄉，地名，屬東海郡，今地不詳。

號謚姓名	屬	始封	子	孫	曾孫	玄孫
			八年免。			
			膠鄉[302] 二月丙辰，侯武以思王孫封，八年免。			
			宜鄉[303] 二月丙辰，侯恢以思王孫封，八年免。			
			昌城[304] 二月丙辰，侯豐以思王孫封，八年免。			
			樂安[305] 二月丙辰，侯禹以思王孫封，八年免。			
桃鄉頃侯宣[306]	東平思王子。	二年正月戊子封。[307]	侯立嗣，免。			
新陽頃侯永[308]	魯頃王子。	五月戊子封。[309]	侯級嗣，免。			
陵石侯慶[310]	膠東共王子。[311]	四年六月乙巳封[312]，二十五年免。				
祁鄉節侯賢[313]	梁夷王子。[314]	永始二年五月	侯富嗣，免。			

		乙亥封。[315]					
富陽侯萌[316]	東平思王子。	三年三月庚申封，[317]二十三年免。					
曲鄉頃侯鳳[318]	梁荒王子。[319]	六月辛卯封[320]，十七年薨。	侯雲嗣，免。				濟南[321]
桃山侯欽[322]	城陽孝王子。[323]	四年五月戊申封，[324]二十一年免。					
昌陽侯霸[325]	泗水戾王子。[326]	五月戊申封，二十一年免。					
臨安侯閔[327]	膠東共王子。[328]	五月戊申封，二十一年免。					
徐鄉侯炔[329]	膠東共王子。	元延元年二月癸卯封，二十一					齊[330]

[302]膠鄉，侯國名，屬北海郡，今地不詳。[303]宣鄉，其地無考。[304]昌城，縣名，屬右北平郡，在今河北唐山市西。[305]樂安，縣名，屬千乘郡，在今山東博興東北。[306]桃鄉，侯國名，屬泰山郡，在今山東寧陽西北。頃，諡號。[307]二年，指鴻嘉二年。正月戊子，夏曆正月初九日。[308]新陽，侯國名，屬東海郡，在今山東棗莊西北。頃，諡號。[309]五月戊子，鴻嘉二年夏曆五月十一日。[310]陵石，《漢書補注》疑為陽石；陽石，縣名，屬東萊郡，在今山東掖縣南。[311]膠東共王，漢景帝六代孫劉授。[312]鴻嘉四年夏曆六月無乙巳，乙巳乃七月十一日。[313]祁鄉，侯國名，屬沛郡，在今安徽碭山縣西。節，諡號。[314]梁夷王，漢文帝八代孫劉遂。[315]永始二年，西元前一五年。永始，漢成帝年號。五月乙亥，五月無乙亥，乙亥乃夏曆四月二十一日。[316]富陽，縣名，屬泰山郡，在今山東寧陽西北。[317]三年，指永始三年。三月庚申，夏曆三月十二日。[318]曲鄉，侯國名，今地不詳。頃，諡號。[319]梁荒王，漢文帝九代孫劉嘉。[320]六月辛卯，永始三年夏曆六月十四日。[321]曲鄉屬山陽郡，不屬濟南郡。[322]桃山，侯國名，屬泰山郡，在今山東寧陽東北。[323]城陽孝王，漢高帝十代孫劉景。[324]四年，指永始四年。五月戊申，夏曆五月初六日。[325]昌陽，侯國名，屬臨淮郡，今地不詳。[326]泗水戾王，漢景帝六代孫劉駿。[327]臨安，侯國名，屬琅邪郡，今地不詳。[328]膠東共王，漢景帝六代孫劉授。[329]徐鄉，縣名，在今山東龍口西北。炔，或作「快」。[330]徐鄉屬東萊郡，不屬

號謚姓名	屬	始封	子	孫	曾孫	玄孫
		年，王莽建國元年，舉兵欲誅莽，死。[331]				
臺鄉侯畛[332]	菑川孝王子。	二年正月癸卯封[333]，十八年免。				
西陽頃侯並[334]	東平思王子。	四月甲寅封。[335]	侯偃嗣，免。			東萊[336]
堂鄉哀侯恢[337]	膠東共王子。	綏和元年五月戊午封，三年薨，亡後。[338]				
安國侯吉[339]	趙共王子。[340]	六月丙寅封[341]，十六年免。				
梁鄉侯交[342]	趙共王子。	六月丙寅封，十六年免。				
襄鄉頃侯福[343]	趙共王子。	六月丙寅封。	侯章嗣，免。			
容鄉釐侯強[344]	趙共王子。	六月丙寅封。	侯弘嗣，免。			
緼鄉侯固[345]	趙共王子。	六月丙寅封，十六年免。				
廣昌侯賀[346]	河間孝王子。	六月丙寅封，十六年免。				
都安節侯普[347]	河間孝王子。	六月丙寅封。	侯胥嗣，免。			
樂平侯永[348]	河間孝王子。	六月丙寅封，十六年免。				
方鄉侯常得[349]	廣陽惠王子。[350]	六月丙寅封，十				

		六年免。				
庸鄉侯宰351	六安頃王子。352	三年七月庚午封353，十五年免。				
右孝成						
南昌侯宇354	河間惠王子。355	建平二年五月丁酉封356，十二年免。				
嚴鄉侯信357	東平煬王子。358	五月丁酉封，四年，坐父大逆359，免，元始元年復封。六年，王莽居攝二年，東郡太守翟義舉兵，立信為天子，兵敗，死。				

齊郡。331元延元年，西元前一二年。二月癸卯，夏曆二月初六日。建國元年，西元九年。建國，王莽年號。332臺鄉，縣名，屬齊郡，在今山東壽光東北。畛，人名。333二年，指元延二年。正月癸卯，夏曆正月無癸卯，癸卯乃二月十一日。334西陽，侯國名，在今山東成武東。頃，諡號。335四月甲寅，元延二年夏曆四月二十三日。336西陽屬山陽郡，不屬東萊郡。337堂鄉，其地無考。哀，諡號。338綏和元年，西元前八年。綏和，漢元帝年號。五月戊午，五月無戊午，戊午乃夏曆六月十六日。339安國，縣名，屬中山國，在今河北安國東南。340趙共王，漢景帝玄孫劉充。341六月丙寅，綏和元年夏曆六月二十四日。342梁鄉，一作「良鄉」，屬涿郡，在今北京房山區東南。343襄鄉，其地無考。頃，諡號。344容鄉，其地無考。釐，諡號。345緦鄉，其地無考。346廣昌，縣名，屬代郡，在今河北淶源北。347都安，其地無考。節，諡號。348樂平，其地無考。349方鄉，其地無考。350廣陽無「惠王」，疑是「思王」，漢武帝玄孫劉璜。351庸鄉，其地無考。352六安頃王，漢景帝六代孫劉光。353三年，當指二年，綏和無三年，成帝於綏和二年去世。七月庚午，綏和二年七月庚午乃夏曆七月初四日。354南昌，漢代豫章郡有南昌縣，臨淮郡有南昌亭，但都距河間國很遠。355河間惠王，漢景帝七代孫劉良。356建平二年，西元前五年。建平，漢哀帝年號。五月丁酉，夏曆五月十二日。357嚴鄉，其地無考。358東平煬王，漢宣帝之孫劉雲。359大逆，指對父母不孝或

號謚姓名	屬	始封	子	孫	曾孫	玄孫
武平侯璜(360)	東平煬王子。	五月丁酉封，四年，坐父大逆免。元始元年復封，居攝二年舉兵死。				
陵鄉侯曾(361)	楚思王子。(362)	四年三月丁卯封(363)，至王莽六年，舉兵欲誅莽，死。				
武安侯慢(364)	楚思王子。	三月丁卯封，二年，元壽二年，坐使奴殺人免，元始元年復封，八年免。				
湘鄉侯昌(365)	長沙王子。(366)	五月丙午封(367)，十一年免。				
方樂侯嘉(368)	廣陵繆王子。(369)	元壽元年五月乙卯封(370)，十一年免。				
宜禾節侯得(371)	河間孝王子。	二年四月丁酉封。(372)	侯恢嗣，免。			
富春侯玄(373)	河間孝王子。	四月丁酉封，十年免。				

右孝哀

陶鄉侯恢[374]	東平煬王子。	元始元年二月丙辰封[375]，八年免。			
釐鄉侯褒[376]	東平煬王子。	二月丙辰封，八年免。			
昌鄉侯且[377]	東平煬王子。	二月丙辰封，八年免。			
新鄉侯鯉[378]	東平煬王子。	二月丙辰封，八年免。			
郚鄉侯光	楚思王子。	二月丙辰封，八年免。			
新城侯武[379]	楚思王子。	二月丙辰封，八年免。			
宜陵侯豐[380]	楚思王子。	二月丙辰封，八年免。			
堂鄉侯護[381]	楚思王子。	二月丙辰封，八年免。			

對君主不忠。逆，違背；背叛。[360]武平，其地無考。[361]陵鄉，其地無考。[362]楚思王，漢宣帝之孫劉衍。[363]四年，建平四年。三月丁卯，夏曆三月二十二日。[364]武安，縣名，屬陵郡，在今河北武安西南。㤵，人名。[365]湘鄉，侯國名，在今湖南湘鄉。[366]《漢書補注》認為脫「孝」字，當作「長沙孝王」；長沙孝王，漢景帝六代孫劉宗。[367]五月丙午，指建平四年夏曆五月初二日。[368]方樂，其地無考。[369]廣陵繆王，廣陵國〈表〉〈傳〉俱無「繆王」，別本或作「廣陽繆王」，考廣陽國亦無「繆王」，但有「穆王」；廣陽穆王為漢武帝曾孫劉舜。[370]元壽元年，西元前二年。元壽，漢哀帝年號。五月乙卯，夏曆五月十七日。[371]宜禾，其地無考。節，謚號。[372]二年，指元壽二年。四月丁酉，夏曆四月初五日。[373]富春，縣名，屬會稽郡，在今浙江富陽。[374]陶鄉，地名，屬沛郡，今地不詳。[375]元始元年，西元一年。元始，漢平帝年號。二月丙辰，夏曆二月二十八日。[376]釐鄉，地名，屬沛郡，今地不詳。[377]昌鄉，其地無考。[378]新鄉，其地無考。[379]新城，西漢時作「新成」，東漢時寫「新城」，在今河南伊川西南。[380]宜陵，其地無考。[381]堂鄉，其地無考。

號諡姓名	屬	始封	子	孫	曾孫	玄孫
成陵侯由[382]	楚思王子。	二月丙辰封，八年免。				
成陽侯眾[383]	楚思王子。	二月丙辰封，八年免。				
復昌侯休[384]	楚思王子。	二月丙辰封，八年免。				
安陸侯平[385]	楚思王子。	二月丙辰封，八年免。				
梧安侯譽[386]	楚思王子。	二月丙辰封，八年免。				
朝鄉侯充[387]	楚思王子。	二月丙辰封，八年免。				
扶鄉侯普[388]	楚思王子。	二月丙辰封，八年免。				
方城侯宣[389]	廣陽繆王子。[390]	二年四月丁酉封[391]，七年免。				
當陽侯益[392]	廣陽思王子。[393]	四月丁酉封，七年免。				
廣城侯疌[394]	廣陽思王子。	四月丁酉封，七年免。				
春城侯允[395]	東平煬王子。	四月丁酉封，七年免。				
昭陽侯賞[396]	長沙剌王子。[397]	五年閏月丁酉				

		封398，四年免。				
承陽侯景399	長沙刺王子。	閏月丁酉封，四年免。				
信昌侯廣400	真定共王子。401	閏月丁酉封，四年免。				
呂鄉侯尚402	楚思王子。	閏月丁酉封，四年免。				
李鄉侯殷403	楚思王子。	閏月丁酉封，四年免。				
宛鄉侯隆404	楚思王子。	閏月丁酉封，四年免。				
壽泉侯承405	楚思王子。	閏月丁酉封，四年免。				
杏山侯遵406	楚思王子。	閏月丁酉封，四年免。				
右孝平						

382成陵，其地無考。383成陽，侯國名，在今河南信陽北。384復昌，其地無考。385安陸，縣名，屬江夏郡，在今湖北雲夢。386梧安，其地無考。387朝鄉，其地無考。388扶鄉，其地無考。389方城，屬廣陽國，在今河北涿州東南。390廣陽繆王，《漢書補注》認為當作「廣陽思王」。391二年，指元始二年。四月丁酉，夏曆四月十六日。392當陽，其地無考。393廣陽思王，漢武帝玄孫劉璜。394廣城，疑即「廣成」；廣成，縣名，在今遼寧建昌。395春城，其地無考。396昭陽，侯國名，在今河南邵陽東。397長沙刺王，漢景帝玄孫劉建德。398五年，指元始五年。閏月丁酉，夏曆閏月初四日。399承陽，縣名，屬長沙國，在今湖南邵東東南。400信昌，其地無考。401真定共王，漢景帝七代孫劉普。402呂鄉，其地無考。403李鄉，其地無考。404宛鄉，其地無考。405壽泉，其地無考。406杏山，其地無考。

【研　析】本表記錄了西漢時期劉姓宗室成員所分封的列侯，其中除了漢高祖分封的三個列侯外，其他列侯全部都是同姓諸侯王之子，他們被分封為列侯，是西漢王朝逐步削弱同姓諸侯王國勢力的最終結果。

西漢初，漢高祖採取斷然手段消滅了擁兵自重、割據一方的異姓諸侯王之後，錯誤地認為秦朝招致速亡的原因是不分封子弟，故而在異姓王的舊地陸續分封自己的子弟為王，用以藩屏漢室，史稱同姓諸侯王。事實上，同姓諸侯王除了在平定諸呂事件中發揮過一定作用外，眾多同姓諸侯王的存在非但沒有鞏固專制主義的中央集權統治，反而為不久的將來培養出了新的分裂中央政府的勢力。當時同姓諸侯王國，大的跨州兼郡，連城數十，所統治區域超過西漢全部行政區域的一半，中央直轄土地不過十五郡，其中還夾雜了不少列侯封國和公主「湯沐邑」。王國得自置御史大夫以下官吏，自徵租賦，自鑄貨幣，自集軍隊，處於半獨立狀態。這種局面，無疑依舊是幹弱枝強。文帝時期同姓王的勢力更加發展。有鑒於此，賈誼上〈治安策〉，提出「眾建諸侯而少其力」的辦法。賈誼的建議，在當時沒有被採納，但是賈誼死後四年，即文帝十六年（西元前一六四），文帝分齊國之地為六國，分淮南國之地為三國，實際上就是賈誼「眾建諸侯」之議的實現。但是這一措施並不能從根本上解決諸侯王的離心傾向。至景帝時，諸侯王國挑戰朝廷權威的現象愈發突出，尤其是吳、楚等國，日益跋扈。景帝三年，採納鼂錯〈削藩策〉的建議，削奪諸侯國的封地，引發了「七國之亂」。叛亂平定後，景帝鞏固削藩成果，損黜王國官制及其職權，降低諸侯王權力，規定諸侯王不再治民。從此諸侯王強大難制的局面大為緩和，中央集權走向鞏固，國家統一顯著加強。

漢武帝時期，諸侯王雖然不像以前那樣強大難制，但是有的王國仍然「連城數十，地方千里」，威脅朝廷。元朔二年（西元前一二七年），漢武帝採納主父偃的建議，允許諸侯王推「私恩」，把王國土地的一部分分給子弟為列侯，由皇帝制定這些侯國的名號。據本表記載，武帝時分封王子侯一七八人，其中七人封於元光末年，一二七人封於元朔年間，四十四人封於元鼎至武帝末年，可見武帝大規模實行推恩封侯，主要集中在元朔年間，尤以元朔二年至四年為最多，進程迅猛集中，有時竟在一日之內同時分封二十四人為侯。最早推恩子弟的河間王國，分封了十二個侯國。其他諸侯國推恩子弟者，多則分封三十三個侯國，如城陽國，少者也分封了一二個侯國，如梁國、楚國。一般都分封十餘個侯國以上。按照漢制，侯國隸屬於郡，地位與縣相當，因此王國析為侯國，就是王國的縮小和朝廷直轄土地的擴大。漢武帝借「私恩」之名，行削奪諸侯王國封地之實。推恩詔下後，諸王「支庶畢侯」，西漢王朝「不行黜陟而藩國自析」。元鼎五年（西元前一一二年），武帝又以列侯酎金斤兩成色不足為名，削奪一百零六個列侯的爵位，本表記載此次被免爵的王子侯就有五十九人。此後，王子侯坐酎金不如法而免爵者在本表也多有記載，例如宣帝地節四年（西元前六十六年），襄隄侯聖「坐奉酎金斤八兩少四兩，免」。其餘列侯因為謀反、殺人、祝詛、棄印綬出國，各種原因而陸續被免爵或處死的，還有很多。

〈王子侯表〉是認識、研究西漢時期處理同姓諸侯王國政策演變過程的重要史料。通過本表所載列侯分封、免除的情況，可以很清楚地看出西漢文帝、景帝、武帝三個時期削弱同姓諸侯王，分封列侯，以及武帝借助酎金不如法陸續奪去眾多列侯爵位的事實。

需要注意的是，本表記錄了部分王子侯封邑所屬郡縣，但有的封邑所屬之郡與本書〈地理志〉記載不符，例如德侯、五據侯、胡毋侯下並云泰山，〈地理志〉泰山郡無此諸縣邑；安城侯下云豫章，〈地理志〉豫章郡無安城，等等。此種情況除了極個別應屬訛誤外，大多緣於郡縣改併所致，或某縣原屬甲郡，後又改屬鄰近之乙郡；或原設某縣，後則省併。本表中此等記載均可作為研究西漢郡縣行政區劃變遷的重要依據。

卷十六

高惠高后文功臣表第四

【題解】本表記錄高祖、惠帝、呂后、文帝時代的功臣封侯者。《史記》諸表中，〈高祖功臣侯者年表〉記漢興功臣（兼及外戚和王子）封侯者百餘人的終始（至太初年間）；〈惠景間侯者年表〉記惠景間封侯漢興老臣、從代來的功臣、平吳楚之亂的功臣、諸侯子弟以及外夷來歸降者，共九十餘人的終始（至於武帝之世）。本表是摘取《史記》之〈高祖功臣侯者年表〉及〈惠景間侯者年表〉惠、文部分內容加以改編而成，以侯者為經，以侯者世系為緯，記錄侯者的家系和廢興。

1 自古帝王之興，曷嘗不建輔弼之臣所與共成天功者乎❶！漢興自秦二世元年❷之秋，楚陳之歲❸，初以沛公總帥雄俊❹，三年❺然後西滅秦，立漢王之號❻，五年東克項羽❼，即皇帝位，八載而天下乃平❽，始論功而定封❾。訖十二年❿，侯者百四十有三人⓫。時大城名都民人散亡⓬，戶口可得而數裁什二三⓭，是以大侯⑭不過萬家，小者五六百戶。封爵之誓曰：「使黃河如帶，泰山若厲，國以永存，爰及苗裔。」⑮於是申以丹書⑯之信，重以白馬之盟⑰，又作十八侯之位次⑱。高后二年⑲，復詔丞相陳平盡差列侯之功⑳，錄弟下竟㉑，臧諸宗廟㉒，副在有司㉓。始未嘗不欲固根本，而枝葉稍落也㉔。

2 故逮文、景四五世間㉕，流民㉖既歸，戶口亦息㉗，列侯大者至三四萬戶，小國自倍㉘，富厚如之㉙。子孫驕逸，忘其先祖之艱難，多陷法禁㉚，隕命㉛亡國，或亡子孫。訖於孝武後元之年㉜，靡有孑遺㉝，耗㉞矣。罔亦少密焉㉟。故孝宣皇帝愍而錄之㊱，乃開廟臧㊲，覽舊籍㊳，詔令有司求㊴其子孫，咸出庸保之中㊵，並受復除㊶，或加㊷以金帛，用章中興之德㊸。

3 降及孝成㊹，復加卹問㊺。稍益衰微㊻，不絕如綫。善乎，杜業之納說㊼也！曰：「昔唐以萬國致時雍之政㊽，虞、夏以多群后饗共己之治㊾。湯法三聖㊿，殷氏[51]太平。周封八百[52]，重譯[53]來賀。是以內恕之君樂繼絕世[54]，隆名之主安立亡國[55]，至於不及下車[56]，德念深矣。成王察牧野之克[57]，顧群后之勤[58]，知其恩結[59]於民心，功光[60]於王府也，故追述先父[61]之志，錄遺老之策[62]，高其位，大其寓[63]，愛敬飭盡[64]，命賜備厚[65]。大孝之隆，於是為至。至其沒也，世主歎其功[66]，無民而不思。所息之樹且猶不伐(67)，況其廟乎？是以燕、齊(68)之祀與周並傳，子繼弟及(69)，歷載不墮(70)。豈無刑辟(71)？繇祖之竭力(72)，故支庶(73)賴焉。迹(74)漢功臣，亦皆割符世爵(75)，受山河之誓(76)，存以著(77)其號，亡以顯其魂，賞亦不細(78)矣。百餘年間而襲封(79)者盡，或絕失姓(80)，或乏無主(81)，朽骨孤(82)於墓，苗裔流於道，生為愍隸(83)，死為轉屍(84)。以往況(85)今，甚可悲傷。聖朝憐閔(86)，詔求其後，四方忻忻(87)，靡不歸心(88)。出入數年而不省察(89)，恐議者不思大義(90)，設言虛亡(91)，則厚德掩息(92)，遴柬布章(93)，非所以視化勸後(94)也。三人為眾，雖難盡繼，宜從尤功(95)。」於是成帝復紹蕭何(96)。

4 哀、平之世(97)，增修曹參、周勃之屬(98)，得其宜(99)矣。以綴續前記(100)，究其本末(101)，并序位次(102)，盡(103)于孝文，以昭元功之侯籍(104)。

【章　旨】以上為本表的序，概說功臣侯者的歷史情況，反映出作者探究家系榮辱的旨趣。

【注　釋】❶曷嘗句　曷嘗，即何嘗、何曾。輔弼之臣，輔佐之臣。常指宰相等大臣。天功，天下之功業、大功。《尚書·虞書·舜典》曰：「欽哉，惟時亮天功。」❷秦二世元年　西元前二〇九年。秦二世，秦始皇的少子胡亥。❸楚陳之歲　謂陳勝自稱楚王時。秦二世元年，陳勝、吳廣率領戍卒九百人，在大澤鄉起義。起義軍攻占陳縣後，陳勝自立為王，國號楚，號「張楚」，因稱「楚陳」。❹初以句　秦二世元年，劉邦起兵，攻占沛縣，被立為沛公（楚人稱縣令為公）。沛，縣名。秦置。即今江蘇沛縣。帥，同「率」。帶領。雄俊，雄壯英武。這裡指雄壯英武的起義軍。❺三年　指起義第三年。❻立漢王之號西元前二〇六年，劉邦率軍攻入咸陽，推翻秦王朝。不久，項羽入關，大封諸侯王，劉邦被封為漢王，領有巴、蜀、漢中之地。❼五年東克項羽　五年，漢高帝五年（西元前二〇二年）。克，戰勝。項羽（西元前二三二—前二〇二年），名籍，字羽，下相（今江蘇宿遷）人。秦末農民起義領袖。詳見本書卷三十一〈項籍傳〉。❽八載而天下乃平　八載，指稱帝八年。乃，於是；然後。❾論功而定封　謂評定功勞，確定功臣的封爵或封地。❿十二年　高帝十二年（西元前一九五年）。⓫侯者百四十有三人　侯者，封侯者。百四十有三，案此文乃總計高帝所封，並〈外戚〉二人、〈王子〉四人在內，故有一百四十三人。⓬民人散亡　謂百姓四散逃亡。民人，庶人；庶民。指百姓。散亡，四散逃亡。亡，逃跑；逃亡。⓭裁什二三　十分之內才有二三。裁，通「才」。什，通「十」。⓮大侯　指封邑人口多的列侯。⓯封爵之誓曰五句　此為漢高祖給功臣封賜爵祿時的盟誓，謂朝廷欲使功臣侯傳祚無窮，即使黃河水乾涸得細如衣帶，泰山傾頹得小如礪石，功臣的封國也仍然永存，並傳給後世子孫。「黃」字衍。河，指黃河。帶，衣帶。泰山，一稱岱宗、岱山。五嶽之一，古稱東嶽。厲，通「礪」。磨刀石。國，封國。苗裔，子孫後代。⓰丹書　即丹書鐵契，是帝王頒賜功臣，使其享受特權的契券。⓱白馬之盟　古代帝王與諸侯、諸侯與諸侯之間訂立盟約，殺白馬歃血以為盟，表示信誓。⓲作十八侯之位次　即元功蕭何、曹參等十八人的位次。他們依次是蕭何、曹參、張敖、周勃、樊噲、酈商、奚涓、夏侯嬰、灌嬰、傅寬、靳歙、王陵、陳武、王吸、薛歐、周昌、丁復、蟲達。《漢書補注》引顧炎武、《楚漢春秋》等說，與此尚有出入。又夏燮曰：「校以十八侯贊，則有張良、陳平、韓信三人，而無奚涓、丁復、薛歐。……大抵高帝原定位次，惟蕭、曹二人，灼見本紀中，餘則自呂后差次，增損移易，已不可考。韓信以誅而去其第，陳平以善用奇計，慮為呂后所忌，故與張良俱差次在後，不可謂高祖原定十八侯位次中無此三人也。」⓳高后二年　西元前一八六年。⓴復詔句　詔令丞相陳平將所有功臣的功勞區分出等級。陳平（西元前？—前一七八年），漢初陽武（今河南原陽）人。惠帝、呂后時任丞相。詳見本書卷四十〈陳平傳〉。差，區分等級；劃定等級。㉑錄弟下竟　按照先後次第登錄完畢。錄，登錄；記錄。弟，通「第」。次第；次序。竟，完畢。㉒臧諸宗廟　謂把登錄功臣列侯的名籍收藏在宗廟。臧，通「藏」。諸，「之於」的合音。宗廟，天子、諸侯王祭祀祖先的處所。㉓副在有司　謂把列侯名籍的副本藏在主管的官府中。副，副本。有司，指主管的官府。㉔始未嘗二句　謂當初分封的目的是為了來鞏固新建立的中央政權，並希望隨著中央政權的強大，被分封的列侯逐漸衰落下去，不能與中央政權抗衡。㉕故逮文景四五世間　故，通「顧」。但；然而。逮，到。文景，即漢文帝劉恆、漢景帝劉啟。詳見本書卷四〈文帝紀〉、卷五〈景帝紀〉。㉖流民　指秦末因戰亂而流亡在外的人。㉗息　繁衍生殖、增長。㉘自倍　自增一倍；比原數增加了一倍。㉙富厚如之　謂列侯的貲財亦稍富厚，如同戶口的增加一樣。㉚陷

法禁　指觸犯法令。法禁，刑法、禁令。㉛隕命　喪命；喪身。隕，通「殞」。㉜後元之年　武帝後元僅二年（西元前八八—前八七年）。㉝靡有孑遺　沒有剩餘一個。靡，沒有。孑遺，殘餘；剩餘。㉞耗　盡；無。㉟罔亦少密焉　謂法網也稍微有些嚴密。罔，通「網」。法網。密，嚴密；苛細。㊱愍而錄之　哀憐他們並檢查登錄的名籍。錄，這裡指檢查記錄列侯的名籍。㊲廟臧　指宗廟中所藏的列侯名籍。㊳舊籍　亦指藏在宗廟內的列侯名籍。㊴求　尋求。㊵咸出庸保之中　都來自被雇傭的人群之中。咸，都；全部。庸保，受雇被役使之人。庸，通「傭」。㊶受復除　接受免除賦役。復除，指免除賦稅徭役。㊷加　給予；加賜。㊸用章中興之德　藉以彰明漢朝中興的恩德。用，以。章，顯揚；表明。中興，由衰落而重新隆盛。㊹孝成　即漢成帝劉驁。詳見本書卷十〈成帝紀〉。㊺卹問　體恤；撫慰。㊻稍益衰微　逐漸衰敗下去。稍，逐漸。益，更加。衰微，衰敗零落。㊼杜業之納說　杜業，杜緩之子，為太常，「數言得失，不事權貴」，有才能。詳見本書卷六十〈杜業傳〉。納說，進言；建議。㊽唐以句　唐，即唐堯。堯初居於陶，後封於唐，為唐侯，故稱陶唐、唐堯。萬國，極言邦國之多，非確數。致，達到。時雍，和善。時，善。雍，和。猶言時世安定、太平。《尚書・堯典》有「黎民於變時雍」句。㊾虞夏句　虞，虞舜。古帝名。由四岳推薦給堯，繼承堯位，天下大治。夏，指夏禹。夏后氏部落的領袖。治水有功，舜禪位於他，他傳位於其子啟，啟建立夏王朝。多，許多。群后，指諸侯。后，君主；國君。饗，通「享」。享受；享有。共己之治，無為而治。共己，無為。共，通「恭」。㊿湯法三聖　商湯效法堯、舜、禹。湯，商王朝的建立者。三聖，謂堯、舜、禹。(51)殷氏　此處指商王朝。古代契封於商，至湯滅夏，以商為國號，傳至盤庚，遷都於殷（今河南安陽西北小屯村），因稱商朝為殷商或商殷或殷。(52)周封八百　周王朝建立之後，確立宗法制度，不斷分封諸侯，「八百」乃言其多。(53)重譯　本義為輾轉翻譯，這裡指越裳氏。古南海國越裳氏因「道路絕遠，風俗殊隔」，語言不通，經多次翻譯才能明白，因而以重譯指越裳氏。(54)內恕之君樂繼絕世　謂心地寬厚的君主樂意使爵位斷絕的世家恢復爵位。內恕，存心寬厚。繼，使接續。絕世，指爵位斷絕的世家。《論語・堯曰》：「興滅國，繼絕世，舉逸民，天下之民歸心焉。」(55)隆名之主安立亡國　聲名顯赫的君主以立亡國之後為安。隆名，負有盛名；名望顯赫。安，以……為安。(56)不及下車　此指周武王入殷，未及下車，即封黃帝、虞舜的後裔。(57)成王察牧野之克　謂周成王體察牧野之戰的勝利。成王，周成王，周武王之子。牧野，古地名。在今河南淇縣西南。周武王與反殷諸侯聯軍會合於此，打敗殷商軍隊。克，戰勝；攻下。(58)顧群后之勤　眷念諸侯們的勞苦。顧，眷念。勤，勞苦；辛勞。(59)結　凝聚。(60)光　光耀；顯揚。(61)先父　對已死的父親的稱呼。(62)錄遺老之策　採納前朝遺留下來的老臣的謀略。錄，採納；採用。遺老，經歷世變的老人。一般指前朝遺留下來的老臣。策，謀略；謀劃。(63)大其寓　謂開拓疆域而居。寓，古「宇」字。

這裡指諸侯國的四境界限。64飭盡　謹慎周到。飭，謹慎。盡，皆；悉。65備厚　充裕豐厚。備，富足；富裕。66世主歎其功　當代國君讚歎他的功德。世主，當代國君。歎，讚歎。67所息之樹且猶不伐　此謂周召公止於甘棠之下而聽訟，公正無私，人們感念他的恩德，不忍砍伐甘棠樹。《詩經．召南．甘棠》即讚頌其事。68燕齊　周武王克殷之後，封召公奭於燕，封太公望於齊。69及　謂弟繼兄之位。70墮　通「隳」。毀滅。71刑辟　「邪辟（僻）」之誤（王念孫說）。即乖戾不正。72繇祖之竭力　繇，通「由」。竭力，竭盡其力；盡力。73支庶　指功臣侯者的旁支庶出後代。74迹　追尋；推究。75割符世爵　割符，即「剖符」。古代帝王分封功臣與諸侯，將符節剖分為二，帝王與諸侯各持一半，作為信守的憑證。世爵，猶「世襲」。世代繼承爵位。76山河之誓　即前文的「封爵之誓曰：『使黃河如帶，泰山若厲，國以永存，爰及苗裔。』」77著　使顯著。78細　微；小。79襲封　子孫繼承上輩的封爵。80絕失姓　指家世斷絕，沒有任何繼承人。絕，斷絕；絕滅。81乏無主　指家世雖未斷絕，但沒有繼承爵位之人。乏，缺失；空缺。主，古時稱諸侯為社稷主，天子為天下主。這裡指繼承爵位者。82孤　猶「棄」。83愍隸　從事苦役的奴隸。因生活悲慘可憐，故稱愍隸。84轉屍　猶言拋屍於野，沒有入土埋葬。應劭曰：「死不能葬，故屍流轉在溝壑之中。」85況　比；比擬。86憐閔　同情；哀憐。閔，通「憫」。哀憐。87忻忻　欣喜得意的樣子。忻，通「欣」。88歸心　從心裡歸附。亦即心悅誠服地歸附。89出入數年而不省察　往來數年而沒有過問。出入數年，猶言往來數年、前後數年。省察，察看；過問。省，看；視。90大義　正道；大原則。91設言虛亡　設，假設。虛亡，不真實；無根據。亡，通「無」。92厚德掩息　謂豐厚的德澤被掩蓋。厚德，德澤豐厚。《漢書補注》王先謙曰：「厚德，疑『德厚』誤倒。德厚、吝束對文。」掩息，掩蓋。息，通「熄」。熄滅。93遴束布章　謂皇上的恩德不能充分地傳揚天下，被吝嗇簡略地流傳宣揚。遴束，吝嗇。遴，通「吝」。束，通「簡」。簡略。布章，流傳張揚。章，通「彰」。94視化勸後　視化，顯示教化。視，通「示」。化，教化。勸後，勉勵後人。勸，勉勵。後，子孫後代。95三人為眾三句　孟康曰：「言人三為眾，雖難盡繼，取其功尤高者三人繼之，於名為眾矣。」眾，多。繼，即繼爵。恢復爵位、使爵位得到繼承。從尤功，謂選取功績最高的人，恢復他們的爵位。尤功，功績最高的人。96紹蕭何　使蕭何的爵位得到繼承。紹，承繼。這裡作「使承繼」、「使繼承」解。蕭何（西元前？—前一九三年），沛縣（今屬江蘇）人。漢初大臣。佐劉邦建立漢朝，功勞甚大，封酇侯。詳見本書卷三十九〈蕭何傳〉。97哀平之世　即漢哀帝劉欣與漢平帝劉衎。詳見本書卷十一〈哀帝紀〉、卷十二〈平帝紀〉。98增修曹參周勃之屬　謂使曹參、周勃的後代得以繼承爵位。修，本義為整治，這裡作「恢復爵位」解。曹參（西元前？—前一九〇年），沛縣人。漢初大臣。佐劉邦建立漢朝，封平陽侯。詳見本書卷三十九〈曹參傳〉。周勃（西元前？—前一六九年），沛縣人。漢初大臣。

秦末從劉邦起義，以軍功為將軍，封絳侯。後與陳平等共同誅殺諸呂，迎立文帝。詳見本書卷四十〈周勃傳〉。屬，家族。(99)得其宜 合適；得其所宜。(100)以綴續前記 以接續先前的記錄。王念孫說「以」上脫一「是」字。綴續，接續；接連。(101)究其本末 推究原委。究，推究；追尋。本末，本義為樹根與樹梢。借指事情的始終、原委。(102)序位次 排列爵位的次序。序，按照先後次序排列。位次，指爵位的次序。(103)盡 止；終。(104)昭元功之侯籍 顯揚輔佐高帝振興帝業的功臣們的爵位名籍。昭，顯示；顯揚。元功，首功；大功。指輔佐漢高祖建立帝業的功臣。侯籍，登錄列侯爵位的名冊。

【語 譯】自古帝王的興起，有誰不是在輔佐大臣的幫助下共同建成天下的大功業呢！漢朝的興起始自秦二世元年的秋天，正是陳勝自稱楚王的時候，高帝起初作為沛公而統率雄偉英武的軍隊，經過三年，向西進軍消滅了秦王朝，確立了漢王的稱號，五年之後，又向東戰勝項羽，登上皇帝的位子，又經過了八年，天下於是平定，開始為功臣們評定功勞、確定封爵大小。到了高帝十二年，封侯者有一百四十三人。當時的大城名都，百姓都因戰亂而四散逃亡，能夠登錄的戶口只有十分之二三，因此大侯的食邑不超過一萬家，小的只有五六百戶。高帝的封爵誓詞說：「即使黃河水乾涸得細如衣帶，泰山傾頹得小如礪石，功臣的封國也仍然永存，並傳給後世子孫。」於是以丹書鐵契表示誠信，並殺白馬歃血為盟來進一步強調，又排列了十八位元功列侯的位次。高后二年，再次詔令丞相陳平將所有功臣的功勞區分出等級，按照先後次第登錄完畢，把登錄功臣列侯的名籍收藏在宗廟，名籍的副本藏在主管的官府中。開始未嘗不想要鞏固中央，而使列侯勢力逐漸衰落。

2 因此到了文帝、景帝第四五代的時候，流亡在外的庶民百姓已經回歸故里，戶數和人口數也增長了，列侯當中食邑大的多至三四萬戶，小的侯國食邑是原先的兩倍，富裕充實的情況也是這樣。但列侯的子孫驕奢淫逸，忘掉了他們祖先創業的艱難，多數觸犯法律，喪失性命，亡了封國，有的封國則沒有子孫後代繼承。到了漢武帝後元年間，當初的侯國沒有一個存在，都逐漸消亡了。當時的法網也稍微有些嚴密。所以孝宣皇帝哀憐他們而檢查有關記錄，於是取出宗廟中所收藏的名籍，觀覽當時封爵的情況，詔令主管部門尋求他們的子孫，都來自被雇傭的人群之中，全部免除他們的賦稅傜役，有的還加賜給黃金、絹帛，藉以彰明漢朝中興的恩德。

3 下傳到成帝時，再次給予體恤和過問。這時列侯家世更加衰敗凋零，雖沒有斷絕，也如同絲線般細微。杜業的進言真是說得好啊！他說：「過去唐堯因為有千萬個邦國而實現安定、太平的政治，虞舜、夏禹因為有眾多的諸侯而享受無為之治。商湯效法堯舜禹三位聖人，殷商實現了太平。周朝分封諸侯八百，語言不通的越裳氏也來祝賀、歸附。因此心地寬厚的君主樂於恢復已經斷絕的爵位，聲名顯赫的君主願意重新冊立已滅亡的封國，以至於周武王未來得及下車，即封黃帝、虞舜的後裔，恩德就更深了。周成王體察牧野之戰的勝利，眷念諸侯們的勞苦，知道他們的恩德凝聚在百姓心中，功勞顯揚於朝廷之上，所以追循先父的遺志，採納遺老的謀策，提高他們的職位，擴大他們封國的疆域，愛撫尊敬，謹慎周到，下令給予的賞賜很豐厚。孝道的突出，在這時達到極點。等到他死後，繼任的國君讚歎他的功德，沒有一個百姓不思念他的。周召公曾在下面聽訟斷獄的甘棠樹，人們尚且不忍砍伐，何況他的宗廟呢？因此，燕國、齊國的祭祀，與周朝同時相傳，兒子繼承父親的爵位，弟弟接替兄長的爵位，歷代相傳不絕。他們的後代難道沒有乖戾不正的人？是由於祖宗的盡心竭力，所以宗族中的旁支庶出都得以庇護。考察漢朝的功臣，也都是與皇帝剖分符節並世代繼承的爵位，並有山河之誓，人活著就藉爵位來顯揚他們的名號，人死了就用它來宣揚亡魂過去的榮耀，賞賜也不少了。然而一百多年間，承襲封爵的人都沒有了，有的家世斷絕，沒有任何後代，有的雖有後代，但沒有人繼承爵位，朽骨在墓中感到孤寂，他們的後代在路途中流離失所，活著的成了可憐的奴隸，死了的屍體拋棄在溝壑中。用過去的情況比擬今天，真令人悲傷。聖朝憐憫他們，下詔令尋找列侯的後代，各方歡欣鼓舞，沒有不誠心歸附的。但前後數年而沒有人過問，我擔心是議事者不考慮大義，許諾的話不真實，這樣，皇上豐厚的德澤就被掩蓋，只是被吝嗇簡略地傳揚，這不是顯揚教化、勉勵後代的辦法啊。三個人就稱得上是眾人了，雖然難以全部恢復他們的爵位，應當選擇恢復功績最為突出的三個人的爵位。」於是成帝又使蕭何的後代繼承原來的爵位。

4 哀帝、平帝時期，又使曹參、周勃的後代得以繼承爵位，得其所宜了。因此，接續前面的記錄，推究其原委，並排列他們的位次，到文帝時為止，以顯揚輔佐高祖的功臣列侯的名籍。

號謚姓名	平陽懿侯曹參❶		
侯狀戶數	以中涓從起沛，至霸上，侯。❷以將軍入漢，以假左丞相定魏、齊，以右丞相，侯，萬六百戶。❸		
始封	六年十二月甲申封，十二年薨。❹		
位次	❺		
子	孝惠六年，靖侯窋嗣，二十九年薨。❻	六世 元鼎三年，侯宗嗣，二十四年，征和二年，❿坐與中人姦，闌入宮掖門，入財贖完為城旦。⓫戶二萬三千。	
孫	孝文後四年，簡侯奇嗣，七年薨。❼	七世 元康四年，參玄孫之孫杜陵公乘喜詔復家。⓬	
曾孫	孝景四年，夷侯時嗣，二十三年薨。❽	八世	
玄孫	元光五年，共侯襄嗣，十六年薨。❾	九世 元壽二年五月甲子，侯本始以參玄孫之玄孫杜陵公士紹封，千戶，元始元年益滿二千戶。⓭	

❶平陽，河東郡屬縣。秦置。在今山西臨汾西南。懿，謚號。❷中涓，皇帝的親近侍從官，執掌宮中清潔衛生等事，如謁者、舍人等皆是。霸上，一作「灞上」，亦稱「灞頭」。在今西安東，為古軍事要地。侯，封侯。❸將軍，高級武官名。自春秋時起，歷代都設置。漢代有大將軍等，位次丞相。左、右、前、後等將軍，位次上卿。漢，指漢中。假左丞相。假，代理。左丞相，秦朝丞相分為左、右。漢初沿用秦制。右丞相地位高於左丞相。魏，此指當時魏王豹封地，在今山西南部夏縣一帶。齊，此指當時齊王田廣封地，在今山東北部。❹六年，漢高帝六年，即西元前二〇一年。十二月甲申，夏曆十二月二十八日。十二年，指封侯之後十二年。❺此格應書「二」字。孟康注：「曹參位第二而表在首，蕭何位第一而表在十三，表以封前後故也。」❻孝惠六年，即西元前一八九年。靖，諡號。窋，人名。嗣，繼承。❼孝文後四年，即西元前一六〇年。後，後元。漢文帝紀年分前後兩段，前一段十六年，後一段七年。此時尚無年號。後一段紀年，皆曰「後某年」。❽孝景四年，即西元前一五三年。時，〈衛青傳〉作「壽」。❾元光五年，即西元前一三〇年。元光（西元前一三四—前一二九年），漢武帝第二個年號。共，通「恭」。謚號。❿元鼎三年，即西元前一一四年。元

號諡姓名	侯狀戶數	始封	位次	子	孫	曾孫	玄孫
				十世 建武二年，侯宏嗣，以本始子舉兵佐軍，紹封。⓮	十一世 侯曠嗣，今見。⓯		
信武肅侯靳歙⓰	以中涓從起宛朐，入漢，以騎都尉定三秦，⓱擊項籍，別定江漢，侯，五千三百戶。以將軍攻豨、布。⓲	十二月甲申封，九年薨。⓳	十一	高后六年，侯亭嗣，二十一年，孝文後三年，坐事國人過律，免。⓴	孫	曾孫	玄孫
				六世 元康四年，歙玄孫之子長安上造安漢詔復家。㉑			
汝陰文侯夏侯嬰㉒	以令史從降沛，為太僕，常奉車，竟定天下，及全皇太子、魯元公主，侯，六千九百戶。㉓	十二月甲申封，三十年薨。	八	孝文九年，夷侯竈嗣，七年薨。㉔	十六年，共侯賜嗣，四十一年薨。㉕	元光二年，侯頗嗣，十八年，元鼎二年，坐尚公主與父御婢姦，自殺。㉖	玄孫
				六世 元康四年，嬰玄孫之子長安大夫信			

				詔復家。㉗			
清河定侯王吸㉘	以中涓從起豐至霸上，為騎郎將，入漢，以將軍擊項籍，侯，二千二百戶。㉙	十二月甲申封，二十三年薨。㉚	十四	孝文元年，哀侯彊嗣，七年薨。㉛	八年，孝侯伉嗣，二十年薨。	孝景五年，哀侯不害嗣，十九年，元光二年薨，亡後。㉜	元康四年，吸玄孫長安大夫充國詔復家。

鼎（西元前一一六—前一一一年），漢武帝年號。二十四年，自元鼎三年至征和二年，止二十三年。征和二年，即西元前九一年。征和（西元前九二—前八九年），漢武帝年號。⑪坐，犯罪。中人，宮女。闌入，未經許可而擅自進入。宮掖，宮中嬪妃所居之處。完，秦漢時期的一種刑罰，即剃光頭髮，與髡同義。城旦，秦漢刑徒制中較重的一種。即對男性刑徒罰做築城的勞役，完城旦是四年刑，僅次於黥城旦。⑫元康四年，即西元前六二年。元康（西元前六五—前六一年），漢宣帝年號。玄孫，曾孫之子。公乘，秦漢二十等爵的第八級。復，免除賦稅徭役。孟康注：「諸復家皆世世無所與，得傳同產子。」⑬元壽二年，西元前一年。元壽（西元前二—前一年），漢哀帝年號。五月甲子，夏曆五月初二。杜陵，京兆尹屬縣。在今陝西西安東南。公士，二十等爵的第一級。紹封，續封。紹，繼續。元始元年，西元一年。元始（西元一—五年），漢平帝年號。益，增加；增多。⑭建武二年，即西元二六年。建武（西元二五—五六年），東漢光武帝劉秀的年號。洪邁曰：「漢列侯八百餘人，及光武時，在者平陽、富平二侯耳。」⑮今見，現在在世。⑯信武，封號名。靳歙，詳見本書卷四十一〈靳歙傳〉。⑰宛朐，亦作「冤朐」。漢代所置縣。治山東菏澤西南。騎都尉，武官名，位於將軍之下。三秦，指關陝一帶。項羽破秦，入關，以秦降將章邯為雍王，領咸陽以西地。司馬欣為塞王，領咸陽以東至黃河之地。董翳為翟王，領上郡地（今陝北），合稱三秦。⑱江漢，《史》表作「江陵」，本傳也如此。豨布，即陳豨、黥布（英布）。⑲九，當作「十九」。自高帝六年至高后五年，凡十九年。⑳高后六年，即西元前一八二年。孝文後三年，即西元前一六一年。事，指徭役、徵調等役使之事。國人，指其封國內的平民。過律，超過法律的規定。過，超過。㉑長安，西漢京城。在今陝西西安西北郊。上造，秦漢二十等爵位的第二級。安漢，人名。㉒汝陰，汝南郡屬縣。在今安徽阜陽。夏侯嬰（西元前？—前一七二年），詳見本書卷四十一〈夏侯嬰傳〉。㉓令史，縣令屬吏。漢代縣令、縣丞、縣尉屬吏都有令史。降沛，攻取沛縣。降，降服；攻下。太僕，管理皇家車馬及官府畜牧業的高級官員，九卿之一。秦漢時，太僕秩中二千石。常奉車，常奉陪高帝，為之駕車。全，保全。漢二年（西元前二〇五年），夏侯嬰保護劉邦的子女孝惠帝、魯元公主有功。㉔孝文九年，即西元前一七一年。㉕四十一年，自孝文十六年至元光元年，止三十一年。㉖元光二年，即西元前一三三年。元光（西元前一三四—前一二九年），漢武帝年號。元鼎二年，即西元前一一五年。尚，同「上」。娶皇帝的女兒為妻。有攀親之意。㉗長安，京兆尹屬縣。大夫，二十等爵的第五級。信，人名。㉘清河，「清陽」之誤。清陽，縣名。清河郡治所。在今河北清河東南。㉙豐，縣名。在今江蘇豐縣。騎郎將，郎分車郎、戶郎、騎郎，主管騎郎的長官稱騎郎將。項籍，即項羽（西元前二三

號諡姓名	侯狀戶數	始封	位次	子	孫	曾孫	玄孫
				元壽二年八月，詔賜吸代後爵關內侯，不言世。㉝			
陽陵景侯傅寬㉞	以舍人從起橫陽，至霸上，為騎將，入漢，定三秦，屬淮陰，定齊，為齊丞相，侯，二千六百戶。㉟	十二月甲申封，十二年薨。	十 位次曰武忠侯。㊱	孝惠六年，頃侯清嗣，二十二年薨。㊲	孝文十五年，共侯明嗣，二十二年薨。㊳	孝景四年，侯偃嗣，三十一年，元狩元年，坐與淮南王謀反，誅。㊴	玄孫
				六世	七世 元康四年，寬玄孫之孫長陵士伍景詔復家。㊵		
廣嚴侯召歐㊶	以中涓從起沛，至霸上，為連敖，入漢，以騎將定燕、趙，得燕將軍，侯，二千二百戶。㊷	十二月甲申封，二十三年薨。	二十八	孝文二年，戴侯勝嗣，九年薨。㊸	十一年，共侯嘉嗣，十三年，孝文後七年薨，亡後。㊹	曾孫	元康四年，歐玄孫安陵大夫不識詔復家。㊺
廣平敬侯薛歐㊻	以舍人從起豐，至霸上，為郎，入漢，以將軍擊項籍將鍾離眛，侯，四千五百戶。㊼	十二月甲申封，十四年薨。	十五	高后元年，靖侯山嗣，二十六年薨。㊽	平棘 孝文後三年，侯澤嗣。孝景中二年，有罪免。中五年，澤復封，三十三年薨，諡曰節侯。㊾	元朔四年，侯穰嗣，三年，元狩元年，坐受淮南賂稱臣，在赦前，免。	元康四年，歐玄孫長安大夫去病詔復家。㊿

	❺❶
博陽嚴侯陳濞❺❷	以舍人從碭，以刺客將入漢，以都尉擊項羽滎陽，絕甬道，殺追卒，侯。❺❸
十二月甲申封，三十年薨。❺❹	
十九	
塞	孝文後三年，侯始嗣，九年，坐謀殺人，會赦，免。孝景中五年，始復封，二年，後元年，有罪，免。❺❺
孫	
元康四年，濞曾孫茂陵公乘壽詔復家。❺❻	

二一前二〇二年），名籍，字羽。詳見本書卷三十一〈項籍傳〉。❸⓪二十三年，自高帝六年至高后八年，實二十二年。❸❶孝文元年，即西元前一七九年。疆，《史》表作「彊」。❸❷孝景五年，即西元前一五二年。亡，通「無」。❸❸代後，每一代後裔。關內侯，秦漢二十等爵位的第十九級，言「有侯號而居京畿，無國邑。」不言世，即不論其世次。❸❹陽陵，縣名。屬左馮翊。在今陝西咸陽東北。❸❺舍人，官名。王公顯貴們的屬官，即派有職事的門客。如太子舍人。橫陽，鄉名。淮陰，指淮陰侯韓信。齊丞相，漢四年韓信被立為齊王，傅寬為齊丞相。❸❻武忠侯，《漢書補注》曰：「官本作忠武侯。」❸❼清，《史》表作「靖」。二十二年，《史》表作「二十四」，是。自孝惠六年至孝文十四年，正二十四年。❸❽明，《史》表作「則」。二十二年，誤。自孝文十五年至孝景三年，為十二年。❸❾元狩元年，即西元前一二二年。元狩（西元前一二二—前一一七年），漢武帝年號。淮南王，劉邦少子淮南厲王劉長之子劉安，謀反被殺。❹⓪長陵，縣名。漢置。在今陝西咸陽東北。士伍，秦漢時期，士伍指居住在里伍之中，沒有官職、爵位，但在戶籍上登錄名字的成年男子。❹❶廣，齊郡屬縣。在今山東青州西南。嚴，諡號。因避漢明帝劉莊名諱，改「莊」為「嚴」。召，《史》表作「呂」，形近致誤。❹❷連敖，官名。《左傳》楚有連尹、莫敖，後合為一官號。或謂接待賓客的「典客」，或謂漢代大將軍、將軍、校尉之屬官「司馬」。燕趙，燕，項羽封臧荼為燕王，都薊（今北京城西南隅）。趙，陳餘立趙歇為趙王，都襄國（今河北邢臺）。❹❸孝文二年，即西元前一七八年。戴，諡號。❹❹孝文後七年，即西元前一五七年。❹❺安陵，縣名。在今陝西咸陽東北。不識，人名。❹❻廣平，臨淮郡屬縣。在今河北雞澤東南。❹❼郎，《史》表作「郎中」。官名。值宿衛，屬郎中令。有侍郎、郎中，為侍從之職。鍾離眛，人名。家在伊盧，為項羽將，素與韓信善，項羽滅亡後，逃歸韓信。後為信所逼自殺。❹❽高后元年，西元前一八七年。❹❾平棘，常山郡屬縣。在今河北趙州東南。澤，人名。武帝時為丞相，見本書卷四十二〈申屠嘉傳〉。孝景中三年，即西元前一四七年。中，即中元（西元前一四九—前一四四年）。漢景帝的第二個紀年。三十三年，文帝後三年至孝景中二年，十三年；又孝景中五年至元朔三年，二十年，合兩數正三十三年。❺⓪去病，人名。❺❶元朔四年，即西元前一二五年。元朔（西元前一二八—前一二三年），武帝年號。淮南，指淮南王劉安。賂，賄賂。❺❷博陽，汝南郡屬縣。在今河南商水縣東南。嚴，《漢書補注》曰：「《史》表作『壯』。……《楚漢春秋》名『瞶』。」濞，《楚漢春秋》名「陵」。❺❸從，「從」下奪「起」字。碭，縣名。在今安徽碭山縣南。境內有碭山，曾為漢高祖避難之處，稱「藏皇峪」。刺客將，官名。將官

號謚姓名	侯狀戶數	始封	位次	子	孫	曾孫	玄孫
堂邑安侯陳嬰[57]	以自定東陽為將,屬楚項梁,為楚柱國。[58]四歲,項羽死,屬漢,定豫章、浙江,都漸定自為王壯息侯,六百戶。復相楚元王十二年。[59]	十二月甲申封,十八年薨。	八十六	高后五年,共侯祿嗣,十八年薨。[60]	孝文三年,侯午嗣,尚館陶公主,四十八年薨。[61]	元光六年,侯季須嗣。十三年,元鼎元年,坐母公主卒未除服姦,兄弟爭財,當死,自殺。[62]	
					隆慮 孝景中五年,侯融以長公主子侯,萬五千戶,二十九年,坐母喪未除服姦,自殺。[63]		
				六世 元康四年,嬰玄孫之子霸陵公士尊詔復家。[64]			
曲逆獻侯陳平[65]	以故楚都尉,漢王二年初起修武,為都尉,以護軍中尉出奇計,定天下,侯,五千戶。[66]	十二月甲申封,二十四年薨。	四十七	孝文三年,共侯買嗣,二年薨。	五年,簡侯悝嗣,二十二年薨。[67]	孝景五年,侯何嗣,二十三年,元光五年,坐略人妻,棄市。戶萬六	

						千。68	
留文成侯				六世 元康四年，平玄孫之子長安簪褭莫詔復家。69	元始二年，詔賜平代後者爵關內侯，不言世。70		
張良71	以廄將從起下邳，以韓申都下韓，入武關，設策降秦王	正月丙午封，十六年薨。72	六十二73	高后三年，侯不疑嗣，十年，孝文五年，坐與門大夫殺故	孫	曾孫	玄孫

雜號。都尉，漢時為輔佐郡守並掌全郡軍事的職官，又有農都尉、關都尉、屬國都尉等稱謂。滎陽，縣名。秦置。在今河南滎陽東北。甬道，兩側築牆的馳道或通道。追士卒，指追擊漢軍的楚士兵。54三十年，自高帝六年至孝文後二年，為四十年。55塞，項羽所封司馬欣為塞王，都櫟陽（今陝西臨潼東北），領咸陽以東至黃河之地。會，適逢。孝景中五年，即西元前一四五年。後元年，漢景帝後元年，即西元前一四三年。56茂陵，縣名。在今陝西興平東北。以漢武帝茂陵在此，故名。壽，人名。57堂邑，臨淮郡屬縣。在今江蘇六合北。陳嬰，秦二世時為東陽令史。陳勝兵起，陳嬰殺縣令，立為長帥，從者二萬人，後歸項梁。入漢，封堂邑侯，卒諡安。58東陽，縣名。在今安徽天長西北。項梁，詳見本書卷三十一。柱國，官名。戰國時楚置。初為保衛國都之官，後稱為最高武官。亦稱上柱國。地位僅次於令尹。59豫章，郡名。漢置。治南昌（今屬江西）。浙江，水名。即錢塘江。漸，《史》表作「折」，即浙，「漸」亦浙也（王先謙說）。即漸江，水名。顏師古說浙水在丹陽黝縣南蠻中。壯息，《史》表作「壯寧」。人名，當時浙江流域蠻族之王，為陳嬰所征服。楚元王，劉邦之弟劉友，封為楚王。元，為其諡號。60高后五年，即西元前一八三年。61孝文三年，即西元前一七七年。侯午，《史》表作「夷侯午」。館陶公主，文帝之女，名嫖。館陶，縣名。漢置。在今河北館陶。62元光六年，即西元前一二九年。元光（西元前一三四—前一二九年），漢武帝年號。季須，《史》表作「季」，〈外戚傳〉同。元鼎元年，即西元前一一六年。除服，亦稱「除喪」。守孝期滿，除去喪服。母公主，陳季須之母為館陶公主。當，判罪。63隆慮，河內郡屬縣。孝景中五年，即西元前一四五年。融，《史》表作「蟜」。長公主，文帝之女景帝之姊。帝之姊稱長公主。64霸陵，縣名。在今陝西西安東北。漢文帝墓在境內。尊，人名。65曲逆，中山國屬縣。因曲逆水而得名。在今河北順平東南。陳平，詳見本書卷四十〈陳平傳〉。66初起，《史》表作「初從」，是。修武，縣名。秦置。在今河南獲嘉。護軍中尉，官名。秦漢之際劉邦臨時設置，以陳平為之，監督諸將，調節各部軍隊關係。67二十二年，《史》表作「二十三年」，是。68二十三年，《史》表作「二十二年」，是。略，侵奪；強取。棄市，古代在鬧市執行死刑，將屍體暴露街頭示眾。69簪褭，二十等爵的第三級。莫，人名。70元始二年，即西元二年。元始（西元一—五年），漢平帝年號。關內侯，二十等爵位的第十九級，位次徹（通）侯，沒有封邑，居住京郊。不言世，不論哪一代。世，世次。71留，楚國屬縣。在今江蘇沛縣

號謚姓名	侯狀戶數	始封	位次	子	孫	曾孫	玄孫
	嬰，解上與項羽隙，請漢中地，常為計謀，侯，萬戶。74			楚內史，續為城旦。75			
				六世 元康四年，良玄孫之子陽陵公乘千秋詔復家。76			
射陽侯劉纏 77	兵初起，與諸侯共擊秦，為楚左令尹。漢王與項有隙於鴻門，纏解難，以破羽降漢，侯。78	79 正月丙午封，九年，孝惠三年薨。嗣子睢有罪，不得代。	80				
酇文終侯蕭何 81	以客初從入漢，為丞相，守蜀及關中，給軍食，佐定諸侯，為法令宗廟，侯，八千戶。82	正月丙午封，九年薨。	一	孝惠三年，哀侯祿嗣，六年薨，亡後。高后二年，封何夫人祿母同為侯，孝文元年罷。83			
				筑陽 高后二年，定侯延以何少子封，孝文元年更為酇，二年薨。84	煬侯遺嗣，一年薨，亡後。85		
					武陽		

					五年，侯則以何孫遺弟紹封，二十年，有罪免。二萬六千戶。(86)		
					孝景二年，侯嘉以則弟紹封，二千戶，七年卒。(87)	中二年，侯勝嗣，二十一年，坐不齋，耐為隸臣。(88)	
						鄼	六年，侯壽

東南。張良（西元前？—前一八六年），詳見本書卷四十〈張良傳〉。(72)正月丙午，高祖六年正月丙午，為夏曆正月二十一日。此時沿用秦曆，以十月為歲首，正月為一年的第四個月。(73)顏師古注：「高祖自云得天下由張良，稱其才也。敘位次，乃以曹參比蕭何，校其勳也。至如戶數多少，或以才德，或以功勞，亦無定也。故稱蕭何功第一，戶唯八千。張良食萬戶，而位過六十。它皆類此。」(74)廐將，武官名號。下邳，縣名。在今江蘇邳州西南。申都，即申徒（都、徒，古通用），韓官名。武關，關口名。在今陝西商南南丹江北岸。唐移今陝西丹鳳東南武關。嬰，子嬰。秦始皇孫，二世胡亥死後，即位，為項羽所殺。隟，通「隙」。裂縫。比喻情感上的裂痕。漢中，指今陝西西南部漢中地區。(75)門大夫，列侯家中司門之官。內史，官名。漢以來諸侯王國的職官。負責王國內的民政。(76)陽陵，縣名。在今陝西咸陽東北。(77)射陽，臨淮郡屬縣。劉纏，即項伯。(78)左令尹，楚國官名。為低於令尹的軍政長官。項，當作「項羽」。鴻門，地名。在今陝西臨潼東北陰盤鎮東。(79)孝惠三年，即西元前一九二年。代，世系相代。(80)錢大昭曰：「纏與耏蹠、張越、棘丘侯襄、鄧弱、趙堯六人，皆無位次。蓋呂后時，或以罪免，或以身死，不得與也。陽夏、淮陰反誅，其不與，更不待言。」(81)鄼，沛郡屬縣。在今河南永城西之鄼城。蕭何（西元前？—前一九三年），詳見本書卷三十九〈蕭何傳〉。(82)丞相，官名。始置於戰國。秦以後為歷代輔佐皇帝處理全國政務的百官之長。漢初，與太尉、御史大夫合稱三公。蜀，秦郡名。在今四川西部地區。治成都（今屬四川）。關中，指咸陽地區。咸陽東有函谷關、南有武關、北有蕭關、西有散關，處於四關之中，故名。為法令，蕭何曾創定《九章律》。(83)高后二年，即西元前一八六年。祿，蕭何夫人名。同，蕭何夫人之母名。孝文元年，即西元前一七九年。罷，免去；罷免。(84)筑陽，南陽郡屬縣。在今湖北穀城東北。(85)嗣，當嗣於孝文四年。(86)武陽，東海郡屬縣。在今四川彭山東。則，人名。遺，人名。(87)孝景二年，即西元前一五五年。嘉，〈景帝紀〉作「係」。(88)中二年，漢景帝中二年（西元前一四八年）。不齋，謂當侍祠而不齋。齋，古代祭祀之前清心潔身獨居，以示莊重。耐，通「耏」。古時剃去鬍鬚和鬢毛的刑罰。隸臣，秦漢刑徒的第三等。猶如隸人。

號謚姓名	侯狀戶數	始封	位次	子	孫	曾孫	玄孫
						元狩三年，共侯慶以何曾孫紹封，二千四百戶，三年薨。89	成嗣，十年，坐為太常犧牲瘦，免。90
							地節四年，安侯建世以何玄孫紹封，十四年薨。91
				六世 甘露二年，思侯輔嗣。92	七世 侯獲嗣，永始元年，坐使奴殺人，減死，完為城旦。		
				六世 永始元年七月癸卯，釐侯喜以何玄孫之子南䜌長紹封，三年薨。93	七世 永始四年，質侯尊嗣，五年薨。94	八世 綏和元年，質侯章嗣，元始元年，益封滿二千戶，十三年薨。95	九世 王莽居攝元年，侯禹嗣，建國元年更為蕭鄉侯，莽敗，絕。96
絳武侯周勃 97	以中涓從起沛，至霸上，侯。定三秦，食	正月丙午封，三十三	四	孝文十二年，侯勝之嗣，六年，有罪，免。			

邑，為將軍，入漢，定隴西，擊項籍，守嶢關，定泗水、東海，侯，八千一百戶。[98]		
年薨。		
[99]	修 後三年，侯亞夫以勃子紹封，十八年，有罪，免。[100]	平曲 孝景後元年，共侯堅以勃子紹封，十九年薨。[101]
		元朔五年，侯建德嗣，十二年，元鼎五年，坐酎金免。[102]
		元康四年，勃曾孫槐里公乘廣漢詔復家。
		元始二年，侯共以勃玄孫紹封，千戶。

[89]鄭，南陽郡屬縣。在今湖北老河口市。與上文的酇為兩地。元狩三年，即西元前一二〇年。[90]太常犧牲瘦，《史》表為「壽成為太常，犧牲不如令」。意謂太常壽成祭祀所用之牲太瘦，不符合律令規定。太常，官名。掌禮儀。犧牲，古代祭祀用牲之通稱，如牛、羊、豬等。[91]地節四年，西元前六六年。地節（西元前六九—前六六年），漢宣帝年號。[92]甘露二年，西元前五二年。甘露（西元前五三—前五〇年），漢宣帝年號。[93]永始元年，西元前一六年。永始（西元前一六—前一三年），漢成帝年號。七月癸卯，夏曆七月十五日。南䜌，鉅鹿郡屬縣。在今河北鉅鹿北。長，縣長。漢代一萬戶以上之縣官稱縣令，不滿一萬戶者稱縣長。[94]永始四年，西元前一三年。質侯，七世孫尊、八世孫章俱謚「質」，必有一誤。[95]綏和元年，西元前一八年。綏和（西元前八—前七年），漢成帝年號。益封，增加封邑戶數。益，增加。[96]王莽（西元前四五—二三年），詳見本書卷九十九〈王莽傳〉。居攝元年，西元六年。居攝，孺子嬰年號。當時王莽把持朝政，居攝的意思即謂王莽暫居皇帝之位，處理政務。建國元年，西元九年。建國，西元九—一三年，王莽年號。鄉侯，爵位名。漢有縣侯、鄉侯、亭侯之別。[97]絳，河東郡屬縣。在今山西曲沃西南古城址。周勃（西元前?—前一六九年），詳見本書卷四十〈周勃傳〉。[98]隴西，郡名。戰國秦置。治狄道（今甘肅臨洮）。嶢關，秦置。在今陝西商縣西北。泗水，郡名。秦置，治相縣（今安徽淮北西北）。漢初改為沛郡。東海，郡名。秦置。治郯縣（今山東郯城北）。楚漢之際為郯郡。後又改為東海郡。[99]孝文十二年，西元前一六八年。[100]修，讀曰「條」，信都國屬縣。在今河北景縣南。後三年，「三」當作「二」。據〈五行志〉，周亞夫免侯在景帝中五年。自文帝後二年至景帝中五年，正十八年。亞夫，周亞夫，周勃之子。文帝時為將軍，景帝時為太尉，平定吳楚七國之亂，拜丞相。封條侯。[101]平曲，東海郡屬縣。在今河北霸州東。[102]元朔五年，西元前一二四年。元朔（西元前一二八—前一二三年），漢武帝年

號諡姓名	侯狀戶數	始封	位次	子	孫	曾孫	玄孫
						(103)	
舞陽武侯樊噲(104)	以舍人起沛，從至霸上，為侯。以郎入漢，定三秦，為將軍，擊項籍，再益封。從破燕，執韓信，侯，五千戶。(105)	正月丙午封，十三年薨。	五	孝惠七年，侯伉嗣，九年，高后八年，坐呂氏誅。(106)			
				孝文元年，荒侯市人以噲子紹封，二十九年薨。(107)	孝景七年，侯它廣嗣，中六年坐非子免。(108)	元康四年，噲曾孫長陵不更勝客詔復家。(109)	玄孫
				六世 元始二年，侯章以噲玄孫之子紹封，千戶。			
曲周景侯酈商(110)	以將軍從起岐，攻長社以南，別定漢及蜀，定三秦，擊項籍，侯，四千八百戶。(111)	正月丙午封，二十二年薨。	六	孝文元年，侯寄嗣，三十二年有罪，免。戶萬八千。			
				繆 孝景中三年，靖侯堅紹封。(112)	元光四年，康侯遂成嗣。(113)	懷侯世宗嗣。(114)	元鼎二年，侯終根嗣，二十九年，

							後二年，祝詛上，腰斬。[115]
				六世 元康四年，商玄孫之子長安公士共詔復家。[116]	元始二年，詔賜商代後者猛友爵關內侯。[117]		
潁陰懿侯 灌嬰[118]	以中涓從起碭至霸上，為昌文君，入漢，定三秦，食邑。以將軍屬韓信，定齊、淮南及八邑，殺項	正月丙午封，二十六年薨。	九	孝文五年，平侯何嗣，二十八年薨。	孝景中三年，侯彊嗣，十三年，有罪，免。戶八千四百。[119]		

號。酎金，武帝時，於八月宗廟祭祀嘗酎之際大會王侯，使之獻金助祭，稱為酎金。酎金重量或成色不足，即予以處罰。酎，一種純酒，三重釀，正月旦釀造，八月成，味厚，用以祭祀宗廟。[103]槐里，縣名。漢高帝三年改廢丘縣所置，在今陝西興平東南南佐村。廣漢，人名。[104]舞陽，潁川郡屬縣。在今河南舞陽西北。樊噲（西元前？—前一八九年），詳見本書卷四十一〈樊噲傳〉。[105]舍人，官名。秦漢王公的親近之人。有太子舍人，皇后、公主的屬官亦有舍人。執韓信，樊噲以此事立功。韓信，指韓王信，非淮陰侯韓信。[106]孝惠七年，西元前一八八年。高后八年，西元前一八〇年。坐呂氏誅，樊伉之母呂須，為呂后之妹。呂后崩，大臣誅殺諸呂，因誅伉。舞陽侯中絕數月。詳見本書卷四十一〈樊噲傳〉。[107]孝文元年，西元前一七九年。市人，人名。樊噲庶子。[108]孝景七年，西元前一五〇年。非子，市人無生育能力，令其夫人與弟亂而生它廣，因此，它廣非市人之子。[109]長陵，縣名。漢置。在今陝西咸陽東北。漢高祖長陵在此，故名。不更，秦漢二十等爵的第四級。勝客，人名。[110]曲周，廣平國屬縣。在今河北曲周東北。酈商（西元前？—前一八〇年），詳見本書卷四十一〈酈商傳〉。[111]岐，地名。在陳留（今河南開封南）、高陽（今河南杞縣）之間。長社，縣名。漢置。在今河南長葛東北。漢，下脫「中」字，指漢中郡。戰國秦置，治南鄭（今陝西漢中），西漢移治西城（今陝西安康西北）。蜀，蜀郡。戰國秦置。治成都（今屬四川）。四千八百戶，本傳作「五千一百戶」。[112]繆，縣名。在今河南固始東北。[113]元光四年，西元前一三一年。元光（西元前一三四—前一二九年），漢武帝年號。遂成，《史》表無「成」字。[114]懷侯世宗，《史》表作「侯宗，元朔三年封」。[115]元鼎二年，西元前一一五年。祝詛，訴諸鬼神，使降禍於所憎惡的人。[116]長安，縣名。漢置。為西漢京城，在今陝西西安西北。公士，二十等爵位的最低一級。共，人名。[117]猛友，本義為「孟友」。孟，轉變為「猛」，再變為「明」。猛友，〈平紀〉作「明友」（陳直說）。

號謚姓名	侯狀戶數	始封	位次	子	孫	曾孫	玄孫
	籍，侯，五千戶。120				臨汝 元光二年，侯賢以嬰孫紹封，九年，元朔五年，坐子傷人首匿，免。千戶。121	元康四年，嬰曾孫長安官首匿詔復家。122	元壽二年八月，詔賜嬰代後者爵關內侯。123
汾陰悼侯周昌 124	初起，以職志擊秦，入漢，出關，以內史堅守敖倉，以御史大夫侯，比清陽侯。125	正月丙午封，十年薨。	十六	孝惠四年，哀侯開方嗣，十六年薨。126	孝文前五年，侯意嗣，十三年，坐行賕，髡為城旦。127		
					安陽 孝景中二年，侯左車以昌孫紹封，八年，建元元年，有罪，免。128	元康四年，昌曾孫沃侯國士伍明詔復家。129	
梁鄒孝侯武虎 130	兵初起，以謁者從擊破秦，入漢，定三秦，出關，以將軍擊定諸侯，比博陽侯，二千八百戶。131	正月丙午封，十一年薨。	二十	孝惠五年，侯最嗣，五十八年薨。132	元光三年，頃侯嬰齊嗣，二十年薨。133	元鼎四年，侯山柎嗣，一年，坐酎金免。134	玄孫
				六世 元康四年，虎玄孫之子夫夷侯國公			

				乘充竟詔復家。135			
成敬侯董渫136	初起以舍人從擊秦，為都尉，入漢定三秦，出關以將軍定諸侯，比厭次侯，二千八百戶。137	正月丙午封，七年薨。	二十五	節氏 孝惠元年，康侯赤嗣，四十四年有罪，免戶五千六百。孝景中五年，赤復封，八年薨。138	建元四年，共侯罷軍嗣，五年薨。139	元光三年，侯朝嗣，十二年，元狩三年，坐為濟南太守與城陽王女通，耐為	元康四年，渫玄孫平陵公乘詘詔復家。140

118穎陰，穎川郡屬縣。在今河南許昌。灌嬰（西元前?—前一七六年），詳見本書卷四十一〈灌嬰傳〉。119彊，本傳與《史》表皆作「疆」，此處誤。120碭，郡名。秦置。在今河南永城東北。漢高帝五年（西元前二〇四年）改為梁國。韓信（西元前?—前一九六年），詳見本書卷三十四〈韓信傳〉。齊，指三齊，為今山東東北部地區。淮南，指漢高帝四年改九江國而置淮南國，約當今安徽淮河以南，巢湖、肥西地區，都壽春（今安徽壽州）。八邑，《史》表作「下邑」，為縣名。秦置。在今安徽碭山。121臨汝，縣名。在今河南臨汝西南。元朔五年，西元前一二四年。首匿，主謀藏匿罪犯。122官首，爵名。漢武帝置武功爵的第五等。匿，人名。123元壽二年，西元前一年。誼，人名。124汾陰，河東郡屬縣。在今山西萬榮西南廟前村古城。周昌（西元前?—前一九二年），詳見本書卷四十二〈周昌傳〉。125職志，官名，主掌旗幟。志，通「幟」。擊，當作「擊破」。內史，官名。西周始置。秦漢沿置，為掌京畿地方的長官。敖倉，秦漢時期的重要糧倉。在今河南鄭州西北邙山（敖山）上，地當黃河與古濟水分流處。楚漢相爭時，為劉邦奪取。御史大夫，官名。秦漢僅次於丞相的中央最高長官。掌監察、執法及重要文書圖籍。侯，《史》表作「定諸侯」。比清陽侯，夏燮曰：「按表例凡言比某侯者，則其名次必相亞。……今表中次清陽侯王吸於十四，而周昌功與之比。則宜十五，而乃廁廣平侯薛歐于王吸之次，退周昌於十六。以此證後來差次亂之，而原定十八侯中無薛歐可證也。」比，等；並列。一說可作「近」、「次於」解。126孝惠四年，西元前一九一年。此格當先標「建平」二字，乃徙封，此脫。建平，沛郡屬縣。127孝文前五年，西元前一七五年。前，前元。漢文帝前元為西元前一七九—前一六四年。行賕，行賄賂。髡，即髡髮。古代對罪犯剃去頭髮的刑罰。128安陽，汝南郡屬縣。在今河南信陽東北。129沃侯國，漢縣無單名沃者，未知何地。明，人名。師古曰：「明舊有官爵，免為士伍而屬沃侯之國也。」130梁鄒，濟南郡屬縣。在今山東鄒平東北。131謁者，官名。秦置，漢因之，掌賓贊。長官為僕射；或稱大謁者，為接待賓客的官員。比博陽侯，博陽侯陳濞位次十九，故武虎次二十。博陽，縣名。在今河南商水縣東北。132孝惠五年，西元前一九〇年。133元光三年，西元前一三二年。元光（西元前一三四—前一二九年），漢武帝年號。134元鼎四年，西元前一一三年。以上三格，《史》表記時，與此大不同。夏燮疑二家所據簿籍不同。135夫夷，零陵郡屬縣。在今湖南邵陽西。東漢改為侯國，稱夫夷侯國。充竟，人名。136成，一作「郕」。縣名，屬涿郡。〈汝水注〉渫

號諡姓名	侯狀戶數	始封	位次	子	孫	曾孫	玄孫
						鬼薪。141	
蓼夷侯孔聚 142	以執盾前元年從起碭，以左司馬入漢，為將軍，三以都尉擊項籍，屬韓信，侯。143	正月丙午封，三十年薨。	三十	孝文九年，侯臧嗣，四十五年，元朔三年，坐為太常衣冠道橋壞不得度，免。144	孫	曾孫	元康四年，聚玄孫長安公士宣詔復家。
費侯陳賀 145	以舍人前元年從起碭，以左司馬入漢，用都尉屬韓信，擊項籍，為將軍，定會稽、浙江、湖陵，侯。146	正月丙午封，二十二年薨。	三十一	孝文元年，共侯常嗣，二十四年薨。	孝景二年，侯偃嗣，八年，有罪，免。		
				巢 孝景中六年，侯最以賀子紹封，二年薨，亡後。147		元康四年，賀曾孫茂陵上造僑詔復家。148	
陽夏侯陳豨 149	以特將將卒五百人前元年從起宛朐，至霸上，為游擊將軍，別定代，破臧荼，侯。150	正月丙午封，十年，以趙相國反，自為王，十二年，誅。151					
隆慮克侯周竈 152	以卒從起碭，以連敖入漢，以長鈹都尉擊項籍，侯。153	正月丁未封，三十九年薨。154	三十四	孝文後二年，侯通嗣，十二年，孝景中元年，有罪，完為城	孫	曾孫	元康四年，竈玄孫陽陵公乘詔

	陽都敬侯丁復157
	以越將從起薛至霸上，以樓煩將入漢，定三秦，屬周呂侯，破龍且彭城，為大司馬，破項籍葉，為將軍，忠臣，侯，七千八百戶。158
	正月戊申封，十九年薨。159
	十七
旦。155	高后六年，趮侯甯嗣，十二年薨。160
	孝文十年，侯安城嗣，十五年，孝景二年，有罪，免，戶萬七千。161
	元康四年，復曾孫臨沂公士賜詔復家。162
復家。156	

封邑在泰山郡。敬，諡號。渫，或作緤。137比厭次侯，厭次侯爰類位次二十四，故渫位次二十五。厭次，秦縣名。漢改名富平。在今山東惠民東北。138節氏，縣名。地不詳。赤，〈文帝紀〉作「赫」。赤、赫，古通。139建元四年，西元前一三七年。建元（西元前一四〇—前一三五年），漢武帝年號。共，通「恭」。罷軍，人名。140平陵，縣名。漢置。在今陝西咸陽西北。漢昭帝死後葬於此。詘，人名。141濟南，郡名。漢置。治東平陵，在今山東章丘西北。城陽，漢諸侯王國名，治莒縣（今山東莒縣）。鬼薪，古代的一種徒刑，給宗廟採薪，三年刑，僅次於城旦舂。142蓼，六安國屬縣。在今河南固始東。王先謙曰在六縣（今安徽六安）。孔聚，詳見本書卷三十。143執盾，衛尉的屬吏。為主管宮門的武士。前元年，謂初起事之年，即秦胡亥元年。後皆類此。左司馬，官名。掌軍政之官，分左右司馬。144孝文九年，西元前一七一年。元朔三年，西元前一二六年。太常，官名。漢九卿之一。掌禮樂郊廟社稷等事。衣冠道橋，謂遊衣冠所經過的道橋。漢朝禮制，每月從高帝陵寢取出他的衣冠遊行到他的祠廟，所經過的道路橋梁，即衣冠道橋。上自太上皇，下至悼皇考、宣帝，皆每月一遊衣冠。《史》表作「南陵橋壞，衣冠車不得度。」145費，東海郡屬縣。在今山東費縣西北。146前元年，西元前二〇九年。會稽，郡名。秦置。治吳縣（今江蘇蘇州）。湖陵，縣名。秦置。在今山東魚臺東南。《史》表作「湖陽」，在今河南唐河縣西南湖陽鎮。147巢，〈地理志〉有居巢，廬江郡屬縣。在今安徽安慶北。孝景中六年，西元前一四四年。148茂陵，縣名。在今陝西興平東北。此處有漢武帝劉徹墓。上造，秦漢二十等爵位的第二級。僑，人名。149陽夏，淮陽國屬縣。在今河南太康。150特將，單獨帶兵的將官。游擊將軍，官名。雜號將軍。代，郡名。戰國置。秦漢沿置，治代（今河北蔚縣東北）。臧荼，項羽分封的燕王。151趙相國，《漢書補注》引齊召南曰：「趙當作『代』，各本俱誤。時趙相國周昌，非陳豨也。」152隆慮，河內郡屬縣。在今河南林州。克，《史》表作「哀」。153連敖，楚國官名。《左傳》楚有連尹、莫敖，其後合為一官號。長鋌都尉，武官名，將軍屬吏。長鋌，長刃兵，為刀而劍形。《史記》作「長鈹」，鈹亦為刀。154正月丁未，漢高帝六年夏曆正月二十二日。155孝文後二年，西元前一六二年。十二年，當作「十三年」。孝景中元年，西元前一四九年。156陽陵，縣名。漢置，在今陝西咸陽東北。因漢景帝陽陵在此而得名。157陽都，城陽國屬縣。在今山東沂南南。158越，《史》表作「趙」。薛，縣名。秦置。在今山東滕州南皇殿崗。樓煩將，統率樓煩兵的將領。樓煩，

號謚姓名	侯狀戶數	始封	位次	子	孫	曾孫	玄孫
陽信胡侯呂青[163]	以漢五年用令尹初從,功比堂邑侯,千戶。[164]	正月壬子封,十年薨。[165]	八十七[166]	孝惠四年,頃侯臣嗣,十八年薨。[167]	孝文七年,懷侯義嗣,二年薨。[168]	九年,惠侯它嗣,十九年薨。	孝景五年,共侯善嗣,五年薨。
				六世 中三年,侯談嗣,三十五年,元鼎五年,坐酎金免。[169]			元康四年二月,青玄孫長陵大夫陽詔復家。[170]
東武貞侯郭蒙[171]	以戶衛起薛,屬周呂侯,破秦軍杠里,陷楊熊軍曲遇,入漢,為城將,定三秦,以都尉堅守敖倉,為將軍破項籍,侯,三千戶。[172]	正月戊午封,十九年薨。[173]	四十一[174]	高后六年,侯它嗣,三十一年,孝景六年,有罪,棄市。戶萬一百。[175]	孫	曾孫	元康四年,蒙玄孫茂陵公士廣漢詔復家。
汁防肅侯雍齒[176]	以趙將前三年從定諸侯,二千五百戶,功比平定侯。齒故沛豪,有力,與上有隙,故晚從。[177]	三月戊子封,九年薨。[178]	五十七	孝惠三年,荒侯鉅鹿嗣,三十八年薨。[179]	孝景三年,侯野嗣,十年薨。[180]	終侯桓嗣,不得年,元鼎五年,坐酎金免。[181]	
棘蒲剛侯陳武[182]	以將軍前元年將卒二千五百人起薛,別救東阿,至霸上,二歲十月入漢,	三月丙申封,三十八年,孝文後元年薨。子	十三	子	孫	元康四年,武曾孫雲陽上造嘉詔復家。[183]	

侯	功狀	始封	位次	子	孫	曾孫	玄孫
	擊齊歷下軍臨菑，侯。[184]	奇反，誅，不代。[185]					
都昌嚴侯朱軫[186]	以舍人前元年從起沛，以隊帥先降翟王虜章邯，侯。[187]	三月庚子封，十四年薨。[188]	二十三	高后元年，剛侯率嗣，十五年薨。	孝文八年，夷侯詘嗣，十六年薨。[189]	孝景元年，共侯偃嗣，二年薨。[190]	三年，侯辟彊嗣，五年，中元年薨，亡後。[191]

古族名。春秋末分布於今山西寧武、苛嵐等地。善騎射，從事畜牧。後活動於今陝西、內蒙古南部等地。周呂侯，漢高后兄呂澤。高后時追尊為悼武王。龍且，項羽部將。彭城，縣名。秦屬泗水郡，西漢屬楚國。在今江蘇徐州。葉，南陽郡屬縣。在今河南葉縣西南舊縣鎮。[159]正月戊申，漢高帝六年夏曆正月二十三日。[160]趮，古「躁」字。[161]孝文十年，西元前一七〇年。安城，《史》表作「安成」。城與成，古通。[162]臨沂，西漢東海郡屬縣。在今山東臨沂北。賜，人名。[163]陽信，西漢勃海郡屬縣。在今山東無棣北。胡，《史》表作「朝」，非謚，誤。青，《史》表作「清」。[164]用，為。令尹，官名。春秋戰國時楚國所設，為楚國最高官職，掌行政大權。比堂邑侯，堂邑侯陳嬰位次八十六，故呂青位次八十七。[165]正月壬子，漢高帝六年夏曆正月二十七日。[166]八十七，《史》表作「八十一」，誤。[167]臣，《史》表作「世」。[168]孝文七年，西元前一七三年。[169]談，《史》表作「譚」。[170]大夫，秦漢二十等爵的第五級。陽，人名。[171]東武，琅邪郡屬縣。在今山東諸城。[172]戶衛，掌門戶之官。周呂侯，呂后兄呂澤。周呂，封號名。杠里，地名。在今山東菏澤東北。楊熊，秦將。曲遇，聚落名。在今河南中牟東。為秦末曹參自開封西擊秦將楊熊處。城將，帶領築城士卒之將。[173]正月戊午，漢高帝六年正月無戊午，戊午乃夏曆二月初三日。[174]此與高宛侯丙猜位次同。丙猜「功比斥丘侯」，斥丘侯位四十，丙猜當是四十一；則郭蒙不當位次四十一，故錢大昭疑為「二十一」。[175]孝景六年，西元前一五一年。[176]汁防，《封泥考略》卷五有「汁邡長印」三事。〈地理志〉作「什方」。廣漢郡屬縣，在今四川什邡。雍齒，人名。[177]趙將，《史記志疑》曰，雍齒不應為趙將，可能是魏將之誤。比平定侯，疑「平定」有誤。平定侯齊受位次五十四，而汁邡位次五十七，不能與平定侯比，則可比位次五十六者，而《史》、《漢》兩表俱缺五十六。豪，豪強；豪傑。[178]三月戊子，漢高帝六年夏曆三月初四日。[179]鉅鹿，《史》表「鉅」作「巨」，無「鹿」字。[180]孝景三年，西元前一五四年。[181]不得年，謂壽命不長。得年，享年。此格，《漢書補注》本有「元康四年，玄孫長安上造章，詔復家。」[182]棘蒲，邑名。戰國魏地，在今河北魏縣南。《封泥考略》卷六有「棘滿丞印」，知「蒲」乃「滿」之誤（楊樹達說）。陳武，〈高五王傳〉「棘蒲侯柴將軍」，張晏以為柴武。或武育於陳，後復柴姓（周壽昌說）。[183]雲陽，縣名。漢置。在今陝西淳化西北。嘉，人名。[184]東阿，東郡屬縣。在今山東陽谷東北阿城鎮。歷下，邑名。戰國齊地，即今山東濟南。臨菑，縣名。秦置。在今山東淄博東北臨淄鎮。[185]三月丙申，漢高帝六年夏曆三月十二日。孝文後元年，西元前一六三年。[186]都昌，北海郡屬縣。在今山東昌邑西。[187]章邯（西元前？—前二〇五年），秦將，降項羽，封雍王，楚漢戰爭中為劉邦所圍，兵敗自殺。[188]三月庚子，漢高帝六年夏曆三月十六日。[189]孝文八年，西元前一七二年。《史》

號謚姓名	侯狀戶數	始封	位次	子	孫	曾孫	玄孫
							元康四年，軫玄孫昌侯國公士，先詔復家。192
武彊嚴侯嚴不職 193	以舍人從起沛，至霸上，以騎將入漢，還擊項籍，屬丞相甯，功侯。用將軍擊黥布，侯。194	三月庚子封，二十年薨。	三十三	高后七年，簡侯嬰嗣，十九年薨。195	孝文後二年，侯青翟嗣，四十七年，元鼎二年，坐為丞相建御史大夫湯不直，自殺。196	元康四年，不職曾孫長安公乘仁詔復家。197	
貰齊合侯傅胡害 198	以越戶將從破秦，入漢，定三秦，以都尉擊項籍，侯，六百戶，功比臺侯。199	三月庚子封，二年薨。	三十六	八年，共侯方山嗣，二十年薨。	孝文元年，煬侯赤嗣，十一年薨。	十二年，康侯遺嗣，四十四年薨。	元朔五年，侯猜嗣，八年，元鼎元年，坐殺人，棄市。200
							元康四年，胡害玄孫茂陵公士世詔復家。201
				元壽二年八月，詔賜胡害為後者爵大上造。202			
海陽齊信	以越隊將從破秦，	三月庚子	三十七	孝惠三年，哀侯昭	高后五年，康侯建	孝景四年，	玄孫

侯搖毋餘(203)	入漢,定三秦,以都尉擊項籍,侯,千七百戶。(204)	封,九月薨。(205)		襄嗣,九年薨。(206)	嗣,三十年薨。	哀侯省嗣,十年薨,亡後。
				六世 元康四年,母餘玄孫之子不更未央詔復家。(207)	元壽二年八月,詔賜母餘代後者賢爵關內侯。	
南安嚴侯 宣虎(208)	以河南將軍漢王三年降晉陽,以重將破臧荼侯,九百戶。(209)	三月庚子封,三十年薨。	六十三	孝文九年,共侯戎嗣,十一年薨。	後四年,侯千秋嗣,十一年,孝景中元年,坐傷人,免。戶二千一百。	元康四年,虎曾孫南安簪裹護詔復家。(210)
肥如敬侯 蔡寅(211)	以魏太僕漢王三年初從,以車騎將軍破龍且及彭城,	三月庚子封,二十四年薨。	六十六(212)	孝文三年,嚴侯戎嗣,十四年薨。(213)	後元年,侯奴嗣,七年,孝景元年薨,亡後。	元康四年,寅曾孫肥如大夫福

表作「六年」。即西元前一七四年。(190)孝景元年,西元前一五六年。(191)辟彊,《史》表作「辟疆」,是。(192)昌侯國,即昌縣,漢為侯國。在今山東諸城東南。錢坫說,當是都昌侯國。先,人名。(193)武彊,侯邑,未置縣。在今河北武強西南。一說聚邑名,在今河南鄭州東北。嚴侯嚴不職,兩「嚴」字,皆避漢明帝諱改,《史》表作「莊」。不職,《史》表作「不識」。(194)甯,人名。不詳。(195)高后七年,西元前一八一年。(196)建,《史》表作「逮」,是。湯,張湯。漢武帝時任廷尉,有名的酷吏。不直,不公正。(197)仁,人名。(198)貰齊合侯,《史》表作「貰齊侯呂」。貰,鉅鹿郡屬縣。在今河北寧晉東北。齊,謚號。合,非謚號。或以為「呂」之誤,又倒在「侯」上。(199)越戶將,邑越人充當掌管門戶軍官。六百戶,《史》表作「千六百戶」。比臺侯,臺侯戴野位次三十五,故貰侯三十六。(200)猜,《史》表作「倩」。(201)世,人名。(202)大上造,秦漢二十等爵的第十六級。(203)海陽,遼西郡屬縣。在今河北欒州西南。母餘,東越族人。東越為古越人的一支。(204)越隊將,以越人充當隊將。千七百戶,《史》表作「千八百戶」。(205)九月,「九年」之誤。自高帝六年至孝惠二年,實九年。(206)昭襄,《史》表作「招襄」。(207)不更,秦漢二十等爵的第四級。未央,人名。(208)南安,漢初屬蜀郡,後屬犍為郡。在今四川樂山。(209)河南,郡名。治今河南洛陽東北。降,攻下。晉陽,縣名,太原郡治所。在今山西太原西南古城營西古城。重將,掌管輜重之將官。一說為持重之將。《史》表作「亞將」。(210)簪裹,秦漢二十等爵的第三等爵位。(211)肥如,遼西郡屬縣。在今河北盧龍北。蔡寅,東漢蔡邕乃蔡寅

號諡姓名	侯狀戶數	始封	位次	子	孫	曾孫	玄孫
	侯，千戶。[214]					詔復家。[215]	
曲成圉侯蟲達[216]	以西城戶將三十七人從起碭至霸上，為執金吾五年，為二隊將屬周呂侯[217]，入漢，定三秦，以都尉破項籍陳下，侯，四千戶。以將軍擊燕、代。[218]	三月庚子封，二十二年薨。	十八 位次曰夜侯恆。[219]	孝文元年，侯捷嗣，八年，有罪，免。十四年，捷復封，十八年，復免。戶九千三百。孝景中五年，侯捷復封，五年薨。[220]	建元二年，侯皇柔嗣，二十四年，元鼎二年，坐為汝南太守知民不用赤側錢為賦，為鬼薪。[221]	曾孫	元康四年，達玄孫茂陵公乘宣詔復家。[222]
河陽嚴侯陳涓[223]	以卒前元年起碭從，以二隊將入漢，擊項籍，得梁郎將處，侯。以丞相定齊。[224]	三月庚子封，二十二年薨。	二十九	孝文元年，信嗣，三年，坐不償人責過六月，免。[225]	孫	曾孫	元康四年，涓玄孫即丘公士元詔復家。[226]
淮陰侯韓信[227]	初以卒從項梁，梁死屬項羽為郎中，至咸陽，亡從入漢，為連敖票客。[228]蕭何言信為大將軍，別定魏、趙，為齊王，徙楚，擅發兵，廢為侯。[229]	六年封，五年，十一年，坐謀反，誅。					
芒侯耏跖[230]	以門尉前元年初起碭至霸上，為定	六年封，三年薨，亡後。		張 九年，侯昭嗣，四年，	侯申嗣，元朔六年，坐尚南宮公主不		

	武君，入漢，還定三秦，為都尉擊項羽，功侯。(231)			有罪，免。孝景三年，詔以故列侯將兵擊吳楚復封。(232)	敬，免。(233)	
敬市侯閻	以執盾初起從入	四月癸未	五十五	九年，夷侯無害嗣，	孝文後四年，戴侯	孝景五年，

的後裔。(212)錢大昭疑當作「六十八」。《漢》表六十六凡三侯（肥如、襄平、高梁），疑此侯不誤。(213)戎，《史》表作「成」。(214)魏，項羽分封魏王豹為西魏王。太僕，官名。始於春秋，秦漢沿置。為掌管皇帝車馬和馬政之官。車騎將軍，《史》表作「車騎都尉」。龍且，城名。相傳為楚將龍且所築。在今江蘇東海東南。彭城，縣名。秦置。在今江蘇徐州。(215)福，人名。(216)曲成，東萊郡屬縣。在今山東招遠西北。《史》表作「曲城」。蟲達，《史》表作「蟲逢」。(217)西城，縣名。在今陝西安康西北漢江北岸。《史》表作「曲城」。曲城，即封地曲成。執金吾，《史》表作「執珪」。為督巡三輔治安的長官。金吾為兩端塗金的銅棒，此官執之以示權威。一說「吾」讀「禦」，執金以禦非常。一說執金吾為鳥名，主辟不祥。二隊，兩支部隊。(218)陳，郡名。治河南淮陽。燕，即楚漢之際的燕國，轄今北京及河北北部大部分地區。代，即秦亡後項羽分封趙王歇的代國，約當今河北西北部、山西中部與北部、內蒙古土默特旗和托克托以東、陰山以南地區。(219)夜，即掖。蟲達初封掖縣。亦東萊郡屬縣。恆，《史》表作「垣」。縣名。在今山西垣曲東南。王先謙《漢書補注》曰，「位次曰夜侯」指蟲達，「垣」指蟲捷，傳寫者移「垣」於「夜侯」下，誤併成一事。(220)十四年，據夏燮曰，「十四年」當作「十二年」，在孝文後五年。十八年，應為孝景中五年。中五年，當作「六年」。又據《史》表，捷改封於垣。(221)建元二年，西元前一三九年。建元（西元前一四〇—前一三五年），漢武帝年號。皇柔，《史》表作「皐柔」。汝南，郡名。治平輿（今河南平輿北）。一說治上蔡（今河南上蔡西南）。赤側錢，漢武帝時的一種錢幣。(222)宣，人名。(223)河陽，河內郡屬縣。在今河南孟縣西北。(224)起碭從，當作「從起碭」。碭，漢高帝五年（西元前二〇二年）改秦之碭郡置。治睢陽（今河南商丘南）。郎將，官名。帝王的侍從武官。處，人名。齊，國名。秦漢之際項羽置。都臨淄（今山東淄博東北臨淄區）。(225)責，通「債」。(226)即丘，縣名。在今山東郯城東北。元，人名。(227)淮陰，臨淮郡屬縣。在今江蘇淮陰西南甘羅城。韓信（西元前？—前一九六年），詳見本書卷三十四。(228)項梁（西元前？—前二〇八年），人名。項羽叔父，為秦將章邯戰敗而死。郎中，官名。負責警衛的武官。咸陽，縣名。在今陝西咸陽東北聶家溝，漢改名渭城。連敖票客，為接待少數民族和諸侯來朝等事務的職官。連敖，春秋戰國楚官名。票客，《史》表作「典客」。顏師古注：「〈高紀〉及〈信傳〉並云為治粟都尉，而此云票客，參錯不同。或者以其票疾而賓客禮之，故云票客也。」(229)魏趙，《史》表作魏、齊。魏指魏王豹屬地，在今山西西南部，後置為河東郡。趙指原趙王歇屬地，後為常山王張耳屬地。徙楚，遷為楚王，都下邳（今江蘇邳州西南）。侯，淮陰侯。(230)芒，沛郡屬縣。在今河南永城東北。耏跖，人名。(231)門尉，將軍屬吏。定武，《史》表作「武定」。功侯，以功封為侯爵。(232)張，疑隸東郡。王先謙以為廣平郡張縣，然高帝以封毛釋之，傳國至孝景中六年始除。列侯，秦漢二十等爵的最高一等。亦稱徹侯、通侯，「言其爵位上通于天子」。吳楚，吳王濞、楚王戊之兵。此指吳楚七國之亂。(233)南宮公主，漢景帝女。南宮，漢縣名，在今河北南宮西北。

號諡姓名	侯狀戶數	始封	位次	子	孫	曾孫	玄孫
澤赤(234)	漢，為河上守，遷為殷相，擊項籍，侯，千戶，功比平定侯。(235)	(236)封，三年薨。		三十八年薨。	續嗣，八年薨。	侯穀嗣，四十年，元鼎五年，坐酎金免。	
				六世 元康四年，澤赤玄孫之子長安上造章世詔復家。(237)			
柳丘齊侯戎賜(238)	以連敖從起薛，以三隊將入漢，定三秦，以都尉破項籍軍，為將軍，侯，八千戶。(239)	六月丁亥封，十八年薨。(240)	三十九	高后五年，侯安國嗣，三十年薨。	孝景四年，敬侯嘉成嗣，十年薨。	後元年，侯角嗣，有罪，免。戶三千。	元康四年，賜玄孫長安公士元生詔復家。(241)
魏其嚴侯周止(242)	以舍人從起沛，以郎中入漢，為周信侯，定三秦，以為騎郎將，破項籍東城，侯，千戶。(243)	六月丁亥封，十八年薨。	四十四	高后五年，侯簡嗣，二十九年，孝景三年，謀反，誅。戶三千。(244)	孫	曾孫	元康四年，止玄孫長陵不更廣世詔復家。(245)
祁穀侯繒賀(246)	以執盾漢王三年初起從晉陽，以連敖擊項籍。漢王敗走，賀擊楚追騎，以故不得進。漢王顧謂賀祁王。戰彭城，	六月丁亥封，三十三年薨。	五十一	孝文十二年，頃侯胡嗣，十七年薨。(247)	孝景六年，侯它嗣，十九年，元光二年，坐射擅罷，免。(248)	曾孫	元康四年，賀玄孫茂陵公大夫賜詔復家。(249)

	斬項籍，爭惡絕延璧侯，千四百戶。[250]						
平悼侯工師喜[251]	初以舍人從擊破秦，以郎中入漢，以將軍定諸侯守雒陽侯，比費侯賀，千三百戶。[252]	六月丁亥封，六年薨。	三十二 位次曰聊城侯。[253]	十二年，靖侯奴嗣，三十一年薨。	孝文十六年，侯執嗣，十九年，孝景中五年，坐匿死罪，會赦，免，戶三千三百。[254]		
魯侯奚涓[255]	以舍人從起沛，至咸陽為郎，入漢，以將軍定諸侯，四千八百戶，功比舞陽	重平 六年，侯涓亡子，封母底為侯十	七				

[234]敬市，當依《史》表作「故市」，河南郡屬縣。在今河南滎陽東北。[235]執盾，衛尉屬官。河上，郡名。漢置。本秦內史，高帝以南屬塞國，二年更名河上郡，九年復為內史。武帝建元六年分為左內史，太初元年更名左馮翊。殷相，《史》表作「假相」。殷，國名。秦亡後，項羽司馬卬置，都朝歌（今河南淇縣），轄今河南內黃、滑縣及新鄉以西、黃河以北地區。後均為劉邦所滅。比平定侯，平定侯齊受位次五十四，故此侯為五十五。夏燮曰：「赤封在前，而與後封之齊受相亞，其為高后之差次可證也。」[236]四月癸未，漢高帝六年夏曆四月二十九日。[237]上造，秦漢二十等爵的第二等。章世，人名。[238]柳丘，縣名。其地不詳。[239]三隊將，三支部隊。《史》表作「二隊將」。八千戶，《史》表作「千戶」，無「八」字。[240]六月丁亥，漢高帝六年六月無丁亥，丁亥乃夏曆七月初五日。[241]元生，人名。[242]魏其，琅邪郡屬縣。在今山東臨沂南。周止，《史》表作「周定」。[243]郎中，官名。始於戰國，漢代沿置。屬郎中令。管理車、騎、門戶，內充侍衛，外從作戰。騎郎將，郎中有車、戶、騎三將，騎郎將為護衛皇帝車駕之官。東城，縣名。秦置。在今安徽定遠東南。[244]簡，《史》表作「間」。[245]廣世，人名。[246]祁，太原郡屬縣。春秋晉置。在今山西祁縣東南祁鎮。一說祁指祁鄉縣，在今安徽碭山縣西。繒賀，人名。[247]胡，《史》表作「湖」。[248]它，〈楊王孫傳〉有祁侯，即它。射擅罷，正當大射之時而擅自罷去。射，一作「酎」。[249]茂陵，縣名。漢置。在今陝西興平東北。以漢武帝劉徹的茂陵在此而名。公大夫，秦漢二十等爵位的第七等。賜，人名。[250]晉陽，縣名。太原郡治所。在今山西太原西南古城營西古城。迫騎，《史》表作「追騎」。顧調賀祈王，漢王稱頌繒賀的功績，以祈王之尊號相許。爭惡，謂爭險惡之地。延璧，壁壘之名。[251]平，河南郡屬縣。在今河南孟津東。工師喜，人姓名。工師，複姓。喜，人名。[252]漢，指漢中。雒陽，即洛陽。縣名。河南郡治所。在今河南洛陽東北。比費侯賀，費侯陳賀位次三十一，故此侯三十二。[253]聊城，東郡屬縣。在今山東聊城西北。[254]孝文十六年，西元前一六四年。匿死，隱藏死刑犯。[255]魯，魯國屬縣。在今山東曲阜東古城。

號謚姓名	侯狀戶數	始封	位次	子	孫	曾孫	玄孫
	侯,死軍事。(256)	九年薨。(257)					
城父嚴侯尹恢(258)	初以謁者從入漢,以將軍擊定諸侯,以右丞相備守淮陽,功比厭次侯,二千戶。(259)	六年封,九年薨。	二十六	孝惠三年,侯開方嗣,七年,高后三年,奪爵為關內侯。(260)	孫	曾孫	玄孫
				六世 元康四年,恢玄孫之子新豐簪裹殷詔復家。(261)			
任侯張越(262)	以騎都尉漢五年從起東垣,擊燕、代,屬雍齒,有功,為車騎將軍。(263)	六年封,十六年,高后三年,坐匿死罪,免。戶七百五十。					
棘丘侯襄(264)	以執盾隊史前元年從起碭,破秦,治粟內史入漢,以上郡守擊定西魏地,功侯。(265)	六年封,十四年,高后元年,有罪,免。戶九百七十。					
河陵頃侯郭亭(266)	以連敖前元年從起單父,以塞路入漢,還定三秦,屬周呂侯,以都尉擊項	七月庚寅封,二十四年薨。(267)	二十七	孝文三年,惠侯歐嗣,二十二年薨。	孝景二年,勝侯客嗣,八年,有罪,免。(268)		

	籍，功侯。[269]						
					南 中六年，靖侯延居紹封，十五年薨。[270]	元光六年，侯則嗣，十七年，元鼎五年，坐酎金免。	元康四年，亭玄孫茂陵公乘賢詔復家。[271]
昌武靖信侯單究[272]	初以舍人從，以郎入漢，定三秦，以郎騎將軍擊諸侯，侯，九百戶，功比魏其侯。[273]	七月庚寅封，十三年薨。[274]	四十五	孝惠六年，惠侯如意嗣，四十三年薨。[275]	孝景中元四年，侯賈成嗣，十六年薨。[276]	元光五年，侯德嗣，四年，元朔三年，坐傷人二旬內死，棄市。戶六百。[277]	

[256]舞陽侯，樊噲封舞陽侯。[257]重平，勃海郡屬縣。在今山東陵縣東北。封母底為侯，奚涓死，無子，封其母底為侯。底，奚涓母之名，封重平侯。一說當依《史》表作「疵」。[258]城父，沛郡屬縣。在今安徽亳州東南城父集。《史》表作「故城」。[259]謁者，官名。秦置，漢因之。掌賓贊。長官為僕射，又稱大謁者。淮陽，封國名。高帝十一年（西元前一九六年）置，治今河南淮陽。比厭次侯，厭次侯爰類位次二十四，成侯董渫二十五；尹恢二十六，應比成侯。[260]奪爵，削奪爵位。奪，削奪。關內侯，秦漢二十等爵位的第十九等。[261]新豐，縣名。漢高帝十年（西元前一九七年）改驪邑而名。在今陝西臨潼東北陰盤城。[262]任，廣平國屬縣。在今河北任縣東。[263]騎都尉，統領禁衛軍騎兵的武官。東垣，縣名。秦置。在今河北正定南。有功，《史》表「有功」下有「侯」字，是。[264]棘丘，地不詳。襄，人名。史失姓。[265]隊史，將軍的屬吏。治粟內史，官名。秦置。為執掌錢糧之官。漢景帝改為大農令，漢武帝又更名大司農。《史》表「治」前有「以」字。上郡，郡名。戰國魏置。秦時治膚施（今陝西榆林東南）。轄今陝西北部、內蒙古河套東南部地區。西魏地，魏王豹屬地河東郡一帶。[266]河陵，《史》表作「阿陵」。王先謙《漢書補注》曰「『河』字誤」。阿陵，涿郡屬縣。在今河北任丘東北南陵城。[267]七月庚寅，漢高帝六年夏曆七月初八日。[268]勝侯客，《漢書補注》錢大昭曰：「勝，非諡。《史》表作『侯勝客』，是。」[269]單父，縣名。秦置。在今山東單縣南。塞路，主遮塞要路，以備敵寇。[270]南，縣名。在青州、徐州之間。一說即華容縣，漢置。在今湖北臨利北。[271]賢，人名。[272]昌武，膠東國屬縣。地不詳。當屬膠東。究，《史》表作「寧」。[273]郎，《史》表作郎中。郎騎將軍，《史》表作「郎

號謚姓名	侯狀戶數	始封	位次	子	孫	曾孫	玄孫
				六世	七世 元康四年，究玄孫之孫陽陵公乘萬年詔復家。278		
高宛制侯丙猜279	初以客從入漢，定三秦，以中尉破項籍，侯，千六百五戶，比斥丘侯。280	七月戊戌封，七年薨。281	四十一	孝惠元年，簡侯得嗣，三十年薨。	孝文十六年，平侯武嗣，二十四年薨。282	建元元年，侯信嗣，三年，坐出入屬車間，免。戶三千二百。283	
				六世	七世 元康四年，猜玄孫之孫高宛大夫齮詔復家。	八世 元始三年，猜玄孫之曾孫內詔賜爵關內侯。284	
宣曲齊侯丁義285	以卒從起留，以騎將入漢，定三秦，破籍軍滎陽，為郎騎將，破鍾離眛軍固陵，侯，六百七十戶。286	七月戊戌封，三十二年薨。	四十三	發婁 孝文十一年，侯通嗣，十七年，有罪，赦為鬼薪。戶千一百。孝景中五年，通復封，十一年，有罪，免。287	孫	元康四年，義曾孫陽安公士年詔復家。288	
終陵齊侯	以越將從起留，入	七月戊戌	四十六	孝文四年，共侯勃	後四年，侯祿嗣，七	元康四年，	

侯號	侯狀戶數	始封	位次	子	孫	曾孫	玄孫
華毋害[289]	漢，定三秦，擊臧荼，侯，七百四十戶。從攻馬邑及布。[290]	封，三十五年薨。[291]		嗣，十六年薨。[292]	年，孝景四年，坐出界，耐為司寇。戶千五百。[293]	曾孫於陵大夫告詔復家。[294]	
東茅敬侯劉到[295]	以舍人從起碭至霸上，以二隊入漢，定三秦，以都尉擊項籍，破臧荼，侯，捕韓王信，為將軍，益邑千戶。[296]	八年丙辰封，二十四年薨。[297]	四十八[298]	孝文三年，侯告嗣，十二年，十六年，坐事國人過員，免。[299]	孫	元康四年，到曾孫陽公乘咸詔復家。[300]	

中將」。係郎中令的屬吏，為主管郎中的高級官員。九百戶，《史》表作九百八十戶。比魏其侯，魏其侯周止（《史》表作周定）位次四十四，故此侯四十五。[274]十三年，高帝六年至孝惠五年，止十二年。[275]惠侯，《史》表作「夷侯」。[276]孝景中元四年，西元前一四六年。侯，《史》表作「康侯」。[277]德，《史》表作「得」。[278]陽陵，縣名。漢置。在今陝西咸陽東北。以漢景帝陽陵在此，故名。[279]高宛，千乘郡屬縣。在今山東淄博西北苑城鎮。宛，《史》表作「苑」，誤。《續封泥考略》卷三有「高宛邑丞印」。丙猜，人姓名。猜，《史》表作「倩」。[280]中尉，官名。為掌京師治安的武官。漢代兼主北軍。武帝時改稱執金吾。比斥丘侯，斥丘侯唐厲位次四十，故此侯四十一，然與東武侯郭蒙位次重複，疑郭蒙四十一有誤。斥丘，縣名。在今河北魏縣西。[281]七月戊戌，漢高帝六年夏曆七月十六日。[282]平，《史》表作「孝」。[283]屬車，亦稱副車、式車、佐車，皇帝的侍從車。秦漢以來，天子出行，陳列屬車，大駕八十一乘，法駕三十六乘，分左、中、右三列行進。[284]元始三年，西元三年。元始（西元一—五年），漢平帝年號。[285]宣曲，《漢》志缺。當為鄉名。在今陝西西安西南郊，牛首山附近。[286]郎騎將，《史》表無「將」字。固陵，聚邑名。在今河南太康南。楚漢戰爭時，劉邦曾追擊項羽至此。[287]發婁，縣名。不詳。十一年，據《史》表，通以孝景中五年復封，中六年有罪國除，此表衍「十」字。[288]陽安，縣名。漢置。在今河南確山東北。年，人名。[289]終陵，《史》表作「絳陽」。王國維據齊魯封泥之「絳陵邑丞」封泥，指出《史》《漢》二表皆有誤，當作「絳陵」。《史記志疑》曰為濟南之於陵。於陵，縣名。在今山東鄒平東南。[290]馬邑，縣名。在今山西朔州。布，英布。[291]三十五年，「三」當為「二」。自高帝六年至文帝三年，為二十五年。[292]孝文四年，西元前一七六年。勃，《史》表作「勃齊」。[293]後四年，即漢文帝後四年（西元前一六〇年）。出界，出封地界。司寇，秦漢時期刑徒之一種，刑期二年。[294]「曾孫」上脫「毋害」二字。[295]東茅，地不詳。一說在今山東金鄉西南。到，《史》表作「釗」。[296]二隊，即二隊將。韓王信，《史》表作韓信。益邑，增加封邑戶數。益，增加。[297]八月丙辰，漢高帝六年夏曆八月初四日。[298]東茅侯、鹵嚴皆位次四十八，必有一誤，而三十八無人。錢大昭疑此侯為三十八。[299]告，《史》表作「吉」。十二年，「二」當作「三」。自孝文三年至十五年，為十三年。十六年，指漢文帝十六年（西元前一六四年）。事，役使。員，人數。[300]

號諡姓名	侯狀戶數	始封	位次	子	孫	曾孫	玄孫
斥丘懿侯唐厲 301	以舍人初從起豐，以左司馬入漢，以亞將攻籍，卻敵，為東部都尉，破籍侯成武，為漢中尉，擊布，為斥丘侯，千戶。302	八月丙辰封，二十年薨。303	四十	孝文九年，共侯朝嗣，十三年薨。	後六年，侯賢嗣，四十三年薨。304	元鼎二年，侯尊嗣，二年，坐酎金免。305	
						元康四年，厲曾孫長安公士廣意詔復家。306	
臺定侯戴野 307	以舍人從起碭，用隊率入漢，以都尉擊籍，籍死，擊臨江，屬將軍賈，功侯。以將軍擊燕、代。308	八月甲子封，二十五年薨。309	三十五	孝文四年，侯午嗣，二十二年，孝景三年，坐謀反，誅。310	孫	曾孫	元康四年，野玄孫長陵上造安昌詔復家。311
安國武侯王陵 312	以自聚黨定南陽，漢王還擊項籍，以兵屬，從定天下，侯，五千戶。313	八月甲子封，二十一年薨。	十二	高后八年，哀侯忌嗣，一年薨。	孝文元年，終侯斿嗣，三十九年薨。314	建元元年，安侯辟方嗣，二十年薨。	元狩三年，侯定嗣，八年，元鼎五年，坐酎金免。
							元康四年，陵玄孫長

國名	侯功	始封	位次	子	孫	曾孫	玄孫
							安公乘襄詔復家。(315)
樂成節侯丁禮(316)	以中涓騎從起碭，為騎將入漢，定三秦，為正奉侯，以都尉擊籍，屬灌嬰，殺龍且，更為樂成侯，千戶。(317)	八月甲子封，二十六年薨。	四十二	孝文五年，夷侯馬從嗣，十八年薨。	後七年，式侯吾客嗣，四十二年薨。(318)	元鼎二年，侯義嗣，三年，坐言五利侯不道，棄市。戶二千四百。(319)	玄孫
				六世	七世　元康四年，禮玄孫之孫長安公士禹詔復家。(320)		

鮦陽，汝南郡屬縣。在今安徽臨泉西鮦城。(301)斥丘，魏郡屬縣。(302)亞將，次將。東部，《史》表作「東郡」，是。東郡，秦置。治濮陽（今河南濮陽西南）。侯成武，顏師古注：「初為成武侯，後更封斥丘也。」成武，一作「城武」。《史》表作「武城」。一說「侯」字衍，成武應屬上讀，作「破籍成武」。漢中尉，指漢中郡尉。漢中，郡名。秦置，治南鄭（今陝西漢中）。西漢移治西城（今陝西安康西北）。(303)二十年，「二」當為「三」。自高帝六年至文帝八年，為三十年。(304)後六年，指漢文帝後六年（西元前一五八年）。(305)元鼎二年，當作「元鼎三年」。據《史》表尊免侯於元鼎五年，自元鼎二年至五年，實三年。(306)廣意，人名。(307)臺，濟南郡屬縣。在今山東濟南東北。定，謚號。(308)隊率，即隊帥。官名。將軍的屬吏。臨江，秦漢之際諸侯王國名。項羽分封共敖為臨江王。都城在今湖北江陵。賈，劉賈，劉邦堂兄。《史》表無「代」字。(309)八月甲子，漢高帝六年夏曆八月十二日。(310)孝文四年，西元前一七六年。午，《史》表作「才」。孝景三年，西元前一五四年。(311)安昌，人名。(312)安國，中山國屬縣。在今河北安國東南。王陵，詳見本書卷四十〈王陵傳〉。(313)《漢書補注》引齊召南曰：「《史》表以客從起豐，以廄將別定東郡、南陽，從至霸上云云。以陵本傳核之，似此表是。」南陽，郡名。秦置。治今河南南陽。(314)旃，《史》表作「遊」。徐廣曰，一作「昭」。(315)襄，人名。(316)樂成，縣名。梁玉繩以為是南陽郡屬縣（今河南鄧州西南）。王先謙說是河間縣（今河北獻縣東南），恐誤。(317)灌嬰，劉邦部將，封潁陰侯。詳見卷四十一〈灌嬰傳〉。龍且，項羽部將。(318)式侯吾客，《史》表作「武侯客」。(319)五利侯，欒大。武帝元鼎四年（西元前一一三年），樂成侯丁義薦方士欒大於漢武帝，武帝大悅，封欒大為五利將軍、樂通侯。元鼎五年，欒大騙術暴露，被腰斬，丁義亦棄市。參見卷六〈武帝紀〉、卷二十五上〈郊祀志上〉。(320)禹，

號謚姓名	侯狀戶數	始封	位次	子	孫	曾孫	玄孫
辟陽幽侯審食其(321)	以舍人初起，侍呂后、孝惠。二歲十月，呂后入楚，食其侍從一歲，侯。(322)	八月甲子封，二十五年，為淮南王長所殺。(323)	五十九	孝文四年，侯平嗣，二十一年，孝景二年，坐謀反自殺。(324)		元康四年，食其曾孫茂陵公乘非詔復家。(325)	
鄘成制侯周緤(326)	以舍人從起沛，至霸上，入漢，定三秦，食邑池陽，擊項籍滎陽，絕甬道，從度平陰，遇韓信軍襄國。(327)楚漢分鴻溝，以緤為信，戰不利，不敢離上，侯，二千二百戶。(328)	八月甲子封，二十七年薨。	二十二	侯昌嗣，有罪，免。			長沙(329)
				鄲 孝景中元年，康侯應以昌弟紹封，一年薨。(330)	中二年，侯仲居嗣，三十四年，元鼎三年，坐為太常收赤側錢不收，完為城旦。(331)	元康四年，緤曾孫長安公士禹詔賜黃金十斤，復家，死，亡子，復免。	沛 元始元年，緤玄孫護以詔書為次復禹同產弟子，死，亡子，絕。(332)
安平敬侯鄂秋(333)	以謁者漢王三年初從，定諸侯，有功，秩舉蕭何功，因故侯，二千戶。(334)	八月甲子封，十二年薨。(335)	六十一	孝惠三年，簡侯嘉嗣，九年薨。(336)	高后八年，頃侯應嗣，十四年薨。	孝文十四年，煬侯寄嗣，二十五年薨。	孝景後三年，侯但嗣，十九年，元狩元年坐

		北平文侯張蒼339
		以客從起武陽至霸上，為常山守，得陳餘，為代相，徙趙
		八月丁丑封，五十年薨。340
		六十五
	六世 元康四年，秋玄孫之子解大夫后詔復家。338	孝景六年，康侯奉嗣，八年薨。
		後元年，侯類嗣，七年，建元五年，坐臨諸侯喪後，免。341
		曾孫
與淮南王安通，遺王書稱臣盡力，棄市。337		玄孫

人名。321辟陽，信都國屬縣。在今河北冀州東南。322「侍呂后、孝惠。二歲十月」，《史》表作「侍呂后、孝惠沛三歲十月」，是。蘇輿說「二歲」乃漢二年，誤。楚，秦亡後，項羽自立為西楚霸王，都彭城（今江蘇徐州）。一歲，當為三年。323淮南，漢諸侯王國名。漢高帝四年（西元前二〇三年）改九江郡置，治壽春（今安徽壽縣）。324孝文四年，西元前一七六年。孝景二年，「二」乃「三」之誤。《史》表作「三」，是。故「二十一年」當是「二十二年」。325非，人名。326鄗成，《史》表作「蒯成」。縣名。漢置。本為鄗成鄉，在今陝西寶雞附近。漢高帝六年（西元前二〇一年）封周洽為鄗成侯，即此。實際其地今不詳。周緤，人名。詳見卷四十一。327池陽，縣名。漢置。在今陝西涇陽西北。平陰，縣名。秦置。在今河南孟津東北。襄國，縣名。漢元年（西元前二〇六年）項羽改信都縣而置。在今河北邢臺。328鴻溝，古運河名。戰國魏惠王時開鑿，自今河南滎陽北，引黃河水，流經中牟、開封而南折，經今許通、太康，至淮陽東南注入潁水。聯結濟、濮、汴、睢、潁、渦、汝、泗等水，形成黃淮平原上的水道交通網。楚漢相爭時，以此為界，此東屬於楚，此西屬於漢。二千二百戶，《史》表作「三千三百戶」。329長沙，郡名。秦置。治臨湘（今湖南長沙）。漢高帝五年（西元前二〇二年）改為國。朱一新疑原無此「長沙」二字，然〈周緤傳〉晉灼注：「〈功臣表〉屬長沙。」可見原本有「長沙」。330酇，沛郡屬縣。在今安徽渦陽東北。331中二年，指漢景帝中二年（西元前一四八年）。元鼎三年，西元前一一四年。332沛，縣名。在今江蘇沛縣。同產，同一父親所生即為同產，不必同母。333安平，漢豫章郡、涿郡皆有安平縣。此指後者，在今河北安平。鄂秋，《史》表作「鄂千秋」。334秩，指官吏的職位或品級。舉蕭何，漢高祖封功臣王侯時，鄂千秋認為蕭何功績突出，應列第一。這與漢高祖的想法一致，以此建功，被封為安平侯。335十二年，當作「九年」。336九年，當作「十二年」。337孝景後三年，西元前一四一年。與淮南王安通，《史》表作「與淮南王女陵通。」遺，送；給。338解，縣名。在今山西臨猗西南臨晉鎮東南城東、城西二村之間。339北平，中山國屬縣。在今河

號謚姓名	侯狀戶數	始封	位次	子	孫	曾孫	玄孫
	相，以代相侯。為計相四歲，淮南相十四歲。千二百戶。[342]						
				六世 元康四年，蒼玄孫之子長安公士蓋宗詔復家。			
高胡侯陳夫乞[343]	以卒從起杠里，入漢，以都尉擊籍，將軍定燕，千戶。[344]	六年封，二十五年薨。[345]	八十二	孝文五年，殤侯程嗣，薨，亡後。[346]			元康四年，夫乞玄孫長陵公乘勝之詔復家。[347]
厭次侯爰類[348]	以慎將元年從起留，入漢，以都尉守廣武，功侯。[349]	六年封，二十二年薨。	二十四	孝文元年，侯賀嗣，五年，謀反，誅。	孫	曾孫	玄孫
				六世 元康四年，類玄孫之子陽陵公士世詔復家。[350]	七世 元始三年，類玄孫之孫萬詔賜爵關內侯。[351]		
平皋煬侯劉它[352]	漢六年以碭郡長初從，功比軑侯，侯，五百八十戶。實項氏，賜姓。[353]	七年十月癸亥封，十年薨。[354]	百二十一	孝惠五年，共侯遠嗣，三十四年薨。	孝景元年，節侯光嗣，十六年薨。	建元元年，侯勝嗣，二十八年，元鼎五年，坐酎金免。	玄孫

	復陽剛侯陳胥355
	以卒從起薛，以將軍入漢，以右司馬擊項籍，侯，千戶。
	七年十月甲子封，三十一年薨。356
	四十九
六世	孝文十一年，共侯嘉嗣，十八年薨。
七世 元康四年，它玄孫之孫長安簪褭勝之詔復家。	孝景六年，康侯拾嗣，二十三年薨。357
	元朔元年，侯彊嗣，七年，元狩二年，坐父拾非嘉子，免。358

北滿城北。張蒼，詳見卷四十二。340八月丁丑，漢高祖六年夏曆八月二十五日。341類，一說當作「纇」，音「瞶」。建元五年，西元前一三六年。坐臨諸侯喪後，《史》表作「侯預坐臨諸侯喪後」。臨，合眾弔喪哭喪。342武陽，本傳及《史》表作「陽武」，是。陽武，縣名。在今河南原陽東南。常山，郡名。本名恆山郡，避文帝劉恆名諱而改。治元氏（今河北元氏西北）。守，郡守，一郡的軍政長官。陳餘，大梁人。戰國時魏國名士。參加陳勝起義，後從趙王歇。被韓信所殺。代，封國名。秦亡後項羽改封趙王歇為代王。都城在今河北蔚縣東北代王城。趙，封國名。漢高帝四年（西元前二〇三年）封張耳為趙王，都城在今河北邢臺西南。計相，官名。主管財政經濟。343高胡，《漢》志缺，《史記志疑》謂在趙、魏之間。當是縣名。胡，一作「湖」。344「蒹」下奪一「侯」字。345二十五年，自高帝六年至孝文四年，實二十六年。346煬，《史》表作「殤」，是。347勝之，人名。348厭次，縣名。秦置。在今山東惠民東北桑善墅（一說在今山東陵縣神頭鎮）。西漢改名富平，屬平原郡，見〈地理志〉。東漢復名厭次。爰類，《史》表作「元頃」。349慎將，當時官名。顏師古注：「以謹慎為將也。」元年，《史》表作「前元年」。廣武，城名。在今河南滎陽東北廣武山上。有東、西二城，相距二百步，中隔廣武澗。楚漢相爭時，劉邦、項羽分屯西、東二城，彼此對峙。350世，人名。351元始三年，西元三年。352平皋，河內郡屬縣。在今河南溫縣東北。劉它，本姓項，名項它、項佗，賜姓劉。353碭郡，郡名。秦置。治碭（今河南夏邑東南）。郡長，猶郡守。比軑侯，軑侯黎朱蒼位次百二十，故此侯百二十一。《史》表作「比戴侯彭祖」，誤。354七年十月癸亥，漢高帝七年夏曆十月十二日。當時十月為一年的首月。355復陽，清河郡屬縣。在今河北故城西南。356七年十月甲子，漢高帝七年夏曆十月十三日。357二十三年，康侯拾自孝景六年（西元前一五一年）至元光六年（西元前一二九年），正二十三年，中華本〈校勘記〉改「三」為「五」，誤。《史》表為二十三年，是。358元朔元年，西元前一二八年。彊，《史》表作「疆」。元狩二年，西元前一二一年。

號諡姓名	侯狀戶數	始封	位次	子	孫	曾孫	玄孫
						元康四年，胥曾孫雲陽簪裊幸詔復家。(359)	玄孫
				六世 元始元年，胥玄孫之子傳詔賜帛百疋。(360)			
陽河齊侯其石(361)	以中謁者從入漢，以郎中騎從定諸侯，侯，五百戶，功比高湖侯。(362)	十一月甲子封，三年薨。(363)	八十三	十年，侯安國嗣，五十一年薨。	孝景中四年，侯午嗣，三十三年薨。(364)	埤山 元鼎四年，共侯章更封，十三年薨。(365)	元封元年，侯仁嗣，征和三年，坐祝詛要斬。(366)
				六世 元康四年，石玄孫之子長安官大夫益壽詔復家。(367)			
柏至靖侯許盎(368)	以駢鄰從起昌邑，以說衛入漢，以中尉擊籍，侯，千戶。(369)	十月戊辰封，十四年，高后元年，有罪，免，三年，復封，六年薨。(370)	五十八	孝文元年，簡侯祿嗣，十四年薨。	十五年，侯昌嗣，三十二年薨。(371)	元光二年，侯安如嗣，十三年薨。(372)	元狩三年，侯福嗣，五年，元鼎二年，坐為姦，為鬼薪。
				六世			

	中水嚴侯呂馬童[374]	
	以郎騎將漢元年從好時，以司馬擊龍且，復共斬項籍，侯，千五百戶。[375]	
	正月己酉封，三十年薨。[376]	
	百一	
元康四年，盎玄孫之子長安公士建詔復家。[373]	孝文十年，夷侯瑕嗣，三年薨。[377]	六世
	十三年，共侯青眉嗣，三十二年薨。[378]	七世 元康四年，馬童玄孫之孫長安公士
	建元六年，靖侯德嗣，一年薨。[379]	
	元光元年，侯宜城嗣，二十二年，元鼎五年，坐酎金免。[380]	

[359]雲陽，左馮翊屬縣。在今陝西淳化西北。幸，人名。[360]傳，人名。[361]陽河，《漢書補注》王先謙曰，上黨郡有陽阿縣，「河」乃「阿」之誤。陽阿，在今山西陽城西北陽陵。一說為平原郡阿陽縣，在今山東禹城西南。齊侯其石，《史》表作「齊哀侯」，無名。其石，《漢書補注》王先謙曰：「高帝封卞訢為侯國，則又不名其石矣。」[362]中謁者，官名。郎中令屬吏，供奉內廷。比高湖侯，高湖侯陳夫乞位次八十二，故此侯八十三。[363]十一月，當作「十月」，「一」字衍。後文作「十月戊辰」，前頭不可能有「十一月」，且十一月無甲子。[364]三十三年薨，《史》表於此曰「中絕」，故此下更封埤山。[365]埤山，地名。不詳所在。十三年，當作「三年」，「十」字衍。[366]元封元年，西元前一一〇年。征和三年，西元前九〇年。要斬，古代酷刑之一，將犯人攔腰斬為兩段。要，通「腰」。[367]官大夫，秦漢二十等爵位的第六等。[368]柏至，地名。不詳所在。許盎，《史》表作「許溫」。[369]駢鄰，官名。將軍的屬吏。顏師古注：「二馬曰駢。駢鄰，謂並兩騎為軍翼也。」昌邑，縣名，秦屬碭郡，西漢屬山陽郡。在今山東巨野南。說衛，負責軍營護衛的武官。顏師古注：「說讀曰稅。稅衛謂軍行初舍止之時主為衛也。」[370]十月戊辰，漢高帝七年夏曆十月十七日。十月，《史》表作「七月」，誤。高后元年，《史》表作「二年」，是。[371]侯昌，《史》表作「哀侯昌」。[372]侯安如，《史》表作「共侯如安」。[373]建，人名。[374]中水，涿郡屬縣。在今河北獻縣西北。呂馬童，人名。詳見卷三十一。[375]從，《史》表作「從起」，是。好時，秦內史屬縣。西漢屬右扶風。在今陝西乾縣東好時村。司馬，武官名。大將軍、將軍、校尉屬官。邊郡亦設司馬，專管軍事。[376]正月己酉，漢高帝七年夏曆正月二十九日。[377]瑕，《史》表作「假」。[378]青眉，《史》表作「青肩」，是。西漢名青肩者極多（陳直說）。[379]建元六年，西元前一三五年。[380]元光元年，西元前一三四年。宜城，《史》表作「宜成」。城、成，古通。元鼎五年，西元前一一二年。

號謚姓名	侯狀戶數	始封	位次	子	孫	曾孫	玄孫
					建明詔復家。		
杜衍嚴侯王翥(381)	以中郎騎漢王二年從起下邳，屬淮陰侯，從灌嬰共斬項羽，侯，千七百戶。(382)	正月己酉封，十八年薨。	百二	高后六年，共侯福嗣，七年薨。	孝文五年，孝侯市臣嗣，七年薨。	十二年，侯舍嗣，二十四年，有罪，為鬼薪。戶三千四百。(383)	
				孝景後元年，侯郢人以翥子紹封，十二年薨。(384)	元光四年，侯定國嗣，十三年，元狩五年，有罪，免。	元康四年，翥曾孫長安大夫安樂詔復家。	
赤泉嚴侯楊喜(385)	以郎中騎漢王二年從起杜，屬淮陰，後從灌嬰共斬項籍，侯，千九百戶。(386)	正月己酉封，十三年，高后元年，有罪，免，二年，復封，十八年薨。	百三	孝文十二年，定侯敷嗣，十五年薨。(387)	臨汝 孝景四年，侯毋害嗣，六年，坐詐紿人臧六百，免。中五年，毋害復封，十二年，元光二年，有罪，免。(388)	曾孫	元康四年，喜玄孫茂陵不更孟嘗詔賜黃金十斤，復家。(389)
				六世 子恢代復。	七世 子譚代。(390)	八世 子並代，永始元年，賜帛百疋。	元始二年，求復不得。
朝陽齊侯華寄(391)	以舍人從起薛，以連敖入漢，以都尉	三月壬寅封，十二年	六十九	高后元年，文侯要嗣，二十一年薨。	孝文十四年，侯當嗣，三十九年，元朔	曾孫	元康四年，寄玄孫奉

	擊項羽，復攻韓王信，侯，千戶。	薨。392			二年，坐教人上書枉法，耏為鬼薪。戶五千。393		明大夫定國詔復家。394
棘陽嚴侯杜得臣395	以卒從起湖陵，入漢，以郎將迎左丞相軍擊項籍，侯，二千戶。396	七月丙申封，二十六年薨。397	八十一	孝文六年，侯但嗣，四十三年薨。398	元光四年，懷侯武嗣，七年，元朔五年薨，亡後。		
涅陽嚴侯呂騰399	以騎士漢三年從出關，以郎中共擊斬項羽，侯，千五百戶，比杜衍侯。400	七年封，二十五年，孝文五年薨。子成實非子，不得代。401	百四		孫	曾孫	玄孫

381杜衍，南陽郡屬縣。在今河南南陽西南。王翥，《史》表作「王翳」，〈項羽傳〉同。382中郎騎，《史》表作「郎中騎」。漢初但有郎中，無中郎。掌守宮門，皇帝出行，充任車騎。二年，《史》表作三年。下邳，秦東海郡屬縣。在今江蘇邳州西南。淮陰侯，指韓信。淮陰，漢臨淮郡屬縣。在今江蘇淮陰西南甘羅城。383舍，《史》表作「翕」。384侯，《史》表作「彊侯」。彊一作景。385赤泉，當為縣名，地不詳。據《讀史方輿紀要》，在今河南魯山縣。386杜，縣名。秦置。在今陝西長安東北。淮陰，指淮陰侯。387敷，《史》表作「殷」。388臨汝，縣名。在今河南臨汝西北。詐紿，詐騙。臧，通「贓」。賄賂；財貨。389孟嘗，人姓名。390據《漢書補注》，「汪本」、「官本」於「代」下均有「復」字。391朝陽，南陽郡屬縣，在今河南新野西南。一說濟南郡屬縣，在今山東濟陽東北。392十二年，「二」當為「三」。《史》表作「十三年」。393孝文十四年，西元前一六六年。元朔二年，西元前一二七年。394奉明，京兆尹屬縣。在今陝西西安西北。395棘陽，南陽郡屬縣。在今河南南陽南。396湖陵，縣名。在今山東魚臺東南。397七月丙申，漢高帝七年夏曆七月十九日。丙申，《史》表作「丙辰」，誤，是年七月戊寅朔，無丙辰。398孝文六年，西元前一七四年。侯，《史》表作「質侯」。399涅陽，南陽郡屬縣。在今河南鄧州東北。呂騰，《史》表作「呂勝」。400擊斬項羽，項羽被圍困於垓下，突圍至烏江邊自刎。王翥（翳）取其頭，呂騰和楊喜、呂馬童各爭得項羽屍體的一塊，以此封侯。比杜衍侯，杜衍侯王翥的位次，《史》表作百二，疑作百三，（赤泉侯百二）此侯為百四，如此方合。401成，人名。

號謚姓名	侯狀戶數	始封	位次	子	孫	曾孫	玄孫
				六世 元康四年，騰玄孫之子涅陽不更忠詔復家。			
平棘懿侯林摯402	以客從起亢父，斬章邯所置蜀守，用燕相侯，千戶。403	七年封，二十四年薨。404	六十四	孝文五年，侯辟彊嗣，有罪，為鬼薪。405		元康四年，摯曾孫項圉大夫常驩詔復家，死，亡子，絕。406	
深澤齊侯趙將夕407	以趙將漢王三年降，屬淮陰侯，定趙、齊、楚，以擊平城功侯，七百戶。408	八年十月癸丑封，十二年，高后元年，有罪，免，二年，復封，二年薨。409	九十八	孝文後二年，戴侯頭嗣，八年薨。	孝景三年，侯脩嗣，七年，有罪，耏為司寇。410	曾孫	元康四年，將夕玄孫平陵上造延世詔復家。411
					臾 中五年，夷胡侯以頭子紹封，二十一年，元朔五年薨，亡後。412		
揤頃侯溫疥413	以燕將軍漢王四年從破曹咎軍，為	十月丙辰封，二十五	九十一	孝文六年，文侯仁嗣，十七年薨。	後七年，侯何嗣，七年，孝景四年薨。414	曾孫	元康四年，疥玄孫長

號謚姓名	侯狀戶數	始封	位次	子	孫	曾孫	玄孫
	燕相告燕王荼反，侯以燕相國定盧綰。千九百戶。415	年薨。416					安公士福詔復家。417
歷簡侯程黑418	以趙衛將軍漢王三年從起盧奴，擊項羽敖倉下，為將軍，攻臧荼有功，封千戶。	十月癸酉封，十四年薨。419	九十二420	高后三年，孝侯氂嗣，二十二年薨。421	孝文後元年，侯竈嗣，十四年，孝景中元年，有罪，免。	曾孫	玄孫

402平棘，常山郡屬縣。在今河北趙州東南。林摯，《史》表作「執」。403亢父，縣名。在今山東濟寧南。章邯，秦二世時官少府。陳勝兵起，與司馬欣等滅陳勝。後降項羽，從項羽入關，被立為雍王。劉邦定三秦，敗走自殺。置，《史》表作署。蜀守，蜀郡守。蜀郡，轄今四川西部地區。治成都（今屬四川）。蕪，漢初諸侯國名。高帝六年，封盧綰為蕪王。相，諸侯王國之相。404二十四年，《史》表作二十五年，是。405孝文五年，《史》表作「八年」。辟彊，《史》表作「辟疆」，是。鬼薪，秦漢刑徒之一種。男性刑徒曰鬼薪，為祠祀鬼神而伐薪；女性刑徒曰白粲，為祠祀而擇米，皆為三歲刑。406項圉，疑誤。王先謙曰：項，汝南郡屬縣；圉，淮陽國屬縣，不能合併為一，疑有衍文。407深澤，中山國屬縣。在今河北深澤。趙將夕，《漢印文字徵》第十四、九頁有「趙將夕印」，疑即深澤侯遺物（陳直說）。《史》表作「趙將夜」，疑誤。408趙齊楚，指趙地、齊地、楚地。趙為項羽所封常山王張耳屬地。齊為項羽所封齊王田都屬地，楚為西楚霸王項羽屬地。平城，縣名。在今山西大同東北古城。409二年薨，此處有脫誤。此言「二年薨」，時為高后四年，與下文「孝文後二年」不相接，中間隔了二十二年。據《史》表「（孝文）十四年，復封將夜元年」云云，可推斷《漢》表有誤。410脩，《史》表作「循」。411平陵，縣名。在今陝西咸陽西北。以漢昭帝平陵在此而名。延世，人名。412臾，縣名。地不詳，疑為泰山南之顓臾。夷胡侯，《史》表作「夷侯胡」，是。413揤，《史》表作「栒」。即右扶風栒邑縣（王念孫說）。在今陝西旬邑東北。414何，《史》表作「河」。七年，當是「十一年」之誤。孝景四年，「四」字上脫一「中」字。《史》表作「孝景中四年」。又，《史》表言侯何「有罪，國除」，則「薨」乃「免」之誤。415曹咎，秦蘄獄掾。後為項羽部將，封海春侯。守成皋（故城在今河南滎陽西北汜水鎮），敗於漢兵，自殺於汜水上。荼，臧荼。盧綰，《史》表作「盧奴」。《漢書補注》王先謙曰：「綰作奴，是。」盧奴，縣名。在今河北定州。416十月丙辰，漢高帝八年夏曆十月十一日。417福，人名。418歷，信都國屬縣。在今河北景縣西南。《史》表作「磿」，誤。419十月癸酉，漢高帝八年夏曆十月二十八日。420《漢書補注》引錢大昭說，此位次與高陵侯王虞人重複，疑此為九十七。《史》表作「九十三」，非。421氂，《史》表作「釐」。

號諡姓名	侯狀戶數	始封	位次	子	孫	曾孫	玄孫
				六世 元康四年，黑玄孫之子長安簪裹弘詔復家。	元始五年。詔賜黑代復者安爵關內侯。❹❷❷		
武原靖侯衛胠❹❷❸	漢七年以梁將軍從初起，擊韓信、陳豨、黥布軍，功侯，二千八百戶，功比高陵侯。❹❷❹	十二月丁未封，八年薨。❹❷❺	九十三	孝惠四年，共侯寄嗣，三十七年薨。	孝景三年，侯不害嗣，十二年，後二年，坐葬過律，免。❹❷❻	曾孫	元康四年，胠玄孫郭公乘堯詔復家。❹❷❼
稾祖侯陳鍇❹❷❽	高帝七年為將從擊代陳豨有功，侯，六百戶。❹❷❾	十二月丁未封，七年薨。	百二十四	孝惠三年，懷侯嬰嗣，十九年薨。❹❸⓪	孝文七年，共侯應嗣，十四年薨。	後五年，節侯安嗣，三十一年薨。❹❸❶	元狩二年，侯千秋嗣，九年，元鼎五年，坐酎金免。
				六世 元康四年，鍇玄孫之子茂陵公乘主儒詔復家。❹❸❷			
宋子惠侯許瘛❹❸❸	以漢三年用趙右林將初擊定諸侯，五百三十六戶，功比歷侯。❹❸❹	二月丁卯封，四年薨。❹❸❺	九十九	十二年，共侯留嗣，二十五年薨。❹❸❻	孝文十年，侯九嗣，二十二年，孝景中二年，坐寄使匈奴買塞外禁物，免。❹❸❼	曾孫	玄孫
				六世	七世 元康四年，瘛玄孫		

				之孫宋子大夫遒詔復家。438		
猗氏敬侯陳遬439	以舍人從起豐入漢，以都尉擊項羽，侯，千一百戶。	三月丙戌封，十一年薨。440	五十 位次曰長陵侯。	孝惠七年，靖侯支嗣，三十四年薨。441	孝景三年，頃侯羌嗣，一年薨，亡後。442	元康四年，遬曾孫猗氏大夫胡詔賜黃金十斤，復家。443	
清簡侯室中同444	以弩將初起，從入漢，以都尉擊項羽、代，侯，比彭侯，戶千。445	三月丙戌封，五年薨。	七十一	孝惠元年，頃侯聖嗣，二十二年薨。	孝文八年，康侯鮒嗣，五十二年薨。	元狩三年，共侯古嗣，七年薨。446	元鼎四年，侯生嗣，一年，坐酎金免。

422元始五年，西元五年。423武原，楚國屬縣。在今江蘇邳州西北胠口鎮。424七年，《史》表作四年。梁，封國名。漢高帝五年改秦碭郡而置。治睢陽（今河南商丘南）。比高陵侯，高陵侯王虞人位次九十二，故此為九十三。此可證高陵侯九十二不誤。《史》表作「九十二」，非。425十二月丁未，漢高帝八年夏曆十二月初二日。426十二年，舊本作三十年。《漢書補注》引蘇輿曰：「三十年當作十三年。」此處從景祐、殿本作十二年，供參酌。過律，超過律令的規定。427郭，即號。縣名。春秋秦置。在今陝西寶雞虢鎮。堯，人名。428槖，「橐」之誤（王念孫說）。橐，山陽郡屬縣。在今山東鄒縣西南。祖，《史》表作「祗」，是。諡號。429將，《史》表作「將軍」。430孝惠三年，《漢書補注》王先謙曰：「官本三作二。」431後五年，即孝文後元五年（西元前一五九年）。節侯安，侯安與下格「侯千秋」之間缺一世。據《史》表，所缺者為侯不得，千秋之父，自元朔元年至元狩元年，凡十年。432主儒，《漢書補注》王先謙曰：「官本作王儒。」433宋子，鉅鹿郡屬縣。在今河北趙縣東北。434右林將，《史》表作「羽林將」，是。掌宮掖門戶的近衛軍官。比歷侯，此侯九十九，疑歷侯程黑位次「九十二」當是「九十八」之誤。夏燮曰：「表中闕九十七位次，疑深澤侯趙將夕當之。」435二月丁卯，漢高帝八年夏曆二月二十三日。436留，《史》表作「不疑」。437匈奴，我國古代北方民族之一。亦稱胡。先後稱鬼方、獯鬻、獫狁、山戎。秦時稱匈奴。散居於大漠南北，過游牧生活，善騎射。塞外，邊塞以外，亦稱塞北。舊時指外長城以北，包括內蒙古、甘肅、寧夏北部及河北長城以北地區。禁物，漢代在與匈奴對抗時，為防止鐵器、弩箭等技術先進的產品以及漢朝較為短缺的馬匹等重要軍事資源流入匈奴，嚴禁將此類商品賣給或帶入匈奴。438遒，人名。439猗氏，河東郡屬縣。在今山西臨猗南。遬，人名。意同「速」。440三月丙戌，漢高帝八年夏曆三月十三日。441支，《史》表作「交」。442羌，《史》表作「差」。443胡，人名。444清，東郡屬縣。在今山東聊城西南。室

號諡姓名	侯狀戶數	始封	位次	子	孫	曾孫	玄孫
							元康四年，同玄孫高宛簪褭武詔復家。(447)
彊圉侯留肹(448)	以客吏初起從入漢，以都尉擊項籍、代，侯，比彭侯，千戶。(449)	三月丙戌封，三年薨。(450)	七十二	十一年，戴侯章復嗣，二十九年薨。(451)	孝文三年，侯復嗣，二年有罪，免。(452)	元康四年，肹曾孫長安大夫定詔復家。	
彭簡侯秦同(453)	以卒從起薛，以弩將入漢，以都尉擊項羽、代，侯，千戶。(454)	三月丙戌封，二十二年薨。	七十	孝文三年，戴侯執嗣，二十三年薨。	孝景三年，侯武嗣，十一年，後元年，有罪，免。	曾孫	元康四年，同玄孫費公士壽王詔復家。(455)
吳房嚴侯楊武(456)	以郎中騎將漢元年從起下邽，擊陽夏，以騎都尉斬項籍，侯，七百戶。(457)	三月辛卯封，三十二年薨。(458)	九十四	孝文十三年，侯去疾嗣，二十五年，孝景後三年，有罪，耐為司寇。(459)	元康四年，武孫霸陵公乘談詔賜黃金十斤，復家，亡子，絕。(460)		談兄孫為次，復，亡子，絕。(461)
甯嚴侯魏遬(462)	以舍人從碭入漢，以都尉擊臧荼功，侯，千戶。	四月辛卯封，三十五年薨。(463)	七十八	孝文十六年，共侯連嗣，八年薨。	孝文後元年，侯指嗣，三年，坐出國界，免。(464)	曾孫	元康四年，遬玄孫長安公士都詔復家。(465)
昌圉侯旅卿(466)	以齊將漢王四年從韓信起無鹽，定齊，擊項羽，又擊韓王信於代，侯，千戶。	六月戊申封，三十四年薨。(467)	百九	孝文十五年，侯通嗣，十一年，孝景三年，坐謀反，誅。	孫	曾孫	元康四年，卿玄孫昌上造光詔賜黃金十

	468						斤，復家。469
				六世 子賜代，死，無子，絕。有同產子元始二年求不得。470			
共嚴侯旅罷師471	以齊將漢王四年從淮陰侯起擊項籍，又攻韓王信於平城，有功，侯，千二百戶。472	六月壬子封，二十六年薨。473	百一十四	孝文七年，惠侯黨嗣，八年薨。	十五年，懷侯高嗣，五年薨，亡子。474	元康四年，罷師曾孫霸陵簪褭信詔復家。	

中同，《史》表作「空中」，脫「同」字。均誤。《索隱》：「室中，姓，見《風俗通》。」室中，姓也，有漢印為證（陳直說）。445代，《史記志疑》曰，「代」應作「定代」，缺「定」字。比彭侯，彭侯秦同位次七十，故此侯七十一。446古，《史》表作「石」。447高宛，亦作高苑。縣名。在今山東鄒平東北苑城鎮。448彊圉，封號，非地名。圉，《史》表作「簡」。朌，《史》表作「勝」。449代，應作「定代」，缺「定」字。比彭侯，彭侯位次七十，清侯七十一，故彊侯七十二。450三年，當作「十三年」。451復，《漢書補注》王先謙曰：「父名章復，子不得名復，《史》表無復字，是。」452孝文三年，《史》表孝文十三年，侯復元年。十五年，侯復有罪，國除。是孝文三年應作孝文十三年（西元前一六七年）。453彭，《漢書補注》謂屬東海郡。亦曰即祊（今山東費縣東方城）。無考。《讀史方輿紀要》作彭河，在山東田嶧縣（今棗莊南）東南五十里。454代，「代」上疑脫「定」字。455費，縣名。在今山東費縣西北。456吳房，汝南郡屬縣。在今河南遂平。457漢元年，西元前二〇六年。下邽，縣名。在今陝西渭南北下邽鎮東南渭河北岸。陽夏，縣名。在今河南太康。458三月辛卯，漢高帝八年夏曆三月十八日。459孝景後三年，《史》表作「後元年」。460霸陵，京兆尹屬縣。以漢文帝霸陵在此，故名。在今陝西西安東北。談，人名。461次復，猶前云代復。462甯，上谷郡屬縣，在今河北萬全。或作「甯陽」，泰山郡屬縣，在今山東寧陽南。遬，《史》表作「選」。463四月辛卯，當從《史》表作「四月辛酉」。四月辛酉為漢高帝八年夏曆四月十八日。464孝文後元年，據《史》表，當作「孝景元年」。465都，人名。466昌，琅邪郡屬縣。在今山東諸城東南。旅，《史》表作「盧」。「旅」與「盧」同。467六月戊申，漢高帝八年夏曆六月初六日。468無鹽，縣名。秦屬薛郡。在今山東東平東南無鹽村。469光，人名。470同產，同一父親所生即為同產，不必同母。471共，河內郡屬縣。在今河南輝縣。旅罷師，人姓名。472起，《史》表「起」下有「臨淄」二字。臨淄，秦臨淄郡治所。在今山東淄博東北舊臨淄縣北。平城，秦鴈門郡屬縣。在今山西大同東北古城。473六月壬子，漢高帝八年夏曆六月初十日。474高，《史》表

號諡姓名	侯狀戶數	始封	位次	子	孫	曾孫	玄孫
閼氏節侯馮解散 475	以代大與漢王三年降，為鴈門守，以將軍平代反寇，侯，千戶。476	六月壬子封，四年薨。	一百	十二年，共侯它嗣，一年薨，亡後。	孝文二年，文侯遺以它遺腹子嗣，十四年薨。	十六年，共侯勝之嗣，十三年薨。	孝景六年，侯平嗣，三十九年，元鼎五年，坐酎金免。
安丘懿侯張說 477	以卒從起方與，屬魏豹，一歲五月，以執盾入漢，以司馬擊項羽，以將軍定代，侯，二千戶。478	七月癸酉封，三十二年薨。	六十七	孝文十三年，共侯奴嗣，十三年薨。	孝景三年，敬侯執嗣，一年薨。	四年，康侯新嗣，三十一年薨。479	元狩元年，侯拾嗣，九年，元鼎四年，坐入上林謀盜鹿，又搏揜完為城旦。480
				六世 元康四年，說玄孫之子陽陵上造舜詔復家。481			
襄平侯紀通 482	父城以將軍從擊破秦，入漢，定三秦，功比平定侯，戰好時，死事，子侯。483	九月丙午封，五十二年薨。484	六十六 485	孝景中三年，康侯相夫嗣，十九年薨。	元朔元年，侯夷吾嗣，十九年，元封元年薨，亡後。		元康四年，通玄孫長安簪褭萬年詔復家。486
龍陽敬侯陳署 487	以卒從漢王元年起霸上，以謁者擊項籍，斬曹咎，侯，戶	九月己未封，十八年薨。488	八十四	高后七年，侯堅嗣，十八年，孝文後元年，有罪，免。489			

	千。[490]						
平嚴侯張瞻師[491]	以趙騎將漢王五年從擊諸侯，比吳房侯，千五百戶。[492]	九年十二月壬寅封，八年薨。[493]	九十五	孝惠五年，康侯惸嗣，三十七年薨。[494]	孝景四年，侯寄嗣。	侯安國嗣，不得年，元狩元年，為人所殺。[495]	玄孫
				六世 元康四年，瞻師玄孫之子敏上造連城詔復家。[496]			

作「商」。[475]閼氏，即烏氏。安定郡屬縣。在今寧夏固原東南。《史記志疑》謂閼氏乃閼與之誤，閼與即西漢涅縣（今山西武鄉西北）的閼與聚。散，《史》表作「敢」。[476]大與，官名。主爵祿之官。《史》表作太尉。鴈門守，鴈門郡守。鴈門，郡名。戰國趙武靈王置。秦漢時治善無（今山西右玉東南）。[477]安丘，琅邪郡屬縣。在今山東安丘西南。[478]方與，秦薛郡屬縣。在今山東魚臺西。魏豹（西元前？—前二〇四年），戰國魏諸公子，秦末亦起兵反秦，秦亡，被項羽封為西魏王。後降漢，既而叛漢。張說在魏豹初起兵時，為其部將。一歲，《史》表作「二歲」。執盾，《史》表作「執鈹」。為衛尉屬吏，掌宮門屯兵。二千戶，《史》表作「三千戶」。[479]新，《史》表作「訢」。[480]拾，《史》表作「指」。上林，苑名。秦漢時為帝王射獵、遊樂場所。在今陝西西安西至周至、戶縣界，周三百多里。搏揜，襲擊別人而搶劫其財物。搏字或作博。一曰博，即六博。揜，意錢之屬，皆謂博戲而取人財物。[481]陽陵，漢左馮翊屬縣。以漢景帝陽陵在此，故名。在今陝西咸陽東北。[482]襄平，此為臨淮郡屬縣。在今江蘇盱眙西北。[483]城，《史》表作「成」。比平定侯，平定侯齊受位次五十四，又一個「比平定侯」之敬市（當作「故市」）侯位次五十五，則此侯當是五十六。好時，縣名。在今陝西乾縣東好時村。死事，死於國事。即為國事而死。子侯，封紀通的兒子為侯。[484]九月丙午，漢高帝八年夏曆九月十二日。《漢書補注》引錢大昭曰：「孝文元年，通以誅諸呂定策，益封二千戶。」[485]六十六，當作「五十六」。[486]萬年，人名。[487]龍陽，《史》表作「龍」。「陽」字衍。泰山郡博縣有龍鄉。在今山東泰安東南。[488]九月，當從《史》表作「後九月」。後九月己未，為漢高帝八年後九月十九日。九月無己未。[489]高后七年，西元前一八一年。[490]曹咎，項羽部將，曾任大司馬。為項羽守成皋，兵敗自殺。[491]平，《史》表作「繁」，是。此表上文已有平侯工師喜，不應一地兩封。繁，縣名。在今四川彭州西北。嚴，《史》表作「莊」。本書避東漢明帝劉莊諱而改。張瞻師，《史》表作「彊瞻」。[492]五年，《史》表作「三年」，是。比吳房侯，吳房侯楊武位次九十四，故此侯為九十五。[493]十二月，《史》表作「十一月」，是。高帝九年十二月己巳朔，無壬寅。[494]惸，《史》表作「眴獨」。[495]元狩元年，《史》表作「中三年」。中三年，指漢景帝中三年（西元前一四七年）。[496]敏，「繁」字之訛。《漢書補注》引錢大昭曰：「古『繁』作緐，故訛為敏。」連城，人名。

號謚姓名	侯狀戶數	始封	位次	子	孫	曾孫	玄孫
陸量侯須無[497]	詔以為列諸侯，自置吏令長，受令長沙王。[498]	三月丙戌封，三年薨。[499]	百三十七	十二年，共侯桑嗣，三十四年薨。	孝文後三年，康侯慶忌嗣，五年薨。	孝景元年，侯冉嗣，四十四年，元鼎五年，坐酎金免。	
						元康四年，無曾孫酇陽乘鐸聖詔復家。[500]	
高景侯周成[501]	父苛以內史從擊破秦，為御史大夫，入漢，圍取諸侯，守滎陽，功比辟陽侯。罵項籍死事，子侯。[502]	四月戊寅封，三十五年，孝文後五年，謀反，下獄死。[503]	六十	子	繩孝景中元年，侯應以成孫紹封。[504]	侯平嗣，元狩四年，坐為太常不繕園屋，免。[505]	元康四年，成玄孫長安公大夫賜詔復家。[506]
離侯鄧弱[507]	四月戊寅封。楚漢春秋亦闕。成帝時，光祿大夫滑湛日旁占驗曰：「鄧弱以長沙將兵侯。」[508]						
義陵侯吳郢[509]	以長沙柱國侯，千五百戶。[510]	九月丙子封，七年薨。[511]	百三十四	孝惠四年，侯重嗣，十年，高后七年薨，亡後。[512]			

宣平武侯 張敖513		
嗣父耳為趙王，坐相貫高等謀反，廢王為侯。514		
九年封，十七年薨。515		
三516		
高后二年，侯偃為魯王，孝文元年復為侯，十五年薨，諡共。517		
六年，哀侯歐嗣，十七年薨。518		
孝景中三年，侯王嗣，十四年，有罪，免。519	睢陵 元光三年，侯廣國以王弟紹封，十八年薨。520	
	元鼎二年，侯昌嗣，十二年，太初二年，坐為太常乏祠，免。521	

497陸量，《史》表作「陸梁」。《索隱》曰，陸梁地，在江南。指今五嶺以南地區。即秦始皇置桂林、象郡、南海等郡地。須無，《史》表作「須毋」。498列諸侯，《史》表作「列侯」。秦漢時二十等爵位的最高一級。自置吏令長，《史》表作「自置吏」。是任命官吏的特殊權力。長沙王，漢初，吳芮被封為長沙王，都臨湘（今湖南長沙）。499丙戌，《史》表作「丙辰」，是。漢高帝九年三月無丙戌。三月丙辰，為高帝九年夏曆三月十九日。三年，官本作「二年」。500鄺陽，地無考。可能是「酈」的訛誤。酈，縣名。在今河南南陽西北。秉鐸，武功爵第六級。501高景，《史》表作「高京」，縣名。地不詳。502苛，周苛，沛人。滎陽之戰被項羽所俘，不屈，烹死。內史，誤。傳作「卒史」，是。滎陽，縣名。在今河南滎陽東北。比辟陽侯，辟陽侯審食其位次五十九，故此侯位次六十。503三十五年，自高帝九年至孝文後四年，實三十九年。504繩，與「澠」同。地不詳。505不繕園屋，《史》表作「不繕治園陵」。506賜，人名。507離，《史記志疑》引《後漢書・郡國志》注：「江夏南新市，侯國，有離鄉聚。」南新市，在今湖北應城西北。508四月戊寅封，此五字當處下格。楚漢春秋亦闕，此六字疑是注文。光祿大夫，官名。戰國置中大夫，漢武帝始改此名，掌顧問應對，屬光祿勳。509義陵，武陵郡屬縣。在今湖南漵浦南。吳郢，《史》表作「吳程」。510柱國，官名。戰國時楚國最高武官，僅次於令尹。511丙子，《史》表作「丙午」，是。高帝九年九月乙未朔，無丙子。512重，《史》表作「種」。513宣平，封號。張敖，張耳之子。娶高帝長女魯元公主為王后。514耳，張耳。大梁人。參加陳勝起義，攻略平定趙地為趙相，項羽封他為常山王。後歸漢。貫高，為漢初諸侯國趙國之相。謀弒劉邦，事敗自殺。515十七年薨，張敖約薨於高后七年。516顏師古注：「張耳及敖並為無大功，蓋以魯元之故，呂后曲升之也。」517高后二年，〈異姓諸侯王表〉及《史記》紀、表，均作「高后元年」。復為侯，降為南宮侯。518六年，當作「十六年」。」519王，《史》表及傳作「生」。520睢陵，縣名。在今江蘇泗洪東南，已沉沒入洪澤湖中。《史》表作「睢陽」，誤。廣國，《史》表作「廣」。廣國薨於元鼎二年。王，《漢書補注》曰當作「生」。十八年，《漢書補注》曰當作「十七年」。521太初二年，當作「太初三年」。乏祠，祠事有闕漏。

號諡姓名			東陽武侯 張相如525	
侯狀戶數			高祖六年為中大夫，以河間守擊陳豨，力戰，功侯，千三百戶。526	
始封			十一年十二月癸巳封，三十二年薨。527	
位次			百一十八	
子			孝文十六年，共侯殷嗣，五年薨。	六世 元康四年，相如玄孫之子茂陵公乘
孫			後五年，戴侯安國嗣，六年薨。	
曾孫		信都 高后八年四月丁酉，侯侈以魯太后子封，孝文元年，以非正免。523 樂昌 四月丁亥，侯受以魯太后子封，元年免。524	孝景四年，哀侯彊嗣，十三年，建元元年薨，亡後。	
玄孫	元始二年，侯慶忌以赦玄孫紹封，千戶。522	元康四年，耳玄孫長陵公乘遂詔復家。	玄孫	

侯號	侯狀戶數	始封	位次	子	孫	曾孫	玄孫
				宣詔復家。(528)			
慎陽侯樂說(529)	淮陰侯韓信舍人，告信反，侯，二千戶。(530)	十二月甲寅封，五十一年薨。(531)	百三十一	孝景中六年，靖侯願嗣，四年薨。(532)	建元元年，侯買之嗣，二十二年，元狩五年，坐鑄白金棄市。	曾孫	玄孫
				六世 元康四年，說玄孫之子長安公士通詔復家。(533)			
開封愍侯陶舍(534)	以右司馬漢王五年初從，以中尉擊燕、代，侯，比共侯，二千戶。(535)	十二月丙辰封，一年薨。(536)	百一十五	十二年，夷侯青嗣，四十八年薨。(537)	孝景中三年，節侯偃嗣，十七年薨。	元光五年，侯睢嗣，十八年，元狩五年，坐酎金免。(538)	玄孫
				六世	七世 元康四年，舍玄孫之孫長安公士元		

(522)紹封，據本傳，當作「紹封宣平」，此處脫「宣平」二字。(523)信都，漢縣名。又作「新都」。在今河北冀州。魯太后，張敖之妻魯元公主。侈、受（本傳作壽）皆張敖前妻之子，非魯太后親生，故曰非正。(524)樂昌，東郡屬縣。在今河南南樂西北。(525)東陽，清河郡屬縣。在今山東武城東北。(526)高祖六年，西元前二〇一年。中大夫，官名。為皇帝身邊備顧問之官。河間守，河間郡守。河間，郡名，治樂成（今河北獻縣東南）。(527)十一年十二月癸巳，漢宣帝十一年夏曆十二月初六日。(528)宣，人名。(529)慎陽，「滇陽」之誤，汝南郡屬縣。在今河南正陽北江口集。樂，《史》表作「欒」。(530)二千戶，官本作「三千戶」。(531)十二月甲寅，漢高帝十一年夏曆十二月二十七日。五十一年，官本作「五十二」，是。(532)願，《史》表作「願之」。(533)通，人名。(534)開封，河南郡屬縣。在今河南開封南。(535)比共侯，共侯旅罷軍位次百十四。故此侯百十五。(536)十二月丙辰，漢高帝十一年夏曆十二月二十九日。(537)青，陶青，漢景帝時為丞相。(538)元光五年，西元前一三〇年。元狩五年，「元鼎五年」之誤。《史》表作元鼎五年（西元前一一二年）。

號謚姓名	侯狀戶數	始封	位次	子	孫	曾孫	玄孫
					始詔復家。		
禾成孝侯公孫昔 539	以卒漢王五年初從，以郎中擊代擊陳豨，侯，千九百戶。540	正月己未封，二十年薨。541	百一十七	孝文五年，懷侯漸嗣，九年薨。	孫	元康四年，昔曾孫霸陵公乘廣意詔復家。	
堂陽哀侯孫赤 542	以中涓從起沛，以郎入漢，以將軍擊項籍，為惠侯，坐守滎陽降楚免，復來，以郎擊籍，為上黨守，擊陳豨，侯，八百戶。543	正月己未封，九年薨。	七十七	高后元年，侯德嗣，四十三年，孝景中六年，有罪，免。	孫	元康四年，赤曾孫霸陵公乘明詔復家。544	
祝阿孝侯高色 545	以客從起齧桑，以上隊將入漢，以將軍擊魏太原、井陘 546，屬淮陰侯，罌度軍破項籍及豨，侯，千八百戶。547	正月己卯封，二十一年薨。	七十四	孝文五年，侯成嗣，十四年，後三年，坐事國人過律，免。	孫	曾孫	元康四年，色玄孫長陵上造弘詔復家。
長脩平侯杜恬 548	以漢王二年用御史初從出關，以內史擊諸侯，攻項昌，以廷尉死事，侯，千九百戶。549	三月丙戌封，四年薨。550	百八 位次曰信平侯。551	孝惠三年，懷侯中嗣，十七年薨。	孝文五年，侯意嗣，二十七年，有罪，免。552	陽平 孝景中五年，侯相夫紹封，三十七年，元封三年，坐為	

						太常與大樂令中可當鄭舞人擅繇，闌出入關，免。[553]	
江邑侯趙堯[554]	以漢五年為御史，用奇計徙御史大夫周昌為趙相，代昌為御史大夫，從擊陳豨，功侯，六百戶。[555]	十一月封，高后元年，有罪，免。[556]					

[539]禾成，縣名。王先謙曰：「據《濁漳水注》，禾成作『和城』，在鉅鹿敬武、貫縣之間。」在下曲陽（今河北晉縣）。公孫昔，《史》表作「公孫耳」。[540]五年，《史》表作「二年」。[541]正月己未，漢高帝十一年夏曆正月初三日。二十年，自高帝十一年至孝文四年，實二十一年。[542]堂陽，鉅鹿郡屬縣。在今河北新河西北。[543]郎，帝王侍從護衛官，有中郎、侍郎、郎中。上黨守，上黨郡守。上黨，郡名。戰國韓置。治長子（今山西長子西南）。轄境在今山西西南部、太行山以西地區。[544]明，人名。[545]祝阿，平原郡屬縣。在今山東濟南西南。高色，《史》表作「高邑」。[546]翳桑，邑名。在今江蘇沛縣西南。上隊將，當作「十隊將」或「二隊將」。魏，項羽封魏王豹為西魏王，轄境在今山西西南部黃河以東地區。太原，郡名。戰國秦置。治晉陽（今山西太原西南）。井陘，關名。又名土門關。在今河北井陘東北井陘山上，地當太行山區進入華北平原的要隘。[547]罌度軍，「罌」上脫「以」字。《史》表作「以罌缻度軍」。即借用甕罈之類器物的浮力運送軍隊過河。按，「罌度軍」是攻打魏王豹，而非項羽和陳豨。千八百戶，《史》表作「八百戶」，無「千」字。[548]長脩，河東郡屬縣。漢以長脩國改置。在今山西新絳西北。杜恬，《史》表裴駰《集解》：「一云杜恪」。[549]御史，春秋戰國為史官，掌記錄國事、收受文書等。秦、韓等國常遣其出監郡縣，審理大案。秦朝監郡成為定制，亦稱監御史，屬御史大夫。西漢沿置，監察百官。內史，掌治京師之官。戰國秦置。秦至西漢初沿置。攻項昌，《史》表作「功比須昌侯」，是。須昌侯趙衍百七，故此侯百八。廷尉，官名。秦漢時的最高司法官。[550]三月，《史》表作「正月」，是。漢高帝十一年三月無丙戌。正月丙戌，為漢高帝十一年正月三十日。[551]信平，即新平，淮陽國屬縣。在今河南淮陽東北。[552]意，《史》表作「喜」。[553]陽平，東郡屬縣。在今山東莘縣。大樂令，官名。掌祭祀、大饗奏樂之官。屬奉常（太常）。擅繇，謂擅自役使之。《史》表作「擅繇不如令」。顏師古注曰：「擇可以為鄭舞，而擅從役使之。」闌出入關，擅自出入函谷關。闌，擅自。關，這裡指函谷關。[554]江邑，地不詳。一說在今河南息縣西南。[555]周昌，沛人。周苛堂弟。秦

號諡姓名	侯狀戶數	始封	位次	子	孫	曾孫	玄孫
營陵侯劉澤 557	漢三年為郎中擊項羽，以將軍擊陳豨，得王黃侯。帝從昆弟，萬一千戶。558	十一月封，十五年，高后七年，為瑯邪王。559	八十八				
土軍式侯宣義 560	高祖六年為中地守，以廷尉擊陳豨，侯，一千一百戶，就國後為燕相。561	二月丁亥封，七年薨。562	百二十二位次曰信成侯。563	孝惠六年，孝侯莫如嗣，三十五年薨。	孝景三年，康侯平嗣，十九年薨。	建元六年，侯生嗣，八年，元朔二年，坐與人妻姦，免。564	玄孫
				六世 元康四年，義玄孫之子阿武不更寄詔復家。565			
廣阿懿侯任敖 566	以客從起沛，為御史，守豐二歲，擊項籍，為上黨守，陳豨反，堅守，侯，千八百戶。後遷為御史大夫。	二月丁亥封，十九年薨。	八十九	孝文三年，夷侯敬嗣，一年薨。567	四年，敬侯但嗣，四十年薨。	建元五年，侯越人嗣，二十一年，元鼎二年，坐為太常廟酒酸，免。568	元康四年，敖玄孫廣阿簪裹定詔復家。
須昌貞侯趙衍 569	以謁者漢王元年初從起漢中。雍軍塞渭上，上計欲還，衍言從它道，道通，	二月己丑封，三十二年薨。570	百七	孝文十六年，戴侯福嗣，四年薨。	後四年，侯不害嗣，八年，孝景五年，有罪，免。571	曾孫	玄孫

	後為河間守，豨反，誅都尉相如，功侯，千四百戶。[572]						
				六世	七世 元康四年，衍玄孫之孫長安簪褭步昌詔復家。		
臨轅堅侯戚鰓[573]	初從為郎，以都尉守蘄城，以中尉侯，五百戶。[574]	二月乙酉封，六年薨。[575]	百一十六	孝惠五年，夷侯觸龍嗣，三十七年薨。	孝景四年，共侯中嗣，十六年薨。[576]	建元四年，侯賢嗣，二十五年，元鼎五年，坐酎金免。	元康四年，鰓玄孫梁郎官大夫常詔復家。[577]

時為泗水卒史，跟從劉邦入關滅秦，拜御史大夫。劉邦欲廢太子劉盈，周昌力爭。高帝九年，劉邦採納趙堯建議，徙周昌為趙相，輔助趙王劉如意。[556]十一月，《史》表作「十一年正月辛未」，是。[557]營陵，北海郡屬縣。在今山東安丘西北。[558]王黃，韓王信的部將。韓王信謀反失敗後，收信餘部，與漢為敵，被劉邦打敗。從昆弟，堂兄弟。[559]十一月，前面作「正月」，後面為「二月」，此不當為十一月。疑此當作「正月」。《史》表作「十一年」。七年，《史》表作「六年」。自高帝十一年至高后六年，正十五年。瑯邪，即琅邪。郡名。治東武（今山東諸城）。[560]土軍，西河郡屬縣。在今山西石樓。式，《史》表作「武」。[561]高祖六年，西元前二〇一年。中地，漢初郡名。後改名右扶風。一千一百戶，《史》表作「千二百戶」。[562]二月丁亥，漢高帝十一年夏曆二月初一日。[563]信成，清河郡屬縣。在今河北清河西北。[564]建元六年，西元前一三五年。[565]阿武，縣名、侯國名，屬涿郡。在今河北河間南。[566]廣阿，鉅鹿郡屬縣。在今河北隆堯東。[567]敬，《史》表作「竟」。[568]越人，〈公卿表〉亦作「越人」，《史》表奪「人」字。[569]須昌，東郡屬縣。在今山東梁山縣。[570]二月己丑，《史》表作「二月己酉」，是。按，漢高帝十一年二月無己丑。二月己酉，為是年夏曆二月二十三日。[571]後四年，即漢文帝後四年（西元前一六〇年）。[572]漢中，郡名。治西城（今陝西安康西北）。雍軍塞渭上，《史》表作「雍軍塞陳」。此事指漢元年八月，劉邦引兵從故道（今陝西寶雞南）襲擊雍王章邯，章邯迎擊劉邦於陳倉（今陝西寶雞東），被劉邦打敗。河間守，河間郡守。河間，郡名，漢高帝置。文帝時改為國。治樂成（今河北獻縣東南）。[573]臨轅，《史》表同。惟傳世有「臨袁侯」虎符銘文、「臨袁邑丞」印，皆作「臨袁」（楊樹達說）。臨轅，地名。《漢》志缺。《史記志疑》疑其地以臨轘轅關而得名，當在今河南偃師東南。一說疑在今山東禹城南。[574]蘄，

號謚姓名	侯狀戶數	始封	位次	子	孫	曾孫	玄孫
				六世	七世 元始二年，鰓玄孫之孫少詔賜爵關內侯。		
汲紹侯公上不害[578]	高祖六年為太僕，擊代豨有功，侯，千三百戶。為趙太僕。[579]	二月乙酉封，三年薨。[580]	百二十三	孝惠二年，夷侯武嗣，二十七年薨。[581]	孝文十四年，康侯通嗣，二十七年薨。	建元二年，侯廣德嗣，九年，元光五年，坐妻大逆棄市。[582]	元康四年，不害玄孫安陵五大夫常詔復家。[583]
甯陵夷侯呂臣[584]	以舍人從起留，以郎入漢，破曹咎成皋，為都尉擊豨，功侯，千戶。[585]	二月辛亥封，二十七年薨。[586]	七十三	孝文十一年，戴侯謝嗣，十六年薨。[587]	孝景四年，惠侯始嗣，十七年薨。[588]	曾孫	元康四年，呂臣玄孫南陵公大夫得詔復家。[589]
汾陽嚴侯靳彊[590]	以郎中騎千人前三年從起櫟陽，擊項羽，以中尉破鍾離昧軍，功侯。[591]	三月辛亥封，十一年薨。[592]	九十六	高后三年，共侯解嗣，三十三年薨。	孝景五年，康侯胡嗣，十二年絕，不得狀。	江鄒 元鼎五年，侯石封嗣，九年，太始四年，坐為太常行幸離宮道橋苦惡，大僕敬聲繫以謁聞，赦免。	元康四年，彊玄孫長安公乘忠詔復家。

戴敬侯祕彭祖[594]		
以卒從起沛，以卒開沛城門，為太公僕，以中廄令擊陳豨，功侯，千一百戶。[595]		
三月癸酉封，十一年薨。[596]		
百二十六		
高后三年，共侯悝嗣，十二年薨。[597]		六世
孝文八年，夷侯安國嗣，四十八年薨。		七世 元康四年，彭祖玄孫之孫陽陵大夫
元朔五年，安侯軫嗣，十二年薨。[598]	[593]	
元鼎五年，侯蒙嗣，二十五年，後元年，坐祝詛上，大逆，腰斬。[599]		

縣名。在今安徽宿州東南。[575]二月乙酉，當作「三月乙酉」。為漢高帝十一年夏曆三月三十日。二月，官本作「三月」。[576]中，《史》表作「忠」。[577]梁郎官大夫，顏師古注曰：「仕梁為郎而有官大夫之爵也。」梁郎，仕梁為郎。官大夫，秦漢二十等爵的第六級。[578]汲，河內郡屬縣。紹，《史》表作「終」。公上，複姓。[579]千三百戶，《史》表作「千二百戶」。趙太僕，《史》表作「趙太傅」。太傅，九卿之一，次於太師。執掌輔導太子，漢稱太子太傅。[580]乙酉，《史》表作「己巳」。當依上欄作「三月乙酉」。[581]孝惠二年，西元前一九三年。[582]坐妻大逆，《史》表作「坐妻精大逆罪，頗連廣德」。[583]五大夫，秦漢二十等爵位的第九級。[584]甯陵，陳留郡屬縣。在今河南商丘南。[585]留，《史》表作「陳留」。留，縣名。在今江蘇沛縣東南。陳留，縣名。在今河南開封東南陳留鎮。成皋，地名。在河南滎陽西汜水鎮。[586]二月辛亥，漢高帝十一年夏曆二月二十五日。[587]謝，《史》表作「射」。[588]惠侯始，據此表，惠侯始薨於建元四年，而《史》表始薨於孝景五年，兩表不合。據《史》表，此處當補「亡（無）後，國除」四字。[589]南陵，縣名。在今陝西西安東南。[590]汾陽，太原郡屬縣。在今山西靜樂西。[591]前三年，《史》表作「前二年」。當作「漢二年」。櫟陽，《史》表作「陽夏」。《史》表誤。櫟陽，縣名。在今陝西臨潼東北。[592]三月，《史》表作「二月」，是。高帝十一年三月丙辰朔，無辛亥。[593]江鄒，地不詳。太始四年，西元前九三年。太始（西元前九六－前九三年），漢武帝年號。坐為太常行幸離宮道橋苦惡，《史》表作「坐為太常行太僕事，治嗇夫可年，益縱年，國除」。〈公卿表〉曰：「坐為謁問囚故太僕敬聲亂尊卑免。」謁聞，當作「謁問」。[594]戴，漢初縣名，後併入甾縣，屬梁國。在今河南民權東。祕彭祖，人姓名。《史》表作「彭祖」。祕，姓。彭祖，名。[595]僕，駕車者。中廄令，官名。掌皇后車馬。千一百戶，《史》表作「千二百戶」。[596]三月癸酉，漢高帝十一年夏曆三月十八日。[597]悝，《史》表作「悼」。十二年，當作「十三年」。高后三年至孝文七年，實十三年。[598]安侯軫，《史》表作「侯安期」。[599]後元年，指漢武帝後元元年（西元前八八年）。後元（西元前八八－前八七年），漢武帝最後一個年號。

號謚姓名	侯狀戶數	始封	位次	子	孫	曾孫	玄孫
					政詔復家。		
衍簡侯翟盱 600	以漢王二年為燕令，以都尉下楚九城，堅守燕，侯，九百戶。601	七月己丑封，十二年薨。602	百三十	高后四年，祗侯山嗣，二年薨。	六年，節侯嘉嗣，四十四年薨。	建元三年，侯不疑嗣，十年，元朔元年，坐挾詔書論，耐為司寇。603	元康四年，盱玄孫陽陵公乘光詔復家。
平州共侯昭涉掉尾 604	漢四年以燕相從擊項籍，還擊臧荼，侯，千戶。	八月甲辰封，十八年薨。605	百一十一	孝文二年，戴侯種嗣，三年薨。606	五年，懷侯它人嗣，四年薨。	九年，孝侯馬童嗣，二十九年薨。	孝景後一年，侯昧嗣，二十四年，元狩五年，坐行馳道中，免。607 元康四年，掉尾玄孫涪不更福詔復家。608
中牟共侯單右車 609	以卒從沛，入漢，以郎擊布，功侯，二千二百戶。始高祖微時，有急，給高祖馬，故得侯。610	十二年十月乙未封，二十三年薨。611	百二十五	孝文八年，敬侯繒嗣，五年薨。	十三年，戴侯終根嗣，三十七年薨。612	元光二年，侯舜嗣，十八年，元鼎五年，坐酎金免。613	玄孫
				六世 元康四年，右車玄			

	邔嚴侯黃極忠[614]	
	以群盜長為臨江將，已而為漢擊臨江王及諸侯，破布，封千戶。[615]	
	十月戊戌封，二十七年薨。[616]	
	百十三	
孫之子陽陵不更充國詔復家。	孝文十二年，夷侯榮成嗣，九年薨。[617]	六世 元康四年，極忠玄孫之子邔公乘調詔復家。
	後元五年，共侯明嗣，三十五年薨。[618]	元始元年，賜極忠代後者敞爵關內侯。
	元朔五年，侯遂嗣，八年，元鼎元年，坐掩搏奪公主馬，髡為城旦。戶四千。[619]	

[600]衍，即衍氏邑，一作衍邑。戰國魏地。在今河南鄭州北。周明泰《續封泥考略》卷四有「衍侯邑丞」印。[601]燕令，燕縣縣令。燕縣，在今河南延津東北。[602]七月己丑，《史》表作「七月乙巳」。按，漢高帝十一年七月甲寅朔，該月既無己丑，又無乙巳。[603]挾詔書論，詔書當雙手奉持之，而挾以行，故判處罪行。論，判罪。[604]平州，邑名。春秋齊地。在今山東萊蕪南。昭涉，《史》表同，複姓。錢大昕曰：「涉」當作「沙」。掉尾，人名。[605]八月甲辰，漢高帝十一年夏曆八月二十一日。[606]種，《史》表作「福」。[607]孝景後一年，百衲本及《史》表作「（孝景）後二年」，是。[608]涪，蜀郡屬縣。在今四川綿陽東。[609]中牟，河南郡屬縣。在今河南中牟東。單右車，《史》表作「單父聖」，《索隱》引《漢》表作「單父左車」。單父，複姓。此脫「父」字。[610]二千二百戶，《史》表作「二千三百戶」。[611]十二年，指漢高帝十二年（西元前一九五年）。十月乙未，夏曆十月十三日。[612]十三年，孝文十三年。三十七年，誤。自孝文十三年至元光元年，止三十四年。如據《史》表自孝文十三年至元光四年，正三十七年。[613]十八年，誤。自元光二年至元鼎四年，為二十一年。如據《史》表，自元光五年至元鼎四年，正十八年。故《漢表》「元光二年」之「二」，實「五」之誤。[614]邔，南郡屬縣。在今湖北宜城北。嚴侯，《史》表作「莊侯」。「嚴」字乃避東漢明帝劉莊名諱而改。[615]臨江王，項羽封共敖為臨江王，轄今湖北西部地區。都江陵（今湖北江陵）。[616]十月戊戌，漢高帝十二年夏曆十月十六日。[617]夷侯榮成，《史》表作「慶侯榮盛」。[618]後元五年，《史》表作「後五年」。蘇輿曰：「元字衍。」指孝文後五年（西元前一五九年）。[619]坐掩搏奪公主馬二句，《史》表作「坐賣宅縣官故貴，國除。」

號謚姓名	侯狀戶數	始封	位次	子	孫	曾孫	玄孫
博陽節侯周聚[620]	以卒從豐以隊率入漢，擊項籍成皋有功，為將軍，布反，定吳郡，侯。[621]	十月辛丑封，二十四年薨。[622]	五十三	孝文九年，侯遬嗣，十五年，孝景元年，有辠，奪爵一級。[623]	孫	元康四年，聚曾孫長陵公乘萬年詔復家。	
陽羨定侯靈常[624]	以荊令尹漢五年初從，擊鍾離眛及陳公利幾，徙為漢中大夫，從至陳，取韓信，遷中尉，以擊布，侯，二千戶。[625]	十月壬寅封，十四年薨。[626]	百一十九	高后七年，共侯賀嗣，八年薨。	孝文七年，哀侯勝嗣，六年薨，亡後。	曾孫	元康四年，常玄孫南和大夫横詔復家。[627]
下相嚴侯泠耳[628]	以客從起沛，入漢，用兵擊破齊田解軍，以楚丞相堅守彭城距布軍，功侯，二千戶。[629]	十月己酉封，十八年薨。[630]	八十五	孝文三年，侯順嗣，二十三年，孝景三年，坐謀反，誅。[631]	孫	曾孫	元康四年，耳玄孫長安公士安詔復家。
高陵圉侯王虞人[632]	以騎司馬漢王元年從起廢丘，以都尉破田横、龍且，追籍至東城，以將軍擊布，侯，九百戶。[633]	十二月丁亥封，十年薨。[634]	九十二[635]	高后三年，侯弄弓嗣，十八年薨。[636]	孝文十三年，侯行嗣，十二年，孝景三年，謀反，誅。[637]		
期思康侯賁赫[638]	淮南王英布中大夫，告反，侯，一千戶。[639]	十二月癸卯封，二十九年，孝文十四年薨，	百三十二	子	孫	曾孫	元康四年，赫玄孫壽春大夫充詔復家。[640]

	戚圉侯季必[642]
	以騎都尉漢二年初起櫟陽，攻破廢丘，因擊項籍，屬韓信，破齊，攻臧荼，為將軍，擊韓信，侯千五百戶。[643]
亡後。[641]	十二月癸卯封，十六年薨。
	九十
	孝文元年，貴侯長嗣，三年薨。[644]
	四年，躁侯瑕嗣，三十八年薨。[645]
	建元三年，侯信成嗣，二十年，元狩五年，坐為太常縱丞相侵神道，為隸臣。[646]
	元康四年，必玄孫長安公士賈之詔復家。

[620]博陽，《史》表同。《史記志疑》曰，「博」乃「傅」之誤。傅陽，楚國屬縣（陳濞已封博陽）。在今江蘇邳州西北。[621]從，《史》表作「從起」。隊率，即「隊帥」。隊長。《史》表作「隊卒」。吳郡，郡名。楚漢間置。治吳縣（今江蘇蘇州）。侯，《史》表「侯」字後有「千四百戶」四字。[622]十月辛丑，漢高帝十二年夏曆十月十九日。[623]孝景元年，《史》表作「中五年」。奪爵，削奪爵位。奪，削除；削奪。[624]陽羨，吳郡屬縣。今江蘇宜興西南。《史》表作「陽義」，誤。[625]荊令尹，荊國的令尹。荊，漢高帝六年封劉賈為荊王，轄原來秦的東陽郡、鄣郡、吳郡五十三縣。令尹，楚官名。為王國之相。陳公利幾，陳縣（今河南淮陽）縣令（楚人稱縣令為公）利幾，原為項羽部將，後降漢。高帝五年，反。被劉邦擊破。中大夫，官名。備皇帝顧問。陳，縣名。古陳國地。在今河南淮陽。[626]十月壬寅，漢高帝十二年夏曆十月二十日。[627]南和，廣平國屬縣。即今河北南和。[628]下相，臨淮郡屬縣。在今江蘇宿遷西南。泠耳，人姓名。姓泠，名耳。[629]田解，齊國將軍。距，通「拒」。抵抗。[630]十月己酉，漢高帝十二年夏曆十月二十七日。[631]順，《史》表作「慎」。順、慎，通用。[632]高陵，縣名，屬琅邪。地不詳。王虞人，《史》表作「王周」。[633]廢丘，縣名。在今陝西興平東南。田橫（？—西元前二〇二年），秦末狄縣（今山東高青）人。本齊國貴族。秦末，跟隨兄田儋起義，自立為齊王。東城，縣名。在今安徽定遠東南。[634]十二月，《史》表作「十一月」。[635]高陵侯位次九十二，武原侯衛胠功與之比，第九十三，可知不誤。表中歷侯程黑也為第九十二，顯然有誤。[636]侯弄弓，《史》表作「惠侯並弓」。陳直曰：考《漢印文字徵》第三、十二頁「盧弄弓印」，可證《史》表「並弓」為誤字。[637]十二年，「二」當作「三」。自孝文十三年至孝景二年，實十三年。[638]期思，汝南郡屬縣。在今河南淮濱東南期思集。[639]淮南王，項羽曾封英布為九江王，英布歸漢後，劉邦改九江王為淮南王。統轄今安徽淮河以南、河南竹竿河以東及江西全省地。告反，《史》表作「上書告布反」。一千戶，百衲本、官本及《史》表均作「二千戶」，是。諸表凡數「二千」者皆略作「千」，如「千戶」。《史》表在「戶」字之後還有「布盡殺其宗族」一句。[640]壽春，縣名。在今安徽壽縣。[641]十二月癸卯，漢高帝十二年夏曆十二月二十二日。[642]戚，邑名。屬東郡觀縣（今河南清豐南）。東海郡也有戚縣（今山東微山）。季，或作「李」，詳見本書〈灌嬰傳〉。顏師古注曰：「〈灌嬰傳〉云李

號謚姓名	侯狀戶數	始封	位次	子	孫	曾孫	玄孫
穀陽定侯馮谿[647]	以卒前二年起柘，擊籍，定代，為將軍，功侯。[648]	正月乙丑封，二十二年薨。[649]	百五	孝文七年，共侯熊嗣，十八年薨。	孝景二年，隱侯卬嗣，三年薨。[650]	五年，懿侯解中嗣，十二年薨。[651]	建元四年，侯偃嗣。[652]
				六世 元康四年，谿玄孫之子穀陽不更武詔復家。			
嚴敬侯許猜[653]	以楚將漢二年降，從起臨濟，以郎中擊項羽、陳豨，侯，六百戶。[654]	正月乙丑封，四十年薨。	百一十二	孝景二年，侯恢嗣，十六年薨。	建元二年，煬侯則嗣，九年薨。[655]	元光五年，節侯周嗣，三年薨。[656]	元朔二年，侯廣宗嗣，十五年，元鼎五年，坐酎金免。
				六世 元康四年，猜玄孫之子平壽公士任詔復家。[657]			
成陽定侯奚意[658]	以魏郎漢王二年從起陽武，擊項籍，屬魏王豹，豹反，徙屬相國彭越，以太原尉定代，侯，六百戶。[659]	正月乙酉封，二十六年薨。[660]	百一十	孝文十一年，侯信嗣，二十九年，建元元年，有罪要斬。[661]	孫	元康四年，意曾孫陽陵公乘通詔復家。	
桃安侯劉襄[662]	以客從漢王二年起定陶，以大謁者	三月丁巳封，七年，孝	百三十五	孝文十年，懿侯舍嗣，三十年薨。[663]	建元元年，厲侯由嗣，十三年薨。[664]	元朔二年，侯自為嗣，	玄孫

	擊布侯，千戶。為淮南太守，項氏親。[665]	惠七年，有罪，免，二年，復封，十六年薨。[666]				十五年，元鼎五年，坐酎金免。	
				六世　元康四年，襄玄孫之子長安上造益壽詔復家。			
高梁共侯酈疥[667]	父食其以客從破秦，以列侯入漢，還定諸侯，常使使約和諸侯，說齊王死	二月丙寅封，六十三年薨。[668]	六十六[669]	元光三年，侯勃嗣。	侯平嗣，元狩元年，坐詐衡山王取金，免。[670]	曾孫	元康四年，食其玄孫陽陵公乘賜詔復家。

必，今此作季。表、傳不同，當有誤。」[643]千五百戶，《史》表作千戶。[644]賁侯長，《史》表缺此一代。[645]躁侯瑕，《史》表作「齊侯班」。[646]縱，放任不管。侵神道，《史》表作「侵神道壖」。即侵占神道旁的土地。壖，餘地；空地。隸臣，秦漢刑徒的一種。男子為隸臣，女子為隸妾。刑期一年，滿一年免為庶人。[647]穀陽，沛郡屬縣。在今安徽固鎮西北。《史》表作「穀陵」。[648]柘，淮陽國屬縣。在今河南柘城北。[649]正月乙丑，漢高帝十二年夏曆正月十四日。[650]二年，《史》表作「三年」。卯，《史》表作「卬」。[651]懿侯解中，《史》表作「獻侯解」。[652]嗣，「嗣」下有闕文。[653]嚴，《史》表作「壯」，一作「莊」。《漢》表諱莊為嚴。地不詳。猜，《史》表作「倩」。[654]二年，《史》表作「三年」。臨濟，邑名。在今河南封丘東。[655]煬，《史》表作「殤」，非。[656]節侯周，《史》表缺節侯周一代。[657]平壽，北海郡屬縣。在今山東昌樂東南。[658]成陽，汝南郡屬縣。在今河南信陽北。奚意，《史》表作「意」，無「奚」字。[659]魏郎，魏國郎官。陽武，縣名。在今河南原陽東南。魏王豹，秦末率眾起義，攻占魏地二十餘城，自立為魏王。項羽分封諸侯王時，被改封為西魏王。韓信破魏被俘，為漢將周苛所殺。彭越，詳見卷三十四本傳。太原尉，太原郡尉。太原，郡名。戰國秦置。治晉陽（今山西太原西南）。[660]正月乙酉，漢高帝十二年正月無乙酉。當從上欄作「正月乙丑」。[661]有罪，要斬，《史》表作「侯信罪鬼薪，國除」。[662]桃，西漢有桃國，為信都國屬縣，在今河北衡水西北；有桃鄉，為東平國屬縣，在今山東汶上東北。[663]懿侯，《史》表作「哀侯」。[664]由，《史》表作「申」。[665]定陶，秦東郡屬縣。西漢屬濟陰郡。在今山東定陶西北。大謁者，官名。少府屬官，為謁者之尊。西漢高帝時置，掌傳宣帝命。及呂后以女主稱制，以宦者為之，責任甚重。宣帝時仍置。後罷。謁者僕射或稱大謁者。淮南太守，《史》表作「淮陰守」。項氏親，《史》表作「項氏親也，賜姓」。[666]三月丁巳，漢高帝十二年夏曆三月初七日。[667]高梁，邑名。地近河東郡楊縣。在今山西臨汾東北。[668]二月，

號諡姓名	侯狀戶數	始封	位次	子	孫	曾孫	玄孫
	事，子侯。[671]						[672]
紀信匡侯陳倉[673]	以中涓從起豐，以騎將入漢，以將軍擊項籍，後攻盧綰，侯，七百戶。[674]	六月壬辰封，十年薨。[675]	八十	高后三年，夷侯開嗣，二十二年薨。[676]	孝文後二年，侯煬嗣，八年，孝景二年，反，誅。[677]	曾孫	玄孫
				六世 元康四年，倉玄孫之子長安公士千秋詔復家。			
景嚴侯王競[678]	以車司馬漢元年初從起高陵，屬劉賈，以都尉從軍，侯，五百戶。[679]	六月壬辰封，七年薨。	百六	孝惠七年，戴侯真粘嗣，十九年薨。[680]	孝文十一年，侯嬩嗣，二十二年，孝景十年，有罪，免。[681]	曾孫	元康四年，競玄孫長安公士昌詔復家。
張節侯毛釋之[682]	以中涓從起豐，以郎騎入漢，還從擊諸侯，侯，七百戶。[683]	六月壬辰封，二十六年薨。	七十九	孝文十一年，侯鹿嗣，二年薨。[684]	十三年，侯舜嗣，二十三年，孝景中六年，有罪，免。[685]	曾孫	元康四年，釋之玄孫長安公士景詔復家。
煮棗端侯革朱[686]	以越連敖從起薛，別以越將入漢，擊諸侯，以都尉侯，九百戶。[687]	六月壬辰封，七年，孝惠七年薨。嗣子有罪，不得代。	七十五	孝文二年，康侯式以朱子紹封，二十一年薨。[688]	孝景中二年，侯昌嗣，二年，有罪，免。	曾孫	元康四年，朱玄孫陽陵大夫奉詔復家。
傿陵嚴侯朱濞[689]	以卒從起豐，入漢，以都尉擊項籍、臧	十二月封，十一年薨。	五十二	高后四年，共侯慶嗣，十一年，孝文七		元康四年，濞曾孫陽	

	荼,侯,二千七百戶。690	691		年薨,亡後。		陵公士言詔復家。	
鹵嚴侯張平。692	以中尉前元年從起單父,不入關,以擊黥布、盧綰,得南陽,侯,二千七百戶。693	十二月封,十二年薨。694	四十八	高后五年,侯勝嗣,七年,孝文四年,有罪,為隸臣。		曾孫	玄孫
				六世 元康四年,平玄孫			

《史》表作「三月」,是。高帝十二年二月辛巳朔,無丙寅。669酈疥與肥如侯蔡寅、襄平侯紀通三侯位次俱重複。肥如侯當是六十六,襄平侯當作五十六(上文已述)。高梁侯疑是三十三,據《史》表「功比平侯嘉」,平侯嘉即平悼侯工師喜,平侯位次三十二,則高梁侯當是三十三。670侯平,《史》表缺侯平世次。671食其,酈食其(?—西元前二〇三年),楚漢之際陳留高陽鄉(今河南杞縣)人。跟隨劉邦,獻計攻下陳留,封廣野君。後勸說齊王田廣歸漢,被烹。詳見卷四十三。使使,後一「使」字衍。672賜,人名。673紀信,《史》表作「紀」。《漢》志缺,地不詳。674盧綰,漢沛縣人,與劉邦同鄉,且相友善。漢初封為長安侯,後封燕王。趙相國陳豨反叛,他與陳豨聯繫,勾結匈奴單于,被疑,遂叛漢,逃入匈奴,死於匈奴。675六月壬辰,漢高帝十二年夏曆六月十四日。676二十二年,官本作「二十三年」,是。自高后三年至孝文後元年,正二十三年。677侯煬,《史》表作「侯陽」。孝景二年,《史》表作「三年」,是。678景,《史記志疑》謂即封於勃海郡之景城(西漢景城侯國治所),在今河北滄州西。《史》表作「甘泉」,疑是「甘水」。競,《史》表作「竟」。679車司馬,官名。將軍屬官。高陵,縣名。在今陝西高陵。劉賈,劉邦從父兄。封荊王。680真粘,《史》表作「莫搖」。681嬹,《史》表作「嫖」。682張,廣平國屬縣。在今河北邢臺東北。毛釋之,《史》表作「毛澤」。683中涓,《史》表作「中涓騎」。郎騎,《史》表作「郎將」。684侯鹿,《史》表作「夷侯慶」。685孝景中六年,西元前一四四年。686貰棗,漢濟陰郡冤朐縣有貰棗城,在今山東東明南。一說在今河北棗強西北。端侯革朱,《史》表作「靖侯赤」。687越將,《史》表作「郎將」,是。郎將,郎官將領,屬郎中令。688式,《史》表作「武」。二十一年,自孝文二年至孝景中元年,實三十年。689傿陵,《史》表作「鄢陵」。漢穎川郡屬縣,在今河南鄢陵西北。嚴侯,《史》表作「莊侯」。「嚴」字乃避東漢明帝劉莊諱而改。690二千七百戶,《史》表作「七百戶」。691十二月,當作「十二年」。《史》表作「十二年中」。692鹵,即鹵城。代郡屬縣。在今山西繁峙東北。《史》表作「菌」,誤。嚴侯,《史》表作「莊侯」。此處「嚴」字乃避東漢明帝劉莊諱而改。693中尉,《史》表作「中涓」。單父,縣名。在今山東單縣南。南陽,郡名。治宛(今河南南陽)。694十二月,當作「十二年」。

號謚姓名	侯狀戶數	始封	位次	子	孫	曾孫	玄孫
				之子長安公士常詔復家。(695)			
右高祖百四十七人，周呂、建成二人在外戚，羹頡、合陽、沛、德四人在王子，凡百五十三人。(696)							
便頃侯吳淺(697)	以父長沙王功侯，二千戶。(698)	元年九月癸卯封，三十七年薨。(699)	百三十三	孝文後七年，共侯信嗣，六年薨。	孝景六年，侯廣志嗣。	侯千秋嗣，元鼎五年，坐酎金免。	編 元康四年，淺玄孫長陵上造長樂詔復家。(700)
軑侯黎朱蒼(701)	以長沙相侯，七百戶。(702)	二年四月庚子封，八年薨。(703)	百二十	高后三年，孝侯豨嗣，二十一年薨。	孝文十六年，彭祖嗣，二十四年薨。(704)	侯扶嗣，元封元年，坐為東海太守行過擅發卒為衛，當斬，會赦，免。(705)	玄孫 江夏(706)
				六世 元康四年，蒼玄孫之子竟陵簪褭漢詔復家。(707)			
平都孝侯劉到(708)	以齊將高祖三年定齊降侯，千戶。(709)	五年六月乙亥封，十三年薨。(710)	百一十(711)	孝文三年，侯成嗣，三十五年，孝景後二年，有罪，免。(712)		元康四年，到曾孫長安公乘如意詔復家。	

右孝惠三人。[713]

南宮侯張買[714]	以父越人為高祖騎將從軍，以中大夫侯。[715]	元年四月丙寅，封。[716]		侯生嗣，孝武初有罪，為隸臣。萬六千六百戶。[717]			北海[718]
梧齊侯陽城延[719]	以軍匠從起郟，入漢，後為少府，作長樂、未央宮，築長安城，先就，侯。[720]	四月乙酉封，六年薨。[721]	七十六	七年，敬侯去疾嗣，三十四年薨。	孝景中三年，靖侯偃嗣，十五年薨。	元光三年，侯戎奴嗣，十四年，元狩五年，坐使人殺季父棄市。戶三千三百。	玄孫

[695]此格脫「孫」字。[696]百四十七人，「四」當為「三」，百三十七人。周呂，即周呂令武侯呂澤。建成，即建成康侯呂釋之。外戚，即〈外戚恩澤侯表〉。羹頡，即羹頡侯劉信，劉邦兄子。合陽，即合陽侯劉喜，劉邦兄。沛，即沛侯劉濞，劉邦兄子。德，即德哀侯劉廣。王子，即〈王子侯表〉。百五十二人，「五」當為「四」，序言百四十三人。百四十三人，皆高帝時封；而呂后令陳平差次，有所增刪；位次也有缺者，實難完全考明。[697]便，桂陽郡屬縣。在今湖南永興。[698]長沙王，高帝五年，徙衡山王吳芮為長沙王。[699]元年九月癸卯，漢惠帝元年夏曆九月初二日。[700]編，南郡屬縣。在今湖北宜城西南。[701]軑，縣名。在今河南光山西北息縣界。一說在今湖北浠水西。黎朱蒼，《史》表作「利倉」。《索隱》引《漢》表作「朱蒼」。[702]長沙相，長沙國相。[703]二年四月庚子，漢惠帝二年夏曆四月初三日。[704]彭祖，《史》表作「侯彭祖」。[705]扶，《史》表作「秩」。東海，郡名。治郯（今山東郯城北）。行過，《史》表作「行過不清」。[706]江夏，郡名。治西陵（今湖北新洲西）。[707]竟陵，縣名。在今湖北潛江西北。[708]平都，上郡屬縣。在今陝西子長西南。一說在今河北武強東。[709]高祖三年定齊降，《史》表作「高祖三年降，定齊」，是。此誤倒。定齊，指漢高祖三年，韓信平定項羽所分封的三齊（田都、田安、田市）之地。[710]五年六月乙亥，漢惠帝五年夏曆六月二十六日。[711]《漢書補注》引錢大昭說：「前奚意亦百十，此有誤字。」[712]孝景後二年，西元前一四二年。[713]孝惠三人，孝惠所封三人皆有第，顯然高帝以後增入。[714]南宮，縣名。在今河北南宮西北。[715]中大夫，《史》表作「大中大夫」。掌議論。[716]元年四月丙寅，高后元年夏曆四月初三日。《漢書補注》王先謙曰：「《史》表高后八年，侯買坐呂氏事誅，國除。是也。故孝文以南宮封張敖子偃。」[717]《漢書補注》王先謙曰：「《史》表無此一代，是也。」錢大昭曰：「張生是偃之孫，孝武時，正為南宮侯，安得復有張買之子名生者為南宮侯乎！且戶數甚多，必張敖之後，封國本大，故有此數。當是傳寫者因其姓及封地皆同，誤移於此。」[718]北海，郡名。治營陵（今山東昌樂東南）。《漢書補注》王先謙說，南宮乃信都國屬縣，非北海郡屬縣。[719]

號謚姓名	侯狀戶數	始封	位次	子	孫	曾孫	玄孫
						(722)	
				六世 元康四年，延玄孫之子梧公士注詔復家。(723)			
平定敬侯齊受(724)	以卒從起留，以家車吏入漢，以驍騎都尉擊項籍，得樓煩將，用齊丞相侯。(725)	四月乙酉封，九年薨。	五十四	孝文二年，齊侯市人嗣，四年薨。	六年，共侯應嗣，四十一年薨，亡後。	元光二年，康侯延居嗣，八年薨。(726)	元鼎二年，侯昌嗣，二年，元鼎四年，有罪，免。
							元康四年，受玄孫安平大夫安德詔復家。(727)
博成敬侯馮無擇(728)	以悼武王郎中從高祖起豐，攻雍，共擊項籍，力戰，奉悼武王出滎陽，侯。(729)	四月己丑封，三年薨。(730)		四年，侯代嗣，八年，坐呂氏誅。(731)			
沅陵頃侯吳陽(732)	以父長沙王功侯。(733)	七月丙申封，二十五年薨。(734)	百三十六	孝文後二年，頃侯福嗣，十七年薨。	孝景中五年，哀侯周嗣，薨，亡後。		
中邑貞侯朱進(735)	以執矛從入漢，以中尉破曹咎，用呂	四年四月丙申封，二		孝文後二年，侯悼嗣，二十一年，孝景			

	相侯，六百戶。[736]	[737] 十二年薨。		後三年，有罪，免。		
樂平簡侯 衛毋擇[738]	以隊率從起沛，屬皇訢，以郎擊陳餘，用衛尉侯，六百戶。[739]	四月丙申封，二年薨。[740]		六年，共侯勝嗣，十一年薨。	孝景後三年，侯侈嗣，六年，建元六年，坐買田宅不法，有請賕吏，死。[741]	
山都貞侯 王恬啓[742]	漢五年為郎中柱下令，以衛將軍擊陳豨，用梁相侯。[743]	四月丙申封，八年薨。		孝文四年，惠侯中黃嗣，二十三年薨。[744]	孝景四年，敬侯觸龍嗣，二十三年薨。	元狩五年，侯當嗣，八年，元封元年，坐闌入

梧，楚國屬縣。在今安徽淮北東北。陽城，複姓。《史》表作「陽成」。[720]軍匠，將軍屬官。掌軍中工匠。郟，潁川郡屬縣。在今河南郟縣。少府，官名。始於戰國，秦漢沿置。為九卿之一。掌管皇室財用收支、宮廷服務和手工業。長樂，漢宮名。西漢主要皇宮之一。宮址在今西安西北郊的閣老門村。未央，漢宮名。為西漢皇帝舉行朝會的主要宮殿。故址在今西安西北郊馬家寨村。長安城，西漢都城。在今西安西北郊，周長十五公里。始築於惠帝元年，成於五年。《史》表「侯」後有「五百戶」。[721]四月乙酉，高后元年四月二十二日。[722]季父，叔父。戶三千三百，《史》表無此。[723]梧，人名。注，人名。[724]平定，西河郡屬縣。在今陝西府谷西北。[725]家車吏，主管漢王的家車，非軍國所用。驍騎都尉，官名。率領驍勇騎兵的武官。驍騎，《史》表作「梟騎」。樓煩將，率領由樓煩人組成部隊的將領。樓煩，部族名。善騎射。漢軍中有由該部族人組成的部隊。[726]八年，當作「十八年」。自元光二年至元鼎元年，實十八年。[727]安平，縣名。在今河北安平。[728]博成，《漢》志缺。泰山郡有博縣。博縣在今山東泰安東南。[729]悼武王，高后兄周呂侯呂澤，高后追尊曰悼武王。雍，《史》表作「雍丘」。《史記志疑》按：為雍兵，即雍王章邯的部隊。滎陽，縣名。在今河南滎陽東北。[730]己丑，《史》表作「乙酉」，是。高后元年四月甲子朔，乙酉乃二十二日，己丑乃二十六日，若博成侯以四月己丑封，則《史》表不應將其置於「四月乙酉」所封沛侯呂種之前。[731]坐呂氏誅，《史》表作「坐呂氏事誅」。[732]沅陵，武陵郡屬縣。在今湖南沅陵南。[733]吳陽之父為長沙王吳芮。[734]七月丙申，高后元年夏曆七月初五日。《史》表作「十一月壬申」。[735]中邑，勃海郡屬縣。在今河北滄州東北。朱進，《史》表作「朱通」。[736]執矛，武官名。將軍的屬官。曹咎，項羽部將。呂相，呂王之相。[737]四年四月丙申，高后四年夏曆四月二十一日。[738]樂平，縣名。西漢時為清縣，後漢改為樂平，屬東郡。在今山東聊城西南。[739]隊率，《史》表作「隊卒」。皇訢，即皇欣。秦時為魏將，後與劉邦軍合，功昌邑。衛尉，官名。掌宮門戍衛。[740]二年，《漢書補注》王先謙曰：「官本二作三」。[741]買田宅不法，購置田宅超過制度規定，則是不法。有請賕吏，又以財物賄賂官吏。有，通「又」。賕，《史》表作「求」，音近義通。[742]山都，南陽郡屬縣。在今湖北襄樊

號謚姓名	侯狀戶數	始封	位次	子	孫	曾孫	玄孫
						甘泉上林，免。745	
祝茲夷侯徐厲746	以舍人從沛，以郎中入漢，還得雍王邯家屬，用常山丞相侯。747	四月丙申封，十一年薨。748		孝文七年，康侯悼嗣，二十九年薨。749	孝景中六年，侯偃嗣，九年，建元六年，有罪，免。		
成陰夷侯周信750	以卒從起單父，為呂后舍人，度呂后，為河南守，侯，五百戶。751	四月丙申封，十六年薨。		孝文十二年，侯勃嗣，十五年，有罪，免。			
俞侯呂它752	父嬰以連敖從高祖破秦，入漢，以都尉定諸侯，功比朝陽侯，死事子侯。753	四月丙申封，四年，坐呂氏誅。754					
醴陵侯越755	以卒從漢二年起櫟陽，以卒吏擊項羽，為河內都尉，用長沙相侯，六百戶。756	四月丙申封，八年，孝文四年，有罪，免。					
右高后十二人。扶柳、襄城、軹、壺關、昌平、贅其、騰、昌城、腄、祝茲、建陵十一人在恩澤外戚757，洨、沛、信都、樂昌、東平五人隨父，758上邳、朱虛、東牟三人在王子，759凡三十一人。760							
陽信夷侯劉揭761	高祖十三年為郎，以典客奪呂祿印，閉殿門止產等共	元年十一月辛丑封，十四年薨。		十五年，侯中意嗣，十四年，孝景六年，有罪，免。			

	立皇帝，侯，二千戶。763				
壯武侯宋昌764	762以家吏從高祖起山東，以都尉從滎	四月辛亥封，三十三			

西北。恬啓，《史》表作「恬開」，諱漢景帝劉啟名諱，而改「啓」為「開」。743柱下令，亦稱柱下史。周秦官名。相當於漢以後的御史，因其所掌及侍立之處在殿柱下而得名。衛將軍，漢將軍名號，位次上卿。梁相，梁國相國。梁，本為秦碭郡地，漢五年改為梁國。744憲侯，《史》表作「惠侯」。二十三年，誤。自景帝四年至元狩四年，凡三十五年。745坐闌入甘泉上林，《史》表作「坐與奴闌入上林苑」。甘泉上林，即甘泉宮上林苑，在甘泉宮內或附近，修建於漢武帝時（陳直說）。上林苑，古苑名。秦時所闢。漢武帝時擴建，周圍約三百里，為皇帝遊獵之所。在今陝西西安西南。746祝茲，《史》表作「松茲」，是。松茲，廬江郡屬縣。在今安徽宿松東北。747舍人，負有職務的門客。從，《史》表作「從起」，是。雍王邯，即章邯。常山，王國名。秦亡後，項羽封張耳為常山王，都襄國（今河北邢臺）。後為陳餘所滅。748十一年，自高后四年至孝文後六年，凡二十七年。749孝文七年，當作「孝文後七年」。王先謙曰：「後七年也。後六年厲尚為將軍，未薨。《史》表亦誤作七年。『十一年』當為二十七年。」二十九年，當作「十四年」。750成陰，《史》表作「成陶」。在今山東高密。751度呂后，謂周信協助呂后渡水，得以逃避敵寇追擊。河南守，河南郡守。河南，郡名。治雒陽（今河南洛陽東北）。752俞，清河郡屬縣。〈地理志〉作「鄃」。在今山東平原西南。753朝陽侯，高后四年，封華寄為朝陽侯，未入位次。《史》表曰：「嬰死，子它襲功，用太中大夫侯。」754四年，坐呂氏誅，《史》表作「八年，侯它坐呂氏事誅，國除。」755醴陵，後漢為縣，屬長沙。在今湖南醴陵。一說此侯封在南陽。756卒吏，即卒史。縣令等職官的屬吏。河內都尉，河內郡都尉。河內，郡名。治懷（今河南武陟西南）。757扶柳，即扶柳侯呂平，以皇太后姊子侯。襄城，即襄城侯義，以孝惠子侯。軹，即軹侯朝，以孝惠子侯。壺關，即壺關侯武，以孝惠子侯。昌平，即昌平侯大，以孝惠子侯。贅其，即贅其侯呂勝，以皇太后昆弟子淮陽丞相侯。騰，即騰（滕）侯呂更始，以楚丞相侯。昌城，即昌城（成）侯呂忿，以皇太后昆弟子侯。腄，即腄侯呂通，以皇太后昆弟子侯。祝茲，即祝茲侯呂瑩，以皇太后昆弟子侯。建陵，即建陵侯張釋，以大謁者勸王諸呂侯。758洨，即洨侯呂產。沛，即沛侯呂不其。信都，即信都侯張侈。樂昌，即樂昌侯張受。東平，即東平侯呂庀。759上邳，即上邳侯劉郢客，楚元王子。朱虛，即朱虛侯劉章，齊悼惠王子。東牟，即東牟侯劉興居，齊悼惠王子。760此表與〈外戚恩澤侯表〉略有矛盾。錢大昕曰：「此表失數不其（呂種）、漢陽（呂祿），而多一沛，又別出腄（呂通），不入隨父之例，與〈外戚恩澤侯表〉互異。」761陽信，縣名。在今山東無棣北。762高祖十三年，《史》表作「高祖十二年」。即西元前一九五年。典客，官名。掌管接待少數民族及諸侯來朝等事。景帝時改為大行令，無棣又改名大鴻臚。奪呂祿印，《史》表作「奪趙王呂祿印」。產，呂產。共立皇帝，《史》表作「共尊立孝文」。此處的「皇帝」指漢文帝。763元年十一月辛丑，漢文帝元年夏曆十一月二十二日。十一月辛丑，《史》表作「三月辛丑」，誤。764壯武，膠東國屬縣。在今山東膠州東北。

號謚姓名	侯狀戶數	始封	位次	子	孫	曾孫	玄孫
	陽，食邑，以代中尉勸王，驂乘入即帝位，侯，千四百戶。(765)	年，孝景中四年，有罪，奪爵一級，為關內侯。(766)					
樊侯蔡兼(767)	以睢陽令高祖初從阿，以韓家子還定北地，用常山相侯，千二百戶。(768)	六月丙寅封，十四年薨。(769)		十五年，康侯客嗣，十八年薨。(770)	孝景中二年，共侯平嗣，二十一年薨。(771)	元朔二年，侯辟方嗣，元鼎四年，坐搏揜，完為城旦。	
泝陵康侯魏駟(772)	以陽陵君侯。(773)	七年三月丙寅封，十二年薨，亡後。(774)					
南郥侯起(775)	以信平君侯。	三月丙寅封，坐後父故削爵一級，為關內侯。(776)					
黎頃侯召奴(777)	以父齊相侯。(778)	十年四月癸丑封，十一年薨。(779)		後五年，侯瀆嗣，三十五年薨。(780)	元朔五年，侯延嗣，十九年，元封六年，坐不出持馬，要斬。戶千八百。(781)		
缾侯孫單	父卬以北地都尉	十四年三					

	1	2	3	4	5	6	7	8
	[782]	匈奴入力戰死事，子侯。	月丁巳封，十二年，孝景前三年，坐反，誅。[783]					
	弓高壯侯韓隤當[784]	以匈奴相國降侯，故韓王子。[785]	十六年六月丙子封。[786]		不得子嗣侯者年名。[787]	元朔五年，侯則嗣，薨，亡後。[788]		
						龍頟 元朔五年四月丁未，侯譊以都尉擊		

[765]山東，戰國秦漢時期，稱華山（今屬陝西）或崤山（今屬河南）以東為山東。以代中尉勸王，高后八年，周勃、陳平等誅殺諸呂，迎立代王劉恆。劉恆猶豫不定，周昌勸說並陪同他前入長安，即帝位。以此立功封侯。代，漢初諸侯國。高帝十一年封子劉恆為代王。中尉，秦漢官名，武帝時改名執金吾。掌京師治安。西漢諸侯王國內亦置中尉，掌武職。王，指代王劉恆。驂乘，即陪乘。同乘一車的近身侍衛人員。古代乘車，主人居左，中為御者，陪乘居右。[766]四月辛亥，漢文帝元年夏曆四月初五日。[767]樊，東平國屬縣。在今山東濟寧東。蔡兼，蔡姓本六國時韓家諸子，後更姓蔡。[768]睢陽，縣名。在今河南商丘南。從，下當有「起」字。阿，邑名。在今山東陽穀東北。北地，郡名。治馬領（今甘肅慶陽西北）。[769]六月丙寅，漢文帝元年夏曆六月二十一日。[770]客，一作「容」。[771]中二年，《史》表作「中三年」，是。二十一年，自孝景中三年至元朔元年，止二十年。衍「二」字。[772]沶陵，《史》表作「波陵」。地不詳。沶，古柢字。[773]陽陵，地不詳。此非後來漢景帝陽陵所在的陽陵縣。文帝時，景帝陽陵所在地名曰弋陽。[774]七年三月丙寅，漢文帝七年夏曆三月十四日。《史》表作「七年三月甲寅」。[775]南鄖，河內有鄖亭。今地不詳。起，人名，失姓。[776]坐後父，顏師古注曰：「會於廷中而隨父，失朝廷以爵之序，故削爵也。」[777]黎，東郡屬縣。在今山東鄆城西。《史》表作「犂」。召奴，齊相召平之子。[778]父齊相，召平曾為齊哀王劉襄的國相，後自殺。[779]十年四月癸丑，漢文帝十年夏曆四月二十九日。[780]瀆，《史》表作「澤」。[781]不出持馬，當時徵發馬匹供應軍隊，召延藏匿而不出。持馬，當為「特馬」。即雄馬。[782]缾，琅邪郡屬縣。今地不詳。[783]十四年三月丁巳，漢文帝十四年夏曆三月二十六日。[784]弓高，信都國屬縣。今河北阜城南。《索隱》引《漢》表在營陵。韓隤當，亦作「韓頹當」。壯侯，《史》表作「莊侯」。[785]故韓王子，《史》表作「故韓王信孽子」。韓王信，戰國韓襄王之後，從劉邦至漢中，被封為韓王。後謀反逃入匈奴，途中被殺。《史》表此處另有「千二百三十七戶」。[786]十六年六月丙子，漢文帝十六年夏曆六月二十七日。[787]不得，班氏對此世次似疑，故有此言。《史》表曰：「（孝景）前元年，侯則元年」，「元朔五年，侯則薨」。按《史》表，前後相接。[788]嗣，據《史》表，當刪去「嗣」字。

號諡姓名						襄城哀侯韓嬰 797
侯狀戶數						以匈奴相國降，侯，二千戶。韓王信太子之子。798
始封						六月丙子封，七年薨。
位次						
子					六世 侯敞弓嗣，王莽敗，絕。796	後七年，侯釋之嗣，三十一年，元朔四年，坐詐疾不從，耐
孫	匈奴得王侯，十二年，元鼎五年坐酎金免。789	按道 元封元年五月己卯，愍侯說以橫海將軍擊東越，侯十九年，為衛太子所殺。790				
曾孫		延和三年，侯興嗣，四年，坐祝詛上要斬。791	後元元年，侯曾以興弟紹封龍頟，三十一年薨。793			
玄孫		齊 792	五鳳元年，思侯寶嗣，鴻嘉元年薨，亡後。794	元封元年，節侯共以寶從父昆弟紹封。795		魏 799

				為隸臣。800			
故安節侯申屠嘉801	孝文二年舉淮陽守，從高祖功，食邑五百戶，用丞相侯。802	後三年四月丁巳封，七年薨。803		孝景前三年，侯共嗣，二十二年薨。804	清安 元狩三年，侯臾更封，五年，元鼎元年，坐為九江太守受故官送免。805		

右孝文十人，軹、鄡、周陽三人在外戚，806管、氏丘、營平、陽虛、楊丘、杋、安都、平昌、武成、白石、阜陵、安陽、陽周、東城十四人在王子，807凡二十七人。

789龍頟，平原郡屬縣。在今山東齊河西北。元朔五年四月丁未，漢武帝元狩五年（西元前一一八年）夏曆四月二十日。讓，「說」之誤。人名。韓說先封龍頟侯，後封按道侯。790按道，地不詳。元封元年五月己卯，漢武帝元封元年（西元前一一〇年）夏曆五月十三日。此為受封之時。己卯，《史》表作「丁卯」。東越，亦稱閩越。古族名，古代越人的一支。秦漢時分布於今福建、浙江一帶。後來，部分遷入江淮地區。791延和三年，即征和三年（西元前九〇年）。興嗣，《史》表作「長代」。792齊，郡名、諸侯國名。治臨淄（今山東淄博東北臨淄鎮）。西漢武帝元狩六年（西元前一一七年），封劉閎為齊王，改齊郡為國。閎於元封元年薨，無後，國除。復改為郡。793侯，上脫「安」字。曾，本紀及〈韓王信傳〉作「增」。794五鳳元年，「五鳳元年」乃「五鳳三年」（西元前五五年）之誤。曾薨於五鳳二年，見〈宣紀〉、〈信傳〉及〈公卿表〉，故寶嗣於五鳳三年。鴻嘉元年，西元前二〇年。鴻嘉（西元前二〇—前一七年），漢成帝年號。795元封，「元延」之誤。已入成帝時，豈能是「元封」。從父，堂伯父或堂叔父。昆弟，兄弟。796敞弓，當作「持弓」。絕，斷絕了爵位的封賜。797襄城，潁川郡屬縣。在今河南襄城。798二千戶，《史》表作「千四百三十二戶」。799魏，襄城為潁川郡屬縣，非屬魏郡。800後七年，即孝文帝後七年（西元前一五七年）。釋之，《史》表作「澤之」。釋、澤，字通。坐詐疾不從，是年，漢武帝行幸甘泉宮，韓釋之假裝有病，不隨從前往。《史》表作「坐詐疾不從，不敬」。801故安，涿郡屬縣。在今涿州西南。802孝文二年，「孝文元年」之誤。《史》表作「孝文元年」，紀、傳均同。淮陽守，淮陽郡守。淮陽，郡名。治陳（今河南淮陽）。五百戶，《史》表作「一千七百一十二戶」，且接在「用丞相侯」之後。803後三年四月丁巳封，按，〈百官表〉與〈將相表〉皆載孝文後二年「八月庚午」，申屠嘉以丞相封侯。七年，如以孝文後二年至孝景二年計，則為八年。804侯共，《史》表作「恭侯蔑」，是。共、恭，字通。二十二年，誤。自孝景三年至元狩元年，凡三十三年。805清安，不詳。元狩三年，「元狩二年」之誤。殿本與《史》表均作「二年」。侯臾，《史》表作「清安侯」。九江，郡名。治壽春（今安徽壽縣）。806軹，即軹侯薄昭，漢文帝舅。鄡，即鄡侯駟鈞，以齊王舅侯。周陽，即周陽侯趙兼。807管，即管共侯羅軍。氏丘，即氏丘侯甯國。營平，即營平侯信都。陽虛，即陽虛侯將閭。楊丘，即楊丘侯安。杋，即杋侯辟光。安都，即安都侯志。平昌，即平昌侯卬。武成，即武成侯賢。白石，即白石侯雄渠。阜陵，即阜陵侯安。安陽，即安陽侯勃。陽周，即陽周侯賜。東城，即東城侯良。

【研　析】《史記》之〈高祖功臣侯者年表〉、〈惠景間侯者年表〉以侯者為經，以年代為緯，記侯者尊寵廢辱的時代，從而可以觀察歷史變化的消息。《漢書》此表雖來自《史》表，然改作以侯者為經，以侯者世系為緯，記侯者的家系和廢興，由此只可觀察侯者世系的存亡繼絕。這是兩者的差別。

本表所收錄封侯者的絕大多數是跟隨漢高帝劉邦打天下的功臣（或其後人）。封侯是為了封賞有功之臣，封賞的內容包括可以享用多少戶的衣食租稅，以及各自的排列位次。據本表統計，高帝至文帝時功臣封侯者應有二百一十四人。高帝十二年，排定了其中十八位主要功臣侯者的位次。高后二年，詔令丞相陳平排列所有功臣侯者的位次。因為表中的記載有脫漏，不是所有的列侯都標出了位次，加上部分列侯的位次因文字訛誤而有錯，從而致使某兩位列侯的位次相同，實際見於本表及〈王子侯表〉的功臣侯者僅一百三十八位列侯標出了位次，其中陸量侯須無的位次一百三十七，是見於記載的最後一位。

受封賞的列侯經過一番利益劃分，形成漢初以豐沛集團為主體的軍功貴族，由於他們與漢高帝以及漢朝政權之間的特殊關係，這些軍功貴族在高帝、惠帝和高后時期全面支配漢朝政治的各個部分，是當時政治和社會中占主導地位的一支力量。有學者統計，這些軍功貴族在漢初擔任三公九卿、郡國守相比例分別是高帝期的百分之九十七，惠帝、高后期的百分之八十一，文帝期的百分之五十，有力地說明了這一點。到漢景帝時，軍功貴族在公卿守相中的比例下降到百分之三十，開始喪失其支配地位。這與本表收錄功臣截至文帝時是一致的。

在正常情況下，這些軍功貴族的侯爵是可以世襲的，相應的權益也可以世襲，傳給子孫後代。封賞之初，漢高帝「申以丹書之信，重以白馬之盟」，希望列侯們作為新的利益集團成員，能夠與漢王朝永遠共存。但隨著社會安定，經濟恢復，新軍功貴族的絕大多數不知道持福守盈，日益驕奢淫逸，為非作歹，觸犯刑法，甚至隕命滅族，爵賞被削除。而有關法律也日漸嚴密。到漢朝中後期，當年「割符世爵」、「山河之誓」言猶在耳，而許多列侯的後人已經淪落到為人庸保，甚至奴隸的地步，世事滄桑，禍福無常，由此可見一斑。

卷十七

景武昭宣元成功臣表第五

【題解】本卷表述漢景帝、武帝、昭帝、宣帝、元帝、成帝時代的功臣侯者。是摘取《史記》的〈惠景間侯者年表〉景帝部分和〈建元以來侯者年表〉，再加上昭、宣、元、成時所封的侯者，另行編製而成。它以侯者為經，以侯者世系為緯，記載侯者的世系和興廢。

昔書稱「蠻夷帥服」❶，詩云「徐方既倈」❷，春秋列潞子之爵❸，許其慕諸夏❹也。漢興至于孝文時，乃有弓高、襄城之封❺，雖自外倈，本功臣後。故至孝景始欲侯❻降者，丞相周亞夫守約而爭❼。帝黜其議❽，初開封賞之科❾，又有吳楚之事❿。武興胡越之伐⓫，將帥受爵⓬，應本約矣⓭。後世承平，頗有勞臣，輯而序之⓮，續元功次⓯云。

【章旨】以上為本表的序，文字較為簡略，它點明這個時期的侯者成分主要是四夷歸降者，平吳楚之亂的功臣，伐四夷的功臣，以及後來的勞臣。

【注釋】❶書稱蠻夷帥服　語出《尚書・舜典》。言王者德澤廣被，則四夷相率而降服。帥，通「率」。❷詩云徐方既俫　《詩・大雅・常武》曰：「王猷允塞，徐方既俫。」言周確實能以仁義治天下，徐國等偏遠的邦國都來朝拜。徐方，古代徐國，故城在今安徽泗縣北。俫，古「來」字。來朝。❸春秋列潞子之爵　應劭曰：「潞子離狄內附，《春秋》嘉之，稱其爵，列諸盟會也。」潞，古國名。赤狄的一支。地處今山西潞城東北。子，爵號。春秋時對夷狄之國皆以「子」稱之。❹許其慕諸夏　讚賞他們嚮往中原諸國的舉動。許，讚許；讚賞。慕，思慕；嚮往。諸夏，周代分封的華夏族諸侯國，即中原諸國。❺有弓高襄城之封　高帝時，韓王信謀反，逃往匈奴途中被殺，他的子孫落入匈奴。文帝十六年，韓王信的庶子韓積當、嫡孫韓嬰（一名桀龍）皆以匈奴相國降漢。文帝封韓積當為弓高侯、韓嬰為襄城侯。❻侯　封侯。❼周亞夫守約而爭　〈周亞夫傳〉載：景帝欲封王皇后兄信，亞夫反對，曰：「高帝約『非有功不得侯。不如約，天下共擊之』。今信雖皇后兄，無功，侯之，非約也。」後來，匈奴王徐盧等五人降漢，景帝欲封侯以作為鼓勵。亞夫曰：「彼背其主降陛下，陛下侯之，即何以責人臣不守節者乎？」景帝不聽。此應指封徐盧等事。史書沒有記載周亞夫在反對給予徐盧等封侯時再次提到高帝的約定，當是承前一事而省略。周亞夫，漢景帝時的名將，曾領兵平定七國之亂。詳見卷四十〈周亞夫傳〉。守約，恪守漢高帝「非有功不得侯」的規定。❽黜其議　謂景帝沒有聽從周亞夫的反對意見，終於賜封徐盧等為侯。黜，擯棄；不採用。議，意見；議論。❾開封賞之科　謂開創封賞歸降者的科條。開，開創。科，科條。❿吳楚之事　指景帝前三年（西元前一五四年）以吳王濞、楚王戊為首的七國叛亂。⓫武興胡越之伐　武帝興兵討伐匈奴、南越。武，指漢武帝。興，興起；興兵。胡，指匈奴。越，古代生活在長江中下游以南的部族，部落眾多，世稱百越、百粵。這裡指南越。⓬受爵　受封侯爵。⓭應本約矣　符合漢高祖「非有功不得侯」之約。⓮輯而序之　輯，通「集」。收集。序，排列。⓯續元功次　接續在開國功臣的後面。續，接續。元功，謂輔佐漢高帝創建帝業的開國元勳。次，後面。

【語　譯】過去《尚書》稱述「蠻夷相率降服」，《詩經》說「徐國已經來歸順」，《春秋》列舉潞子的爵號，讚賞他們嚮往中原諸國的舉動。從漢朝興起到文帝時，才有對弓高侯韓積當、襄城侯韓嬰的封賞，雖然他們來自外國，但原本是功臣的後代。所以到景帝開始打算賜封歸降者為侯，丞相周亞夫恪守高帝不是功臣不能封侯的約定而極力諫諍。景帝沒有採取他的意見，首先開創了封賞歸降者的科條，又有平定吳楚叛亂的戰事而封侯的。後來漢武帝興兵討伐匈奴和南越，將帥接受封爵，就符合高帝的約定了。後世天下太平，出現很多有功勞的臣子，收集他們的事跡，加以排列，接續在開國元勳的後面。

號諡姓名	功狀戶數	始封	子	孫	曾孫	玄孫
俞侯欒布❶	以將軍吳楚反，擊齊侯。❷	六年四月丁卯封，六年薨。❸	中六年，侯賁嗣，二十二年，元狩六年坐為太常雍犧牲不如令，免。❹			
建陵哀侯衛綰❺	以將軍擊吳楚，用中尉侯。❻	四月丁卯封，二十一年薨。	元光五年，侯信嗣，十八年，元鼎五年，坐酎金免。❼			
建平敬侯程嘉❽	以將軍擊吳楚，用江都相侯。❾	四月丁卯封，十八年薨。	元光二年，節侯橫嗣，一年薨。	三年，侯回嗣，四年薨，亡後。❿		

❶俞，亦作「鄃」。縣名。在今山東平原西南。❷謂欒布在吳楚七國反叛時，作為將軍而領兵攻打參與反叛的齊國。侯，封侯。欒布此次封侯賜予食邑一千八百戶。❸六年，指景帝前六年（西元前一五一年）。四月丁卯，夏曆四月初三日。六年，指封侯後六年。「六」當為「七」。欒布死於景帝中五年，自景帝六年至中五年，實七年。❹中六年，景帝中六年（西元前一四四年）。嗣，繼承侯爵。二十二年，指封侯後二十二年。元狩六年，應作「元朔六年」。從中六年至元朔六年恰為二十二年。元朔、元狩，均為武帝年號。坐，犯罪。特指犯罪的因由。太常，官名，九卿之一。掌宗廟禮儀，兼掌選試博士。雍，縣名。在今陝西鳳翔西南。在那裡有幾處祭祀天帝的壇址。犧牲，供祭祀用的牲畜（牛、羊、豕）。不如令，不符合法令的規定。❺建陵，侯國名。東海郡屬縣。在今江蘇新沂南。哀，諡號。衛綰，人姓名。❻用，以。中尉，官名。掌京師治安，兼主北軍。侯，此侯食邑一千三百一十戶。❼元光五年，西元前一三〇年。元光，武帝年號。元鼎五年，西元前一一二年。元鼎，武帝年號。酎金，武帝時，於八月宗廟祭祀嘗酎之際大會王侯，使之獻金助祭，稱為酎金。酎，一種純酒，三重釀，正月旦釀造，八月成，味厚，用以祭祀宗廟。❽建平，侯國名。沛郡屬縣。在今河南夏邑西南。敬侯，《史》表作「哀侯」。敬，諡號。❾江都，國名。武帝時改為廣陵國，建都廣陵（今江蘇揚州西北）。侯，此侯食邑三千一百五十戶。❿三年，指元光三年（西元前一三二年）。亡，通「無」。

號謚姓名	功狀戶數	始封	子	孫	曾孫	玄孫
平曲侯公孫渾邪⑪	以將軍擊吳楚，用隴西太守侯。⑫	四月己巳封，五年，中四年，有罪，免。⑬	南窌 元朔五年四月丁卯，侯賀以將軍擊匈奴得王，侯。十二年，元鼎五年，坐酎金免。⑭			
			葛繹 太初二年，侯賀復以丞相封。三年，延和二年，以子敬聲有罪，下獄死。⑮			
江陽康侯蘇息⑯	以將軍擊吳楚，用趙相侯。⑰	中二年，懿侯盧嗣，八年薨。⑱	建元二年，侯朋嗣，十六年薨。⑲	元朔六年，侯雕嗣，十一年，元鼎五年，坐酎金免。⑳		
遽侯橫㉑	父建德以趙相不聽王遂反，死事，子侯，千一百七十戶。㉒	中二年四月乙巳封，六年，後二年，有罪，棄市。㉓				
新市侯王棄之㉔	父悍以趙內史，王遂反，不聽，死事，子侯。㉕	四月乙巳封，八年薨。	煬侯始昌嗣，元光四年為人所賊殺。㉖			

商陵侯趙周㉗	父夷吾以楚太傅，王戊反不聽，死事，子侯。㉘	四月乙巳封，三十六年，元鼎五年，坐為丞相知列侯酎金輕，下獄自殺。㉙				㉚
山陽侯張當居㉛	父尚以楚相，王戊反不聽，死事，子侯。	四月乙巳封，二十四年，元朔五年，坐為太常擇博士弟子故不以實，完為城旦。㉜				

⓫平曲，侯國名。東海郡屬縣。在今江蘇東海東南。公孫渾邪，人姓名。姓公孫，名渾邪。⓬隴西，郡名。在今甘肅南部。治狄道（今臨洮）。侯，此侯食邑三千二百二十戶。⓭四月己巳，指漢景帝六年夏曆四月初五日。中四年，景帝中四年（西元前一四六年）。⓮南奅，其地無考。賀，即公孫賀。得王，俘虜一個匈奴王。⓯葛繹，亦作「葛嶧」。東海郡下邳（今江蘇邳州）有葛繹山，此取山以名國。太初二年，西元前一四〇年。太初，武帝年號。三年，誤。自太初二年至征和元年，實十二年。延和二年，西元前九一年。延和，即征和，武帝年號。延，同「征」。顏師古注：「延亦征字也。」⓰江陽，《索隱》曰，江陽在東海。然東海郡無江陽。一說應作「江陵」，即今湖北江陵。康，謚號。蘇息，《史》表作「蘇嘉」。⓱侯，此侯食邑二千五百四十一戶。⓲中二年，景帝中二年（西元前一四八年）。按，此處「二」乃「三」之誤。又，此項內容當移入下格，此格應作「四月壬申封，三年薨」。《史》表「六年四月壬申康侯蘇嘉（即蘇息）元年」可證。⓳建元二年，西元前一三九年。建元，武帝年號。朋，《史》表作「明」。按，此項內容當移入下格。⓴按，此項內容當移入下格。㉑遽，鄉名。以鄉立國。在常山郡。今地不詳。橫，人名。史失其姓。㉒王遂反，趙王劉遂謀反，參與七國之亂，相建德勸阻不聽，殺建德。死事，死於國事。事，指勸諫劉遂不要參與叛亂事。子，即遽侯橫。千一百七十，《史》表作「千九百七十」。㉓四月乙巳，夏曆四月二十八日。後二年，景帝後二年（西元前一四二年）。棄市，在鬧市中處死罪犯，並將屍體暴露在街頭示眾。㉔新市，侯國名。鉅鹿郡屬縣。在今河北新樂南。棄之，《史》表作「康」。㉕悍，《史》表作「慎」，誤。內史，此為諸侯國官名。管理民政。侯，此侯食邑一千一百七十戶。㉖始昌嗣，《史》表言嗣於後元年。㉗商陵，《史記·張丞相列傳》作「高陵」。高陵，琅邪郡屬縣。今地不詳。㉘太傅，此為諸侯國官名。職責輔導諸侯國王。戊，楚王劉戊，高帝姪孫，七國之亂的主謀之一。侯，此侯食邑一千零四十五戶。㉙輕，指重量不足。㉚《索隱》引《漢》表在臨淮，此格脫「臨淮」二字。㉛山陽，侯國名。河內郡屬縣。在今河南修武

號謚姓名	功狀戶數	始封	子	孫	曾孫	玄孫
安陵侯于軍[33]	以匈奴王降侯，千五百五十戶。[34]	中三年十一月庚子封，十三年，建元六年薨亡後。[35]				
桓侯賜[36]	以匈奴王降侯。	十二月丁丑封。[37]				
迺侯陸彊[38]	以匈奴王降侯，千五百七十戶。[39]	十二月丁丑封。	侯則嗣，孝武後元年坐祝詛上，要斬。[40]			
容城攜侯徐盧[41]	以匈奴王降侯，七百戶。	十二月丁丑封，七年薨。	建元二年，康侯纏嗣，十四年薨。[42]	元朔三年，侯光嗣，四十年，後元二年，坐祝詛上，要斬。		
易侯僕黚[43]	以匈奴王降侯，千一百十戶。	十二月丁丑封，六年，後三年薨，亡後。[44]				
范陽靖侯范代[45]	以匈奴王降侯，六千二百戶。[46]	十二月丁丑封，十四年薨。	元光二年，懷侯德嗣，四年薨亡後。[47]			涿郡 元始二年，玄孫政詔賜爵關內侯。[48]
翕侯邯鄲[49]	以匈奴王降侯。	十二月丁丑封，六年，元光四年，坐行來不請長信，免。[50]				內黃[51]

亞谷簡侯盧它之52	以匈奴東胡王降侯，千戶。故燕王綰子。53	中五年四月丁巳封，二年薨。54	後元年，侯種嗣，七年薨。55	建元五年，康侯漏嗣，七年薨。56	元光六年，侯賀嗣，三十九年，延和二年，坐受衛太子節，掠死。57	58

西。侯，此侯食邑一千一百一十四戶。32太常，官名。九卿之一。主管祭祀社稷、宗廟和朝會、喪葬禮儀，管理皇帝陵墓、寢廟所在縣邑，兼管文化教育，博士和博士弟子的考核、薦舉、補吏等。擇，選擇；選拔。博士，官名。充當皇帝顧問，參與議政、制禮，典守書籍。武帝時置《五經》博士，兼學官職能，掌教授經學、考核人才、奉命出使等。博士弟子，漢代選拔人才的科目之一。由太常選民儀表端正，年十八以上者，補博士弟子，到太常受藝，優秀者可以為郎中。故，故意；有意。完，秦漢時期的一種刑罰，即剃光頭髮，與髡同義。城旦，秦漢刑徒制中較重的一種。即對男性刑徒罰作築城的勞役，完城旦是四年刑，僅次於黥城旦。33安陵，《漢書補注》認為即鄢陵。縣名。在今河南鄢陵。于軍，「子軍」之誤。34千五百五十戶，《史》表作「一千五百一十七戶」。35中三年，景帝中三年（西元前一四七年）。十一月庚子，夏曆十一月二十七日。36桓，《史》表作「垣」。《索隱》曰，縣屬河東。在今山西垣曲東南。37十二月，當是「正月」。孝景中三年十二月癸卯朔，無丁丑。而《史記．孝景本紀》言匈奴降王封侯在中三年春，書於三月之前，是年二月（王寅朔）又無丁丑，故知封於正月。下文迺、容城、易、范陽、翕五侯皆「十二月丁丑封」，與此同誤。38迺，涿郡屬縣。在今河北淶水。陸，《史》表作「隆」。《水經注》所引同。今本作「陸」，訛。39千五百七十，《史》表作「戶五千五百六十九」。40侯則嗣，《史》表有「不得隆強嗣」語，似則之上脫一世次，與此「侯則嗣」異；或《漢》表已明確則為隆強之嗣。後元元年，即西元前八八年。後，後元，武帝最末年號。祝詛，祈求鬼神加害於人。要，通「腰」。41容城，涿郡屬縣。在今河北新城南。攜，諡號。徐盧，《史》表作「唯徐盧」，疑當作「唯塗盧」。《公卿表》有「唯塗光」，光乃盧孫。唯塗，複姓。42二年，「二」乃「元」之誤。《史》表作「建元元年」，是。纏，《史》表作「綽」。43易，涿郡屬縣。在今河北雄縣西北。僕黚，人名。黚，《史》表作「黥」。44後三年，即景帝後三年（西元前一四一年）。45范陽，縣名。在今河北徐水北。靖，諡號。范代，《史》表作「代」，無「范」字，疑「范」字衍。46六千二百戶，《史》表作「千一百九十七」。47四年，疑誤。《史》表德薨於元光四年，則其立止三年。48涿郡，郡名。在今河北東南、山東西北一帶，治涿縣（今河北涿州）。元始二年，即西元二年。元始，漢平帝年號。關內侯，爵位名。二十等爵的第十九級。僅次於列侯，無封地，只食戶，本人居京師。49翕，侯國名。從內黃縣分出所置。50六年，「六」上脫「十」字。自孝景中三年至元光三年，為十六年。請，朝見；拜見。長信，宮名，太后所居，此指太后。51內黃，魏郡屬縣。在今河南內黃西北。52亞谷，侯國名。在河內郡。在今河北雄縣。〈傳〉及《史》表作「惡谷」。亞、惡，古通。簡，諡號。它之，《史》表作「它父」，誤。〈傳〉作「它人」，未知孰是。（陳直說）53千戶，《史》表作「千五百戶」。綰，盧綰。與劉邦同里，相友善。初封為長安侯，繼封為燕王，後謀反逃入匈奴。54中五年，景帝中五年（西元前一四五年）。四月丁巳，夏曆四月二十八日。55後元年，景帝後元年（西元前一四三年）。56建元五年，

號諡姓名	功狀戶數	始封	子	孫	曾孫	玄孫
塞侯直不疑[59]	以御史大夫侯，前有將兵擊吳楚功。	後元年八月封，六年薨。	建元四年，康侯相如嗣，十二年薨。	元朔四年，侯堅嗣，十三年，元鼎五年，坐酎金免。[60]		
右孝景十八人。平陸、休、沈猷、紅、宛朐、棘樂、乘氏、桓邑八人在王子，[61]魏其、蓋二人在外戚，隆慮一人隨父，凡二十九人。[62]						
翕侯趙信[63]	以匈奴相國降侯，元朔二年擊匈奴功益封，千六百八十戶。	元光四年十月壬午封，六年，元朔六年，為右將軍擊匈奴，兵敗，降匈奴。[64]				內黃
特轅侯樂[65]	以匈奴都尉降侯，六百五十戶。[66]	元朔元年後九月丙寅封，十三年，元鼎元年薨，亡後。[67]				南陽[68]
親陽侯月氏[69]	以匈奴相降侯，六百八十戶。	元朔二年十月癸巳封，五年，坐謀反入匈奴，要斬。[70]				舞陽[71]
若陽侯猛[72]	以匈奴相降侯，五百三十戶。	十月癸巳封，五年，坐謀反入匈奴，要斬。[73]				平氏[74]
平陵侯蘇建[75]	以都尉從車騎將軍擊匈奴功侯，元朔五年，用	三月丙辰封，六年，坐為前將軍與翕侯信俱敗，				武當[76]

	游擊將軍從大將軍，益封凡一千戶。	獨身脫來歸，當斬，贖罪，免。[77]				
岸頭侯張次公[78]	以都尉從車騎將軍擊匈奴侯，從大將軍益封，凡二千戶。	五月己巳封，五年，元狩元年坐與淮南王女陵姦，受財物，免。[79]				皮氏[80]

即西元前一三六年。《史》表作「建元元年」；因而種、漏在位年數，《史》《漢》二表相異。建元，武帝年號。漏，《史》表作「偏」。[57]受衛太子節二句，因衛太子擅自發兵，而盧賀接受了衛太子的符節，朝廷懷疑他有謀反之心，故被考掠而死。[58]《索隱》引《漢》表在河內，此格脫「河內」二字。[59]塞，侯國名。在今河北趙州境內。一說桃林塞，在今陝西潼關一帶。侯，此侯食邑千四十六戶。[60]堅，《傳》作「彭祖」。[61]平陵，指平陵侯劉禮。休，指休侯劉富。後更封為紅侯。沈猷，指沈猷夷侯劉穢。宛朐，指宛朐侯劉埶（蓺）。棘樂，指棘樂敬侯劉調。乘氏，指乘氏侯劉買。桓邑，指桓夷侯劉明。王子，指〈王子侯表〉。八人，此中休、紅二侯實為一人，休侯富免侯之後，更封紅侯。故言「八人」誤，實止七人。[62]魏其，指魏其侯竇嬰。蓋，指蓋侯王信。二人在外戚，案〈外戚恩澤侯表〉，尚有章武侯竇廣國、南皮侯竇彭祖二人。外戚，指〈外戚恩澤侯表〉。隆慮，指隆慮侯陳融。隨父，謂隆慮侯附於其父堂邑安侯陳嬰之後。見〈高惠高后文功臣表〉。[63]翕，原為翕侯邯鄲封地，國除侯封趙信。[64]十月壬午，元光四年夏曆十月十二日。六年，「六」當作「八」。自元光四年至元朔五年，凡八年。百衲本作「八年」，是。元朔六年，即西元前一二三年。元朔，武帝第三個年號。[65]特轅，屬南陽郡。今地不詳。[66]都尉，武官名。[67]元朔元年後九月丙寅，元朔，衍文。元年，「六年」之誤。按欒在位十三年計，當始封於元光六年。元光六年後九月乙卯朔，丙寅為十二日。[68]南陽，郡名。在今河南南部、湖北北部一帶，治宛縣（今河南南陽）。按〈地理志〉，南陽郡無特轅縣，可能是鄉名。[69]親陽，屬舞陰。今地不詳。月氏，人名。[70]元朔二年十月癸巳，元朔，衍文。十月癸巳，夏曆十月十六日。[71]舞陽，當作「舞陰」。舞陰，縣名。在今河南社旗東南。[72]若陽，在平氏。今地不詳。[73]十月，指元朔二年十月。[74]平氏，南陽郡屬縣。在今河南唐河東南。若陽侯國大約是自平氏分置。[75]平陵，侯國名。在武當。今地不詳。[76]武當，南陽屬縣。在今湖北丹江口市西北。平陵侯國蓋自武當分置。[77]三月丙辰，指元朔二年夏曆三月十一日。《史》表誤作「二月丙辰」。是年二月丁丑朔，無丙辰。前將軍，本傳與《史》表作「右將軍」，是。當，判罪；判處。[78]岸頭，侯國名。在今山西河津南。[79]五月己巳，指元朔二年夏曆五月二十五日。《史》表作「六月壬辰」。未知孰是。淮南王，指淮南王劉安。陵，淮南王安女名。[80]皮氏，河東郡屬縣。在今山西河津。岸頭蓋分置。

號謚姓名	功狀戶數	始封	子	孫	曾孫	玄孫
涉安侯於單 81	以匈奴單于太子降侯。	三年四月丙子封，五月薨，亡後。82				
昌武侯趙安稽 83	以匈奴王降侯，以昌武侯從驃騎將軍擊左王，益封。84	四年七月庚申封，二十一年薨。85	太初元年，侯充國嗣，四年薨，亡後。86			舞陽 87
襄城侯桀龍 88	以匈奴相國降侯，四百戶。	七月庚申封，三十二年，與浞野侯俱戰死事。89	太初三年，侯病已嗣，十五年，後二年，坐祝詛上，下獄瘐死。90			襄垣 91
安樂侯李蔡 92	以將軍再擊匈奴得王，侯，二千戶。93	四月乙巳封，六年，元狩五年，坐以丞相侵賣園陵道壖地，自殺。94				昌 95
合騎侯公孫敖 96	以護軍都尉三從大將軍擊匈奴至右王庭得王侯，元朔六年，從大將軍，益封，九千五百戶。97	以五年四月丁未封，至元狩二年，坐將兵擊匈奴與票騎將軍期，後，畏懦當斬，贖罪。98				高城 99
軹侯李朔 100	以校尉三從大將軍擊匈奴，至	四月乙卯封，六年，有罪，當免。101				西安 102

	右王庭得虜闕氏功侯。(103)				
從平侯公孫戎奴(104)	以校尉三從大將軍擊匈奴,至右王庭為鴈行上石山先登侯,一千一百戶。(105)	四月乙卯封,三年,元狩二年,坐為上黨太守發兵擊匈奴,不以聞,免。(106)			樂昌(107)

(81)涉安侯於單,涉安,此乃名號,非地名。言匈奴來,登涉長安。於單,人名。(82)三年四月丙子,指元朔三年夏曆四月初七日。(83)昌武,《漢書補注》認為當作「武昌」,從舞陽分出。(84)左王,匈奴左賢王。(85)七月庚申,是年七月壬戌朔,無庚申。《史》表為「十月」,是。漢代「七」、「十」形近,易混淆。下同。(86)太初元年,《史》表載充國嗣於元封二年,薨於太初元年。(87)舞陽,縣名。在今河南舞陽西北。(88)襄城侯,侯國名。從襄垣分出。《史記志疑》謂此當作「襄武」,故城在今甘肅隴西東南。桀龍,《史》表作「無龍」,一作「乘龍」。顏師古曰:「此龍蓋匈奴名耳,而說者以為龍桀,非也。」(89)三十二年,自元朔四年至太初二年,止二十三年,蓋傳寫失誤。浞野侯,趙破奴封號。(90)太初三年,百衲本「三」作「二」,是。瘐死,在獄中病死。(91)襄垣,上黨屬縣。在今山西襄垣西北。蓋分置襄城而後並省。襄城,〈地理志〉在潁川郡;《索隱》引《漢》表作「襄武」,襄武在隴西郡。存疑。(92)安樂,《史》表作「樂安」,是。此誤倒。縣名。在今山東博興東北。(93)得王,活捉一個匈奴王。(94)四月乙巳,《史》表與〈傳〉李蔡以元朔五年封,是。此脫「五年」二字。乙巳,《史》表作「丁未」。據〈衛青傳〉,衛青三子伉、不疑、登,與合騎、龍頟、南奅、樂安、陟軹、隨成、從平七侯,同日詔封。《史》表記封日,多在丁未;《漢》表所記,或在丁未,或在乙巳,或在乙卯。疑丁未為是。園陵道壖地,指漢景帝陵園道外邊的空隙地帶。壖,餘地;空地。(95)昌,縣名。屬琅邪郡。安樂,地在昌縣。王先謙以為,「昌」上有奪文。高昌、博昌,並安樂鄰境。安樂殆分二縣地置,「昌」上字或是「高」,或是「博」。(96)合騎,此乃封號,非地名。食邑在高城。(97)大將軍,指衛青。右王庭,右賢王駐地。(98)五年四月丁未,五年,指元朔五年。四月丁未,夏曆四月二十日。票騎將軍,指霍去病。票,通「驃」。期,期會;相約會合。畏懦,怯懦膽虛。(99)高城,亦作「高成」。勃海郡屬縣。在今河北鹽山縣東南。(100)軹,侯國名。從西安分出。《史》表作「涉積」,是。(101)四月乙卯,即元朔五年夏曆四月二十八日。(102)西安,誤。《索隱》曰,「涉積」乃侯名,非地名。(103)得虜闕氏,虜,《史》表作「王虜」,是。闕氏,此指匈奴右賢王妻。校尉,武官名。職位略次於將軍。(104)從平,侯國名。從樂昌縣分出。公孫戎奴,人姓名。姓公孫,名戎奴。(105)鴈行,走在隊伍最前列,義同身先士卒。侯,封侯。(106)上黨,《史》表作「上郡」。陳景雲曰:上黨乃內地,非邊郡,不與匈奴接壤,當從《史》表作「上郡」。不以聞,即不以之聞。不把發兵擊匈奴之事報告朝廷。(107)樂昌,東郡屬縣,在今河南南樂西北。

號諡姓名	功狀戶數	始封	子	孫	曾孫	玄孫
隨城侯趙不虞[108]	以校尉三從大將軍擊匈奴，攻辰吾先登石壘，侯，七百戶。[109]	四月乙卯封，三年，元狩二年，坐為定襄都尉，匈奴敗，太守以聞非實，謾，免。[110]				千乘[111]
博望侯張騫[112]	以校尉數從大將軍擊匈奴，知道水，及前使絕國大夏，侯。[113]	六年三月甲辰封，元狩二年，坐以將軍擊匈奴畏懦，當斬，贖罪，免。[114]				
眾利侯郝賢[115]	以上谷太守四從大將軍擊匈奴，首虜千級以上，侯，千一百戶。[116]	五月壬辰封，二年，元狩二年，坐為上谷太守入戍卒財物，上計謾，免。[117]				姑莫[118]
潦悼侯王援訾[119]	以匈奴趙王降，侯，五百六十戶。	元狩元年七月壬午封，二年薨，亡後。[120]				舞陽[121]
從票侯趙破奴[122]	以司馬再從票騎將軍擊匈奴，得兩王子騎將，侯，二千戶。[123]	二年五月丙戌封，九年，元鼎五年，坐酎金免。元封三年，以匈河將軍擊樓蘭，封浞野侯。五年，太				

		初二年，以浚稽將軍擊匈奴，為虜所獲，軍沒。(124)				
宣冠侯高不識(125)	以校尉從票騎將軍再擊匈奴。侯，一千一百戶。故匈奴歸義。(126)	五月庚戌封，四年坐擊匈奴增首不以實當斬，贖罪，免。(127)				昌(128)
煇渠忠侯僕朋(129)	以校尉從票騎將軍再出擊匈奴得王，侯，從票騎將軍虜五王，益封。故匈奴歸義。	二年二月乙丑封，八年薨。(130)	元鼎四年，侯雷電嗣，二十二年，延和三年，以五原屬國都尉與貳師將軍俱擊匈奴，沒。(131)			魯陽(132)

(108)隨城，侯國名。從千乘縣分出。《史記志疑》：《漢》表作「隨城」，即「隨成」，乃封號，非封地名。(109)辰吾，《史》表作「農吾」。水名。當時匈奴軍隊在辰吾水上。石亹，山絕水曰亹。一說亹通「門」。(110)定襄，郡名。在今內蒙古和林格爾一帶，治成樂（今和林格爾西北）。謾，欺騙。(111)千乘，千乘郡屬縣。在今山東高青東北。(112)博望，屬南陽郡。在今河南南陽東北。(113)數，多次；屢次。道，道路。絕國，極遠之國。大夏，國名。在今阿富汗。國都藍氏城（今喀布爾西北）。後為大月氏所滅。(114)三月甲辰，「三」疑為「五」。是年三月癸丑朔，無甲辰。張騫與眾利侯郝賢封侯，約在是年征匈奴之後，而郝賢封於五月，足見張騫不可能早封在三月。(115)眾利，亦作「終利」。鄉名。在姑莫縣。從姑莫分出而置。(116)上谷，郡名。在今河北中部、西北部一帶，治沮陽（今河北懷來南）。(117)五月壬辰，元朔六年五月無壬辰，壬辰為夏曆六月十一日。上計謾，呈報財物之計簿欺謾不實。(118)姑莫，即姑幕，琅邪郡屬縣。在今山東諸城西北。(119)潦，地名。在舞陽縣。悼，諡號。援，《史》表作「煖」。(120)七月壬午，元狩元年夏曆七月初八日。(121)舞陽，下文有「瞭侯次公」，潦、瞭一地，故並注「舞陽」。(122)從票，亦作「從驃」。封號，因跟從驃騎將軍而得名。封地不詳。(123)司馬，武官名。將軍的屬吏。得兩王子騎將，活捉兩個王子和一個騎將。舊本作「得兩王千騎」。王先謙說應依《史》表改。(124)二年，指元狩二年。五月丙戌，夏曆五月十七日。丙戌，《史》表作「丁丑」。元封三年，西元前一〇八年。元封，武帝年號。樓蘭，西域國名。在今新疆若羌一帶。(125)宜冠，封號。食邑在昌縣。(126)歸義，歸順。(127)五月庚戌，是年五月無庚戌。《史》表作「五月己亥」。增首，增加所獲首級之數。(128)昌，琅邪郡屬縣。在今山東諸城北。(129)煇渠，鄉名。在魯陽。忠，諡號。僕朋，《史》表與〈衛青傳〉作「僕多」。匈奴人，降漢，於元狩二年出

號諡姓名	功狀戶數	始封	子	孫	曾孫	玄孫
(133) 下摩侯謼毒尼	以匈奴王降封，七百戶。	六月乙亥封，九年薨。(134)	元鼎五年，煬侯伊即軒嗣。	侯冠支嗣，神爵三年，詔居弋居山，坐將家屬闌入惡師居，免。(135)		猗氏 (136)
(137) 濕陰定侯昆邪	以匈奴昆邪王將眾十萬降侯，萬戶。	三年七月壬午封，四月薨。(138)	元鼎元年，魏侯蘇嗣，十年，元封五年薨，亡後。			平原 (139)
(140) 煇渠慎侯應庀	以匈奴王降侯。	七月壬午封，五年，元鼎三年薨，亡後。				魯陽 (141)
(142) 河綦康侯烏黎	以匈奴右王與渾邪降侯，六百戶。	七月壬午封，六年薨。(143)	元鼎三年，侯餘利鞮嗣，四十二年，本始二年薨，亡後。(144)			濟南 (145)
常樂侯稠雕 (146)	以匈奴大當戶與渾邪降侯，五百七十戶。(147)	七月壬午封，十八年薨。(148)	太初三年，侯廣漢嗣，六年，太始元年薨，亡後。			濟南
(149) 邳離侯路博德	以右北平太守從票騎將軍擊左王，得重，會期，虜首萬二千七百人，侯，千六百戶。(150)	四年六月丁卯封，十五年，太初元年，坐見知子犯逆不道罪免。(151)				朱虛 (152)
義陽侯衛山 (153)	以北地都尉從	六月丁卯封，二				平氏 (154)

	票騎將軍擊匈奴得王侯，千一百戶。(155)	十六年，太始四年，坐教人誑告衆利侯當時棄市罪，獄未斷病死。(156)				
杜侯復陸支(157)	以匈奴歸義因孰王從票騎將	六月丁卯封，五年薨。	元鼎三年，侯偃嗣。	侯屠耆嗣。	侯宣平嗣。	重平 侯福嗣，河平四

征匈奴立功封侯。(130)二年，衍文。上已有「二年」。二月乙丑，疑為「五月己亥」之誤。據〈霍去病傳〉，宣冠、煇渠二侯同封。(131)雷電，《史》表無「雷」字。延和，即「征和」。原為「延」，後誤寫為「征」，慣用下來。五原，郡名。在今內蒙古西南一帶。屬國都尉，屬國行政長官。武帝始置於西北邊郡，管理內附匈奴事務，略如郡守，秩比二千石。貳師將軍，指李廣利。(132)魯陽，南陽郡屬縣。在今河南魯山縣。(133)下摩，鄉名。在猗氏。摩，《史》表作「麾」。(134)六月乙亥，誤。諱毒尼以元狩二年秋降，不可能封於六月。據〈武帝紀〉與〈霍去病傳〉，下摩侯與濕陰、煇渠、河綦、常樂四侯同封，四侯皆「七月壬午封」，此侯亦當封於是時。(135)將，攜帶。闌入，擅自闖入。惡師，烏孫國中地名，見〈常惠傳〉。居，這裡指官府所置居室。(136)猗氏，河東郡屬縣。在今山西臨猗南。(137)濕陰，《史》表作「漯陰」。濕，假借為漯。縣名。在今山東禹城東北。定，謚號。昆邪，一作「渾邪」。(138)三年七月壬午，「三年」當作「二年」，以下煇渠、河綦、常樂三侯皆同。元狩三年七月癸巳朔，無壬午。《史》表作「二年」，是。〈武紀〉、〈霍去病傳〉也可證。四月，「五年」之誤。自元狩二年至六年，凡五年。(139)平原，郡名。在今山東北部，治平原（今山東平原南）。(140)煇渠，當作「渾渠」，鄉名，在魯陽。慎侯應疕，《史》表作「悼侯扁訾」，《索隱》作「悼侯應庀」，是知「疕」乃「庀」之誤，「慎」乃「悼」之誤。(141)魯陽，縣名。今河南魯山縣。(142)河綦，地名。在濟南郡。今地不詳。烏黎，《史》表同。《索隱》引《漢書》作「禽犁」。(143)六年，當作「七年」。(144)餘利鞮，人名。本始二年，西元前七二年。本始，漢宣帝年號。(145)濟南，郡名。在今山東濟南一帶。治東平陵（今章丘西北）。(146)常樂，地名。在濟南郡。侯，《史》表作「肥侯」。(147)大當戶，匈奴官名。(148)十八年，自元狩二年至太初二年，實十九年。(149)邳離，《史》表作「符離」。〈路博德傳〉作「邳離」。縣名。在今安徽宿州東北。(150)右北平，郡名。在今河北、遼寧、內蒙古交界地區，治平剛（今河北平泉東北）。左王，《史》表作「右王」。得重，得輜重。《史》表作「將重」，謂護持重車。會期，如期而會；不失期。虜首，應作「首虜」。(151)四年，指元狩四年。六月丁卯，夏曆六月初十日。見知，了解。逆，指違背法度。不道，行為不循理。(152)朱虛，當作「沛縣」。「朱虛」疑為傳寫之誤。(153)義陽，鄉名。屬平氏縣。因鄉為侯國。(154)平氏，縣名，屬南陽郡。在今河南唐河東南。(155)北地，郡名。在今寧夏東北部、甘肅東部、山西西南部一帶，治馬領（今甘肅慶陽東北）。得王，《史》表作「擊左王，得王」。(156)誑告，誣告。當時，衆利侯之名。獄未斷，案子未判決。(157)杜，《史》表作「壯」，誤。〈宣紀〉、〈霍光傳〉並作「杜侯」。鄉名。在重平縣。在今河北吳橋南。

號諡姓名	功狀戶數	始封	子	孫	曾孫	玄孫
	軍擊左王，以少破多，捕虜三千一百，侯，千三百戶。[158]					年，坐非子免。[159]
眾利侯伊即軒[160]	以匈奴歸義樓剸王從票騎將軍擊左王，手劍合，侯，千一百戶。[161]	六月丁卯封，十四年薨。	元封六年，侯當時嗣。	侯輔宗嗣，始元五年薨，亡後，為諸縣。[162]		[163]
湘成侯敞屠洛[164]	以匈奴符離王降侯，千八百戶。	六月丙子封，七年，元鼎五年，坐酎金免。[165]				陽成[166]
散侯董舍吾[167]	以匈奴都尉降侯，千一百戶。	六月丙子封，十七年薨。	太初三年，侯安漢嗣。	侯賢嗣，征和三年，坐祝詛上，下獄病死。		陽成
臧馬康侯雕延年[168]	以匈奴王降侯，八百七十戶。	六月丙子封，五年薨，亡後。[169]				朱虛[170]
瞭侯次公[171]	以匈奴歸義王降侯，七百九十戶。	元鼎四年六月丙午封，五年，坐酎金免。				舞陽
術陽侯建德[172]	以南越王兄越高昌侯侯，三千戶。[173]	五年三月壬午封，四年，坐使南海逆不道，誅。[174]				下邳[175]
龍侯摎廣德[176]	父樂以校尉擊	三月壬午封，六				

	成安侯韓延年179	昆侯渠復絫182
南越死事，子侯，六百七十戶。177	父千秋以校尉擊南越死事，子侯，千三百八十戶。	以屬國大首渠擊匈奴侯。183
年，坐酎金免。178	三月壬午封，七年，元封六年，坐為太常行大行令事留外國書一月，乏興，入穀贖，完為城旦。180	五月戊戌封。184
		侯乃始嗣，地節四年薨，亡後。185
	郟181	鉅鹿186

158因孰王，匈奴王名。《史》表作「因淳王」。三千一百，《史》表作「二千一百」。159重平，勃海郡屬縣。在今山東德州東北。河平四年，西元前二五年。河平，漢成帝年號。非子，指陸福不是陸宣平之子。160眾利，鄉名。原屬姑莫縣。侯，《史》表作「質侯」。161樓剸王，匈奴王名。左王，《史》表作「右王」。手劍合，《史》表「手」下有「自」字。謂親手用劍刺王而合戰。劍，用劍刺殺。162為諸縣，眾利侯國析自姑莫，後併入諸縣。諸縣，琅邪郡屬縣。在今山東諸城西南。163此格脫「陽成」二字。164湘成，侯國名。在陽成，即堵陽。在今河南方城東。165丙子，元狩四年夏曆六月二十日。《史》表作「丁卯」。下同。166陽成，即堵陽。縣名。在今河南方城東。167散，其地無考。舍吾，《史》表作「荼吾」。168臧馬，侯國名。在朱虛縣。康，謚號。雕延年，《史》表無「雕」字。169亡後，《史》表作「不得置後，國除」。170朱虛，琅邪郡屬縣。在今山東臨朐東南。171膫，亦作「瞭」。侯國名。在舞陽縣。172術陽，侯國名。在下邳縣。173南越，越族的一支，居於兩廣地區和越南北部一帶。秦末南海尉趙佗自立為南越王，後臣服於漢。元鼎五年，南越丞相呂嘉反，武帝發兵平定。174五年，據《史》表，應為「四年」。指元鼎四年。三月壬午，夏曆三月初三日。四年，據《史》表，應為「五年」。175下邳，東海郡屬縣。在今江蘇邳州西南。術陽分自下邳。176龍，《史》表作「龍亢」。縣名。在今安徽蒙城東南。摎廣德，人姓名。177樂，《史》表作「世樂」。陳直《漢書新證》曰：「本表蓋經唐人抄寫時誤刪去『世』字。」死事，死於國事。事，指擊南越之事。子，即摎廣德。178三月，元鼎五年之三月。179成安，鄉名。在郟縣。成安侯國，乃郟之鄉聚析置。180行，兼任。大行令，官名。掌接待賓客。乏興，官府有所徵發，因其遲留而導致缺乏。入穀贖，以穀入官而贖罪。181郟，屬潁川郡。在今河南臨汝東南。182昆，侯國名。在鉅鹿縣。183大首渠，《史》表作「大且渠」，是。匈奴及西域官名。184五月戊戌，元鼎五年夏曆五月二十一日。185地節四年，西元前六六年。地節，漢宣帝年號。186鉅鹿，縣名。在今河北平鄉西南。

號諡姓名	功狀戶數	始封	子	孫	曾孫	玄孫
騏侯駒幾(187)	以屬國騎擊匈奴捕單于兄侯，五百二十戶。	五月壬子封。(188)	侯督嗣。(189)	釐侯崇嗣，陽朔二年薨，亡後。(190)		北屈(191)
				元延元年六月己未，侯詩以崇弟紹封，五百五十戶。(192)		
梁期侯任破胡(193)	以屬國都尉間出擊匈奴將軍衆絺縵等侯。(194)	五月辛巳封。(195)	侯當千嗣，太始四年，坐賣馬一匹賈錢十五萬，過平，臧五百以上，免。(196)			
瞭侯畢取(197)	以南越將軍降侯，五百一十戶。(198)	六年三月乙酉封。(199)	侯奉義嗣，後二年，坐祝詛上要斬。			南陽(200)
將梁侯楊僕(201)	以樓船將軍擊南越推鋒卻敵侯。(202)	三月乙酉封，四年，元封四年，坐為將軍擊朝鮮畏懦，入竹二萬箇贖，完為城旦。(203)				
安道侯揭陽定(204)	以南越揭陽令聞漢兵至自定降，侯，六百戶。(205)	三月乙酉封。	侯當時嗣，延和四年，坐殺人棄市。			南陽

隨桃頃侯趙光[206]	以南越蒼梧王聞漢兵至降侯，三千戶。[207]	四月癸亥封，薨。	侯昌樂嗣，本始元年薨，嗣子有罪，不得代。[208]			元始五年，光玄孫紹封，千戶。[209]
湘成侯監居翁[210]	以南越桂林監聞漢兵破番禺，諭甌駱民四十餘萬降侯，八百三十戶。[211]	五月壬申封。	侯益昌嗣，五鳳四年，坐為九真太守盜使人出買犀、奴婢，臧百萬以上，不道，誅。[212]			堵陽[213]

[187]騏，河東郡屬縣。在今山西新絳西北。[188]五月壬子，《史》表作「六月壬子」，是。[189]督，〈公卿表〉建始元年，騏侯駒普為太常，數月薨。「普」，即「督」。[190]陽朔二年，西元前二三年。陽朔，漢成帝年號。[191]北屈，縣名。在今山西吉縣東北。北屈、騏，並河東郡屬縣。析北屈置騏。[192]元延元年，西元前十二年。元延，漢成帝年號。紹，繼承。[193]梁期，縣名。屬魏郡。在今山西新絳西北。[194]間出，從間道而出。間，偏僻的小路、捷徑。[195]五月，《史》表作「七月」，是。上文騏侯六月封，梁期侯不可能封於五月。[196]賈，通「價」。過平，超過平價（官府規定的價）。臧五百以上，漢代對貪汙受賄的官吏予以量刑定罪的一個重要等級界限，贓物、贓款達到這一界限，則被判以相應的刑罰。漢簡有關審理案件的文書中屢見到「證財物故不以實，臧（贓）二百五十以上」（《居延新簡》簡E.P.T51: 290，簡E.P.T54: 9）、「證財物故不以實，臧（贓）五百以上」（《居延新簡》「建武三年十二月候粟君所責寇恩事」冊之簡E.P.F22: 2，簡E.P.F22: 21）之類的語句，皆為五十之倍數。[197]膫，《史》表作「瞭」。傳寫有誤。侯國名。在今河南舞陽西。[198]將軍，《史》表無「軍」字。[199]六年，指元鼎六年（西元前一一一年）。[200]南陽，膫原由舞陽分出，封與次公，後併入南陽，封與畢取。故上膫侯次公，表在「舞陽」，此膫侯畢取，表在「南陽」。一說「舞」、「南」有一誤。[201]將梁，鄉名，在廣望縣。廣望，縣名，在今河北高陽西。[202]樓船將軍，武官名。掌水師。推鋒，卷九十五〈西南夷兩粵朝鮮傳〉「樓船將軍以推鋒陷堅，為將梁侯。」楊樹達注：「『推』當讀為『摧』，即上文之『挫粵鋒』也。」即挫敗南越先頭部隊。卻敵，使敵人敗退。[203]入竹二萬箇二句，楊僕此次按罪當誅，因向官府繳納兩萬根竹子贖罪，減刑為完城旦。完城旦，解見前注。卷九十五〈朝鮮傳〉載此事曰：「樓船將軍亦坐兵至列口當待左將軍，擅先縱，失亡多，當誅，贖為庶人。」與此略有不同。[204]安道，侯國名。在南陽郡。今地不詳。揭陽定，即揭陽令定。揭陽，縣名。定，人名。〈南粵傳〉作「揭陽令史定」，是其姓史，名定。[205]自定降，自行定撫其縣以降漢。[206]隨桃，亦作「隋桃」，在南陽郡。今地不詳。頃，諡號。[207]蒼梧王，蒼梧王趙光是粵人之王，居住於漢朝所設的蒼梧郡。趙與秦本屬同姓，故又自稱秦王。[208]嗣子，繼承侯爵之子。[209]《索隱》「〈表〉在南陽」，此格「元始五年」之上奪「南陽」二字。[210]湘成，鄉名。在堵陽縣。居翁，人姓名，姓居名翁。[211]桂林監，南粵所設掌管桂

號謚姓名	功狀戶數	始封	子	孫	曾孫	玄孫
海常嚴侯蘇弘[214]	以伏波司馬得南越王建德侯。[215]	七月乙酉封，七年，太初元年薨，亡後。[216]				[217]
外石侯吳陽[218]	以故東越衍侯佐繇王功侯，千戶。[219]	元封元年正月壬午封，九年薨。	太初四年，侯首嗣，十四年，後二年，坐祝詛上要斬。			濟陽[220]
下鄜侯左將黃同[221]	以故甌駱左將斬西于王功侯，七百戶。	四月丁酉封。[222]	侯奉漢嗣，後二年，坐祝詛上要斬。			南陽
繚嫈侯劉福[223]	以校尉從橫海將軍擊南越侯。[224]	正月乙卯封，二年，有辠免。[225]				
禦兒嚴侯轅終古[226]	以軍卒斬東越徇北將軍侯。[227]	閏月癸卯封，六年，太初元年薨，亡後。[228]				
開陵侯建成[229]	以故東粵建成侯與繇王斬餘善侯，二千戶。[230]	閏月癸卯封。	侯祿嗣，征和三年，坐舍衛太子所私幸女子，又祝詛上要斬。[231]			臨淮[232]
臨蔡侯孫都[233]	以南粵郎，漢軍破番禺，為伏波得南粵相呂嘉，侯，千戶。	閏月癸卯封。	侯襄嗣，太初元年，坐擊番禺奪人虜，掠死。			河內[234]

東城侯居股(235)	以故東粵繇王，斬東粵王餘善，侯萬戶。	閏月癸卯封，二十年，延和三年，坐衛太子舉兵謀反，要斬。				九江(236)
無錫侯多軍(237)	以東粵將軍，漢兵至棄軍降，侯，千戶。	元年封。(238)	侯卯嗣，延和四年，坐與歸義越文王將兵追反虜，到弘農，擅棄兵還，贖罪，免。(239)			會稽(240)

林的官名。顏師古注引服虔曰：「桂林部監也。」桂林，地名。當屬南粵國所屬之一部，其地曾為秦的桂林郡。監，即監御史，官名。秦置，掌監郡。漢省。此為南粵沿襲秦制所置地方官。番禺，縣名。即今廣州。甌駱，西甌、駱越。西甌，古越族之一。活動於今嶺南廣大地區，與今壯族有密切淵源關係。一說即駱越。言西者，以別於東甌。駱越，古越族之一。活動於今廣東、海南、廣西及越南北部，與今壯、黎族有密切的淵源關係。(212)五鳳四年，西元前五四年。五鳳，漢宣帝年號。九真，郡名。在今越南中部，治胥浦（今清化西北）。盜，私自；暗中。(213)錢大昭曰：湘成即敞屠洛所封，彼注「陽城」，此注「堵陽」，或堵陽舊有陽城之名。故王莽改堵陽曰陽城。(214)海常，在琅邪郡。今地不詳。嚴，諡號。(215)伏波司馬，伏波將軍的屬吏。時伏波將軍為路博德。建德，越王嬰齊的長子。(216)七月乙酉，元鼎六年夏曆七月十五日。(217)《索隱》言「表在琅邪」，此奪「琅邪」二字。(218)外石，《史》表作「北石」。侯國名。在濟陽。(219)《史》表在「佐繇王」下，有「斬餘善」。武帝建元六年，漢更立繇君丑為閩越王，而故王之弟餘善立為東越王。元封元年，餘善反，漢發兵平之，徙其民於江淮之間。(220)濟陽，縣名。在今河南蘭考東北。(221)下鄜，「鄜」字誤。《史》表作「下酈」，南陽之酈縣。今河南南召南。左將，官名。(222)四月丁酉，元封四年四月初一日。(223)繚嫈，其地無考。(224)橫海將軍，指韓說。南越，《史》表作「東越」，是。(225)正月乙卯，《史》表作「五月己卯」，是。為元封元年夏曆五月十三日。(226)蘌兒，又作「禦兒」、「蘌兒」、「語兒」。鄉名。在今浙江餘杭東北。嚴，諡號。《史》表作「莊」。作「嚴」乃避東漢明帝劉莊名諱而改。(227)徇北將軍，東越國將軍名號。(228)閏月，閏九月。(229)開陵，侯國名。在臨淮郡。今地不詳。建成，故東粵建成侯，其人名敖，見〈兩粵傳〉。(230)餘善，為東粵（亦作「東越」）王。(231)舍，留人住宿；為人提供住宿。衛太子，漢武帝太子劉據。因巫蠱事而興兵與武帝對抗，兵敗逃亡，後自殺。(232)臨淮，郡名。在今江蘇東部及洪澤湖一帶，治徐（今江蘇泗洪南）。(233)臨蔡，侯國名。屬河內郡。今地不詳。孫都，《史》表同，〈南粵傳〉作「都稽」。(234)河內，郡名。在今河南黃河以北地區，治懷（今河南武陟西南）。(235)東城，縣名。在今安徽定遠東南。居股，人名。《史》表作「居服」，誤。參考〈南粵傳〉。(236)九江，郡名。在今安徽中部偏東地區，治壽春（今安徽壽縣）。(237)無錫，縣名。即今江蘇無錫。(238)元年，指元封元年。(239)弘農，

號謚姓名	功狀戶數	始封	子	孫	曾孫	玄孫
涉都侯喜241	以父棄故南海太守,漢兵至,以越邑降,子侯,二千四十戶。242	元年封,八年,太初二年薨,亡後。				南陽
平州侯王唊243	以朝鮮將,漢兵至,降,侯,千四百八十戶。	三年四月丁卯封,四年薨,亡後。244				梁父245
荻苴侯韓陶246	以朝鮮相將,漢兵圍之,降,侯,五百四十戶。247	四月丁卯封,十九年,延和二年薨,封終身,不得嗣。248				勃海249
澅清侯參250	以朝鮮尼谿相使人殺其王右渠,降,侯,千戶。251	六月丙辰封,十一年,天漢二年,坐匿朝鮮亡虜,下獄病死。252				齊253
騠茲侯稽谷姑254	以小月氏右苴王將眾降,侯,千九百戶。255	四年十一月丁未封,三年,太初元年薨,亡後。256				琅邪257
浩侯王恢258	以故中郎將將兵捕得車師王,侯。259	正月甲申封,一月,坐使酒泉矯制害,當死,贖罪,免。260				
瓡讘侯杅者261	以小月氏王將軍眾千騎降,侯,	正月乙酉封,二年薨。	六月,侯勝嗣,五年,天漢二年薨,			河東262

	七百六十戶。263		制所幸封，不得嗣。264			
幾侯張路265	以朝鮮王子漢兵圍朝鮮降侯。	三年癸未封，六年使朝鮮，謀反，格死。266				河東
涅陽康侯最267	以父朝鮮相路人，漢兵至，首先降，道死，子侯。268	三月壬寅封，五年，太初元年薨，亡後。269				齊270

縣名。在今河南靈寶東北。240會稽，郡名。在今江蘇、浙江、福建一帶，治吳縣（今江蘇蘇州）。241涉都，鄉名。在築陽縣（今湖北穀城東北）。242棄，喜父名。子，指喜。243平州，城名。在今山東泰安東。王唊，人姓名。《史》表無「王」字。244三年，指元封三年。四年，據《史》表，謂元封四年，非封侯之後四年。245梁父，縣名。在今山東泰安東南。平州由梁父分出。246荻苴，侯國名。在今河北交河縣東北。韓陶，《史》表作「韓陰」。247以朝鮮相將，為朝鮮相而將兵。248十九年，誤，自元封三年至征和二年，止十八年。不得嗣，指子孫不能繼承侯爵。249勃海，郡名。在今河北東南部、山東東北部，治浮陽（今河北鹽山縣西北）。荻苴由勃海郡南皮縣分出。250澅清，縣名。在今山東淄博境內。251尼谿相，朝鮮官名。252六月丙辰，元封三年夏曆六月初三日。十一年，誤，自元封三年到天漢元年，止九年。天漢二年，西元前九九年。天漢，武帝年號。253齊，郡名。在今山東淄博一帶，治臨淄（今淄博東北臨淄鎮）。254騠茲，在琅邪郡。今地不詳。255小月氏，古部族名。居處於今甘肅祁連山一帶。256四年，指元封四年。十一月丁未，夏曆十一月二十六日。《史》表誤作「丁卯」。257琅邪，郡名。在今山東東南部，治東武（今諸城）。258浩，其地無考。259中郎將，秦漢時期管理宮禁警衛的高級武職。西漢有統領中郎、侍郎等郎官的五官、左、右中郎將，統領期門（虎賁）、羽林郎等宿衛禁軍的中郎將等，皆屬郎中令（光祿勳）。車師，西域國名，在今新疆吐魯番盆地。260正月甲申，指元封四年夏曆正月初四日。一月，《史》表言王恢封在正月，坐罪在四月，與《漢》表異。此「一月」當作「三月」。矯制害，假託皇帝命令，造成危害。如淳注：「律，矯詔大害，要斬。有矯詔害，矯詔不害。」261瓡讘，亦作「狐讘」。縣名。在今山西永和西南。杅，《史》表作「扜」。262河東，郡名。在今山西西南部，治安邑（今夏縣西北）。263將軍眾千騎，率部眾一千騎兵。264六月，《史》表作「（建元）六年」，是。「月」為「年」之誤。五年，自元封六年至天漢二年，實七年。制所幸封，制詔規定的特殊封賞，只限本人。265幾，鄉名。在河東郡。今地不詳。一說在元城（縣名，在今河北大名東南）。張路，人姓名。266三年癸未，當從《史》表作「三月癸未」。267涅陽，縣名。在今河南南陽西南。康，謚號。最，人名。一說「最」上當有「路」字。268路人，朝鮮相名。子，即康侯最。269太初元年，《史》表作「太初二年」，是。270涅陽，為南陽郡屬縣，非屬齊郡。

號謚姓名	功狀戶數	始封	子	孫	曾孫	玄孫
海西侯李廣利[271]	以貳師將軍擊大宛斬王，侯，八千戶。[272]	太初四年四月丁巳封，十一年，延和三年，擊匈奴兵敗，降。[273]				
新畤侯趙弟[274]	以貳師將軍騎士斬郁成王首，侯。[275]	四月丁巳封，七年，太始三年，坐為太常鞠獄不實，入錢百萬贖死，而完為城旦。[276]				齊
承父侯續相如[277]	以使西域發外王子弟，誅斬扶樂王首，虜二千五百人，侯，千百五十戶。[278]	太始三年五月封，五年，延和四年四月癸亥，坐賊殺軍吏，謀入蠻夷，祝詛上，要斬。[279]				東萊[280]
開陵侯成娩[281]	以故匈奴介和王將兵擊車師，不得封年。[282]		侯順嗣。	質侯褎嗣，薨，亡後。		
				元延元年六月乙未，釐侯級以褎弟紹封，千二十戶。[283]	侯參嗣，王莽敗，絕。[284]	
秺侯商丘成[285]	以大鴻臚擊衛	延和二年七月				濟陰[286]

	重合侯莽通(289)	德侯景建(292)
太子，力戰，亡它意侯，二千一百二十戶。(287)	以侍郎發兵擊反者如侯，侯，四千八百七十戶。(290)	以長安大夫從莽通共殺如侯，得少傅石德，侯，三千七百三十五戶。(293)
癸巳封，四年，後二年，坐為詹事侍祠孝文廟，醉歌堂下曰「出居，安能鬱鬱」，大不敬，自殺。(288)	七月癸巳封，四年，後二年，坐發兵與衛尉潰等謀反，要斬。(291)	七月癸巳封，四年，後二年，坐共莽通謀反，要斬。(294)
	勃海	濟南

(271)海西，縣名。屬東海郡。在今江蘇灌南東南。(272)大宛，西域國名。在今費爾幹納盆地。(273)太初四年，西元前一〇一年。太初，武帝年號。(274)新時，在齊郡。今地不詳。(275)郁成，西域國名。(276)太始三年，西元前九四年。太始，武帝年號。鞠獄，審訊案件。鞠，通「鞫」。審訊罪犯並予定罪。晉灼注：「《律說》，出罪為故縱，入罪為故不直。」(277)承父，在東萊郡。今地不詳。(278)使西域，出使西域的莎車國，見《流沙墜簡考釋》。外王，指西域的部落王。(279)延和四年，即征和四年（西元前八九年）。(280)東萊，郡名。在今山東東北部，治掖縣（今山東萊州）。(281)開陵，在臨淮郡開縣。今地不詳。元封元年封建成，國除，又封成娩。成娩，人姓名。(282)擊車師，下當有「侯」字。不得封年，謂受封年月無可查考。據〈西域車師傳〉，封於天漢二年。施之勉曰：當在征和三年。(283)元延元年，西元前一二年。元延，漢成帝年號。(284)參，釐侯級之子。(285)秺，縣名。在今山東成武西北。商丘，複姓。(286)濟陰，郡名。在今山東西南部，治定陶（今山東定陶西北）。(287)大鴻臚，官名。九卿之一。掌少數民族君長、諸侯王的接待迎送、封授典禮，朝會司儀，兼管京師的郡國邸舍。原名典客，漢武帝改名大鴻臚。亡，通「無」。侯，據〈劉屈氂傳〉，商丘成以獲反將張光而封侯。(288)詹事，成為御史大夫，見〈公卿表〉。此誤。自殺，〈公卿表〉曰：「成坐祝詛，自殺。」(289)重合，縣名。在今山東無棣西。(290)如侯，反者名。(291)四年，當作「三年」。後二年，當作「後元年」。參考〈武紀〉。衛尉，官名。九卿之一。掌管宮門警衛。(292)德，縣名。在濟南郡。今地不詳。(293)大夫，二十等爵位的

號諡姓名	功狀戶數	始封	子	孫	曾孫	玄孫
題侯張富昌[295]	以山陽卒與李壽共得衛太子，侯，八百五十八戶。	九月封，四年，後二年四月甲戌，為人所賊殺。[296]				鉅鹿
邗侯李壽[297]	以新安令史得衛太子，侯，一百五十戶。[298]	九月封，三年，坐為衛尉居守，擅出長安界，送海西侯至高橋，又使吏謀殺方士，不道，誅。[299]				河內
轑陽侯江喜[300]	以圉嗇夫捕反者故城父令公孫勇，侯，千一百二十戶。[301]	二年十一月封。[302]	六年，侯仁嗣，永光四年，坐使家丞上書還印符，隨方士，免。[303]			清河[304]
當塗康侯魏不害[305]	以圉守尉捕反者淮陽胡倩，侯，侯聖與議定策，益封，凡二千二百戶。[306]	十一月封，薨。[307]	愛侯聖嗣。[308]	剌侯楊嗣。	戴侯向嗣。	九江 侯堅居嗣，居攝二年，更為翼漢侯，王莽篡位，為翼新侯，莽敗，絕。[309]
蒲侯蘇昌[310]	以圉小史捕反者故越王子鄒起，侯，千二十六戶。[311]	十一月封。	侯夷吾嗣，鴻嘉三年，坐婢自贖為民後略以為婢，免。[312]			琅邪

丞父侯孫王313	以告反者太原白義等侯，千一百五十戶。	四年三月乙酉封，三年，始元元年，坐殺人會赦，免。314				東萊
右孝武七十五人。武安、周陽、長平、冠軍、平津、周子南、樂通、牧丘、富民九人在外戚恩澤315，南奅、龍頟、宜春、陰安、發干五人隨父，凡八十九人，王子不在其中。316						
秺敬侯金日磾317	以駙馬都尉發覺侍中莽何羅	始元二年，侯丙子封，一日薨。318	始元二年，侯賞嗣，四十二年薨，	孫	元始四年，侯常以日磾曾孫紹	

第五級。294後二年，當作「後元元年」，西元前八八年。後元，武帝最後一個年號。295題，《漢紀》作「踶」，蹋也。張富昌足蹋開戶以救太子，故封題侯。296後二年，指武帝後元二年，即西元前八七年。297邘，地名。在今河南沁陽境。《漢紀》作「抱」。李壽抱解太子，故封抱侯。298新安，縣名。令史，縣令的佐史。299三年，指征和三年。300轑陽，亦作「繚陽」。今地不詳。江喜，《史》表作「江德」，〈公卿表〉、〈田廣明傳〉等同。「喜」為「德」之誤。301圉，淮陽郡屬縣。在今河南杞縣南。嗇夫，秦漢時的小官吏。江德時為廄嗇夫，應是驛置中主管車馬的小吏。城父，縣名。治今安徽亳州東南。公孫勇，曾任城父令，與胡倩謀反，被殺。302二年，此二字衍文。此處闕文。據〈昭紀〉元鳳四年「太常轑陽侯德免為庶人」。德若封侯於征和二年，至元鳳三年，在位十四年。與下文所記在位六年不合。303六年，疑為元鳳六年。永光四年，西元前四〇年。永光，漢元帝年號。家丞，官名。管理列侯家政。304清河，郡名。在今河北西南部與山東交界地區，治清陽（今河北清河東南）。清河郡有繚縣，無繚陽。305當塗，縣名。在今安徽淮南東北。康，諡號。306以圉守尉捕反者淮陽胡倩侯，《史》表作「捕淮陽反者公孫勇等，侯」。守尉，代理縣尉。淮陽，封國名。在今河南東部，都陳縣（今淮陽）。聖，指魏不害之子魏聖。307十一月，指征和二年十一月。此格失書魏不害在侯位年數及薨年。〈公卿表〉曰，武帝後元二年，魏不害為太常，六年，坐教文廟風發瓦免。其薨當在本始元年之前。308聖嗣，據〈昭紀〉、〈霍光傳〉，侯聖本始元年與議定策益封。其嗣當在始元六年至本始元年間。309居攝二年，西元七年。居攝，漢孺子年號。更，改封。310蒲，屬琅邪郡。今地不詳。311〈田廣明傳〉曰，蘇昌以尉史捕反者公孫勇，侯。312鴻嘉三年，西元前一八年。鴻嘉，漢成帝年號。婢自贖為民後略以為婢，謂奴婢以錢自贖而成為平民之後，蘇夷吾又虜掠之以為奴婢。略，通「掠」。313丞父，上文作「承父」。丞、承相通。屬東萊郡。今地不詳。314四年，指征和四年（西元前八九年）。始元元年，西元前八六年。始元，漢昭帝年號。會赦，恰巧遇上大赦。315武安，指武安侯田蚡。周陽，指周陽侯田勝。長平，指長平侯衛青。冠軍，指冠軍侯霍去病。平津，指平津侯公孫弘。周子南，指周子南君姬嘉。樂通，指樂通侯欒大。牧丘，指牧丘侯石慶。富民，指富民侯田千秋。外戚恩澤，指〈外戚恩澤侯表〉。316南奅，指南奅侯公孫賀。龍頟，指龍頟侯韓說。宜春，指宜春侯衛伉。陰安，指陰安侯衛不疑。發干，指發干侯衛登。317秺，縣名。屬濟陽郡。在今山東成武西北。敬，諡號。金日磾，匈奴休屠王子，

號諡姓名	功狀戶數	始封	子	孫	曾孫	玄孫
	反侯，二千二百一十八戶。[319]		亡後。		侯，千戶，王莽敗，絕。[320]	
建平敬侯杜延年[321]	以諫大夫告左將軍等反侯，二千戶，以太僕與大將軍先定策，益封二千三百六十戶。[322]	元鳳元年七月甲子封，二十八年薨。[323]	甘露二年，孝侯緩嗣，十九年薨。[324]	竟寧元年，荒侯業嗣，三十四年薨。[325]	元始二年，侯輔嗣。[326]	濟陽侯憲嗣，建武中以先降梁王，薨，不得代。[327]
宜城戴侯燕倉[328]	以假稻田使者先發覺左將軍桀等反謀，告大司農敞，侯。侯安削戶六百，定七百戶。[329]	七月甲子封，六年薨。[330]	元平元年，剌侯安嗣，四十一年薨。[331]	竟寧元年，釐侯尊嗣，十年薨。	陽朔二年，煬侯武嗣。[332]	濟陰侯級嗣。[333]
			六世 侯舊嗣，王莽敗，絕。[334]			
弋陽節侯任宮[335]	以故丞相徵事手捕反者左將軍桀，侯，九百一十五戶。[336]	七月甲子封，三十三年薨。	初元二年，剛侯千秋嗣，三十二年薨。[337]	河平三年，原侯惲嗣，二年薨。[338]	陽朔元年，孝侯岑嗣，二十四年薨。	元始元年，侯固嗣，更始元年，為兵所殺。[339]
商利侯王山壽[340]	以丞相少史誘反者車騎將軍安入丞相府，侯，	七月甲子封，十四年，元康元年，坐為代郡太守				徐[341]

號謚姓名	功狀戶數	始封	子	孫	曾孫	玄孫
	九百一十五戶。(342)	故劾十人罪不直，免。(343)				
成安嚴侯郭忠(344)	以張掖屬國都尉匈奴入寇與戰斬黎汗王，侯，七百二十四戶。(345)	三年二月癸丑封，七年薨。(346)	本始三年，愛侯遷嗣，四年薨。(347)	元康三年，刻侯賞嗣，四十一年薨。(348)	陽朔三年，鄍侯長嗣。	潁川 釐侯萌嗣，薨，亡後。(349)

降漢後賜姓金。(318)據〈昭紀〉、〈霍光金日磾傳〉記載，金日磾死於始元元年九月丙子，此格當作「始元元年九月丙子封，一日薨。」作「始元二年」誤。(319)駙馬都尉，武官名。掌管皇帝的隨從車馬。侍中，加官名。侍從皇帝左右，出入宮廷應對顧問。莽何羅反，後元元年（西元前八八年），侍中僕射莽何羅與弟莽通謀反，霍光、上官桀捕斬莽通，金日磾擒拿莽何羅。莽何羅兄弟本姓馬。據傳東漢明德馬皇后惡其先人有反，易姓莽。(320)常，卷六八〈金日磾傳〉作「當」。紹侯，繼承侯爵。(321)建平，縣名。在今河南夏邑西南。敬，謚號。(322)諫大夫，官名。屬光祿勳。掌議論。左將軍等反，指左將軍上官桀與驃騎將軍上官安、御史大夫桑弘羊、蓋長公主、燕王劉旦合謀殺死霍光，廢昭帝，迎立燕王劉旦。事覺，上官桀等被殺，燕王、蓋長公主自殺。左將軍，武官名。位列上卿，主征伐。太僕，官名。九卿之一。掌管皇帝車馬和牧畜事宜。定策，指廢昌邑王劉賀，迎立宣帝之事。(323)元鳳元年，西元前八〇年。元鳳，漢昭帝年號。七月，〈昭紀〉作「十月」，是。是年十月己亥朔，甲子為廿六日。下宜城、弋陽、商利三侯皆「七月甲子封」，與此同。(324)甘露二年，西元前五二年。甘露，漢宣帝年號。(325)竟寧元年，西元前三三年。竟寧，漢元帝年號。(326)元始二年，西元二年。元始，漢平帝年號。(327)濟陽，建平乃沛郡屬縣，非濟陽。建武，東漢光武帝年號（西元二五—五六年）。梁王，指劉永。(328)宜城，亦作「宜成」。縣名。在今山東商河縣南。(329)假稻田使者，其人名曰燕倉。假，代理。大司農，官名。九卿之一。掌管租稅和財政。敞，指楊敞。侯安削戶六百二句，乃下文「侯安」行中語，倒入於此。其原封蓋千三百戶。(330)七月，指元鳳元年七月。(331)元平元年，西元前七四年。元平，漢宣帝年號。(332)陽朔二年，西元前二三年。陽朔，漢成帝年號。(333)濟陰，宜城乃濟南郡屬縣，非屬濟陰郡。(334)六世，六代。指燕倉為燕倉第六代孫。(335)弋陽，汝南郡屬縣。在今河南潢川西北。節，謚號。任宮，人名。(336)《史》表作「以故上林尉捕格謀反者左將軍上官桀，殺之便門，封為侯，二千戶」。徼事，官名。丞相屬官。手捕，親自捕拿。(337)初元二年，西元前四七年。初元，漢元帝年號。三十二年，自初元二年至河平二年，止二十一年。(338)河平三年，西元前二六年。河平，漢成帝年號。(339)更始元年，西元二三年。更始，劉玄的年號。(340)商利，侯國名。在徐縣。王山壽，《史》表作「王山」，〈昭紀〉作「王壽」。(341)徐，縣名。在今江蘇泗洪南。商利當由徐縣分出。(342)丞相少史，丞相屬吏。車騎將軍，此指上官安。(343)十四年，自元鳳元年至地節四年，實十五年。元康元年，西元前六五年。元康，漢宣帝年號。代郡，在今河北、山西交界地區。治代（今河北蔚縣東北）。劾，彈劾。直，正直；真實。(344)成安，侯國名。在今

號諡姓名	功狀戶數	始封	子	孫	曾孫	玄孫
			六世 居攝元年，侯每以忠玄孫之子紹封，王莽敗，絕。350			
平陵侯范明友 351	以校尉擊反氐，後以將軍擊烏桓，獲王，虜首六千二百，侯，與大將軍光定策，益封，凡二千九百二十戶。352	四年七月乙巳封，十一年，地節四年，坐謀反誅。353				武當 354
義陽侯傅介子 355	以平樂廄監使誅樓蘭王，斬首，侯，七百五十九戶。356	七月乙巳封，十三年，元康元年薨。嗣子有罪，不得代。357			元始四年，侯長以介子曾孫紹封，更始元年為兵所殺。	平氏 358
右孝昭八人。博陸、安陽、宜春、安平、富平、陽平六人在恩澤外戚，桑樂一人隨父，凡十五人。359						
長羅壯侯常惠 360	以校尉光祿大夫持節將烏孫兵擊匈奴，獲名王，首虜三萬九千級，侯，二千八百五十戶。361	本始四年四月癸巳封，二十四年薨。	初元二年，嚴侯成嗣，十六年薨。362	建始三年，愛侯邯嗣，五年薨。363	河平四年，侯翕嗣，四十九年，建武四年薨，亡後。364	陳留 365
爰戚靖侯趙長	以平陵大夫告	地節二年四月	節侯訢嗣。	永始四年，侯牧		

年[366]	楚王延壽反,侯,千五百三十戶。[367]	癸卯封,十七年薨。		嗣,四十年,建武四年,以先降梁王,免。[368]		
博成侯張章[369]	以長安男子先發覺大司馬霍禹等謀反,以告期門董忠,忠以聞,侯,三千九百一十三戶。[370]	四年八月乙丑封,九年薨。[371]	五鳳元年,侯建嗣,十二年,坐尚陽邑公主與婢姦主旁,數醉罵主,免。[372]			淮陽[373]

河南臨汝東南。嚴,諡號。[345]張掖,郡名。在今甘肅永昌到高臺一帶。治觻得(今張掖西北)。[346]三年,指元鳳三年。[347]四年,本始三年至元康二年,實八年。[348]元康三年,西元前六三年。元康,漢昭帝年號。[349]潁川,郡名。在今河南中部。治陽翟(今禹州)。[350]居攝元年,西元六年。每,郭每。嚴侯郭忠第六代孫。[351]平陵,侯國名。在武當縣。[352]氏,部族名。居處於今陝西、甘肅、四川一帶。烏桓,本東胡族的一支,漢初為匈奴所破,退居烏桓山(今內蒙古境內),因稱烏桓。虜首,當作「首虜」。[353]四年,指元鳳四年。[354]武當,南陽郡屬縣。在今湖北丹江口市西北。平陵由武當分出。[355]義陽,鄉名。在平氏縣。故址在今河南唐河縣東南。[356]平樂廄監,卷七十本傳作「平樂監」。太僕屬官,掌平樂觀馬政。平樂,漢代宮觀名,在上林苑。樓蘭,西域國名。在今新疆羅布泊西南,王居扜泥城(在今新疆若羌治卡克里克),今尚存古城遺址。後改稱鄯善。七百五十九戶,《史》表作「千三百戶」。[357]七月,指元鳳四年七月。嗣子,據〈傅介子傳〉,其子名敞。[358]平氏,縣名。在今河南唐河縣東南。義陽由平氏分出。[359]博陸,指博陸侯霍光。安陽,指安陽侯上官桀。宜春,指宜春侯王訢。安平,指安平侯楊敞。富平,指富平侯張安世。陽平,指陽平侯蔡義。恩澤外戚,指〈外戚恩澤侯表〉。桑樂,指桑樂侯上官安。[360]長羅,侯國名。在今河南長垣北。壯,〈傳〉作「壯武」。諡號。[361]光祿大夫,官名。光祿勳屬官,掌論議,為皇帝身邊顧問應對之臣,在大夫中最為尊顯。名王,匈奴諸王中之著名者。[362]二年,當作「三年」,參考本傳。[363]建始三年,西元前三〇年。建始,漢成帝年號。[364]四十九年,自河平四年至建武四年。凡五十三年。建武四年,西元二八年。[365]陳留,郡名。在今河南東北部,治陳留(今開封東南陳留鎮)。[366]爰戚,山陽郡屬縣。在今山東嘉祥南。靖,諡號。趙長年,《史》表作「趙成」。《索隱》曰《漢》表作「趙長平」。[367]平陵,縣名。在今陝西咸陽西北。大夫,二十等爵的第五級。楚王延壽反,指楚王劉延壽與漢武帝第四子劉胥謀奪皇位。事發後,劉延壽自殺。[368]永始四年,西元前一三年。永始,漢成帝年號。[369]博成,侯國名。在淮陽國。今地不詳。[370]男子,男性平民。大司馬,官名。武帝罷太尉,置大司馬,為加官,以加大將軍、驃騎將軍、車騎將軍等大臣。成帝以後成為正式官稱,秩萬石,與丞相(大司徒)、大司空並為三公。西漢一朝常授予掌實權的外戚。霍禹,霍光之子。期門,官名。掌執兵出入護衛皇帝。以

號謚姓名	功狀戶數	始封	子	孫	曾孫	玄孫
高昌壯侯董忠[374]	以期門受張章言霍禹謀反，告左曹楊惲，侯，再坐法，削戶千一百，定七十九戶。[375]	八月乙丑封，十九年薨。	初元二年，煬侯宏嗣，四十一年，建平元年，坐佞邪，免二年，復封故國，三年薨。[376]	元壽元年，侯武嗣，二年，坐父宏前為佞邪，免。[377]	建武二年五月己巳，侯永紹封。	千乘
平通侯楊惲[378]	以左曹中郎受董忠等言霍禹等謀，以告侍中金安上，侯，二千五百戶。[379]	八月乙丑封，十年，五鳳三年，坐為光祿勳誹謗政治，免。[380]				博陽[381]
都成敬侯金安上[382]	以侍中中郎將受楊惲言霍禹等反謀，傳言止內霍氏禁闥，侯，千七百七十一戶。[383]	八月乙丑封，十一年薨。	五鳳三年，夷侯常嗣，一年薨，亡後。	元始元年，侯欽以安上孫紹封，為王莽誅。	元始元年，戴侯楊嗣，王莽敗，絕。[384]	
合陽愛侯梁喜[385]	以平陽大夫告霍徵史、徵史子信、家監迴倫、故侍郎鄭尚時謀反，侯，千五百戶。[386]	元康四年二月壬午封，四十一年薨。[387]	建始二年，侯放嗣。	元始五年，侯萌以喜孫紹封，千戶，王莽敗，絕。		平原[388]
安遠繆侯鄭吉	以校尉光祿大	神爵三年四月	初元元年，侯光	居攝元年，侯永		慎[389]

[390]	夫將兵迎日逐王降，又破車師，侯，坐法削戶三百，定七百九十戶。[391]	壬戌封，十一年薨。[392]	嗣，八年，永光三年薨，亡後。	以吉曾孫紹封，千戶，王莽敗，絕。[393]		
歸德靖侯先賢撣[394]	以匈奴單于從兄日逐王率眾降，侯，二千二百五十戶。[395]	四月戊戌封，二十六年薨。[396]	竟寧元年，煬侯富昌嗣，二年薨。	建始二年，侯諷嗣，五十六年薨。	建武二年，侯襄嗣。	汝南 侯霸嗣，永平十四年，有罪免。[397]

聞，以之聞。此處指把謀反之事報告皇上。[371]四年，指地節四年（西元前六六年）。[372]十二年，五鳳元年至建始四年，凡二十八年。尚，娶公主為妻。主，公主。數，屢次；多次。[373]淮陽，封國名。在今河南東部，都陳（今淮陽）。《索隱》曰「〈表〉在臨淮」，與此異。[374]高昌，縣名。在今山東博興西南。壯，諡號。[375]受，接受。左曹，加官名。協助皇帝辦理文書事務。再，兩次；第二次。[376]建平元年，西元前六年。建平，漢哀帝年號。佞邪，奸巧邪惡。此處指請尊定陶太后事。三年，指復封故國後三年。[377]元壽元年，西元前二年。元壽，漢哀帝年號。[378]平通，侯國名。在博陽縣。[379]中郎，官名。掌為皇帝護衛、侍從。隸屬於光祿勳。[380]五鳳三年，當作「五鳳二年」。景祐本作「五鳳二年」，是。光祿勳，官名。武帝改郎中令為光祿勳。執掌宮殿門戶，屬官有大夫、郎、謁者等。[381]博陽，汝南郡屬縣。[382]都成，〈霍光傳〉作「都城」。《索隱》曰「〈志〉屬潁川」。案潁川無此縣。〈地理志〉山陽郡有成都侯國，在今山東鄆城西北。敬，諡號。[383]止內，阻止進入。內，通「納」。禁闥，宮禁之門。[384]戴侯楊，據〈金日磾傳〉，王莽誅欽，更封涉子（安上次子敞生涉）湯為都成侯，即此戴侯楊。楊，湯，形似而誤。[385]合陽，侯國名。在平原郡。今地不詳。愛，諡號。[386]平陽，河東郡屬縣。在今山西臨汾西南。大夫，二十等爵的第五級。家監，家臣，類似後世管家。侍郎，官名。光祿勳屬官。[387]元康四年，西元前六二年。元康，漢宣帝年號。四十一年，自元康四年至建始元年，止三十一年。「四」字誤。[388]平原，郡名。在今山東西北部，治平原（今平原南）。[389]慎，汝南郡屬縣。在今安徽潁上西北。安遠當由慎縣分出。[390]安遠，侯國名。在汝南郡慎縣。故址在今安徽潁上北。繆，通「穆」。諡號。[391]日逐王，匈奴王號。此處指匈奴左賢王的兒子先賢撣，因與匈奴握衍朐鞮單于有矛盾，於宣帝神爵二年（西元前六〇年）率部眾降漢。車師，亦稱姑師，古西域國名。約在漢元帝初元元年（西元前四八年），漢分其地為車師前、後兩部等，後來皆屬西域都護。車師前部治交河城（今新疆吐魯番西交河古城遺址），後部治務塗谷（今新疆吉木薩爾南山中）。[392]神爵三年，西元前五九年。神爵，漢宣帝年號。〈宣紀〉作「神爵二年」。十一年，按，鄭吉於宣帝黃龍元年（西元前四九年）去世。自神爵三年至黃龍元年，凡十一年。[393]鄭永為鄭吉曾孫，此項當挪入下格。[394]歸德，侯國名。在汝南郡。今地不詳。靖，諡號。先賢撣，人名。[395]從兄，堂兄。[396]二十六年，

號謚姓名	功狀戶數	始封	子	孫	曾孫	玄孫
信成侯王定398	以匈奴烏桓屠蘩單于子左大將軍率眾降，侯，千六百戶，後坐弟謀反，削百五戶。399	五鳳二年九月癸巳封，十二年薨。400	初元五年，侯廣漢嗣，三年，永光三年薨，亡後。	元始五年，侯楊以定孫紹封，千戶。401		細陽402
義陽侯厲溫敦403	以匈奴謼連累單于率眾降，侯，千五百戶。404	三年二月甲子封，四年，坐子伊細王謀反，削爵為關內侯，食邑千戶。405				
右孝宣十一人。陽都、營平、平丘、昌水、陽城、爰氏、扶陽、高平、陽城、博陽、邛成、將陵、建成、西平、平恩、平昌、樂陵、平臺、樂昌、博望、樂成二十一人在恩澤外戚，406 樂平、冠陽、酇、周子南君四人隨父，凡三十六人。407						
義成侯甘延壽408	以使西域騎都尉討郅支單于斬王以下千五百級，侯，四百戶，孫遷益封，凡二千戶。	竟寧元年四月戊辰封，九年薨。409	陽朔元年，煬侯建嗣，十九年薨。	建平二年，節侯遷嗣，居攝二年更為誅郅支侯，十四年薨。410	建國二年，侯相嗣，建武四年為兵所殺。411	
駟望忠侯冷廣412	以濕沃公士告男子馬政謀反，侯，千八百戶。413	鴻嘉元年正月辛丑封，薨。414	侯何齊嗣，王莽敗，絕。			琅邪
延鄉節侯李譚415	以尉氏男子捕得反者樊並，侯，	永始四年七月己巳封，十三年	元始元年，侯成嗣，王莽敗，絕。			

	千戶。[416]	薨。[417]				
新山侯稱忠[418]	以捕得反者樊並侯，千戶。	十一月己酉封。				
童鄉釐侯鍾祖[419]	以捕得反者樊並侯，千戶。	七月己酉封，薨，亡後。[420]	元始五年，侯匡以祖子紹封，王莽敗，絕。			

「六」當作「七」。[397]汝南，郡名。在今河南、安徽交界地區，治上蔡（今河南上蔡西南。一說在平輿）。永平十四年，西元七一年。永平，東漢明帝年號。[398]信成，亦作「新城」。侯國名。在細陽縣。王定，〈匈奴傳〉作「烏厲屈」。烏厲屈，乃烏厲溫敦之子。[399]據〈匈奴傳〉，烏厲屈（王定），乃呼速累（官號）烏厲溫敦之子、左大將。夏燮曰：「所謂烏桓屠募單于者，疑即呼速累單于之異名。」[400]五鳳二年，西元前五六年。五鳳，漢宣帝年號。[401]定，指信成侯王定。[402]細陽，汝南郡屬縣。在今安徽太和東南。[403]義陽，見前文義陽侯傅介子注。「厲溫敦」一說當作「烏厲溫敦」。（烏）厲，姓，溫敦為名。[404]諱連累，當作「呼速累」。匈奴官號。單于，疑誤。[405]三年，指五鳳三年（西元前五五年）。[406]陽都，指陽都侯張彭祖。營平，指營平侯趙充國。平丘，指平丘侯王遷。昌水，指昌水侯田廣明。陽城，指陽城侯田延年。爰氏，指爰氏侯便樂成。扶陽，指扶陽侯韋賢。高平，指高平侯魏相。陽城，指陽城侯劉德。博陽，指博陽侯丙吉。邛成，指邛成侯王奉光。將陵，指將陵侯史曾。建成，指建成侯黃霸。西平，指西平侯于定國。平恩，指平恩侯許廣漢。平昌，指平昌侯王無敵。樂陵，指樂陵侯史高。平臺，指平臺侯史玄。樂昌，指樂昌侯王武。博望，指博望侯許舜。樂成，指樂成侯許延壽。恩澤外戚，指〈外戚恩澤侯表〉。[407]樂平，指樂平侯霍山（霍去病之孫）。冠陽，指冠陽侯霍雲（霍去病之孫）。酇，指酇侯蕭建世（蕭何之玄孫）。周子南君，指周子南君姬延年。[408]義成，沛郡屬縣。在今安徽懷遠東北。[409]竟寧元年，西元前三三年。竟寧，漢元帝年號。[410]建平二年，西元前五年。建平，漢哀帝年號。[411]建國二年，西元十年。建國，王莽年號。[412]駟望，縣名。在今朝鮮平壤東北。忠，諡號。冷廣，師古曰：「冷，音零。」陳直曰：「西漢『泠』與『冷』為姓，顏師古音冷為零，混泠、冷為一姓，或唐時寫本『泠廣』為『冷廣』也。」[413]濕沃，千乘郡屬縣。故治在今山東高青北。公士，二十等爵中的最低一級。[414]鴻嘉元年，西元前二〇年。鴻嘉，漢成帝年號。[415]延鄉，縣名。在今山東淄博東北。節，諡號。李譚，陳直曰：「〈成帝紀〉：『永始三年，李譚以劍格殺尉氏男子反者樊並，同時封侯者五人。』本表僅有李譚、稱忠、鍾祖、訾順四人，〈表〉少一人，當有漏紀。」[416]「尉氏男子」疑在「反者」之下。尉氏，縣名。故址在今河南尉氏。[417]永始四年七月，據〈成紀〉，事在永始四年十一月（錢大昕說）。己巳，當作「己酉」，下新山、童鄉、樓虛三侯都是永始三年十一月己酉。夏燮以為不誤。十三年，永始三年至元壽二年，實十四年。[418]新山，侯國名。琅邪郡屬縣。在今山東莒縣西南。[419]童鄉，侯國名。在今山東無棣西北。釐，諡號。[420]七月，「十一月」之誤。

號諡姓名	功狀戶數	始封	子	孫	曾孫	玄孫
樓虛侯訾順[421]	以捕得反者樊並侯，千戶。	七月己酉封。[422]				

右孝元一人。安平、平恩、扶陽三人隨父，陽平、樂安二人在恩澤外戚，凡六人。[423]孝成五人。安昌、高陽、安陽、城陽、高陵、定陵、殷紹嘉、宜鄉、汜鄉、博山十人在恩澤外戚，[424]武陽、博陽、贊、騏、龍頟、開陵、樂陵、博望、樂成、安平、平阿、成都、紅陽、曲陽、高平十五人隨父，凡三十人。[425]

[421]樓虛，亦作「楊虛」，平原郡屬縣。[422]七月，當作「十一月」。[423]安平，指安平侯王崇。蘇輿說「安平」當作「安成」。平恩，指平恩侯許嘉。扶陽，指扶陽侯韋玄成。陽平，指陽平侯王禁。樂安，指樂安侯匡衡。恩澤外戚，指〈外戚恩澤侯表〉。[424]安昌，指安昌侯張禹。高陽，指高陽侯薛宣。安陽，指安陽侯王音。城陽，同「成陽」。指成陽侯趙臨。高陵，指高陵侯翟方進。定陵，指定陵侯淳于長。殷紹嘉，指殷紹嘉侯孔何齊。宜鄉，指宜鄉侯馮參。汜鄉，指汜鄉侯何武。博山，指博山侯孔光。[425]武陽，指武陽侯史丹。博陽，指博陽侯丙昌。贊，當作「酇」，指酇侯蕭喜（蕭何六代孫）。騏，指騏侯駒詩。龍頟，指龍頟侯韓共。開陵，指開陵侯成級。樂陵，指樂陵侯史淑。博望，指博望侯許報子。樂成，指樂成侯許恭。安平，當作「安成」，指安成侯王崇。平阿，指平阿侯王譚。成都，指成都侯王商。紅陽，指紅陽侯王立。曲陽，指曲陽侯王根。高平，指高平侯王逢時。

【研析】本表與相關紀傳相表裡，是研究漢高祖至文帝時代以軍功封侯者的家系與興亡的重要資料。閱讀時可以結合《史》表以及《漢書》的相關傳記。

這一時期的封侯者主要是四種情況：

一是四夷歸降者。漢高帝當年的約定是「非功臣不侯」，漢景帝時打破這一約定，開始封匈奴歸降人員為侯，這應當是為了鼓勵四夷尤其是匈奴歸附漢朝，瓦解匈奴，而採取的權益措施。

二是景帝時平定吳楚七國之亂的功臣。吳楚七國之亂是漢朝為解決同姓諸侯王分裂勢力而發生的一次重大事件，在漢朝平定此次叛亂的戰爭中湧現出一批功臣，他們都獲封侯賜爵。

三是攻伐四夷的功臣。漢武帝時對北邊的匈奴政權進行了大規模的征伐，基本解決了匈奴的威脅，同時又向周邊其他民族居住區開疆拓土，設立郡縣官吏；直至元帝時，又多次發生對西羌、西域等戰事。因此，這一時期封賜了大量的功臣，也有不少歸降漢朝的四夷（匈奴、南越、東越、朝鮮、西南夷）得到封侯。

四是這一時期的勞臣，大多是在制止政變、鎮壓民變等事件中的有功人員。

景帝以後的功臣封侯者與漢初軍功集團有別，漢初軍功集團的成員絕大多數屬於跟隨漢高祖劉邦並肩打天下的豐沛碭泗集團，地域上比較集中，與皇帝之間的關係也特殊，屬於皇帝的親信，是政權穩固所倚靠的力量。而景武昭宣元成時期的功臣侯者沒有形成一個利益集團，他們當中除了個別例外，大多數與皇帝之間缺乏漢初的那種特別關係，對漢朝政權影響力更是不可同日而語。另外，景帝以後的功臣侯者大多出身文武吏員，積功勞、循資歷的特點較明顯，即便是在對匈奴作戰中立軍功封侯者亦難例外，較為典型的反面例子就是李廣。李廣才氣無雙，卻至死未獲封侯，漢文帝時期就曾感嘆說：「惜廣不逢時，令當高祖世，萬戶侯豈足道哉！」說明了歷史環境的不同。

卷十八

外戚恩澤侯表第六

【題解】〈外戚恩澤侯表〉是用列表的形式來敘述西漢外戚、恩澤侯者的情況，是研究西漢歷史的重要史料之一。此表是以侯者為經，以世系為緯，專記外戚、恩澤之封侯。從表中可以看出封爵日濫的現象，反映出西漢外戚日益權重、丞相諂媚受封的時代特點。表序指出立表旨趣和主要內容，對了解西漢外戚恩澤侯發展變化具有提要鉤玄之用。

自古受命❶及中興❷之君，必興滅繼絕，修廢舉逸，然後天下歸仁，四方之政行焉❸。傳稱武王克殷，追存賢聖，至乎不及下車❹。世代❺雖殊，其揆一也❻。高帝❼撥亂誅暴❽，庶事❾草創，日不暇給❿，然猶修祀六國⓫，求聘四皓⓬，過魏則寵無忌之墓⓭，適⓮趙則封樂毅之後⓯。及其行賞而授位⓰也，爵以功為先後，官用能⓱為次序。後嗣⓲共己⓳遵業⓴，舊臣繼踵㉑居位。至乎孝武㉒，元功㉓宿將㉔

略盡㉕。會㉖上㉗亦興文學㉘，進拔幽隱㉙，公孫弘㉚自海瀕㉛而登宰相，於是寵以列侯㉜之爵。又疇咨前代，詢問耆老，初得周後，復加爵邑㉝。自是之後，宰相畢侯矣㉞。元、成之間㉟，晚得殷世㊱，以備賓位㊲。

漢興，外戚與定天下，侯者二人㊳。故誓曰：「非劉氏㊴不王㊵，若有亡功非上所置㊶而侯者，天下共誅之。」是以高后欲王諸呂㊷，王陵廷爭㊸；孝景將侯王氏㊹，脩侯犯色㊺，卒用廢黜㊻。是後薄昭、竇嬰、上官、衛、霍之侯㊼，以功受爵。其餘后父據春秋褒紀之義㊽，帝舅緣大雅申伯之意㊾，浸廣博矣㊿。是以別而敘之(51)。

【章旨】以上為本表序文，主要對外戚、恩澤侯形成的過程作了概括介紹，以及表明創作該表的目的。

【注釋】❶受命　承受上天的命令而身為帝王。這是古代統治者宣揚「君權神授」以愚弄群眾的說法。語出《尚書・召誥》、《詩經・大雅・皇矣》。❷中興　舊指王朝從衰敗中復興。❸必興滅繼絕四句　出自《論語・堯曰》。原文是：「謹權量，審法度，修廢官，四方之政行焉。興滅國，繼絕世，舉逸民，天下之民歸心焉。」興滅繼絕，即「興滅國，繼絕世」。興，興起；復興。使動用法。滅，指代已經滅亡的諸侯國家，即「滅國」。繼，承接；延續。絕，中斷。這裡指代已經中斷的後嗣，即「絕世」。修廢，即「修廢官」。修，整治；修復。廢，指代被廢棄的官職，即「廢官」。舉逸，即「舉逸民」。舉，薦舉；起用。逸，即逸民，古代隱士。天下，指天下之人。歸仁，稱許其仁德。歸，稱許。四方之政，指向天下頒發的政令。行，通行。❹傳稱武王克殷三句　傳，古書。這裡指《禮記・樂記》。原文是：「武王克殷反商，未及下車，而封黃帝之後于薊，封帝堯之後于祝，封帝舜之後于陳。」稱，聲言；說。克，戰勝；攻破。追存，對死者後裔補行撫恤和安慰。賢聖，即聖賢。❺世

代　朝代。❻其揆一也　揆，尺度；準則。引申為道理。一，同一；相同。❼高帝　漢高祖劉邦。❽撥亂誅暴　撥亂，整治亂世。撥，治理。誅，討伐；殺戮。暴，指殘暴酷虐的勢力。❾庶事　諸事；眾事。❿日不暇給　形容各種事情繁多，時間又不夠用，因而經常心情急切。給，足；夠。⓫修祀六國　指漢高祖十二年（西元前一九五年）頒布詔書，命令替秦始皇的陵墓設置守墓人二十家，替楚隱王陳勝、魏安釐（一作僖）王魏圉、齊湣（一作閔）王田地（又名田遂）的陵墓各設置守墓人十家，替趙悼襄王趙偃（以上五人斷絕了後代）和魏公子無忌（即信陵君）墓各設置守墓人五家。楚、魏、齊、趙都屬於戰國時代的關東六國，所以統稱六國。修，設立；設置。祀，指守墓祭祀的人。⓬求聘四皓　求聘，招聘。求，招來。四皓，指秦朝時避入商山的甪里先生、綺里季、夏黃公（以上三人或作綺里季夏、黃公）、東園公四位隱士。因為年事已高，鬚眉全白，所以稱四皓。⓭寵無忌之墓　寵，榮耀。使動用法。無忌，魏安釐王異母弟，號信陵君。劉邦起初地位低微時，已經多次聽說魏無忌賢明。做了皇帝以後，每逢途經大梁，常祭祀魏無忌。漢高祖十二年（西元前一九五年），劉邦出征黥布歸來，替魏無忌墓設置守墓人五家，世世代代一年四季操辦祭祀魏無忌的事。⓮適　到（往）某地去。⓯封樂毅之後　樂毅，戰國時燕國名將，後投奔趙國，被封為望諸君。漢高祖十年（西元前一九七年）九月，劉邦在邯鄲指揮平息陳豨叛亂時，尋找到樂毅的孫子樂叔，封他到樂鄉，號稱華成君，以安撫趙人。⓰位　指官爵。⓱用能　憑才能、能力。用，憑；憑藉。⓲後嗣　後代。⓳共己　指帝王任官得其人，所以用端莊嚴肅的態度約束自己，無為而治。共，通「恭」。⓴遵業　沿襲先人的功業。㉑繼踵　接踵；前後足跡相接。踵，腳後跟。㉒孝武　漢武帝劉徹的諡號。漢朝皇帝從惠帝開始諡號上都加「孝」字，取孝子善於述父之志的意思。「武」取威強叡德之意。㉓元功　輔佐皇帝創建帝業的元勳。㉔宿將　經驗豐富的老將。㉕略盡　大致都已死去。㉖會　正巧；恰好。㉗上　特指帝王。這裡指武帝。㉘文學　禮樂典章等文獻典籍。㉙幽隱　隱遁幽居之人。㉚公孫弘　菑川薛（今屬山東）人，武帝元朔五年（西元前一二四年）冬十一月代替薛澤任丞相。㉛海瀕　海邊；近海之地。㉜列侯　爵位名，秦漢官制二十等級的最高一級（第二十級），原稱徹侯，因為避漢武帝名諱改為通侯、列侯。㉝疇咨前代四句　即元鼎四年（西元前一一三年）十一月詔書中的意思，武帝巡視冀州，詢問耆老，訪知周天子的旁支後代姬嘉，封其為周子南君，以奉行祭祀周人先王的大事。姬嘉封邑在潁川長社。疇咨，亦作「疇諮」，訪求；訪問。前代，先代。這裡指先朝的遺老和遺事。耆老，老人。古代稱六十歲為耆，泛指老人。加，這裡指封官、加官。㉞宰相畢侯矣　在公孫弘任宰相之前，漢朝常任命已具有列侯爵位的人擔任丞相。由於公孫弘任職宰相時沒有列侯爵位，所以武帝特地封他平津侯的爵位。從此以後，封給宰相以侯爵，便成為漢朝的成例。畢，全；都。侯，封侯。作動詞用。㉟元成之間　元，指元帝劉奭（西元前七六—前三三年）。成，指成帝劉驁（西元前三二—前七年）。間，期間。㊱晚得殷世　指成帝綏和元年（西元前八年），封殷朝皇帝的後代孔吉為殷紹嘉侯。世，後嗣；繼承人。㊲備賓位　充任諸侯。備，備位；充數。賓，指諸侯。㊳侯者二人　指呂后的長兄周呂侯呂澤和次兄建成侯呂釋之。二人都是憑功勞得封賞，並未靠裙帶關係得官。㊴劉氏　指劉邦同族之人及子弟。㊵王　封王爵。作動詞用。㊶置　設立。這裡指任命為官。㊷諸呂　泛指被呂后封王封侯的呂氏家族成員子弟。㊸王陵廷爭　王陵，秦末沛縣（今屬江蘇）人，隨從劉邦定天下，以功封安國侯，惠帝時任右丞相。惠帝死後，呂后想要封呂氏子弟為王，王陵據高帝訂立的盟誓堅決反對分封諸呂。廷爭，在朝廷上向皇帝諫諍。㊹王氏　指景帝王皇后的家族成員。㊺條侯犯色　條侯，指條侯周亞夫。條，縣名。屬渤海郡。故址在今河北景縣南。周亞夫是高祖的太尉周勃之子。景帝中三年（西元前一四五年）九月前，景帝聽從其母竇太后的意見，想要封王皇后的兄長王信為侯爵，先找丞相周亞夫商議，周亞夫據高祖制定的盟約諫爭反對，事情於是擱置未成。犯色，即犯顏。指敢於冒犯君主或尊長的威嚴。色，物色；形貌。指面子。㊻卒用廢黜　指呂后消除了分封諸呂的想法，景帝也放棄了封賞王信的打算。卒，終於。用，因；由於。廢黜，消除；打消。㊼是後薄昭句　是後，此後。薄昭，高帝薄姬之弟，文帝劉恆的舅父。以隨從文帝由代入京，有功封軹侯。竇嬰，字王孫，文帝竇皇后的堂姪。景帝前三年（西元前一五四年）任大將軍，屯兵滎陽，監齊、趙兵，抗擊吳楚。吳楚七國之亂平息，以軍功封魏其侯。上官，指昭帝上官皇后的祖父左將軍上官桀。昭帝始元二年（西元前八五年）春正月，以捕斬莽何羅功封安陽侯。衛，指武帝皇后衛子夫同母異父的弟弟衛青。衛青以屢次抗擊匈奴的軍功得封關內侯、長平侯之爵，任大將軍、大司馬。霍，指衛子夫之姊衛少兒的兒子、衛青的外甥霍去病。霍去病以票姚校尉隨衛青出擊匈奴，封冠軍侯、驃騎將軍、大司馬。㊽后父據春秋褒紀之義　意思是天子娶婦之前，必定先封賞婦家，使其地位與天子的尊貴相稱。《春秋公羊傳・桓公二年》何休注說，周桓王要從紀國娶王后，這是無比重大的事，所以先賞給紀國國君百里見方的土地，將他的爵位由子爵提升到侯爵，表示天子不從小國娶婦。后父，皇后之父。褒，表揚。紀，春秋時姜姓諸侯國，故址在今山東壽光南。㊾帝舅緣大雅申伯之意　指後世想要顯耀外戚的人，往往援引《詩經・大雅・崧高》中所寫的周宣王為大舅父申伯增加封地、修築城垣宗廟、贈送車馬和禮器大圭等優待措施，用作申述己意的事例。緣，依照；遵循。㊿寖廣博矣　指封賞外戚的範圍越來越大，賞賜之次數越來越多，官品越來越高，以致異常混亂。寖，同「浸」。逐漸。(51)是以別而敘之　這裡意思是說，上述「其餘后父」都不符合高祖關於封王侯誓約的精神，所以不能加在前面兩卷功臣表之後寫，這裡另外寫一卷專門敘述。是以，所以。別，區別；區分。

【語　譯】自古以來承受天命和中興王朝的君主，必定要復興已經滅亡的國家，接續斷絕了後代世襲的貴族權位，修復已被廢棄的官職，薦舉隱士出來做官，這樣以後，天下的人們便會稱讚他的仁慈惠愛之心，他向天下頒布的政令就會通行無阻。古書上說，武王打敗殷朝，撫恤聖賢的後代，甚至等不及下車就立即傳令施行。即使那時的朝代已經與今天不同，那些道理卻應該是古今相同的。高帝治平亂世，剪除暴虐，各種事情都處於初創階段，頭緒繁多而時間不足，卻仍然設置了替六國諸侯祭祀守墓的人家，招聘四皓，途經魏國故地就派人祭祀公子無忌的墳墓使其榮耀，前往趙地則封賜樂毅的後代。到他頒發獎賞、封官授職的時候，官爵憑功勳和能力確定先後次序。他的後代莊重無為，繼承先輩基業，老臣們相繼居官任職。到孝武帝時代，開國元勳和舊日老將們大體都已去世。適逢皇帝也提倡儒家文獻之學，選拔隱遁幽居之人，公孫弘從海邊來登上宰相職位，這時因為得封列侯而顯榮耀。又訪求前朝帝裔，詢問德高望重的老人，開頭找到周王的後裔，又封給他爵位，賜賞食邑。從此以後，做宰相的全都封給侯爵了。後來到元帝、成帝時期，找到殷王的後代，讓他充任諸侯。

漢朝興起，外戚參與平定天下，封侯爵的有兩人。所以高帝同大臣盟誓說：「不是劉家的人不能封王，假如有既無功勞，又不是皇帝任命而擅自稱侯的，天下之人應該共同討伐他。」所以呂后想要封呂家的子弟為王，王陵在朝廷上向她諫諍；景帝打算封外戚王家的人為侯，脩侯周亞夫挺身觸犯他的尊嚴，終於迫使他們放棄分封外戚的想法。此後薄昭、竇嬰、上官桀、衛青、霍去病之所以能夠封侯，都是因為有功勞才受封爵位的。其餘如皇后父親根據《春秋公羊傳》裡周桓王表彰紀國的大義，皇帝舅父依從《詩經・大雅・崧高》中周宣王封賞申伯的用意，封賞外戚的範圍逐漸擴大，人數越來越多。因此與前面的兩個表區分，在這一卷專門敘述這些外戚。

號謚姓名	侯狀戶數	始封	子	孫	曾孫	玄孫
臨泗侯呂公❶	以漢王后父賜號。❷	元年封，四年薨，高后元年追尊曰呂宣王。❸				
周呂令武侯澤❹	以客從入漢定三秦，將兵下碭，漢王敗彭城，往從之，佐定天下。❺	六年正月丙戌封，三年薨。❻	侯台嗣，高祖九年更封為酈侯，四年，高后元年，為呂王，二年薨，謚曰肅，追尊令武曰悼武王。❼	脽三年，王嘉嗣，坐驕廢。侯通，嘉弟，六年四月丁酉封，八年，為燕王，九月，反，誅。❽ 東平❾侯庀，通弟，八年五月丙辰封，九月，反，誅。		
			洨侯產，台弟，高后元年四月辛卯封，六年，為呂王，七年，為梁王，八年，反，誅。❿			
建成康侯釋之⓫	以客從擊秦。漢王入漢，使釋之歸豐衛太上皇。⓬	六年四月丙戌封，九年薨。⓭	孝惠二年，侯則嗣，七年，有罪，免。則弟種，高后元年四月乙酉封，奉呂宣王國，七年，更為不其侯，			

	八年，反，誅。⑭
	漢陽侯祿，種弟，高后元年九月丙寅封，八年，為趙王，追尊康侯曰趙

❶臨泗，地名，具體位置不詳。疑在今徐州北泗水邊。呂公，單父（今山東單縣）人，呂后父親。❷漢王后，即呂后，名雉。漢高祖元年（西元前二〇六年）二月，項羽封劉邦為漢王。❸高祖元年（西元前二〇六年）封，高祖四年死，高后元年（西元前一八七年）追加謚號為呂宣王。薨，死，古代稱諸侯或有爵位的大臣死為「薨」。❹周呂，封號。取呂澤輔佐漢王定天下，猶周朝有呂望的意思。食邑在呂。呂本是縣名，以縣為諸侯封國。故址在今江蘇徐州東南廢黃河北。令武，謚號。澤，呂澤，呂后長兄。❺定，平定。三秦，指陝西關中一帶地方。項羽滅秦後，三分秦國故地，封秦降將章邯為雍王，領咸陽以西地；司馬欣為塞王，領咸陽以東為黃河之地；董翳為翟王，領上郡（今陝北），合稱三秦。將，帶兵。下，攻克；奪取。碭，縣名。治今河南夏邑東南。漢高祖二年（西元前二〇五年）春三月，楚軍在彭城（今江蘇徐州）打敗漢軍，劉邦逃往呂澤占據的下邑（今安徽碭山縣）立足，收集殘部。❻六年正月丙戌，漢高帝六年夏曆正月初一。夏燮《校漢書八表》說，呂澤自高祖六年（西元前二〇一年）封侯，「封三年薨，為高帝八年」。❼呂澤的長子呂台於高后元年四月辛卯繼承侯爵。嗣，繼承。高祖九年，西元前一九八年。更，改。酈，縣名，故址在今河南南陽北。夏燮說「四年」應作「十一年」。高后元年（西元前一八七年）四月辛卯，割齊國的濟南郡封呂台為呂王。呂台於高后二年薨。❽腄，一作「錘」，縣名，故址在今山東煙臺福山區，此謂侯爵食邑。三年，卷十三〈異姓諸侯王表〉作高后二年。事在高后六年（西元前一八二年）。坐，表示犯罪的原因所在。六年四月丁酉，高后六年夏曆四月初三日。八年，指高后八年冬十月辛丑。❾東平，縣名，在今山東東平東南。❿洨，當作「洨」。洨，漢縣名，屬沛郡，故城在今安徽固鎮東南。高后元年四月辛卯，高后元年夏曆四月二十八日。據卷十三〈異姓諸侯王表〉記載，呂產於高后六年被封為呂王。高后七年（西元前一八一年）二月改為封梁王，高后八年秋七月，呂后病重時，令呂產統帥南軍。高后死後，遺詔以呂產為相國，九月庚申，呂產入未央宮，企圖發動叛亂，被朱虛侯劉章追逐殺死在郎中府的吏廁中。⓫建成，漢縣名，屬沛郡，古城在今河南永成東南。康，謚號。釋之，呂后次兄呂釋之。⓬漢，指代漢中，其地在今陝西南部。豐，縣名，故城在今江蘇豐縣。太上皇，劉邦之父，高祖六年五月丙午，詔尊太公為太上皇。⓭夏燮《校漢書八表》卷六說「四月」當作「正月」。九年，指封後經過九年，即孝惠二年薨。⓮夏燮說孝惠「二年」應作「三年」。孝惠三年，西元前一九二年。種，呂釋之的小兒子呂種。據《史記》的〈呂太后本紀〉、〈惠景間侯者年表〉記載，「封」下應有「沛侯」。沛，縣名，故城在今江蘇沛縣。奉，承；繼承。呂宣王國，即臨泗侯呂公。七年，指高后七年。不其，縣名，在今山東即墨西南。

號謚姓名	侯狀戶數	始封	子	孫	曾孫	玄孫
			昭王，九月，反，誅。⑮			
右高祖三人。						
扶柳侯呂平⑯	以皇太后姊長姁子侯。⑰	元年四月丙寅封，八年，反，誅。⑱				
襄城侯義⑲	以孝惠子侯。⑳	四月辛卯封，三年，為常山王。㉑				
軹侯朝㉒	以孝惠子侯。	四月辛卯封，四年，為常山王。㉓				
壺關侯武㉔	以孝惠子侯。	四月辛卯封，六年，為淮陽王。㉕				
昌平侯大㉖	以孝惠子侯。	二月癸未封，七年，為呂王。㉗				
贅其侯呂勝㉘	以皇太后昆弟子淮陽丞相侯。㉙	四月丙申封，八年，反，誅。㉚				
滕侯呂更始㉛	為舍人郎中十二歲，以都尉屯霸上，用楚丞相	四月丙申封，八年，反，誅。				

⑮漢陽，其地不詳，錢大昭疑為漢中郡褒中縣的漢陽鄉（今陝西漢中北）。《史記》的〈呂太后本紀〉、〈高祖功臣侯者年表〉等說，高后元年五月封大中大夫呂祿為胡陵侯，又說為廣信侯。胡陵即湖陵，故縣址在今山東魚臺東南；廣信當為封號。八年，〈異姓諸侯王表〉作「七年」，梁玉繩認為應作七年。趙，漢初諸侯封國，國都邯鄲，即今河北邯鄲。⑯扶柳，縣名，故城在今河北冀州西北。《水經注》、《史記志疑》以琅邪郡的邞縣（今山東諸城東北）為呂平侯國。呂平本不當姓呂，本姓失載，此以母族為姓。⑰皇太后，此謂高后呂

雉。長姁，呂后姊之字，與呂后之字娥姁相應，姁與樊噲妻呂嬃之名同音。梁玉繩《史記志疑》卷十二說：「呂平為高后姊子，不得姓呂，而謂之呂者，時太后方封呂氏，平冒母姓得封。此冒母姓之始。」侯，封侯，作動詞用。⑱元年，指高后元年。丙寅，梁玉繩認為應依《史記・惠景間侯者年表》作「庚寅」。丙寅為夏曆四月初三日，庚寅為四月二十七日。⑲襄城，縣名，即今河南襄城。義，劉義，又名劉弘。高后四年（西元前一八四年）五月丙辰，被呂后立為皇帝，更為弘。高后八年，高后病死後，諸呂欲為亂，周勃、陳平、劉章、曹窋等大臣誅鋤諸呂，劉義也因此被以「非孝惠子」為由而捕殺。⑳〈高后紀〉說劉義（弘）為惠帝後宮宮人所生子。卷四〈文帝紀〉、卷六十三〈武五子傳〉說不是惠帝之子；卷十三〈異姓諸侯王表〉云與劉弘類似的劉不疑為「高后所詐立孝惠子」，則劉弘也似非惠帝之子。〈高后紀〉在封劉強句下有如淳引〈外戚恩澤侯表〉曰：「皆呂氏子也。以孝惠子侯。」前五字本表今佚。其云「皆」者，以〈高后紀〉正文下尚邊記封劉不疑、劉弘、劉朝、劉武之文。卷二十七〈五行志上〉亦云劉義為呂氏子。《史記・呂太后本紀》的《正義》引劉伯莊云：「諸美人元（原）幸呂氏，懷身而入宮生子。」孝惠，劉盈諡號。㉑四月，指高后元年四月。〈高后紀〉此事繫於夏五月丙申之後。四月辛卯，夏曆四月二十八日。〈異姓諸侯王表〉云劉義封常山王在高后二年（西元前一八六年）十月癸丑，故朱一新謂此「三年」當作「二年」。然梁玉繩《史記志疑》卷十認為二年十月無癸丑。常山，漢初封國名，故地當在今河北西部的部分地區，都城元氏（今河北元氏西北）。㉒軹，縣名，故城在今河南濟源東南。朝，劉朝。後來被封為常山王，高后八年被周勃、陳平、劉章、曹窋等大臣以「非孝惠子」為由，捕殺於長安邸中。〈高后紀〉謂劉朝也是惠帝後宮宮人所生子。一說為呂氏冒充惠帝之子者，其身世類似劉義。㉓四月，指高后元年四月。〈高后紀〉事繫於夏五月丙申之後。四月辛卯，夏曆四月二十八日。四年，指高后四年。這年五月丙辰，劉義被立為皇帝以後，原來他的封爵常山王改封給劉朝。然而劉朝與劉武、劉大皆以年少未就封國，居於長安。㉔壺關，縣名，故城在今山西潞城西。武，劉武，被封為淮陽王以後，高后八年被周勃、陳平、劉章、曹窋等大臣以「非孝惠子」為由捕殺於長安邸中。〈高后紀〉謂劉武也是惠帝後宮宮人所生子，一說為呂氏冒充惠帝之子者，身世類似劉義。㉕四月，指高后元年四月。〈高后紀〉事繫於夏五月丙申之後。六年，指高后六年。《史記》的〈惠景間侯者年表〉、〈漢興以來將相名臣年表〉、《通鑑》卷十二謂高后五年（西元前一八三年）八月，淮陽王劉強薨，以其弟壺關侯劉武封淮陽王，與此不同。淮陽，漢代郡名。有時為諸侯封國。國都陳，故址在今河南淮陽。然劉武與劉朝、劉大皆因年少未到封國，居於長安。㉖昌平，縣名，故城在今北京昌平東南。〈異姓諸侯王表〉作「平昌」，故城在今山東商河縣西北。大，劉大，大亦為惠帝宮人所生。一說為冒稱惠帝之子者，身世類似少帝劉義。㉗二月，高后四年（西元前一八四年）二月癸未。二月癸未，夏曆二月初七日。七年，指高后七年。這年二月呂產徙封梁王，七月丁巳以其呂王之爵改封劉大，改名呂為濟川，因而劉大又稱濟川王。高后八年九月戊辰，呂氏之亂平息後，徙封劉大為梁王，然而劉大仍居於長安，故於高后八年後九月被周勃、陳平、劉章、曹窋等大臣以「非孝惠子」為由誅滅於邸。㉘贅其，縣名，故城在今江蘇盱眙西南。㉙皇太后，指呂后。昆弟子，兄弟之子，即姪。淮陽丞相侯，謂呂勝由於擔任淮陽國丞相，得以封贅其侯。侯國丞相官階二千石，由皇帝任命，擁有侯國的一切權力和監輔諸侯之權，為侯國最高行政長官。㉚四月，指高后四年四月。四月丙申，夏曆四月二十一日。八年，指高后八年。㉛滕，縣名，故城在今山東滕州西南，後來武帝改為公丘。呂更始，諸呂子姪輩人。

號謚姓名	侯狀戶數	始封	子	孫	曾孫	玄孫
	侯。㉜					
呂成侯呂忿㉝	以皇太后昆弟子侯。	四月丙申封，八年，反，誅。				
祝茲侯呂瑩㉞	以皇太后昆弟子侯。	八年四月丁酉封，九月，反，誅。㉟				
建陵侯張釋寺人㊱	以大謁者勸王諸呂侯。㊲	四月丁酉封，九月，免。				
右高后十人。五人隨父，凡十五人。						
軹侯薄昭㊳	高祖七年為郎，從軍十七年，以中大夫迎帝於代，以車騎將軍迎皇太后，侯，萬戶。㊴	元年正月乙巳封，十年，坐殺使者，自殺。帝臨為置後。㊵	十一年，易侯戎奴嗣，三十年薨。	建元二年，侯梁嗣。		
鄔侯駟鈞㊶	以齊王舅侯。㊷	四月辛未封，六年，坐濟北王興居舉兵反弗救，免。㊸				
周陽侯趙兼㊹	以淮南王舅侯。㊺	四月辛未封，六年，有罪，免。㊻				
右孝文三人。						
章武景侯竇廣國㊼	以皇太后弟侯，萬一千戶。㊽	孝文後七年六月乙卯封，七年	孝景七年，共侯定嗣，十八年薨。	元光三年，侯常生嗣，十年，元狩		

㉜舍人，秦漢侯王貴官左右親近的通稱，後為私屬低級官吏的稱號。郎中，官名，屬郎中令，官階比三百石，掌管侍衛宮廷門戶、帝王外出時駕馭車騎，外任補吏以縣令長居多。歲，年。都尉，漢代中級武官官名，其地位一般低於校尉，但特設的各種都尉有秩比二千石一級的爵位，相當於列卿。屯，此處指屯田。霸上，即灞水西面的白鹿原，在今陝西西安東南。霸，今作「灞」。楚，漢初侯國名，國都彭城，即今江蘇徐州，高祖先後封韓信和劉交為楚王。㉝呂成，一作「呂城」。封邑名，在河南南陽郡宛縣（今河南南陽）西三十里。㉞祝茲，錢大昕《廿二史考異》認為應是琅邪郡屬縣。梁玉繩《史記志疑》卷十四說，祝茲本名即丘縣，屬東海郡，東漢以後始屬琅邪郡，班固生在東漢，就他那個時代所見稱呼為祝茲，故城在今山東臨沭西南。㉟八年，指高后八年。四月丁酉，夏曆四月十五日。㊱建陵，東海郡屬縣名，故城在今江蘇新沂西南。《史記．惠景間侯者年表》的《索隱》認為建陵「《漢》表作『東海』」，則唐時所見此表與今有異。東海郡治今山東郯城西北。張釋，又作張釋卿、張擇、張澤。寺人，宦官，沿用先秦對宦官的稱呼。㊲大謁者，官名，掌管輔助行禮、應酬賓客、給事近署、執戟宿衛的謁者首領，多由宦官兼任，故〈張陳王周傳〉作「宦者令」。張釋以齊人田生之計勸呂后封諸呂為王。王，動詞，封王意。㊳軹，縣名，故城在今河南濟源東南。㊴七年，當是豎寫「十一年」之訛。高祖十一年，西元前一九六年。郎，官名，轄屬於郎中令，掌管侍衛君主、顧問應對、奉命出使等，隨時聽候君主差遣。軍，疑係「帝」字之訛。帝，指文帝。中大夫，當作「太中大夫」。太中大夫為郎中令屬官，掌議論政事，為皇帝高級顧問。帝，指文帝，原封代王，封國代國的都城中都，在今山西平遙西南。車騎將軍，漢代高級軍官官名，掌管宮廷衛戍部隊，乃至邊地駐軍，爵位僅次於大將軍，接近三公。皇太后，文帝母薄太后，高祖死後，她隨兒子到所封的代國去，故又稱代太后。㊵元年，指文帝前元年，即西元前一七九年。正月乙巳，夏曆正月二十七。十年，指文帝前十年，即西元前一七〇年。薄昭殺漢使者，文帝想讓他引咎自殺，派大臣同他飲酒，他卻不肯死；文帝又派大臣們身穿喪服在他跟前哭，他只好自殺。臨，哭弔死者。為置後，替他立嗣繼承諸侯封爵。置，立。後，後代子孫。㊶鄔，縣名，故城在山西介休東北。〈文帝紀〉云「齊王舅駟鈞為靖郭侯」，與此不合。靖郭為戰國時田嬰封邑之號，故地在今山東滕州境內。錢大昕《廿二史考異》、梁玉繩《史記志疑》卷七等並云駟鈞以齊王舅得封侯，當是裂齊地而封之。則似宜作「靖郭」。「鄔」與《史記》之作「清都」二字形近之訛。顏師古疑其初封靖郭，後改為鄔。㊷齊王，指齊哀王劉襄。惠帝七年嗣其父劉肥，得封齊王。㊸四月，指文帝前元年（西元前一七九年）四月。〈文帝紀〉敘事繫於同年六月。四月辛未，夏曆四月二十五日。六年，文帝前六年，即西元前一七四年。濟北，漢諸侯國，都城盧縣，在今山東長清西南。興居，劉肥之子劉興居。劉襄，劉章的弟弟，文帝前二年（西元前一七八年）二月己卯封濟北王。舉兵，發動軍隊。劉興居在誅滅諸呂的鬥爭中有功勞。文帝即位後，聽說劉興居、劉章原來打算擁立劉襄為帝，於是故意貶低其功，劉興居對此十分不滿，文帝前三年（西元前一七七年）六月，趁文帝往代郡領兵抗擊匈奴時，劉興居在濟北造反，八月，兵敗被俘自殺。弗救，指不救漢朝皇帝。㊹周陽，縣名，故城在山西聞喜東北。錢大昕疑其在淮南境內，梁玉繩謂為「陽周」之訛。陽周當是莒縣鄉名。㊺淮南王，指劉邦少子劉長。㊻四月，指文帝前元年（西元前一七九年）四月。〈文帝紀〉敘事繫於同年六月。六年，指文帝前六年。㊼章武，縣名，故城在今河北黃驊西北。竇廣國，字少君，文帝竇皇后之弟。景侯，謚號。㊽皇太后，指孝文帝竇皇后，景帝即位，尊之為皇太后。據《史記．惠景間侯者年表》，竇廣國食邑一萬一千八百六十九戶，此云萬一千戶

號諡姓名	侯狀戶數	始封	子	孫	曾孫	玄孫
		薨。[49]	[50]	元年，坐謀殺人，未殺，免。[51]		
南皮侯竇彭祖[52]	以皇太后兄子侯。[53]	六月乙卯封，二十一年薨。[54]	建元六年，夷侯良嗣，五年薨。[55]	元光五年，侯桑林嗣，十八年，元鼎五年，坐酎金免。[56]		
魏其侯竇嬰[57]	以將軍屯滎陽扞破吳楚七國侯。皇太后昆弟子。[58]	三年六月乙巳封，二十三年，元光四年，有罪，棄市。[59]				
蓋靖侯王信[60]	以皇后兄侯。[61]	中五年五月甲戌封，二十五年薨。[62]	元光三年，頃侯充嗣。[63]	侯受嗣[64]，元鼎五年坐酎金免。		
右孝景四人。						
武安侯田蚡[65]	以皇太后同母弟侯。[66]	孝景後三年三月封，十年薨。[67]	元光四年，侯恬嗣，五年，元朔三年，坐衣襜褕入宮不敬，免。[68]			
周陽懿侯田勝[69]	以皇太后同母弟侯。	三月封，十二年薨。	元光六年，侯祖嗣，八年，元狩三年，坐當歸軹侯			

者，取其整數。意思是賞賜給竇廣國每年徵收、享受一萬一千戶百姓所繳納賦稅的特權。[49]孝文後七年，西元前一五七年。六月乙卯，夏曆六月十七日，為景帝即位的第八天。同年十月才改稱景帝元年，此前仍用文帝名義紀年。[50]孝景七年，西元前一五〇年。共侯，諡號。共，通「恭」。定，人名，即竇定，《史記》作「完」。[51]元光三年，西元前一三二年。元光，漢武帝的第二個年號，西元前一三

四—前一二九年。元狩，漢武帝的第四個年號，時當西元前一二二—前一一七年。(52)南皮，縣名，故址在今河北南皮東北。竇彭祖，孝文帝竇皇后兄竇長君之子。(53)皇太后，指孝文帝竇皇后。景帝即位，尊為皇太后。兄子，竇太后兄竇長君之子，《史記・惠景間侯者年表》記載竇彭祖食邑六千四百六十戶。(54)六月，孝文帝後七年（西元前一五七年）六月。(55)建元六年，西元前一三五年。夷侯，諡號。良，竇良。(56)元光五年，西元前一三〇年。元鼎五年，西元前一一二年。元鼎，武帝的第五個年號，西元前一一六—前一一一年。酎金，漢文帝規定，諸侯、列侯按食邑人口數的比例，每年向皇帝上繳助祭宗廟的黃金，稱為酎金。元鼎五年九月，列侯因為所獻酎金不合乎規定的有一百零六人，都被朝廷剝奪爵位。(57)魏其，縣名，故址在今山東臨沂東南。(58)將軍，當作「大將軍」。大將軍，漢代最高級武官官名，不常設置，地位相當於丞相，實際權力有時超過丞相。屯，軍隊駐守。滎陽，縣名，故城在今河南滎陽東北。扞破，防衛；殲擊。吳楚七國，指景帝前三年（西元前一五四年）吳王劉濞約同楚、趙、膠東、膠西、濟南、淄川七國諸侯，以誅鼂錯為名，組織發動的叛軍。竇嬰在平叛戰爭中監督、控制驪寄、欒布兩路進擊齊、趙的漢軍。皇太后昆弟，「昆弟」應為「從昆弟」，即堂弟，竇嬰是竇太后堂弟之子，即堂姪。(59)三年，指孝景帝前三年。六月乙巳，六月無乙巳日，似當作「乙亥」，乙亥為六月二十三日。乙巳，梁玉繩疑當作「乙亥」。《史記・惠景間侯者年表》說，竇其侯竇嬰有三千三百五十戶食邑。元光四年，西元前一三一年。棄市，古代刑法之一，即將罪犯在鬧市處死後，將其屍體暴露在街頭示眾，這裡作動詞用，意思是處以棄市的刑法。竇嬰以替其友灌夫之死訴冤，得罪丞相田蚡，被田蚡陷害處死。(60)蓋，縣名，故城在今山東沂源東南。《史記・惠景間侯者年表》的《索隱》謂蓋縣「《漢》表在勃海」，則是今本此表脫「勃海」二字。然而蓋縣屬於泰山郡，不屬於勃海郡。靖侯，諡號。(61)皇后，指景帝皇后王娡，武帝生母。(62)中五年，指景帝中元五年（西元前一四五年）。二十五年薨，謂封侯二十五年之後，至元狩二年（西元前一二一年）薨。夏燮《校漢書八表》卷六、七說此與《史記・惠景間侯者年表》元狩三年王偃嗣王信侯爵相接。「二十五」一本作「三十五」，是以王信薨於元鼎六年，又與下文元鼎五年王受坐酎金免侯事不合。〈百官公卿表下〉元鼎元年（西元前一一六年）蓋侯王信為太常之說又合於作「三十五年薨」之說，而不合《史記》與此表共作「二十五年薨」之說。夏燮說本條有錯簡。(63)頃侯，諡號。夏燮據《史記・惠景間侯者年表》說，元狩三年（西元前一二〇年）王偃嗣王信為侯，元鼎五年（西元前一一二年）免，除免之年計算，共八年，據此似並無頃侯王充世次。(64)梁玉繩對於王偃究竟是王充還是王受，疑不能明。夏燮謂王受即王偃的異名。(65)武安，縣名，故址在今河北武安西南。卷五十二〈竇田灌韓傳〉說田蚡的食邑在鄃。鄃，縣名，故城在今山東高唐東北。(66)皇太后，指景帝皇后王娡。景帝後元三年（西元前一四一年）正月景帝崩，武帝即位，尊其母王娡為皇太后。同母弟，同母異父的弟弟。王娡母親臧兒先嫁為王仲妻，生子王信和兩個女兒，長女即王娡。其後王仲死，臧兒改嫁為長陵田氏婦，生子田蚡、田勝。《史記・惠景間侯者年表》說封田蚡食邑八千二百一十四戶。(67)孝景後三年三月景帝崩，武帝已即位，但仍用景帝的名號紀年，同年十月改元建元。所以《史記・魏其武安侯列傳》的《正義》說，本書云元光四年春三月乙卯，丞相蚡薨。可知本書原文與今本作元光五年春田蚡死的記載不同。《史記正義》和《通鑑》都以作四年為是。元光四年，西元前一三一年。(68)元朔三年，西元前一二六年。元朔，漢武帝的第三個年號，西元前一二八—前一二三年。衣，動詞，穿衣意。襜褕，寬大而短至僅可蔽膝的單衣便服。不敬，指對皇帝無禮，是漢代重罪罪名之一。田恬免爵後，封國即被撤銷。(69)周陽，

號謚姓名	侯狀戶數	始封	子	孫	曾孫	玄孫
			宅不與，免。❼⓪			
長平烈侯衛青❼①	以將軍擊匈奴取朔方侯，後破右賢王，益封，又封三子。皇后弟。❼②	元朔二年二月丙辰封，二十三年薨。❼③	宜春侯伉，五年四月丁未以青功封，元鼎元年坐撟制不害免。太初元年嗣侯，五年，闌入宮，完為城旦。❼④			
			陰安侯不疑，四月丁未以青功封，十二年，元鼎五年，坐酎金免。❼⑤			
			發干侯登，四月丁未以青功封，坐酎金免。❼⑥	元康四年，詔賜青孫錢五十萬，復家。❼⑦	永始元年，青曾孫玄以長安公乘為侍郎。❼⑧	元始四年，賜青玄孫賞爵關內侯。❼⑨
平津獻侯公孫弘❽⓪	以丞相詔所褒侯，三百七十三戶。❽①	元朔三年十一月乙丑封，六年薨。❽②	元狩三年，侯度嗣，十三年，元封四年，坐為山陽太守詔徵鉅野令史成不遣，完為城旦。❽③			高城❽④

縣名，故城在今山西聞喜東北。懿侯，謚號。(70)元光六年，西元前一二九年。祖，當作「彭祖」。「彭」字脫。王符《潛夫論・斷訟十九》：「孝武仁明，周陽侯田彭祖坐當（歸）軹侯宅而不與，免國。」三年，《史記・惠景間侯者年表》作「二年」。軹侯，薄昭。《史記・惠景間侯者年表》作「章侯」，王先謙疑是章武侯，脫「武」字，章武侯謂竇廣國。(71)長平，縣名，故城在河南西華東北。烈侯，謚號。衛青，字仲卿，河東平陽（今山西臨汾）人。漢武帝皇后衛子夫同母異父弟，漢代著名軍事將領，一生戰功顯赫，官拜大司馬大將軍，後尚武帝姊平陽公主，西元前一〇六年去世。(72)朔方，郡名，武帝元朔二年（西元前一二七年）攻取匈奴河南地區（今內蒙古河套以南地區）設置，郡治朔方城（今內蒙古烏拉特前旗東南）。右賢王，匈奴貴族的一種高級封爵。益封，增加食邑人戶。元朔二年，衛青以封長平侯食邑三千八百戶，同年又增加食邑三千八百戶；元朔五年再次增加八千七百戶。共封食邑一萬六千三百戶。三子時俱在襁褓之中，即已封侯，各賜封食邑一千三百戶。(73)二月，一作三月。二月無丙辰，當作「三月丙辰」，為夏曆三月十七日。卷六〈武帝紀〉和卷五十五〈衛青霍去病傳〉云衛青薨於元封五年（西元前一〇六年），則此「二十三年薨」當作「二十二年薨」。(74)宜春，縣名，故城在今河南確山縣東。五年，指元朔五年，封衛伉宜春侯，一千三百戶。四月丁未，夏曆四月二十日。元鼎元年，西元前一一六年。撟制，即矯詔，偽造皇帝命令。撟，通「矯」。假託；詐稱。制，制書，詔書中的一種。不害，漢法律用語，指尚未造成禍患，無妨大事。太初元年，西元前一〇四年。太初，漢武帝的第七個年號，西元前一〇四—前一〇一年，梁玉繩認為當作元封六年嗣。〈衛青傳〉作「六」。闌入宮，擅自闖入宮。闌，妄。完，秦漢時一種剃去囚犯鬢毛，留下頭髮的輕刑。城旦，刑期四年的一種刑罰。衛伉在征和二年（西元前九一年）的巫蠱之禍中被誅。(75)陰安，縣名，故城在今河南內黃東北。四月，指元朔五年四月。封衛不疑為侯，賜邑一千三百戶。(76)發干，縣名，故城在今山東聊城北。登，衛登，《西京雜記》說，字叔升。四月，指元朔五年四月。封衛登為侯時，賜邑一千三百戶。(77)元康四年，西元前六二年。元康，漢宣帝劉詢的第三個年號，西元前六五—前六一年。青孫，衛青之孫，史失其名。復家，免除其家賦稅徭役。復，免去賦役。(78)永始元年，西元前一六年。永始，漢成帝劉驁的第五個年號，西元前一六—前一三年。公乘，秦漢二十等爵位制中的第八級爵位名。漢文帝以後，有公乘爵位的人戶仍需服役，不再屬於高爵。侍郎，光祿勳所屬郎官中的一種官名，位於議郎之下，官階比四百石，職務是侍從宿衛皇帝，候補地方官吏。(79)元始四年，西元四年。元始，漢平帝劉衎的年號，西元一—五年。玄孫，曾孫之子。賞，衛賞，人名。關內侯，秦漢二十等爵位制中的第十九級爵位名。有侯名而無封國，常日居於京城。(80)平津，鄉名，屬高成縣，高成故城在今河北鹽山縣東南。獻，謚號。公孫弘，漢武帝時任丞相之職，是第一個由普通儒生而登相位之人。(81)在公孫弘封相之前，漢朝一直從列侯中選任丞相，公孫弘原來沒有列侯爵位，所以在封他任丞相的同時，賜封侯爵，作為遵循先例之義。此後漢朝任命沒有侯爵的大臣為丞相時，又必封授侯爵，成為成例。所褒，指獎賞。三百七十三戶，似太少，〈公孫弘卜式兒寬傳〉作六百五十戶，梁玉繩謂本表誤，當從傳。(82)元朔三年，卷十九〈百官公卿表下〉及《史記・漢興以來將相名臣年表》皆作元朔五年，《通鑑考異》謂應作五年。十一月乙丑，元朔三年十一月無乙丑，元朔五年十一月乙丑為夏曆十一月十一日。公孫弘薨於元狩二年三月戊寅，其時距元朔五年（西元前一二四年）只二年餘，此云「六年」，當是據上句元朔三年任丞相的誤說推算其任丞相的時間。本傳云六年為公孫弘任御史和丞相二種職務總計的時間。(83)度，公孫度，公孫弘之子。元封四年，西元前一〇七年。

號諡姓名	侯狀戶數	始封	子	孫	曾孫	玄孫
冠軍景桓侯霍去病[85]	以校尉擊匈奴侯，後以將軍破祈連，迎昆邪王，益封。皇后姊子。[86]	六年四月壬申封，七年薨。[87]	南陽 元鼎元年，哀侯嬗嗣，七年薨，亡後。[88]	樂平 侯山，地節二年四月癸巳以從祖祖父大將軍光功封，三千戶，四年，坐謀反，誅。[89]		東郡[90]
				冠陽 侯雲，山弟，三年四月戊申以大將軍光功封，千八百戶，四年坐謀反，誅。[91]		南陽
周子南君姬嘉[92]	以周後詔所褒侯，三千戶。[93]	元鼎四年十一月丁卯封，六年薨。[94]	元封四年，君置嗣，二十四年薨。[95]	始元四年，君當嗣，十六年，地節三年，坐使奴殺家丞，棄市。[96]		長社[97]
				元康元年三月丙戌君延年以當弟紹封，初元五年正月癸巳，更封為周承休侯，位次諸侯王，二十九年薨，諡曰考。[98]	建昭三年，質侯安嗣，四年薨。[99]	陽朔二年，釐侯世嗣，八年薨。[100]

元封是漢武帝的第六個年號名，時值西元前一一〇—前一〇五年。山陽，郡名，郡治昌邑，故址在山東金鄉東北。鉅野，縣名，故城在今山東巨野東北。史成，鉅野縣令的姓名。不遣，指扣留而不派遣。本傳云平帝元始年間（西元一—五年）詔封公孫弘後代為關內侯，食邑三百戶，此佚。(84)高城，即高成。(85)冠軍，縣名，故城在今河南鄧州西北，是武帝合併穰縣盧陽鄉和宛縣臨駣聚而設置。景、桓都是謚號。「景」取謚法中「布義行剛」之意，此用褒揚霍去病平生有武藝，桓取「辟土服遠」之意，用以稱美霍去病開拓疆域的功業。(86)校尉，此指票姚校尉。將軍，此指驃騎將軍。祈連，山名，綿亙在今甘肅武威、張掖、酒泉（合稱河西走廊地區）西南。昆邪，匈奴族部落名，在河西走廊地區活動，其首領即昆邪王。元狩二年霍去病率漢軍奪取了匈奴占據的焉支山、祁連山等地，匈奴單于以昆邪王連敗於漢，準備殺他，昆邪王得知後率部降漢，漢朝疑其詐降襲邊，派霍去病領兵前往迎接。霍去病原以食邑一千六百戶封冠軍侯，又四次增加食邑，一以出隴西有功益封二千二百戶，一以破匈奴祁連有功益封五千四百戶，一因迎昆邪王益封一千七百戶，一因擊左、右賢王益封五千八百戶。霍去病是武皇后衛子夫的姊姊少兒所生。(87)六年，當是元朔六年，即西元前一二三年。梁玉繩說：「元朔六年四月壬午朔，無壬申。」此作「壬申」，誤。按元朔六年夏曆四月初一日是癸未，該月既無壬申日，又無壬午日，只有壬辰、壬寅、壬子日。霍去病薨於元狩六年，即西元前一一七年。(88)冠軍屬南陽郡，故云南陽，郡治宛縣，即今河南南陽。霍嬗，字子侯，深得武帝寵愛，任奉車都尉，於元封元年（西元前一一〇年）四月隨從武帝往泰山封禪，暴病死。武帝作歌詩為之哀悼，謚哀侯。亡後，後代斷絕。本傳說侯國因此撤銷。(89)樂平，縣名，原為東郡清縣（故城在今山東聊城西），東漢章帝改稱樂平；或說為清縣所轄鄉聚名，章帝以為縣名。地節二年，西元前六八年。地節是宣帝劉詢的第二個年號，西元前六九—前六六年。四月癸巳，夏曆四月初二日。從祖祖父，祖父的兄弟，叔伯祖父。光，霍去病的同父異母弟霍光。武帝後元二年（西元前八七年）以顧命大臣封為大司馬大將軍。霍光後擁立宣帝為帝。地節二年，霍光臨終上書宣帝，稱願分自己食邑三千戶給霍去病的孫子奉車都尉。宣帝應允，封霍山為樂平侯，以奉車都尉領尚書事。四年，指地節四年，即西元前六六年。(90)郡名，郡治濮陽，故城在今河南濮陽西南，樂平屬東平。(91)冠陽，疑是冠軍之誤。雲，霍雲，史稱其為霍去病之孫。三年，指宣帝地節三年，即西元前六七年。四月戊申，夏曆四月二十二日。大將軍光，即霍光。千八百戶，《史記・建元以來侯者年表》作三千戶。四年，指地節四年。霍雲以謀反事被發覺自殺，死後受到滅族、撤銷封國的嚴懲。(92)周子南君，姬嘉封號。南，通「男」。依漢武帝時流行的《春秋公羊傳》、董仲舒《春秋繁露》以及班固《白虎通義》之說，周朝貴族的公、侯、伯、子、男五等爵位制度，在殷朝和春秋時代是合伯、子、男為一等的三等爵位制度。這裡的「子南」即「子男」，表示爵位。漢朝又稱未封侯而有食邑的貴族為「君」。或說子南為姬嘉封邑之號，周子南君表示其為周朝天子的同姓衛國諸侯的後代。(93)周後，周天子的後代。漢武帝東巡至洛陽，詢訪周王後代，得知周王妾媵所生的支派子孫姬嘉，封姬嘉土地三十里見方，食邑三千戶，以奉周祀。(94)元鼎四年，西元前一一三年。十一月丁卯，夏曆十一月十一日。(95)君，指周子南君。置，姬置。《史記・建元以來侯者年表》作姬買。(96)始元四年，西元前八三年。始元，漢昭帝的第一個年號，西元前八六—前八〇年。君，周子南君。當，姬當。地節三年，西元前六七年。使，指使。家丞，官名。漢代制度，食邑千戶以上的列侯設置家丞，作管家的首領。(97)周子南君食邑原屬潁川郡長社縣；長社故城在今河南長葛東北。(98)元康元年，西元前六五年。三月丙戌，夏曆三月十一日。紹封，續封。紹，繼

號謚姓名	侯狀戶數	始封	子	孫	曾孫	玄孫
			六世 永始二年，侯當嗣，七年，綏和元年進爵為公，地滿百里；元始四年，為鄭公；王莽篡位，為章年公。(101)	七世 天鳳元年，公常嗣，建武二年五月戊辰更為周承休侯。(102)	八世 五年，侯武嗣，十三年，更為衛公。(103)	觀(104)
樂通侯欒大(105)	以方術詔所褒侯，三千戶。(106)	四年四月乙巳封，五年，坐罔上，要斬。(107)				高平(108)
牧丘恬侯石慶(109)	以丞相及父萬石積行侯。(110)	五年九月丁丑封，十年薨。(111)	太初三年，侯德嗣，二年，天漢元年，坐為太常失法罔上，祠不如令，完為城旦。(112)			平原(113)
富民定侯車千秋(114)	以丞相侯，八百戶，以遺詔益封，凡千六百戶。(115)	征和四年六月丁巳封，十二年薨。(116)	元鳳四年，侯順嗣，六年，本始三年，坐為虎牙將軍擊匈奴詐增虜獲，自殺。(117)			蘄(118)

續。初元五年，西元前四四年。初元，漢元帝劉奭的第一個年號，西元前四八—前四四年。更，改。周承休，元帝為姬延年設置的諸侯國名，其地在今河南臨汝東北。次，排列；按次序編排。(99)建昭三年，西元前三六年。建昭，漢元帝劉奭的第三個年號，西元前三八—前三四年。質侯，謚號。安，姬安。四年，應作「十三年」。(100)陽朔二年，西元前二三年。陽朔，漢成帝劉驁的第

三個年號，西元前二四—前二一年。釐侯，諡號。世，姬世。(101)永始二年，西元前一五年。當，姬當，亦作姬黨。綏和元年，西元前八年。綏和，漢成帝的第七個年號，西元前八—前七年。綏和元年三月，進爵周子南君為公。成帝又封姬延為周承休公。鄭公，當作「郥公」。元始二年周承休改名郥，參〈地理志〉、《說文解字》。郥，故地在今河南臨汝境內。王莽始建國元年（西元九年）篡位。牟，應作「平」。(102)天鳳元年，西元一四年。天鳳，王莽所建立的「新」朝第二個年號，西元一四—一九年。建武二年，西元二六年。建武，東漢光武帝的第一個年號，西元二五—五六年。五月戊辰，夏曆五月初七日。戊辰，《後漢書·光武帝紀》作「庚辰」。(103)侯，周承休侯。武，姬武。建武十三年（西元三七年）二月庚午，改封姬武為衛公，以為漢賓，爵位在三公以上。(104)縣名，屬東郡，光武帝以為衛公國，故城在今河南清豐南。(105)欒通，侯國名，武帝時由臨淮郡的高平縣劃分設置。欒大被誅後，侯國仍歸併高平縣。欒大，方士，武帝長女婿。(106)方術，古代對天文、醫學、神仙術、卜相、堪輿等各方面技藝法術的總稱。方士欒大原來是武帝弟弟膠東王劉寄的家人，後來經人推薦得見武帝，向武帝謊稱自己可與海中神仙通話，因此封侯。三千戶，卷二十五〈郊祀志上〉及《史記·封禪書》皆作「二千戶」。(107)四年，元鼎四年。四月乙巳，夏曆四月二十二日。五年，元鼎五年。罔上，欺騙君主。指武帝派人跟蹤欒大，發現他不敢入海去見他謊言中的神仙老師，他的方術沒有應驗，因此犯欺君之罪。罔，欺騙；騙取。上，特指帝王。要斬，古代將死囚攔腰斫斷的一種酷刑。要，通「腰」。(108)高平，縣名，故城在今江蘇泗洪東南。樂通本來是高平的一部分。(109)牧丘，侯國名，武帝從平原郡的平原縣劃分設置。恬侯，諡號。恬，《史記·建元以來侯者年表》作「恪」。石慶，石奮的小兒子。(110)萬石，指萬石君石奮。石奮及其四子都擔任二千石級的官職，五個二千石等於一萬石，故景帝稱呼石奮為「萬石君」。積行，長久修養德行。指石奮馴順謹慎的品德。(111)五年，指元鼎五年。九月丁丑，夏曆九月初二日。丁丑，卷十九〈百官公卿表下〉作「丙申」，《史記·漢興以來將相名臣年表》作「辛巳」。石慶薨於太初二年（西元前一〇三年）正月戊寅。(112)太初三年，西元前一〇二年。德，石慶的中子石德。天漢元年，西元前一〇〇年。天漢，漢武帝的第八個年號，西元前一〇〇—前九七年。坐為太常失法罔上，由於任職太常反而不遵守法規犯了欺君之罪。坐，特指導致犯罪的緣由。為，擔任。太常，官名，九卿之一，掌管陵廟禮儀及博士弟子員的選拔、教育、補吏等等。失法，背離法規。祠不如令，祭祀時不符合應有規定，〈百官公卿表下〉說，石德供宗廟祀用的牲畜太瘦，被判處交納米穀以贖罪的刑罰。祠，動詞，祭祀。如，按照，這裡指符合。(113)平原，縣名，平原郡郡治所在地，故城在今山東平原縣南；牧丘在平原縣境內。(114)富民，封號，取思富養民之意。定侯，諡號。車千秋，本姓田，皇帝以其年老，特許其乘小車入宮朝見，故號車千秋。(115)八百戶，《史記·建元以來侯者年表》褚少孫補作「三千戶」。遺詔，指武帝遺詔。凡，共。(116)征和四年，西元前八九年。征和，武帝的第十個年號，西元前九二—前八九年。六月丁巳，夏曆六月二十五日。十二年薨，車千秋於昭帝元鳳四年（西元前七七年）正月甲戌薨。(117)元鳳，昭帝的第二個年號，西元前八〇—前七五年。順，田千秋之子田順。本始三年，西元前七一年。本始，宣帝劉詢的第一個年號，西元前七三—前七〇年。虎牙將軍，武帝臨時設置的一種雜號將軍的名稱。詐增虜獲，謊報虜掠戰利品的數目比實際多。詐，假裝。卷六十六作「盜」字，詐、盜二字意義同。虜獲，掠奪所得的財物。一說田順由於沒有如期到達預定的地點被誅，侯國被撤銷。(118)縣名，故址在今安徽宿州東南，當時屬沛郡，為車千秋食邑。

號謚姓名	侯狀戶數	始封	子	孫	曾孫	玄孫
右孝武九人，三人隨父，凡十二人。						
博陸宣成侯霍光 (119)	以奉車都尉捕反者莽何羅侯，二千三百五十戶，後以大將軍益封萬七千二百戶。(120)	始元二年正月壬寅封，十七年薨。(121)	地節二年四月癸卯，侯禹嗣，四年，謀反，要斬。(122)		元始二年四月乙酉，侯陽以光從父昆弟之曾孫龍勒士伍紹封，三千戶，王莽篡位，絕。(123)	北海河間東郡 (124)
安陽侯上官桀 (125)	以騎都尉捕反者莽何羅侯，二千三百戶。女孫為皇后。(126)	正月壬寅封，五年，元鳳元年，反，誅。(127)	桑樂侯安 始元五年六月辛丑以皇后父車騎將軍封，千五百戶，二年，反，誅。(128)			蕩陰 千乘 (129)
宜春敬侯王訢 (130)	以丞相侯，子譚與大將軍光定策，益封，坐法削戶五百，定六百八戶。(131)	元鳳四年二月乙丑封，二年薨。(132)	元鳳六年，康侯譚嗣，四十五年薨。(133)	建始三年，孝侯咸嗣，十八年薨。(134)	元延元年，釐侯章嗣，八年薨。(135)	汝南 建平三年，侯強嗣，二十六年，更始元年，為兵所殺。(136)
安平敬侯楊敞 (137)	以丞相侯，七百戶，與大司馬大將軍光定策，益封子忠，凡五千五百四十七戶。(138)	六年二月乙丑封，一年薨。(139)	元平元年，頃侯忠嗣，十一年薨。(140)	元康三年，侯譚嗣，九年，五鳳四年，坐為典屬國季父惲有罪，譚言誹，免。(141)		汝南 (142)

(119)博陸，封號，取廣平之意，封地在東武陽（今山東莘縣南）；一說漁陽郡屬城名，故城在今北京密雲東南。宣成侯，謚號。霍光，霍去病同父異母弟。(120)奉車都尉，官名，武帝設置，官階比二千石級，掌管皇帝的車輦。莽何羅，本姓馬名何羅，是東漢明帝馬皇后的祖先。馬皇后厭惡其造反，故用同音字「莽」代替「馬」。莽何羅及其弟莽通於武帝後元元年（西元前八八年）謀反被誅。二千三百五十戶，《史記・建元以來侯者年表》褚少孫補作「三千戶」。大將軍，漢代武帝官最高級勳銜，地位相當於丞相，實權和優寵都在丞相之上。萬七千二百戶，這是宣帝本始元年（西元前七三年）益封數，與前此所封共二萬戶。(121)始元二年，西元前八五年。正月壬寅，夏曆正月二十五日，《史記・漢興以來將相名臣年表》作「二月己巳」。十七年薨，指霍光封侯後十七年即宣帝地節二年三月庚午死。(122)地節二年四月癸卯，地節二年夏曆四月十二日。四年，指地節四年。這年七月朝廷捕得霍禹，腰斬。(123)元始二年，西元二年。陽，霍陽。是霍光叔伯兄弟（即堂兄弟）的曾孫。從父，伯、叔父的統稱。昆弟，兄弟。龍勒，縣名，屬敦煌郡，故址在今甘肅敦煌西南。士伍，士卒。三千戶，〈霍光金日磾傳〉作「千戶」。絕，指侯國的分封至此斷絕。(124)霍光起初封侯食邑在北海和河間，後來又增加東郡。北海，郡名，景帝設置，治營陵，在今山東安丘西北。河間，郡名，治樂成，在今河北獻縣東南。東郡，郡名，治濮陽，在今河南濮陽西南。(125)安陽，秦朝縣名，屬河內郡，故址在今河南安陽東南。上官桀，字少叔，隴西人，武帝顧命大臣之一，昭帝上官皇后之祖父。(126)騎都尉，漢代中紀武官官員，光祿勳屬官，監管羽林騎，官階為比二千石級。二千三百戶，《史記・建元以來侯者年表》作「三千戶」。女孫，即孫女；上官桀之子上官安娶霍光長女為妻，所生女兒借助昭帝姊姊鄂邑蓋長公主之力被立為昭帝皇后。(127)正月，始元二年正月。壬寅，夏曆正月二十五日。元鳳元年，西元前八〇年。(128)桑樂，在千乘郡，其地不詳。始元五年，西元前八二年；始元四年封上官安為車騎將軍。六月辛丑，夏曆六月十九日。千五百戶，《史記・建元以來侯者年表》補作三千戶。二年，經過二年，到元鳳元年。(129)蕩陰，縣名，屬河內郡，即今河南湯陰，上官桀食邑所在。千乘，郡名，治千乘縣，故址在今山東高青東北，上官安食邑在千乘。(130)宜春，縣名，屬汝南郡，故城在今河南確山縣東。敬侯，謚號。王訢，曾官拜丞相之職。訢，同「欣」。(131)王訢在田千秋薨後任丞相，同時封侯。《史記・建元以來侯者年表》補云封二千戶。定策，決策，指參與謀劃廢黜昌邑王、立宣帝一事。益封，增加食邑人戶二三百戶。定戶，確定保留食邑人戶的數目。(132)二月，褚少孫補《史記・漢興以來將相名臣年表》作「三月」。二月乙丑，夏曆二月十一日。二年薨，兩年後，於元鳳五年（西元前七六年）十二月庚戌死。(133)元鳳六年，西元前七五年。康侯，謚號。王譚嘗任諫大夫。(134)建始三年，西元前三〇年。建始，成帝的第一個年號，西元前三二—前二八年。孝侯，謚號。王咸，成帝朝曾任太常、執金吾、右將軍、左將軍等職，其女為王莽妻。(135)元延元年，西元前一二年。元延，成帝的第六個年號，西元前一二—前九年。釐，謚號。釐，通「僖」。(136)汝南，郡名，治平輿，在今河南汝南東北；宜春屬河南郡。建平三年，西元前四年。建平，哀帝的第一個年號，西元前六—前三年。更始元年，西元二三年。更始，淮陽王劉玄的年號，西元二三—二五年。(137)安平，縣名，故址在今江西吉安西北。敬侯，謚號。楊敞，曾任大司農、丞相等職。(138)七百戶，《史記・建元以來侯者年表》補作二千戶。大司馬大將軍，西漢最高級官職名，地位高於丞相。光，霍光。定策，指參與謀劃廢黜昌邑王、擁立宣帝。忠，楊敞之子楊忠。楊敞未及封賞即死，故宣帝於本始元年（西元前七三年）正月封賞其子。〈楊敞傳〉稱這次益封楊忠三千五百戶。《通鑑》卷二十四胡注云益封楊忠四千八百四十七戶。連同始封

號謚姓名	侯狀戶數	始封	子	孫	曾孫	玄孫
富平敬侯張安世[143]	以右將軍光祿勳輔政勤勞侯，以車騎將軍與大將軍光定策，益封，凡萬三千六百四十戶。[144]	十一月乙丑封，十三年薨。[145]	陽都 元康四年，愛侯延壽嗣，十一年薨。元康三年三月乙未，侯彭祖以世父故掖庭令賀有舊恩封，千六百戶，四年，神爵三年，為小妻所殺。[146]	甘露三年，繆侯敞嗣，四年薨。[147]	初元二年，共侯臨嗣，十五年薨。[148]	平原 思侯放嗣，三十六年薨。[149]
			六世 建平元年，侯純嗣，王莽建國四年更為張鄉侯，建武中為武始侯。[150]			今見[151]
陽平節侯蔡義[152]	以丞相侯，前為御史大夫與大將軍光定策，益封，凡七百戶。[153]	元平元年九月戊戌封，三年，本始四年薨，亡後。[154]				
右孝昭六人。一人桑樂侯隨父，凡七人。						
營平壯侯趙充國[155]	以後將軍與大將軍光定策功侯，千二百七十	本始元年八月辛未封，二十二年薨。[156]	甘露三年，質侯弘嗣，二十二年薨。	建始四年，考侯欽嗣，七年薨。	陽朔三年，侯岑嗣，十二年，元延三年，坐父欽詐	濟南

的七百戶，共五千五百四十七戶。(139)六年，指元鳳六年。二月，《史記・漢興以來將相名臣年表》作「十一月」。二月乙丑，夏曆二月二十二日。一年薨，楊敞於封侯的次年，即昭帝元平元年（西元前七四年）八月己巳病死。(140)元平，昭帝的第三個年號，時僅一年，即西元前七四年。頃侯，諡號。忠，一作「賁」。十一年，夏燮疑當為「十年」，「一」字衍；而他處也有作「十三年」者。(141)元康三年，當為元康二年，即西元前六四年。五鳳四年，西元前五四年。五鳳，宣帝第五個年號，西元前五七—前五四年。典屬國，官名，官階中二千石級，掌管歸附漢朝的少數民族的事務。季父，小叔父。楊譚父親是楊惲的兄長，楊惲是楊譚之小叔父。楊譚任典屬國三年。五鳳二年楊惲被人告發有怨恨朝廷的言論，免官為庶民；五鳳四年又以驕奢不悔過的罪名判處腰斬，楊譚以呼應楊惲誹謗朝廷也被免官為民，侯國撤除。誹，下當有「謗」字。(142)安平縣當時屬豫章郡，這裡誤作汝南。(143)富平，縣名，故址在今山東惠民東北。敬侯，諡號。張安世，張湯子，字少孺。(144)右將軍，高級武官官名，不常設，有軍事行動或邊疆發生戰事時，即任命右將軍率軍征伐，位列上卿，金印紫綬，官階二千石級。光祿勳，官名，掌管皇帝的宿衛侍從，顧問參議及傳達招待，是武帝太初元年改郎中令官名設立。定策，指謀劃廢黜昌邑王、確立宣帝事。張安世封富平侯時，食邑三千四十戶；宣帝本始元年（西元前七三年）又封侯一萬六百戶，共一萬三千六百四十戶。所益封一萬六百戶，《史記・建元以來侯者年表》補表作萬六千戶，連同封侯時賜三千戶，共食邑近二萬戶。(145)十一月乙丑，當是元鳳六年夏曆十一月二十七日。十三年薨，張安世於宣帝元康四年八月丙寅薨。由封侯至薨，經過十三年。(146)陽都，縣名，屬城陽國，故址在今山東沂南南，是張安世的小兒子張彭祖的侯國。愛侯，諡號。延壽，張安世之子張延壽，其侯國在陳留郡尉氏縣（今河南尉氏）安陵鄉。元康三年，西元前六三年。世父，伯父。故，表示宣帝封侯時張賀已死去。掖庭令，帝王後宮官名，由宦者擔任。賀，張安世之兄張賀，早年曾撫育宣帝，以其獨生子早死，故宣帝以舊恩封張賀之姪張彭祖。神爵三年，西元前五九年。神爵，宣帝的第四個年號，西元前六一—前五八年。小妻，妾；小老婆，亦作「少妻」。(147)甘露三年，西元前五一年。甘露，宣帝的第六個年號，西元前五三—前五〇年。繆侯，諡號。敞，當作「勃」。張勃，張延壽之子。以所舉薦的陳湯有罪株連削食侯邑二百，賜惡諡。(148)初元二年，西元前四七年。共侯，諡號。臨，張勃之子張臨。(149)平原，郡名，富平縣屬平原郡。思侯，諡號。放，張臨之子張放，成帝綏和二年（西元前七年）因哭泣思慕成帝而死。(150)建平元年，西元前六年。純，張放之子張純。建國四年，即始建國四年，西元一二年。始建國，新莽的第一個年號，西元九—一三年。張鄉，王莽替枋縣改取的縣名，屬平原郡，故址在今山東商河縣東北。武始，富平縣的鄉名，另行劃出作為張純的食邑，占全縣之半，東漢初撤銷武始。(151)今見，尚在人世。作者的意思是，作此表時張純仍健在生活。(152)陽平，縣名，屬東郡，故址在今山東莘縣。節侯，諡號。蔡義，一作蔡誼。義、誼通，嘗從趙子學《韓詩》，以通經術顯貴。(153)前，以前。御史大夫，秦漢官名，三公之一，地位僅次於丞相，職責為輔佐丞相，總理國政，轉達詔書，管理檔案，考課、監察和彈劾不法官吏。蔡義曾以御史大夫之職參與霍光等廢黜昌邑王，確立宣帝事。七百戶，《史記・建元以來侯者年表》褚少孫補作「二千戶」。(154)九月戊戌，夏曆九月初四日。蔡義於昭帝元平元年九月戊戌以御史大夫代楊敞為丞相，同時依例封侯。三年，夏燮說應作「四年」。本始四年，蔡義本始三年六月己丑薨。此句「四」應作「三」。(155)營平，縣名，故址在今山東濟南東。壯侯，諡號。趙充國，字翁孫，隴西上邽（今甘肅天水）人。西漢時傑出的軍事家，在治理西北羌患、屯田戍邊等方面有傑出貢獻，曾歷經武帝、

號謚姓名	侯狀戶數	始封	子	孫	曾孫	玄孫
	九戶。[157]				以長安女子王君俠子為嗣，免。戶二千九百四十四。[158]	
平丘侯王遷[159]	以光祿大夫與大將軍光定策功侯，千二百五十三戶。[160]	八月辛未封，五年，地節二年，坐平尚書聽請受臧六百萬，自殺。[161]				肥城[162]
昌水侯田廣明[163]	以鴻臚擊武都反氏賜爵關內侯，以左馮翊與大將軍光定策侯，二千七百戶。[164]	八月辛未封，三年，坐為祁連將軍擊匈奴不至期，自殺。[165]				於陵[166]
陽城侯田延年[167]	以大司農與大將軍光定策功侯，二千四百五十三戶。[168]	八月辛未封，二年，坐為大司農盜都內錢三千萬，自殺。[169]				濟陽[170]
爰氏肅侯便樂成[171]	以少府與大將軍光定策功侯，二千三百二十七戶。[172]	八月辛未封，一年薨。[173]	本始二年，康侯輔嗣，三年薨。	地節元年，哀侯臨嗣，二年薨，亡子，絕。[174]	元始五年閏月丁酉，侯鳳以樂成曾孫紹封，千戶，王莽敗絕。[175]	單父

昭帝、宣帝三朝，為宣帝麒麟閣功臣之一。[156]本始元年，西元前七三年。本始，宣帝第一個年號，西元前七三—前七〇年。據卷八〈宣

帝紀〉載，封賞參與擁立宣帝的功臣事在本始元年正月；然據本表所載，封賞似封兩次，益封的一批在正月，封侯的大臣在八月辛未（夏曆八月十二日）。二十二年薨，趙充國受封二十二年後，於宣帝甘露二年（西元前五二年）薨。157後將軍，漢代高級武官官名，不常設置，官階二千石級，職責為率軍征討。千二百七十九戶，《史記・建元以來侯者年表》褚少孫補作二千五百戶。158陽朔三年，西元前二二年。元延三年，西元前一〇年。據〈趙充國傳〉，趙欽娶元帝之妹敬武公主為妻，公主無子，於是私下裡討來別人所生子，冒充趙欽之妾名叫習的女人所生，取名岑。趙欽死後，趙岑的生母長安人王君俠不斷向趙家欺詐錢財，竟至告發趙岑身世。朝廷以趙岑非趙欽親生免其侯爵，撤銷食邑。元始年間，又封趙充國的曾孫趙伋為營平侯，此表失載。159平丘，當是宣帝由泰山郡肥城縣劃地設置的王遷食邑，又為縣名，屬陳留郡。160光祿大夫，官名，光祿勳屬官。太初元年（西元前一〇四年）改中大夫名設置，掌議論，官階為比二千石級。千二百五十三戶，《史記・建元以來侯者年表》褚少孫補作「二千戶」，與此不同。161八月，指本始元年八月。〈宣帝紀〉載封賞擁立宣帝的功臣在本始元年正月，與此不同，疑封賞有兩次。事在其年五月。坐平尚書聽請受臧六百萬，由於參與議決尚書臺中樞機要事務時，私自接受朝中大臣請託賄賂的贓款六百萬錢，致使犯罪。平尚書，評議、處理尚書臺中大臣所奏事務。負有這種職權的人一般外加「平尚書事」的官銜。聽，接受。請受，請託，猶言私下賄賂。臧，同「贓」。《史記・建元以來侯者年表》褚少孫補云王遷「坐受諸侯王金錢財，漏泄中世，誅死，國除」。162縣名，屬泰山郡，故址在今山東肥城。163昌水，侯國名，由濟南郡於陵縣劃分設置。164鴻臚，又名大鴻臚，官名，九卿之一，掌管帝王祭祀天地宗廟，及歸附少數民族部落首領、四方諸侯覲見帝王時的禮儀贊導等。武都，郡名，郡治故址在今甘肅西和西南。氐，即白馬氐。據〈昭帝紀〉，昭帝元鳳元年春，田廣明等率領三輔地區和太常獄中被赦免的囚徒前往武都鎮壓造反的氐人；在此前一年，即昭帝始元六年，田廣明已經以鎮壓西南益州少數民族起義被封爵關內侯。本表係將二事混淆合一。左馮翊，漢代長安以北高陵等二十四縣的行政區域名稱，也為該地區首長官名，官階相當太守級。二千七百戶，《史記》褚少孫補表作二千三百戶。165八月，指本始元年八月。本始三年（西元前七一年）五月，田廣明率四萬多名騎兵與其他四員將軍各率部出擊匈奴，出發前先期約定各自出塞二千里地。田廣明出塞一千六百里即領兵還師，以此被審問自殺。祁連將軍，臨時設置的雜號將軍名。期，指預期到達的地方。166縣名，屬濟南郡，故址在今山東鄒平東南。167陽城，當作「成陽」，縣名，屬濟陰郡，故址在今山東菏澤東北。168大司農，官名，九卿之一，主管國家錢穀租稅收支的最高財政經濟官員。田延年於昭帝元鳳六年由河東太守任大司農。二千四百五十三戶，褚少孫補《史記・建元以來侯者年表》作二千七百戶。169八月，指本始元年八月。盜，偷竊罪，這裡指貪汙盜用。都內，朝廷設在京師儲藏金錢的倉庫，原稱「大內」，武帝改稱都內，屬大司農管轄。昭帝死後，田延年藉口租賃民車替陵墓馱沙的機會，向皇家多報支付租車費用，貪汙其中占總數一半的三千萬錢，被仇家告發，田延年自殺，封國撤銷。170濟陽，當作「濟陰」，郡名，治定陶，故址在今山東定陶西北。171爰氏，侯國名，由山陽郡的單父縣劃地分置。肅侯，諡號。便樂成，這是「史樂成」之誤。「史」一誤而為「使」，「使」再誤而為「便」。172少府，秦漢官名，漢代為九卿之一，主管山澤陂池之稅，以供給皇帝宮廷之用，是皇家私府。同時兼管許多宮廷雜務，官署機構在九卿中最龐大。173八月，指本始元年八月。依卷十九〈百官公卿表下〉，史樂成從元鳳六年（西元前七五年）起，擔任少府職務四年，封侯一年後薨。174地節元年，西元前六九年。哀侯，諡號。亡，通「無」。絕，

號謚姓名	侯狀戶數	始封	子	孫	曾孫	玄孫
扶陽節侯韋賢[176]	以丞相侯，七百一十一戶。[177]	三年六月甲辰封，十年薨。[178]	神爵元年，共侯玄成嗣，九年，有罪，削一級為關內侯，永光二年二月丁酉復以丞相侯，六年薨。[179]	建昭三年，頃侯寬嗣。	元延元年，釐侯育嗣。[180]	蕭 侯湛嗣，元始中戶千四百二十，王莽敗絕。[181]
平恩戴侯許廣漢[182]	以皇太子外祖父昌成君侯，五千六百戶。[183]	地節三年四月戊申封，七年薨，亡後。[184]	初元元年，共侯嘉以廣漢弟子中常侍紹侯，二十二年薨。[185]	河平一年，嚴侯況嗣。[186]	鴻嘉二年，質侯旦嗣，二十九年薨。[187]	建國四年，侯敬嗣，王莽敗絕。
高平憲侯魏相[188]	以丞相侯，八百一十三戶。[189]	地節三年六月壬戌封，八年薨。[190]	神爵三年，侯弘嗣，六年，甘露元年，坐酎宗廟騎至司馬門，不敬，削爵一級為關內侯。[191]			柘[192]
平昌節侯王無故[193]	以帝舅關內侯侯，六百戶。[194]	四年二月甲寅封，九年薨。[195]	五鳳元年，考侯接嗣，十六年薨。[196]	永光三年，釐侯臨嗣，二十一年薨。[197]	鴻嘉元年，侯獲嗣，三十八年，建武五年，詔書復獲。[198]	
樂昌共侯王武[199]	以帝舅關內侯侯，六百戶。[200]	二月甲寅封，十四年薨。[201]	甘露二年，戾侯商嗣，二十七年	河平四年，侯安嗣，二十七年，元		汝南

指世代襲封的特權斷絕。[175]元始五年，西元五年。鳳，史鳳。紹封，續封。[176]扶陽，縣名，屬沛郡，故址在今安徽蕭縣西南。節侯，

諡號。(177)七百一十一戶，褚少孫補《史記・建元以來侯者年表》云千八百戶。(178)三年，指本始三年。六月甲辰，夏曆六月二十六日。(?)十年薨，韋賢任丞相僅五年。地節三年以年老致仕，又養老數年才死去。(179)神爵元年，西元前六一年。神爵，漢宣帝的第四個年號，西元前六一—前五八年。共侯，諡號。玄成，韋賢的小兒子，褚少孫說是次子。韋玄成以列侯侍祀惠帝廟，早上遇雨，路泥濘，與其他參加祭祀的官員由乘四匹馬所駕之車改騎馬直至廟前，被主管官員彈劾犯罪。削，削減爵位級別，降低官爵等級。永光二年，西元前四二年。永光，漢元帝的第二個年號，西元前四三—前三九年。韋玄成於建昭三年六月甲辰薨。(180)元延元年，西元前一二年。元延，漢成帝年號。釐，〈韋賢傳〉作「僖」。(181)蕭，縣名，故址在今安徽蕭縣西北，韋氏封邑扶陽當是由蕭縣劃地分置。湛，〈韋賢傳〉作「沈」，二字相通。韋湛，諡節侯，此失載。(182)平恩，縣名，屬魏郡，故址在今河南廣平東北。戴侯，諡號。(183)皇太子，宣帝劉詢之子劉奭，後來的元帝，其母許平君為宣帝皇后。霍光認為許廣漢是受過宮刑的宦臣，不宜封侯，因此直到宣帝即位一年多之後，才封許廣漢為昌成君。霍光死後，宣帝立劉奭為皇太子，封許廣漢為平恩侯。五千六百戶，褚少孫補《史記・建元以來侯者年表》作三千戶。(184)地節三年四月戊申，地節三年夏曆四月二十二日。(185)初元元年，西元前四八年。共侯，諡號。嘉，許嘉，許廣漢弟許延壽之子，成帝許皇后之父，元帝永光三年（西元前四一年）至成帝建始三年任大司馬車騎將軍。中常侍，加官名，西漢任命士人擔任。二十二年薨，夏燮說當作二十一年薨。(186)河平一年，西元前二八年。河平，漢成帝的第二個年號，西元前二八—前二五年。一年，《漢書補注》本作「二年」，本書通常稱第一年為「元年」而從未見稱「一年」的，這裡似當從《漢書補注》作「二年」。嚴侯，諡號。(187)鴻嘉二年，夏燮說當作「鴻嘉三年」。鴻嘉三年，西元前一八年。鴻嘉，成帝的第四個年號，西元前二〇—前一七年。(188)高平，侯國名，由淮陽國柘縣劃地設置；一說即臨淮郡高平縣，故址在今江蘇泗洪東南。憲侯，諡號。(189)褚少孫補《史記・建元以來諸侯年表》作「千五百戶」。(190)壬戌，當依〈百官公卿表〉與《史記・漢興以來將相名臣年表》作「壬辰」，六月無壬戌，壬辰為夏曆六月初七日。八年薨，魏相封侯後八年，於神爵三年三月丙午薨。(191)神爵三年，西元前五九年。甘露元年，西元前五三年。酎宗廟，從武帝開始，漢朝規定每年八月諸侯在宗廟聚會，向祖宗奉獻經過多次重複釀造的醇酒，並向皇帝繳納助祭的金錢，這種儀規稱酎宗廟。騎，動詞，騎馬。司馬門，皇宮的外門，出入宮禁的人都要在此下馬。褚少孫補《史記・張丞相列傳》說，魏相之子嗣，「後坐騎至廟，不敬，有詔奪爵一級，為關內侯，失列侯，得食其故國邑」。(192)縣名，故城在今河南柘城北。(193)平昌，縣名，故城在今山東商河縣西北。節侯，諡號。王無故，史皇孫（劉進）王夫人（王翁須）的兄弟。史皇孫是武帝的太子劉據（衛太子，或作戾太子）之妾史良娣所生，以其為武帝之孫，故稱史皇孫。(194)帝舅，指宣帝舅父，宣帝為史皇孫的王夫人所生。六百戶，夏燮說依照〈外戚傳〉作「六千戶」較近情理，褚少孫補《史記・建元以來侯者年表》作「五千戶」。(195)四年，指宣帝地節四年。二月甲寅，夏曆二月初三日。(196)五鳳元年，西元前五七年。考侯，諡號。接，王無故之子王接。從元帝初元元年開始任衛尉五年，永光元年至三年（西元前四三—前四一年）任大司馬車騎將軍。十六年薨，王接封後十六年，即永光三年四月癸未薨。(197)釐侯，諡號。臨，王臨，宣帝時以外戚的身分入侍皇帝。成帝河平三年（西元前二六年）起任太常六年，至死。(198)鴻嘉元年，西元前二〇年。鴻嘉，漢成帝年號。建武五年，西元二九年。建武，東漢光武帝年號。復，王獲一度失去封爵，所以這裡說恢復他的封爵。(199)樂昌，侯國名。由汝南郡細陽縣劃出池鄉設置。故城在今河南南樂西北。

號謚姓名	侯狀戶數	始封	子	孫	曾孫	玄孫
			薨。202	始三年，為王莽所殺。203		
陽城繆侯劉德 204	以宗正關內侯行謹重為宗室率，侯，子安民以戶五百贖弟更生罪，減一等，定戶六百四十戶。205	四年三月甲寅封，十年薨。206	五鳳二年，節侯安民嗣，八年薨。	初元元年，釐侯慶忌嗣，二十一年薨。	居攝元年，侯颯嗣，王莽敗，絕。	汝南
樂陵安侯史高 207	以悼皇考舅子侍中關內侯與發霍氏姦，侯，二千三百戶。208	八月乙丑封，二十四年薨。209	永光二年，嚴侯術嗣，十一年薨。	建始二年，康侯崇嗣，四年薨，亡後。元延二年六月癸巳，侯淑以崇弟紹封，亡後。	元始四年，侯岑以高曾孫紹封，王莽敗，絕。	
		武陽頃侯丹 210	鴻嘉元年四月庚辰以帝為太子時輔導有舊恩，侯，千三百戶，七年薨。211	永始四年，煬侯邯嗣，十一年薨。	元壽二年，侯獲嗣，更始元年為兵所殺。	郯 212
邛成共侯王奉光 213	以皇后父關內侯，侯，二千七百五十戶。214	元康二年三月癸未封，十八年薨。	初元二年，侯敞嗣，二十八年薨。	鴻嘉二年，侯勳嗣，十四年，建平二年，坐選舉不以實，罵廷史大不敬，免。215	元始元年，侯堅固以奉光曾孫紹封，王莽敗，絕。	濟陰 216

安平夷侯舜(217)	初元元年癸卯以皇太后兄侍中中郎將封，千四百戶，十三年	(218)建昭四年，剛侯章嗣，十四年薨。	陽朔四年，釐侯淵嗣，二十五年薨。	元始五年，懷侯買嗣，王莽敗，絕。

共侯，謚號。共，通「恭」。王武，史皇孫王夫人的兄弟，王無故之弟。褚少孫補《史記・建元以來侯者年表》作「王稚君」，當是其字。(200)六百戶，褚少孫《史記・建元以來侯者年表》作「五千戶」，《漢書補注》本作「六千戶」。(201)二月，指宣帝地節四年二月。二月甲寅，夏曆二月初三日。(202)戾侯，謚號。商，王商，王武之子。建始四年至河平四年（西元前二九－前二五年）任丞相時益封千戶。二十七年薨，王商封後十六年，即河平四年，西元前二五年。(203)河平四年，西元前二五年。安，王商長子王安。元始三年，西元三年。王商受王莽伯父王鳳排擠中傷嘔血而死，王安也因不攀附王莽家族被害死。〈王商傳〉說王安被王莽橫加罪名，自殺，侯國被撤除。(204)陽城，縣名，屬汝南郡，故城在今河南漯河市東。繆侯，謚號。(205)宗正，官名，主管皇族及外戚事務，擔任此官的都是皇族。行謹重，行為謹慎，忠厚持重。宗室，皇族。率，榜樣。劉德之子劉更生以偽造假黃金犯罪，依法應以棄市，更生之兄劉安民上書宣帝，請求允許上繳自己襲封其父的全部食邑一千戶之半數五百戶，替更生贖罪。更生，劉向的原名。減一等，降低原封爵的一個等級。定戶六百四十戶，皇帝表示寬大，確定保留食邑六百四十戶，即實際減少三百六十戶，不及五百戶。(206)四年，指地節四年。甲寅，夏燮說是「甲辰」之誤。該月無甲寅，甲辰為二十四日。(207)樂陵，縣名，屬平原郡，故城在今山東樂陵東南。安侯，謚號。史高，字子長，史恭的長子，史恭的妹妹史良娣是宣帝祖母，宣帝幼時曾由史恭的母親撫養。宣帝臨終，封史高為大司馬車騎將軍，領尚書事。元帝朝又輔政五年。(208)悼皇考，宣帝之父劉進，號史皇孫。悼，謚號。皇考，對死去的父親的美稱。舅子，舅父之子、表兄弟。侍中，加官官名，掌管皇帝乘車和服用之物，顧問應對，贊導眾事，是皇帝親近之職。與，參與。發霍氏姦，指霍光死後，其妻顯及子霍禹等企圖造反，被史高和金安上告發。發，告發；揭發。姦，邪惡。指造反的陰謀。二千三百戶，褚少孫補《史記・建元以來侯者年表》說封三千五百戶。(209)八月乙丑，指地節四年夏曆八月十七日。(210)武陽，侯國封邑名，成帝劃出郯縣的武強聚，為史丹設置的封邑。頃侯，謚號。丹，史丹，史高之子。(211)鴻嘉元年四月庚辰，鴻嘉元年（西元前二〇年）夏曆四月二十七日。帝，指成帝劉驁。千三百戶，〈史丹傳〉載成帝先賜史丹爵關內侯、食邑三百戶；鴻嘉元年詔封武陽侯時，又賜食邑千一百戶，兩次共計一千四百戶，與此不合。(212)縣名，東海郡郡治所在，故城在今山東郯城西北。(213)邛成，其地不詳，或恐當作「郜成」；郜成，縣名，屬山陽郡，故城在今山東成武東南。共，謚號。(214)皇后，指宣帝王皇后。二千七百五十戶，褚少孫補《史記・建元以來侯者年表》作「千五百戶」。(215)鴻嘉二年，西元前一九年。建平二年，西元前五年。選舉不以實，不如實選擇舉薦官吏。廷史，即廷尉史，職司決獄、治獄的廷尉屬官，地位與御史中丞大體相當。大不敬，漢代對皇帝無禮不敬的最重罪名。(216)恐當作「山陽」。因郜成縣地近濟陰，故此誤屬濟陰郡。山陽郡治昌邑，故城在今山東巨野南。(217)安平，當作「平安」。平安，侯國名，屬千乘郡，故城在今山東博興南蓄洪區中。夷，謚號。舜，王舜，王奉光之

號謚姓名	侯狀戶數	始封	子	孫	曾孫	玄孫
			薨。(219)			
將陵哀侯史曾(220)	以悼皇考舅子侍中中郎將關內侯有舊恩侯，二千二百戶。(221)	三月乙未封，五年，神爵四年薨，亡後。(222)				
平臺康侯史玄(223)	以悼皇考舅子侍中中郎將關內侯有舊恩侯，千九百戶。(224)	三月乙未封，二十五年薨。(225)	建昭元年，戴侯恁嗣，十九年薨。	鴻嘉二年，侯習嗣。		常山(226)
博望頃侯許舜(227)	以皇太子外祖父同產弟長樂衛尉有舊恩侯，千五百戶。(228)	三月乙未封，四年薨。(229)	神爵三年，康侯敞嗣，八年薨。(230)	甘露三年，戾侯黨嗣，二十六年薨。	河平四年，釐侯並嗣，薨，亡後。	
					元延二年六月癸巳，侯報子以並弟紹封，千戶，王莽敗絕。	
樂成敬侯許延壽(231)	以皇太子外祖父同產弟侍中關內侯有舊恩侯，千五百戶。(232)	三月乙未封，十年薨。	甘露元年，思侯湯嗣，六年薨。	初元二年，哀侯常嗣，九年薨。		平氏(233)
				元延二年，節侯恭以常弟紹封，千戶。	建昭元年，康侯去疾嗣，二十一年，鴻嘉三年薨，	

					亡後，侯修嗣，王莽敗，絕。[234]	
博陽定侯丙吉[235]	以御史大夫關內侯有舊恩功德茂侯，千三百三十戶。[236]	元康三年二月乙未封，八年薨。[237]	五鳳三年，侯顯嗣，二年，坐酎宗廟騎至司馬門，不敬，	鴻嘉元年六月己巳，康侯昌以吉孫紹封。[238]	元始二年，釐侯並嗣。	南頓侯勝客嗣，王莽敗，絕。[239]

子，宣帝王皇后之兄。[218]建昭四年，西元前三五年。剛，諡號。章，王章，字子然，竟寧元年（西元前三三年）以中少府為執金吾；又為左右將軍。[219]初元元年癸卯，「癸卯」前脫「三月」二字，三月癸卯為夏曆三月初六日。皇太后，元帝即位後對宣帝王皇后的尊稱。中郎將，武官官名，屬光祿勳，官階比二千石級，主管宿衛宮廷，或奉命出使。[220]將陵，地名。哀侯，諡號。史曾，字子回，史恭次子，史高弟弟。[221]褚少孫補《史記・建元以來侯者年表》作二千六百戶。[222]三月乙未，指宣帝元康三年夏曆三月初二日。神爵四年，西元前五八年。據褚少孫補《史記・建元以來侯者年表》說，史曾的妻子劉宜君是成王劉禮的孫女，她生性嫉妒，絞殺侍婢四十餘人，私下砍斷婦女第一胎子女的四肢供巫祝之術的需要，被人告發，判處棄市。史曾因為是皇帝外戚，沒有丟失侯爵。[223]平臺，侯國名，屬常山郡，故址不詳；一說即秦始皇病死的沙丘平臺，但其故址在今河北廣宗西北，不屬西漢常山郡範圍，與此表不合。康侯，諡號。史玄，字子叔，史高和史曾的弟弟。[224]褚少孫補《史記・建元以來侯者年表》作二千五百戶。[225]三月，指元康三年三月。二十五年薨，二十五年後，即元帝永光五年（西元前三九年）薨。[226]郡名，治元氏，故址在今河北元氏西北。[227]博望，縣名，屬南陽郡，故址在今河南南陽東北。頃侯，諡號。許舜，字中翁，許廣漢弟弟，宣帝皇后許平君的叔父。[228]皇太子外祖父，指許廣漢。皇太子，謂宣帝太子劉奭，即後來的元帝，係許平君所生。同產，《後漢書・明帝紀》李賢注，同產是指同母所生的兄弟，但根據張家山漢簡資料及本書所記載，同產也可指同父異母的兄弟。長樂衛尉，官名，職掌統轄屯衛兵士，警衛太后所住的長樂宮門戶，官階與九卿中的衛尉相同。千五百戶，褚少孫補《史記・建元以來侯者年表》作二千戶。[229]三月，指元康三年三月。[230]康侯，諡號。敞，許敞。褚少孫曰，許舜死後「子延年代立」，與此不同。[231]樂成，縣名，屬南陽郡，故城在今河南鄧縣西南。褚少孫補《史記・建元以來侯者年表》作「樂平」。敬侯，諡號。許延壽，字翁孫，許廣漢的小弟弟，宣帝皇后許平君的小叔父；神爵元年任強弩將軍擊西羌，五鳳元年任大司馬車騎將軍輔政。褚少孫說他「嗜酒好色，以早病死」。[232]褚少孫補《史記・建元以來侯者年表》作二千戶。[233]縣名，屬南陽郡，故城在今河南唐河縣東南，王先謙說樂成是由平氏縣劃出設立，然而平氏距樂成頗遠，且不鄰接，疑此有誤。[234]建昭元年，西元前三八年。上格記載「元延二年」為西元前一一年，當在「建昭元年」、「鴻嘉三年」之後，此似有誤，或恐上格與此格事不相接，而表失於交代。康侯，諡號。「鴻嘉三年薨，亡後，侯修嗣」，本句前云許去疾「亡後」，後又云許修繼嗣，前後抵牾，是記載錯誤，還是別有原因，不得其詳，也許這段文字有脫落。[235]博陽，侯國名，由汝南郡的南頓縣劃地設置。定侯，諡號。[236]舊恩功德，丙吉早年為廷尉右監，嘗冒險細心

號諡姓名	侯狀戶數	始封	子	孫	曾孫	玄孫
			奪爵一級為關內侯。[240]			
建成定侯黃霸[241]	以丞相侯，六百戶，侯賞以定陶太后不宜立號，益封二千二百戶。[242]	五鳳三年二月壬申封，四年薨。[243]	甘露三年，思侯賞嗣，三十年薨。	陽朔三年，忠侯輔嗣，二十七年薨。	居攝二年，侯輔嗣，王莽敗，絕。	沛[244]
西平安侯于定國[245]	以丞相侯，六百六十戶。	甘露三年五月甲子封[246]，十一年薨。	永光四年，頃侯永嗣，二十四年薨。	鴻嘉元年，侯恬嗣，四十三年，更始元年絕。		臨淮[247]
右孝宣二十人。一人陽都侯隨父，凡二十一人。						
陽平頃侯王禁[248]	以皇后父侯，二千六百戶，子鳳以大將軍益封五千四百戶，凡八千戶。[249]	初元元年三月癸卯封，六年薨。	永光二年，敬成侯鳳嗣，二十年薨。	陽朔三年，釐侯襄嗣，十九年薨。	建平四年，康侯岑嗣，十三年薨。	東郡 建國三年，侯莫嗣[250]，十二年，更始元年，為兵所殺。
		安成共侯崇[251]	建始元年二月壬子，以皇太后母弟散騎光祿大夫關內侯侯，萬戶，二年薨。[252]	建始三年，靖侯奉世嗣，三十九年薨。	建國二年，侯持弓嗣，王莽敗，絕。	汝南
		平阿安侯譚[253]	河平二年六月乙亥，以皇太后弟關內侯侯，二	永始元年，刺侯仁嗣，十九年，為王莽所殺。[254]	元始四年，侯述嗣，建武二年薨，絕。[255]	沛

千一百戶，十一年薨。[256]

護養蒙冤入獄的皇曾孫（即後來的宣帝）。後來為大將軍長史，曾向霍光建議廢黜昌邑王、擁立宣帝。茂，美。千三百三十戶，褚少孫補《史記・建元以來侯者年表》作兩千戶。[237]二月，當依《通鑑》與夏燮說作「三月」，《史記・漢興以來將相名臣年表》作神爵三年四月戊戌，恐誤。八年薨，丙吉封侯八年後，於五鳳三年（西元前五五年）春正月癸卯薨。[238]鴻嘉元年六月己巳，鴻嘉元年夏曆六月十七日。康侯，諡號。昌，丙顯之子丙昌，丙昌在博陽侯侯爵被撤除三十二年後又由中郎將、襲爵關內侯封為博陽侯。[239]南頓，縣名，屬汝南郡，故城在今河南項城西北。勝客，丙勝客，丙昌的孫子。[240]顯，丙吉長子丙顯，褚少孫作「翁孟」，「為將軍、侍中」。丙顯被降低侯爵後，又曾為太僕，貪汙贓物值千餘萬錢，被彈劾免官，奪去封邑四百戶，後又為城門校尉。褚少孫補《史記・張丞相列傳》說丙顯嗣封，「後坐騎至廟，不敬，有詔奪爵一級，失列侯，得食故國邑。顯為吏至太僕，坐官耗亂，身及子男有奸贓，免為庶人。」[241]建成，縣名，屬沛郡，故城在今河南永城東南。定侯，諡號。[242]六百戶，褚少孫補《史記・建元以來侯者年表》作千八百戶，「千八」二字豎寫誤合為「六」字。賞，當作「輔」，黃賞之子黃輔。定陶太后，哀帝祖母傅太后，原為元帝的妃嬪「昭儀」，成帝河平間隨其子定陶王劉康稱定陶太后。哀帝即位後，由大臣諫議去掉「太后」之前的「定陶」二字，加上至尊的大號。由於師丹、王莽等反對，此議數年不決。直至建平二年，傅太后才得尊稱為「帝太太后」。哀帝死後，王莽專權，貶傅太后號定陶共王母，又掘傅太后墓改葬。黃輔大概在哀帝朝追隨王莽反對傅太后立號，因此後來王莽增加他封爵食邑人數。而哀帝即位時黃賞已死去十餘年。[243]二月壬申，五鳳三年夏曆二月二十五日。二月，褚少孫補《史記・漢興以來將相名臣年表》作「三月」。壬申，《通鑑》卷二十七作「壬辰」。四年薨，卷八〈宣帝紀〉、卷十九〈百官公卿表〉、卷八十九〈循吏傳〉都說黃霸任丞相五年，甘露三年己丑（《通鑑》作「己巳」）薨。[244]郡名，治相縣，故城在今安徽淮北西北。[245]西平，縣名，屬臨淮郡，故城當已陷入今江蘇盱眙西北的洪澤湖中。安侯，諡號。[246]甲子，夏燮說應為「甲午」，甘露三年五月無甲子，甲午為夏曆五月十二日。《史記・漢興以來將相名臣年表》作七月丁巳。[247]郡名，郡治徐縣，故城在今江蘇泗洪南。[248]頃侯，諡號。王禁，褚少孫補《史記・建元以來侯者年表》作王傑，字稚君。[249]皇后，指元帝皇后王政君，是王禁的次女。二千六百戶，褚少孫補《史記・建元以來侯者年表》作「千二百戶」。鳳，王鳳，字孝卿，王禁長子，王政君同母弟。[250]建國三年，西元一一年。莫，王莫。[251]安成，縣名，屬汝南郡，故城在今河南正陽東北。共侯，諡號。崇，王崇，字少子，王禁的第四個兒子。[252]建始元年，西元前三二年。二月壬子，夏曆二月十八日。皇太后母弟，王鳳、王崇同元帝皇后是同父母所生，以王政君為長。皇太后，成帝時的太后王政君。散騎，加官冠名，騎馬或乘車隨皇帝以勸善規過、建議興革的親近侍從官，沒有固定的日常職責事務。光祿大夫，官名，光祿勳屬官，執掌皇帝的顧問應對，向皇帝建議諸事，是皇帝的高級顧問，官階比二千石。二年薨，據〈外戚傳〉，王崇薨於河平元年，與本表「二年薨」之說不合，當以此表為正。[253]平阿，縣名，屬沛郡，故城在今安徽懷遠西南。安侯，諡號。譚，王譚，字子元，王禁的第二子，與王商、王立、王根、王逢時兄弟五人同日封侯，世稱「五侯」。[254]刺，諡號，剛愎自用為

號謚姓名	侯狀戶數	始封	子	孫	曾孫	玄孫
		成都景成侯商 257	六月乙亥，以皇太后弟關內侯，侯二千戶，以大司馬益封二千戶，十六年薨。258	元延四年，侯況嗣，四年，綏和二年，坐山陵未成置酒歌舞，免。259		山陽 260
				建平元年，侯邑以況弟紹封，王莽篡位，為隆信公，與莽俱死。261		
		紅陽荒侯立 262	六月乙亥封，以皇太后弟關內侯侯，二千一百戶，三十年薨。263	元始四年，侯柱嗣，王莽敗，絕。	曾孫 武桓侯泓，建武元年以父丹為將軍戰死，往與上有舊，侯。264	南陽
		曲陽煬侯根 265	六月乙亥，以皇太后弟關內侯，侯三千七百戶，再以大司馬益封七千七百戶，哀帝又益二千戶，凡萬二千四百戶，二十一年薨。266	建平元年，侯涉嗣，王莽篡位，為直道公，為莽所殺。267		九江 268
		高平戴侯逢時	六月乙亥，以皇	元延四年，侯置		臨淮 269

[270]
太后弟關內侯，侯，三千戶，十八年薨。
嗣[271]，王莽敗，絕。

剌，忘恩負義為剌。仁，王仁，王譚之子，王莽的堂兄弟，以稟性剛直為王莽所畏忌，王莽藉太皇太后的詔命強迫他自殺身亡。十九年，王莽死於平帝元始三年。[255]元始四年，〈元后傳〉繫於元始三年。述，〈元后傳〉作「術」。建武二年，西元二六年。建武，東漢光武帝年號。[256]河平二年六月乙亥，河平二年（西元前二七年）夏曆六月十二日。皇太后，指成帝母親王政君。王譚為其弟。二千一百戶，據〈元后傳〉詔封王音為安陽侯，「食邑與五侯等，俱三千戶」之說，此「二千一百戶」疑當作「三千戶」。[257]成都，又作「城都」，縣名，屬山陽郡，故城在今山東鄄城東南。景成，諡號。商，王商，字子夏，王禁第五子，王政君之弟。[258]六月乙亥，夏曆六月十二日。六月，指河平二年六月。二千戶，據〈元后傳〉詔封王音為安陽侯，「食邑與五侯等，俱三千戶」之說，此「二千戶」或當作「三千戶」。十六年薨，卷十〈成帝紀〉載，王商薨於元延元年十二月辛亥。[259]元延四年，西元前九年。況，王商之子王況。四年，應作「三年」。綏和二年，西元前七年。免，罷免，〈元后傳〉說，王況免官是由於司隸解光彈劾他聘娶以前的妃嬪宮女為妻，逾越臣子應該遵從的禮制，大不敬，不道。於是成帝罷免王況為庶民百姓，遣送他回原籍魏郡元城去。山陵，指成帝的第一個陵墓延陵，建始二年動工修建，後一度放棄修築改建昌陵，五年未成，永始元年又返回修築延陵。[260]郡名，治昌邑，故城在今山東巨野南。[261]建平元年，《通鑑》卷三十四作建平二年。況，王商第二子王況。隆信公，卷九十九〈王莽傳〉中作「隆新公」。王莽又封王邑為大司空。為其稱帝後的三公之一。最後封王邑為大司馬。王邑父子為保衛王莽，與漢兵短兵相接，在宮內漸臺戰死。[262]紅陽，縣名，屬南陽郡，故城在今河南葉縣南。荒侯，諡號。立，王立，字子叔，王禁第六子。[263]六月，指河平二年六月。皇太后，指王政君。二千一百戶，據〈元后傳〉封王音詔，或當作三千戶。三十年薨，王立於元始三年被王莽逼迫自殺。[264]曾孫，當為「孫」。王泓之父王丹為王立的小兒子，故云。王丹、王泓應另列一格，王丹與王柱並列。武桓，諡號，或恐為「武垣」之訛；武桓，縣名，屬涿郡，故城在今河北肅寧東南。往與上有舊，以前與光武帝劉秀有故交。往，以前。上，特稱帝王，此指光武帝。舊，老交情。劉秀剛起兵反對王莽時，王丹投降劉秀，任將軍陣亡，劉秀封其子王泓為侯爵，直至班固等寫作本書時。[265]曲陽，縣名，屬九江郡，故城在今安徽淮南東南。煬侯，諡號。根，王根，字稚卿，王禁第四子。[266]六月，指河平二年六月。三千七百戶，據〈元后傳〉封王音詔，或當作三千戶。再以大司馬益封七千七百戶，元延元年，王根為大司馬驃騎將軍，經一年餘，增加食邑一千七百戶，綏和元年，王根以年老要求退休，又增加食邑五千戶。兩次益封計六千七百戶。朱一新說「七千七百戶」應作「六千七百戶」，才與〈元后傳〉一致。[267]涉，王根之子王涉。王根曾舉薦王莽代自己任大司馬，王莽一直感激他。後來王莽篡位，以為「曲陽」之名不佳，於是追諡王根為直道讓公。王涉嗣爵後，任衛將軍。更始元年（西元二三年），王涉與劉歆、董忠、孫伋等人及道術之士西門君惠密謀劫略王莽投降漢朝，事洩漏，王涉自殺。[268]郡名，治六縣，故城在今安徽六安。[269]郡名，治徐縣，在今江蘇泗洪南。[270]高平，縣名，屬臨淮郡，故城在今江蘇泗洪東南。戴侯，諡號。

號諡姓名	侯狀戶數	始封	子	孫	曾孫	玄孫
			新都侯莽 272	永始元年五月乙未，以帝舅曼子侯，千五百戶，後篡位，誅。	褒新侯安，元始四年四月甲子以莽功侯，二千戶，莽篡位，為信遷公，病死。 賞都侯臨，四月甲子以莽功侯，二千戶。莽篡位為天子，侯為統義陽王，自殺。273	南陽
樂安侯匡衡 274	以丞相侯，六百四十七戶。	建昭三年七月癸亥封，七年，建始四年，坐顓地盜土，免。275				僮 276
右孝元二人。一人安平侯隨父，凡三人。						
安昌節侯張禹 277	以丞相侯，六百一十七戶，益戶四百。	河平四年六月丙午封，二十一年薨。	建平二年，侯宏嗣，二十八年，更始元年，為兵所殺。			汝南
高陽侯薛宣 278	以丞相侯，千九十戶。	鴻嘉元年四月庚辰封，五年，永始二年，坐西州				東莞 279

安陽敬侯王音(281)	以皇太后從弟，大司馬車騎將	六月己巳封，五年薨。(282)	永始二年，侯舜嗣，王莽篡位，為	建國三年，公攝嗣，更號和新公。		
		盜賊群輩免，其年復封，十年，綏和二年，坐不忠孝，父子賊傷近臣，免。(280)				

逢時，王禁的小兒子王逢時，字季卿。(271)置，人名，〈元后傳〉作「買之」。(272)新都，諸侯國名，劃南陽郡新野縣的都鄉設置新都縣，封為王莽的侯國，故城在今河南新野東南。莽，王莽，字巨君，其父王曼是王禁的次子，其姑母王政君即元帝皇后。(273)褒新，侯國名，改汝南郡新蔡縣之名設置，故址在今河南新蔡。安，王莽第三子王安。元始四年四月甲子，漢平帝元始四年（西元四年）夏曆四月二十五日。為信遷公，〈王莽傳〉云，居攝三年封王安為新舉公，始建國元年為新嘉辟，地皇元年為新遷王，次年病死，無信遷公之任。賞都，侯國名。王莽改汝南郡宜祿縣（今河南鄲城東南）名為賞都亭，設置侯國。與上文「褒新」合成「褒賞新都」之意。臨，王莽第四子王臨。統義陽王，王臨於居攝三年封褒新公，始建國元年被立為王莽的太子，地皇元年封為統義陽王，以洛陽為侯國。自殺，地皇三年（西元二二年）王臨以謀殺王莽事發，自刺而死。(274)樂安，侯國名，以臨淮郡僮縣的樂安鄉設置，故址在今江蘇泗洪西北。(275)建昭三年七月癸亥，漢元帝建昭三年（西元前三六年）夏曆七月初九日。顓地盜土，指擅自搶占國有土地為自己的封地。顓，「專」的異體字，專擅、獨斷專行之意。盜，搶劫。匡衡被封為丞相、樂安侯時，臨淮郡把原來不應屬於樂安鄉的平陵陌錯劃入樂安侯國。建始元年，臨淮郡在送呈朝廷的上計簿中改正了這處錯劃之處，並報告丞相匡衡府中，匡衡下屬掾史挾勢迫使郡中官吏將平陵陌四百畝土地重新劃歸匡衡的侯國，匡衡又派人從這片土地上補徵被郡中收回期間的田租一千多石。三年後此事被司隸校尉王駿等揭發，匡衡被免官為庶民。(276)縣名，屬臨淮郡，故城在今江蘇泗洪西北。(277)安昌，縣名，屬汝南郡，故址在今河南確山縣西。節侯，諡號。(278)高陽，侯國名，屬琅邪郡，故城在今山東莒縣東南。(279)縣名，屬琅邪郡，故城在今山東沂水縣；王先謙說高陽當是成帝由東莞劃地設置的侯國，錢坫謂高陽、東莞兩地相距頗遠，恐怕其說不確；事實上，東莞是魏晉時期從琅邪郡分出的一個郡名，見《續漢書・郡國志三》集解，因疑此「東莞」係後人妄改。(280)鴻嘉元年四月庚辰，漢成帝鴻嘉元年（西元前二〇年）夏曆四月二十七日。五年，依本傳當作「六年」。坐西州盜賊群輩免，指鴻嘉三年，廣漢人鄭躬率上萬人造反，波及四縣。薛宣和御史大夫翟方進派員鎮壓，未奏效，成帝派趙護統率三萬人鎮壓，終於平息。成帝對元帝養母邛成太后的喪事辦理得倉促草率不滿，便以此為藉口罷免了薛宣。西州，指廣漢郡。群輩，成群。輩，表示多數。其年，當作免後二年。不忠孝，即不忠不孝；不忠指前次罷官事，不孝指薛宣不同意其弟薛修為後母持服守喪三年的做法。父子賊傷近臣，指薛宣之子薛況指使其賓客楊明，在宮門外刺傷曾誹謗薛宣德博士申咸一事。(281)安陽，縣

號謚姓名	侯狀戶數	始封	子	孫	曾孫	玄孫
	單侯，千六百戶，子舜益封。(283)		安新公。(284)	與莽俱死。(285)		
成陽節侯趙臨(286)	以皇后父侯，二千戶。	永始元年四月乙亥封(287)，五年薨。	元延二年，侯訢嗣，建平元年，坐弟昭儀絕繼嗣，免，徙遼西。(288)			新息(289)
		新成侯欽(290)	綏和二年五月壬辰以皇太后弟封，一年，建平元年，坐弟昭儀絕繼嗣，免，徙遼西。(291)			穰(292)
高陵共侯翟方進(293)	以丞相侯，千戶，哀帝即位，益子宣五百戶。	永始二年十一月壬子封，八千戶，八年薨。(294)	綏和二年，侯宣嗣，十二年，居攝元年，弟東郡太守義舉兵欲討莽，莽滅其宗。(295)			琅邪(296)
定陵侯淳于長(297)	以侍中衛尉言昌陵不可成侯，千戶。皇太后姊子。(298)	元延三年二月丙午封，二年，綏和元年，坐大逆，下獄死。(299)				汝南

名，屬汝南郡，故城在今河南正陽南。敬侯，諡號。王音，元帝皇后王政君的叔父長樂衛尉王弘之子，王政君的堂弟。(282)六月己巳，夏曆六月十七日。六月，成帝鴻嘉元年六月。己巳，《通鑑》卷二十三作「乙巳」。五年薨，王音薨於永始二年，王先謙訂正〈成帝紀〉說為三月丁酉；〈百官公卿表下〉和《通鑑》卷三十一作正月己丑。(283)皇太后，成帝母親王政君。王音於成帝陽朔三年九月甲子繼王

鳳任大司馬車騎將軍，領尚書事。千六百戶，〈元后傳〉載成帝封王音為安陽侯詔書說，王音食邑與五侯同，都是三千戶。此作「千六百戶」，疑是初封大司馬車騎將軍時食邑。舜，王舜，綏和二年六月，以哀帝為太子時，王舜曾經輔導過的舊日恩情，益封五百戶。(284)舜，即王舜，為王莽心腹，又受元后信任，故哀帝死後，奉命以車騎將軍迎立平帝。平帝元始元年二月丙辰，以大司馬車騎將軍，孺子嬰居攝元年三月己丑，以王舜為太傅左輔，始建國元年正月，王莽以太傅、左輔驃騎將軍、安陽侯王舜為太師，封安新公。始建國三年以病悸加劇死去。(285)攝，王攝，僅此一見，據〈王莽傳〉記載，居攝元年十二月，王莽封太保王舜之子王匡為同心侯，王林為說德侯；始建國三年，王莽以王舜之子王延襲封父爵，為安新公；延弟襃新侯王匡為太師將軍。後來王莽被殺，王延降漢後也被殺。則此云王攝，似是王延之誤。(286)成陽，侯國名，在汝南郡，由新息縣劃地設置。節侯，諡號。(287)永始元年四月乙亥，漢成帝永始元年（西元前一六年）夏四月十五日。成帝廢黜許皇后，想立婕妤趙飛燕為皇后。皇太后王政君嫌棄趙飛燕出身低賤，加以反對。成帝通過淳于長得知太后心意，便先封趙飛燕之父趙臨為成陽侯。一個月後，終於立趙飛燕為皇后。(288)訢，即趙訢，字君偉。成帝綏和元年曾任衛尉六個月。弟，此指女弟，今稱妹，〈外戚傳〉說趙飛燕弟弟趙欽為趙訢叔父，與此不合。昭儀，宮廷妃嬪官名，此指趙飛燕妹妹趙昭儀，亦成帝妃。小說云其名合德。絕繼嗣，滅絕子孫後代。司隸解光奏言趙昭儀從前親自殺死成帝妃嬪所生子嗣，致使成帝絕後，哀帝於是免去趙氏官爵。免，罷官為民。徙，刑法名，流放、充發囚犯到邊荒之地。遼西，郡名，治陽樂，故地在今遼寧義縣西。(289)縣名，屬汝南郡，故址在今河南息縣。(290)新成，侯國名，由南陽郡穰縣劃地設置，故址在今河南鄧縣西北。(291)綏和二年五月壬辰，漢成帝綏和二年（西元前七年）夏曆五月二十五日。皇太后，指趙飛燕。綏和二年三月，成帝薨。四月哀帝即位，尊奉成帝皇后趙飛燕為皇太后。五月，封太后弟弟侍中駙馬都尉趙欽（此從〈外戚傳下〉，〈哀帝紀〉云趙欽前此任侍中光祿大夫）為新成侯。(292)南陽郡屬縣名，故址在今河南鄧縣。(293)高陵，侯國名，屬琅邪郡，今地不詳。共侯，諡號。共，通「恭」。(294)永始二年十一月壬子，漢成帝永始二年（西元前一五年）夏曆十一月初二日。八千戶，此三字為衍文，上欄已云「封千戶」。(295)侯宣嗣，翟宣襲封侯爵前就曾任關都尉、南郡太守。襲封侯爵後住在長安。其弟翟義起兵反王莽，翟宣與其後母練等親屬全部被王莽殺害。十二年，居攝元年，此云「十二年」及「居攝元年」皆不妥。翟義起事反王莽在居攝二年九月，因此這兩句應作「十四年，居攝二年」。義，翟方進的小兒子翟義。他擁戴宗室劉信為天子，自號大司馬、柱天大將軍，移檄郡國，聲討王莽篡漢罪行，郡國震動，王莽惶恐不可終日，派兵鎮壓，數月捕殺翟義，此句云「欲」亦不妥。宗，宗族，此謂三族。王莽滅翟氏三族，在始初元年（西元八年）春。(296)郡名，治東武，即今山東諸城。(297)定陵，縣名，屬汝南郡，故址在今河南郾城西北。(298)衛尉，官名，執掌統轄衛士，警衛宮闕門內。昌陵，成帝陵墓，故址在新豐戲鄉，即今陝西臨潼西南。成帝初營建延陵，中途一度聽信將作大匠解萬年等人的話，放棄延陵，改修昌陵，以地低工程浩大，五年不能竣工，即又棄昌陵而繼續修築延陵。淳于長封侯的實際原因在於：皇太后王政君嫌棄飛燕出身低微，不允許成帝立其為后，而淳于長從中斡旋，化解了矛盾，最終使成帝終於立趙氏為皇后，成帝為了答謝他，於是藉此機會加以封賞。皇太后姊子，王政君之姊王君俠的兒子。(299)元延三年二月丙午封，漢成帝元延三年（西元前一〇年）夏曆二月二十日。大逆，逆忤皇帝的重罪罪名。淳于長恃成帝寵幸，接受巨額賞賜和賄賂，放縱於淫樂女色，調戲和侮辱已被廢黜的許皇后，欺騙她說自己可以為之向成帝求情，讓她做左皇后。

號諡姓名	侯狀戶數	始封	子	孫	曾孫	玄孫
殷紹嘉侯孔何齊(300)	以殷後孔子世吉適子侯，千六百七十戶，後六月進爵為公，地方百里，建平二年益戶九百三十二。(301)	綏和元年二月甲子封，八年，元始二年更為宋公。(302)				沛
宜鄉侯馮參(303)	以中山王舅侯(304)，千戶。	綏和元年二月甲子封，建平元年，坐姊中山太后祝詛，自殺。(305)				
氾鄉侯何武(306)	以大司空侯(307)，千戶，哀帝即位益千戶。	四月乙丑封，十年，元始三年，為莽所殺，賜諡曰剌。(308)	元始四年，侯況嗣，建國四年薨。(309)			南陽
博山簡烈侯孔光(310)	以丞相侯，千戶，元始元年益萬戶。(311)	二年三月丙戌封，二年，建平二年，坐眾職廢免，元壽元年五月乙卯復以丞相侯，六年薨。(312)	元始五年，侯放嗣，王莽敗，絕。			順陽(313)
右孝成十人。安成、平阿、成都、紅陽、曲陽、高平、新都、武陽侯八人隨父，凡十八人。						
陽安侯丁明(314)	以帝舅侯，五千戶。	綏和二年四月壬寅封(315)，七年，				

元始元年，為王莽所殺。

被捕入獄後，經過審訊，淳于長招認了自己的罪惡，被判處大逆罪。(300)殷紹嘉侯，侯爵名號，周初封殷紂王的庶出兄長微子啟為宋國君主。孔子的祖先原來是宋國的公族，至他的六世祖父孔父嘉，在宋國貴族的內亂中被殺，其子逃奔到魯國，以孔為氏。因此成帝採納梅福和匡衡的建議，封孔子的後代為殷紹嘉侯。(301)殷後，殷朝帝室的後代。世，繼承，這裡指繼嗣後代。吉，孔吉。適子，即嫡子，封建宗法社會中對正妻所生長子的稱呼。適，通「嫡」。後六月，〈成帝紀〉作「三月」。地方百里，〈成帝紀〉說殷紹嘉侯與周承修封侯「地各百里」。方，四方周邊。(302)綏和元年二月甲子，漢成帝綏和元年（西元前八年）夏曆二月二十日。卷十〈成帝紀〉載綏和元年二月所封為孔吉，誤，當以此表為正。卷十二〈平帝紀〉載，元始四年春正月改殷紹嘉公曰宋公，據此，「八年，元始二年」當作「十一年，元始四年」。(303)宜鄉，侯國名，其國後封劉恢，其地不詳。(304)中山王，劉興，元帝馮昭儀之子，成帝異母弟，陽朔二年由信都王徙封中山王。馮參是馮昭儀的小弟弟。成帝綏和元年二月癸丑，定陶王劉欣以其祖母傅太后賄賂成帝舅父王根和寵妃趙昭儀，得立為太子。成帝恐怕中山王怨恨此事，故封其舅馮參為侯，又增加中山國食邑人戶，作為撫慰，劉欣後為哀帝。(305)二月甲子，夏曆二月十二日。哀帝祖母傅太后對於與馮昭儀在元帝朝爭寵的事耿耿於懷，藉機誣陷馮昭儀詛咒哀帝及傅太后，致使判處馮昭儀以大逆之罪，馮昭儀自殺。中山太后，即馮昭儀，以其子為中山王，她隨之為中山太后。祝，向鬼神禱告。(306)氾鄉，侯國名。何武的封國氾鄉原在琅邪郡不其縣境內，哀帝即位後，要褒獎大臣，改南陽犨縣博望鄉名為氾鄉，改封何武，其故址在今河南魯山縣東南。(307)大司空，官名，三公之一，綏和元年，成帝效法周朝的制度，改御史大夫官名為大司空。何武當時已任御史大夫，改官名後仍繼續任大司空。(308)四月，指綏和元年四月。四月乙丑，夏曆四月二十二日。乙丑應依卷十九〈百官公卿表下〉作「乙卯」。乙丑比乙卯稍前幾天，應是封官之日，乙卯才是封侯之日。王莽的長子王宇想利用王莽信仰鬼神迷信的心理，警戒王莽停止隔離平帝母子兄妹以獨攬大權的做法。派人把血灑在王莽府第的門口，被守門人發覺，王宇自殺。王莽藉此株連平時怨恨的人，捕殺無辜數百人。事後王莽讓何武之子何況襲封侯爵以平息公論。(309)據〈何武傳〉，王莽篡漢後，免去何況的侯爵為庶民，疑此文又脫誤。(310)博山，縣名，屬南陽郡，故址在今河南淅川東南。簡烈侯，謚號。(311)以丞相侯，孔光兩次封丞相，這裡指成帝綏和二年三月丙戌的第一次封官丞相和賜爵博山侯。哀帝建平二年四月乙亥，以違背傅太后意旨免為庶民。千戶，據卷十一〈哀帝紀〉載，綏和二年六月（《通鑑》卷三十三作七月）益封孔光千戶，此失載。元始元年益萬戶，元始元年二月丙辰（〈王莽傳上〉作正月），太后下詔乙太傅、博山侯孔光為太師，益封萬戶。在此之前哀帝已於元壽元年（西元前二年）七月丙午封孔光再任丞相，恢復原來博山國封地食邑。(312)二年，指綏和二年。三月丙戌，夏曆三月十八日。眾職廢，百官廢棄職責，這是傅太后以孔光不順從自己而主使策免他官爵的藉口。五月乙卯，夏曆五月十七日。夏燮說應作七月丙午。〈百官公卿表下〉與《通鑑》卷三十五並作七月丙午。六年薨，孔光於元始五年四月乙未薨。(313)縣名，屬南陽郡，成帝時已改名博山，至東漢明帝時又改回順陽，故址在今河南淅川東南。(314)陽安，縣名，屬汝南郡，故址在今河南確山縣東北。丁明，其妹

號諡姓名	侯狀戶數	始封	子	孫	曾孫	玄孫
孔鄉侯傅晏 316	以皇后父侯，三千戶，又益二千戶。317	四月壬寅封，六年，元壽二年，坐亂妻妾位免，徙合浦。318				夏丘 319
平周侯丁滿 320	以帝舅子侯 321，千七百三十九戶。	五月己丑封，元始三年，坐非正免。322				湖陽 323
高樂節侯師丹 324	以大司馬關內侯侯，二千三十六戶。325	綏和二年七月庚午封，一年，建平元年，坐漏泄免，元始三年二月癸巳更為義陽侯，二月薨。326	侯業嗣，王莽敗，絕。			新野 東海 327
高武貞侯傅喜 328	以帝祖母皇太太后從父弟大司馬侯，二千三十戶。329	建平元年正月丁酉封，十五年薨。	建國二年，侯劭嗣，王莽敗，絕。			杜衍 330
楊鄉侯朱博 331	以丞相侯，二千五十戶，上書以故事不過千戶，還千五十戶。332	建平二年四月乙亥封，八月，坐誣罔自殺。333				湖陵 334
新甫侯王嘉 335	以丞相侯，千六十八戶。336	三年四月丁酉封，三年，元壽元年，罔上下獄瘐	元始四年，侯崇紹封，王莽敗，絕。			新野

為元帝之子定陶王劉康的丁姬。河平四年丁姬生哀帝劉欣。建平二年二月丁丑，丁明任大司馬驃騎將軍，元壽二年九月己卯以哀矜、敬重丞相王嘉被免職。(315)四月壬寅，夏曆四月初四日。夏燮說應作四月丙戌。(316)孔鄉，侯國名，由沛郡夏丘縣劃地分置。傅晏，哀帝祖母傅太后叔父中叔之子，傅太后堂弟，又是哀帝的岳父。元壽元年（西元前二年）正月辛丑（朔），以特進孔鄉侯為大司馬衛將軍。數日後以董賢進讒言免。傅太后死後，哀帝假託她的遺詔，賜傅晏封侯時未予的國邑。(317)皇后，指哀帝傅皇后。據卷八十六〈師丹傳〉：「皇后尊號未定，豫封父為孔鄉侯。」及卷九十七〈外戚傳下〉，成帝靈柩尚在前殿，傅晏之女尚未定為哀帝皇后，傅太后即已封傅晏為孔鄉侯，遭到時人非議。又益二千戶，據卷十一〈哀帝紀〉載，益封事尚有建平二年八月以受傅太后指使奏免傅喜，被哀帝削去封邑四分之一人戶，本表失載。胡三省說：「晏封五千戶，削其千二百五十。」(318)四月，指綏和二年四月。壬寅，夏燮說應作丙戌。亂妻妾位，封建宗法制度認為妾的地位低於妻。哀帝死後，王莽讓元后王政君頒發詔書，認為哀帝祖母傅太后本來是元帝昭儀，屬於妾，在哀帝朝卻享有皇帝的正妻皇后才能有的「皇太太后」的尊號，死後也按正妻的規格與元帝合葬，而且陵墓比元帝陵還要高，用帝太太后璽綬殉葬，陵廟中的神位在元帝神位之左，一起享受祭祀。這些都淆亂了妻妾的區別，逾越了禮制。而這都是傅晏和傅太后同通合謀，專橫不法導致，傅太后因此被掘墓暴屍。合浦，郡名，郡治名，故址在今廣西合浦東北。(319)縣名，屬沛郡，故址在今安徽泗縣。(320)平周，侯國名，由南陽郡湖陽縣劃地分置。丁滿，哀帝表兄。(321)帝舅，指哀帝母親丁姬的大哥丁忠，其人早死，哀帝追諡為平周懷侯，丁滿即其子，故云。(322)五月己丑，綏和二年夏曆五月二十二日。夏燮說應作綏和二年四月丙戌。非正，指本不是經由正道得以封侯，兼指丁滿姑母丁姬以諸侯臣妾的身分僭稱帝太后，丁滿不該享有皇后、太后娘家人作為外戚應該封侯的特權。這是哀帝死後王莽打擊丁氏的口實。(323)縣名，屬南陽郡，故城在今河南新野東南。(324)高樂，侯國名，由南陽郡新野縣劃地分置。師丹在平帝朝改封義陽侯，食邑劃東海郡厚丘縣中鄉設置。厚丘故城在今江蘇東海縣南。節侯，諡號。(325)此云高樂侯食邑。據〈師丹傳〉，免高樂侯之死後，元始三年再封義陽侯，食邑二千一百戶。(326)七月庚午，綏和二年夏曆七月初四日。指封高樂侯時間。漏泄，指師丹派書吏撰作奏議，書吏私自抄寫奏議草稿。丁氏和傅氏子弟聽說此事，指使人上奏說很多行路之人都帶有師丹的奏章。哀帝徵詢親近的中期官員意見，都回答說，此屬大臣奏事漏洩失密，應交廷尉審理。廷尉彈劾師丹大不敬。三年，〈外戚傳〉作「五年」。夏燮說元始三年、五年，二月皆無癸巳，疑表中年月都有訛誤。(327)新野，南陽郡屬縣名，故址在今河南新野；高樂原來屬於新野縣。東海，郡名，治郯縣，故址在今山東郯城北；厚丘縣屬東海郡。(328)高武，侯國名，由南陽郡杜衍縣劃地分置。貞侯，王莽所賜諡號。本書沿襲舊文，未加刪節或說明。(329)帝祖母皇太太后，哀帝祖母傅太后。哀帝建平四年六月，尊傅太后為皇太太后。(330)縣名，屬南陽郡，故址在今河南南陽西南。(331)楊鄉，一作「陽鄉」，侯國名，由廬江郡湖陵縣劃地設置。(332)朱博呈上奏議，認為依照舊規，封丞相時賜邑不滿一千戶。以，以為。故事，成例；舊日制度規定。過，超過。還，上交。指退還。(333)建平二年，西元前五年。建平，漢哀帝年號。四月乙亥，夏曆四月十九日。坐誣罔，指朱博受傅太后指使彈劾傅喜，引起哀帝懷疑，哀帝命令左將軍彭宣與中朝官共同審理，彭宣審問後彈劾朱博、傅宴、趙玄等欺君罔上，陷害傅喜等，哀帝命令逮捕朱博入獄，朱博於是自殺。誣罔，指揑造罪名欺騙君主。(334)縣名，屬廬江郡，故址在今安徽太湖縣。(335)新甫，侯國名，由南陽新野縣劃地設置。王嘉，本傳說元始四年詔書追錄忠臣，追諡王嘉為忠侯，本表失載。(336)本傳

號諡姓名	侯狀戶數	始封	子	孫	曾孫	玄孫
		死。337				
汝昌侯傅商338	以皇太太后從父弟封，千戶，後以奉先侯祀益封，凡五千戶。339	四年二月癸卯封，一年，元壽元年，坐外附諸侯免。	元壽二年五月，侯昌以商兄子紹奉祀封，八月，坐非正免。340			陽穀341
陽新侯鄭業342	以皇太太后同母弟子侯，千戶。343	八月辛卯封344，二年，元壽二年，坐非正免。				新野
高安侯董賢345	以侍中駙馬都尉告東平王雲祝詛反逆侯，千戶，後益封二千戶。346	建平四年八月辛卯封，二年，元壽二年，坐為大司馬不合眾心免，自殺。347				朱扶348
方陽侯孫寵349	以騎都尉與息夫躬告東平王反謀侯，千戶。	八月辛卯封，二年，元壽二年，坐前為姦讒免，徙合浦。350				龍亢351
宜陵侯息夫躬352	以博士弟子因董賢告東平王反謀侯，千戶。353	八月辛卯封，二年，元壽二年，坐祝詛，下獄死。354				杜衍355
長平頃侯彭宣356	以大司空侯，二千七十四戶。357	元壽二年五月甲子封，四年薨。	元始四年，節侯聖嗣，十四年薨。	天鳳五年，侯業嗣，王莽敗絕。		濟南358

說，賜食邑千一百戶。337三年，指建平三年。四月丁酉，夏曆四月十七日。元壽元年，西元前二年。罔上，王嘉反對哀帝加封嬖臣董賢食邑，密封呈交的奏書中說董賢等人「臣驕侵罔」；此後又薦舉被哀帝撤去廷尉之職的梁相，引起哀帝發怒，斥責王嘉「迷國罔上，

近由君始」。批准孔光等大臣彈劾王嘉「迷國罔上不道」的奏議，以逮捕王嘉下獄的詔令逼他按舊規自殺，王嘉不肯自殺，隨使者赴獄，聲稱自己為國惜賢去不肖，嗣有餘責。絕食二十餘日，嘔血而死。瘐死，古代指囚犯病死在獄中。338汝昌，侯國名，東平國須昌縣內有陽穀城，疑即其地在東漢所改之名，或疑由沛郡穀陽縣劃地設置。傅商，哀帝祖母傅太后的小叔父傅幼君之子。傅商從小靠堂姊傅太后撫養，後來以此得任侍中光祿大夫，以致封侯。其封邑為元壽元年傅太后死後才賜子。339皇太太后從父弟，即傅太后堂弟。據卷十一〈哀帝紀〉載，建平四年二月封傅商為侯，到六月才有尊帝太太后為皇太太后之事，此表稱「皇太太后」是史家追改。先侯，已故的侯爵。指傅太后父親。其人早已死去，建平四年哀帝給他追加封號崇祖侯；又讓傅商過繼給傅太后之父；改已故崇祖侯號為汝昌侯，加諡號哀侯，是稱汝昌侯。奉祀，供奉祭祀。此謂支子繼嗣。340昌，傅昌。兄子，兄長之子。非正，非嫡親。341東平國須昌縣內城邑名。須昌縣故址在今山東東平西北東平湖中，東漢時改屬東郡。一說或恐是「穀陽」倒文。穀陽是沛郡屬縣，故址在今安徽固鎮西北。342陽新，侯國名，由南陽郡新野縣劃地設置。一作陽信，當是王莽史官追改。卷九十九〈王莽傳中〉云，始建國四年改十一公號，以「新」為「心」，後又改「心」為「信」。按：新、信通假。鄭業的侯國和傅宴、傅商一樣，都是封侯後的次年才實際賜予的。343皇太太后，哀帝祖母傅太后。封鄭業時傅太后尚未有這個尊號，這裡是史家追改的稱呼。同母弟，指同母異父弟；傅太后父親早死，母親改嫁魏郡人鄭翁，生兒子鄭惲。哀帝建平四年二月，以鄭惲前此已死，詔書追尊鄭惲為陽信節侯，封鄭惲之子鄭業為陽信侯。344八月辛卯，建平四年夏曆八月十九日，〈哀帝紀〉作「二月」，屬建平四年。345高安，侯國名，其地不明。董賢，哀帝佞臣，官拜大司馬、衛將軍，極受哀帝寵愛，與哀帝有「斷袖」之歡。346駙馬都尉，官名，武帝始設置，掌管隨從皇帝的騎士，官階比二千石級。告，告發。東平王雲，元帝的孫子劉雲，繼嗣其父劉宇為東平王。劉雲及其王后祭禱東平國境內動向異常的木石，被息夫躬等人借宋弘名義告發，劉雲捕後承認自己曾經詛咒哀帝，想要取代哀帝。哀帝這時想找藉口封賞董賢，便把息夫躬等所上章奏中揭發人之一宋弘的名字改換成董賢，以此作為董賢封侯的根據。反逆，造反叛逆。後，本傳作「頃之」，表明相隔不久。347哀帝元壽元年十二月庚子，封董賢為大司馬、衛將軍，是時董賢二十二歲；次年六月哀帝死，王莽借太皇太后的名義下詔，說董賢不懂事理，不合眾心，免去了他的大司馬之職，董賢夫婦當天自殺。八月辛卯，卷十一〈哀帝紀〉作「三月」。348其地不明，疑是琅邪郡東虛（故址在今山東臨朐），或犍為郡朱提（故址在今雲南昭通）的誤寫。349方陽，侯國名，由沛郡龍亢縣劃地分置。孫寵，長安（今陝西西安）人，以遊說著名，與息夫躬彈劾劉雲之前一度任汝南太守，後免。彈劾劉雲後晉升為南陽太守。元壽元年以御史彈劾免官遣就國。350八月辛卯，屬建平四年，卷十一〈哀帝紀〉作「三月」。前為姦讒，以前在君主面前說壞話陷害別人。指哀帝死後，有關部門上奏孫寵等「皆早作奸謀」，陷害「王者骨肉」東平王劉雲「雖蒙赦令，不宜處爵位，在中土」，遂流放合浦郡。351縣名，屬沛郡，故址在今安徽蒙城東南。352宜陵，侯國名，由南陽郡的杜衍縣劃地分置。353博士弟子，秦漢學官名，博士在太常教授弟子。武帝設置博士弟子後，一直按甲乙科射策，試以經學。博士弟子通過考試選補官吏。因，隨著；利用。354八月，〈哀帝紀〉作「三月」，事在建平四年。祝詛，指詛咒天子，施行巫術。哀帝聽信董賢之言，罷免息夫躬的侯爵後，息夫躬聽信賈惠的祝盜方，像巫師一樣詛咒守在他家旁邊的奸人，被人以施行巫術，詛咒天子的罪名告發。下獄，投入監獄。355縣名，故址在今河南南陽西南。356長平，縣名，屬汝南郡，故址在今河南西華東北。頃侯，

號謚姓名	侯狀戶數	始封	子	孫	曾孫	玄孫
右孝哀十三人。新成、新都、平陽、營陵、德五人隨父[359]，凡十八人。						
扶德侯馬宮[360]	以大司徒侯，二千戶。[361]	元始元年二月丙辰封，王莽篡位，為太子師，卒官。[362]				贛榆[363]
扶平侯王崇[364]	以大司空侯，二千戶。	二月丙辰封，三年，為傅婢所毒，薨。[365]				臨淮
廣陽侯甄豐[366]	以左將軍光祿勳定策安宗廟侯，五千三百六十五戶。[367]	二月癸巳封，王莽篡位，為廣新公，後為王莽所殺。[368]				南陽
承陽侯甄邯[369]	以侍中奉車都尉定策安宗廟功侯，二千四百戶。[370]	三月癸卯封，王莽篡位，為承新公。[371]				汝南
褒魯節侯公子寬[372]	以周公世魯頃公玄孫之玄孫奉周祀侯，二千戶。[373]	六月丙午封，薨。	十一月，侯相如嗣，更姓公孫氏，後更為姬氏。[374]			南陽平[375]
褒成侯孔均[376]	以孔子世褒成烈君霸曾孫奉孔子祀侯，二千戶。[377]	六月丙午封。				瑕丘[378]

諡號。357大司空，即御史大夫，哀帝時一度改御史大夫名大司馬。彭宣元壽二年五月甲子以原任御史大夫改官名為大司空，三個月後以病免職。358當作汝南，長平屬汝南郡。359新都侯王莽於此重出。德侯劉勳、營陵侯劉歸生失載。成都侯王邑、汝昌侯傅昌也應在隨父之例，而此表失載。360扶德，侯國名，由琅邪郡贛榆縣劃地分置。馬宮，原姓馬矢（一作「馬適」），名宮，學習和做官時稱馬氏。361大司徒，官名，三公之一，職權相當於丞相；成帝綏和二年設置三公，哀帝時一度罷棄，到哀帝元壽二年五月又恢復到三公制，以原任丞相的孔光改稱任大司徒。後來馬宮代孔光為大司徒，封侯。362元始元年，西元一年。元始，漢平帝年號。二月丙辰，夏曆二月二十八日。為太子師，王莽始建國三年（西元一一年），王莽為其太子王臨置師、友各四人，官階屬大夫級，四師中以馬宮為師疑。363縣名，屬琅邪郡，故址在今江蘇贛榆縣東北。364扶平，應屬臨淮郡，其地不詳。365二月丙辰，〈王貢兩龔鮑傳〉說王崇代彭宣任大司空時，封扶平侯；卷十九〈百官公卿表下〉此事繫於元壽二年八月戊午，與此不合。為傅婢所毒，元始二年二月癸酉王崇託病免職，以避王莽，王莽遣其前往所封侯國，一年多後，被寵幸的婢妾毒死，侯國此後撤銷。傅婢，親近寵幸的婢女。366廣陽，侯國名，其地在南陽郡境內，今地不詳。甄豐，字長伯，王莽黨羽，初任泗水國相等職，王莽封其子甄尋為茂得侯，其孫甄匡為並力侯，本表失載。367左將軍，漢代最高武官官名之一，亦重號將軍之一，位置列於上卿，金印紫綬，有兵事或邊事時才設置，平時如果任此職，則兼有另一具體職務。定策安宗廟，指迎立平帝。368二月癸巳，在平帝元始元年，為夏曆二月初五日，依卷十二〈平帝紀〉、卷九十九〈王莽傳上〉所載，甄豐等封侯在此年元月；卷十九〈百官公卿表下〉和《通鑑》卷三十五作同年二月丙辰。為廣新公，卷九十九〈王莽傳中〉載，始建國元年正月初，王莽封大阿、右拂、大司空、衛將軍廣陽侯甄豐為更始將軍、廣新公。後為王莽所殺，據〈王莽傳中〉載，甄豐本為王莽心腹，自身及子孫都受到王莽賞識，後畏懼漢宗室、天下橫行一方之人，對王莽篡漢表示不悅，其子甄尋不斷製造所謂「符命」，要王莽之女平帝皇后做他的妻子。事發，甄豐自殺。369承陽，縣名，屬汝南郡，疑即慎陽，故城在今河南正陽北。甄邯，字子心，王莽的黨羽，孔光的女婿。370奉車都尉，官名，其職責為駕馭皇帝乘坐的車駕，武帝設置，官階比二千石級。王莽奉甄邯任奉車都尉，是為了以他爭取和利用大司徒孔光。定策安宗廟，指迎立平帝。二千四百戶，據〈王莽傳上〉，王莽居攝元年十二月，王莽稟告太后下詔，益封輕車將軍甄邯三千戶。本表失載。371三月癸卯封，甄邯與甄豐同時封侯，甄豐封侯在二月癸巳，所以此句「三月癸卯封」當作「二月癸卯封」，二月癸卯為夏曆二月十五日。為承新公，〈王莽傳中〉載，始建國元年正月朔，王莽封太保、後承承陽侯邯甄為大司馬、承新公，為所謂三公之一，始建國四年甄邯死。372褒魯，侯國名，係王莽改泰山郡桃山縣之名以封公子寬，故址在今山東寧陽東北。節侯，諡號。公子寬，即姬寬。卷九十九〈王莽傳中〉載，王莽始建國元年正月朔分封上古及夏、商、周帝王後代之前，已封定周公後褒魯子姬就，疑即姬寬之誤。373周公，西周周文王之子、武王之弟姬旦，由於采邑在周地，故稱周公。世，繼嗣。魯頃公，姬讎諡號，是西周至春秋魯國的末代君王。玄孫，曾孫之子。奉周祀，執行祭祀周天子列祖列宗。374十一月，仍應為元始元年。卷十二〈平帝紀〉此事歸於六月。相如，姬相如。375陽平應是「平陽」的倒文，然而南平陽屬山陽郡，其地即今山東鄒縣，地雖近桃山而不屬泰山郡，與上文「褒魯」不合，疑誤。376褒成，侯國名，由山陽郡丘縣劃地分置。孔均，卷九十九〈王莽傳中〉作「孔鈞」，原名孔莽，後避王莽名，改名為均。377霸，孔霸，孔光的父親，孔霸是元帝做太子時的經師，元帝後來封他號褒成君，意思取褒獎他教育

號諡姓名	侯狀戶數	始封	子	孫	曾孫	玄孫
防鄉侯平晏[379]	以長樂少府與劉歆、孔永、孫遷四人使治明堂辟雍得萬國驩心功侯，各千戶。[380]	五年閏月丁丑封，王莽簒位為就新公。[381]				
紅休侯劉歆[382]	以侍中犧和與平晏同功侯。[383]	閏月丁酉封，王莽簒位，為國師公，後為莽所誅。[384]				
寧鄉侯孔永[385]	以侍中五官中郎將與平晏同功侯。[386]	閏月丁酉封，王莽簒位，為大司馬。[387]				
定鄉侯孫遷[388]	以常侍謁者與平晏同功侯。[389]	閏月丁酉封。				
常鄉侯王惲[390]	以太僕與閻遷、陳崇等八人使行風俗齊同萬國功侯，各千戶。[391]	閏月丁酉封。				
望鄉侯閻遷[392]	以鴻臚與王惲同功侯。[393]	閏月丁酉封。				
南鄉侯陳崇[394]	以大司徒司直與王惲同功侯。[395]	閏月丁酉封。				

元帝，使之成就，並賜食邑八百戶。死後諡號烈君。(378)縣名，屬山陽郡，故址在今山東兗州東北。(379)防鄉侯，侯國名，王莽封侯時，於地名上或添字以為侯國之名。此防鄉或為今山東費縣東北的古代魯國防邑，或為今湖北房縣所在地的古房陵，無從考定。平晏，平當之子。(380)長樂少府，官名，初名長信詹事，秦朝設置，掌管皇太后宮；景帝中六年改名長樂少府。明堂，古代帝王宣明政教、舉行大典的宮室。辟雍，原來是周朝帝王為貴族弟子設立的太學，這裡指王莽所建的仿古太學。(381)五年，元始五年。閏月丁丑，當作「閏五月丁酉」，為夏曆閏五月初四日。為就新公，始建國元年正月，王莽封拜輔臣，以大司徒就德侯平晏為太傅、就新公，地皇元年（西元二〇年）平晏死。(382)紅，即沛郡虹縣（今安徽五河西北）。休，鄉名。故城址均在今山東滕州境內。劉歆的五世祖劉富在景帝時先封休侯，後來改封紅侯，《史記・惠景間侯者年表》和本表都將紅、休誤合為一，劉歆於是沿襲此爵名稱。(383)當作「羲和」，王莽改大司農名為羲和，後又改為納言。(384)閏月，指元始五年閏五月。國師公，王莽的「四輔」官之一，始建國元年正月朔日封少阿、羲和、京兆尹、紅休侯劉歆為國師、嘉新公。後為莽所誅，劉歆怨恨其三子被王莽殺害，打算與王涉、董忠等人起事背叛王莽，事洩，王莽鎮壓叛亂時，劉歆自殺，事在更始元年（西元二三年）。(385)寧鄉，縣名，卷二十八〈地理志上〉載二寧鄉：泰山郡有寧陽，為侯國。卷七十五〈夏侯勝傳〉作寧鄉，王莽改名寧順，故城在今山東寧陽南。琅邪郡有安丘，亦侯國，王莽改名寧鄉，故址在今山東安丘東南。王莽大改郡縣之名在始建國元年，孔永封侯在此前四年，故疑此謂泰山郡寧鄉，即寧陽。孔永，孔光兄長的兒子，元始元年正月曾與王惲等同封關內侯。(386)五官中郎將，官名，郎中令所管轄五官署的長官，官階二千石級，主管五官郎中；中郎是在宮禁內執戟宿衛皇帝、親近天子的郎中，五官中郎即為這些高級郎官的首長，在郎官中的地位僅次於郎中令。據卷九十九〈王莽傳中〉，始建國三年，王莽封侍中崇祿侯事，此表失載。(387)閏月，即元始五年閏五月。卷九十九〈王莽傳中〉載，始建國四年二月，封寧始將軍孔永為大司馬。次年二月，孔永要求退休，王莽賜安車駟馬，以特進就朝位。(388)定鄉，縣名，屬渤海郡，卷二十八〈地理志上〉作定縣，侯國，故址在今河北鹽山縣南，東漢併入定縣。(389)常侍謁者，官名，郎中令屬官謁者中的一種，主掌宮殿上禮贊司儀，官階比六百石級。(390)常鄉，縣名，係王莽改千乘郡高宛縣之名為之，故址在今山東高青南，但王莽改名在王惲封侯之後，見《通鑑》卷三十六、三十七，故此侯國今地不詳。王惲，字子敬，王莽黨羽。(391)太僕，官名，漢代九卿之一，掌管馬政和皇帝外出的車馬，有時為皇帝駕車；王莽一度改名太御；元壽二年王惲由長樂衛尉升任太僕。使，派遣。行，巡視。齊同萬國，指王惲在各地巡視期間宣揚王莽的化育恩德，使所有的侯國地方風俗歸於一致。王惲第一次出巡在元始四年二月，此指第二次出巡。(392)望鄉，其地不詳，疑是望都之誤；望都屬中山國，故城在今河北唐縣東北。閻遷，王莽黨羽，曾任折衝將軍參加鎮壓三輔地區西部趙明反叛王莽的武裝。(393)官名，又稱大鴻臚，九卿之一，主管迎送、接待、封授諸侯王、大將軍一類重要人物入朝及朝會等禮儀，以及四方郡國上計官吏的觀光、朝會，部族朝見國家和異族歸附時國家受降等禮儀。(394)南鄉，地名，當是由弘家郡的析縣（今河南西峽）劃地分置，故址在今河南淅川西南丹水南岸，東漢光武帝建武年間在此已設南鄉縣，改屬南陽郡。陳崇，南陽人，王莽親信，曾為王莽五威司命官。(395)大司徒司直，即丞相司直，哀帝元壽二年丞相更名大司徒，故名；司直為丞相府中的最高屬官，武帝元狩五年始置，官階比二千石級，主要職責是輔佐丞相，檢察檢舉不法官吏。陳崇又於王莽始建國元年被封為統睦侯，奉胡王（追封春秋時陳胡公為胡王）後，本欄失載。

號諡姓名	侯狀戶數	始封	子	孫	曾孫	玄孫
邑鄉侯李翕[396]	以水衡都尉與王惲同功侯。[397]	閏月丁酉封。				
亭鄉侯郝黨[398]	以中郎將與王惲同功侯。	閏月丁酉封。				
章鄉侯謝殷[399]	以中郎將與王惲同功侯。	閏月丁酉封。				
蒙鄉侯逯普[400]	以騎都尉與王惲同功侯。	閏月丁酉封，王莽篡位，為大司馬。				
盧鄉侯陳鳳[401]	以中郎將與王惲同功侯。	閏月丁酉封。				
成武侯孫建[402]	以強弩將軍有折衝之威侯。[403]	閏月丁酉封，王莽篡位，為成新公。				
明統侯侯輔[404]	以騎都尉明為人後一統之義侯。[405]	閏月丁酉封。[406]				
破胡侯陳馮	以父湯前為副校尉討郅支單于侯，千四百戶。[407]	七月丙申封。[408]				
討狄侯杜勳	以前為軍假丞手斬郅支單于首侯，千戶。[409]	七月丙申封。				

右孝平二十二人，邛成、博陸、宣平、紅、舞陽、秺、樂陵、都成、新甫、爰氏、合陽、義陽、章鄉、信成、隨桃、褒新、賞都十七人隨父繼世，凡三十九人。

396邑鄉，其地不詳，卷二十八〈地理志上〉載上黨郡沾縣有邑成；然而有人說「邑」當作「昌」，都認為作「邑」是不對的，故其地大約不會是李翕封地。397水衡都尉，官名，武帝元鼎二年設置，王莽時曾改名為予虞，官階比二千石級，主管原屬少府管理經辦的帝王膳食原料、鑄錢及上林苑管理等事。398亭鄉，其地不詳。郝黨，字子嚴，南陽人，王莽黨羽，元始五年，以中郎將為左馮翊。399章鄉，侯國名，屬渤海郡，故址在今河北鹽山縣南。章，卷十七〈景武昭宣元成功臣表〉作「童」。400蒙鄉，其地不詳，疑是梁國蒙縣，故址在今河南商丘北。逯普，卷八十四〈翟方進傳〉作逯並。普、並必有一誤。嘗任王莽的左隊大夫（即潁州太守）、將作大匠、橫野將軍、著武將軍，後封同風侯。401盧鄉，縣名，屬東萊郡，故址在今山東掖縣西南。402成武，縣名，屬山陽郡，故址在今山東成武。孫建，字子夏，王莽心腹爪牙，元壽二年起曾任護軍都尉、執金吾、右將軍、左將軍光祿勳、輕車將軍、立國將軍等職，天鳳二年死。403強弩將軍，官名，雜號將軍之一；雜號將軍，征伐時臨時建立，事畢即撤銷官號。折衝，使敵軍的戰車後撤，即擊退敵人。本表失載食邑人戶。又卷九十九〈王莽傳上〉載，居攝元年，孫建由於與王莽同心同德有功，以步兵將軍益封三千戶。此亦失載。404明統，不詳，疑是封號。侯輔，王莽始建國四年由侍中大贅（大贅為王莽所置主管皇帝乘輿和衣服諸物的官職）升任寧始將軍，天鳳元年免。405明為人後一統之義，意思是平帝已由非嫡長子世系的所謂「小宗」，過繼到嫡長子做皇帝的「大宗」世系，等於兒子繼嗣父親，全部應按相承者，依循大義不得顧念原來私己的親人。明，闡明；說明。為人後，作為後代繼承人。一統，統一。指歸一於正統按照一個統緒。義，大義。這是侯輔為王莽防止平帝舅父家奪走他既得的權力，利用古代宗法制度所製造的貶抑平帝母、舅家的理論依據。406閏月，指元始五年閏五月；夏燮說，此欄紀時有誤。侯輔媚莽得封，似當在莽母功顯君薨時，為莽居攝之三年。407父湯，父親陳湯。前，以前。副校尉，官名，西域都護的副職，官階比二千石級，由朝廷直接任命，漢朝政府有時不任命都護，而以副校尉領護西域。討，討伐。郅支單于，匈奴單于號，宣帝五鳳二年，匈奴的五個單于內訌，呼韓邪單于稽侯狦的兄長左賢王呼屠吾斯在呼韓邪之東自立為郅支骨都侯單于。陳湯斬伐郅支單于在元帝建昭三年，竟寧元年賜陳湯爵關內侯，食邑三百戶。陳湯曾上書請求封賞王莽母親，王莽感激他，專權後便以陳湯功大賞薄為理由，追諡他為破胡壯侯，並封陳馮及陳馮弟陳勳。封陳勳為討狄侯，本表失載。408元始五年夏曆七月初四日。409軍假丞，官名，即軍候假丞。漢朝軍隊出征時的編制，有各部校尉，部下轄曲，曲一級有軍候官一人。又都護的屬官中有丞一人，候二人等等。杜勳本來是軍候官，又代理丞的職務。假，代理。手，指親手。首，頭。杜勳殺死郅支單于時沒有得到封賞，這次是趁陳馮封侯得沾恩澤。

【研　析】〈外戚恩澤侯表〉為《漢書》所創，《史記》沒有為外戚和恩澤封侯者專作一表，相關的內容散見於〈建元以來侯者年表〉、〈惠景間侯者年表〉、〈高祖功臣侯者年表〉。《漢書》把西漢一代的外戚、丞相及其他非軍功封侯者，皆編作〈外戚恩澤侯表〉，是寓以深意的。

列侯是二十等軍功爵中的最高一等，軍功爵制度原本是戰國到漢初的諸侯王或君主在統一天下的戰爭中，用來獎勵臣下，鼓舞士氣，提高軍隊戰鬥力的工具。在秦和漢初獲得封侯的人，基本上都在戰爭中立過顯赫軍功，所謂「爵以功為先後，官用能為次序」。漢高祖甚至還與臣下立誓說：「非劉氏不王，若有亡功非上所置而侯者，天下共誅之。」封侯者必須都是有軍功之人。〈功臣表〉中所錄列侯即多以軍功封侯者。但是，漢朝自文帝、景帝以後，軍功爵制逐漸趨於輕濫，文帝時最先將歸順漢朝的兩位匈奴相國封為列侯，他們分別是原韓王信之子、孫，是功臣之後，還可以說沒有違背漢高祖之約誓。至景帝時開始，為了分化匈奴，對於歸附漢朝的匈奴上層均予以封侯，突破了軍功封侯的限制。尤其對外戚的封侯，從高后時開始，已經不嚴格以軍功為標準。自此以後，皇太后、皇后的父兄昆弟、兄弟之子、諸侯王之舅等等，無功而封侯者所在多有。此封侯輕濫之一。

自漢武帝封丞相公孫弘為平津侯起，凡是以文吏或儒吏被任命為丞相者，通常賜封列侯，西漢一代以此被封侯者有二十餘人。此封侯輕濫之二。

高后時，建陵侯張釋寺人因為請封諸呂為侯，武帝時欒通侯欒大以方術，宣帝時張安世、田廣明等以定策功，丙吉以舊恩，以及平帝時甄豐、甄邯、平晏、王惲等人分別以定策安宗廟、使治明堂辟雍得萬國驩心功、使行風俗齊同萬國而被封侯，無不反映封侯之日漸輕濫。哀帝時為給寵臣董賢封侯，勉強編造「告東平王雲祝詛反逆」的理由，更說明封侯的隨意性。此其三。

何焯《義門讀書記》說本表所載列侯之封「皆不應功臣本約，不可續前二表之後，故別之為恩澤也。『廣博』言其濫」。劉咸炘《漢書知意》亦說本表之序「著恩澤封侯之正義，條舉而證明之，以見漢世恩澤之濫」；「『定策』列此，以不應本約也。董賢諸人亦『告反』，而不與諸告反者同入〈功臣表〉者，明其冒也」；又說「呂澤、呂釋之、竇嬰、衛、霍、上官皆以功封而入此者，則以其為外戚也」。這些評論都是正確的。通過本表，可以清楚地看到漢代外戚在政治與社會中的特殊地位和待遇，可以看到外戚和恩澤封侯之輕濫，軍功爵制逐漸失去了原來的激勵意義，趨於衰亡。

卷十九上

百官公卿表第七上

【題解】本卷以「表」的形式詳細記載了整個西漢時期三公九卿的官名變易及其任職者的姓名。在「表」之前的序，作者簡要記載了整個西漢時期中央和地方官制的歷史淵源和沿革，對中央和地方行政官吏的職掌變更及其屬員設置等情況做了系統歸納，並說明自己編撰此卷的目的在於使後人了解古今官名與職掌的變化，以合孔子所說「溫故知新」之意。

易❶敘宓羲❷、神農❸、黃帝❹作教❺化❻民，而傳❼述其官，以為宓羲龍師名官❽，神農火師火名❾，黃帝雲師雲名❿，少昊⓫鳥師鳥名⓬。自顓頊⓭以來，為民師而命以民事⓮，有重黎、句芒、祝融、后土、蓐收、玄冥⓯之官，然已上⓰矣。書⓱載唐虞⓲之際，命羲和四子⓳順天文⓴，授民時；咨四岳㉑，以舉賢材，揚側陋；十有二牧㉒，柔遠能邇㉓；禹作司空㉔，平水土；棄作后稷㉕，播百穀；卨作司徒㉖，敷五教㉗；咎繇作士㉘，正五刑㉙；垂作共工㉚，利器用；益作朕虞㉛，育草木鳥獸；伯夷作秩宗㉜，典㉝三禮㉞；夔典樂㉟，和㊱神人；龍㊲作納言㊳，出入帝命㊴。夏、殷亡聞㊵焉，周官則備㊶矣。天官冢宰㊷，地官司徒㊸，春官宗伯㊹，夏官司馬㊺，秋官司寇㊻，冬官司空㊼，是為六卿，各有徒屬㊽職分㊾，用於百事㊿。太師、太傅、太保，是為三公(51)，蓋參天子，坐而議政，無不總統，故不以一職為官名。又立三少(52)為之副，少師、少傅、少保，是為孤卿，與六卿為九焉。記(53)曰三公無官(54)，言有其人然後充之，舜之於堯，伊尹(55)於湯(56)，周公(57)、召公(58)於周，是也。或說(59)司馬主天(60)，司徒主人(61)，司空主土(62)，是為三公。四岳謂四方諸侯。自周衰，官失(63)而百職(64)亂，戰國並爭，各變異。秦兼天下，建皇帝之號(65)，立百官之職。漢因循而不革(66)，明簡易，隨時宜也。其後頗有所改。王莽(67)篡位，慕從古官，而吏民弗(68)安，亦多虐政，遂以亂亡。故略表舉大分(69)，以通古今，備溫故知新(70)之義云。

【章旨】以上是序的第一部分，作者概述了秦漢之前的官制情況，並闡述撰寫此傳的目的。

【注釋】❶易　《周易》的簡稱，儒家經典之一。舊傳伏羲畫卦，周文王作辭，說法不一。據近人研究，可能是戰國秦漢之際的著作，並非出自一時一人之手。其內容為卜筮之事。漢武帝獨尊儒術，置《五經》博士，將《易》列入《五經》之一，故又名《易經》。❷宓羲　又稱伏羲、包犧、庖犧，亦稱犧皇、皇羲，中國神話傳說中的人物。相傳他教民結網，從事漁獵畜牧，並創作出人類最初的文字「八卦」。又傳他與女媧兄妹相婚，始創嫁娶，正姓氏。宓，通「伏」。❸神農　一說即炎帝。傳說中遠古時期的部落首領。相傳他用木製作耒耜，教民農業生產；又親嘗百草，教民用藥材治療疾病。❹黃帝　姬姓，號軒轅氏。傳說中中原各族的共同祖先，實為傳說中遠古時期的部落首領。傳說黃帝發明並教民舟車、文字、音樂、醫藥等。❺教　教令；規律。此處指事物的發明創造。❻化　變化；改變。❼傳　解釋儒家經文的著作稱傳。此指《春秋左傳》。有時除儒家經典外諸子百家的著作亦稱傳。❽龍師名官　以龍為師長，以龍為官名。師，即長。傳說伏羲時有青龍、赤龍、黑龍、黃龍等官。❾火師火名　以火為師長，以火為官名。傳說神農時有大火、鶉火、西火、北火、中火等官。❿雲師雲名　以雲為師長，以雲為官名。傳說黃帝時有青雲、縉雲、白雲、黑雲等官。⓫少昊　又作少皞。傳說中古代東夷族的首領。⓬鳥師鳥名　以鳥為師長，以鳥為官名。傳說少昊時有鳳鳥、玄鳥、青鳥、丹鳥等官。⓭顓頊　號高陽氏，傳說中遠古時期的部落首領。⓮命以民事　以民事（即職事）命名官職。⓯重黎句　都是官名。分別為顓頊時掌管觀察天象、樹木、火、土地、刑罰、雨水的六個官。⓰上　通「尚」。久遠。⓱書　書名，儒家經典之一。西漢初稱《尚書》，尚，同「上」，意即上古之書。為中國上古歷史文獻和部分追述上古史事的彙編。相傳由孔子編選而成，但事實上並非如此。漢武帝獨尊儒術，置《五經》博士，將《尚書》列為儒家經典之一，此後又名《書經》。⓲唐虞　即唐堯、虞舜，都是古代傳說中的人物。唐堯，名放勳，為陶唐氏部落長，故稱唐堯。虞舜，名重華，為有虞氏部落長，故稱虞舜。⓳羲和四子　指羲仲、羲叔與和仲、和叔四人的簡稱。⓴天文　天象，指日月星辰的運行規律。古時將風雲雨露霜雪等自然現象亦歸於天文。㉑四岳　傳說中的四方部落首領。㉒十有二牧　《尚書·堯典》載傳說中堯舜時代的行政區劃為十二州，州的長官為州牧。㉓柔遠能邇　安輯遠方，善待近鄰。顏師古注曰：「柔，安也。能，善也。邇，近也。」㉔禹作司空　禹擔任司空。禹，又稱大禹、夏禹，姒姓，傳說為夏后氏部落首領。舜命他治理洪水，後接替舜為部落聯盟首領。司空，官名，主水利及土木建築等事。㉕棄作后稷　棄擔任后稷。棄，傳說為古代周族始祖，善於農業，堯舜時代任農官后稷，故又稱后稷。后稷，主管農業的農官。㉖卨作司徒　卨擔任司徒。卨，通「契」。傳說為古代商族始祖。司徒，官名，主行政、戶籍、土地等民事。㉗敷五教　傳布五教。敷，布；施。五教，指父義、母慈、兄友、弟恭、子孝。㉘咎繇作士　咎繇擔任士。咎繇，即皋陶，傳說中東夷部落的首領。士，傳說中掌管刑罰之官。㉙五刑　即額頭刺字的墨刑、斷足的刖刑、割鼻子的劓刑、去髕骨的剕刑、破壞生殖功能的宮刑、處死的大辟之刑。㉚垂作共工　垂擔任共工。垂，傳說中的部落首領。共工，主管百工之事的官職。㉛菻作朕虞　出自《尚書·

舜典》，是舜任命伯益時之語，意為任命伯益做朕的虞官。𦬚，「益」的古字。益又稱伯益、伯翳、大費，傳說中的嬴姓部落祖先，善於畜牧和狩獵，舜任命他管理山林川澤。朕，舜的第一人稱。虞，官名。掌管山林川澤之事。㉜伯夷作秩宗　伯夷擔任秩宗。伯夷，傳說中的部落首領。秩宗，主管宗廟祭祀之官。顏師古曰：「秩，次也；宗，尊也：主尊神之禮，可以次序也。」㉝典　掌管。㉞三禮　祭天、地、宗廟之禮。㉟夔典樂　夔典掌音樂。夔，傳說中的部落首領，舜時任樂官。典樂，典掌音樂。㊱和　諧和。㊲龍　傳說中的部落首領。㊳納言　官名。古代負責宣達帝命之官。㊴出入帝命　傳出命令，入奏事宜。㊵夏殷亡聞　指夏王朝、商王朝的職官制度缺乏記載，不得而知。亡，通「無」。㊶備　完備。㊷天官冢宰　簡稱為「天官」。天官為周代百官之長。㊸地官司徒　《周禮》稱司徒為地官，主管農業生產，並兼管軍務和占卜之事。㊹春官宗伯　《周禮》稱宗伯為春官，掌管國家禮儀。㊺夏官司馬　《周禮》稱司馬為夏官，主管軍事和軍賦。㊻秋官司寇　《周禮》稱司寇為秋官，掌管刑獄。㊼冬官司空　《周禮》稱司空為冬官，掌管土木工程建設。㊽徒屬　徒眾；下屬。㊾職分　即各自的職掌。㊿百事　眾多之事。百，眾多之意。(51)太師二句　周朝，天子以下有輔政大臣，監護國政，總領百官，相當於後世宰相，是朝廷最高執政官。通常由德高望重的長老充任，有師、保、傅等名稱。顏師古注引應劭曰：「師，訓也。傅，覆也。保，養也。」《尚書・周官》曰：「立太師、太傅、太保，茲惟三公。」(52)三少　即少師、少傅、少保，又稱「三孤」，地位卑於三公，高於六卿，其與六卿合為九，後逐漸演變為秦漢時期的「三公九卿」之制。(53)記　載記，泛指記載事物的書籍或文章。(54)三公無官　指三公不必常有其人選，有德行、才幹者則充任之。(55)伊尹　姓伊名摯，商初大臣，尹是官名。伊尹曾助商湯攻滅夏桀，商湯死後，相繼輔佐卜丙、仲任二王。仲任去世後，繼位的太甲破壞商湯法制，不理朝政，伊尹將他放逐，自己攝行王政，三年後太甲痛改前非，伊尹才將他迎回復位。(56)湯　商朝建立者。滅夏後，又稱武湯、成湯或商湯。(57)周公　即周公旦，又稱叔旦，周武王之弟，因采邑在周（今陝西岐山東北），故稱周公。周公曾助武王伐紂，武王死後，成王年幼，由他攝政，出師東征，平定叛亂，制禮作樂，是西周初年的大政治家。(58)召公　即召公奭，又稱召康公，一作邵公，因采邑在召（今陝西岐山西南），故稱為召公。召公也曾佐武王滅商，武王死後，他任太保輔佐成王，並與周公分陝而治，自陝（今河南陝縣）以西，召公主之。(59)或說　有一種說法。(60)主天　主管觀察天象和祭祀天神。(61)主人　掌管政務。(62)主土　掌管農業和農業生產。(63)官失　官制混亂。(64)百職　眾多職事。(65)建皇帝之號　西元前二二一年，秦王嬴政統一天下後，自以為德兼三皇，功蓋五帝，所以建號皇帝。皇帝之下，設立百官分掌政務，奠立了中國歷代封建王朝官制的基礎。(66)不革　不改變。(67)王莽　字巨君，西漢元帝皇后王政君之姪，以外戚掌握政權，初始元年（西元八年）稱帝，改國號為「新」。在位期間推行改制措施，最終失敗被殺。卷九十九有傳。68弗　不。69大分　大體；梗概。70溫故知新　語出孔子，《論語・為政》曰：「溫故而知新，可以為師矣。」師古曰：「溫猶厚也，言厚蓄故事，多識於新，則可為師。」意思是博古始能通今。

【語　譯】《易經》敘述傳說中的伏羲氏、神農氏和黃帝曾有不少發明創造，他們把這些發明創造傳授給百姓，以教化百姓，而《春秋左傳》敘述他們的官職，以為伏羲氏以龍為官名，以龍為師長，神農氏以火為師長，以火為官名，黃帝以雲為師長，以雲為官名，少昊以鳥為師長，以鳥為官名。自顓頊以來，才用各種具體職事來給官命名，有重黎、句芒、祝融、后土、蓐收、玄冥等官，分別掌管觀天象、樹木、火、土地、刑罰、雨水等事務，然而這些已經是非常久遠的事了。《尚書》記載唐堯、虞舜之時，堯命令羲仲、羲叔、和仲、和叔等四人順應天象運行規律，授民以時，以便農業生產和收穫；堯還諮詢四方諸侯的意見，以選賢舉能，罷免那些不稱職的官吏；又說舜設置十二州牧，安輯遠方，親善近鄰；舜命禹擔任司空，掌管水土工程；棄擔任后稷，主管農業生產；卨擔任司徒，傳布五教；咎繇擔任掌刑罰之官，整頓五刑；垂擔任共工，掌百工器具之事；伯益擔任虞官，執掌山林川澤和禽獸之事；伯夷擔任秩宗，典掌三禮；夔主管音樂，以樂協調神鬼和人的情緒；龍擔任納言，為帝喉舌，掌宣達帝命。夏朝和商朝的職官制度因缺乏記載，故不得而知，而周朝的官制就完備了。天官冢宰，地官司徒，春官宗伯，夏官司馬，秋官司寇，冬官司空，是為六卿，他們都各有下屬官員以及各自的職掌，以管理各種具體事務。六卿之上有太師、太傅、太保，是為「三公」，執掌輔弼天子，坐而議論國政，無所不統，所以不以一種職責作為官名。又設立「三少」作為「三公」的輔佐，即少師、少傅、少保，「三少」又稱「孤卿」，與六卿合而為九卿。載記上說三公不必常有其人選，有德行、才幹合適者才能充任，譬如舜之佐帝堯，伊尹之佐商湯，周公、召公之佐周成王。有一種說法認為司馬主管天象和祭祀天神，司徒主管人事政務，司空主管水土和農業生產，是為三公。四岳指的是四方諸侯。自從周王室衰微，官失其職，而諸多職掌也紛亂不已，戰國諸侯並起爭雄，都各自變更周王朝的職官制度。秦統一天下，創建皇帝尊號，設立百官職務。漢初承襲秦制沒有更改，以示簡單易行，合乎時宜。其後對官制多有改動。王莽篡漢，仰慕並遵從古代官制，加之王莽又多施暴政，遂因社會動亂而被滅亡。因此，以表略舉秦漢職官制度的大體情況，使人們了解古今官名與職掌的變化，以合孔子所說「溫故知新」之意。

1 相國、丞相[1]，皆秦官，金印紫綬[2]，掌丞天子助理萬機[3]。秦有左右[4]，高帝[5]即位，置一丞相，十一年[6]更名相國，綠綬[7]。孝惠[8]、高后[9]置左右丞相[10]，文帝二年[11]復置一丞相。有兩長史[12]，秩[13]千石[14]。哀帝[15]元壽二年[16]更名大司徒[17]。武帝[18]元狩五年[19]初置司直[20]，秩比二千石[21]，掌佐丞相舉不法。

2 太尉[22]，秦官，金印紫綬，掌武事。武帝建元二年[23]省[24]。元狩四年[25]初置大司馬[26]，以冠[27]將軍之號。宣帝[28]地節三年[29]置大司馬，不冠將軍，亦無印綬官屬[30]。成帝[31]綏和元年[32]初賜大司馬金印紫綬，置官屬，祿比丞相[33]，去將軍。哀帝建平二年[34]復去大司馬印綬、官屬，冠將軍如故。元壽二年復賜大司馬印綬，置官屬，去將軍，位在司徒上[35]。有長史[36]，秩千石。

3 御史大夫[37]，秦官，位上卿[38]，銀印青綬，掌副丞相。有兩丞[39]，秩千石。一曰中丞[40]，在殿中蘭臺[41]，掌圖籍祕書，外督部刺史[42]，內領侍御史[43]員十五人，受公卿奏事[44]，舉劾按章[45]。成帝綏和元年[46]更名大司空，金印紫綬，祿比丞相[47]，置長史如中丞[48]，官職如故。哀帝建平二年復為御史大夫，元壽二年復為大司空，御史中丞更名御史長史[49]。侍御史有繡衣直指[50]，出討姦猾，治[51]大獄[52]，武帝所制，不常置。

4 太傅[53]，古官[54]，高后元年[55]初置[56]，金印紫綬。後省，八年復置。後省，哀帝元壽二年復置。位在三公[57]上。

5 太師、太保，皆古官，平帝[58]元始元年[59]皆初置，金印紫綬。太師位在太傅上，太保次太傅。

6 前後左右將軍[60]，皆周末官[61]，秦因[62]之，位上卿，金印紫綬。漢不常置，或有前後，或有左右，皆掌兵及四夷[63]。有長史，秩千石。

7 奉常，秦官，掌宗廟禮儀[64]，有丞[65]。景帝中六年[66]更名太常[67]。屬官有太樂、太祝、太宰、太史、太卜、太醫六令丞[68]，又均官、都水兩長丞[69]，又諸廟寢園食官令長丞[70]，有廱太宰、太祝令丞[71]，五畤[72]各一尉[73]。又博士[74]及諸陵縣皆屬[75]焉。景帝中六年更名太祝為祠祀，武帝太初元年[76]更曰廟祀，初置太卜[77]。博士，秦官，掌通古今，秩比六百石[78]，員多至數十人。武帝建元五年[79]初置五經博士[80]，宣帝黃龍元年稍[81]增員十二人。元帝[82]永光元年[83]分諸陵邑屬三輔[84]。王莽改太常曰秩宗。

8 郎中令(85)，秦官，掌宮殿掖門戶(86)，有丞。武帝太初元年更名光祿勳(87)。屬官有大夫(88)、郎(89)、謁者(90)，皆秦官。又期門(91)、羽林(92)皆屬焉。大夫掌論議(93)，有太中大夫、中大夫、諫大夫(94)，皆無員，多至數十人。武帝元狩五年(95)初置諫大夫，秩比八百石，太初元年更名中大夫為光祿大夫，秩比二千石，太中大夫秩比千石如故(96)。郎掌守門戶(97)，出充車騎(98)，有議郎(99)、中郎(100)、侍郎(101)、郎中(102)，皆無員，多至千人。議郎、中郎秩比六百石，侍郎比四百石，郎中比三百石。中郎有五官、左、右三將(103)，秩皆比二千石。郎中有車、戶、騎三將(104)，秩皆比千石。謁者掌賓讚(105)受事(106)，員七十人，秩比六百石，有僕射(107)，秩比千石。期門掌執兵送從，武帝建元三年(108)初置，比郎，無員，多至千人，有僕射(109)，秩比千石。平帝元始元年(110)更名虎賁郎(111)，置中郎將(112)，秩比二千石。羽林掌送從，次期門(113)，武帝太初元年初置，名曰建章營騎(114)，後更名羽林騎。又取從軍死事(115)之子孫養羽林，官教以五兵(116)，號曰羽林孤兒。羽林有令丞(117)。宣帝令中郎將、騎都尉監羽林(118)，秩比二千石。僕射，秦官，自侍中、尚書、博士、郎皆有。古者重武官，有主射以督課之，軍屯吏(119)、騶(120)、宰(121)、永巷宮人(122)皆有，取其領事之號(123)。

9 衛尉[124]，秦官，掌宮門衛屯兵，有丞。景帝初更名中大夫令，後元年[125]復為衛尉。屬官有公車司馬、衛士、旅賁三令丞[126]。衛士三丞。又諸屯衛候、司馬二十二官[127]皆屬焉。長樂、建章、甘泉衛尉[128]皆掌其宮，職略同，不常置。

10 太僕[129]，秦官，掌輿馬，有兩丞。屬官有大廄、未央、家馬三令[130]，各五丞一尉。又車府、路軨、騎馬、駿馬四令丞[131]；又龍馬、閑駒、橐泉、騊駼、承華[132]五監[133]長丞；又邊郡六牧師苑令[134]，各三丞；又牧橐、昆蹏令丞[135]皆屬焉。中太僕[136]掌皇太后輿馬，不常置也。武帝太初元年更名家馬為挏馬[137]，初置路軨。

11 廷尉[138]，秦官，掌刑辟[139]，有正、左右監[140]，秩皆千石。景帝中六年[141]更名大理[142]，武帝建元四年[143]復為廷尉。宣帝地節三年[144]初置左右平[145]，秩皆六百石。哀帝元壽二年[146]復為大理。王莽改曰作士[147]。

12 典客[148]，秦官，掌諸歸義蠻夷[149]，有丞[150]。景帝中六年更名大行令[151]，武帝太初元年更名大鴻臚[152]。屬官有行人[153]、譯官[154]、別火[155]三令丞及郡邸長丞[156]。武帝太初元年更名行人為大行令，初置別火。王莽改大鴻臚曰典樂[157]。初，置郡國邸屬少府，中屬中尉，後屬大鴻臚。

13 宗正[158]，秦官，掌親屬，有丞。平帝元始四年[159]更名宗正伯。屬官有都司空令丞[160]，內官長丞[161]。又諸公主家令[162]、門尉[163]皆屬焉。王莽并其官於秩宗[164]。初，內官屬少府，中屬主爵，後屬宗正。

14 治粟內史[165]，秦官，掌穀貨[166]，有兩丞[167]。景帝後元年[168]更名大農令，武帝太初元年更名大司農。屬官有太倉、均輸、平準、都內、籍田五令丞[169]，斡官、鐵市兩長丞[170]。又郡國諸倉農監、都水六十五官長丞[171]皆屬焉。騪粟都尉[172]，武帝軍官，不常置。王莽改大司農曰羲和，後更為納言。初，斡官屬少府，中屬主爵，後屬大司農。

15 少府[173]，秦官，掌山海池澤之稅，以給共[174]養，有六丞。屬官有尚書、符節、太醫、太官、湯官、導官、樂府、若盧、考工室、左弋、居室、甘泉居室、左右司空、東織、西織、東園匠十六官令丞[175]，又胞人、都水、均官三長丞[176]，又上林中十池監[177]，又中書謁者、黃門、鉤盾、尚方、御府、永巷、內者、宦者八官令丞[178]。諸僕射、署長、中黃門[179]皆屬焉。武帝太初元年更名考工室為考工，左弋為佽飛，居室為保宮，甘泉居室為昆臺，永巷為掖廷。佽飛掌弋射，有九丞兩尉，太官七丞，昆臺五丞，樂府三丞，掖廷八丞，宦者七丞，鉤盾五丞兩尉。成帝建始四年[180]更名中書謁者令為中謁者令，初置尚書，員五人[181]，有四丞。河平元年[182]省東織，更名西織為織室。綏和二年[183]，哀帝省樂府[184]。王莽改少府曰共工[185]。

16 中尉[186]，秦官，掌徼循[187]京師，有兩丞、候、司馬、千人[188]。武帝太初元年更名執金吾[189]。屬官有中壘、寺互、武庫、都船四令丞[190]。都船、武庫有三丞，中壘兩尉。又式道左右中候、候丞[191]及左右京輔都尉[192]、尉丞[193]兵卒皆屬焉。初，寺互屬少府，中屬主爵，後屬中尉。

17 自太常至執金吾[194]，秩皆中二千石[195]，丞[196]皆千石。

【章旨】以上是序的第二部分，記述了三公九卿的沿革及其職掌、俸秩等級和屬員設置等情況。

【注釋】❶相國丞相　官名。始見於春秋，戰國時各國普遍設相，稱為相國、相邦，或稱丞相。總領百官，輔佐皇帝處理全國政務，是古代官僚組織中的最高官職。❷金印紫綬　金印章和印鈕上配紫色的絲帶。綬，絲帶。綬往往與印一起並稱為「印綬」，表示官吏的權柄和地位。❸掌丞天子助理萬機　負責承受天子的命令，輔佐天子管理全國事務。萬機，指紛繁政務。❹左右　指左丞相、右丞相。秦代尚左，左丞相尊於右丞相，左右丞相即正副丞相。❺高帝　即漢高祖劉邦，西漢王朝的建立者。詳見卷一〈高帝紀〉。❻十一年　西元前一九六年。❼綠綬　綠色綬帶。漢十一年，高帝更丞相名為相國，印綬也改為綠綬，任命丞相蕭何為相國，以示尊崇。金印綠綬為蕭何任相國期間的特殊待遇，不久恢復丞相舊名後仍為紫綬。❽孝惠　即漢惠帝劉盈。詳見卷二〈惠帝紀〉。漢代統治者重孝道，除開國皇帝外，其他皇帝諡號前皆冠以「孝」字。❾高后　指高帝皇后呂雉。其子惠帝死後，她臨朝稱制。詳見卷三〈高后紀〉。❿左右丞相　漢朝尚右，右丞相尊於左丞相。《史記・陳丞相世家》載：「以絳侯勃（周勃）為右丞相，位次第一。平（陳平）徙為左丞相，位次第二。」⓫文帝二年　西元前一七八年。文帝，即劉恆。劉邦之子，呂后死後，由大臣擁立而以代王入為皇帝。詳見卷四〈文帝紀〉。⓬長史　官名。《通典・職官三》曰：「蓋眾史之長也，職無不監。」意即長史為丞相府總管，管理府中諸曹之日常事務。⓭秩　俸祿。⓮石　秦漢時期表示官吏秩俸的單位。石為重量單位又為容量單位。漢代官吏秩俸沿襲秦代，以粟穀數量來劃分等級，如二千石（月俸一百二十斛穀）、千石（月俸九十斛穀）等。二千石相當郡守，六百石相當縣令。在按秩發放俸祿粟穀時，使用斛的名稱來計算。斛是實俸，石是等級標誌。⓯哀帝　即西漢皇帝劉欣。漢成帝弟定陶恭王劉康子，以藩王入立為帝。詳見卷十一〈哀帝紀〉。⓰元壽二年　西元前一年。元壽，漢哀帝年號。⓱更名大司徒　指更名丞相為大司徒。元壽二年，以大司徒、大司馬、大司空為「三公」，罷丞相。⓲武帝　即西漢皇帝劉徹。詳見卷六〈武帝紀〉。⓳元狩五年　西元前一一八年。元狩，漢武帝年號。⓴司直　丞相府的最高屬吏，武帝初置，其職責為佐助丞相檢舉不法，督察諸州事。㉑秩比二千石　實際年俸一二〇〇斛。比，相近；相當。漢代官秩凡言比者，皆為從秩，低於正秩一級。㉒太尉　最高武官名，其職掌是輔佐皇帝處理全國軍務。㉓建元二年　西元前一三九年。建元，漢武帝第一個年號，中國歷史上皇帝有年號，自建元始。㉔省　撤銷。㉕元狩四年　西元前一一九年。㉖大司馬　漢武帝為了尊寵大將軍衛青率軍討伐匈奴之功，立大司馬名號，加於大將軍，總稱為大司馬大將軍。㉗冠　加。㉘宣帝　即西漢皇帝劉詢。詳見卷八〈宣帝紀〉。㉙地節三年　西元前六七年。地節，漢宣帝年號。㉚不冠將軍二句　宣帝不以大司馬冠將軍，並取消其印綬、官屬，意在貶低已故權臣霍光之子霍禹，使之有職無權。㉛成帝　即西漢皇帝劉驁。詳見卷十〈成帝紀〉。㉜綏和元年　西元前八年。綏和，漢成帝年號。㉝祿比丞相　俸祿相當於丞相。祿，俸祿。㉞建平二年　西元前五年。建平，漢哀帝年號。㉟位在司徒上　位次列於大司徒之上。司徒，指大司徒，即當時的丞相。哀帝即位後，曾於建平二年恢復綏和以前的舊制。四年後的元壽二年（西元前一年），為了尊崇佞臣董賢，哀帝又實行三公鼎立制度，改丞相為大司徒，並將大司馬放在首位，所以在大司徒（丞相）之上。㊱長史　大司馬的首要輔佐。其職掌是總管大司馬府的屬官，並為大司馬出謀劃策和處理一些重要事務。㊲御史大夫　官名。秦始皇時始置。其地位僅次於丞相，職責是輔佐丞相總理國政，並主管監察和彈劾百官。㊳位上卿　地位在奉常等諸卿之上。㊴有兩丞　設有兩丞。丞，佐官，即主官的助手。漢代各級主官一般皆有丞。下文只載一御史中丞，另一丞的名稱是什麼呢？歷代研究者有主仍稱中丞者，有主內史者，有主直接稱御史丞者。據卷五十三〈廣川王傳〉，當以別於中丞直接稱御史丞為是。㊵中丞　御史中丞的簡稱，亦稱中執法，御史大夫的輔佐。㊶蘭臺　漢代宮內藏圖籍祕書之處，由御史中丞掌管，故後世又稱御史臺為蘭臺。㊷外督部刺史　對外督察各部刺史。外，指朝外，即對地方而言。督，監察。部刺史，朝廷派往地方的監察官。武帝時分全國為十三部州，每州設刺史一人。㊸內領侍御史　對內統領侍御史。內，指朝內，即對中央而言。侍御史，侍從皇帝的吏員。其職掌是管律令、刻印、祠祀、廄馬、護駕、禮儀等。㊹受公卿奏事　御史中丞接受公卿奏章，再轉呈皇帝。㊺舉劾按章　依照律令、制度檢舉彈劾違法官吏。章，法規。㊻綏和元年　西元前八年。綏和，漢成帝年號。㊼祿比丞相　俸祿同於丞相。㊽置長史如中丞　即改御史中丞為大司空長史。㊾御史中丞更名御史長史　御史大夫改稱大司空後，御史中丞成了御史臺的長官，故改稱御史長史。而大司空另有長史。㊿繡衣直指　亦稱繡衣御史和直指繡衣使者，王莽時改稱繡衣執法。繡衣謂身著繡衣，以示尊寵。直指謂指事而行，故名繡衣直指。是朝廷特設的執法大吏，始置於武帝時，多被派出承辦專案，權力很大。(51)治　處理；經辦。(52)大獄　重大刑事案件。(53)太傅　西周始設置。(54)古官　指周代以前的官。〈百官表〉中凡言古官，皆同。(55)高后元年　西元前一八七年。(56)初置　太傅一官戰國後廢，西漢開始又設置。(57)三公　指地位、職權鼎足而立的大司馬、大司徒、大司空。(58)平帝　西漢皇帝劉衎。元帝庶孫。西元前一年，漢哀帝死，由元帝王皇后及其姪王莽立其為帝。(59)元始元年　西元一年。元始，漢平帝年號。(60)前後左右將軍　指前將軍、後將軍、左將軍、右將軍。在漢代，在前、後、左、右將軍之上的武職還有大將軍、驃騎將軍、車騎將軍、衛將軍四職。(61)周末官　即戰國以來設置的官。(62)因　沿襲。(63)掌兵及四夷　蔡質《漢儀》曰：「典京師兵衛、四夷屯警。」其職掌均與軍事有關，或掌京師衛隊，或管邊地軍隊駐防。戰時將軍領兵征伐，平時兼任他職，如散騎、給事中，甚或領尚書事，得以參與朝政。兵，指兵事。四夷，古代統治者對周邊少數民族的蔑稱。(64)掌宗廟禮儀　《後漢書・百官志》本注曰：「掌禮儀祭祀。每祭祀，先奏其禮儀；及行事，常贊天子。每選試博士，奏其能否。大射、養老、大喪，皆奏其禮儀。每月前晦，察行陵廟。」宗廟，祭祀祖先的場所。古代朝會，皆在宗廟之中，後朝、廟分開，朝為朝會議事之所，廟為祭祀祖先之所，因此宗廟之事猶如朝廷之事，非常重要。禮儀，各種禮儀制度。(65)丞　秩千石，太常的主要佐吏。有禮儀祭祀活動時負責具體事務，平時主管太常寺日常公務。(66)景帝中六年　西元前一四四年。景帝，即西漢皇帝劉啟。詳見卷五〈景帝紀〉。(67)更名太常　據《史記・劉敬叔孫通列傳》載漢高祖時即稱太常。《漢官典職》和《唐六典》也說惠帝改太常為奉常。故景帝又改名太常。(68)屬官有太樂句　太常的屬官有太樂至太醫六官令、丞。丞為令或長的副手。太樂令，掌使樂人，凡國之祭祀、筵宴、歌舞等，管諸奏樂。太祝令，主祭祀並讀祝文及迎送神。太宰令，主管皇帝膳饌之官。太史令，曆官與史官之長，負責天文曆法與修史。太卜令，卜筮官之長。太醫令，主醫藥之官。(69)均官都水兩長丞　均官長、丞和都水長、丞。均官長、丞，管太常屬下陵寢廟宇所在地租稟稅收之官。都水長、丞，掌治河渠堤岸及水閘之官。(70)諸廟寢園食官令長丞　據文獻和考古資料，漢代諸帝陵有廟令或廟長、廟丞，各寢令或寢長、寢丞，各園令或園長、園丞，各食官令或食官長、食官丞。令長丞，令、長為同級主官，令的秩位略高於長，丞為令、長之副職。其名稱隨陵而異。他們分別掌管守衛、掃除、祭祀、供品等事務。廟，即宗廟。寢，宗廟後殿藏廟主遺物之所，鄭玄注《禮記・月令》說：「凡廟，前曰廟，後曰寢。」又寢指陵寢，泛指皇帝墳墓。園，陵園。食官，掌望晦時節祭祀。(71)廱太宰太祝令丞　廱，即雍，縣名。在今陝西鳳翔南。是西漢皇帝郊祀五帝的地方。故專在廱設太宰、太祝令、丞，職與京師的太宰、太祝令丞相同。(72)五時　古帝王祭祀天地間五帝的處所。《史記・封禪書》載有祭青帝的密時、祭黃帝的上時、祭赤帝的下時、祭白帝的畦時，祭黑帝的北時。(73)尉　即時尉。掌管時之衛士。五帝各有祠壇，故五時各置一尉以守護之。(74)博士　始設於戰國，秦和漢初掌古今史事以備皇帝顧問及典守書籍。漢武帝以後，博士成為學官，主要掌儒家經典的傳授。(75)諸陵縣皆屬　各帝陵所在之縣皆屬太常直接管轄。西漢元帝以前，先後在各帝陵所在地置縣。為便於祭祀管理，陵縣歸太常直接管轄。(76)太初元年　西元前一〇四年。太初，漢武帝年號。(77)太卜　包括令、丞及其屬員。掌卜筮之事。(78)比六百石　實際年俸為七二〇斛。(79)建元五年　西元前一三六年。建元，漢武帝年號。(80)五經博士　五經，儒家的五部經典：《詩經》、《尚書》、《儀禮》、《易經》、《春秋》。文帝時《詩經》已立博士官。武帝建太學，每一經均設博士教授弟子，稱《五經》博士，或稱經學博士。因博士屬太常，故又稱「太常博士」。(81)稍　漸漸。(82)元帝　西漢皇帝劉奭。詳見卷九〈元帝紀〉。(83)永光元年　西元前四三年。永光，漢元帝年號。(84)分諸陵邑屬三輔　劃分各個陵邑歸三輔管轄。原諸陵縣不屬三輔而由太常管轄，自元帝始脫離太常分別歸屬三輔。諸陵邑，即指諸陵縣。漢代皇太后、皇后、公主封土稱邑，與縣為平級單位。三輔，漢景帝改管轄京畿的內史為左、右內史及都尉，自此即有三輔之稱。漢武帝改右內史為京兆尹，左內史為左馮翊，都尉為右扶風。三者共治京畿地區，故三輔既為地區名，亦為官名。(85)郎中令　郎，通「廊」。郎中即朝廊之中。顏師古注引臣瓚曰：「主郎內諸官，故曰郎中令。」郎中令的主要職責是掌管皇帝左右的侍從和宿衛，總攬宮殿內一切事務，地位十分重要，其屬官也較多，機構龐大。漢武帝改郎中令為光祿勳。(86)宮殿掖門戶　宮殿一切門戶入口的統稱。掖，掖門，即宮殿正門兩旁的邊門。(87)光祿勳　顏師古注引應劭曰：「光者，明也。祿者，爵也。勳，功也。」(88)大夫　古官，西周國君之下有諸侯、卿、大夫、士四級。戰國以後，大夫為一般官吏之稱。此處專指秦漢時朝中備顧問掌論議的官吏之一。(89)郎　古帝王侍從官的通稱。春秋齊桓公時始設，戰國秦漢沿置。有議郎、中郎、侍郎、郎中等。(90)謁者　掌賓贊受事。春秋戰國始有，秦漢沿置。(91)期門　亦稱期門武士或期門郎。漢武帝建元三年（西元前一三八年）置，掌執兵出入護衛。武帝微行出宮時與侍衛約期於門下，後遂以名官。(92)羽林　又稱羽林郎，後又包括羽林孤兒在內。顏師古注曰：「羽林，亦宿衛之官，言其如羽之疾，如林之多也。一說羽所以為王者羽翼也。」(93)大夫掌論議　即《後漢書・百官志》所說：「掌顧問應對，無常事，唯詔令所使。」(94)太中大夫　凡大夫都是掌議論、備皇帝顧問之官。中大夫（後稱光祿大夫）秩比二千石，太中大夫秩千石，諫大夫秩比八百石。(95)元狩五年　西元前一一八年。(96)太中大夫秩比千石如故　太中大夫的位次原在中大夫之上，如韋昭《辨釋名》所說的：「太中大夫，在中最高大也。」太初元年（西元前一〇四年）改中大夫為光祿大夫後，太中大夫即在光祿大夫之下了。(97)郎掌守門戶　應劭《漢官儀》曰：「議郎十二人，秩比六百石，不屬署，不直事。」《後漢書．百官志》也說：「唯議郎不在直中。」可見，執戟宿衛殿門，即「守門戶」的郎官不包括議郎在內。(98)出充車騎　皇帝外出，郎官乘車騎隨從護衛。(99)議郎　專掌參議、進諫之官。《潛夫論．考績》曰：「議郎以言語為職，諫諍為官。」(100)中郎　原為給事禁中、掌侍從皇帝左右之郎官，後其職掌為侍郎取代，遂成為給事宮中的散郎官。(101)侍郎　又稱常侍侍郎，武帝初年始置，以常侍左右，後遂成為常設官職。(102)郎中　給事於宮殿之中的郎官，主要職責是執戟殿下，宿衛皇宮。(103)中郎有五官左右三將　中郎設有五官中郎將、左中郎將、右中郎將三將統領。中郎三將又稱為三署，所統郎官皆稱為三署郎，三署郎不僅有中郎，還有侍郎、郎中等，但中郎三將以統中郎為主。(104)郎中有車戶騎三將　郎中設有車將、戶將、騎將三將統領。車將統車郎，車郎又稱輦郎，主管車輦；戶將統戶郎，戶郎負責門戶守衛；騎將統騎郎，騎郎為騎兵侍衛。(105)賓讚　主持賓禮，司儀。(106)受事　指拜受及章奏之事。(107)僕射　博士、尚書、謁者等各類官職中的主管多稱僕射，如博士僕射、尚書僕射、謁者僕射。此指謁者僕射。(108)建元三年　西元前一三八年。(109)有僕射　指期門郎設有僕射，名為期門僕射。(110)元始元年　西元一年。(111)虎賁郎　由期門郎更名而來。賁，通「奔」。虎賁意為如猛虎之奔，言其驍勇。(112)置中郎將　指虎賁郎設有中郎將，名虎賁中郎將。(113)次期門　指羽林郎的職掌相當於期門郎。次，等於；相當。(114)建章營騎　建章乃宮名，武帝所建，位於長安城外西南隅，於漢宮中規模最大。武帝在建章宮專設一營騎兵護衛，名建章營騎。後改名羽林騎。因其職同郎官，故又名羽林郎。(115)從軍死事　因從軍而死或死於公事者。(116)五兵　指弓、劍、矛、戈、戟五種兵器。(117)羽林有令丞　羽林設有羽林令、羽林丞。(118)宣帝令中郎將騎都尉監羽林　宣帝設置中郎將和騎都尉率領羽林，稱羽林中郎將、羽林騎都尉。與五官、左、右、虎賁四中郎將地位相同。(119)軍屯吏　指期門僕射等。(120)騶騶騎；皇帝的導從騎士。〈惠帝紀〉引顏師古注曰：「騶，本廄之馭者，後又令為騎，因謂騶騎耳。」(121)宰　王先謙《漢書補注》疑是「卒」之訛字。(122)永巷宮人　永即長，永巷指宮中長巷，宮中長巷深處即所謂後宮，是妃嬪和宮女的住處，永巷的服務人員稱永巷宮人。(123)取其領事之號　顏師古注引孟康曰：「皆有僕射，隨所領之事以為號也。若軍屯吏則曰軍屯僕射，永巷則曰永巷僕射。」(124)衛尉　執掌宮門屯兵，統轄衛兵衛護宮門內。《後漢書．百官志》載：「衛尉，卿一人，中二千石。」本注曰：掌宮門衛士，宮中徼循事。」(125)後元年　西元前一四三年。(126)公車司馬衛士旅賁三令丞　指公車司馬令、公車司馬丞，衛士令、衛士丞，旅賁令、旅賁丞。公車司馬令又簡稱公車令。公車意為公家之車，用以招賢，因成署名。公車署設在司馬門，故稱公車司馬令。掌守司馬門，以及吏民上書、四方貢獻和接待朝廷徵詣公車之士。衛士令省稱衛令，下設三丞，主管衛士。旅賁令掌奔走之事。顏師古注曰：「旅，眾也，賁與奔同，言為奔走之任也。」127 諸屯衛候司馬二十二官　指統率衛士守衛諸宮殿門、掖門的衛候、衛司馬等官。衛候指負責守衛瞭望之官。衛司馬主守衛宮門。128 長樂建章甘泉衛尉　長樂宮、建章宮、甘泉宮皆有衛尉，各隨所掌之宮以名官，即長樂衛尉、建章衛尉、甘泉衛尉。三宮衛尉與衛尉職守相同，不常置。長樂，宮名。本秦之興樂宮，漢初修建後改稱長樂宮，位於長安城內東南隅。漢惠帝以後，皇帝居未央宮，皇太后一般居長樂宮。有太后居之則置長樂衛尉統兵守衛，無則廢，故曰「不常置」。建章，宮名，位於長安城外西南隅。甘泉，宮名。位於今陝西淳化西北甘泉山上。建章、甘泉二衛尉，始置於漢武帝，以後旋置旋廢。129 太僕　始置於春秋時，時為侍御王者諸僕之長。秦漢沿置，但職掌有變化，變成了掌皇帝輿馬和全國馬政的列卿之一。130 大廄未央家馬三令　指大廄令、未央廄令、家馬廄令。廄，馬棚，指養馬場所。大廄規模最大，除馬之外還養其他獸類，如馴鹿等以供駕車。未央廄是設在未央宮的馬廄。據史所載，僅未央宮就有六廄，各設令、丞。家馬廄是供天子私用的養馬場所，據說一廄萬匹，規模也很大。131 車府句　即車府、路軨、騎馬、駿馬四廄的令和丞。車府即車庫，車府令主乘輿諸事，並隨駕出行。路軨指路軨廄，軨乃宮內行駛的小馬車，路軨廄令掌乘輿路車，又主小馬車。騎馬、駿馬都是廄名，騎馬廄令簡稱騎馬令，顏師古注曰：「主天子之騎馬也。」駿馬廄，當為專養良馬之所。132 龍馬句　以廄地或馬的來源、優良而命名的五個馬廄。133 監　監同於廄，都是養馬場所，其不同處在於廄的主官稱令，監的主官稱長。134 邊郡六牧師菀令　菀指牧馬場所，邊郡地區設菀養馬，稱牧師菀，菀設令、丞，同於京畿地區的廄和監。據史所載，西漢太僕領有牧師菀三十六所，養馬三十萬匹，分布於北邊西邊諸郡。一說分布於河西六郡，故曰六牧師菀。135 牧橐昆蹏令丞　牧橐廄令、丞和昆蹏廄令、丞。牧橐、昆蹏都是廄名，各設令、丞。牧橐，牧養駱駝的菀囿。橐指駱駝。昆蹏，良馬名，據說其馬善於登山。昆蹏廄當是專養用於山地的良馬。136 中太僕　專掌皇太后輿馬，成帝初置，非常設官。137 挏馬　即乳馬。顏師古注引應劭曰：「主乳馬，取其汁挏治之，味酢可飲，因以名官也。」因廄中飼養馬匹的變換，故改家馬令為挏馬令。138 廷尉　戰國時秦始置，秦漢沿設。掌刑獄，為列卿之一。顏師古注曰：「廷，平也。治獄貴平，故以為號。」139 刑辟　刑法。辟，法律。140 正左右監　指廷尉正、廷尉左監和廷尉右監。廷尉正，廷尉的主要助手，可代廷尉參與雜治詔獄或單獨決疑獄。廷尉左監和廷尉右監統稱為廷尉監，與廷尉正同為秩千石，都相當於其他諸卿的丞，主要執行詔遣逮捕要犯等具體事務。141 景帝中六年　西元前一四四年。142 大理　戰國時，除秦稱治獄官為廷尉外，其他各國或稱理，或稱大理。故景帝改名是恢復戰國時關東六國舊號。143 建元四年　西元前一三七年。144 地節

三年　西元前六七年。[145]左右平　即廷尉左平和廷尉右平，也可省稱為廷尉平或廷平。廷尉平的職掌是受中央派遣，與郡吏一起辦理判案事務。〈宣帝紀〉說「置廷尉平四人」，與此處說的左、右平二人不同。[146]元壽二年　西元前一年。[147]作士　周代的司法官有叫「士」的，王莽託古改制，故改廷尉為「作士」。[148]典客　漢沿秦置，主要職掌為接待少數民族賓客。[149]蠻夷　古代封建統治者對邊疆少數民族的蔑稱。[150]丞　即典客丞。典客的副手，其地位與諸卿丞相當。[151]更名大行令　〈景帝紀〉載，景帝改典客為大鴻臚，並改其屬官行人為大行令。與〈表〉文有異。[152]大鴻臚　《通典》卷二十六注引應劭曰：「郊廟行禮，贊導九賓。鴻，聲也。臚，傳也。所以傳聲贊導，故曰鴻臚。」[153]行人　後改為大行令。顏師古述其職掌曰：「事之尊重者遣大鴻臚，而輕賤者遣大行。」[154]譯官　執掌翻譯。即溝通內地與邊地語言的翻譯官。[155]別火　顏師古注引如淳曰：「《漢儀注》：別火，獄令官，主治改火之事。」一說火意為伙食，別火意為另起伙食，歸義蠻夷不習慣中國飲食，故另起伙食，主其事者則曰別火。[156]郡邸長丞　主管各郡邸事務的正副官員。地方各郡國在京都設有自己的辦事機構，這種機構稱為邸。邸設有邸長和邸丞，諸邸長、邸丞皆歸大鴻臚管轄。[157]典樂　相傳古代掌朝廷音樂事務的官稱典樂。禮儀與樂聯繫密切，王莽復古改制，故改大鴻臚為典樂。東漢又改稱大鴻臚。[158]宗正　掌皇室親族和外戚事務，序錄皇室、王國嫡庶之次第，以及外戚親屬之遠近。宗正及其副手丞均由皇室成員擔任。[159]平帝元始四年　西元四年。時王莽專權，恢復西周舊名，故改宗正為宗伯。[160]都司空令丞　掌管關押和役使宗室親族犯罪者。[161]內官長丞　掌宗室親族之宿值內廷人員的正副官員。[162]諸公主家令　公主家令掌公主家一切事務，其屬吏有丞、舍人等。[163]門尉　即公主門尉。掌公主家護衛。[164]秩宗　如上文所述，王莽改太常為秩宗。[165]治粟內史　秦和漢初的諸卿之一，掌管國家租稅、錢穀、鹽鐵和財政收支。[166]穀貨　即錢糧，亦即財政。穀，糧食。貨，錢幣。[167]兩丞　《通典》卷二十六曰：「丞，秦曰理（避唐高宗李治諱，故改治為理。）治粟內史丞，有二人；漢為大司農丞，亦二人，或謂之中丞。」[168]景帝後元年　即西元前一四三年。[169]太倉句　即太倉令、丞，均輸令、丞，平準令、丞，都內令、丞和籍田令、丞。太倉令、丞，大司農所屬京師最大的糧倉稱太倉。設令、丞掌管糧倉。均輸令、丞，漢武帝為實行均輸法而設置的官吏。均輸法是由均輸令、丞向各郡國派遣屬吏，把各郡國貢輸京師的物品，除京師需要者外，從產地轉運他地發賣，然後把京師所需物品和錢貨運抵長安。平準令、丞，漢武帝為推行平準法而設置的官吏。平準官用均輸貨物調節長安物價，貴則賣之，賤則買之，以打擊牟利的商賈。都內令、丞，掌管設在京師的國家錢庫的官吏。籍田令、丞，籍田為古代帝王在春耕時帶頭親耕之田，寓祀奉農神、宗廟和勸農之意。籍田令、丞掌管籍田的耕作和收穫。[170]斡官句　斡官長、丞和鐵市長、丞。斡官長、丞，掌鹽鐵之稅收和均輸、酒專賣之官。斡，通「管」。鐵市長、丞，掌管鐵器買賣和稅收之官。(171)郡國諸倉句　指郡國各倉長、丞，農監長、丞，都水長、丞等六十五官長、丞。郡國諸倉長、丞，郡國諸倉即地方各郡國的糧倉，均置長、丞掌管之。農監長、丞，掌督課農業。都水長、丞，掌水利設施和收取漁稅。(172)騪粟都尉為掌軍糧或軍士屯田之官。騪，通「搜」。(173)少府　秦漢時的諸卿之一。為皇帝的財政和內務總管，掌山海池澤稅收，用以供養天子為首的皇室開支，皇室的各種消費物資也多由少府負責生產。與執掌國家財政的大司農同為財政大臣。大司農管理國家財政即天下經費，少府管理皇帝私人財政即天子經費。西漢天子藏錢多於大司農，軍國用度不足時往往動用少府禁錢補充，所以少府地位十分重要，機構之大、屬官之多，遠超大司農，在諸卿中居於首位。(174)共　通「供」。(175)屬官有尚書句　少府的屬官有尚書令、丞，符節令、丞，太醫令、丞，太官令、丞，湯官令、丞，導官令、丞，樂府令、丞，若盧令、丞，考工室令、丞，左弋令、丞，居室令、丞，甘泉居室令、丞，左司空令、丞，右司空令、丞，東織室令、丞，西織室令、丞和東園匠令、丞。尚書令、丞，掌管在皇帝近邊主管詔令文書的尚書官。秦和漢初，尚書無多大實權。漢武帝以後，尚書權力日增，逐漸成為中樞要職。符節令、丞，負責掌管皇帝玉璽和符節，令、丞之下設有尚符璽郎具體掌符璽事。符是調動軍隊的信物，有銅虎符、竹使符等，節是天子權力的象徵，以竹和氂牛毛製成。太醫令、丞，領侍醫、太醫監、乳醫等醫藥官員，主治宮廷之病。太官令、丞，掌宮廷飲食。事務較繁故太官令下設七丞。湯官令、丞，據《漢舊儀》記載：「太官供食，湯官供餅餌果實。」是執掌正餐以外飲食之官。導官令、丞，顏師古注曰：「導，擇也，以主擇米故曰導官。」是執掌宮廷主食原料米麵之類的官職。樂府令、丞，不同於演奏正聲雅樂的太常大樂令，掌皇帝私人和宮廷享用的音樂。若盧令、丞，陳直《漢書新證》說：「疑所鑄之兵器快利，若楚國之湛盧劍，因以名官。」掌宮廷庫藏兵器和拘執大臣的詔獄。考工室令、丞，武帝太初元年更名為考工，主作器械。漢初考工室分為左、右。留存於世的考工室器物，以銅器居多。東漢時考工令專主作兵器。左弋令、丞，左，通「佐」。弋，帶有繩的箭，用以射鳥；又用為動詞，指用帶有繩子的箭射鳥。左弋又稱佐弋，掌佐助弋射之事，兼造弓弩。武帝改左弋名佽飛，佽飛亦作「次非」，古勇士名，取其輕疾若飛，故以名官。居室令、丞，武帝改為保宮令、丞。西漢的保宮令、丞相當於東漢守宮令、丞。《後漢書・百官志》載「守宮令」的職掌是「主御紙筆墨，及尚書財用諸物及封泥」。甘泉居室令、丞，武帝改名為昆臺令、丞。甘泉本為秦之離宮，漢代又加以增修，為皇帝的避暑行宮，故設機構管理，名為甘泉居室。左、右司空令、丞，左司空和右司空均設有令、丞，主造磚瓦、石刻等土木建築工藝。東織、西織令、丞，東織、西織為東織室和西織室的簡稱，設在未央宮內，有大批織女，專門織作朝廷所用的文繡祭服。故設令、丞主之。東園匠令、丞，領東園工匠，主作陵內殉葬器物，稱為東園祕器。(176)胞人句　指胞人長、丞，都水長、丞和均官長、丞。胞人長、丞，掌宰割，供應宮內肉食。胞，通「庖」。都水長、丞，掌舟船水運事務並收漁稅。均官長、丞，掌收山林市稅。[177]上林中十池監　上林指上林苑，天子遊獵消遣之所，秦代所建，武帝時改造擴充，在今陝西西安西南至戶、周至一帶，周圍綿亙三百餘里，苑中宮殿七十餘所，有山林池陂，據《三輔黃圖》記載，上林中有昆明池、鎬池等池。各池監為掌管各池水域、舟船及放養種植等事務之官。[178]中書謁者句　指中書謁者令、丞，黃門令、丞，鉤盾令、丞，尚方令、丞，御府令、丞，永巷令、丞，內者令、丞和宦者令、丞。中書謁者令、丞，《通典》卷二十一曰：「漢武帝游宴後庭，始以宦者典事尚書，謂之中書謁者，置令、僕射。……成帝建始四年，改中書謁者令曰中謁者令，更以士人為之，皆屬少府。」據此可知，中書謁者令、丞的職掌相當於尚書令、丞。所不同的是，中書謁者令在始設一段時期只以宦官充任。黃門令、丞，領黃門侍郎，掌侍從皇帝左右，出入奏事，關通內外，職任親近。黃門，即宮廷中的禁門。鉤盾令、丞，顏師古注曰：「鉤盾主近苑囿。」除上林苑等大苑囿另有專職官員外，不便設官的中、小苑囿都由鉤盾令、丞掌管。尚方令、丞，掌皇帝御用之物的製造，包括鼎、壺、鐘、弩及金銀珠玉等禁中器物。御府令、丞，御府即皇帝私府，其令、丞掌天子衣服、珍物，包括金錢、刀劍、玉器等。永巷令、丞，總管後宮飲食、器物及宮婢侍使等一切事務。內者令、丞，掌宮中幃帳等飾物的布置。宦者令、丞，掌宮中眾多宦官的差遣調配等。宦者，又稱宦官、閹人，在後宮服各種雜役的人。[179]諸僕射署長中黃門　僕射、署長均為宮中某一機構主官的名稱。屬於少府轄下的僕射有尚書僕射、中書謁者僕射、黃門僕射等。上述各令、丞均有辦公地點，即署。署有長，如黃門署長、宦者署長等。中黃門是加給某些宦官的頭銜，以區別一般宦者，表示有一定身分。[180]成帝建始四年　即西元前二九年。建始，漢成帝年號。[181]初置尚書二句　尚書由來已久，非始置於成帝，所謂「初置尚書」，指成帝將尚書員額增加到五人。卷十〈成帝紀〉「（建始）四年春，罷中書宦官，初置尚書員五人」，顏師古注曰：「《漢舊儀》云：尚書四人為四曹：常侍尚書主丞相御史事，二千石尚書主刺史二千石事，戶曹尚書主庶人上書事，主客尚書主外國事。成帝置五人，有三公曹，主斷獄事。」[182]河平元年　西元前二八年。河平，漢成帝年號。[183]綏和二年　西元前七年。[184]省樂府　罷省少府屬下的樂府令、丞官，併郊祭樂、武樂及其吏員於奉常屬下之大樂令、丞（參見卷二二〈禮樂志〉）。[185]共工　古掌百工之官。王莽復古改制，故改少府為共工。[186]中尉　武帝改名執金吾，王莽時更名奮武，東漢復名執金吾。掌京師警衛治安工作。皇帝出行，執金吾充任護衛及儀仗隊。[187]徼循　亦作「徼巡」，即巡查緝捕盜賊。徼，遮繞。循，巡視。[188]候司馬千人　掌不等兵卒的三個軍官名。[189]執金吾　顏師古注引應劭曰：「執金吾，吾者，禦也。掌執金革以禦非常。」[190]中壘句　即中壘令、丞，寺互令、丞，武庫令、丞和都船令、丞。中壘為軍官，其具體職掌有待考證。寺互令、丞，掌官府門禁。武庫令、丞，掌兵器的製造和貯藏。都船令、丞，都船令又稱都船獄令、丞，顏師古注引如淳曰：「都船獄令，治水官也。」都船令、丞典司刑獄無疑，或許還兼管京城內的水利設施。191 式道左右中候候丞　式道候有左、右、中三候。其職掌是天子車駕出行時在前清道，返回時持麾至宮門，以令開啟。192 左右京輔都尉　即左京輔都尉、右京輔都尉，分左、右率兵卒巡視京師的兩個軍官。193 尉丞　左、右京輔都尉丞的簡稱。194 自太常至執金吾　指太常（奉常）、郎中令（光祿勳）、衛尉、太僕、廷尉、典客（大鴻臚）、宗正、治粟內史（大司農）、少府、執金吾（中尉）等十位正卿，不包括其屬官。195 中二千石　中二千石為漢代正卿官秩。月俸一百八十斛。中，「滿」的意思。196 丞　此處丞指正卿之丞，非指正卿屬官令、丞之丞。

【語譯】相國、丞相，都是秦朝所設之官，佩金印紫綬，其職掌是秉承天子旨意，協助天子治理全國政務。秦朝設有左、右丞相，漢高帝即位，設置一個丞相，漢十一年將丞相改名為相國，並變其印鈕絲帶為綠色。孝惠帝、呂后時期改置左、右丞相，文帝二年又改置一丞相。丞相府設有兩長史，俸秩為千石。哀帝元壽二年，將丞相改名為大司徒。武帝元狩五年，丞相府初置司直，其俸秩為比二千石，執掌佐助丞相，監察檢舉不法官吏。

2 太尉，也是秦代官名，佩金印紫綬，執掌全國軍事。武帝建元二年罷省太尉官。元狩四年始置大司馬名號，加於大將軍、驃騎將軍之上。宣帝地節三年也設大司馬，但不再加於將軍名號之上，也沒有表示官階的印綬和下屬官吏。成帝綏和元年始授予大司馬金印紫綬，並設置下屬官吏，俸祿同於丞相，但也不加在將軍名號之上。哀帝建平二年又取消大司馬的印綬和官屬，仍舊加於將軍名號之上。元壽二年，又賜予大司馬印綬，設置官屬，不加於將軍名號之上，位次列於司徒之上。太尉的屬官有長史，俸秩為千石。

3 御史大夫，也是秦代官名，位次在列卿之上，佩銀印青綬，掌輔佐丞相。御史大夫有兩丞，俸秩為千石。其中一丞為御史中丞，設在宮殿中的蘭臺，掌管圖籍祕書，對外督察各部州的刺史，對內統領殿中的侍御史十五人，並接受公卿大臣的奏章，依照律令、制度檢舉彈劾違法官吏。成帝綏和元年改御史大夫為大司空，佩金印紫綬，俸祿同於丞相，又設置大司空長史一職，其地位、俸秩如同御史中丞，職掌也依舊。哀帝建平二年又改名為御史大夫，元壽二年又改為大司空，御史中丞改名為御史長史。侍御史中有繡衣直指，專門奉皇帝之旨懲治大奸巨猾，並處理重大疑獄，這是漢武帝所初置，不是常設的官職。

4 太傅，西周官名，高后元年始置，佩金印紫綬。不久，高后又廢置，高后八年又恢復太傅一官。後又罷省，到哀帝元壽二年復置。太傅的位次列於三公之上。

5 太師、太保，都是西周官名，平帝元始元年始設，佩金印紫綬。太師位次列於太傅之上，太保位次列於太傅之下。

6 前、後、左、右四將軍，都是周代末年的官名，秦朝沿置，其位次列於諸卿之上，也佩金印紫綬。西漢時不常設置，有時設前、後將軍，有時設左、右將軍，都是執掌軍事以及四夷邊事。各將軍屬下設有長史，俸秩均為千石。

7 奉常，也是秦代之官，掌宗廟禮儀，下設有丞佐助其事。景帝中六年，奉常改名為太常。太常的屬官有太樂、太祝、太宰、太史、太卜、太醫六令、丞，又有均官長、丞和都水長、丞，又有諸廟令、丞，寢令、丞，園令、丞，食官令、丞等官，還有廱縣的太宰和太祝令、丞，五時各設的一尉。又博士官以及各帝陵的所在縣都屬太常管轄。景帝中六年改太祝名為祠祀，武帝太初元年又把祠祀改為廟祀，並始置太卜。博士，秦朝所設之官，職掌通曉古今史事與典籍以備皇帝顧問應對，其俸秩為比六百石，員額多達數十人。武帝建元五年設置《五經》博士，宣帝黃龍元年逐漸增員多達十二人。元帝永光元年，將原屬太常管的諸帝陵之縣改屬掌京畿的左馮翊、右扶風、京兆尹。王莽執政時將太常改名為秩宗。

8 郎中令，秦始置，掌守宮殿門戶，下設丞佐助其事。武帝太初元年改郎中令名為光祿勳。光祿勳的屬官有大夫、郎官、謁者，這些都是承襲秦制而設的。還有期門、羽林兩支侍從軍隊也歸屬光祿勳統轄。大夫執掌論議，有太中大夫、中大夫、諫大夫，皆無員額限制，多達數十人。武帝元狩五年初置諫大夫，俸秩為比八百石，太初元年改名中大夫為光祿大夫，俸秩為比二千石，太中大夫和過去一樣俸秩為比千石。郎官掌守宮殿門戶，皇帝外出時充作車騎，有議郎、中郎、侍郎、郎中等，都無定員，多達千人。議郎、中郎的俸秩為比六百石，侍郎為比四百石，郎中為比三百石。中郎分別歸屬五官中郎將、左中郎將、右中郎將統領，他們的俸秩都為比二千石。郎中也由三將統領，即車將、戶將、騎將，三將的俸秩皆為比千石。謁者掌賓禮司儀及拜受章奏之事，員額為七十人，俸秩為比六百石，其長官為僕射，俸秩為比千石。期門掌持兵器充天子出入的侍從護衛，武帝建元三年始置，其待遇比照郎官，無固定員額，多達數千人，其長官為期門僕射，俸秩為比千石。平帝元始元年改期門為虎賁郎，設虎賁中郎將統領，俸秩為比二千石。羽林如同期門，執掌天子的侍從護衛，武帝太初元年始置，當時名為建章營騎，後改名為羽林騎。又取從軍死事者的子孫收養於羽林軍營中，教授他們五種兵器的使用，號稱羽林孤兒。羽林的長官為羽林令和羽林丞。宣帝時令中郎將、騎都尉監領羽林軍，俸秩為比二千石。僕射，秦代始置，自侍中、尚書、博士到郎官等都設有僕射為其長官。古代重視武官，設置主射的武官進行督課，故名僕射，軍屯吏、騶、宰、永巷宮人都有僕射，各取其所領之事以為官名稱號。

9 衛尉，秦始設之官，執掌皇宮門衛之屯兵守衛，設有衛尉丞佐助其事。景帝初年改名為中大夫令，後元年復名衛尉。衛尉屬官有公車司馬、衛士、旅賁三令、丞。衛士令下設三丞。還有各屯衛候、衛司馬等二十二官都歸衛尉統轄。長樂衛尉、建章衛尉、甘泉衛尉都各主其宮守衛，隨所掌之宮以名官，職掌大體相同，不是常設官職。

10 太僕，秦承周置，掌天子乘輿車馬，下設兩丞佐助其事。太僕的屬官有大廄廄令、未央廄令、家馬廄令，三令之下各設有五丞和一尉。還有車府、路軨、騎馬、駿馬四廄的令和丞；龍馬、閑駒、橐泉、騊駼、承華五監的長和丞；邊郡的六牧師菀之菀令和每令之下的三丞；以及牧橐、昆蹏二廄的令和丞，都隸屬於太僕管轄。中太僕掌管皇太后的乘輿車馬，不是常設官職。武帝太初元年改家馬令、丞為挏馬令、丞，路軨廄令、丞也是此年開始設置的。

11 廷尉，戰國時秦始置之官，秦、漢王朝沿置，掌刑獄之事，下設廷尉正、廷尉左監和廷尉右監，俸秩都為千石。景帝中六年改廷尉名為大理，武帝建元四年復名廷尉。宣帝地節三年始置廷尉左平、廷尉右平，其俸秩皆為六百石。哀帝元壽二年又改廷尉為大理。王莽改制，改其名為作士。

12 典客，秦始置，掌管歸順漢朝的各少數民族，設有丞佐助其事。景帝中六年改典客為大行令，武帝太初元年又改名為大鴻臚。大鴻臚的屬官有行人令、丞，譯官令、丞，別火令、丞，以及掌各郡國駐京之邸的邸長和邸丞。武帝太初元年改大行令為大鴻臚時，將大行令的屬官行人更名為大行令，此年，始置別火令、丞。王莽改大鴻臚為典樂。起初，掌郡國邸的官員屬少府管轄，中期改屬中尉，後來歸屬大鴻臚管轄。

13 宗正，秦代官名，掌皇室宗族與外戚事務，下設宗正丞佐助其事。平帝元始四年改名為宗伯。宗正的屬官有都司空令、丞，內官長和丞。還有公主家令、門尉都屬於宗正管理。王莽時罷宗正官，併其職掌於秩宗。原先內官令、丞隸屬於少府，中期隸屬於主爵都尉，後來歸屬宗正。

14 治粟內史，漢承秦置，執掌國家租稅、錢穀、鹽鐵與財政支出，下設兩丞佐助其事。景帝後元年改治粟內史為大農令，武帝太初元年又改名大司農。大司農屬官有太倉令、丞，均輸令、丞，平準令、丞，都內令、丞和籍田令、丞，以及斡官長、丞和鐵市長、丞。又郡國各倉長、丞，農監長、丞，都水長、丞等六十五官長、丞都屬於大司農管轄。騪粟都尉為武帝時所設的軍官，不常置。王莽改大司農名為羲和，後又改為納言。起初斡官長、丞隸屬於少府，中期隸屬主爵都尉，後來隸屬大司農。

15 少府，秦朝始置之官，掌天下山海池澤的稅收，用以供養天子，少府下設六丞佐助其事。少府的屬官有尚書、符節、太醫、太官、湯官、導官、樂府、若盧、考工室、左弋、居室、甘泉居室、左右司空、東織室、西織室、東園匠等十六官令、丞，又有胞人、都水、均官三長、丞，還有上林苑中的十池監及中書謁者、黃門、鉤盾、尚方、御府、永巷、內者、宦者等八官令、丞。諸僕射、署長、中黃門都隸屬於少府。武帝太初元年，改考工室令、丞為考工令、丞，左弋令、丞為佽飛令、丞，居室令、丞為保宮令、丞，甘泉居室令、丞為昆臺令、丞，永巷令、丞為掖廷令、丞。佽飛令掌弋射，下設九丞兩尉，太官設七丞，昆臺設五丞，樂府設三丞，掖廷設八丞，宦者設七丞，鉤盾設五丞兩尉。成帝建始四年，改中書謁者令為中謁者令，始置尚書機構分曹治事，尚書員五人，有四丞。河平元年罷省東織室，改西織室為織室。綏和二年，哀帝罷省樂府。王莽改少府名為共工。

16 中尉，秦代官名，掌巡察京師以及京師的警衛治安，下設兩丞和候、司馬、千人等軍官。武帝太初元年改中尉名為執金吾。執金吾的屬官有中壘、寺互、武庫、都船四令、丞。都船令和武庫令下各有三丞，中壘令下設有兩尉。還有式道左、右、中三候、候丞以及左、右京輔都尉、尉丞及其所屬兵卒，都歸執金吾統領。起初，寺互隸屬於少府，中期隸屬於主爵都尉，後來隸屬於中尉管轄。

17 從太常到執金吾，俸秩都是中二千石，他們的主要佐吏丞的俸秩都是千石。

1 太子太傅、少傅❶，古官。屬官有太子門大夫❷、庶子❸、先馬❹、舍人❺。

2 將作少府❻，秦官，掌治宮室，有兩丞、左右中候❼。景帝中六年更名將作大匠。屬官有石庫、東園主章、左右前後中校七令丞❽，又主章長丞❾。武帝太初元年更名東園主章為木工。成帝陽朔三年省中候及左右前後中校五丞。

3 詹事❿，秦官，掌皇后、太子家，有丞。屬官有太子率更、家令丞⓫，僕、中盾、衛率、廚廄長丞⓬，又中長秋、私府、永巷、倉、廄、祠祀、食官令長丞⓭。諸宦官⓮皆屬焉。成帝鴻嘉三年⓯省詹事官，并屬大長秋。長信詹事⓰掌皇太后宮，景帝中六年更名長信少府，平帝元始四年更名長樂少府。

4 將行，秦官，景帝中六年更名大長秋⓱，或用中人⓲，或用士人⓳。

5 典屬國⓴，秦官，掌蠻夷降者。武帝元狩三年㉑昆邪王㉒降，復增屬國，置都尉[23]、丞[24]、候、千人。屬官，九譯令[25]。成帝河平元年省并大鴻臚[26]。

6 水衡都尉[27]，武帝元鼎二年[28]初置，掌上林苑，有五丞。屬官有上林、均輸、御羞、禁圃、輯濯、鍾官、技巧、六廄、辯銅九官令丞[29]。又衡官、水司空、都水、農倉，又甘泉上林、都水七官長丞[30]皆屬焉。上林有八丞十二尉，均輸四丞，御羞兩丞，都水三丞，禁圃兩尉，甘泉上林四丞。成帝建始二年[31]省技巧、六廄官。王莽改水衡都尉曰予虞[32]。初，御羞、上林、衡官及鑄錢[33]皆屬少府。

7 內史[34]，周官，秦因之，掌治京師。景帝二年[35]分置左右內史[36]。右內史武帝太初元年更名京兆尹[37]，屬官有長安市、廚兩令丞[38]，又都水、鐵官兩長丞[39]。左內史更名左馮翊[40]，屬官有廩犧令丞尉[41]。又左都水[42]、鐵官、雲壘[43]、長安四市四長丞[44]皆屬焉。

8 主爵中尉[45]，秦官，掌列侯。景帝中六年更名都尉[46]，武帝太初元年更名右扶風[47]，治內史右地[48]。屬官有掌畜令丞[49]，又右都水[50]、鐵官、廄、廱[51]廚四長丞皆屬焉。與左馮翊、京兆尹是為三輔，皆有兩丞。列侯更屬大鴻臚[52]。元鼎四年更置三輔都尉，都尉丞各一人[53]。

9 自太子太傅至右扶風，皆秩二千石[54]，丞六百石[55]。

10 護軍都尉[56]，秦官，武帝元狩四年屬大司馬[57]，成帝綏和元年居大司馬府比司直[58]，哀帝元壽元年更名司寇，平帝元始元年更名護軍。

11 司隸校尉[59]，周官，武帝征和四年初置。持節[60]，從中都官徒[61]千二百人，捕巫蠱[62]，督大姦猾。後罷其兵，察三輔、三河[63]、弘農[64]。元帝初元四年去節[65]。成帝元延四年省。綏和二年，哀帝復置，但為司隸[66]，冠進賢冠[67]，屬大司空，比司直。

12 城門校尉[68]掌京師城門屯兵，有司馬[69]、十二城門候[70]。中壘校尉掌北軍壘門內，外掌西域[71]。屯騎校尉掌騎士。步兵校尉掌上林苑門屯兵。越騎校尉掌越騎[72]。長水校尉掌長水宣曲胡騎[73]。又有胡騎校尉，掌池陽胡騎[74]，不常置。射聲校尉掌待詔射聲士[75]。虎賁校尉掌輕車[76]。凡八校尉[77]，皆武帝初置，有丞、司馬。自司隸至虎賁校尉，秩皆二千石。西域都護[78]加官[79]，宣帝地節二年初置，以騎都尉[80]、諫大夫使護西域三十六國，有副校尉[81]，秩比二千石，丞二人，司馬、候、千人各二人。戊己校尉[82]，元帝初元元年置，有丞、司馬各一人，候五人，秩比六百石。

13 奉車都尉[83]掌御乘輿車[84]，駙馬都尉[85]掌駙馬，皆武帝初置，秩比二千石。侍中[86]、左右曹[87]、諸吏[88]、散騎[89]、中常侍[90]，皆加官，所加或列侯、將軍、卿大夫、將、都尉、尚書、太醫、太官令至郎中，亡員，多至數十人。侍中、中常侍得入禁中[91]，諸曹受尚書事，諸吏得舉法，散騎騎並乘輿車。給事中[92]亦加官，所加或大夫、博士、議郎，掌顧問應對，位次中常侍。中黃門有給事黃門[93]，位從將、大夫[94]。皆秦制。

【章　旨】以上是序的第三部分，記述了除三公九卿之外的其他中央高級官吏的設置、職掌和屬員情況。

【注　釋】❶太傅少傅　為輔導太子之官。因皇太子是國之儲君，要繼承大統，故特設師傅之官以教育輔導之，並兼領太子的部分官屬。《通典》卷三十載：「漢高帝以叔孫通為太子太傅，位次太常。後亦有少傅。……太子于二傅執弟子禮，皆為書不曰『令』。少傅稱臣，而太傅不臣。」❷太子門大夫　據《漢舊儀》記載其職「比郎將」，當為宿衛門戶之官。❸庶子　全稱為太子庶子。為侍從之官。❹先馬　全稱為太子先馬。先馬，又作「洗馬」。職掌為太子儀仗的護衛。❺舍人　全稱為太子舍人。舍人為親近左右的通稱，達官貴人皆有舍人。太子舍人職如郎中，掌宿衛侍從。❻將作少府　後更名將作大匠，王莽改稱「都匠」，東漢復名將作大匠。其職掌是主管土木建設，包括營建宮室、宗廟、陵園，有時也受詔建大臣宅第。❼左右中候　即左中候、右中候。負責具體工程之督察。❽石庫句　即石庫令、丞，東園主章令、丞和左、右、前、後、中校令、丞。石庫令、丞，掌管石料的採貯與製作加工之官。東園主章令、丞，顏師古注曰：「東園主章，掌大材，以供東園大匠也。」上文少府屬官中有掌製作陵內器物之「東園匠」，師古的注文可能衍「大」字，東園主章似乎專管營建陵邑的木材，故有「供東園匠」之說。左右前後中校令、丞，左校、右校、中校、前校、後校五令丞為分管工徒之官。❾主章長丞　顏師古注曰：「掌凡大木也。」即執掌調運保管大型木材。❿詹事　秦始置，漢初沿置，漢景帝時更名中宮（皇太后、皇后之宮）詹事為少府。為有別於九卿之一的少府，故稱中少府。太子詹事仍舊，至東漢才省去，其屬官轉屬太子少傅。中少府、太子詹事執掌中宮、太子家務。其地位略低於諸卿。詹，通「瞻」。引申為省視，給事。⓫太子率更家令丞　指太子率更令、丞和太子家令、丞。率更，顏師古注曰：「掌知漏刻，故曰率更。」太子率更令職如光祿勳、衛尉，主宮殿門戶守衛，有丞佐助。太子家令職如司農、廷尉，主倉穀飲食和刑獄事。⑫僕中盾句　指太子僕、中盾、衛率、廚、廄的長和丞。僕，全稱為太子僕，設有長、丞，職如太僕，主車馬。中盾長、丞，職如執金吾，主周衛徼循。衛率長、丞，主門衛。廚長、丞，職如太官令，主太子的飲食。廄長、丞，主管太子車馬。⑬中長秋句　即中長秋令、丞，私府令、丞，永巷令、丞，倉令、丞，廄長、丞，祠祀令、丞和食官令、丞。顏師古注曰：「自此以上，皆皇后之官。」中長秋為皇后官屬，掌奉宣中宮之命，關通內外。成帝鴻嘉三年省詹事，併屬大長秋。私府令、丞，或名中宮藏府令、丞，掌皇后私人財物。永巷令、丞，其職掌相當於少府屬下之永巷令、丞。《漢官儀》載：「永巷令一人，宦者為之。秩六百石，掌宮婢侍使。」永巷，見前第二部分注(122)。倉令、丞，掌後宮穀物保管。廄長、丞，掌皇后車馬。祠祀令、丞，主中宮內各種祠祀。食官令、丞，主中宮飲食。⑭諸宦官　除前述諸官外，還有女御長（《漢舊儀》：「女御長如侍中。」）、掖庭獄丞（〈外戚傳〉）等等。⑮鴻嘉三年　西元前一八年。鴻嘉，漢成帝年號。⑯長信詹事　詹事掌皇后、太子家事，隨所職命名為皇后詹事、太子詹事。皇太后也設置詹事，以其所居之宮命名，如太后居長信宮，則稱長信詹事。詹事又稱中少府，故長信詹事又稱長信少府，太后居長樂宮則稱長樂少府。⑰大長秋　秦始設時名將行，為皇后之近侍，執掌宣達皇后旨意，關通中外。⑱中人　即閹人、宦官。⑲士人　即士大夫。⑳典屬國　秦始設之官，西漢沿置。秩二千石。掌歸附秦漢王朝的少數民族事務，地位略低於朝廷正卿，或有以中二千石正卿官秩任其職者。㉑元狩三年　西元前一二〇年。㉒昆邪王　匈奴西部的一個王，元狩三年（卷六〈武帝紀〉為「元狩二年」）殺匈奴休屠王，吞併其眾，率四萬餘人歸附漢朝。㉓增屬國二句　增設屬國，設置屬國都尉。匈奴昆邪王率眾降漢後，朝廷在安定、天水、上郡、西河、五原等地設五屬國以安置之，故言增屬國。屬國是專為歸降的少數民族所劃的地方政區，管理屬國的屬國都尉由朝廷任命，其地位大體與郡守相當。㉔丞　即屬國丞，相當於郡丞，為屬國都尉之助手。㉕九譯令　職與大鴻臚屬官譯官令同，掌翻譯工作。九譯，指能翻譯多種民族或外國的語言。㉖省并大鴻臚　大鴻臚原為接待少數民族禮儀之官，與典屬國的職掌有相似處，故罷典屬國一職，併其所掌於大鴻臚。㉗水衡都尉　武帝時設置的財政官，初置時欲以主鹽鐵，鹽鐵出於山澤，古代管山澤之官曰衡，故名水衡。實際上，水衡都尉設立後並未主管鹽鐵，其實際職掌是以上林苑為基地，掌管多於少府的皇室財物和為國家鑄造錢幣，並兼管上林苑的警衛、稅收、舟船、園圃種植等一切事務（上林苑原由少府兼管，水衡都尉設置後由少府分出歸水衡專管）。㉘元鼎二年　西元前一一五年。㉙上林句　指上林令、丞，均輸令、丞，御羞令、丞，禁圃令、丞，輯濯令、丞，鍾官令、丞，技巧令、丞，六廄令、丞和辯銅令、丞。上林令、丞，主管上林苑，因事務繁多，故有八丞十二尉。均輸令、丞，執掌上林苑均輸之事（見陳直《漢書新證》）。御羞令、丞，主御用膳羞原料。禁圃令、丞，掌禁苑園圃。輯濯令、丞，掌苑內池沼中的船舶。輯，同「楫」。濯，同「棹」。二字均可用為名詞船槳，又均可用為動詞划船。鍾官令、丞，主鑄錢。技巧令、丞，陳直《漢書新證》認為是執掌刻錢範之官。六廄令、丞，六廄當為上林六廄，六廄令、丞主管上林苑六廄的馬政。辯銅令、丞，主鑄錢原料。㉚衡官二句　指衡官長、丞，水司空長、丞，都水長、丞，農長、丞，倉長、丞，甘泉上林長、丞和甘泉都水長、丞。衡官長、丞，掌上林苑稅收，並兼管部分鑄錢事。水司空長、丞，掌上林苑水利工程之官。都水長、丞，掌苑中漁、水之稅收。農長、丞，掌水衡名下之農業。倉長、丞，掌水衡所屬農官所收穀物的倉貯。甘泉上林長、丞，陳直《三輔黃圖校正》說：「甘泉苑繁稱為甘泉上林苑，或稱為甘泉上林宮。因上林苑包括至甘泉地區，其在甘泉山部分，則稱為甘泉上林苑。」其職掌不言自明，當同於上文上林令，只是所掌地區不同。甘泉都水長、丞，所掌同於上文之都水長、丞，也是所掌苑的不同。㉛成帝建始二年　西元前三十一年。㉜予虞　虞為周代掌山澤之官，王莽復古改制，故改水衡都尉為予虞。㉝鑄錢　指鑄錢官，包括鍾官、技巧、辯銅三官令丞，稱為「上林三官」。㉞內史　西周始置，掌著作簡冊、策命諸侯卿大夫及廢置爵祿。秦漢沿置，但職掌演變為治理京畿地區的行政官。因京師地位特殊，故內史比一般地方官重要得多，也具有參與朝政的權力。㉟景帝二年　西元前一五五年。㊱左右內史　原作「左內史」，王念孫說：「脫『右』字，下文『右內史』、『左內史』皆承此句言之。」㊲京兆尹　掌治京師的行政長官。顏師古注曰：「京，大也。兆者，眾數。言大眾所在，故云京兆也。」京兆尹轄地包括京師長安一部分及其以東地帶。京兆尹與左馮翊、右扶風並稱為三輔。㊳長安市廚兩令丞　指長安市令、丞和長安廚令、丞。長安市令、丞，主管長安城內商業貿易及稅收。長安廚令、丞，據〈霍光傳〉，其職掌為提供天子在境內祭祀或巡幸時的肉酒食品及供帳等物。㊴都水鐵官兩長丞　指都水長、丞和鐵官長、丞。都水長、丞，執掌境內的水渠灌溉及漁稅。鐵官長、丞，執掌鐵的開採、冶鑄及買賣等。㊵左馮翊　三輔之一，職掌相當於京兆尹。顏師古注引張晏曰：「馮，輔也。翊，佐也。」其轄境包括京師長安一部分及長陵以北地區。㊶廩犧令丞尉　顏師古注曰：「廩主藏穀，犧主養牲，皆所以供祭祀也。」廩犧尉，其地位在令、丞之下，執掌供品原料貯藏之安全保衛。㊷左都水　當為左馮翊都水長、丞的簡稱，與下文右扶風境內的都水長稱為右都水長相同，各主境內水利。㊸雲壘　即雲壘長、丞。職掌不詳。㊹長安四市四長丞　按西安遺址中出土「市府」封泥很多，又有東西南北四市封泥，當為左馮翊四市長所用之物。四市長分管各市的商業貿易。㊺主爵中尉　掌列侯等爵位的封賞。㊻景帝中六年更名都尉　應為更名主爵都尉（見〈地理志〉、〈楊僕傳〉）。㊼右扶風　原名主爵中尉，武帝太初元年更名右扶風，分原右內史西半部為其轄區，職掌與京兆尹、左馮翊同。㊽內史右地　古代習慣上稱東為左，西為右，內史右地指京師西部地區。㊾掌畜令丞　掌畜牧，以供京師之用。㊿右都水　原作「有都水」，劉攽說：「『有』當作『右』。上云『左都水』，此云『右都水』。」51廱　即雍（今陝西鳳翔南），是天子郊祀五帝所在，專門設有太宰、太祝令丞以司祭祀，職屬太常。廱為右扶風屬縣，故專設廱廚長、丞，以供應天子郊祀及飲食。52列侯更屬大鴻臚　因主爵都尉更名右扶風後，已成為掌治京畿地區之一的行政長官，故其原掌的封爵事宜移交給贊襄禮儀的大鴻臚。53元鼎四年二句　元鼎四年，西元前一一三年。「三輔」的設置實在此年之後，即太初元年（西元前一〇四年）。元鼎四年，始置左輔都尉、右輔都尉二官。後又在太初元年增設京輔都尉，成三輔都尉。其職掌略同於郡都尉，所不同的是他們不隸屬於三輔，而直屬於掌京師治安巡察的中尉。三輔都尉各有丞一人為其佐吏。54二千石　實際年俸為一四四〇斛。55六百石　實際年俸為八四〇斛。56護軍都尉　秦和漢初多為臨時設置之軍官，執掌督調軍中將領間關係。57屬大司馬　即作為大司馬的屬官。58比司直　相當於丞相府的司直，秩比二千石。59司隸校尉　漢武帝征和四年（西元前八九年）始置，原為武帝因巫蠱案臨時設置的督捕官職，後逐漸成為定制，掌糾察京師百官及京畿附近各郡，相當於州刺史。60持節　持有天子符節，即可以代表天子行使權力。61中都官徒　中都官指京師各官府，中都官徒即在京師各官府服役的徒隸。62巫蠱　漢代流行的一種迷信活動，以為用巫術詛咒並埋木偶人於地下，可以害人。武帝晚年多病，懷疑是巫蠱所致。武帝佞臣江充誣告太子劉據宮中埋有木人，劉據不能自明於是殺江充，武帝發兵追捕，劉據起兵抗拒，激戰五日，死者數萬人。劉據兵敗自殺，史稱「巫蠱之禍」。63三河　指河南（郡治洛陽）、河內（郡治懷縣，今河南武陟西南）、河東（郡治安邑，今山西夏縣西北）三郡。64弘農　郡名，治弘農（今河南靈寶東北）。三輔、三河和弘農七郡為西漢司隸校尉的督察區。65去節　取消持節的職權和待遇。66但為司隸　即恢復官名及其監察之職，不再領兵卒，故去「校尉」之稱。67冠進賢冠　頭戴進賢冠。進賢冠是冠冕的一種。《後漢書・輿服志》：「進賢冠，古緇布冠也，文儒者之服也，前高七寸，後高三寸，長八寸。公侯三梁，中二千石以下至博士兩梁，自博士以下至小史私學弟子皆一梁。」68城門校尉　漢武帝征和二年（西元前九一年）始設，掌京師十二城門屯兵警衛。王莽居攝年間，更名城門將軍，領諸城門校尉。新莽始建國元年（西元九年），王莽又改城門將軍為中城將軍。東漢時仍名城門校尉。69司馬　掌城門屯兵之官。70十二城門候　京師長安十二城門，每門各有候，掌城門守衛啟閉。71外掌西域　即主西域之軍事。或謂「西域」乃「西城」之誤。72越騎　內附的越人騎兵。73長水宣曲胡騎　指駐於長水上宣曲宮的內附的胡人騎兵。長水，水名。宣曲，宮殿名。胡，古代對北方和西方各民族的泛稱。74池陽胡騎　屯駐池陽的胡騎。池陽即池陽宮，在今陝西涇陽。75待詔射聲士　待詔謂待詔而射，射聲謂聞聲則中，凡待詔而射、聞聲則中之士稱為待詔射聲士，是具有高超射術的部隊。(76)輕車　以戰車組成的軍隊。(77)凡八校尉　顏師古注曰：「自中壘以下凡八校尉。城門不在此數中。」因胡騎校尉不常設，故漢代又有武帝增七校尉之說（見〈刑法志〉）。(78)西域都護　亦稱都護西域、使領護西域。為加在其他官號之上的西域最高軍政長官。其職如內郡郡守。西漢多以下文所說的騎都尉、諫大夫領其職，秩比二千石。(79)加官　加賜的官職。漢代皇帝往往在官吏原有的職務上另行加賜官職，以示恩寵，並享有特殊待遇。加官名目很多，有的久而久之便成為定制，西域都護便是這種情況，開始是加官，後遂成定制。(80)騎都尉　督統騎兵的武職，秩比二千石。(81)副校尉　即西域副校尉，也簡稱副尉。為西域都護的佐官。(82)戊己校尉　率軍隊在西域實行軍屯的軍官，秩比六百石。(83)奉車都尉　掌天子乘輿。奉，侍奉。奉車即以車輛侍奉皇帝。(84)乘輿車　皇帝乘坐的專車。(85)駙馬都尉　掌天子從車。駙馬，即副馬，非正駕車之馬。(86)侍中　秦始置。西漢為加官，且沒有員額限制。有此官名，可以進入內廷，掌贊導眾事，顧問應對，為親近之臣，後逐漸參與朝政。(87)左右曹　加官名。執掌在殿中接受尚書奏事。漢武帝始置，西漢末屬光祿勳。(88)諸吏　加官名。漢武帝始置，執掌檢舉彈劾不法官吏。被加者地位尊寵。(89)散騎　加官名。秦始置，漢因之。被加者得從皇帝出行，執掌侍衛。(90)中常侍　加官名。秦始置，漢沿設。被加者得出入宮廷，侍從皇帝左右。(91)禁中　亦稱「省中」。即皇宮之內。(92)給事中　加官名。秦始置，漢沿設。加此官者即給事禁中，侍從天子，掌顧問應對。(93)給事黃門　加官名。秦始置，漢沿設。所加者多為郎官。加此官者給事禁中，侍從天子。(94)位從將大夫　即給事黃門的地位次於郎將與大夫。將，指郎將。

【語　譯】 太子太傅、太子少傅，均為古官名。他們的屬官有太子門大夫、太子庶子、太子先馬、太子舍人等。

2　將作少府，漢承秦置，掌建築宮室，下設兩丞和左、右中候。景帝中六年改將作少府名為將作大匠。將作大匠的屬官有石庫、東園主章、左校、右校、前校、後校、中校七令、丞，以及主章長、丞。武帝太初元年改東園主章為木工。成帝陽朔三年，罷省中候及左、右、前、後、中五校令的佐吏五個丞官。

3　詹事，漢承秦置，掌皇后、太子家務，有丞佐助其事。屬官有太子率更令、丞和太子家令、丞以及太子僕、中盾、衛率、廚、廄的長和丞，又中長秋、私府、永巷、倉、廄、祠祀、食官的令、丞或長、丞，以及諸宦官都隸屬於詹事。成帝鴻嘉三年罷省詹事，併其職掌於大長秋。長信詹事掌管皇太后所居長信宮事，景帝中六年改名為長信少府，平帝元始四年改名為長樂少府。

4 將行，秦始置，景帝中六年改名為大長秋，有時任用宦官，有時由士人充任。

5 典屬國，秦始置之官，掌歸附於中央王朝的少數民族事務。武帝元狩三年，匈奴的昆邪王投降，漢朝又增設屬國，設屬國都尉、屬國丞、候、千人等官。典屬國的屬官有九譯令。成帝河平元年罷省典屬國，併其職於大鴻臚。

6 水衡都尉，武帝元鼎二年始置，掌管上林苑，下有五丞佐助其事。屬官有上林、均輸、御羞、禁圃、輯濯、鍾官、技巧、六廄、辯銅等九官令、丞。還有衡官、水司空、都水、農倉以及甘泉上林、都水等七官長、丞也都隸屬於水衡都尉。上林令有八丞十二尉，均輸令有四丞，御羞令有兩丞，都水令有三丞，禁圃令有兩尉，甘泉上林長有四丞。成帝建始二年罷省技巧、六廄官。王莽改水衡都尉為予虞。原先，御羞、上林、衡官以及鑄錢官都隸屬於少府。

7 內史，西周官名，秦、漢沿置，掌治理京師。景帝二年分置左、右內史。武帝太初元年改右內史名為京兆尹，京兆尹的屬官有長安市令、丞和長安廚令、丞，以及都水長、丞和鐵官長、丞。又改左內史為左馮翊，左馮翊的屬官有廩犧令、丞、尉以及左都水長、丞，鐵官長、丞，雲壘長、丞和長安四市長、丞都隸屬於左馮翊。

8 主爵中尉，秦始置之官，掌列侯封爵。景帝中六年改名主爵都尉，武帝太初元年又改名右扶風，治理原右內史的西半區。其屬官有掌畜令、丞，以及右都水長、丞，鐵官長、丞，廄長、丞，廱縣廚長、丞都屬於右扶風。右扶風與左馮翊、京兆尹為共治長安的三輔，各設兩丞佐助其事。列侯等爵位的封賞之責歸併於大鴻臚。元鼎四年，始置三輔都尉，都尉下各設都尉丞一人。

9 自太子太傅至右扶風，俸秩都為二千石，其丞的俸秩為六百石。

10 護軍都尉，秦始置之官，武帝元狩四年隸屬於大司馬，成帝綏和元年，護軍都尉在大司馬官署中如同大司馬司直，哀帝元壽元年改其名為司寇，平帝元始元年改其名為護軍。

11 司隸校尉，西周官名，武帝征和四年始置。司隸校尉佩帶皇帝給的符節代表皇帝行使權力，率領京師各官府的徒隸一千二百人，搜捕巫蠱案犯，督察大奸巨猾。後來削去其兵權，使其督察三輔、三河、弘農等七郡。元帝初元四年取消其帶皇帝符節之權。成帝元延四年，罷省司隸校尉官。綏和二年，哀帝復置，但只稱為司隸，戴進賢冠，隸屬於大司空，地位和俸秩相當於大司直。

12 城門校尉，掌京師城門的屯兵，下設司馬、十二城門候。中壘校尉掌衛北軍營壘的壘門之內，外掌西域軍事。屯騎校尉掌騎兵。步兵校尉掌上林苑門的屯兵。越騎校尉掌內附漢朝的越人騎兵。長水校尉掌駐於長水上宣曲宮的內附的胡人騎兵。還有胡騎校尉，掌屯駐於池陽宮的胡人騎兵，但不常置此官及其所領之軍。射聲校尉掌待詔射聲士。虎賁校尉掌輕車士。一共八校尉，都是武帝時始置，其下有丞和司馬。自司隸校尉至虎賁校尉，俸秩皆為二千石。西域都護是加官，宣帝地節二年始置，加在騎都尉、諫大夫的官職上，使其監護西域三十六國，都護之下設有副校尉，俸秩為比二千石，還有丞一人，司馬、候、千人各二人。戊己校尉，元帝初元元年始置，下設丞和司馬各一人，候五人，戊己校尉的俸秩為比六百石。

13 奉車都尉掌天子乘坐的輿車，駙馬都尉掌天子從車，二者都是武帝時始置，俸秩為比二千石。侍中、左右曹、諸吏、散騎、中常侍都是加官，被加者有列侯、將軍、卿大夫、郎將、都尉、尚書、太醫令、太官令以至郎中，沒有定員，多達數十人。加侍中、中常侍者，可以出入禁中，侍從皇帝左右，加左、右曹者掌在殿中接受尚書奏事，加諸吏者執掌檢舉彈劾不法官吏，加散騎者得以在皇帝出行時騎從左右，侍衛天子。給事中也是加官，被加者有大夫、博士、議郎等，加此官者得以給事禁中，備皇帝隨時顧問應對，其地位相當於中常侍。中黃門有加給事黃門者，其地位次於郎將和大夫。這些都是承襲自秦朝制度。

14 爵：一級曰公士，二上造，三簪裊，四不更，五大夫，六官大夫，七公大夫，八公乘，九五大夫，十左庶長，十一右庶長，十二左更，十三中更，十四右更，十五少上造，十六大上造，十七駟車庶長，十八大庶長，十九關內侯，二十徹侯❶。皆秦制，以賞功勞。徹侯金印紫綬，避武帝諱，曰通侯，或曰列侯，改所食國令長名相❷，又有家丞❸、門大夫❹、庶子❺。

【章旨】以上是序的第四部分，記述了二十等爵制的爵名和等級。

【注釋】❶一級曰公士二十句　此二十等爵制的名稱、級數、次序與《商君書·境內篇》所載商鞅變法時的軍功爵有異同，當是商鞅變法後逐漸形成的。後秦和漢沿用之。公士，爵名，顏師古注曰：「言有爵命，異於士卒，故稱公士也。」上造，爵名，顏師古注曰：「造，成也，言有成命於上也。」簪褭，爵名，顏師古注曰：「以組帶馬曰褭。簪褭者，言飾此馬也。」不更，爵名，顏師古注曰：「言不豫更卒之事也。」表示享有免役的特權。大夫，爵名，顏師古注曰：「列位從大夫。」官大夫、公大夫，爵名，顏師古注曰：「加官、公者，示稍尊也。」〈高帝紀〉謂七公大夫以上為高爵，可以食邑；以下為低爵，皆免除其身及戶徭役。事實上文景以後，「公乘以下與齊民無異」，五大夫始能免除一人的勞役。公乘，爵名，顏師古注曰：「言其得乘公家之車也。」錢大昭《漢書辨疑》謂自公士至公乘皆為民爵。五大夫，爵名，顏師古注曰：「大夫之尊也。」錢大昭《漢書辨疑》謂五大夫至徹侯，皆為官爵。左庶長、右庶長，庶長，爵名，顏師古注曰：「言為眾列之長也。」左更、中更、右更，爵名，顏師古注曰：「更言主領更卒，部其役使也。」少上造、大上造，爵名，顏師古注曰：「言皆主上造之士也。」「大」尊於「少」。駟車庶長，爵名，顏師古注曰：「言乘駟馬之車而為眾長也。」大庶長，爵名，顏師古注曰：「又更尊也。」關內侯，爵名，顏師古注曰：「言有侯號而居京畿，無國邑。」表示有侯爵而享受身居京畿的待遇。關內指關中（今陝西關中地區），為秦朝西漢的京畿之地。徹侯，爵名，顏師古注曰：「言其爵位上通於天子。」後避漢武帝諱曰通侯。❷改所食國令長名相　秦、西漢列侯所食國的大者相當於縣，故漢武帝改稱縣令或長為侯國相。相由中央選派，主治民，不臣於列侯，只負責將侯國內一定的租稅交列侯享用。❸家丞　執掌列侯家事。❹門大夫　執掌侯家門衛及關通內外。❺庶子　職掌同家丞。

【語譯】爵位：一級爵為公士，二級上造，三級簪褭，四級不更，五級大夫，六級官大夫，七級公大夫，八級公乘，九級五大夫，十級左庶長，十一級右庶長，十二級左更，十三級中更，十四級右更，十五級少上造，十六級大上造，十七級駟車庶長，十八級大庶長，十九級關內侯，二十級徹侯。這些都是沿襲戰國時秦國之制，用以獎賞軍功和勞績。徹侯佩金印紫綬，因避武帝劉徹名諱，改稱通侯，或稱列侯，漢武帝改列侯的食邑國所在地的縣令或縣長為侯國相，列侯有家丞、門大夫、庶子以管理家事。

1 諸侯王❶，高帝初置，金璽盭綬❷，掌治其國。有太傅輔王，內史治國民，中尉掌武職，丞相統眾官，群卿大夫都官如漢朝❸。景帝中五年❹令諸侯王不得復治國，天子為置吏，改丞相曰相，省御史大夫、廷尉、少府、宗正、博士官，大夫、謁者、郎諸官長丞❺皆損❻其員。武帝改漢內史為京兆尹，中尉為執金吾，郎中令為光祿勳，故王國如故。損其郎中令，秩千石；改太僕曰僕，秩亦千石。成帝綏和元年省內史，更令相治民，如郡太守，中尉如郡都尉。

2 監御史❼，秦官，掌監郡。漢省，丞相遣史分刺州❽，不常置。武帝元封五年初置部刺史❾，掌奉詔條察州❿，秩六百石，員十三人。成帝綏和元年更名牧⓫，秩二千石。哀帝建平二年復為刺史，元壽二年復為牧。

3 郡守⓬，秦官，掌治其郡，秩二千石。有丞⓭，邊郡又有長史⓮，掌兵馬，秩皆六百石。景帝中二年更名太守。

4 郡尉⑮，秦官，掌佐守典武職甲卒，秩比二千石。有丞，秩皆六百石。景帝中二年更名都尉。

5 關都尉⑯，秦官。農都尉⑰、屬國都尉⑱，皆武帝初置。

6 縣令、長⑲，皆秦官，掌治其縣。萬戶以上為令，秩千石至六百石。減萬戶為長，秩五百石至三百石⑳。皆有丞、尉㉑，秩四百石至二百石，是為長吏㉒。百石以下有斗食、佐史之秩㉓，是為少吏㉔。大率㉕十里一亭，亭有長㉖。十亭一鄉㉗，鄉有三老㉘、有秩、嗇夫㉙、游徼㉚。三老掌教化。嗇夫職聽訟，收賦稅。游徼徼循禁賊盜。縣大率方百里，其民稠則減，稀則曠，鄉、亭亦如之，皆秦制也。列侯所食縣曰國，皇太后、皇后、公主所食曰邑，有蠻夷曰道。凡縣、道、國、邑千五百八十七，鄉六千六百二十二，亭二萬九千六百三十五。

【章旨】以上是序的第五部分，記述了郡國體制下諸侯王國和郡縣行政長官的設置、職掌和屬員情況。

【注釋】❶諸侯王　漢初實行「郡國並行制」，除中央直轄的郡縣外，還有諸侯王國和侯國。漢初劉邦先分封了韓信、彭越等「異姓王」，後逐漸剪除「異姓王」（只剩吳芮）後，又陸續分封劉氏子弟為王，史稱「同姓王」。漢景帝以前，除朝廷為王國置丞相以監督諸侯王外，諸侯王有權自置百官，擁有獨立的軍政、財政大權。諸侯王在漢初封土甚廣，或跨州兼郡，連城數十。到西漢後期，諸侯王勢力下降，亦無權過問封國政事，只能衣食封國的租稅而已。❷金璽盭綬　即金印璽和璽鈕上配綠色的絲帶。盭，草名。可染綠，因以為綬名。❸群卿大夫都官如漢朝　指除太傅、內史、中尉、丞相以外的御史大夫、廷尉、少府、宗正等列卿，以及掌議論的諸大夫等王國之官都等同於漢朝朝廷之制。❹景帝中五年　西元前一四五年。❺諸官長丞　指禮樂長、衛士長、醫工長、祠祀長、大官丞、御府丞、宦者丞等諸多小官及其屬吏。❻損　貶低；減少。❼監御史　秦朝派駐各郡的監察官，隸屬於御史大夫，代表中央監察郡政，有時還可以監軍甚至將兵。❽丞相遣史分刺州　秦設監御史，漢初省，惠帝時又派御史監三輔郡，兩歲一換，其後各州復設監察御史，文帝時以御史多不奉法，又派丞相史出刺，並監督監察御史。至武帝時，設部刺史，御史監郡和丞相史出刺之舉始罷。刺，探詢；刺察。史，指丞相史。為丞相之屬吏。漢初主要掌監察地方，漢武帝設刺史後主佐助丞相理文書等具體事務。❾部刺史　武帝為加強對地方的控制，分京師附近的三輔、三河、弘農七郡之外的地方為十三個監察區域，又稱部，每部設刺史一人負責監察。刺史位卑（秩六百石）權重，以六條問事，督察地方大吏和強宗豪右，年終回京奏事，任滿而更，以加強中央集權。❿掌奉詔條察州　顏師古注曰：「《漢官典職儀》云：刺史班宣，周行郡國，省察治狀，黜陟能否，斷治冤獄。以六條問事，非條所問即不省。一條，強宗豪右田宅踰制，以強淩弱，以眾暴寡。二條，二千石不奉詔書遵承典制，倍（背）公向私，旁詔守利，侵漁百姓，聚斂為姦。三條，二千石不卹疑獄，風厲殺人，怒則任刑，喜則淫賞，煩擾刻暴，剝截黎元，為百姓所疾，山崩石裂，祆祥訛言。四條，二千石選署不平，苟阿所愛，蔽賢寵頑。五條，二千石子弟恃怙榮勢，請託所監。六條，二千石違公下比，阿附豪強，通行貨賂，割損正令也。」州，即「十三州」或「十三部」，指十三個監察區。⓫更名牧　即改名州牧。古代統治者視民如畜，治理民眾視為放牧群羊，此即「牧」的政治含意。州牧秩二千石，為地方軍政長官。⓬郡守　秦始置，漢因之。景帝中二年（西元前一四八年）改稱太守。是郡的最高行政長官，執掌一郡之軍政、財務、司法等權力。⓭丞　指郡丞。掌協助郡守治眾事。為郡府重要屬吏。⓮邊郡又有長史　邊郡長史是針對邊郡戰略需要而特設的武職，專職負責軍事，統兵作戰。⓯郡尉　秦始置，漢沿設。景帝改名都尉，又稱郡都尉，為僅次於太守的郡中大吏，執掌一郡武事，並備盜賊。⓰關都尉　秦始置，漢沿設。執掌鎮守關卡要塞，以稽察過往吏民、商賈，維護治安，徵收關稅。⓱農都尉　西漢武帝時在邊郡始置，管理屯田，直屬於中央的大司農。⓲屬國都尉　見上文「典屬國」條。⓳縣令長　秦漢時一縣的最高行政長官。大縣稱令，小縣稱長。⓴萬戶以上為令四句　鄒水傑指出：據《商君書・境內》：「千石之令，短兵百人；八百石之令，短兵八十人；七百石之令，短兵七十人；六百石之令，短兵六十人。」認為秦初置縣時，當時的縣可能只有千石至六百石四個等級。又據《張家山漢簡・二年律令・秩律》認為：秦只設有千石至六百石的縣，其長官為縣令，同時說明秦不設縣長，縣長是漢初才增設的（參見鄒水傑《兩漢縣行政研究》，北京大學博士論文，二〇〇四年）。縣的秩等在西漢成帝時有一個變化，本表所記有成帝前制度的成分。衛宏《漢官舊儀》曰：「縣戶口滿萬，置六百石令，多者千石。戶口不滿萬，置四百石、三百石長。」衛宏所記乃成帝改革後之制。減萬戶，不滿萬戶。〈表〉序云「萬戶以上為令，……減萬戶為長」，這是就一般情況而言。實際上漢代令、長的區別以及本身秩位的高低並不僅限於戶口的多少，還包括地區的大小、治理的難易和治績的好壞。㉑丞尉　指縣丞、縣尉，都是縣令、長的佐官。縣丞主文書、刑獄，縣尉則主要負責治安，巡捕盜賊。㉒長吏　位高權重之官吏。㉓斗食佐史之秩　顏師古注曰：「《漢官名秩簿》云斗食月奉（俸）十一斛，佐史月奉（俸）八斛也。一說，斗食者，歲奉不滿百石，計日而食一斗二升，故云斗食也。」斗食、佐史亦泛指秩祿低微的屬吏。㉔少吏　俸薄位低的小官吏。㉕大率　大抵。㉖十里一亭　亭是秦漢時的地方基層單位，往往設於交通要道。亭設亭長，執掌求捕盜賊，維持治安，以及兼理民事辭訟。㉗十亭一鄉　鄉是縣以下的行政單位，亭是鄉以下的行政單位。一說，鄉、亭為同級行政單位，此「十亭一鄉」乃「十里一鄉」之誤。㉘三老　漢代重教化，在鄉中設置三老，負責鄉里教化，作為百姓表率，所以把三老擺在鄉官之首。三老不是行政職務，無俸祿，只是具有較高政治地位和社會地位的榮譽稱號。㉙有秩嗇夫　有秩即有秩嗇夫，嗇夫即無秩嗇夫。均為一鄉之長，職聽訟，收賦稅。有秩嗇夫，為郡所署，乃朝廷最低級的命官。小鄉置嗇夫，為縣所署，無秩，亦非朝廷命官。㉚游徼　執掌巡行督察，維護治安。

【語譯】諸侯王，漢初高帝劉邦始置，佩金璽綠綬，掌治其封國。封國內設有太傅輔佐國王，內史執掌民政，中尉執掌軍事，丞相統領眾官，群卿大夫文武百官的設置一如漢朝。景帝中五年，下詔令取消諸侯王的治國之權，天子為諸侯王國設置官吏，改諸侯國丞相為相，罷省諸侯國的御史大夫、廷尉、少府、宗正和博士官，大夫、謁者、郎官等官長、丞都減其名額。武帝把漢朝中央政府的內史改為京兆尹，中尉改為執金吾，郎中令改為光祿勳，但王國官名仍舊沒有改動。武帝還降低王國郎中令的俸秩，由原來二千石減為千石；又改王國太僕為僕，亦降其俸秩為千石。成帝綏和元年罷省王國內史，改由王國相掌治其民，王國相如同郡太守，王國中尉如同郡都尉。

2　監御史，秦置，掌監察各郡。漢初取消此制，文帝時由丞相派遣屬員丞相史分別刺察各地，督察地方官，但不是常制。武帝元封五年始置部刺史，掌奉六條詔令監察各州的地方官和豪強，俸秩為六百石，共設十三人。成帝綏和元年，改刺史名為州牧，並增其俸秩為二千石。哀帝建平二年又改名為刺史，元壽二年又復名為州牧。

3 郡守，漢承秦置，掌治理其郡，其俸秩為二千石。郡守之下設有丞佐助其事，邊郡還設置長史掌管軍事，丞和長史的俸秩都是六百石。景帝中二年改郡守名為太守。

4 郡尉，漢承秦置，掌佐助郡守主管軍事，俸秩為比二千石。郡尉之下設有丞，俸秩為六百石。景帝中二年，改郡尉名為都尉。

5 關都尉，漢承秦置。農都尉和屬國都尉都是武帝始置。

6 縣令、縣長都是秦代官名，漢因之，掌治理其縣。萬戶以上的縣置縣令，俸秩千石至六百石。不滿萬戶的縣置縣長，俸秩五百石至三百石。縣令、長之下都設有縣丞和縣尉，俸秩四百石至二百石，是為「長吏」。俸秩在百石以下的有斗食、佐史等職，是為「少吏」。大抵十里設一亭，亭有亭長。十亭為一鄉，鄉設三老、有秩、嗇夫和游徼。三老掌管鄉里教化。嗇夫負責受理民事爭訟和徵收賦稅。游徼掌治安巡察與緝拿盜賊。一縣之境大體方圓百里，境內如果居民稠密則不足百里，如果稀少則超過百里，鄉和亭的情況也是如此，都是秦代的制度。列侯所食的縣稱為國，皇太后、皇后、公主所食的縣稱為邑，有少數民族的縣稱為道。全國共有縣、道、國、邑共一千五百八十七個，鄉六千六百二十二個，亭二萬九千六百三十五個。

凡吏秩比二千石以上，皆銀印青綬❶，光祿大夫無❷。秩比六百石以上，皆銅印黑綬，大夫、博士、御史、謁者、郎無，其僕射、御史治書尚符璽者❸，有印綬。比二百石以上，皆銅印黃綬。成帝陽朔二年❹除八百石、五百石秩❺。綏和元年，長、相皆黑綬❻。哀帝建平二年，復黃綬。吏員自佐史至丞相，十二萬二百八十五人。

【章　旨】以上是序的第六部分，作者總述了官吏俸秩等級及其印綬形制的對應關係，並明確記載了當時全國官吏的人數。

【注　釋】❶銀印青綬　銀質印章和印鈕上配青色的絲帶。顏師古注曰：「《漢舊儀》云：銀印背龜鈕，其文曰章，謂刻曰某官之章也。」《補注》錢大昭曰：「《漢制》：天子、諸侯王皆為璽，三公、列侯以下俱為印。天子玉璽，諸侯王金璽，惟太師、太傅、太保、丞相、太尉、列將軍、列侯皆用金印，而御史大夫不與焉。成帝更名大司空，始用金印。其它或銀或銅。」❷光祿大夫無　顏師古注曰：「無印綬。」❸其僕射句　即博士、謁者、郎官之長官僕射，侍皇帝而決疑獄的治書御史和掌天子符節、玉璽之郎官。御史治書，即治書御史，或稱治書侍御史。應劭《漢官儀》云：「治書侍御史，宣帝嘗幸宣室，齋居而決獄事，令侍御史二人治書。後置，秩六百石，印綬。與符璽郎共平治廷尉奏事。」尚符璽，尚符璽郎或尚符璽郎中的簡稱。《後漢書・百官志三》曰：「尚符璽郎中四人。本注曰：舊二人在中，主璽及虎符、竹符之半者。」❹陽朔二年　西元前二三年。陽朔，漢成帝年號。❺除八百石五百石秩　〈成帝紀〉顏師古注引李奇曰：「除八百就六百，除五百就四百。」❻長相皆黑綬　即改縣長、列侯國相的黃綬為黑綬，以示地位的提高。

【語　譯】凡是俸秩為比二千石以上的官吏，都佩銀印青綬，其中光祿大夫沒有印綬。俸秩在比六百石以上的，都佩銅印黑綬，其中大夫、博士、御史、謁者、郎官沒有印綬，但博士僕射、謁者僕射、治書御史和尚符璽郎等都有印綬。俸秩在比二百石以上的官吏，都佩銅印黃綬。成帝陽朔二年，廢八百石和五百石這兩個級別的官俸。綏和元年，規定縣長和侯國相一律佩黑綬，哀帝建平二年又恢復為黃綬。全國官吏的員數，下自佐史上至丞相，共計十三萬零二百八十五人。

卷十九下

百官公卿表第七下

相國	丞相	大司徒	太師	太傅	太保
	太尉		大司馬		
	御史大夫		大司空		
	列將軍				
	奉常		太常		
	郎中令		光祿勳		
	衛尉		中大夫令		
	太僕				
	廷尉		大理		
	典客	大行令	大鴻臚		
	宗正	治粟內史	大司農		
		中尉執金吾	少府		
	水衡都尉		主爵都尉	右扶風	
左內史		左馮翊	右內史	京兆尹	

西元前206	205	204	203	202
高帝元年	二	三	四	五
沛相蕭何為丞相。❶				
				太尉盧綰，後九月為燕王。❼
內史周苛為御史大夫，守滎陽，三年死。			中尉周昌為御史大夫，六年徙為趙丞相。❻	
				郎中令王恬啓。❽
滕令夏侯嬰為太僕。❷				
				廷尉義渠。❾
				廣平侯薛歐為典客。❿
執盾襄為治粟內史。❸				
職志周昌為中尉，三年遷。❹				軍正陽咸延為少府，二十一年
內史周苛遷。❺				內史杜恬。⓫

200	201	
七	六	
博士叔孫通為奉常⑮，三年徙為太子太傅。		
	將軍酈商為衛尉。⑬	
	汲侯公上不害為太僕。⑭	
		卒。中尉丙猜。⑫

❶沛，縣名。在今江蘇沛縣。蕭何，西漢開國功臣，劉邦的重要謀臣，卷三十九有傳。❷滕，縣名。在今山東滕州西南。夏侯嬰，劉邦的重要將領。卷四十一有傳。❸執盾，官名。主管宮門衛士。襄，人名。劉邦部將，以功封棘丘侯。❹職志，執掌旗幟的官。志，通「幟」。周昌，周苛從弟，劉邦的直臣。卷四十二有傳。❺周苛，劉邦的部將。滎陽之戰中被俘，不屈而死。❻趙，諸侯國名，建都邯鄲。❼盧綰，劉邦的重要將領，卷三十四有傳。燕，諸侯國名，建都薊縣（今北京城西南隅）。❽王恬啓，劉邦部將。封山都侯。❾義渠，人名。《漢書》中僅此一見。按：以下本表中凡未加注之「人名」，其出身事跡多不可考。❿廣平，地名。在今河北曲周北。薛歐，劉邦部將，封廣平侯。⓫殷，地名。在今河南境內。項羽滅秦後，立司馬卬為殷王。杜恬，劉邦部將，曾任殷內史，後官至廷尉。⓬軍正，卷十六〈高后功臣表〉作「軍臣」。陽咸延，〈功臣表〉作陽城延，劉邦部將，以築長城有功封梧齊侯。丙猜，劉邦部將，封高宛侯。⓭酈商，劉邦部將。卷四十一有傳。⓮公上不害，劉邦部將，以軍功封汲侯。⓯叔孫通，漢初名儒。曾為漢朝制定禮儀。卷四

199	198	197	196	195
八	九	十	十一	十二
	丞相何遷為相國。[16]			
			絳侯周勃為太尉[19]，後官省。	
		符璽御史趙堯為御史大夫[17]，十年免。		
				太子太傅叔孫通復為奉常。
			衛尉王氏。	
		中地守宣義為廷尉。[18]		廷尉育。
			中尉戚鰓。[20]	

194	193	192
孝惠元年	二	三
	七月辛未，相國何薨。七月癸巳，齊相曹參為相國。㉒	
營陵侯劉澤為衛尉。㉑		
		長脩侯杜恬為廷尉。㉓

十三有傳。⑯《史記·蕭相國世家》、本書卷十九上〈百官表序〉均謂十一年更名為相國，當以後者為是。⑰符璽御史，專掌符璽的御史。趙堯，用計謀將御史大夫周昌降為趙相而自代之。卷四十二有傳。⑱中地守，沈欽韓曰：「〈地理志〉高帝九年罷中地郡，此當云故中地守。」中地郡，後改稱右扶風。宣義，人名。任廷尉後以軍功封土軍侯。⑲絳，縣名。在今山東曲沃東。周勃，漢初功臣。卷四十有傳。⑳戚鰓，劉邦部將，封臨轅侯。㉑營陵，縣名。在今山西安丘西北。劉澤，高帝劉邦從祖弟，呂后時由營陵侯晉封為琅邪王。文帝即位，徙為燕王。卷三十五有傳。㉒七月辛未，夏曆七月初五日。薨，古時稱諸侯死為薨。七月癸巳，夏曆七月二十七日。齊，諸侯國名。建都臨淄（今山東淄博東北）。齊王劉肥的封國。曹參，漢初功臣。卷三十九有傳。㉓長脩，地名。在今山東稷山縣東

	191	190	189	188
	四	五	六	七
		八月己丑㉔，相國參薨。	十月己丑，安國侯王陵為右丞相，曲逆侯陳平為左丞相。㉕	
2			絳侯周勃復為太尉，十年遷。	
4				
				奉常免。
6				
8				
			上軍侯宣義為廷尉。㉖	
10				辟陽侯審食其為典客㉗，一年遷。
12				
14				

187	186
高后元年	二
十一月甲子㉘，右丞相陵為太傅，左丞相平為右丞相，典客審食其為左丞相。	
上黨守任敖為御史大夫㉙，三年免。	
	上邳侯劉郢客為宗正，七年為楚王。㉚

北。㉔八月己丑，當依《史》表作「乙丑」，為八月十七日。㉕十月己丑，當依《史》表作「己巳」，為夏曆十月二十二日。安國，地名。在今河北安國東。王陵，漢初功臣。卷四十有傳。曲逆，地名。在今河北順平。陳平，劉邦的重要謀士。卷四十有傳。㉖土軍，地名。在今山西石樓。㉗辟陽，地名。在今河北棗強西南。審食其，漢初大臣，呂后的寵臣。㉘十一月甲子，夏曆十一月二十九日。㉙上黨，郡名。治長子（今山西長子西南）。任敖，漢初功臣。卷四十二有傳。㉚上邳，地名。在今山東滕州南。劉郢客，楚元王劉交

185	184	183	182	181	180
三	四	五	六	七	八
				七月辛巳㉜，左丞相食其為太傅。	九月丙戌㉞，復為丞相，後九月免。
	平陽侯曹窋為御史大夫，五年免。㉛				淮南丞相張蒼為御史大夫，四年遷。㉟
				奉常根。	
				廷尉圍。	
				典客劉揭。㉝	

179	178
孝文元年	二
十月辛亥，右丞相平為左丞相，太尉周勃為右丞相，八月辛未免。㊱	十月，丞相平薨。十一月乙亥，絳侯勃
十月辛亥，將軍灌嬰為太尉㊲，二年遷，官省。	
太中大夫薄昭為車騎將軍。代中尉宋昌為衛將軍。㊳	
	奉常饒。
郎中令張武。㊴	
	衛尉足。
河南守吳公為廷尉。㊵	

之子。楚，諸侯國名。建都彭城（今江蘇徐州）。㉛平陽，地名。在今山西臨汾西南。曹窋，漢初功臣曹參之子。窋，原作「窟」。據局本改。㉜七月辛巳，夏曆七月二十四日。㉝劉揭郎官出身，任典客時參與推翻呂氏勢力，封陽信侯。㉞九月丙戌當依《史》表作「壬戌」。為夏曆九月十二日。㉟淮南，諸侯國名，建都壽春（今安徽壽縣）。高帝劉邦之子劉長的封國。張蒼，漢初功臣。卷四十二有傳。㊱十月辛亥，夏曆十月初二日。八月辛未，夏曆八月二十七日。㊲灌嬰，漢初功臣，卷四十一有傳。㊳薄昭，文帝劉恆之舅。代，諸侯國名。劉恆為王時的封國。建都晉陽（今山西太原西南）。宋昌，原代國中尉，後以護駕有功封壯武侯。㊴張武，劉恆為代王時，張武任代國郎中令，後劉恆稱帝，張武升任漢朝廷的郎中令。㊵河南，郡名。治洛陽（今河南洛陽）。吳公，佚名。漢初著名循吏。

	177	176	175
	三	四	五
復為丞相。41	十二月，丞相勃免。乙亥，太尉灌嬰為丞相。42	十二月乙巳，丞相嬰薨。正月甲午，御史大夫張蒼為丞相。45	
		御史大夫圍。46	
	中郎將張釋之為廷尉。43		
	典客馮敬，四年遷。44		

174	173	172	171	170	169	168	167	166
六	七	八	九	十	十一	十二	十三	十四
	典客馮敬為御史大夫。							
						奉常昌閭。		
		太僕嬰蕢。						
				廷尉昌。廷尉嘉。				
	典客靚。							
								㊼中尉周舍。
								㊽內史董赤。

㊶十一月乙亥，夏曆十一月初二日。㊷乙亥，夏曆十二月初九日。㊸張釋之，西漢名臣，直言進諫，執法公平。卷五十有傳。㊹馮敬，漢初功臣馮無擇之子。㊺十二月乙巳，該月無乙巳。當依《史》表作「己巳」。為夏曆十二月初八日。正月甲午，夏曆正月初四日。㊻圍，人名。即本表高后七年之廷尉圍。㊼周舍，人名。本年兼任衛將軍率軍防禦匈奴。㊽董赤，一作董赫，功臣董渫之後，本年率軍防禦匈奴。

160	161	162	163	164	165
四	三	二	後元年	十六	十五
		八月戊戌，丞相蒼免。庚午，御史大夫申屠嘉為丞相。[50]			
		八月庚午，開封侯陶青為御史大夫，七年遷。[51]		淮陽守申屠嘉為御史大夫，二年遷。[49]	
			廷尉信。		廷尉宜昌。

159	158	157	156	155
五	六	七	孝景元年	二
				六月，丞相嘉薨。八月丁未，
				八月丁巳，左內史朝錯為
		奉常信。		奉常游。
			太中大夫周仁為郎中令，十三年老病免，食二千石祿。(52)	
			廷尉毆。(53)	
			平陸侯劉禮為宗正，二年為楚王。(54)	
			中尉嘉。	
			中大夫鼂錯為左內史，一年遷。(55)	

(49)淮陽，郡名。治陳（今河南濮陽）。後為諸侯國。申屠嘉，漢初功臣，姓申屠，名嘉。卷四十二有傳。(50)八月戊戌，八月無戊戌。當依《史》表作「戊辰」。為夏曆八月初二日。庚午，夏曆八月初四日。(51)開封，地名。在今河南開封南。陶青，漢初功臣陶舍之後，嗣侯，官至丞相。(52)周仁，景帝近臣。卷四十六有傳。食二千石祿，給予享受二千石官秩的俸祿待遇，屬於漢代退休官吏的最優惠待遇之一。(53)毆，張毆，功臣張說之子。毆，通「驅」。卷四十六有傳。(54)平陸，地名。在今山東汶上北。劉禮，楚元王劉交之子，封平陸侯。(55)鼂錯，漢初名臣，號稱「智囊」。卷四十九有傳。

	154 三	153 四	152 五
御史大夫陶青為丞相。❺❻			
	中尉周亞夫為太尉，五年遷，官省。❺❽		
御史大夫。❺❼	正月壬子，錯有罪要斬。❺❾	御史大夫介。	
	故詹事竇嬰為大將軍。❻⓪		
	故吳相袁盎為奉常。奉常殷。❻❶	南皮侯竇彭祖為奉常。❻❹	安丘侯張歐為奉常。❻❺
			姚丘侯劉舍為太僕。❻❻
	廷尉勝。		
	德侯劉通為宗正，三年薨。❻❷		
	河間太傅衛綰為中尉，四年賜告，後為太子太傅。❻❸		

151	150	149	148	147
六	七	中元年	二	三
	六月乙巳，丞相青免。太尉周亞夫為丞相。67			九月戊戌，
	太僕劉舍為御史大夫，三年遷。			太子太傅
	鄼侯蕭勝為奉常。68			煮棗侯乘
		廷尉福。		
	濟南太守郅都為中尉，三年免。69			

56 八月丁未，八月無「丁未」，當從下欄作「丁巳」，為八月初二日。57 朝錯，即鼂錯。58 周亞夫，功臣周勃之子，曾平定七國之亂。卷四十有傳。59 正月壬子，夏曆正月二十九日。要斬，即腰斬。一種將人攔腰斬斷的酷刑。60 竇嬰，文帝竇皇后從兄子，吳楚七國之亂時拜為大將軍，率軍鎮守滎陽。卷五十二有傳。61 吳，諸侯國名。西漢初年，劉邦封姪子劉濞為吳王，後叛亂。袁盎，漢初謀士。曾任吳王丞相。卷四十九有傳。殷，人名。王先謙說蓋盎免而殷代之。62 劉通，宗室。父以高帝兄之子封侯，劉通嗣侯。63 河間，諸侯國名。建都樂成（今河北獻縣東南）。衛綰，漢初大臣，以功封侯。卷四十六有傳。賜告，官吏休假制度。官吏休病假滿三月當免，皇帝賜告後可延長假期而不免職。64 南皮，縣名。在今河南南皮。竇彭祖，文帝竇皇后兄竇長君之子。65 安丘，地名。今山東安丘。張歐，乃張敺之誤，即本表孝景元年之廷尉敺。66 姚丘侯，顏師古注曰：「侯表及諸傳皆云『桃侯』，獨此為姚丘侯，疑誤也。」劉舍，功臣劉襄之後，後官至丞相。67 六月乙巳，夏曆六月十八日。68 鄼，縣名。在今河南夏邑南。漢初功臣蕭何被封為鄼侯。蕭勝，蕭何之後，嗣爵鄼侯。69 濟南，郡名。治東平陵（今山東章丘）。郅都，漢初著名酷吏。卷九十有傳。

	146	145	144	143
	四	五	六	後元年
丞相亞夫免。御史大夫劉舍為丞相。(70)				七月丙午，丞相舍免。八月壬辰，
衛綰為御史大夫，四年遷。				八月壬辰，衛尉直不疑為御史
昌為奉常。(71)		軑侯吳利為奉常。(72)	奉常利更為太常。(74)	
				郎中令賀。
			中大夫令直不疑更為衛尉。(75)	
			廷尉瑕更為大理。(76)	
		少府神。	濟南都尉甯成為中尉，四年遷。	
		主爵都尉不疑。(73)		

	142	141	140
	二	三	孝武建元元年
御史大夫衛綰為丞相。77			六月，丞相綰免。丙寅，魏其侯竇嬰為
			武安侯田蚡為太尉。79
大夫，三年免。			齊相牛抵為御史大夫。80
		柏至侯許昌為太常，二年遷。78	
			郎中令王臧，一年有罪自殺。81
			淮南太守灌夫為太僕，二年為燕相。
			大行令光。82
	大農令惠。		
	中尉廣意。		中尉張歐，九年遷。
	主爵都尉奴。		
			中尉甯成為內史，下獄論。內史卬。83

70九月戊戌，夏曆九月三十日。71乘昌，漢初功臣煮棗侯革朱之後。72軑，縣名。在今河南羅山東。73〈百官表序〉謂景帝中六年更名主爵中尉為主爵都尉。不疑，人名。即直不疑。《漢書補注》齊君南曰：「〈直不疑傳〉但云景帝後元年拜御史大夫，此表由主爵都尉、衛尉而御史大夫，可補〈傳〉所不及。」74本年更改官名，奉常改太常，故吳利改稱太常。75景帝初改衛尉為中大夫令，本年又恢復衛尉舊稱。76瑕，人名。本年更名廷尉為大理。77七月丙午，夏曆七月三十日。八月壬辰，八月無壬辰，乃九月十七日。78許昌，功臣許盎之後，武帝時官至丞相。79武安，今河北武安。田蚡，武帝之舅，封武安侯，後官至丞相。卷五十二有傳。80齊，諸侯國名。建

	139	138	137
	二	三	四
[84] 丞相。	十月，丞相嬰免。三月乙未，太常許昌為丞相。[86]		
	太尉蚡免，官省。		
	御史大夫趙綰有罪自殺。[87]		武強侯嚴青翟為御史大夫，二年，坐
	南陵侯趙周為太常，四年免。[88]		
	郎中令石建，六年卒。[89]		
[85]			
	大理信。		廷尉遷。廷尉建。
	大行令過期。		
		北地都尉韓安國為大農令，三年遷。[91]	
	內史石慶。[90]	內史石偏。	江都相鄭當時為右內史，五年貶為

	136	135
	五	六
		六月癸巳，丞相昌免。武安侯田蚡為丞相。
竇太后喪不辦免。[92]		大農令韓安國為御史大夫，四年病免。
		太常定。
		太僕賀，三十三年遷。[95]
	廷尉武。	廷尉殷。
	大行令王恢。[94]	
		大農令殷。
		東海太守汲黯為主爵都尉，十一年徙。[96]
詹事。[93]		

都臨淄（今山東淄博東北）。牛抵，人名。[81]王臧，推崇儒學，建議武帝勿奏事東宮，獲罪於竇太后，自殺。[82]光，人名。[83]論，判罪。[84]丙寅，原作「後丙寅」。王先謙說「後」為衍字。據刪。魏其，今山東臨沂東南。[85]淮南，當為淮陽。郡名。治陳縣（今河南淮陽）。灌夫，平定吳楚七國之亂的功臣。卷五十二有傳。[86]三月乙未，三月無乙未，當從《史》表作「二月乙未」，二月乙未為夏曆二月初十日。[87]趙綰，為推崇儒學，建議武帝勿奏事東宮，獲罪於竇太后，自殺。[88]南陵侯，卷十七〈景武昭宣元成功臣表〉作「商陵侯」。趙周，以父功封侯，後官至丞相。[89]石建，武帝時大臣，以為官謹慎著稱。卷四十六有傳。六年，夏燮《校漢書八表》卷七以為當為「十六年」，表中似脫「十」字。[90]石慶，石建之弟，以為官謹慎著稱。卷四十六有傳。[91]北地，郡名。治馬嶺（今甘肅慶陽西北）。韓安國，武帝時大臣。卷五十二有傳。[92]武強，地名。西漢有二武強，一在今河北武強西南，一在今河南鄭州東北。嚴青翟，漢初功臣嚴不職之後，後官至丞相。竇太后，文帝皇后，景帝之母。卷九十七有傳。[93]江都，地名。在今江蘇揚州西南。景帝封皇子劉非為江都王，後江都國廢而為郡。鄭當時，武帝時大臣。卷五十有傳。[94]王恢，習知邊事，力主抗擊匈奴，因馬邑之事未成，自殺。卷五十二有傳。[95]賀，即公孫賀，常從軍出征，後任丞相。卷六十六有傳。三十三年遷，原作「三十三年」，王先謙說各本都脫「遷」字，據補。

134	133	132	131	130
元光元年	二	三	四	五
			三月乙卯，丞相蚡薨。五月丁巳，平棘侯薛澤為丞相。[99]	
			九月，中尉張歐為御史大夫，五年老病免，上大夫祿。[100]	
太常王臧。[97]			宣平侯張歐為太常。[101]	
隴西太守李廣為衛尉。[98]				
				廷尉翟公。[102]
				詹事鄭當時為大農令，十一年
				故御史大夫韓安國為中尉，一
	內史充。			右內史番係。博士公孫弘為左

127	128	129	
二	元朔元年	六	
蓼侯孔臧為太常，三年坐南陵橋壞		太常司馬當時。[104]	
		中尉韓安國為衛尉，二年為將軍。	
		大行令丘。	
			免。
		中大夫趙禹為中尉。[105]	年遷。
			內史，四年遷。[103]

[96]東海，郡名。治郯（今山東郯城北）。汲黯，武帝大臣，以直言而著名。卷五十有傳。[97]王臧，人名。與死於建元二年的郎中令王臧同名。[98]隴西，郡名。治狄道（今甘肅臨洮）。李廣，西漢名將。卷五十四有傳。[99]三月乙卯，夏曆三月十七日。五月丁巳，夏曆五月二十日。平棘，縣名。在今河北趙縣。薛澤，漢初功臣薛歐之後。[100]張歐，見本表孝武建元元年，又見本表孝景元年。食，給予待遇。[101]張歐，漢初功臣張耳之後。[102]翟公，史失其名。曾兩任廷尉，事跡見卷五十。[103]番係，九江人，後官至御史大夫，曾上治河策。詳見卷二十九。公孫弘，武帝時以儒學自平民升任丞相。卷五十八有傳。[104]司馬當時，人名。[105]趙禹，漢代酷吏，曾與張湯論定律令。卷九十有傳。

	126	125	124	123
	三	四	五	六
			十一月乙丑，丞相澤免。御史大夫公孫弘為丞相。[111]	
	左內史公孫弘為御史大夫，二年遷。		四月丁未，河東太守九江番係為御史大夫。[112]	
衣冠道絕免。[106]			山陽侯張當居為太常，坐選子弟不以實免。[113]	繩侯周平為太常，四
				右北平太守李廣為
	衛尉蘇建。[107]			
	中大夫張湯為廷尉，五年遷。[108]			
		宗正劉棄。		
	少府孟賁。中尉李息。[109]	少府產。	中尉趙禹為少府。中尉殷容。[114]	
			主爵都尉李蔡。[115]	
	左內史李沮，四年為將軍。[110]	右內史賁。	主爵都尉汲黯為右內史，五年免。	

	122	121
	元狩元年	二
		三月戊寅,丞相弘薨。壬辰,
	樂安侯李蔡為御史大夫,一年遷。(118)	
年坐不繕園陵免。(116)		
郎中令,五年免。(117)		
	大行令李息。	
	宗正劉受。(119)	
	中尉司馬安。(120)	
	會稽太守朱買臣為主爵都尉。(121)	
	左內史敞。	

(106)蓼,地名。在今河南固始北。孔臧,漢初功臣孔聚之子,孔聚高帝時封為蓼侯。南陵橋,文帝生母薄太后死後葬南陵,此當為薄太后寢通往其廟的橋。本書卷四十三〈叔孫通傳〉顏師古注曰:「從高帝陵寢出衣冠,游於高廟,每月一為之,漢制則然。」此制從惠帝始,名為「遊衣冠」。遊衣冠屬太常職掌,所以南陵橋壞而衣冠道絕,罪在太常,被免職。(107)蘇建,西漢名臣蘇武之後。卷五十四有傳。(108)張湯,漢代名臣,以用刑深刻著稱。卷五十九有傳。(109)李息,曾任將軍,出擊匈奴。詳見卷五十五。(110)李沮,曾隨大將軍衛青出擊匈奴。詳見卷五十五。(111)十一月乙丑,夏曆十一月初五日。(112)四月丁未,夏曆四月二十日。河東,郡名。治安邑(今山西夏縣西北)。九江番係,見注(103)。(113)山陽,縣名。在今河南焦作東。張當居,以父功封侯,官至太常。太常執掌選拔博士弟子,張當居以選拔不實坐罪。子弟,當為「弟子」。(114)殷容,本書卷四十四載本年有中尉宏兩次出使淮南國,中尉宏或即殷容。(115)李蔡,漢名將李廣從弟,以軍功封安樂侯,後官至丞相,坐罪自殺。(116)周平,功臣周苛之後。(117)右北平,郡名。治平剛(今遼寧淩源西北)。(118)樂安,縣名。在今山東博興東北。(119)劉受,楚元王劉交之後。(120)司馬安,漢代名臣汲黯之姑姊(父親之姊)子,深通宦道,四至九卿。(121)會稽,郡名。治吳縣(今江蘇蘇州)。朱買臣,武帝時大臣。卷六十四有傳。

	120	119
	三	四
御史大夫李蔡為丞相。(122)		
		大將軍衛青為大司馬大將軍。票騎將軍霍去病為大司
	三月壬辰，廷尉張湯為御史大夫，六年有罪自殺。(123)	
	冠軍侯霍去病為票騎將軍。(124)	
		戚侯李信成為太常，二年坐縱丞相李蔡侵道免。(129)
衛尉張騫。(125)		
	廷尉李友。廷尉安。廷尉禹。(126)	
		沈猷侯劉受為宗正，二年坐聽請不具宗室論。大農令顏
	中尉霸。(127)	河內太守王溫舒為中尉，五年遷。(130)
	主爵都尉趙食其，二年為將軍。(128)	中尉丞楊僕為主爵都尉。(131)
		定襄太守義縱為右內史，二年下獄棄市。(132)

	118
	五
	三月甲午，丞相蔡有罪自殺。四月乙卯，太子少傅嚴青翟為丞相。[135]
馬票騎將軍。[133]	
	郎中令李敢。[136]
	衛尉充國，三年坐齋不謹棄市。[137]
	廷尉司馬安。
異，二年坐腹非誅。[134]	

[122]三月戊寅，夏曆三月初八日。壬辰，夏曆三月二十二日。[123]此格文字當在前格二年下，李蔡為丞相，張湯當日即為御史大夫。《史》表、《漢紀》皆在二年。[124]霍去病，漢代名將。卷五十五有傳。[125]張騫，曾出使西域，最先溝通內地與西域的交通。卷六十一有傳。[126]禹，即趙禹。[127]霸，人名。後任廷尉。[128]趙食其，武帝時從大將軍衛青出擊匈奴，後因出擊匈奴時迷失道路獲罪，以爵贖為庶人。詳見卷五十五。[129]戚，縣名。在今山東微山。李信成，漢初功臣李（一作季）必之後。侵道，侵犯神道。本書卷五十四〈李廣蘇建傳〉載：「（李蔡）盜取神道外壖地一畝葬其中。」[130]河內，郡名。治懷縣（今河南武陟西南）。王溫舒，西漢著名酷吏。卷九十有傳。[131]楊僕，西漢酷吏。卷九十有傳。[132]定襄，郡名。治成樂（今內蒙古和林格爾西北）。義縱，西漢酷吏。卷九十有傳。棄市，一種在市中執行死刑的刑罰，意為與眾人共棄之於市。[133]衛青，漢代名將。卷五十五有傳。[134]不具，不具交陳奏。顏異，原為濟南亭長，後升至九卿。腹非，罪名。因顏異對詔令有不滿表情，被御史大夫張湯以腹非罪名論死，從此產生腹非之法。詳見卷二十四。[135]三月甲午，夏曆三月三十一日。四月乙卯，夏曆四月初二日。[136]李敢，漢代名將李廣之子，常從軍擊匈奴，以軍功封關內侯。[137]充國，人名。齋

	117	116	115
	六	元鼎元年	二
			二月壬辰，丞相青翟有罪自殺。二月辛亥，太子太傅趙周為丞相。[141]
2	九月，大司馬去病薨。		
			二月辛亥，太子太傅石慶為御史大夫，三年遷。
4			
	俞侯欒賁為太常，坐犧牲不如令免。[138]	蓋侯王信為太常。[140]	廣安侯任越人為太常，坐廟酒酸論。[142]
6	郎中令徐自為，十三年為光祿勳。[139]		
8			
		廷尉霸。	
10			中郎將張騫為大行令，三年卒。
	大農令王夫。		大農令孔僅。[143]
12			少府當，四年下獄死。
			水衡都尉張罷。
14	右內史王鼂。	右內史蘇縱。	

114	113
三	四
鄲侯周仲居為太常，坐不收赤側錢收行錢論。144	睢陵侯張廣國為太常。146
中尉王溫舒為廷尉，一年復徙中尉。	故少府趙禹為廷尉，四年以老貶為燕相。
	宗正劉安國。大農令客。
關都尉尹齊為中尉，一年抵罪。145	廷尉王溫舒為中尉，二年免。
	水衡都尉豹。147
	右內史李信成。中大夫兒寬為左內史，三年遷。148

不謹，齋戒期間行為不謹，違背法律。138欒賁，景帝時功臣欒布之子。犧牲，用以祭祀鬼神的牲畜。139徐自為，曾率軍征西羌，出五原塞數百里修城障列亭。140王信，景帝王皇后之兄，以皇后兄封為蓋侯。141二月壬辰，夏曆二月二十六日。二月辛亥，二月無辛亥。辛亥乃三月十五日。趙周，其父趙夷吾在七國之亂中死事，趙周以父功封侯。142廣安，應為廣阿。縣名，在今河北隆堯東。任越人，漢初功臣任敖之後。廟酒，祭祀宗廟之酒。143孔僅，原為南陽大冶鐵商，武帝起用其主管鹽鐵官營。144鄲，縣名。在今安徽渦陽東北。周仲居，漢初功臣周緤之後。赤側錢，錢名。本書卷二十四〈食貨志〉載：「而公卿請令京師鑄官赤仄（側），一當五，賦官用非赤仄不得行。」錢赤銅為郭，故曰赤側。行錢，指全國通行的錢。145尹齊，漢代酷吏。卷九十有傳。146睢陵，縣名。在今江蘇盱眙北。張

	112	111	110
	五	六	元封元年
	九月辛巳，丞相周下獄死。丙申，御史大夫石慶為丞相。149		
2			
		齊相卜式為御史大夫，一年貶太子太傅。152	左內史兒寬為
4			
	平曲侯周建德為太常。平陽侯杜相為太常，五年坐擅繇大樂令論。150		
6			
	衛尉路博德。151		
8			
10			
		大農令張成。	
12		少府豹為中尉。153	
			水衡都尉閻奉。
14			御史中丞咸宣。

	109	108	107
	二	三	四
御史大夫，八年卒。			
			酇侯蕭壽成為太常，坐犧牲不如令論。(156)
	御史中丞杜周為廷尉，十一年免。(155)		
	故中尉王溫舒為少府，三年徙。		
			水衡都尉德遷。(157)
為左內史，六年免。(154)			少府王溫舒為右內史，二年免。

廣國，漢初功臣張耳之後。(147)豹，人名。後任少府、中尉。(148)兒寬，西漢名儒，後官至御史大夫。卷五十八有傳。(149)九月辛巳，夏曆九月初六日。丙申，夏曆九月二十一日。(150)平曲，縣名。在今江蘇東海縣東南。周建德，漢初功臣周勃之後。陽平，縣名。在今山東莘縣。杜相，漢初功臣杜悟之後。擅繇，擅自役使。(151)路博德，西漢名將。曾率軍擊匈奴伐南越，以軍功封侯。詳見卷五十五。(152)卜式，漢代名臣。卷五十八有傳。(153)豹，即本表元鼎四年的水衡都尉豹。(154)咸宣，西漢酷吏。卷九十有傳。(155)杜周，武帝時大臣，以用刑深刻著名。卷六十有傳。(156)蕭壽成，西漢功臣蕭何之後。(157)德，人名。即本表元封六年的少府德。

104	105	106	
太初元年	六	五	
			2
		大將軍青薨。	
			4
睢陵侯張昌為		成安侯韓延年為太常，二年坐留外國使人入粟贖論。[158]	6
郎中令自為更			
			8
			10
大鴻臚壺充國。			
			12
中尉。[160]	少府德有罪自殺。右輔都尉王溫舒行中尉事，二年獄族。[159]		
故左內史咸宣			14
京兆尹無忌。左			

	103	102
	二	三
	正月戊寅，丞相慶薨。閏月丁丑，大僕公孫賀為丞相。(164)	
		正月，膠東太守延廣為御
太常，二年坐乏祠論。(161)		牧丘侯石德為太常，三年
為光祿勳。(162)		
	侍中公孫敬聲為太僕，十二年下獄死。(165)	
(163)	大鴻臚商丘成，十二年遷。(166)	
	少府王偉。(167)	搜粟都尉上官桀為少府，
為右扶風，三年下獄自殺。		
馮翊殷周。		

(158)成安，縣名。在今河南臨汝東南。韓延年，父韓千秋擊南越死事，延年以父功封侯，後戰死匈奴。(159)行，兼職。獄族，坐罪而受族刑。(160)本年中尉更名為執金吾。(161)張昌，劉邦女婿張敖之後。乏祠，祠事不及時。(162)本年改郎中令為光祿勳，故徐自為改名光祿勳。(163)壺充國，曾出使西南夷，率軍征西域。(164)正月戊寅，夏曆正月二十二日。閏月丁丑，是年無閏月，當從《史》表作「三月丁卯」，為夏曆三月十二日。(165)公孫敬聲，丞相公孫賀之子，驕奢不法，因巫蠱之事下獄，與其父俱死於獄中。(166)商丘成，後任御史大夫。(167)王偉，人名。王偉下原有「中尉」二字。王先謙說「中尉」為衍文。據刪。

		101	100	99
		四	天漢元年	二
2				
4	史大夫。(168)		濟南太守琅邪王卿為御史大夫,二年有罪自殺。(171)	
6	坐廟牲瘦入穀贖論。(169)			新時侯趙第為太常,五年坐鞫獄不實論。(173)
8				
10				
12			大司農桑弘羊,四年貶為搜粟都尉。(172)	
	年老免。(170)			故廷尉杜周為執金吾,一年遷。
14				

98	97	96	95
三	四	太始元年	二
二月，執金吾杜周為御史大夫，四年卒。			
廷尉吳尊。		廷尉郭居。	
		大司農。⑮	
	弘農太守沛范方渠中翁為執金吾。⑭		少府充國。⑯
			水衡都尉守。
	左馮翊韓不害。		

168膠東，郡名，後為封國，治即墨（今山東平度東南）。延廣，人名。169石德，萬石君石奮之孫，其父石慶封牧丘侯。170上官桀，字少叔，與大將軍霍光共輔佐昭帝，後因謀反被誅。此上官桀因年老免，疑非彼上官桀。171琅邪，郡名。治東武（今山東諸城）。王卿，琅邪人。172桑弘羊，洛陽商人之子，善心算，武帝時為理財大臣。173趙第，以斬西域郁成王首封侯。鞫獄，審理獄案。174弘農，郡名。治弘農（今河南靈寶東北）。范方渠，姓范，名方渠，字中翁。175缺人名。176充國，人名。元狩五年曾任衛尉。

94	93
三	四
三月，光祿大夫河東暴勝之公子為御史大夫，三年下獄自殺。[177]	
容城侯唯塗光為太常，徙為安定都尉。[178]	江都侯靳石為太常，四年坐為謁問囚故太僕敬聲亂尊卑免。[180]
直指使者江充為水衡都尉，五年為太子所斬。[179]	

	92	91	90
	征和元年	二	三
		四月壬申，丞相賀下獄死。五月丁巳，涿郡太守劉屈氂為左丞相。[182]	六月壬寅，
		九月，大鴻臚商丘成為御史大夫，四年坐祝詛自殺。[183]	
		光祿勳韓說少卿為太子所殺。[184]	
			邘侯李壽
	廷尉常。	廷尉信。	廷尉意。
			高廟郎中
	光祿大夫公孫遺守少府。[181]		
		京兆尹于己衍坐大逆誅。[185]	

[177] 暴勝之，字公子。武帝時任直指使者，後在巫蠱之禍中坐失縱太子，自殺。[178] 容城，縣名。在今河北新城南。唯塗光，人名。安定，郡名。治高平（今寧夏固原）。[179] 江充，人名。武帝時巫蠱之禍的製造者。卷四十五有傳。[180] 江都，縣名。在今江蘇揚州西南。靳石，功臣靳彊之後。敬聲，即公孫敬聲，見太初二年下注。[181] 公孫遺，武帝後元二年守衛尉職，昭帝時任大將軍長史。守，代理。[182] 四月壬申，四月無壬申，《史》表公孫賀死於征和元年冬。五月丁巳，夏曆五月十二日。涿郡，治今河北涿州。劉屈氂，宗室。卷六十六有傳。[183] 祝詛，祈禱鬼神加害於人。[184] 韓說，字少卿。漢初功臣韓穨當之後。[185] 大逆，漢代罪名，指犯上作亂一類的重罪。

88	89	
後元元年	四	
	六月丁巳，大鴻臚田千秋為丞相。[189]	丞相屈氂下獄要斬。[186]
	繆侯酈終根為太常，十一年坐祝詛誅。[190]	
	光祿勳有祿。	
守衛尉不害。		衛尉為居守，坐擅出長安界，使吏殺人，下獄死。[187]
	大鴻臚戴仁，坐祝詛誅。淮陽太守田廣明為大鴻臚，五年遷。[191]	田千秋為大鴻臚，一年遷。[188]
	右輔都尉王訢為右扶風，九年遷。[192]	
京兆尹建，坐祝詛要斬。		

	87	86
孝昭始元	二	
	二月丁卯，侍中奉車都尉霍光為大司馬大將軍。193	
	二月乙卯，搜粟都尉桑弘羊為御史大夫，七年坐謀反誅。	
	侍中駙馬都尉金日磾為車騎將軍，一年薨。太僕上官桀為左將軍，七年反，誅。194	
	當塗侯魏不害為太常，六年坐孝文廟風發瓦免。195	
尚書今張		
衛尉天水	守衛尉遺。196	
	太僕并左將軍。197	
司隸校尉		
執金吾河	執金吾郭廣意免。198	
水衡都尉		
青州刺史		

186六月壬寅，夏曆六月初四日。187邗，應為邘。在今河南沁陽西北，今為邘台鎮。李壽，曾任新安令史，以解救衛太子封侯，任衛尉時，不居守京師，擅自離開長安界送人，又派吏殺人，坐罪死。188高廟郎中，官名。高廟，西漢開國皇帝劉邦的寢廟。田千秋，又名車千秋，以上書替衛太子申冤而由郎中遷大鴻臚。卷六十六有傳。189六月丁巳，夏曆六月二十五日。190酈終根，漢初功臣酈商之後。按夏燮《校漢書八表》卷七認為酈終根死於後二年，任太常三年，疑「十一」乃「三」字分書之誤。191田廣明，西漢酷吏。本書卷九十有傳。192王訢，訢，通「欣」。後官至丞相。卷六十六有傳。193霍光，西漢名臣，霍去病之弟。卷六十八有傳。194金日磾，原為匈奴休屠王太子，後入漢為武帝大臣。卷六十八有傳。195當塗，縣名。在今安徽蚌埠西南。魏不害，人名。196遺，即本表征和元年之公孫遺。197王先謙以為：太僕兼左將軍者乃上官桀，據〈外戚傳〉後元元年前當書「太僕上官桀」而表脫之。198郭廣意，武帝末年任執金吾，武帝崩，燕王旦派親信至京師刺探虛實，曾向執金吾郭廣意了解情況。

	元年	二	三
		85	84
2			
4			
6			
	安世為光祿勳,六年遷。199		
	王莽稚叔,三年遷。200		
8			
	雒陽李仲季主為廷尉,四年坐誣罔下獄棄市。201		
10			
		光祿大夫劉辟彊為宗正,數月卒。205	
12	東馬適建子孟任職,六年坐殺人下獄自殺。202		膠西太守齊徐仁中孫為少府,六年坐縱反者
	呂辟胡,五年為雲中太守。203		
14	雋不疑為京兆尹,五年病免。204		

	83 四	82 五
	衛尉王莽為右將軍衛尉，三年卒。騎都尉上官安為車騎將軍，三年反，誅。[207]	
	大鴻臚田廣明為衛尉，五年遷。	
		軍正齊王平子心為
自殺。[206]		

[199]張安世，西漢名臣，酷吏張湯之子。卷五十九有傳。[200]天水，郡名。治平襄（今甘肅通渭西）。王莽，與漢末外戚王莽同名。[201]李仲，又作李种。卷七〈昭帝紀〉載其「坐故縱死罪棄市」，卷六十八〈霍光金日磾傳〉載其「坐逆將軍意下獄死」。[202]馬適建，姓馬適，名建，字子孟。元鳳元年以執金吾率刑徒參與鎮壓武都氐人的反抗。[203]呂辟胡，在水衡都尉期間，曾率軍參與鎮壓益州民的反抗。雲中，郡名。治雲中（今內蒙古托克托東北）。[204]雋不疑，西漢著名儒臣。卷七十一有傳。[205]劉辟彊，楚元王劉交之後，漢代大學者劉向之祖。[206]徐仁，字中孫，齊人。丞相田千秋之婿。反者，指桑弘羊之子桑遷。[207]上官安，上官桀之子，因參與燕王旦謀反被誅。

	81	80
	六	元鳳元年
		九月庚午,右扶風王訢為御史大夫,三年遷。[211]
		光祿勳張安世為右將軍光祿勳,六年遷。
	轑陽侯江德為太常,四年坐廟郎夜飲失火免。[209]	
		光祿勳并右將軍。
		諫大夫杜延年為太僕,十五年免。[212]
廷尉,四年坐縱首匿謀反者下獄棄市。[208]		
	大將軍司馬楊敞為大司農,四年遷。[210]	太中大夫劉德為宗正,數月免。[213]
		執金吾壺信。
		中郎將趙充國為水衡都尉,六年遷。[214]
	守京兆尹樊福。	左馮翊賈勝胡,二年坐縱謀反者棄市。[215]

79	78	77
二	三	四
		正月甲戌，丞相千秋薨。二月乙丑，御史大夫王訢為
		二月乙丑，大司農楊敞為御史大夫，二年遷。
	中郎將范明友為度遼將軍衛尉，二年遷。[216]	
		蒲侯蘇昌為太常，十一年坐籍霍山書泄祕書免。[219]
	衛尉并將軍。	
	廷尉夏國。	
	青州刺史劉德為宗正，二十二年薨。[217]	河內太守平原趙彭祖為大司農，三年卒。[220]
	光祿大夫蔡義為少府，三年遷。[218]	
	衛尉田廣明為左馮翊，四年遷。	京兆尹彭祖。[221]

[208]軍正，軍中司法官。王平，字子心，齊人。首匿，原作「道匿」。王先謙說「道」是「首」之誤字。據改。[209]江德，又作江喜，原為圉縣廄嗇夫，以捕反者功封轑陽侯。[210]楊敞，初在大將軍霍光幕府任軍司馬，為霍光所器重，後官至丞相。卷六十六有傳。[211]九月庚午，夏曆九月初二日。[212]杜延年，杜周之子，明習法律。卷六十有傳。[213]劉德，楚元王劉交之後，漢代大學者劉向之父。詳見卷三十六。[214]趙充國，西漢名將，通曉西北邊事。卷六十九有傳。[215]賈勝胡，與少府徐仁、廷尉王平一同坐罪。[216]范明友，西漢將領，以軍功封平陵侯，後坐罪死。[217]劉德任宗正數月免職後，擔任青州刺史，由青州刺史再任宗正。[218]蔡義，又作蔡誼，後官至丞相。卷六十六有傳。[219]蘇昌，原為圉縣小吏，以捕反者之功封蒲侯。籍，通「借」。霍山，漢代名將霍去病之孫，以謀反罪自殺。祕書，指太常所藏

	76	75	74
	五	六	元平
丞相。[222]	十二月庚戌，丞相訢薨。[223]	十一月己丑，御史大夫楊敞為丞相。[227]	八月
		十一月，少府蔡義為御史大夫，一年遷。	九月
			右將
	鉅鹿太守淮陽朱壽少樂為廷尉，坐侍中邢元下獄，風吏殺元，棄市。[224]	廷尉李光，四年免。[228]	
	詹事韋賢為大鴻臚，四年為長信少府。[225]		
		河東太守田延年為大司農，三年有罪自殺。[229]	
	沛國太守李壽為執金吾。[226]	便樂成為少府，四年卒。[230]	執金
		右扶風周德。[231]	
			左馮

元年
己巳，丞相敞薨。九月戊戌，御史大夫蔡義為丞相。[232]
戊戌，左馮翊田廣明為御史大夫，三年為祁連將軍。
軍安世為車騎將軍光祿勳，七年遷。水衡都尉趙充國為後將軍。水衡都尉光祿大夫韓增為
吾延壽。[233]
翊[234]武。

祕籍。按，蘇昌借予霍山太常所藏祕籍，故被免官。[220]平原，郡名。治平原（今山東平原南）。趙彭祖，人名。[221]彭祖，人名。與平原趙彭祖同名。[222]正月甲戌，《史》表作「三月甲戌」，三月亦無甲戌。二月乙丑，夏曆二月十一日。[223]十二月庚戌，夏曆十二月初六日。[224]鉅鹿，郡名。治鉅鹿（今河北平鄉西南）。朱壽，人名。字少樂，淮陽人。邢元，人名。任侍中，以罪下獄。風吏殺元，向下級官吏暗示殺死邢元。風，通「諷」。暗示。[225]韋賢，以儒術知名，後官至丞相。卷七十三有傳。[226]沛國，應為沛郡，治相縣（今安徽濉溪西北）。李壽，人名。征和三年衛尉李壽已坐罪死，此李壽當為另一人。[227]十一月己丑，十一月無己丑，當依《史》表作「十一月乙丑」，為夏曆十一月二十七日。[228]李光，任廷尉期間，以廢昌邑王、立宣帝，建議定策安宗廟社稷封為關內侯。[229]田延年，西漢酷吏，任司農期間，因貪汙罪自殺。卷九十有傳。[230]便樂成，一作史樂成，又作吏樂成，任少府時以擁立宣帝，建議定策封侯。[231]周德，以參與建議定策，擁立宣帝封為關內侯。[232]八月己巳，夏曆八月初五日。九月戊戌，夏曆九月初四日。[233]延壽，李延壽，歷任執金吾、丞相

	73	72	71
	孝宣本始元年	二	三
			六月己丑，丞相義薨。甲辰，長信少府
			六月甲辰，大司農魏相為御史大夫，
前將軍，十三年遷。[235]			
			廷尉李義。
		詹事東海宋疇翁壹為大鴻臚，二年遷。[237]	
		河南太守魏相為大司農，一年遷。[238]	大司農淳于賜。
		博士后倉為少府，一年遷。執金吾辟兵，三年遷。[239]	少府惡。
			光祿大夫于定國為水衡都尉，二年
	守京兆尹廣陵相成。[236]		潁川太守趙廣漢為京兆尹，六年下

	70 四
韋賢為丞相。240	
四年遷。	
	山陽太守梁為大鴻臚。243
	左馮翊宋疇為少府，六年坐議鳳凰下彭城未至京師不足美貶為泗水太傅。244
遷。241	六安相朱山拊為右扶風，一年下獄死。245
獄要斬。242	大鴻臚宋疇為左馮翊，一年遷。左馮翊延，三年免。246

司直、衛尉、御史大夫等職。234武，人名。宣帝甘露四年任右扶風，成帝河平三年由光祿大夫再任左馮翊。235韓增，漢初功臣弓高侯韓頹當之後，後官至大司馬車騎將軍。236廣陵，諸侯國名。237宋疇，一作宋畸，字翁壹，東海人。以參與定策擁立宣帝封關內侯。238河南，郡名。治洛陽（今河南洛陽東北）。魏相，西漢名相。卷七十四有傳。239后倉，漢代著名經師。卷八十八有傳。辟兵，人名。昭帝元平元年曾任司隸校尉。240六月己丑，夏曆六月十一日。甲辰，夏曆六月二十六日。241于定國，西漢名相。卷七十一有傳。242潁川，郡名。治陽翟（今河南禹州）。趙廣漢，西漢名臣，精於吏事。卷七十六有傳。243山陽，郡名。治昌邑（今山東金鄉西北）。梁，人名。

244泗水，諸侯國名。建都淩縣（今江蘇泗陽西北）。245六安，諸侯國名。建都六縣（今安徽六安東北）。朱山拊，西漢名臣朱買臣之子。

246延，人名。後任大司農、少府等職。

	67	68	69
	三	二	地節元年
2	正月甲申，丞相賢賜金免。六月壬辰，御史大夫		
	四月戊申，車騎將軍光祿勳張安世為大司馬	三月庚午，大司馬光薨。	
4	六月辛丑，太子太傅丙吉為御史大夫，八年遷。		
		侍中中郎將霍禹為右將軍，一年遷。[248]	
6			
	度遼將軍衛尉范明友為光祿勳，一年坐謀反		
8			
10			水衡都尉光祿大夫于定國為廷尉，十七年遷。
12	大司農輔。[249]		
	執金吾延年。[250]	執金吾郅元。	
14		潁川太守廣為右扶風，三年。	水衡都尉朱輔。右扶風博。[247]
	左馮翊官。		

66
四
魏相為丞相。[251]
車騎將軍，七月戊戌，更為大司馬衛將軍。右將軍霍禹為大司馬。七月壬辰，大司馬霍禹下獄要斬。[252]
[253]
弋陽侯任
誅。
北海太守
勃海太守
潁川太守

[247]右扶風前原有「為」字。沈欽韓說「為」字衍。據刪。[248]霍禹，大司馬霍光之子。[249]輔，人名。疑為地節元年任水衡都尉的朱輔。[250]延年，王先謙以為此為嚴延年。嚴延年，字長孫，元康二年以前曾任執金吾，與同時期的酷吏嚴延年字次卿者同名。[251]正月甲申，夏曆正月二十七日。六月壬辰，夏曆六月七日。[252]四月戊申，夏曆四月二十二日。七月戊戌，七月無戊戌。七月壬辰，此為地節四年事。應在四年欄內，七月壬辰為夏曆七月十四日。《史》表作「七月壬寅」。[253]六月辛丑，夏曆六月十六日。丙吉，西漢名臣，官至丞相。卷七十四有傳。

		65	64	63
		元康元年	二	三
2				
4				
	宮為太常,四年坐人盜茂陵園中物免。254			
6				
8		北海太守張延壽為太僕,四年病免。257		
10				
	朱邑為大司農,四年卒。255			
12		平原太守蕭望之為少府,一年徙。258	執金吾廣意。	
	龔遂為水衡都尉。256	東海太守尹翁歸為右扶風,四年卒。259		
14	讓為左馮翊。	守京兆尹彭城太守遺。	少府蕭望之為左馮翊,三年遷。	守京兆尹潁川太守

	62	61
	四	神爵元年
	八月丙寅，大司馬安世薨。[261]	前將軍韓增為大司馬車騎將軍。
	蒲侯蘇昌復為太常，六年病免。	
		中郎將楊惲為諸吏光祿勳，五年免。[264]
		太僕戴長樂，五年免。[265]
		左馮翊蕭望之為大鴻臚，二年遷。
		大司農王禹，四年遷。[266]
	太中大夫李彊中君守少府，三年遷。[262]	
	光祿大夫馮奉世為水衡都尉，十四年遷。[263]	廣陵太守陳萬年為右扶風，五年遷。[267]
黃霸，數月還故官。[260]		膠東相張敞為京兆尹，八年免。左馮翊彊，

[254] 弋陽，縣名。在今河南潢川西。任宮，人名。茂陵，漢武帝陵園。在今陝西咸陽西。[255] 北海，郡名。治營陵（今山東安丘西北）。朱邑，西漢循吏。卷八十九有傳。[256] 勃海，郡名。治浮陽（今河北滄州東南）。龔遂，漢代著名循吏。卷八十九有傳。[257] 張延壽，西漢名臣張湯之孫，張安世之子。卷五十九有傳。[258] 蕭望之，西漢名儒，元帝之師。卷七十八有傳。[259] 尹翁歸，西漢著名循吏。卷七十六有傳。[260] 黃霸，西漢著名循吏。卷八十九有傳。[261] 八月丙寅，夏曆八月十一日。[262] 李彊，字中君，杜陵人。[263] 馮奉世，出身名將世家，習知西北邊事。卷七十有傳。[264] 楊惲，丞相楊敞之孫。詳見卷六十六。[265] 戴長樂，宣帝微時與他相知，及即位，被任為吏。後因與楊惲

	60	59	58
	二	三	四
		三月丙午,丞相相薨。四月戊戌,御史大夫丙吉為丞相。(271)	
2			
		七月甲子,大鴻臚蕭望之為御史大夫,三年貶為太子太傅。(272)	
4	後將軍充國。(269)		
6			
	衛尉忠。		河內太守韋玄成為衛尉,二年遷。(275)
8			
10		少府李彊為大鴻臚。	
12	南陽太守賢為執金吾。(270)	光祿大夫梁丘賀為少府。(273)	
14	三年免。(268)	東郡太守韓延壽為左馮翊,二年下獄棄市。(274)	

56	57
二	五鳳元年
四月己丑，大司馬增薨。五月，強弩將軍許延壽為大司馬車騎將軍。277	
八月壬午，太子太傅黃霸為御史大夫，一年遷。278	
衛尉韋玄成為太常，二年免。	
衛尉弘。	
右扶風陳萬年為太僕，五年遷。	
	大司農王禹為大鴻臚。
宗正劉丁。	大司農延。276
守左馮翊五原太守延壽。279	守左馮翊勃海太守信。

相互告惡，兩人皆被免為庶人。詳見卷六十六。266王禹，人名。後任大鴻臚。267廣陵，郡名。治廣陵（今江蘇揚州東北）。陳萬年，後官至御史大夫。卷六十六有傳。268張敞，漢代能吏，多有治績。卷七十六有傳。269充國，即趙充國。見本表元平元年。270南陽，郡名。治宛（今河南南陽）。271三月丙午，夏曆三月初六日。四月戊戌，夏曆四月初五日。272七月甲子，夏曆七月二十六日。273梁丘賀，漢代經學名師，《易》梁丘學的創始人。詳見卷八十八。274東郡，郡名。治濮陽（今河南濮陽西南）。韓延壽，西漢能吏。卷七十六有傳。275韋玄成，韋賢之子，父子皆以經學起家，且官至丞相。卷七十二有傳。276延，本表本始四年曾任左馮翊。277四月己丑，夏曆四月初七日。278八月壬午，夏曆八月初二日。279五原，郡名。治九原（今內蒙古包頭西）。延壽，人名，與韓延壽同名，時韓延壽已死，與本表元平元年執金吾李延壽是否一人不可考。

55	54	53	52
三	四	甘露元年	二
正月癸卯，丞相吉薨。二月壬申，御史大夫黃霸為丞相。280			
		三月丁巳，大司馬延壽薨。283	
六月辛酉，西河太守杜延年為御史大夫，三年以病賜安車駟馬免。281			五月己丑，廷尉于定國為
		蒲侯蘇昌復為太常，二年病免。	
			執金吾田聽天為廷尉，三
執金吾田聽天，三年遷。282			
			守左馮翊廣川相充郎。284

	51	50
	三	四
	三月己丑，丞相霸薨。五月甲午，御史大夫于定國為丞相。[286]	
御史大夫，一年遷。[285]	五月甲午，太僕陳萬年為御史大夫，七年卒。	
		典屬國常惠為右將
	鴈門太守建平侯杜緩為太常，七年坐盜賊多免。[287]	
		衛尉順。
	博陽侯丙顯為太僕，一年為建章衛尉。[288]	秺侯金賞為侍中太
年遷。		中山相加守廷尉。[289]
		執金吾平。
		右扶風武。[290]
		京兆尹成。[291]

[280] 正月癸卯，夏曆正月二十六日。二月壬申，夏曆二月二十五日。[281] 六月辛酉，夏曆六月十六日。西河，郡名。治平定（今內蒙古準噶爾旗西南）。安車駟馬，安車，安穩舒適的車子。駟馬，四匹馬（供駕車用）。漢代皇帝賜安車駟馬係對告老官員和對德高望重之人的禮遇。[282] 田聽天，人名。後任廷尉。[283] 三月丁巳，三月無丁巳。《史》表作「丁未」，三月亦無丁未。[284] 廣川，諸侯國名。建都信都（今河北冀縣）。充郎，人名。後任大司農。[285] 五月己丑，夏曆五月初一日。[286] 三月己丑，夏曆三月初六日。五月甲午，夏曆五月十二日。[287] 鴈門，郡名。治善無（今山西左雲西）。建平，縣名。在今河南夏邑西南。杜緩，杜延年之子。詳見卷六十。[288] 博陽，縣名。在今河南商水東南。丙顯，丞相丙吉之子。詳見卷七十四。[289] 中山，諸侯國名。建都盧奴（今河北定州）。[290] 武，人名。見本表元平元年、河

	49	48
	黃龍元年	孝元初元元年
	十二月癸酉，侍中樂陵侯史高為大司馬車騎將軍。294	
軍，四年薨。292	太子太傅蕭望之為前將軍，一年為光祿勳，二年免。	
		光祿勳并將軍。
		平昌侯王接為衛尉，五年遷。296
僕，七年遷。293		
	廷尉解延年。295	
		大鴻臚顯，十一年。297
		散騎諫大夫劉更生為宗正，二年免。大司農宏。298
		淮陽中尉韋玄成為少府，二年為太子太傅。水衡都尉馮奉世
		水衡都尉馮奉世。
	左馮翊常。	太原太守陳遂為京兆尹，一年遷。299

46	47	
三	二	
執金吾馮奉世為右將軍，三年為諸吏典		
光祿大夫周堪為光祿勳，三年貶為河東	光祿勳賞。301	
	京兆尹陳遂為廷尉，二年卒。	
	大司農充郎。	
丞相司直南郡李延壽子惠為執金吾，九		為執金吾，二年遷。300
淮陽相鄭弘為右扶風，四年遷。303		
	京兆尹代郡范。守左馮翊延免。302	

平三年。291成，人名。見本表本始元年、初元四年。292常惠，武帝時與蘇武同使匈奴，宣帝時持節護烏孫數有功，封常羅侯。卷七十有傳。293秺，侯國名。在今山東成武西北。金賞，金日磾之子。詳見卷六十八。294十二月癸酉，夏曆十二月初六日。樂陵，縣名。在今山東信陽西。史高，宣帝祖母史良娣兄史恭之子，封樂陵侯，以外戚輔政。295解延年，治《詩》，為貫長卿弟子。後官至廷尉。296平昌，縣名。在今山東商河西北。王接，宣帝母舅王無故之子，後官至大司馬車騎將軍。297顯，人名。「十一年」下當有闕文。298劉更生，即劉向。西漢著名經學大師。卷三十六有傳。299太原，郡名。治晉陽（今山西太原西南）。陳遂，宣帝微時博弈之友，後歷任太原太守、京兆尹等職。300淮陽，諸侯國名。建都陳縣（今河南淮陽）。301賞，人名。王先謙曰：「此非金賞，金賞由太僕為光祿勳在永元元年，表傳可證此別一人。」302代郡，郡名。治代縣（今河北蔚縣東北）。延，見本表本始四年、五鳳元年、初元四年。303鄭弘，後官至御史

	45	44	
	四	五	
			2
		六月辛酉，長信少府貢禹	4
屬國，二年為光祿勳。侍中衛尉許嘉為右將軍，五年遷。(304)			
	弋陽侯任千秋長伯為太常，四年以將軍將兵。(307)		6
太守。(305)			
			8
	廷尉魏郡尹忠子賓，十四年為諸吏光祿大夫。(308)		10
			12
年遷。(306)	少府延，二年免。(309)		
			14
	京兆尹成。(310)	河南太守劉彭祖為左馮	

43

永光元年	
十一月戊	
七月癸未,	
七月辛亥,	為御史大夫,十二月丁未卒。丁巳,長信少府薛廣德為御史大夫,一年以病賜安車駟馬免。[311]
太僕金賞	
衛尉雲。	
故建章衛	
大司農堯。	
侍中中大	
	翊,二年遷太子太傅。[312]

大夫。卷六十六有傳。[304]許嘉,宣帝許皇后叔許延壽之子,後官至大司馬車騎將軍。據夏燮《校漢書八表》卷七考證,「許嘉為右將軍」之「右」字當為「左」字誤。[305]周堪,元帝之師。詳見卷八十八。[306]南郡,郡名。治江陵(今湖北江陵)。李延壽,字子惠,南郡人。後官至御史大夫。[307]任千秋,字長伯,本表地節四年太常任宮之子。詳見卷七十九。[308]尹忠,字子賓,魏郡人。後官至御史大夫。魏郡,郡名。治鄴縣(今河北磁縣南)。[309]延,人名。見本表本始四年。[310]成,人名。見本表本始元年。[311]六月辛酉,夏曆六月二十日。貢禹,西漢名臣,以上書直諫著名。卷七十二有傳。十二月丁未,夏曆十二月初九日。丁巳,夏曆十二月十九日。薛廣德,西漢名臣。卷七十一有傳。[312]劉彭祖,人名。與景帝子廣川王劉彭祖同名,王先謙以為乃嚴彭祖之誤。

	42
	二
寅，丞相定國賜金，安車駟馬免。[313]	二月丁酉，御史大夫韋玄成為丞相。[318]
大司馬高賜金，安車駟馬免。九月戊子，侍中衛尉王接為大司馬車騎將軍。[314]	
太子太傅韋玄成為御史大夫，一年遷。[315]	二月丁酉，右扶風鄭弘為御史大夫，五年有辠自殺。
為光祿勳，一年卒。	
尉丙顯為太僕，十年免。	
[316]	光祿大夫非調為大司農。[319]
夫歐陽餘為少府，五年卒。[317]	
	右扶風強，五年。
	隴西太守馮野王為左馮翊，五年遷。[320]

41	40
三	四
四月癸未，大司馬接薨。七月壬戌，左將軍衛尉許嘉為大司馬車騎將軍。❸21	
右將軍奉世為左將軍光祿勳，二年卒。侍中中郎將王商為右將軍，十一年遷。❸22	
	宗正劉臨。
	水衡都尉福。
	光祿大夫琅邪張譚仲叔

❸13十一月戊寅，夏曆十一月十五日。❸14七月癸未，夏曆七月十八日。九月戊子，夏曆九月二十四日。❸15七月辛亥，七月無辛亥。❸16堯，人名。按元帝時有尚書令堯，本表元延三年有大司農堯。❸17歐陽餘，又稱歐陽地餘，漢初大學者歐陽和伯之後，歐陽氏世傳《尚書》，至歐陽餘任博士、侍中、少府，貴幸無比。曾參與石渠閣講論《五經》異同。❸18二月丁酉，夏曆二月初五。❸19非調，人名。成帝時河決東郡，大司農非調調錢穀賑災。❸20隴西，郡名。治狄道（今甘肅臨洮）。馮野王，馮奉世之子。詳見卷七十九。❸21接，王接。以外戚輔政。四月癸未，夏曆四月二十八日。七月壬戌，七月無壬戌。❸22王商，以外戚輔政。卷八十二有傳。

	39	38	37
	五	建昭元年	二
			八月癸亥，諸吏散騎光祿勳匡衡為御史大夫，
		太子少傅匡衡為光祿勳，一年遷。	左曹西平侯于永為光祿勳，十六年遷。326
			執金吾李延壽為衛尉，一年遷。
			左馮翊馮野王為大鴻臚，五年為上郡太守。327
		尚書令五鹿充宗為少府，五年貶為玄菟太守。324	
		右扶風。325	
為京兆尹，四年不勝任免。323			左馮翊郭延。

	36	35
	三	四
	六月甲辰，丞相玄成薨。七月癸亥，御史大夫匡衡為丞相。329	
一年遷。328	七月戊辰，衛尉李延壽為御史大夫，三年卒。一姓繁。330	
	陽平侯王鳳為侍中衛尉，三年遷。331	
		中郎將丙禹為水衡都尉，五年。332

323張譚，字仲叔，琅邪人。歷任光祿大夫、京兆尹、太子少傅、御史大夫等職。324五鹿充宗，西漢《易》學經師，與宦官中書令石顯為黨。玄菟，郡名。治高句驪（今遼寧新賓西）。325有闕文。326西平，縣名。在今河南舞陽東南。于永，于定國之子。327上郡，郡名。治膚施（今陝西米脂西北）。328八月癸亥，夏曆八月初三日。光祿勳，原作「光祿」。錢大昭說「光祿」下脫「勳」字。據補。匡衡，西漢名臣，以儒術起家。卷八十一有傳。329六月甲辰，夏曆六月十九日。七月癸亥，夏曆七月九日。330七月戊辰，夏曆七月十四日。李延壽，又作繁延壽。其事詳見卷七十、卷八十五。331陽平，縣名。在今山東莘縣。王鳳，元帝皇后王政君胞兄，以外戚輔政，外戚王氏專權即自鳳始。332丙禹，丞相丙吉之子。

32	33	34	
孝成建始元年	竟寧元年	五	
			2
	六月己未，侍中衛尉王鳳為大司馬大將軍。[334]		
	三月丙寅，太子少傅張譚為御史大夫，三年坐選舉不實免。[335]		4
騏侯駒普為太			
			6
衛尉王罷軍。			
	太僕譚。		8
			10
	陽城侯劉慶忌為宗正，三年遷。[336]		
	河南太守召信臣為少府，二年徙。中少府安平侯王章子然為執金吾，三年遷。[337]		12
常山太守溫順			
			14
弘農太守宋平		京兆尹王昌稺賓，二年轉為鴈門太守。[333]	

31

	二
常，數月薨。338	宗正劉慶忌為太常，五年病免。
	執金吾王章為太僕，五年病免。
	蜀郡太守何壽為廷尉，四年徙。341
	大鴻臚浩賞，二年徙。342
	右扶風溫順為少府，二年坐買公田與近臣下獄論。弋陽侯任
子教為右扶風，一年遷。339	水衡都尉爵。太原太守讓為右扶風。
次君為京兆尹。河南太守畢眾為左馮翊。340	河東太守杜陵甄尊少公為京兆尹，二年貶為河南太守。343

333王昌，字穉賓。本表建始三年有南陽太守王昌為右扶風。334六月己未，夏曆六月二十二日。335三月丙寅，原作「七月丙寅」。沈欽韓說《史》表作「三月」，「七月」是傳寫之誤。景祐本正作「三月」。據改。336陽城，縣名。在今河南漯河東。劉慶忌，字寧君，楚元王劉交之後。337召信臣，西漢循吏。卷八十九有傳。安平，今江西安福東南。王章，字子然，宣帝王皇后兄王舜之子。338駒普，人名。卷十七〈景武昭宣元成功臣表〉騏侯駒幾的後嗣中有駒督、駒崇，無駒普。當為駒氏族人。339常山，郡名。治元氏（今河北元氏西北）。溫順，人名，字子教。340宋平，人名，字次君。341蜀郡，郡名。治今四川成都。何壽，人名，後為大司農。342浩賞，元帝時曾任兗州刺

29	30	
四	三	
三月甲申,右將軍王商為丞相。	十二月丁丑,丞相衡免。(345)	
	八月癸丑,大司馬嘉賜金免。(346)	
十一月壬戌,少府張忠為御史	十月乙卯,諸吏左曹光祿大夫尹忠為御史大夫,一年坐河決自殺。(347)	
右將軍千秋為左將軍,三年薨。	右將軍王商為左將軍,一年遷。執金吾千秋為右將軍,一年遷。	
河南太守漢為大鴻臚,一年免。		
	宗正劉通。	
東平相鉅鹿張忠子贛為少府,		千秋長伯為執金吾,一年遷。(344)
	南陽太守王昌為右扶風,三年免。(348)	
守京輔都尉王遵為京兆尹,二		

	28
	河平元年
349	
大夫，六年卒。350	
長樂衛尉史丹為右將軍，三年遷。351	
	衛尉王玄中都。353
	千乘太守東萊劉順為宗正，四年坐使合陽侯舉子免。354
十一月遷。	司隸校尉王駿為少府，七年徙。執金吾輔。355
	水衡都尉王勳。
年免。大鴻臚浩賞為左馮翊，九月減死罪一等論。352	杜陵韓勳長賓為左馮翊，三年為少府。356

史，成帝時任大鴻臚，後為左馮翊。343甄尊，字少公，杜陵人。歷任河東太守、京兆尹、河南太守、右扶風等職。344公田，即官田，屬於國家所有的田地。少府溫順買公田賄賂皇帝近臣，故坐罪。345十二月丁丑，夏曆十二月三十日。346八月癸丑，夏曆八月初四日。347十月乙卯，夏曆十月初七日。河決，黃河決口。348王昌，見本表建昭五年。349三月甲申，夏曆三月初八日。350十一月壬戌，夏曆十一月二十日。張忠，字子贛，鉅鹿人。曾任東平相、少府等職。351史丹，外戚，西漢後期執政大臣。卷八十二有傳。352王遵，亦作王尊。卷七十六有傳。353王玄，字中都。354千乘，郡名。治千乘（今山東博興西北）。劉順，東萊人。合陽侯，指梁放。355王駿，王吉之子。

	27	26
	二	三
2		
4		右將軍丹為左將軍，十三年薨。太僕王章為右將軍。
		宜春侯王咸長伯為太常，一年病免。平昌侯王臨為太常，
6		
8		侍中中郎將王音為太僕，三年遷。[360]
	北海太守安成范延壽子路為廷尉，八年卒。[357]	
10		
	廷尉何壽為大司農。	
12		右曹光祿大夫辛慶忌為執金吾，四年貶為雲中太守。[361]
	漢中太守平原王賞少公為右扶風，三年免。[358]	
14	楚相齊宋登為京兆尹，三年貶為東萊都尉，未發，坐漏泄省中語下獄自殺。[359]	光祿大夫武為左馮翊。[362]

	25	24
	四	陽朔元年
	四月壬寅，丞相商免。六月丙午，諸吏散騎光祿大夫張禹為丞相。[364]	
六年薨。[363]		
		侍中水衡都尉金敞
	大夫韋安世為大鴻臚，二年為長樂衛尉。[365]	
		常山太守劉武成為
	侍中奉車都尉金敞為水衡都尉，一年遷。[366]	水衡都尉順。河內太
	司隸校尉王章為京兆尹，一年下獄死。[367]	弘農太守平陵逢信

詳見卷七十二。[356]韓勳，字長賓，杜陵人。歷任左馮翊、少府、光祿勳等職。[357]安成，縣名。在今江西安福西。范延壽，字子路，安成人。[358]漢中，郡名。治西城（今陝西安康）。王賞，字少公，平原人。[359]宋登，人名，齊人。東萊，郡名。治掖（今山東掖縣）。[360]王音，外戚，官至御史大夫，大司馬車騎將軍。[361]辛慶忌，西漢後期名將。卷六十九有傳。[362]武，人名。初見本表元平元年。[363]宜春，縣名。西漢宜春有二：一在今河南確山東，一在今江西宜春。此指前者。王咸，字長伯，丞相王欣之後。平昌，縣名。西漢平昌有二，均在山東境內：一在商河西北，一在諸城西北。王臨，王接之子，以宣帝外屬侍中。[364]四月壬寅，夏曆四月二十日。六月丙午，夏曆六月二十五日。張禹，成帝之師。卷八十一有傳。[365]韋安世，丞相韋賢之孫，歷任郡守、大鴻臚等職。[366]金敞，金日磾弟金倫之孫。詳見卷六十八。[367]王章，字仲卿，西漢直臣，與本表河平三年任將軍的安平侯王章字子然者不是一人。卷七十六有傳。

	23	22
	二	三
		八月丁巳，大司馬鳳
	四月癸卯，侍中太僕王音為御史大夫，一年遷。[370]	十一月丁卯，諸吏散
		右將軍王章為光祿
為衛尉，四年卒。		
	史柱國衛公為太僕。[371]	右扶風甄尊為太僕。
	大鴻臚勳。	
宗正，四年卒。		
		護西域騎都尉韓立
守甄尊為右扶風，三年遷。[368]		左曹水衡都尉河內
少子為京兆尹，三年遷陳留太守。薛宣為左馮翊，二年遷。[369]		

	20	21
鴻嘉元年	四	
三月庚戌,		
		薨。九月甲子，御史大夫王音為大司馬車騎將軍。372
正月癸巳,		光祿勳于永為御史大夫，二年卒。373
光祿勳辛		
平臺侯史		
	雲中太守辛慶忌為光祿勳，四年遷。	動，數月薨。374
陽平侯王		
	京兆尹逢信為太僕，六年遷。	
大鴻臚慎。		
千乘令劉		
東都太守	左馮翊薛宣為少府，二月遷。	子淵為執金吾，五年坐選舉不實免。375
	水衡都尉禹。太原太守淳于信中君為右扶風。377	苟參威神。376
太原太守	少府王駿為京兆尹，一年遷。	

368順，人名。本表甘露四年有衛尉順。甄尊，見本表建始二年。369平陵，縣名。昭帝陵園所在地，在今陝西咸陽西北。逢信，字少子，平陵人。後任太僕、衛尉等職。陳留，郡名。治陳留郡（今開封東南）。薛宣，後官至丞相。卷八十三有傳。370四月癸卯，夏曆四月初三日。371史柱國，字衛公。372八月丁巳，夏曆八月二十四日。九月甲子，夏曆九月初二日。373十一月丁卯，夏曆十一月初六日。374王章，即王子然。375韓立，字子淵。376苟參，字威神，河內人。元帝皇后王政君同母弟。377淳于信，姓淳于，字中君。

	19 二
丞相禹賜金,安車駟馬免。四月庚辰,御史大夫薛宣為丞相。[378]	
少府薛宣為御史大夫。四月庚辰,京兆尹王駿為御史大夫,五年卒。[379]	
慶忌為右將軍。	
中為太常,六月病免。建平侯杜業君都為太常,七年免。[380]	
襄為衛尉,五年徙。[381]	
	左馮翊趙增壽為廷尉,五年貶為常山都尉。
慶忌為宗正,六月坐平都公主殺子貶為遼東太守。[382]	
琅邪王賞中子為少府,四年免。[383]	
河內鄧義子華為京兆尹,一年為鉅鹿太守。廬江太守趙增壽稺公為左馮翊,一年遷。[384]	隴西太守劉威子然為京兆尹,一年卒。泗水相

18

	三
	右將軍慶忌為光祿勳，四年遷。光祿勳并將軍。
	張掖太守牛商子夏為右扶風，四年免。386
茂陵滿黔子橋為左馮翊，四年貶為漢中都尉。385	丞相司直翟方進為京兆尹，三年遷。387

378三月庚戌，夏曆三月二十七日。四月庚辰，夏曆四月二十七日。379正月癸巳，夏曆正月初九日。380建平，縣名。在今河南夏邑西南。杜業，字君都，杜周之曾孫。詳見卷六十。381王襄，元帝皇后王政君父王禁之孫，大司馬王鳳之子。382平都公主，元帝之女。遼東，郡名。治襄平（今遼寧遼陽）。按：此劉慶忌非本表建始二年由宗正遷太常者。383東都，漢代無東都郡，當為東郡之誤。王賞，字中子，琅邪人。與河平二年任右扶風的王賞（字少公，平原人）同名。384鄧義，字子華，河內人。廬江，郡名。治舒（今安徽廬江西南）。趙增壽，字稺公，後任廷尉。385劉威，字子然。泗水，諸侯國名。建都淩縣（今江蘇泗陽西北）。滿黔，字子橋，茂陵人。386張掖，郡名。治觻得（今甘肅張掖西北）。牛商，字子夏。387翟方進，西漢後期大臣，官至丞相。卷八十四有傳。

15	16	17
二	永始元年	四
十月己丑,丞相宣免。十一月壬子,執金吾翟方進為丞相。[391]		
正月乙巳,大司馬音薨。二月丁酉,特進成都侯王商為大司馬		
三月丁酉,京兆尹翟方進為御史大夫,八月貶為執金吾。十一		
諸吏散騎光祿大夫孔光為光祿勳,九月遷。執金吾韓勳為光		
太僕逢信為衛尉,二年免。		
衛尉王襄為太僕,三年病免。		
長信少府平當為大鴻臚,三年遷。[392]		
御史大夫翟方進為執金吾,一月遷。	南陽太守陳咸為少府,二年免。[389]	中少府韓勳為執金吾,四年遷。[388]
	水衡都尉淳于長,三年免。[390]	
信都太守長安宗正子泄為京兆尹,二年貶為河南太守。琅邪		

14

	三
衛將軍。[393]	
月壬子，諸吏散騎光祿勳光孔光為御史大夫，七年貶為廷尉。[394]	
	右將軍辛慶忌為左將軍，三年卒。光祿勳
祿勳，六月遷。	少府師丹為光祿勳，二年遷侍中光祿大
	琅邪太守陳慶君卿為廷尉，一年為長信
	朔方太守劉它人為宗正。左馮翊朱博為
	光祿大夫師丹為少府，五月遷。詹事許商
	東平太傅彭宣為右扶風，一年遷。[396]
太守朱博為左馮翊，一年遷。[395]	河內太守杜陵龐真稺孫為左馮翊，三年

[388]韓勳，初見本表河平元年。[389]陳咸，御史大夫陳萬年之子。詳見卷六十六。[390]淳于長，元帝王皇后姊之子，以外戚佞幸，封定陵侯。詳見卷九十三。[391]十月己丑，夏曆十月初八日。十一月壬子，夏曆十一月初二日。[392]平當，西漢後期大臣。卷七十一有傳。[393]正月乙巳，夏曆正月十四日。二月丁酉，二月無丁酉。成都，又作「城都」，侯國名，在今山東鄄城東南。[394]三月丁酉，夏曆三月十二日。八月，指八個月時間。十一月壬子，夏曆十一月初二日。孔光，孔子之後，西漢後期著名大臣。卷八十一有傳。[395]信都，郡名。治信都（今河北冀州），綏和元年改郡為國。宗正子泄，陳直《漢書新證》以為「宗正為姓，子泄為名」。長安人。朱博，漢代能吏，官至丞相。卷八十三有傳。[396]東平，諸侯國名。建都無鹽（今山東東平東）。彭宣，西漢後期大臣，官至大司空。卷七十一有傳。

13

	四
	十一月庚申,大司馬商賜金,安車駟馬免。402
韓勳為右將軍,一年卒。	執金吾廉褒為右將軍,五年免。
	鄴侯蕭尊為太常,六年薨。403
夫。397	
	侍中水衡都尉淳于長為衛尉,三年免。
少府。398	右扶風彭宣為廷尉,三年以王國人為太原太守。404
大司農,一年為犍為太守。399	會稽太守沛劉交游君為宗正,十年。汝南太守嚴訢子慶為大
為少府,二年為侍中光祿大夫。金城太守廉褒子上為執金吾,一年遷。400	護羌校尉尹岑子河為執金吾,一年遷。405
	光祿大夫潁川師臨子威為水衡都尉,八月遷。水衡都尉臨為
遷。401	司隸校尉何武為京兆尹,一年貶為楚內史。406

	12
	元延元年
	正月壬戌，成都侯商復為大司馬衛將軍，十二月乙未遷為大司馬
	執金吾尹岑為右將軍，二年薨。
	大鴻臚平當為光祿勳，七月坐前議昌陵貶為鉅鹿太守。曲陽侯王
	護軍都尉甄舜子節為太僕。東萊太守平陵范隆偉公為太僕，二年
司農，三年卒。407	
	左馮翊龐真為少府，四年遷。廣漢太守趙護子夏為執金吾。409
右扶風，三年為沛郡都尉。408	侍中光祿大夫趙彪大伯為侍中水衡都尉，三年卒。410
	廣陵太守王建為京兆尹。河南太守徐讓子張為左馮翊，四年免。411

397師丹，西漢後期大臣。卷八十六有傳。398陳慶，字君卿。成帝時有司隸校尉陳慶，王莽時有雍州牧陳慶。399朔方，郡名。治朔方（今內蒙古包頭西）。犍為，郡名。治僰道（今四川宜賓）。400許商，字長伯，周堪弟子。金城，郡名。治允吾（今甘肅永靖西北）。廉褒，字子上，宣帝時任西域都護，勇武，以恩信著稱，後官至右將軍。401龐真，字穉孫，杜陵人。歷任河內太守、左馮翊、少府、廷尉等職。402十一月庚申，夏曆十一月二十一日。403蕭尊，漢初功臣蕭何之後。404李奇注曰：「初，漢制王國人不得在京師。」405尹岑，字子河，西漢著名循吏尹翁歸之子，官至右將軍。406何武，西漢名臣，後官至御史大夫。卷八十六有傳。407劉交，字游君，沛縣人。汝南，郡名。治上蔡（今河南上蔡西南）。嚴訢，字子慶，任汝南太守時捕殺起義的鐵官徒蘇令等人，以功遷大司農。408師臨，字子威，潁川人。歷任光祿大夫、水衡都尉、右扶風等職。409廣漢，郡名。治乘鄉（今四川金堂東）。趙護，字子夏，歷任河東都尉、廣漢太守，以

	11	10
	二	三
大將軍,辛亥薨。庚申,光祿勳王根為大司馬票騎將軍。[412]		
		廷尉朱博為後將軍,二年免。
根為光祿勳,一月遷。[413]	樂昌侯王安惠公為光祿勳,數月病免。[415]	尚書僕射趙玄少平為光祿勳,二年
免。[414]		護軍都尉任宏偉公為太僕,二年徙。
	光祿大夫朱博為廷尉,一年遷。	沛郡太守何武為廷尉,二年遷。
	太山太守蕭育為大鴻臚,數月徙。[416]	九江太守王嘉為大鴻臚,三年遷。[418]
		大司農堯。[419]
		水衡都尉南陽王超騎軍,三年坐淳
	廣陵太守孫寶為京兆尹,一年免。[417]	

9

	四
為太子太傅。420	
421	
	北地太守谷永為大司農，一年免。423
于長自殺。守鴻臚太山太守蕭育為右扶風，三年免。422	

鎮壓鄭躬等起義升任執金吾。410趙彪，字大伯。411徐讓，字子張。412正月壬戌，夏曆正月二十四日。十二月乙未，夏曆十二月初二日。辛亥，夏曆十二月十八日。庚申，夏曆十二月二十七日。王根，元帝皇后王政君之弟，以外戚掌權。413昌陵，成帝即位後為自己修的陵墓，在今陝西臨潼東。昌陵之議，詳見卷七十一。曲陽，縣名。在今安徽壽縣東北。414甄舜，字子節。范隆，字偉公，平陵人。415樂昌，縣名。在今河南南樂西北。王安，字惠公，外戚。416蕭育，西漢名臣蕭望之之子。詳見卷七十六。417孫寶，西漢能吏，官至大司農。卷七十七有傳。418王嘉，西漢後期名臣。卷八十六有傳。419堯，人名。本表永光元年有大司農堯。420趙玄，字少平，後任衛尉，御史大夫等職。421任宏，字偉公，後任執金吾等職。422王超，字騶軍，南陽人。受淳于長案牽連自殺。423谷永，博學經書，以上書言事而著名。卷八十五有傳。

8

綏和元年
四月丁丑，大司馬票騎將軍根更為大司馬，七月甲寅賜金，安車駟馬免。十一月丙寅，侍中騎都尉光祿大夫王莽為大司馬。[424]
三月戊午，廷尉何武為御史大夫，四月乙卯為大司空，一年免。[425]
廷尉孔光為左將軍，一年遷。執金吾王咸為右將軍，一年遷。
侍中光祿大夫師丹為諸吏散騎光祿勳，十一月為太子太傅。大司農許商為光祿勳，四月遷。
成陽侯趙訢君偉為衛尉，六月。侍中光祿大夫司農趙玄為衛尉，一月為中少府。[426]
駙馬都尉王舜為太僕，二年病免。[427]
御史大夫孔光為廷尉，九月遷。少府龐真為廷尉，二年為長信少府。
侍中光祿大夫許商為大司農，數月遷。太原太守彭宣為大司農，一年遷。
詹事平陵賈延初卿為少府，三年。太僕宏為執金吾，十一月貶為代郡太守。光祿大夫王臧幼公為執金吾，三月遷，南陽謝堯長平一年遷。[428]
京兆都尉甄豐長伯為水衡都尉，二年為泗水相。[429]
長信少府薛宣為京兆尹，一年貶為淮陽相。丞相司直琅邪遂義子贛為左馮翊，坐選舉免。[430]

7
二
二月壬子，丞相方進薨。三月丙戌，左將軍孔光為丞相。431
十二月丁卯，大司馬莽賜金，安車駟馬免。庚午，左將軍師丹為大司馬，四月徙。432
十月癸酉，大司馬丹為大司空，一年免。433
右將軍王咸為左將軍，十月免。衛尉傅喜為右將軍，十一月賜金罷。太子太傅師丹為左將軍，五月遷。光
安丘侯劉常為太常，四年病，賜金百斤，安車駟馬免就國。434
大司農彭宣為光祿勳，六月遷。衛尉王能為侍中光祿勳，二年貶為弘農太守，坐呂寬自殺。435
太子中庶子傅喜稺游為衛尉，二月遷。侍中光祿大夫王龔子即為衛尉，二月遷。城門校尉丁望為衛尉，
執金吾謝堯為大鴻臚，三年徙。
大司農河東梁相子夏，一年遷。436
光祿大夫鉅鹿閻宗君闌為執金吾，六年卒。執金吾河內孫雲子叔，三年遷。437
故太僕范隆為右扶風，八月為冀州牧。太山馬嘉次君為右扶風，一年免。438
光祿大夫朱博為京兆尹，數月遷。光祿大夫邟漢游君為京兆尹，數月病，為中大夫。大鴻臚王嘉為京兆

424四月丁丑，四月無丁丑。丁丑乃五月初四日。七月甲寅，七月無甲寅，甲寅為八月十三日。十一月丙寅，十一月無丙寅，丙寅乃十二月二十六日。王莽，元帝皇后王政君之姪，西漢末年以外戚輔政，不久代漢建立新朝，後失敗被殺。卷九十九有傳。425三月戊午，三月無戊午，戊午乃夏曆四月十五日。四月乙卯，夏曆四月十二日。426趙訢，字君偉。成帝皇后趙飛燕之兄弟。六月，後當有闕文。趙玄，見本表元延三年。427王舜，大司馬王音之子，後任大司馬車騎將軍。428賈延，字初卿，平陵人。後官至御史大夫。王臧，字幼公。成帝時曾任光祿大夫。謝堯，字長平，南陽人。後任大鴻臚、將作大匠等職。429甄豐，字長伯，後官至左右將軍、大司空。430遂義，字子贛，琅邪人。431二月壬子，夏曆二月十三日。三月丙戌，夏曆三月十八日。432丁卯乃十二月初四日。庚午，夏曆十二月初七

	6	5	
	孝哀建平元年	二	
		四月乙未，丞相光免。御史大夫朱博為丞相，八月甲戌有	2
	四月丁酉，侍中光祿大夫傅喜為大司馬。[442]	二月丁丑，大司馬喜免。陽安侯丁明為大司馬衛將軍。[446]	
	十月壬午，京兆尹朱博為大司空。[443]	四月戊午，大司空博為御史大夫。乙亥遷。中尉趙玄為御	4
祿勳彭宣為右將軍，二年遷。[439]	右將軍彭宣為左將軍，一年坐與淮陽王婚免。	光祿勳丁望為左將軍卒。執金吾公孫祿為右將軍，一年	
			6
		衛尉望為光祿勳，一月遷。光祿大夫平當為光祿勳，四月	
三年遷。[440]		少府賈延為衛尉，十一月還故官。執金吾孫雲為衛尉，四	8
		城門校尉丁憲子尉為太僕，四年遷。[447]	
	大司農梁相為廷尉，二年貶為東海都尉。		10
		大鴻臚雲陽畢申世叔，五年徙。[448]	
	大司農左咸，一年遷。[444]		12
		衛尉賈延為少府，一年遷。五官中郎將潁川公孫祿中子	
		侍中水衡都尉讓。大鴻臚謝堯為扶風，一年遷。[449]	14
尹，二年遷。[441]	司隸校尉東海方賞君賓為左馮翊，二年遷。[445]		

皋自殺。十二月甲寅，御史大夫平當為丞相。450

史大夫，五月下獄論。九月乙酉，諸吏散騎光祿勳平當為御史大夫，二月遷。十月丙寅，京兆尹王嘉

遷。451

遷。

年遷。

為執金吾。

日。433十月癸酉，當從《通鑑》作「七月癸酉」，為夏曆七月初七日。434安丘，縣名。在今山東安丘東南。劉常，高密頃王劉章之子，以王子封侯。435王能，人名。王先謙以為王能當為王龔。王龔，字子即，外戚。呂寬，王莽之子王宇內兄，以血灑莽門，牽連多人坐罪。436梁相，字子夏，河東人。後遷任廷尉，又貶為東海都尉。437閻宗，字君闌，鉅鹿人。孫雲，字子叔，河內人。後任衛尉、少府等職。438馬嘉，字次君，太山人。439傅喜，哀帝祖母定陶傅太后從父弟。卷八十二有傳。440王龔，見上格注文。丁望，哀帝母丁太后叔父。441邴漢，字游君，琅邪人。平帝時王莽專權，邴漢辭官歸老於鄉。442四月丁酉，四月無丁酉。丁酉乃五月初六日。443十月壬午，夏曆十月二十三日。444左咸，一作左威，琅邪人。漢代《公羊》學大師顏安樂再傳弟子，歷任博士、大司農、左馮翊、大鴻臚等職。445方賞，字君賓，東海人。後任廷尉、左馮翊等職。446二月丁丑，夏曆二月二十日。丁明，哀帝母丁太后之兄，以帝舅封陽安侯，官至

4

	三
	三月己酉，丞相當薨。四月丁酉，御史大夫王嘉為丞相。453
為御史大夫，一年遷。452	四月丁酉，河南太守王崇為御史大夫，九月貶。454
	右將軍公孫祿為左將軍，二年免。執金吾蟜望為右將軍，一年遷。455
	少府賈延為光祿勳，三年遷。
	左馮翊方賞為廷尉，四年徙。
	御史大夫王崇為大司農，二年遷。
	尚書令涿郡趙昌君仲為少府，一年為河內太守。將作大匠東海蟜望王君為執金吾，三月遷。光祿大夫蕭育
	光祿大夫東海魏章子讓為右扶風，一年免。456
	潁川太守毋將隆為京兆尹，一年遷。大司農左威為左馮翊，三年為復土將軍。457

3

四	
	三月丁卯，諸吏散騎光祿勳賈延為御史大夫，一年遷。459
	諸吏散騎光祿大夫王安為右將軍，一年遷。460
	建平侯杜業為太常，三年貶為上黨都尉。461
	陳留太守渤海劉不惡子麗為宗正，更名容。462
為執金吾，一年免。458	光祿大夫董恭君孟為少府，一年遷。京兆尹毋將隆為執金吾，一年貶為
	光祿大夫龔勝為右扶風，一年歸故官。463
	光祿大夫茂陵申屠博次孫為京兆尹，一年遷。464

大司馬驃騎將軍。447丁憲，字子尉，哀帝母丁太后叔父。哀帝時，外戚丁明、丁望、丁憲等並列公卿。448雲陽，縣名。在今陝西淳化西北。畢申，亦作畢由，字世叔，五年徙為右扶風，後被貶為定襄太守。449讓，人名。本表建始二年有右扶風讓。450四月乙未，四月無乙未，乙未為五月十日。八月甲戌，夏曆八月二十日。十二月甲寅，夏曆十二月初二日。451公孫祿，姓公孫，名祿。與前將軍何武相善。為反對外戚王莽專權，他與何武互相稱舉，故獲罪免官。452四月戊午，夏曆四月初二日。九月乙酉，夏曆九月初一日。十月丙寅，夏曆十月十三日。453三月己酉，夏曆三月二十八日。四月丁酉，夏曆四月十七日。454王崇，王吉之孫，王駿之子，歷任刺史、太守等職，治有能名。詳見卷七十二。455蟜望，字王君，東海人。歷任將作大匠、右將軍。456魏章，字子讓，東海人。457毋將隆，西漢末年直臣。卷七十七有傳。左威，即左咸。見本表建平元年。復土將軍，掌皇帝陵墓修建工程。復土，將軍名號。458趙昌，字君仲，涿郡人。任尚書令時曾陷害直臣鄭崇。459三月丁卯，夏曆三月二十二日。460王安，見本表元延二年。461上黨，郡名。治長子（今山西長子

2

	元壽元年
	三月丙午，丞相嘉下獄死。七月丙午，御史大夫孔光為丞相。466
	正月辛丑，大司馬衛將軍明更為大司馬票騎大將軍。特進孔鄉侯傅晏為大司馬衛將軍，辛亥賜金，安車駟馬免。467
	五月乙卯，諸吏光祿大夫孔光為御史大夫，二月遷。七月丙午，汜鄉侯何武為御史大夫，二月免。468
	御史大夫何武為前將軍，二年免。
	詹事馬宮為光祿勳，二年遷。469
	少府董恭為衛尉，二月為光祿大夫。右扶風弘譚為衛尉，一年遷。470
沛郡都尉。465	衛尉孫雲為少府，一月。陳留太守茂陵耿豐為少府，二年為復土將軍。京兆尹申屠博為執金吾，一年免。471
	光祿大夫沛弘譚巨君為右扶風，冬遷。
	京兆尹南陽翟萌幼中。472

九月己卯，大司馬明免。十一月壬午，諸吏光祿大夫韋賞為大司馬車騎將軍，己丑卒。十二月庚子，侍中駙馬

八月辛卯，光祿大夫彭宣為御史大夫。473

光祿大夫南夏常仲齊為右扶風。474

西南）。462劉不惡，字子麗，渤海人。463龔勝，以直言進諫著名，與龔舍並稱「兩龔」。卷七十二有傳。464申屠博，姓申屠，名博，字次孫，茂陵人。後任執金吾。465董恭，字君孟，哀帝寵臣董賢之父，歷任御史、光祿大夫等職。466三月丙午，夏曆三月初七日。七月丙午，夏曆七月初九日。467正月辛丑，夏曆正月初一日。傅晏，元帝傅皇后從弟，哀帝傅皇后之父，以皇后父賜位特進，封孔鄉侯。辛亥，夏曆正月十一日。468五月乙卯，夏曆五月十七日。七月丙午，夏曆七月初九日。469馬宮，西漢末年大臣。卷八十一有傳。470弘譚，字巨君，沛人。歷任光祿大夫、右扶風、衛尉等職。471耿豐，人名。茂陵人。472翟萌，字幼中，南陽人。473八月辛卯，夏曆八月二十四

	西元前1 二
	五月甲子，丞相光為大司徒，九月辛酉為太傅。右將軍馬宮為大司徒。476
都尉董賢為大司馬衛將軍。475	五月甲子，大司馬衛將軍賢更為大司馬，六月乙未免。庚申，新都侯王莽為大司馬。477
	五月甲子，御史大夫宣為大司空，三月病免。八月戊午，右將軍王崇為大司空。478
	安陽侯王舜為車騎將軍，八月遷。衛尉王崇為右將軍，二月。光祿勳馬宮為右將軍，三月遷。光祿勳甄豐
	博陽侯丙昌長矯為太常，二年貶為東郡太守。479
	左曹中郎將甄豐為光祿勳，一年遷。
	大司農王崇為衛尉，二月遷。建成侯黃輔子元為衛尉。480
	長樂衛尉王惲子敬為太僕，五年遷。481
	故廷尉梁相復為大理，二年坐除吏不次免。482
	復土將軍左咸為大鴻臚。
	衛尉弘譚為大司農。
	光祿大夫韓容子伯為執金吾，一月免。護軍都尉孫建子夏為執金吾，三月遷。483
	大鴻臚畢由為右扶風，六月貶為定襄太守。
	京兆尹清河孫意子承。廷尉方賞為左馮翊，一年遷。484

	西元1
	孝平元始元年
	二月丙辰，太傅孔光為太師，大司馬王莽為太
	二月丙辰，大司馬莽遷。
為右將軍，六月遷。執金吾孫建為右將軍，二年遷。485	
	侍中奉車都尉甄邯子心為光祿勳，三年遷。486
	中郎將蕭咸為大司農，一年卒。
	少府宗伯鳳君房。中郎將任岑為執金吾，一年
	右輔都尉趙恢君向為右扶風，一年免。487
	大司徒司直金欽為京兆尹，一月為侍中。光祿

日。474南夏常，字仲齊。475九月己卯，九月無己卯。己卯乃十月十三日。十一月壬午，十一月無壬午，壬午乃十二月十二日。韋賞，丞相韋賢之孫，哀帝為定陶王時任定陶太傅，哀帝即位後以舊恩位列三公。己丑，夏曆十二月十九日。十二月庚子，夏曆十二月三十日。董賢，哀帝寵臣。卷九十三有傳。476五月甲子，夏曆五月初二日。本年改丞相名為大司徒。九月辛酉，夏曆九月初一日。477六月乙未，夏曆六月初三日。庚申，夏曆六月二十八日。新都，縣名。在今河南新野東南。478本年改御史大夫為大司空。八月戊午，夏曆八月二十七日。479博陽，縣名。在今河南商水東南。丙昌，字長孺，西漢名臣丙吉之子。480黃輔，字子元，丞相黃霸之孫。481王惲，字子敬，後任光祿勳、車騎將軍等職。482本年廷尉改稱大理。除吏不次，任命官吏不以次第。483韓容，字子伯，曾任副校尉出使匈奴。484清河，郡名。治清陽（今河北清河東南）。孫意，字子承，清河人。485孫建，字子夏。486甄邯，字子心，王莽時位列三公。487趙恢，

2

	二
傅，大司馬車騎將軍王舜為太保車騎將軍。488	
	二月癸酉，大司空王崇病免。四月丁酉，少傅左將軍甄豐為大司空。491
	右將軍孫建為左將軍，光祿勳甄邯為右將軍光祿勳。
	安昌侯張宏子夏為太常，二年貶為越騎校尉。492
	大鴻臚橋仁。493
	光祿大夫孫寶為大司農，數月免。494
卒。489	左輔都尉尹賞為執金吾，一年卒。
	中郎將幸成子淵為水衡都尉。大司馬司直沛武襄君孟為右扶風，三年為冀州牧。495
大夫左馮翊張嘉。490	

3	4
三	四
城門校尉劉岑子張為太常，二年徙為宗伯。496	
尚書令潁川鍾元寧君為大理。497	
	宗正容更為宗伯，一年免。500
執金吾長安王駿君公，三年遷。498	
	將作大匠謝堯為右扶風，十七年病免，賜爵關內侯。501
左馮翊匡咸子期。499	京兆尹鍾義。左馮翊沛孫信子儒。502

字君向，後任城門校尉、城門將軍等職。488二月丙辰，夏曆二月二十八日。489宗伯鳳，姓宗伯，名鳳，字君房。490金欽，金日磾弟金倫之後。詳見卷六十八。張嘉，人名。491二月癸酉，二月無癸酉，癸酉乃三月二十一日。病免、少傅，原作「為病免」、「少府」。王先謙說「病」上「為」字衍，「府」當作「傅」。據改。四月丁酉，夏曆四月十六日。492安昌，縣名。在今河南確山西。張宏，字子夏，丞相張禹之子。493橋仁，字季卿。漢代著名經師《小戴禮》創始者戴聖弟子。494孫寶，見本表元延二年。495幸成，即辛茂，字子淵，名將辛慶忌之子。武襄，字君孟，沛人。後任宰衡護軍、京兆尹等職。496劉岑，字子張，陽城侯劉德之後。497鍾元，字寧君，潁川人。任大理時曾包庇其弟鍾威的貪汙罪行。詳見卷七十七。498王駿，字君公，長安人。後任步兵將軍。499匡咸，字子期，丞相匡衡之子。500容，

5

五

四月乙未，太師光薨。大司徒宮為大司馬，八月壬午免。十二月丙午，長樂少府平晏為大司徒。503

執金吾王駿為步兵將軍。

太僕惲為光祿勳。

大鴻臚左咸。

太常劉岑為宗伯。大司農尹咸。504

尚書令南陽鄧馮君侯為右扶風。505

宰衡護軍武襄為京兆尹，數月遷。中郎將南陽郝黨子嚴為左馮翊。506

即劉容，亦作劉不惡，見本表建平四年。按：本年宗正更名宗伯。501謝堯，見本表綏和元年。502孫信，字子儒，沛人。503四月乙未，夏曆四月初一日。按：夏燮《校漢書八表》卷七曰：「大司馬三字，即太師二字之誤也。」八月壬午，夏曆八月二十日。十二月丙午，十二月無丙午，丙午乃十一月十六日。平晏，丞相平當之子。504尹咸，尹更始之子，從父學經，又通數術。曾與劉向等校書，他負責數術。後又與劉歆共校經傳。505鄧馮，字君侯，南陽人。506宰衡護軍，官名。宰衡是平帝元始四年封給王莽的稱號。護軍即護軍都尉，屬大司馬，大司馬王莽加號宰衡，故稱宰衡護軍。郝黨，字子嚴，南陽人。

【研　析】本卷分兩部分。上卷是序，其作用相當於一篇論述官制沿革的「百官志」。在簡略追述秦以前的職官制度後，全面扼要地敘述秦漢以至王莽新朝，自中央到地方的官員設置、職掌、屬員、俸祿、名稱的更改和權限的變動。下卷是表，以年代為經，以官職為緯，按三公、列將軍、九卿等次序列出自丞相至京兆尹等十四種高級官員每人任職的起訖，羅列出西漢一代公卿職位變動情況。將此表與《史記‧漢興以來將相名臣年表》比較，可以看出，《史記》表的特點是有「大事記」一欄，探究三公在歷史上的地位、作用和影響。《漢書》表的特點則是詳細記載了西漢的官制和職官變動。

《史記》首創年表這一體例，《漢書》繼承並發展了這一體例。班昭為其兄班固補寫「八表」，終使《漢書》得以完備。「八表」中，尤以專記職官的〈百官公卿表〉最為重要。由於「百代皆行秦法制」，秦漢中央集權的國家政權組織形式，基本為歷代王朝所沿襲，本表首次對此體制做出完整的敘述和記錄，因此受到後人的推崇，是研究中國古代官制和政治制度史的重要參考。

本卷不僅是對「表」這一體例的繼承和發展，而且體現了女史學家班昭的過人史識。本卷同時兼有「百官志」和「公卿大臣年表」的作用，為我們研究秦漢職官、政治、軍事、經濟等各項制度提供了珍貴的原始史料。這一體例對於後代修史影響很大，以後大多數正史都設有「百官志」或「職官志」。

卷二十

古今人表第八

【題解】古今人表是班固與班昭在史書體例中的一個創新，表中以人的道德品行為主，以事功及學術等為內容，作為品評人物的標準。表雖以古今為名，但實際上只列古人而無今人，這大概是為了避免對當代帝王權貴有所觸犯，或者因為有許多可入表者已有了紀傳之記載而避免重複。品評人物以時代先後相次，總備古今人物之大概，以資借鑑。

自書契之作❶，先民可得而聞者，經傳❷所稱，唐虞❸以上，帝王有號諡，輔佐不可得而稱矣。而諸子頗言之。雖不考虖孔氏❹，然猶著在篇籍，歸乎顯善昭惡，勸戒後人，故博采焉。孔子曰：「若聖與仁，則吾豈敢？」❺又曰：「何事於仁，必也聖乎❻！」「未知，焉得仁❼？」「生而知之者，上也；學而知之者，次也；困而學之，又其次也；困而不學，民斯為下矣❽。」又曰：「中人以上，可以語上也❾。」「唯上智與下愚不移❿。」傳曰：譬如堯舜⓫，禹、稷、卨⓬與之為善則行，鮌、讙兜⓭欲與為惡則誅。可與為善，不可與為惡，是謂上智。桀紂⓮，龍逢、比干⓯欲與之為善則誅，于莘、崇侯⓰與之為惡則行。可與為惡，不可與為善，是謂下愚。齊桓公⓱，管仲⓲相之則霸，豎貂⓳輔之則亂。可與為善，可與為惡，是謂中人。因茲以列九等之序，究極經傳，繼世相次⓴，總備古今之略要云。

【章旨】卷前序文敘述了作者作〈人表〉的資料取材、劃分標準以及目的所在。

【注釋】❶書契之作　指文字記載。書，書寫。契，契刻。❷經傳　指儒家的經典著作及對其進行的闡釋。❸唐虞　指唐堯和虞舜。都是上古傳說中的帝王。❹孔氏　孔子。❺孔子曰三句　引文見《論語・述而》。謂孔子謙虛的認為，自己不敢當聖與仁。❻何事於仁二句　引自《論語・雍也》：「子貢曰：『如有博施於民而能濟眾，何如？可謂仁乎？』子曰：『何事於仁，必也聖乎！堯舜其猶病諸！』」孔子認為博施濟眾乃仁者得位而行，已達聖人之境。何事，何止；豈止。仁，孔子儒學中最高的道德觀念。❼未知二句　引自《論語・公冶長》：「子張問曰：『令尹子文三仕為令尹，無喜色。三已之，無慍色。舊令尹之政，必以告新令尹。何如？』子曰：『忠矣。』曰：『仁矣乎？』曰：『未知，焉得仁？』」此處「知」有二解，一作「智慧」，通「智」；一作「知道」。班固這裡作前者解。❽生而知之者八句　引文見《論語・季氏》。知，了解；懂得。❾中人以上二句　引文見《論語・雍也》。中人，資質居中之人。語上，可以談論上等人所了解的道理。謂資質中等以上的人可以和其談論高深的道理。❿唯上智與下愚不移　引文見《論語・陽貨》。唯，發語詞。上智，最有智慧之人。下愚，最愚昧無智之人。不移，不遷移；不改變。指人的本性而言。顏師古曰：「言上智不染於惡，下愚雖教無成。自此已上皆見《論語》。凡引此者，蓋班氏自述所表先聖後仁及智愚之次，皆依於孔子者也。」⓫堯舜　見注❸。⓬禹稷卨　禹，傳說中夏族部落首領，因治水之功而繼舜位。稷，后稷，姓姬名棄，傳說中周族的先祖。卨，通「契」。子姓，傳說中殷族部落先祖。⑬鯀讙兜　鯀，也作「鮌」。夏禹之父。讙兜，傳說中堯舜時的惡人。⑭桀紂　即夏桀和殷紂王。⑮龍逢比干　龍逢，亦曰關逢、關龍逢。夏末賢臣，為桀所殺。比干，商紂之臣，直諫被殺。⑯于莘崇侯　于莘，夏桀的嬖臣邪臣。崇侯，商紂王之佞臣。⑰齊桓公　春秋時齊國國君，曾以「尊王攘夷」為號令，九合諸侯，一匡天下，成為春秋時代第一霸主。在位四十三年。⑱管仲　名夷吾，春秋時傑出的政治家，協助齊桓公在齊國進行改革，選賢任能，使齊國很快富強，成為春秋時代第一霸主國。⑲豎貂　即寺人貂。⑳繼世相次　謂以世代先後編次。

【語譯】自從有文字記載以來，先世諸民可以得知並流傳下來，如經籍傳注上所稱述的，唐虞以上的帝王尚有謚號，輔佐之臣則不能得知並稱呼了。不過諸子之書卻談得很多。雖然不能從孔子那裡加以考察證實，但卻都記載在文獻篇章之中，用意不外乎顯善昭惡，以勸誡後人，所以我廣泛地採用。孔子說：「至於聖人與仁人，我如何敢當？」又說：「能多施恩惠於人，濟世濟民，何止為仁者，也可以稱作是聖人了！」「沒有做到明智，哪裡能說得上仁德呢？」「生來就懂得道理的，是上者；通過學習而知道的是其次；遇到困難而去學習的又其次；遇到困難而不學，是下愚之民。」又說：「資質中等的人，可以和他談論上等人所懂的道理。」「只有上智和下愚的人不可改變。」傳文上講：譬如唐堯和虞舜，禹、稷、契等人想與他們為善就行得通，鯀、讙兜等人想與他們為惡就要被誅殺。可以與他為善，不可以與他為惡，這就叫做上智之人。桀和紂，龍逢、比干這些賢人想和他們為善就遭到誅殺，于莘、崇侯與他們共同為惡就可以行得通。可與他作惡，不可與他行善，這就叫做下愚之人。齊桓公，有管仲輔佐就成就了霸業，而豎貂輔佐就舉國動亂。可與之為善，也可與之為惡，就叫中等之人。因此排列出九等的人品順序，詳細考察經傳，按相承時代之先後編排，總備古今人物的大概情況於此。

上上聖人	太昊帝宓羲氏❶
上中仁人	女媧氏❷ 共工氏❸ 容成氏❹ 大廷氏❺ 柏皇氏❻ 中央氏❼ 栗陸氏❽ 驪連氏❾ 赫胥氏❿ 尊盧氏⓫ 沌渾氏⓬ 昊英氏⓭ 有巢氏⓮ 朱襄氏⓯ 葛天氏⓰ 陰康氏⓱ 亡懷氏⓲ 東扈氏⓳
上下智人	
中上	
中中	
中下	
下上	
下中	
下下愚人	

- 炎帝神農氏㉑
- 黃帝軒轅氏㉖

- 帝鴻氏⑳
- 悉諸 炎帝師。㉒
- 少典 炎帝妃，生黃帝。㉓
- 列山氏㉔
- 歸臧氏㉕
- 方雷氏 黃帝妃，生玄囂，是為青陽。㉗

- 倉頡 黃帝史。㉘

- 蚩尤㉙

❶太昊，又作太皞。宓羲，又作伏羲、庖犧、伏戲等，是傳寫不同。傳說中與女媧兄妹為婚，是人類始祖，又是書契、八卦、魚獵畜牧的發明者。❷傳說中人類始祖，傳說她摶土造人，又煉五色石以補天。❸傳說時代的部落首領或天神，為堯臣，和讙兜、三苗、鯀，並稱四凶，被流放於幽州。❹又作庸成氏，傳說中的古帝王。❺又作朱須氏，《帝王世紀》、《莊子·胠篋》廷作「庭」。❻又作皇伯。❼亦曰中皇氏、中黃氏。❽陸，亦作睦。伏羲命為水龍氏，居北。❾驪連，又作「驪畜」。伏羲命以主兵事。❿赫又寫作「茶」，胥又作「蘇」，伏羲命居南。⓫尊又作「宗」，傳說伏羲時部落首領。⓬亦作渾沌氏，太昊伏羲之輔佐。命為降龍氏。⓭亦曰子英，伏羲命為潛龍氏，曾造甲曆。⓮是巢居的發明者，教民構木為巢。⓯亦曰子襄，伏羲命為飛龍氏，是六書發明者。⓰葛天，即權天也。伏羲命以居東。⓱伏羲命主水土。⓲傳說中的部落首領。⓳又曰東戶季子。傳說中的古代部落首領。⑳傳說中的古代帝王。一說為黃帝，一說為帝嚳之子。㉑傳說中上古姜姓部族首領。相傳少典娶於有蟜氏而生，原居姜水流域，後向東發展到中原地區。是中國古代農業的發明者。㉒亦曰悉老，傳說中炎帝之師。㉓少典，古部落方國名。㉔列山又作「烈」，列山即烈山，為炎帝別號。㉕臧又作「藏」。一說為黃帝別號，一說為炎、黃時代的諸侯。㉖傳說中華夏民族的始祖。因長於軒轅之丘，故名軒轅。長於姬水，故又姓姬，為有熊國君，故號有熊氏。㉗方雷，傳說中古國名。方雷氏為黃帝次妃，生青陽。此說與《史記·五帝本紀》說不合。㉘又作蒼頡。姓侯剛。任黃帝史官，創造發明漢字。後人尊稱史皇、頡皇、聖蒼、皇頡、倉帝等。㉙炎、黃時代九黎族首領。與黃帝部大戰於涿鹿，兵敗被殺。

上上聖人	
上中仁人	絫祖 黃帝妃，生昌意。[30] 彤魚氏 黃帝妃，生夷鼓。[31] 梅母 黃帝妃，生倉林。[32] 封鉅 黃帝師。[33] 大填 黃帝師。[34] 大山稽 黃帝師。[35] 力牧[36] 風后[37] 鬼臾區[38] 封胡[39] 孔甲[40] 岐伯[41]
上下智人	
中上	
中中	
中下	
下上	
下中	
下下愚人	

少昊帝金天氏㊸	顓頊帝高陽氏㊼

泠淪氏㊷	五鳥㊹	五鳩㊺	昌僕　昌意妃，生顓頊。㊻	女祿　顓頊妃，生老童。㊽	嬌極　老童妃，生重黎。㊿	吳回51

九黎㊾

㉚絫祖即嫘祖，黃帝正妃，生昌意，是蠶桑發明者。㉛肜魚，古國名。㉜晦又作「嫫」、「嫵」。㉝傳說為炎帝之後，亦曰封巨、封鴻、大封。㉞墳又作「顛」、「真」、「撓」、「墳」，據傳說是干支的發明者。㉟亦作山稽，任黃帝司徒，黃帝師之。㊱又作力墨、力黑，黃帝任以為將（或相）。㊲傳說中黃帝之相。㊳又作鬼容區。號大鴻，黃帝的輔佐大臣。㊴傳說中黃帝的臣子。㊵傳說中黃帝史臣。㊶傳說中黃帝的太醫。亦曰天師。㊷即伶倫。傳說中黃帝的樂官，樂律及樂器的發明者。㊸昊又作皞。名摯。傳說中古代東夷族的首領，號金天氏。東夷族以鳥為圖騰，少昊曾以鳥命官，傳說中少昊死後為西方之神。㊹少昊時官名，即鳳鳥氏，主司曆（曆法）；玄鳥氏司分（春分秋分）；伯勞氏司至（夏至冬至）；青鳥氏司啓（立春立夏）；丹鳥氏司閉（立秋立冬）。㊺少昊氏官名。祝鳩氏司徒；鴡氏司馬；鳲鳩氏司空；爽鳩氏司寇；鶻鳩氏司事。㊻傳為蜀山氏之女。黃帝子昌意娶之，生顓頊。㊼上古帝王名，「五帝」之一，號高陽氏，相傳為黃帝之孫，昌意之子，生於若水，居於帝丘。㊽滕奔氏之女。老童又作耆童、卷章。㊾又曰玄都氏，少昊時代部落首領。傳說黎有兄弟九人，故稱九黎。㊿又作高緺、驕福，或單稱嬌。又作橋。《左傳·昭公二十九年》，重與黎為二人。重為少昊之叔，黎乃顓頊之子。51又作回祿。傳為黎之弟，任火正之官。

上上聖人	帝嚳高辛
上中仁人	后土 52 蓐收 53 玄冥 54 熙 55 柱 56 帥味 57 允格 58 臺駘 59 窮蟬 顓頊子，生敬康。60 大款 顓頊師。61 柏夷亮父 顓頊師。62 綠圖 顓頊師。63 僑極 玄囂子，生帝嚳。64
上下智人	
中上	
中中	
中下	
下上	
下中	
下下愚人	

氏[65]

姜原	帝嚳妃，生棄。[66]
簡逷	帝嚳妃，生卨。[67]
陳豐	帝嚳妃，生堯。[68]
娵訾	帝嚳妃，生摯。[69]
祝融[70]	
陸終	祝融子。[71]
女潰	

[52]后土乃土正之官，據傳說共工之子句龍任此官。[53]蓐又作辱、鄏，乃金正之官，少昊氏之叔「該」任此官。[54]乃水正之官，少昊之叔名「叔」、「熙」者任此官。[55]少昊氏之叔，任木正之官玄冥。[56]烈山氏之子曰柱。為稷。[57]帥為「師」之代訛。金天氏之裔子，為玄冥師。生允格、臺駘。[58]金天氏裔子師味之子，顓頊封之於鄀，為允姓之戎之祖。[59]金天氏裔子師味之子，襲父職，任水官之長，通汾洮二水，後世尊為汾神。[60]又作窮係。傳說為帝舜之高祖。[61]傳說為大廷氏之後。[62]柏又作「伯」，當作「伯夷父」、「亮」字乃衍文，或作伯亮。[63]綠又寫作淥、祿、錄。[64]僑又作喬、蟜、橋。[65]傳說中的部落聯盟領袖，號高辛氏。[66]原或作嫄，有邰氏女，傳說中周人始祖。[67]又作簡狄、簡翟。有娀氏女，帝嚳次妃，卨或作契，商之先祖。[68]即陳鋒。鋒氏之女，名慶都。[69]又作陬訾，名常儀。[70]火正之官，傳說顓頊之子黎為帝嚳火正，命曰祝融。[71]一說當作吳回。

上上聖人	帝堯陶唐氏78
上中仁人	陸終妃,生六子:一曰昆吾,二曰參胡,三曰彭祖,四曰會乙,五曰曹姓,六曰季連。72 廖叔安73 舟人74 赤松子 帝嚳師。75 柏招 帝嚳師。 句望 敬康子,生蟜牛。76 帝摯77 女皇 堯妃,散宜氏女。79 羲仲82
上下智人	
中上	
中中	
中下	
下上	
下中	朱 堯子。80 閼伯83
下下愚人	共工81 讙兜84

羲叔85	和仲86	和叔89	倉舒90	隤敳92	檮戭94	大臨95	尨降96	咎繇97	仲容98
實沈87	女志 鯀妃，有㜪氏女，生禹。93								
三苗88	鯀91								

72女潰，傳為鬼方氏之妹，陸終娶以為妃。產六子，皆有國。73廖又作飂，古國名，叔安乃國君名，陸終之後，己姓。74古國名，禿姓，後為周所滅。75松又作誦，傳說中的古仙人。76句音鉤，望又作芒。蟜亦作橋。77摯又作贄，帝嚳子，娵訾女常儀所生。帝嚳死，帝摯即位，立九年，禪位於弟唐堯。78傳說中古代氏族部落領袖。79散宜氏之女，帝堯之妃生丹朱。80又作丹朱。據說其兇頑不肖，堯傳位於舜，丹朱以諸侯處於丹淵。81堯時以工師掌工事，行為淫僻，被堯流放於北方幽州。82重黎之後，世掌天文曆法。羲仲堯時主春季曆法。83帝嚳長子，帝堯時遷之於商丘（今河南商丘），主祀辰星。84帝堯時惡臣，《山海經》作「讙頭」。85堯時主夏季曆法。86堯時主秋季曆法。87帝嚳少子，帝堯時遷於大夏（今山西中部），主祀參星。88活動在江淮一帶的少數民族部落，堯時被遷於西方三危山一帶。89堯時主冬季曆法。90倉亦作蒼。為顓頊後裔，舜舉之於堯令主后土，為「八愷」之首。91堯時部落首領。受堯命而去治水，因無功而受嚴懲。92「八愷」之一，堯時為士官。93又作女嬉、女狄、修己，有㜪（又作莘）氏之女，生夏禹。94「八愷」之一，堯時士官。95「八愷」之一，堯時士官。96尨又作龍、龐，降又作江。「八愷」之一，堯時士官。97咎繇又作皋陶，「八愷」之一，堯時士官。98仲又作中，「八愷」之一，堯時士官。

上上聖人	
上中仁人	叔達(99) 柏奮(100) 仲堪(101) 叔獻(102) 季仲(103) 柏虎(104) 仲熊(105) 叔豹(106) 季熊(107) 尹壽 堯師。(108) 被衣(109) 方回(110) 王兒(111) 齧缺(112) 許繇(113) 巢父(114) 子州支父(115)
上下智人	
中上	
中中	
中下	
下上	
下中	鼓叜
下下愚人	

帝舜有虞氏117		
娥皇 舜妃。118	女罃 舜妃。120	姑人 棄妃。124
敤手 舜妹。119	董父123	石戶之農125
蟜牛子，生舜。116	象 舜弟。121	商均 舜子。122

99「八愷」之一，堯時土官。100帝嚳後裔子，堯時主四方之五教，天下晏然。柏奮為「八元」之首。101「八元」之一，堯時主五教。102獻又作「戲」，「八元」之一，堯時主五教。103「八元」之一，堯時主五教。104亦作「伯虎」，「八元」之一，堯時主五教。105又作仲雄，「八元」之一，堯時主五教。106「八元」之一，堯時主五教。107又作季貍，「八元」之一，堯時主五教。108又作君疇。亦曰尹中。109又作披衣、蒲衣，堯時隱士。110堯時隱士，煉食雲母，隱於五柞山，為舜七友之一。111又作王倪，堯時賢人。112齧，嚙之異體字。堯時求道之士。113亦作許由，字武仲，傳為四岳之後。堯曾讓以天下，洗耳不受而逃。114堯時高士，亦曰山父，許由之友，以樹為巢故名。115又作子州友父、州支父。堯時高士，堯讓以天下而不受。116鼓又作瞽，叜古叟字。117傳說中古代部族領袖。118又作倪皇、皇育、娥肓、娥媓，帝堯之女。119又作敤首。敤又作顆、婐，名系。120又作女匽、女英，生商均。121又作象敖，為人傲恨，因以為號。帝舜異母弟。122亦作義均、叔均，母曰女英。一曰商均被封於商，一曰被封於虞。123父又作甫，廖叔安裔子。好龍，舜賜姓董氏，曰豢龍。124姑又作吉。棄之元妃。125戶又作后。石戶，地名。農，農人。帝舜之友，舜讓以位，入海不返。

上上聖人	帝禹夏后氏[140]
上中仁人	卨[127] 垂[129] 朱斨[131] 柏譽[133] 柏益[135] 龍[137] 夔[139] 女趫 禹妃，塗山氏女，生啟。[141] 啟 禹子。[143]
上下智人	北人亡擇[126] 雒陶[128] 續身[130] 柏陽[132] 東不訾[134] 秦不虛[136] 昭明 卨子。[138] 奚仲[142] 相土 昭明子。[144] 六卿[146] 不窋 棄子。[148]
中上	
中中	昌若 相土子。[147] 根圉 昌若子。[149]
中下	
下上	
下中	太康 啟子，昆弟五人，號五觀。[150]
下下愚人	有扈氏[145]

胤 153

有扔君 156　武羅 159　柏因 160　熊髡 161　龎圉 162

中康 太康弟。151　相 中康子。157　后緡 相妃，生少康。163

后夔玄妻 154

羲和 152　逢門子 158

羿 155　韓浞 164　鼏 165

---

❶126北人，複姓。名亡擇，又作無擇。帝舜之友，舜讓以位，自投清泠之淵。127即商祖契。128雒又作雄、熊，帝舜七友之一。129又作倕，堯舜時主工事。130身又作牙、耳。帝舜七友之一。131又作殳斨，帝舜臣。132又作伯陽，帝舜七友之一。133又作伯譽，帝舜臣。134又作東不識、董不識，帝舜七友之一。135又作伯益、化益、伯翳。也曰大費，秦之先祖，曾佐禹平水土，帝舜封之於費。136虛又作空，帝舜七友之一。137帝舜之臣，任納言之官。138商族第二代祖先。相土之父。139夔，又曰歸、質，亦曰后夔，帝舜之臣，任樂官。140傳說中古代部族領袖。141趫又作憍、嬌、媧，也叫后趫、攸女，憍山氏之女。142傳說是黃帝後裔，夏時任車正，居於薛（今山東滕州南），為薛國先祖。143又曰夏后伯啟、夏后啟，亦曰建、余、會，傳說為夏朝開國之王。從他開始實行王位世襲制。144商族第三代祖先。亦曰乘杜。作乘馬。居於商丘（今河南商丘）。145扈又作鄠、戶，夏朝時部族首領。啟即王位，有扈氏不服，啟滅之。146傳說夏啟作六軍，以六卿統之。但六卿無確指。147商族第四代先族。相土之子，根圉之父。148周族第二代祖，棄之子。夏末政亂，不窋自竄於戎狄之間。149商族先祖。150夏王，貪於遊田，不恤民事，為羿所逐，史稱「太康失國」。151又作仲康、仲盧。152羲氏、和氏，為世掌天地四時之官。帝仲康時，羲和湎淫，胤國之君受命征之。153夏朝時胤國國君。154有仍氏女。生伯封，后羿滅之。155又曰后羿、夷羿、帝羿，夏末代夏政，恃其善射，不恤民政，信用寒浞，為其所殺。156夏朝時有扔國君，緡姓。157又曰夏后相、相安，在位二十八年，為澆所滅。158逢又作蓬、蠭，門又作蒙，亦曰逢須，后羿之弟子。善射出名。159帝羿賢臣，羿棄而不用，至於亡國。160因亦作烟，帝羿賢臣。161帝羿賢臣。

上上聖人	
上中仁人	公劉
上下智人	少康 相子。[169]　二姚 少康妃。[172]　芬[178]　芒 槐子。[179]　泄[181]　不降[184]　劉絫[188]
中上	靡[166]　女艾[171]　冥 根圉子。[175]　垓 冥子。[176]　微 垓子。[180]　鞠 不窋子。[182]　扃 不降弟。[185]
中中	虞后氏杼 少康子。[174]　槐 杼子。[177]　報丁 微子。[183]　報乙[186]　報丙[189]
中下	
下上	斟灌氏[167]　斟尋氏[170]　孔甲 不降子。[187]　皋[190]
下中	殪[168]　柏封叔[173]
下下愚人	

鞠子。191				
闕龍逢196				
廑192				
主壬193	主癸194			
發195	韋197	鼓199	昆吾202	
癸發子，是為桀。198	末嬉桀妃。200	于莘201	推侈203	葛伯204

162厖又作尨、龍，帝羿賢臣。163有扔氏女。164又作「寒浞」。伯明氏之讒子，羿任為相，殺羿而奪其位。165奡通「傲」，又作澆、敖，寒浞與后羿妻所生，後為少康所殺。166亦曰伯靡，夏遺臣，滅寒浞立少康。167灌又作戈，夏同姓諸侯，為澆所滅。168殪又作豷。寒浞與羿室所生，帝杼滅之。169夏后相之子，相失國，少康生於母家有扔氏，後復國，史稱少康中興。170尋同鄩。夏同姓諸侯，為澆所滅。171少康臣子。172有虞氏女。173又曰伯封。后羿滅之。174杼又作予、佇、寧，亦曰后佇、季杼、帝予。175又作溟，商侯冥。商祖先祖。冥為司空，勤其官事，死於水中，殷人郊之。176又作核、王亥、振，商族先祖。177此為重出。178又作槐，亦曰帝槐。夏王，少康之孫，帝予之子。179又作荒、芒如，又名和，亦曰帝芒，夏王。180亦曰殷侯微，商族先祖以甲日生，故又曰上甲微。181又作洩，亦曰帝泄，夏王，芒之子。182又作鞠陶。公劉之父。183商族先祖，報乙之父。184亦單稱降、江，亦曰江城、江武。又曰帝降、帝不降。在位五十九年。185扃又作喬。186商先祖，報丁子。187又作胤甲，又曰帝孔甲，夏王。188陶唐氏之後，學於豢龍氏，事夏帝孔甲，賜姓御龍。189商先祖，報乙子。190又作昊、睪、皋簡，帝孔甲子，夏王。191周之先祖。遷豳，復后稷之業。192夏王。又曰廣、廑、頓、董江等。193商先祖，報丙子。194商先祖，主壬子。195又作惠、發惠、敬發，亦曰后敬。夏王，帝皋之子。196夏賢臣，為桀所殺。197夏末強國，即豕韋國，彭姓。198夏末代王。199即顧國，己姓。200又作妹喜、妹嬉、妖喜。201桀之嬖臣。202夏朝國名。姒姓。203夏朝國名，為湯所滅。推又作雅、惟、雖，侈又作移、哆。204夏末國名，黃帝之後，為湯所滅。

上上聖人	帝湯殷商氏[205]
上中仁人	有㜪氏 湯中妃，生大丁。[207] 大丁[215] 伊尹[219] 咎單[222] 太甲 大丁子。[225]
上下智人	仲虺[208] 老彭[211] 義伯[213] 中伯[216] 卞隨[220] 務光[223]
中上	虞公遂[209] 逢公柏陵[212] 費昌[214] 終古 夏太史令。[217] 外丙 大丁弟。[221] 中壬 外丙弟。[224] 沃丁 太甲子。[227] 大庚 沃丁弟。[228]
中中	慶節 公劉子。[210]
中下	皇僕 慶節子。[218] 差弗 皇僕子。[226]
下上	
下中	尹諧[206]
下下愚人	

〔空〕

大戊（雍己弟。231）　巫咸 235

伊陟 232　臣扈 236　外壬（中丁弟。239）　河亶甲（外壬弟。240）

小甲（大庚子。229）　雍己（小甲弟。230）　孟獻（益後。233）　中衍 237　中丁（大戊弟。238）

〔空〕

毀隃（差弗子。234）　公非（毀隃子。241）

〔空〕

〔空〕

〔空〕

205又名天乙、成湯、武湯。滅夏建立商朝。206顏師古曰：「湯所誅，見《荀子・宥坐》。」207婺亦作侁，本作莘莘。208虺又作蘬、傀，商王左相。209又作虞遂，帝舜後，商興而封。210周之先祖。211又曰殷彭，或說即彭祖。商朝賢臣。212又作逢伯陵，商朝逢國國君，周太姜之祖。213又作誼伯，商湯之臣。與中伯作《典寶》。214又曰費伯昌，秦之先祖。215商湯王太子。216商湯臣，與義伯作《典寶》。217太史令，後奔商。218周之先祖。219名摯，亦曰伊伯、伊公、伊摯、阿衡、保衡，商朝著名大臣。220卞又作弁，隨又作隋，傳為黃帝之後，先祖封於卞，而為卞氏。221名勝，亦曰外丁、帝外丙。商王，在位三年。222傳為咎繇之後，商湯臣，任主土地之官。223務又作瞀、牟，商湯時隱士。224名庸，又曰帝中壬，商王，在位四年。225名至。商王，湯嫡長孫。帝中壬死後繼位，因遊田無度被伊尹流放於桐，三年後改過自新，被迎歸復位。226又作弗差，周之先祖。227名絢，商王，在位十九年。228名辨，商王，在位五年（一說二十五年）。229名高，商王，在位十七年。230名伷，商王，在位十二年。231又作太戊、天戊、殷戊，名密，號中宗，商王。232商初大臣伊尹之子，帝大戊之相。233獻又作戲、齗，秦之先祖事商帝大戊。234毀又作偽，隃又作渝、榆、揄、愉，周之先祖。235姓巫名咸，又作巫戊，吳人。商王大戊之大臣。236商朝大臣。237亦曰費侯、仲衍，秦之先祖，為商帝太戊車正。238名莊，商王，在位九年（一說十一年）。239名發，又曰帝外壬，商王，在位十年（一說十五年）。240名整，商王，在位九年。241周之先祖。

上上聖人	
上中仁人	祖乙 河亶甲弟。[242]　盤庚 陽甲弟。[255]
上下智人	巫賢[243]　大彭[251]　豕韋[252]　陽甲 祖丁子。[254]　小辛 盤庚子。[257]
中上	祖辛 祖乙子。[244]　沃甲 祖辛弟。[246]　祖丁 祖辛子。[248]　南庚 沃甲子。[249]
中中	
中下	辟方 公非子。[245]　高圉 辟方子。[247]　夷竢 高圉子。[250]　亞圉 高圉子。[253]　雲都 亞圉弟。[256]　公祖 亞圉子。[258]
下上	
下中	
下下愚人	

武丁 小乙子。260
傅說262
甘盤264
大王亶父 公祖子。266

小乙 小辛弟。259
祖己263
孝己265
祖伊267

劉姓豕韋261
祖庚 武丁子。268

242名滕。商王，在位十九年。243巫咸子。佐帝祖乙。244名旦，商王，在位十四年（一說十六年）。245按《史記・周本紀》公非子為高圉，而無辟方。《世本》作「公非辟方」，又皇甫謐云「公非字辟方」，所以公非辟方當為一人。246又作開甲，名踰。商王，在位五年（一說二十年，一說二十五年）。247又曰邠侯高圉，周之先祖。248名新。商王，在位九年（一說三十二年，一說三十三年）。249名更。商王，在位六年（一說二十九年）。250按《史記・周本紀》高圉子為亞圉，無夷竢，當與高圉為一人。251指彭伯，商朝時彭國國君。252指韋伯，商朝韋國國君。253又曰邠侯亞圉，周之先祖。254名和，又曰和甲，商王，在位七年（一說十七年）。255盤又作般。亦曰殷庚，名旬。商朝中興之主，為鞏固統治，將都城從奄（今山東曲阜）遷到殷（今河南安陽）。256《史記・周本紀》亞圉子為公祖，無雲都。257名頌。商王，盤庚之弟（〈表〉誤為子）。在位三年（一說二十一年）。258公祖乃公叔祖類之省文。周之先祖。259名斂。商王，在位十年（一說二十年，一說二十一年）。260名昭，又曰殷武，被尊為高宗。在位五十九年。261劉累之後代彭姓為豕韋者。《左傳》所謂賜氏御龍，以更豕韋之後者，故此表言「劉姓豕韋」以區別。262名說，又作兌。商王武丁之賢臣，相傳原為在傅岩地方從事版築的奴隸，武丁夢見而求之，得之傅岩，遂以傅為姓。263商王武丁賢臣，仲虺七世孫。264盤又作般。商王武丁之師。封於甘。265商王武丁太子。有至孝之行。266大又作太，父又作甫。也作亶公、周公、亶王，周之先祖。去亶遷岐，居周原，國號曰周。267商末賢臣，祖己之後。268名曜，商王，在位十一年（一說七年）。

上上聖人	
上中仁人	姜女大王妃。(269) 太伯(272) 中雍(274) 王季(276) 大任王季妃，生文王。(278) 微子紂兄。(280) 箕子(282) 比干(283) 伯夷(286)
上下智人	
中上	
中中	
中下	甲祖庚弟。(270) 馮辛甲子。(271) 庚丁馮辛弟。(273)
下上	
下中	武乙庚丁子。(275) 大丁武乙子。(277) 乙大丁子。(279)
下下愚人	辛乙子，是為紂。(281) 妲己紂妃。(284) 費中(285)

叔齊287

太師摯289　亞飯干291　三飯繚295　四飯缺299　鼓方叔301

膠鬲290　微中292　商容294　師涓296　梅伯298　邢侯300　鬼侯302

飛廉288　惡來293　左強297

269亦曰周姜、大姜、皇妣大姜。有邰氏女。270名載。亦曰帝甲，辛甲，商王，在位三十三年。271又作廩辛、祖辛，名先，商王在位四年（一說六年）。272太又作泰，亦曰吳太伯。名先闕，周太王長子，為讓位予弟季歷，與弟仲雍，奔吳，是吳國始祖。273名囂。亦曰王子囂，商王。在位八年（一說六年，一為十一年）。274中又作仲。又稱虞仲、吳仲，周太王次子、與兄太伯奔吳，太伯死後，仲雍繼之。275名翟，商王，無道之君，被雷震死，在位三十五年（一說四年）。276即季歷，又曰公季，周太王之子，文王之父，作程邑（今陝西咸陽東北），文王遷焉。277名托，商王，在位十三年（一說三年）。278任又作妊，摯國任姓之中女，故曰摯仲氏任。王季正妃，周文王母。279名羨。亦曰辛乙、帝乙，商王，紂王之父，在位九年（一說三十七年）。280名啓，又作開。商紂王庶兄，武王滅商後，封微子於宋，為宋國始祖。281商朝末代王。282亦曰箕伯、箕仁，名胥餘，商紂王諸父，曾多次進諫紂王，王不聽，佯狂為奴，武王滅商後釋之。283商末賢臣。284姓己名妲，有蘇氏女。武王滅商被殺。285又作費仲，殷紂王嬖臣，後為周武王所擒，死於牧野。286名允，字公信，商末孤竹君長子，孤竹君立其弟為王位繼承者，其弟以王位讓伯夷，伯夷不受，兄弟同逃至周，反對武王伐紂，後逃至首陽山，不食周粟而死。287名智，字公達，商末孤竹君次子，與兄伯夷互讓王位，逃至周，諫阻武王伐紂，周滅商，逃至首陽山不食周粟而死。288飛又作蜚、非，別號處父，以善走出名，事殷紂王。後被戮於海隅。289太師，樂官之長，名摯，殷紂王太師，後奔齊。290鬲，又作革，殷賢臣，後自殷奔周，佐武王滅紂。291亞飯，樂章名。亞飯干，名干，殷紂王〈亞飯〉樂師，後奔楚。292梁玉繩曰：「〈表〉于第五等云宋微中，啓子，則此必據《孟子》敘膠鬲而誤連及之。」293又名革，亦曰來革，飛廉子，以力事殷紂王，武王殺之於牧野。294又作「常縱」，商朝貴族。被紂王廢黜，武王滅商，旌表其閭。295三飯，樂章名。繚，〈三飯〉樂師名，後奔蔡。296即師延，殷紂王樂師，師涓乃春秋衛靈公樂師，〈表〉誤。297商紂王的佞臣之一。298商朝諸侯，子姓，以數諫而被紂王殺。299四飯，樂章名。缺，人名。殷紂〈四飯〉樂師，後奔秦。300又作咢侯、鄂侯、邘侯，紂之三公。後被紂脯。301名方叔，殷紂王擊鼓樂師，後奔河濱。302又作九侯，紂之三公。後被紂醢

上上聖人	文王周氏 (310)　武王
上中仁人	大姒 文王妃。(312)　大顛 (317)　閎夭 (319)　散宜生 (323)　南宮适 (327)　祭公 (332)　師尚父 (337)
上下智人	播鞉武 (303)　少師陽 (304)　擊磬襄 (305)　虢中 (313)　虢叔 (315)　粥熊 (320)　辛甲 (324)　周任 (328)　史扁 (333)　向摯 殷太史。(336)　邑姜
中上	伯達 (306)　伯适 (307)　中突 (308)　中曶 (311)　叔夜 (316)　叔夏 (318)　季隨 (321)　季騧 (325)　成叔武 文王子。(329)　霍叔處 文王子。(334)　檀伯達 (338)
中中	伯邑考 文王子。(309)　楚熊麗 鬻子。(314)　虞侯 (322)　芮侯 (326)　吳周章 中雍曾孫。(330)
中下	芮伯 (331)　巢伯 (335)
下上	
下中	
下下愚人	

文王子。339		
畢公 文王子。341	太師庛 343	少師強 346
武王妃。340	大姬 武王妃。342	曹叔振鐸 文王子。347
	蘇忿生 344	滕叔繡
	杜伯 345	楚熊狂 麗子。348
		虞中

之。303播，搖也，鞉，小鼓，武，人名，殷紂王小鼓樂師，後奔漢水。304樂官太師之佐，陽，人名。後奔海島。305名襄，殷紂擊磬樂師。自太師摯至襄八人皆殷紂樂師，紂無道而四奔。306伯達以下至季騧八人，皆周文、武之賢臣。後人號「八士」，又曰「八虞」。307周初八賢士之一。308周初八賢士之一。309又曰邑考，周文王長子，武王兄，先文王而死。310名昌，亦曰歧侯、西伯、伯昌、姬伯、周文。季歷子，武王之父。曾被殷紂王囚於羑里而推演《周易》。後獲釋，是西周王朝的奠基者。311中又作仲，曶與忽同。周初八賢士之一。312又作太姒，亦曰文母，武王之母。313虢又作郭，中又作仲，王季子，周文王母弟。封於東虢（今河南滎陽東北）。314楚之先祖，父曰鬻熊。315虢仲之弟，封於西虢（今陝西寶雞虢鎮一帶）。316周初八賢士之一。317又作泰顛，周初大臣。自大顛至南宮适為文王四友。318周初八賢士之一。319又曰閎公，周初大臣，輔佐周文王、武王。320粥，傳說帝顓頊之苗裔，封鬻，因以為姓。楚之先祖，曾事周文王。321周初八賢士之一。322虞國國君。323周初大臣。324又曰辛尹、辛公甲，周初史官。325周初八賢士之一。326芮國國君。327又作南君，周初大臣，助武王滅商。328古代史官，一說為商太史，一說為周太史。329文王子，武王弟，武王滅商，封叔武於成，故曰成叔武。成又作郕、盛，地名，在今山東寧陽。330西周時，吳國國君。331周之同姓國，在圻內者。332周諸侯。333扁又作編、徧、篇，姬周史官。334名處，周武王同母弟，武王克商後封於霍（今山西霍縣西南）以監紂子武庚，為周初三監之一。335顏師古曰：「南方遠國，武王克商而來朝。」336向又作高、尚，摯又作藝、勢。殷末載其圖法而奔周。337本姓姜，其先封呂，以為姓，名望，字子牙，亦號太公，曾輔佐周文、武，因滅商之功封於齊，為齊國始祖。338周武王臣，姜姓，武王克商後封於河內。339名發，亦曰姬發、周武，西周王，文王死後，他聯合周之與國及其他方國部落共同滅商，建立西周王朝，都鎬京（今陝西西安西）。340師尚父之女。341名高，文王十五子，武王克商，封於畢（畢有兩說，一說在今西安西南，一說在今咸陽北），於是以畢為氏。342〈表〉本為女，後誤為妃，配陳胡公。343庛當作疵，原為殷紂王太師（樂官長），後奔周，為周太師。344己姓，周武王司寇，所以又名司寇蘇公。封國名為蘇。都溫（今河南洛陽東北）。345武王時的方國名，伯爵，豕韋自商末改國於唐，周成王滅唐，遷之杜。346名強，原為殷紂王少師（太師之佐），後奔周。347亦為曹叔、叔振、叔振鐸，武王弟，武王克殷後封於曹，為曹之始祖。348楚之先祖，熊麗之子，時在周文王、武王時代。

上上聖人	周公 文王子。372
上中仁人	成王誦 武王子。360 召公 周同姓。366 史佚 373
上下智人	毛叔鄭 文王子。351 虞閼父 355 陳胡公滿 舜後。357 衛康叔封 文王子。361 聃季載 文王子。367 君陳 374 芮伯 377
中上	文王子。349 原公 文王子。353 郜子 文王子。356 雍子 文王子。362 酆侯 文王子。 郇侯 文王子。371 唐叔虞
中中	周章弟。350 杞東樓公 禹後。354 邘侯 武王子。358 韓侯 武王子。363 齊丁公伋 師尚父子。368 魯公伯禽 周公子。375 凡伯
中下	季勝 惡來弟。352 秦女妨 惡來子。359 楚子繹 狂子。364 孟會 季勝子。369 蔡中胡 叔度子。378
下上	
下中	
下下愚人	祿父 紂子。365 管叔鮮 文王子。370 蔡叔 文王子。376

師伯[380]	毛公[383]	師氏[386]	
武王子。[379]	應侯 武王子。[381]	右史戎夫[384]	祝雍[387]
周公子。	蔣侯 周公子。[382]	邢侯 周公子。[385]	茅侯 周公子。[388]

[349]武王克商後封於滕，諡曰文公。[350]西周時虞國始封君主。吳君周章之弟，武王封為虞公。[351]亦曰毛伯明，毛，國名。封毛伯。[352]趙氏先祖，飛廉之子。[353]周室三公之一。[354]亦曰夏公。周武王克殷求禹後，得東樓公，封於杞，以奉夏祀。[355]又作遏父，周陶正，舜子商均三十二代孫。[356]郜又作告。[357]胡公姓嬀氏，名滿，虞舜之後。周武王以長女太姬配滿而封之陳（今河南淮陽），以奉舜祀。[358]又曰邗叔。此處復見錯出。[359]妨又作防，秦之先祖。[360]名誦，又作庸。亦作昭子或單稱成。在位約三十餘年。[361]又曰衛侯，孟侯、衛叔、衛伯、懷侯等。西周時衛國始封君，初封於康，後封衛。[362]雍又作雝。[363]封於韓。[364]即熊繹。芈姓，居丹陽（今湖北秭歸），西周時楚國國君。[365]又曰武庚，殷紂王之子，武王滅殷後，封於殷之故地，後叛亂，周公誅之。[366]召又作邵，名奭，諡康，采地於召，故曰召公。又為燕國始封君主，故又曰燕召公。與周同姓，成王時為太保。[367]聃又作丹，冉，地名。文王少子，周公東征後封其於聃（今河南平輿北），在周室任司空，佐成王。[368]伋又作及、汲、級。丁又作玎，亦曰呂伋、丁公呂及齊侯呂伋，西周時齊國國君。[369]本名孟增，又作曾，訛為會。號宅皋狼，趙之先祖，幸於周成王。[370]名鮮，周初三監之一。本封於管（今河南鄭州）以監武庚，後勾結武庚叛亂，周公滅之。[371]亦曰郇伯、荀叔。[372]名旦，亦曰公旦、姬旦、周旦、姬公。西周傑出的政治家。輔佐成王即位，率兵平定三監之亂，平定十七國，建立西周典章制度。[373]又曰尹佚、尹逸，周初太史，與太公、周公、昭公並稱四聖。[374]名陳，周公子，世守周公采邑，是為周平公。[375]又曰禽父，周公長子，西周時魯國始封君主，在位四十六年。[376]名度，周初三監之一。本封於蔡（今河南上蔡）監視武庚，後與管叔、武庚叛亂，被平息，放逐而死，子中胡復封於蔡。[377]顏師古曰：「周司徒也。」[378]名胡，又曰蔡仲，周武王弟，成王時復封於蔡，以奉蔡叔之祀。[379]字子于，亦曰唐叔，太叔叔虞，西周時晉國始封君主。[380]顏師古曰：「周宗伯也。《尚書》作彤伯。」梁玉繩曰：「宗伯掌邦禮，有作師之義，故謂之師伯。」[381]封於應。[382]名伯齡，周公之子，侯爵。[383]周司空。[384]翟雲升曰：「右當作左，《竹書紀年》穆王命左史戎夫作記。」梁玉繩曰：「〈表〉列于成王之世非。」[385]名靖淵，周公之子，侯爵。[386]顏師古曰：「周大夫也。」[387]周初太祝。[388]茅又作茆，周公之子，侯爵。

上上聖人	
上中仁人	
上下智人	龍臣 391；中桓 395；南宮髦 397；康王釗 成王子。401
中上	邗叔 389；商子 392
中中	胙侯 周公子。390；祭侯 周公子。393；晉侯燮 虞子。398；秦旁皋 女防子。399；楚熊艾 繹子。400；宋微中 啓子。402；魯孝公 伯禽子。405；齊乙公 丁公子。409；晉武公
中下	衛康叔 封子。394；陳申公 滿子。396；蔡伯 胡子。403；楚熊亶 艾子。408；宋公稽 仲子。410；衛孝伯
下上	蔡侯宮 伯子。406；衡父 孟增子。411
下中	祭公 404；辛繇靡 407
下下愚人	昭王瑕 康王子。412；房后 413

穆王滿 昭王子。420	呂侯 423			
燮子。414	秦大几 旁皋子。416	魯煬公 孝公子。418	齊癸公 乙子。421	秦大雒 大乙子。424
康伯子。415	陳柏公 申公弟。417	陳孝公 419	造父 衡父子。422	

389翟灝曰：「邗侯、武王子。」〈表〉前已書於第五等，此「邗」當為「陶」字之訛，陶叔，成王司徒。390胙又作祚。侯爵。391龍臣，本作虎臣，官名。唐人諱虎字，校者所改。392名高，周初數學家。勾三股四弦五定律發明者。393祭又作際，周公子，侯爵。394叔乃伯之訛。衛康伯即王孫牟，亦曰牟父、牟伯、康伯髦，西周衛國國君。395中又作仲，名桓，西周大夫。396名犀侯，西周陳國國君。陳胡公滿之子。397髦又作毛，西周大夫。398名燮，亦曰燮父，西周晉國君，唐叔虞之子。399秦之先祖，殷紂臣惡來之子孫。400艾又作乂。西周楚國國君。401亦單稱康，名釗。是「成康之治」的創造者。史謂「成康之治，天下安寧，刑措不用者四十餘年」。在位二十六年。402又作微仲，名衍，字仲恩，亦作中衍，西周宋國國君。微子啓之子。403名荒，西周蔡國國君。404〈表〉似重列。405孝公又作考公，名酋，又作遒，又名就，西周魯國國君，在位四年。406名宮，或作宮侯。西周蔡國國君。407繇又作游、餘，亦曰辛伯。侯於西翟，昭王南征沒水，辛繇靡游振得王。408亶又作黜，西周楚國國君。409名得，齊丁公伋之子，西周齊國國君。410名稽，無謚，故曰宋公稽。西周宋國國君。411趙之先祖，孟增之子，造父之父。412名瑕，亦曰昭后，又作邵王，西周天子，南攻楚國，溺死於漢水，在位十九年（一說五十一年）。413房后一名只見於《國語．周語上》：「昭王娶于房曰房后，實有爽德，協于丹朱，朱馮身以儀之，生穆王焉。」414亦曰武侯，名寧族，又作曼期、曼族，西周晉國國君。415又曰考伯，西周衛國國君。416又作太几，惡來曾孫，秦之先祖。417柏又作相，名皋羊。西周陳國國君。418名熙，又作怡，西周魯國國君，在位六年。419又作孝侯，名突，西周陳國國君。420穆又作繆，亦曰周穆、周滿，亦單稱穆，曾西征犬戎，將之遷至太原（今甘肅鎮原）。還東伐徐戎，在塗山（今安徽蚌埠西）會諸侯，又傳說他曾周遊天下。421名慈母，又作庮公或痼公。亦作祭公、祭公茲，西周齊國國君，齊乙公子。422趙之先祖，衡父之子，幸於周穆王，為穆王御，西巡狩，見西王母，穆王賜造父趙城，因以趙為氏，其後有趙國。423又作甫侯或郙侯，周穆王司寇。作〈呂刑〉（又曰〈甫刑〉）。424又作大駱，惡來五世孫，秦之先祖。

上上聖人	
上中仁人	
上下智人	
中上	君牙[425]　伯臩[430]　祭公謀父[432]　密母[436]
中中	楚熊盤 艾子。[426]　衛嗣伯 孝伯子。[428]　衛疌 嗣伯子。[431]　秦非子 大雒子。[433]
中下	徐隱王[427]　[429]鉛陵卓子　楚熊鍚 盤子。[434]　宋愍公 共公子。[437]　衛靖伯 疌子。[440]　楚摯紅 渠子。[448]
下上	共王伊扈 穆王子。[438]　晉成侯 武侯子。[443]　陳慎侯 孝侯子。[446]　蔡厲侯 宣侯子。[449]　魯厲公 魏公子。[450]
下中	魯幽公 煬公子。[435]　齊哀公 癸公子。[439]　密康公[441]　懿王堅 穆王子，詩作。[444]　孝王辟方 共王弟。[451]
下下愚人	宋煬公 愍公弟。[442]　齊胡公 哀公弟。[445]　魯魏公 幽公弟。[447]　楚熊摯 渠子。[452]

秦嬴 非子子。453
衛貞伯 靖伯子。455
晉厲侯 成侯子。456
宋厲公 愍公子。454

齊獻公 胡公弟。457

秦侯 嬴子。458
魯獻公 厲公弟。459
衛頃侯 貞伯子。460

夷王摺 懿王子。461

宋弗父何
燕惠公
楚熊延

425又作君雅，周穆王司徒。426西周楚國國君。翟雲升曰：「熊盤當作熊勝，艾子當作亶子。」427即徐偃王，亦曰徐偃、駒王，又名誕，西周徐國國君。428西周衛國國君。429又作延陵卓子。430本作伯冏，周穆王太僕。431疌又作建、摯，西周衛國國君。432名謀父，亦曰祭父，周公之後，畿內祭國國君，為王室卿士。433非又作扉，秦之先祖，居於犬丘（今甘肅天水一帶），因善養馬，後被封於秦（今甘肅張家川）為周之附庸。434錫又作楊、煬，西周楚國國君，熊艾子，熊勝弟，勝無子，以錫為後。435名宰，又名圉，西周魯國國君，在位十四年，被弒。436密康公之母，姓隗氏。曾勸誡密康公獻所得美女三人於周共王，康公不聽，終為共王所滅。437愍又作湣，西周宋國國君，宋丁公之子，〈表〉訛丁為共。438共王又作恭王，伊又作系，西周天子，在位十二年（一說十年，一說二十五年）。439名不辰，又名昴，西周時齊國國君。後被周夷王烹而立其弟。440西周時衛國國君。441密，西周畿內國，康公，密之國君，為周共王所滅。442名熙，西周時宋國國君，為鮒祀所弒。443名服人。西周時晉國國君。444名堅，又作囏，西周天子。懿王時王室衰弱，怨刺之詩始作。445名靜，一作靖。西周時齊國國君，在位時遷都於薄姑（今山東博興東南）。446又作慎公，名圉戎，西周時陳國國君。447魏公又作微公、徽公，名濆，又作茀、費、弗甚，西周時魯國國君，弒弟而立，在位五十年。448摯紅當作熊渠，熊渠乃熊錫之子，西周時楚國國君。449西周時蔡國國君，蔡宮侯之子，〈表〉訛「宮」為「宣」。450名擢，又作翟，西周時魯國國君，在位三十七年。451名辟方，西周天子，在位九年。452摯又作鷙，熊渠少子執疵。有惡疾，廢居於夔，為楚附庸。453梁玉繩曰：「嬴即非子，此乃重出，誤分為父子也。」454名鮒祀，又作魴祀，西周時宋國國君，弒叔煬公而自立。455又作箕伯，西周時衛國國君。456名福，又作輻，西周時晉國國君。457名山，西周時齊國國君。襲攻胡公而自立，遷都臨菑（今山東臨淄），在位九年。458惡來七世孫，秦之先祖，秦為周之附庸，秦侯立十年。459名具，西周時魯國國君，國人立之，在位三十二年（一說三十六年）。460亦曰衛頃公，西周時衛國國君，在位十二年。461名摺，又作燮，西周天子，烹齊哀公，在位八年。

上上聖人	
上中仁人	
上下智人	462 愍公子。　469 芮良夫
中上	467 共伯和　494 嘉父
中中	471 史伯　476 宋父 何子。　481 秦中 伯子。　486 魯武公 慎公弟。　490 秦嚴公 仲子。
中下	463 邵公九世。　465 宋釐公 厲公子。　474 曹夷伯 振鐸六世。　477 魯慎公 獻公子。　482 齊文公 厲公弟。　487 晉釐侯 靖侯子。　491 楚熊紃 嚴弟。
下上	464 摯弟。　466 蔡武侯 厲侯子。　470 衛釐公 頃公子。　475 楚熊勇 延子。　478 晉靖侯 厲侯子。　483 郲顏　488 夏父　492 蔡夷侯 武侯子。　楚熊咢
下中	468 齊武公 獻公子。　472 杞題公 東樓子。　479 曹幽伯 夷伯子。　484 陳幽公 慎公子。　489 齊厲公 武公子。　493 魯懿公 武公子。
下下愚人	473 厲王胡 夷王子。　480 衛巫　485 楚熊嚴 勇子。

伯御 魯懿公兄子。❹498

叔術 ❹497

紃子。❹495

楚熊霸 嚴子。❹496

❹462父又作甫，何又作河，西周時宋愍公之子，正考父（孔子先祖）之祖父。❹463又稱燕惠侯，西周時燕國國君，在位三十八年（西元前八六四—前八二七年）。燕自召公至惠公為九世。❹464熊渠子，西周時楚國國君。❹465名舉。西周時宋國國君，在位二十八年（西元前八五八—前八三一年）。❹466西周時蔡國國君，在位二十六年（西元前八六三—八三八年）。❹467西元前八四一年西周發生「國人暴動」，攻厲王，厲王奔彘（今山西霍州），共伯和時攝天子之政，號曰「共和」，共和元年（西元前八四一年）是中國有確切紀年之始。共和十四年而周宣王即位。❹468名壽，西周齊國國君，在位二十六年（西元前八五一—前八二五年）。❹469又曰芮伯，西周大夫。曾諫周厲王任榮夷公專利，以為周室必敗。❹470亦曰衛釐侯。西周時衛國國君。在位四十二年（西元前八五四—前八一三年）。❹471「中上」有史伯，所以張雲璈云：「其人乃公伯之訛。」公伯，秦之先祖，秦侯之子，立三年而卒，生秦仲。❹472西周杞國國君，《史記・陳杞世家》云：「東樓公生西樓公，西樓公生題公。」是題公乃東樓之孫。❹473名胡，西周天子，好利專政，引起國人暴動而奔彘（今山西霍州）。共和十四年（西元前八二八年）死於彘。❹474名喜，西周時曹國國君，曹叔振鐸六世孫，在位三十年（西元前八六四—前八三五年）。❹475西周時楚國國君，在位十年（西元前八四七—前八三八年）。❹476名周，又作宋父周，宋弗父何之子，正考父之父。❹477慎亦作真、貞、順，名濞，又作鼻，又名執，亦作摯，西周時魯國國君，在位三十年（西元前八五八—前八二六年）。❹478名宜臼，西周時晉國國君，在位十八年（西元前八五八—前八四一年）。❹479名彊，又作疆、強，西周時曹國國君，在位九年（西元前八三四—前八二六年），弟弒之。❹480西周時衛國之巫，西周厲王用之以監謗。❹481亦曰大夫仲，惡來九世孫，公伯之子。周宣王時為周大夫，討西戎，為戎所殺，在位二十三年（西元前八四四—前八二二年）。❹482名赤，西周時齊國國君，齊厲公子，〈表〉誤為弟。在位十二年（西元前八一五—前八〇四年）。❹483名夷，字顏，又作夷父、伯顏，亦曰邾武公、邾婁顏、顏公。西周時邾國國君，因製造魯亂而為周天子所誅。❹484名寧。西周時陳國國君，在位二十三年（西元前八五四—前八三二年）。❹485亦曰荊子熊嚴、楚子嚴，熊勇無子，以嚴為後，西周時楚國國君，在位十年（西元前八三七—前八二八年）。❹486名敖，亦單稱武，西周時魯國國君，立九年，西朝宣王，在位十年（西元前八二五—前八一六年）。❹487釐又作僖，名司徒，西周時晉國國君，在位十八年（西元前八四〇—前八二三年）。❹488西周時邾國國君，邾顏之子。❹489名無忌，西周時齊國國君，在位九年（西元前八二四—前八一六年）。以暴虐見殺。❹490本為莊公，避漢明帝諱而改，奉周宣王命伐西戎，獲勝，被封西垂大夫，在位四十四年（西元前八二一—前七七八年）。❹491亦曰季紃，紃又作徇，又曰楚子徇，熊嚴少子，〈表〉誤為弟。西周時楚國國君，在位二十二年（西元前八二一—前八〇〇年）。❹492西周時蔡國國君，在位二十八年（西元前八三七—前八一〇年）。❹493名戲，又名被。西周時魯國國君，在位九年（西元前八一五—前八〇七年），後被弒。❹494又作嘉甫、家父，西周王室大夫，作〈節南山〉詩，以刺執政大臣。❹495咢又作鄂、噩。西周時楚國國君，在位九年（西元前七九九—前七九一年）。❹496本作熊霜，又曰伯霜、楚子霜，西周時楚國國君，在

上上聖人

上中仁人

- 周宣王靖 厲王子。512

上下智人

- 召虎 502
- 方叔 506
- 南中 507
- 中山父 513
- 申伯 516
- 尹吉父 519
- 韓侯 522
- 蹶父 523
- 張中 531
- 程伯休父 532

中上

- 譚大夫 499
- 寺人孟子 503
- 伯陽父 508
- 史伯 514
- 師服 520
- 虢文公 535

中中

- 宋世子士 509
- 蔡夷侯 517
- 奄父 造父六世孫。524
- 鄭桓公友 527

中下

- 衛武公 釐公子。504
- 宋惠公 釐公子。510
- 燕釐侯 十世。518
- 宋戴公 惠公子 525

下上

- 陳釐公 幽公子。500
- 晉獻侯 釐侯子。511
- 晉繆侯 獻侯子。515
- 齊成公 文公子。521
- 魯孝公 懿公子。526
- 陳武公 釐公子。528
- 蔡釐侯 夷侯子。533
- 燕頃侯 十一世。536
- 齊嚴侯

下中

- 盱 501
- 曹戴伯 幽伯子。529
- 曹惠伯 戴伯子。538

下下愚人

- 衛共伯 釐公子。505
- 晉殤公 繆公弟。530
- 幽王宮涅 宣王子。534
- 褒姒 537
- 虢石父 539

位六年（西元前八二七－前八二二年）。(497)西周時邾國國君，邾顏之弟。周天子誅顏立叔術，術妻其嫂，傳位邾顏子夏父。(498)伯又作柏，魯懿公兄弟名括者之子，弒懿公自立。在位十一年（西元前八〇六－前七九六年），周宣王殺之。(499)西周末年譚國大夫，因國困於役而傷於財，作〈大東〉之詩以刺。(500)名孝，西周時陳國國君，在位三十六年（西元前八三一－前七九六年）。(501)盱又作跨，叔術之子。(502)召又作邵，亦曰召伯、召公、召穆公，西周大臣，召公奭之後。厲王時國人暴動，召伯虎匿太子靖於家，以其子替死，後擁立靖（宣王）即位。(503)名孟子，西周王室寺人（宦官）作〈巷伯〉之詩以洩怨憤。(504)亦曰衛武侯、衛武，名和，西周末春秋初衛國國君，立四十二年，佐周平戎，有功，周平王命為公，在位五十五年（西元前八一二－前七五八年）。(505)名餘，西周時衛釐公太子，一說早死，一說為弟武公弒。(506)周宣王時大臣。一說即師寰。(507)又作南仲，見於《詩・大雅・常武》。(508)父又作甫，周室大夫。周幽王二年（西元前七八〇年）三川地震，他以為周室將亡。(509)名勝。又曰世子、世父勝。西周時宋父之子。但據《詩・商頌》疏引世本，宋父生考父，無勝一代。(510)名釐，西周時宋國國君，在位三十年（西元前八三〇－八〇〇年）。(511)名籍，又作蘇。西周時晉國國君，在位十一年（西元前八二二－前八一二年）。(512)亦曰周宣，名靖，又作靜，西周天子，在位四十六年（西元前八二七－前七八二年）。(513)亦作仲山甫，食采於繁，謚穆，故又曰樊仲山父、樊穆仲、樊仲、樊侯。亦曰仲山、山甫，周宣王大臣。(514)名穎，字碩父，又曰太史伯，太史伯陽，西周後期周室太史。(515)又作穆侯，名費生，又作弗生、潰生，或單稱生，西周時晉國國君，在位二十七年（西元前八一一－前七八五年）。(516)西周時申國國君，姜姓其後中絕，宣王時申伯以王舅改封於謝（今河南南陽東南）。(517)已見前「下上」，此重出。(518)西周時燕國國君，燕惠公之子，在位三十六年（西元前八二六－前七九一年）。燕自召公至釐侯為十世。(519)又曰尹氏、吉甫，周宣王大臣，尹佚之後。(520)西周時期晉國著名賢大夫。(521)名說，訛為脫。又曰成侯。西周時齊國國君，在位九年（西元前八〇三－前七九五年）。(522)西周武王子韓侯之後，西周時韓國國君。(523)周宣王大臣，姞姓。(524)《史記・趙世家》：「自造父以下六世至奄父，曰公鍾，周宣王時伐戎，為御，及千畝戰，奄父脫宣王。」(525)名曰，西周時宋國國君，惠公之孫，哀公之子（〈表〉脫哀公，誤孫為子）。在位三十四年（西元前七九九－前七六六年）。(526)名稱。西周時魯國國君，魯懿公弟（〈表〉云懿公子，又一說為伯御弟）。在位二十七年（西元前七九五－前七六九年）。(527)西周末年鄭國始封國君，周厲王少子，宣王弟，幽王時任司徒，犬戎破周時被殺，在位三十六年（西元前八〇六－前七七一年）。(528)名靈，西周時陳國國君，在位十五年（西元前七九五－前七八一年）。(529)名蘇，又作鮮，西周時曹國國君。《史記・管蔡世家》云為幽伯弟，弒幽伯而立，在位三十年（西元前八二五－前七九六年）。(530)史稱殤叔。西周時晉國國君，在位四年（西元前七八四－前七八一年）。穆侯太子仇弒之。(531)又作張仲，周宣王大臣尹吉父之友。(532)名休父，西周時程國國君。伯爵。(533)又曰釐公，名所事，西周時蔡國國君。在位四十八年（西元前八〇九－前七六二年）。(534)名宮湦。西周末代天子，任用虢石父執政，寵愛褒姒，廢太子、申后，引起國亂，為犬戎所殺。在位十一年（西元前七八一－前七七一年）。(535)西周時西虢君，虢叔之後，宣王不藉千畝，虢文公諫曰不可。(536)頃又作傾。西周末燕國國君，在位二十四年（西元前七九〇－前七六七年）。燕自召公至頃侯為十一世。(537)周幽王寵妃，褒國人，姒姓，幽王王后，犬戎殺幽王，褒姒被虜。(538)又曰惠公，名雉，亦名兕。西周時曹國國君，在位三十六年（西元前七九五－前七六〇年）。(539)父又作甫。亦曰虢公、虢公鼓，西周時西虢君，世為周室卿士。石父巧佞，善諛好利。

上上聖人	
上中仁人	
上下智人	
中上	
中中	秦襄公 嚴公子。550　文子 553
中下	楚若敖 咢子。546　晉文侯仇 繆侯子。554
下上	成侯子。540　陳夷公 武公子。542　陳平公 夷公弟。544　魯惠公 孝公子。551　秦文公 襄公子。555　楚霄敖
下中	
下下愚人	皇父卿士 541　司徒皮 543　太宰冢伯 545　膳夫中術 547　內史掫子 548　趣馬蹶 549　師氏萬 552　申侯 556

						若敖子。[557]		
				辛有[558]	趙叔帶 奄父子。[559]	鄭武公 桓公子。[560]		
					宋武公 戴公子。[561]	燕哀侯 十二世。[562]		平王宜臼[563]
					衛嚴公 武公子。[564]	燕鄭侯 十三世。[565]		
							晉昭侯 文侯子。[566]	曹繆公 惠公子。[567]

[540]又曰莊公、齊莊，名購。西周時齊國國君，在位六十四年（西元前七九四—前七三一年）。[541]西周卿士，幽王寵臣。[542]名說，西周時陳國國君，在位三年（西元前七八〇—前七七八年）。[543]名皮，又作番、蕃、潘，周幽王司徒。[544]名燮，西周末春秋初陳國國君，在位二十三年（西元前七七七—前七五五年）。[545]姓家，訛為冢，周幽王太宰。[546]名熊儀，亦曰楚子儀，西周時楚國國君，在位二十七年（西元前七九〇—前七六四年）。[547]本作仲允，周幽王膳夫。膳夫，執掌宮廷飲食。[548]姓聚，又作棸，內史，掌文書策命。[549]姓蹶，蹶父之後，掌王室馬政。[550]春秋時秦國國君，周末犬戎之亂，秦襄公率兵救周，護平王東遷，被封為諸侯，在位十二年（西元前七七七—前七六六年）。[551]亦單稱惠，名弗皇，又作弗湟、沸湟、弗生、不皇，或單作皇，春秋時魯國國君，在位四十六年（西元前七六八—前七二三年）。[552]姓楀，又作萬，幽王師氏，掌王師教育。[553]《藝文志》道家列有《文子》九篇，似依託者，據〈表〉似為周平王時人，又一說為楚平王時人。[554]名仇，字義和，一說字儀。西周末春秋初晉國國君，殺晉君殤叔自立，在位三十五年（西元前七八〇—前七四六年）。[555]春秋時秦國國君，文公時秦初有史記事，法初有三族之罪。在位五十年（西元前七六五—前七一六年）。[556]申伯之後，周幽王王后之父。因幽王廢申后，聯合西戎攻殺幽王，導致西周滅亡。[557]甯本作宵，名熊坎，坎又作菌，亦作欽，春秋時楚國國君，在位六年（西元前七六三—前七五八年）。[558]平王時周室大夫。辛有二子適晉為太史，董狐即其後人。[559]周幽王時，去周如晉，事晉文侯，始建趙氏於晉國者。[560]名滑突，又作掘突，亦作突滑。春秋時鄭國國君，在位二十七年（西元前七七〇—前七四四年）。[561]名司空。春秋時宋國國君，在位十八年（西元前七六五—前七四八年）。[562]春秋時燕國國君，在位二年（西元前七六六—前七六五年）。燕自召公至哀侯為十二世。[563]名宜臼，臼又作咎。春秋時周天子，犬戎滅周幽王，宜臼被擁立為王，東遷洛邑（今河南洛陽），史稱東周，在位五十一年（西元前七七〇—前七二〇年）。[564]即衛莊公，避漢明帝諱改。名揚，又作楊，春秋時衛國國君，在位二十三年（西元前七五七—前七三五年）。[565]春秋時燕國國君，在位三十六年（西元前七六四—前七二九年）。燕哀侯之子，自召公至鄭侯十三世。[566]又曰昭公，名伯，春秋時晉國國君，在位七年（西元前七四五—前七三九年）。為大臣潘父所弒。[567]名武，春秋時曹國國君，弒其兄石甫代立，在

上上聖人	
上中仁人	
上下智人	宋正考父[571]
中上	
中中	宋大金 考父子。[579]；臧釐伯[587]；石碏[594]
中下	陳文公 平公子。[568]；宋宣公 武公子。[572]；楚蚡冒 甯子。[576]；宋繆公和 宣公弟。[580]；蔡桓侯封人 宣侯子。[585]；邾儀父[588]；潁考叔[591]；鄭公子呂[599]
下上	蔡共侯 釐公子。[569]；齊釐公 嚴公子。[573]；燕繆侯 十四世。[577]；陳桓侯鮑 文侯子。[581]；展亡駭[586]；宋司徒皇父[593]；司空牛父[596]；公子穀生[600]
下中	潘父[570]；曹桓公 繆公子。[574]；蔡戴侯 共公子。[578]；蔡宣侯 戴侯子。[582]；鄭嚴公寤生 武公子。[589]；叔段[595]；晉鄂侯 孝侯子。[597]；宰咺[601]
下下愚人	曲沃桓叔 晉文侯弟。[575]；晉孝侯 昭侯子。[583]；曲沃嚴伯 桓叔子。[584]；魯隱公 惠公子。[590]；公子翬[592]；衛桓公完 嚴公子。[598]

曹嚴公亦姑 桓公子。602	
郕班 604	
	公子州吁 603

位三年（西元前七五九—前七五七年）。568又作文侯，名圉，又作韋、幸。春秋時陳國國君，在位十年（西元前七五四—前七四五年）。569又曰共公，名興，春秋時蔡國國君，在位二年（西元前七六一—前七六〇年）。570春秋時晉國大臣，弒昭侯而迎曲沃桓叔，為昭侯子孝侯所殺。571亦曰正父，宋微子之後，孔子先祖，春秋時宋國大夫。572名力，春秋時宋國國君，在位十九年（西元前七四七—前七二九年）。573名祿父、祿甫，或單稱僖。春秋時齊國國君，在位三十三年（西元前七三〇—前六九八年）。574名終生，又作終湦，春秋時曹國國君，在位五十五年（西元前七五六—前七〇二年）。575名成師，昭侯元年，封於曲沃（今山西曲沃南），號為桓叔。後晉大臣潘父弒昭侯，迎桓叔欲立為君，為晉人所敗。576蚠又作蚡、羒、棼。名熊眴，眴又作响、煦，春秋時楚國國君，在位十七年（西元前七五七—前七四一年），諡厲王。577春秋時燕國國君，在位十八年（西元前七二八—前七一一年）。燕自召公至繆侯為十四世。578又曰戴公，春秋時蔡國國君，在位十年（西元前七五九—前七五〇年）。579亦曰木金、金父、木金父，春秋時宋大夫。一說正考父子，一說為正考父孫，孔父嘉之子。580又作穆公，名和，春秋宋國國君，在位九年（西元前七二八—前七二〇年），傳位宣公太子殤公與夷。581名鮑，春秋時陳國國君，在位三十八年（西元前七四四—前七〇七年）。582又曰宣公。名措父、考父，春秋時蔡國國君，在位三十五年（西元前七四九—前七一五年）。583名平。春秋時晉國國君，在位十五年（西元前七三九—前七二四年），後為曲沃莊伯所殺。584本作莊伯，名鱓。為晉宗室小宗。585名封人。春秋時蔡國國君，在位二十年（西元前七一四—前六九五年）。586亡，又作無。駭又作侅。亦曰司空無駭。春秋時魯國卿。展，氏名。587釐又作僖，亦曰公子彄，字子臧，魯孝公之子，春秋時魯國賢大夫。588又作邾婁儀父，儀又作義。即邾子克，又曰邾莊公。589本作鄭莊公，春秋時鄭國國君，在位四十三年（西元前七四三—前七〇一年）。590名息姑，亦單稱息，春秋時魯國國君，在位十一年（西元前七二二—前七一二年）。591春秋鄭潁谷（今河南登封西南）封人（掌封疆的官吏），鄭莊公三十二年（西元前七一二年）因與公孫閼爭車，被射死。592又作公子揮，亦曰大夫翬，字羽父，春秋時魯國大夫，弒魯隱公。593名充實，字皇父，春秋時宋國司徒。594石碏亦曰石子，春秋時衛國上卿，衛桓公十六年（西元前七一九年），其子石厚支持公子州吁弒桓公奪位，他將州吁、石厚誘至陳國而殺之，時人稱其大義滅親。595亦曰大叔、共叔、京城大叔，名段。鄭莊公弟，後因謀取君位失敗而出奔。596當為司寇牛父，春秋時宋國司寇。597亦曰翼侯，名郤，又作郗、郄，春秋晉國國君，在位六年（西元前七二三—前七一八年）。598名完，春秋時衛國國君，衛莊公之子，在位十六年（西元前七三四—前七一九年）。599又曰子封，春秋鄭大夫。600生又作甥，春秋時宋國公子，宋武公時參與率兵抵禦鄋瞞。601名咺。宰，官名。春秋周室大夫。602本作莊公，名射姑，又作亦姑、夕姑，春秋時曹國國君，在位三十一年（西元前七〇一—前六七一年）。603名州吁，州又作祝，春秋時衛莊公之子，桓公異母弟，弒桓公自立為公，為衛上卿石碏所殺。

上上聖人	
上中仁人	
上下智人	宋孔父（大金子。）612　衛太子伋 618　公子壽 621
中上	臧哀伯 613　隨季良 631　魯申繻 639　楚保申 645
中中	楚武王（蚡冒弟。）605　鄧曼（楚武王夫人。）608　魯施父 614　鬬伯比 627　熊率且比 632　鄭祭足 636　楚文王（武王子。）640　雔甥 646
中下	秦憲公（文公子。）609　宋嚴公馮（繆公子。）624　燕宣公（十五世。）628　觀丁父 633　薳章 637　嚴王佗（桓王子。）641　鄧祁侯 647
下上	桓王林（平王孫，泄父子。）610　衛宣公晉（桓公子。）615　虞公 625　虞叔 629　楚瑕丘 634　隨少師 638　魯嚴公同（桓公子。）642
下中	宋殤公（宣公子。）606　華督 611　蔡哀侯（桓侯弟。）616　晉哀侯（鄂侯子。）619　晉小子侯（哀侯子。）622　秦出公曼 630　鄭厲公突（嚴公子。）635　夫人哀姜 643
下下愚人	芮伯 607　魯桓公（惠公子。）617　夫人文姜 620　彭生 623　陳厲公（桓公弟。）626　長狄僑如 644

604彤班，班又作斑，宋武公時御主帥司徒皇父抵禦鄋瞞。605名熊達，達又作通。春秋時楚國國君，弒蚠冒子而代立，自立為武王，此後楚君皆稱王。在位五十一年（西元前七四〇－前六九〇年）。606名與夷。春秋時宋國國君，在位九年（西元前七一九－前七一一年）。為華督所弒。607名萬。春秋時芮國國君，姬姓，芮伯多寵，其母芮姜惡而逐之，出居魏。608又曰楚曼、曼姬，生楚文王。609《史記・秦本紀》及〈十二諸侯年表〉作寧公。據西元一九七八年一月陝西寶雞太公廟村出土的秦公鐘所記文公世系，作憲公是。秦國國君，在位十二年（西元前七一五－前七〇四年）。610名林。在位二十三年（西元前七一九－前六九七年）。611亦曰華父督、宋督、太宰督，春秋時宋國太宰，弒宋殤公而迎立莊公，任相，後被南宮萬所殺。612名嘉，字孔父。春秋時宋國大司馬。孔子的先祖。613名達，或稱為臧孫達，春秋時魯國賢大夫。614春秋魯大夫，惠公之孫。615春秋時衛國國君，衛桓公之弟，〈表〉誤為子。在位十九年（西元前七一八－前七〇〇年）。616名獻舞。又作獻武。春秋時蔡國國君，為楚文王所虜，留九歲，死於楚，凡立二十年（西元前六九四－前六七五年）。617名軌，又作兀、允、子允，春秋魯國國君，隱公弟，弒兄而立，在位十八年（西元前七一一－前六九四年）。為齊襄公所殺。618名伋，又曰急子。春秋時衛宣公太子，宣公使伋於齊而使盜遮界殺之，公子壽預告之，不聽，以「逆父命求生不可」而赴死。619亦曰翼侯，名光，春秋晉國國君，在位八年（西元前七一七－前七一〇年）。為曲沃武公所殺。620齊襄公女弟，魯桓公夫人，因與齊襄公私通，殺魯桓公，文姜留齊不歸。621亦曰子壽、壽子，春秋時衛宣公之子，太子伋異母弟，為免兄難，代伋而死，國人哀之。622春秋時晉國國君，在位四年（西元前七〇九－前七〇六年）。為曲沃武公所殺。623即公子彭生，春秋時齊國力士，為齊襄公拉殺魯桓公，後被齊襄公殺以謝魯。624本作莊公。名馮，又作憑，春秋時宋國國君，在位十九年（西元前七一〇－前六九二年）。625春秋時虞國國君，因索玉及劍與其弟虞叔發生矛盾，虞叔伐之，出奔共池。626春秋時陳國國君，據《史記・陳杞世家》記載名佗，文公之子，桓公之弟，據梁玉繩考證為桓公子，在位七年（西元前七〇六－前七〇〇年）。627春秋時楚國賢大夫，楚令尹子文之父。為人明智有遠見，為國建策頗多。628春秋時燕國國君，在位十五年（西元前六〇一－五八七年）。自燕召公至宣公十五世。629虞公弟。630又曰出子，秦憲公少子，春秋時秦國國君，五歲而立，在位六年（西元前七〇三－前六九八年）。被三父等殺。631又作季梁，春秋時隨國賢臣。632春秋楚國大夫，楚武王時參與滅隨之議。633鄀國之俘，楚武王用以為軍率。634武王子受屈為卿，因以為氏。亦曰莫敖，師敗而自縊。635名突，亦曰公子突，春秋鄭國國君，立四年而出居邊邑，居十七年又復入為君，為君七年而卒，凡在位二十八年（西元前七〇〇－前六七三年）。636姓祭名仲，字足，亦曰仲子、祭仲足。原為祭封人，因以為氏，後為鄭國執政，曾擁立厲公、昭公、子亹、鄭子四君。637薳章，又作蔿章，字無鉤，蚡冒之子，春秋時楚大夫，食邑於薳，因以為氏。638春秋時隨國大夫。639又作申俞，春秋時魯國大夫，曾勸諫魯桓公入齊，桓公不聽而身死於齊。640亦曰荊文王，名熊貲，貲又作庛，春秋時楚國國君，始都郢，在位十三年（西元前六八九－前六七七年）。641本作莊王。佗亦作它、他。春秋時周天子，在位十五年（西元前六九六－前六八二年）。642本為莊公。春秋時魯國國君，在位三十二年（西元前六九三－前六六二年）。643魯莊公夫人，齊女。與莊公弟慶父私通謀殺魯湣公，後懼而奔邾，齊桓公召而殺之，屍歸於魯而戮之。644僑又作喬，春秋鄋瞞（今山東博興一帶）國君，為魯叔孫得臣所獲，因以名子。645保又作葆、鮑，楚文王之保。文王遊於雲夢，期年不返，不聽朝政，保申以先王之命笞之，文王痛改前非，勵精圖治，兼國三十。646又作騅甥。春秋鄧國大夫。647春秋時鄧國國君，

上上聖人	
上中仁人	
上下智人	
中上	齊寺人費[659]　王青二友[672]
中中	聃甥[648]　養甥[650]　謝丘章[652]　辛甲[655]　石之紛如[664]　齊桓公小白（襄公弟。）[673]
中下	衛惠公朔（宣公子。）[649]　公子黔牟[651]　左公子泄[653]　潘和[656]　秦武公（出公兄。）[660]　燕桓侯（十六世。）[665]　齊公子糾[669]　魯公孫隱
下上	鄭昭公忽（厲公兄。）[654]　高渠彌[657]　鄭子亹（昭公弟。）[661]　右公子職[666]　王子克[670]　紀侯[674]　紀季[676]
下中	周公黑肩[658]　連稱[663]　管至父[667]　雍人稟[671]　鮒里乙[675]　宋愍公捷
下下愚人	齊襄公兒[662]　公子亡知[668]

管仲 679

鮑叔牙 680

高傒 681

蕭叔大心 682

顓孫 683　677

齊伯氏 684

南宮萬 685　678

曼姓。殷王武丁封叔父於河北，是為鄧。648毌通聃。春秋時鄧國大夫。649亦曰子朔，春秋時衛國國君。立三年出奔齊，亡八年而復入，凡立三十一年（西元前六九九—前六六九年）。650春秋時鄧國大夫。651春秋時衛宣公太子伋同母弟，攻逐衛惠公而自立為君，在位八年（西元前六九五—前六八八年），後奔周。652翟雲升云：「《廣韻》周宣王支庶食采於謝邱，其後為氏，名章者，不知其人。」或說為魯人，不知所據。653名泄，又作洩，春秋衛宣公之兄弟，攻逐衛惠公，擁立公子黔牟，為惠公所誅。654名忽，又作曶，春秋時鄭國國君，在位二年（西元前六九六—前六九五年）。為高渠彌所殺。655翟雲升云：「第三已有辛甲，此當作辛伯。」辛伯，春秋時周大夫。656未詳。657彌又作眯，亦曰高伯，春秋時鄭國卿，射殺鄭昭公，而立子亹，相子亹會齊襄公為齊人轘殺。658又曰周桓公，周公旦之後。659寺人又作侍人、徒人，宮中侍者。名費，又作茀。費為衛護齊襄公而鬥死。660春秋時秦國國君，憲公太子，後出公立，立二十年（西元前六九七—前六七八年）而卒，初以人殉葬。661亹又作亹，春秋時鄭國國君，元年（西元前六九四年）七月與齊會盟，為齊所殺。662名諸兒。春秋時齊國國君，釐公之子。與姊魯夫人私通，事洩而殺魯桓公，在位十二年（西元前六九七—前六八六年）。為公孫亡知所殺。663齊襄公時齊國大夫，支持公孫亡知作亂，弒襄公，遂為齊人所殺。664春秋時齊國宮廷小臣，遇賊而死。665春秋時燕國國君，宣公之子，在位七年（西元前六九七—前六九一年）。燕自召公至桓侯十六世。666春秋時衛宣公之兄弟，攻逐衛惠公，擁立公子黔牟，為惠公所殺。667齊襄公時齊國大夫，與連稱同時被齊人所殺。668「公子」乃「公孫」之誤。亡知又曰仲孫，齊釐公母弟夷仲年之子，齊襄公從弟，弒襄公自立，為雍廩所殺。669名糾，又作糺，齊襄公之弟，齊桓公庶兄。母魯女。襄公在位時，懼禍奔魯，因與桓公爭位失敗，為魯人所殺。670名子儀，周桓王子，莊王之弟，周公黑肩欲殺莊王而立王子克，事未果，王子克奔燕。671當作雍稟或雍稟人。亦稱雍林，春秋時齊國渠丘大夫。672未詳。一種說法認為即本書〈藝文志〉之王史氏和青史子（一曰青史氏），一種說法認為青為登之訛，二友即《韓非子・外儲》章中之仲章胥也。然上述諸人皆在戰國時，與此無涉。673春秋時齊國國君，見序注17。674春秋時紀國國君，姜姓。齊欲併紀，紀侯不能屈降事齊，以國予弟，而避齊難。675又作付里乙、符里、史附里、付乙，春秋時齊國無德苟利之徒，管仲誅之。676春秋時紀侯之弟，齊欲併紀，紀季以封邑入於齊，為附庸，以不絕紀祀。677學者皆以為是公子偃，春秋時魯國大夫，乘丘之役，退齊、宋聯兵。678愍又作泯、閔、敏，捷又作接。春秋時宋國國君，宋莊公子。在位十年（西元前六九一—前六八二年）。南宮萬所殺。679春秋時齊桓公輔政大臣，著名政治家，見序注18。680又曰鮑叔，鮑子，齊國大夫，以知人而著名，支持齊桓公即位，又薦管仲輔政。681亦曰高子，諡敬仲，春秋時齊國大夫，擁立齊桓公，修齊國之政，是當時重臣之一。682名大心，字叔，春秋時宋國蕭

上上聖人	
上中仁人	
上下智人	召忽686　隰朋693　甯戚696　宋仇牧701　魯曹劌707　楚粥拳713
中上	王子成父697　賓須亡704　麥丘人705　輪邊709　平陵老711　愚公714　陳公子完佗子。718
中中	石祁子689　原繁698
中下	曹釐公夷嚴公子。690　宋桓公禦説愍公弟。700　秦德公武公弟。712　秦宣公德公子。715
下上	寺人貂687　易牙691　常之巫694　衛公子開方702　釐王胡齊嚴王子。708　陳宣公杵臼嚴公弟。716
下中	子游688　猛獲692　南宮牛695　鄭子嬰齊子亹子。699　傅瑕703　晉愍侯哀侯弟。706　曲沃武公嚴公子。710　王子頹717　蔿國719
下下愚人	

息媯 720

息侯 721

邑大夫。683春秋魯人。乘丘之役為魯莊公車右，生擒宋大夫南宮萬。684名偃，春秋齊大夫。685南宮，複姓，名萬，又曰長萬、宋萬，春秋宋國大夫，弒宋愍公，奔陳，陳人歸宋，宋人醢之。686春秋時齊國公子糾之傅，公子糾為齊桓公所殺，召忽死之。687春秋齊桓公寵臣。688即公子游，春秋時宋國公子，南宮萬弒宋愍公，立子游為君，踰月見殺。689春秋時衛國大夫，石駘仲之子。690名夷，又名赤，春秋時曹國國君，曹莊公之子，在位九年（西元前六七〇—前六六二年）。691又作狄牙、子牙。春秋時齊桓公寵臣，長於調味。管仲死後與豎刁等專權導致了齊的內亂。692又作孟獲。春秋時宋國大夫南宮萬之黨，參與萬之亂，為宋人所醢。693朋又作崩，齊莊公曾孫，齊桓公重要謀臣，與管仲等人在齊國推行改革，壯大了齊國。694常又作棠、堂，春秋時齊桓公寵臣。695春秋時宋大夫南宮萬之子，助父為亂而被殺。696戚又作遫，亦曰齊甯，或訛為甯越、甯武，春秋衛人，窮困，飯牛車下，說桓公，桓公用之。697又作城父、成甫，亦曰公子成父、王子，春秋時齊國將領，以善用兵出名，管仲薦之齊桓公，桓公用以為大司馬。698亦曰原伯，春秋時鄭武公之子，厲公使縊而死。699亦曰子儀、公子嬰，鄭君子亹子（〈表〉誤為弟）。鄭國國君，在位十四年（西元前六九三—前六八〇年）。為鄭大夫傅瑕所殺。700禦又作御，亦曰御于、宋桓，春秋時宋國國君，在位三十一年（西元前六八一—前六五一年）。701又作裘牧。春秋宋國大夫，南宮萬弒宋愍公，仇牧手劍叱之，被碎首。702本作啓方。春秋時齊桓公寵臣。703又作甫瑕、甫假，春秋時鄭國大夫，為鄭厲公殺嬰齊，迎厲公復位，旋被厲公以「事君有二心」誅之。704亡又作無，春秋齊桓公賢臣，與鮑叔牙，隰朋共同輔佐齊桓公。705又曰麥丘封人、麥丘邦人、麥丘邑人。年八十三，賀齊桓公納諫，桓公嘉之，封以麥丘之邑。706名愍，又作湣。春秋時晉國國君，在位二十八年（西元前七〇六—前六七九年）。後為曲沃武公滅。707曹劌又作曹沫、曹昧。春秋時魯國武士。西元前六八四年魯與齊長勺之戰，以一鼓作氣之策敗齊軍，後齊魯於柯（今山東東阿）會盟，曹劌持劍挾持齊君盟約，收回失地。708名胡齊，春秋時周天子，周莊王之子，在位五年（西元前六八一—前六七七年）。709又作輪扁，名扁，春秋時的斫輪工人。710名稱，又曰曲沃伯、晉武公，為晉支庶，至武公滅晉，周釐王命為侯，代晉二年（西元前六七七年）而卒。711春秋時齊桓公時平陵老人，家貧，有子九人為傭，無以妻之，桓公取外御者五人妻之。712春秋時秦國國君，初都雍（今陝西鳳翔南），三十二歲立，在位二年（西元前六七七—前六七六年）。713粥又作鬻，拳又作權，楚同姓。曾兵諫楚文王，自以為罪大，遂自刖而為大閽（掌門衛），謂之大伯，文王卒，自殺。714春秋時齊人，因有駒而為少年持去，自號「愚公」，名其所居之谷為「愚公之谷」，以告齊桓公，管子以為刑獄不正所致，乃修政。715春秋時秦國國君，在位十二年（西元前六七五—前六六四年）。716名杵臼，杵又作處，春秋時陳國國君，在位四十五年（西元前六九二—前六四八年）。717亦曰子頹，周莊王妾王姚之子。惠王叔父，逐惠王而干王位，二年，鄭與虢君伐殺之。718亦曰陳完、田完，諡敬仲，春秋時齊國大夫，陳厲公子，西元前六七二年，陳國內亂奔齊，齊桓公欲命為卿，謝絕，後為工正，食采於田故又曰田氏，後代田和代齊。719亦曰子國，周惠王大夫，與邊柏支持王子頹作亂，攻逐惠王被殺。720又作鄎媯，息侯取於陳，楚文王滅陳，以息媯歸，是為文夫人，後世稱桃花夫人。721息本作鄎，春秋息國國君，姬姓，不知始封，楚破鄎，鄎侯自殺。

上上聖人	上中仁人	上下智人	中上	中中	中下	下上	下中	下下愚人
					燕嚴侯十七世。722	惠王母涼 723	邊柏 724	
			虢史嚚 725	虢叔 726			楚杜敖文王子。727	
					鄭文公棲厲公子。728	鄭高克 729		
			周內史過 730			公孫素 731		
				魯禦孫 732				
					彊鉏 733	陳轅濤塗 734	陳太子御寇 735	
		宰孔 736						
							魯公子牙 737	
		魯公子季友 738		召伯廖 739	秦成公宣公弟。740	楚申侯 741		
			楚屈完 742			魯公子般 743	圉人犖 744	
				齊仲孫湫 745	曹昭公班釐公子，作詩。746	魯閔公啓嚴公子。747	公子慶父 748	
		魯公子奚斯 749						

衛弘寅753

卜偃756

許夫人751
先丹木754
羊舌大夫757

衛戴公 黔牟子。752
趙夙758

卜齮750
衛懿公 惠公子。755
晉獻公 武公子。759

722即燕莊公，春秋燕國國君，在位三十三年（西元前六九〇—前六五八年）。燕自召公至莊公為十七世。723名母涼，又作毋涼。亦曰閭。春秋時周天子，釐王子惠王二年奔溫，四年復入，立二十五年（西元前六七六—前六五二年）。724周惠王大夫，因支持王子頹作亂而被殺。725名囂，春秋時虢國太史。曾預言虢亡。726春秋虢國國君，與鄭君聯兵平息王子頹之亂，入周惠王。727杜又作堵，亦作壯、牡，名熊囏，春秋時楚國國君，在位三年（西元前六七六—前六七二年）。為弟熊惲所弒。728名棱，又作捷、踕。亦曰鄭捷。春秋時鄭國國君，在位四十五年（西元前六七二—前六二八年）。729春秋時鄭國大夫，後奔陳。730名過。春秋時周惠王時周室內史。731梁玉繩認為此人惟見〈清人序〉，又以為「公孫」當作「公子」。732禦又作御，亦曰公子結，匠師慶，春秋魯國賢大夫，未知何公之子。733春秋鄭人，祭仲黨與。734又曰轅宣仲，本作袁，又作爰，陳申公九世孫，春秋時陳大夫。735春秋時陳宣公太子，宣公嬖姬生子款，欲立之，乃殺太子御寇。736宰，官名。孔，人名。亦曰周公、宰周公。春秋周大夫，曾兩次代表周室參加葵丘會盟。737亦曰叔牙、僖叔，春秋時魯桓公之子，莊公之弟，因欲立慶父而被酖死，魯立其子為叔孫氏。738名友，又作有，字季，亦曰季子、季氏、成季友，魯桓公子，莊公少弟。擁立僖公，任相輔政，其後為季氏，掌魯政。739召康公之後，春秋時周王室卿士。740春秋時秦國國君，在位四年（西元前六六三—前六六〇年）。741又曰申侯伯，春秋鄭大夫。原為楚文王寵臣，文王死奔鄭，後為鄭所殺。742春秋時楚國大夫，齊桓公三十年，桓公率諸侯兵伐楚，屈完率師抵禦，結盟而退齊兵。743般又作班。春秋時魯莊公之子，党氏女孟任所生，慶父使其仇人圉人犖殺之。744圉人，養馬者，名犖。殺魯公子般。745姓仲孫，名湫，春秋時齊大夫。曾省魯難，云「慶父不死，魯難未已」。746春秋時曹國國君，昭公好奢而任小人，故曹人作詩以刺之，在位九年（西元前六六一—前六五三年）。747閔作湣、愍，名啓方。春秋時魯國國君，八歲立，在位二年（西元前六六一—前六六〇年）。慶父使卜齮殺。748亦曰仲慶父、共仲、仲父、孟氏，春秋時魯莊公庶兄，他先後殺般、閔公。後出奔莒，魯求莒送歸，自縊。749名魚，字奚斯，亦曰公子魚，春秋時魯國大夫。750春秋時魯國大夫，慶父使其襲殺魯閔公。751春秋時許穆公夫人。衛女。翟攻衛，殺衛懿公，衛國破，夫人望鄉思親，作〈載馳〉。752名申，亦曰公孫申，春秋時衛國國君，黔牟弟昭伯頑之子（〈表〉誤為黔牟子）。在位一年（西元前六六〇年）而卒。753姓弘名寅，寅本作演。春秋衛懿公之臣。754春秋晉大夫。晉獻公時，太子申生伐皋落氏，先丹木為下軍卿罕夷之車右。755名赤，亦曰哀公，春秋時衛君，好鶴，淫樂奢侈，後為狄人所殺，在位九年（西元前六六八—前六六〇年）。756又曰郭偃、高偃，春秋時晉國掌卜大夫。曾預言畢萬之後必大。757春秋時晉國大夫，羊舌職之父，叔向

上上聖人	
上中仁人	
上下智人	荀息[760]　宋公子目夷[766]　宮之奇[779]　百里奚[787]　奄息[795]
中上	辛廖[761]　梁餘子養[767]　罕夷[774]　申生[776]　狐突[780]　秦繆公 成公弟。[786]　秦繆夫人[793]　公孫枝[796]
中中	史蘇[763]　魯釐公[768]　楚逢伯[777]　衛甯嚴子[784]　富辰[788]　晉冀芮[789]　慶鄭[794]　韓簡[797]
中下	畢萬 畢公後。[764]　士蔿[771]　臣猛足[775]　井伯[781]　衛文公 戴公弟。[785]　宋襄公 桓公子。[790]　蔡嚴侯 穆侯子。[798]
下上	史華龍滑[762]　奚齊[769]　卓子[772]　趙孟 夙子，生衰。[782]　蔡繆公[791]　許釐公[799]
下中	優施[770]　梁五[773]　東關五[778]　虞公 為晉所滅，太王後。[783]　虢公 為晉所滅，王季後。[792]　鄭子華[800]
下下愚人	晉驪姬[765]

祖父。羊舌氏乃晉之公族。[758]亦曰伯夙，叔帶五世孫，春秋時晉國大夫。[759]亦曰晉獻，名佹諸，又作詭諸，春秋時晉國國君，晉武公

（曲沃武公）之子，曾治二軍，滅掉霍、魏、耿、虞、虢等姬姓小國，晚年寵信驪姬，攻逐群子，導致晉亂，在位二十六年（西元前六七六－前六五一年）。760又作郇息、荀叔。春秋時晉國大夫，受獻公之託，輔佐奚齊，奚齊死，又立其弟卓子，卓子為里克所弒，荀息死之。761春秋時晉國大夫。畢萬卜事於晉，辛廖以為大吉，必能蕃昌。762春秋衛國太史，衛懿公敗於翟，華龍滑被俘。763春秋時晉國卜筮之史，曾為晉獻公筮嫁伯姬於秦。764春秋時晉國大夫，畢公高後，晉獻公時滅魏（今山西芮城東北）封以魏地，為大夫，是晉卿魏氏始祖。765春秋時驪戎女，晉獻公伐驪戎得之，生奚齊，欲立為太子，譖殺太子申生，逐群公子，引發晉亂，獻公死後，她與奚齊皆被殺。766字子魯。春秋時宋桓公之子，宋襄公庶兄，其後稱魚氏，世為左師。767梁餘複姓，春秋晉臣，從獻公太子申生伐戎，為下軍卿罕夷御，曾勸申生逃亡避禍。768又作僖公，名申，亦曰子申、魯申、魯僖，也單稱僖，春秋時魯國國君，莊公之子，在位三十三年（西元前六五九－前六二七年）。769春秋時晉獻公子，驪姬所生。獻公卒，奚齊為晉大夫里克所殺。770又作狐優施。春秋時晉獻公之優，通於驪姬，教其譖殺太子申生。771字子輿，亦曰士輿，春秋晉大夫。頗具政治頭腦，是獻公初期重臣。772又作倬子、悼子、淖子，亦曰公子卓。晉獻公子，驪姬女弟所生，奚齊死後，荀息立卓子而葬獻公，里克弒卓子於朝。773姓梁，名五。春秋時晉獻公外嬖大夫，受驪姬賄，謀害群公子而立奚齊。774春秋時晉國下軍卿。曾云獻公有害太子申生之心。775臣乃晉之訛。春秋時晉獻公太子申生之臣。776亦曰申子、伯林、伯氏、恭子、恭世子、共太子，諡曰共君，晉獻公太子，受驪姬迫害而自縊。777春秋時楚國賢大夫。778又曰東關嬖五，春秋晉獻公外嬖大夫，受驪姬賄，謀害群公子而立奚齊，與梁五一起被晉人稱「二耦」。779本曰宮奇，春秋時虞國大夫，晉向虞君借道伐虢，宮奇以「唇亡齒寒」諫虞君，虞君不聽，宮之奇知晉必亡虞，率族奔曹。780亦曰狐子、伯行、伯氏，春秋時晉大夫，舅犯之父，申生之傅，晉文公重耳外祖。781春秋時虞國大夫，虞滅後，為晉所虜。782又曰共孟。趙夙之子，趙衰之父。783春秋虞國國君，借道於晉伐虢，為晉獻公所滅。784即甯速。本為甯莊子，避漢明帝諱而改。衛正卿穆仲靜之子。785名辟彊，並名燬，亦曰衛文，春秋時衛國國君，在位二十五年（西元前六五九－前六三五年）。786亦曰秦穆，秦公，名任好，春秋時秦國國君，滅國十二，開地千里，稱霸西戎，在位三十九年（西元前六五九－前六二一年）。787奚亦作傒。春秋秦國大夫。少貧曾流落齊、周而不見用，後至虞國為大夫，虞亡，至楚，秦繆公以五張牡羊皮贖之，用為大夫，號曰五羖大夫，為秦繆公重臣。788春秋周室大夫。曾諫周天子召王子帶自齊歸於京師，死於狄難。789又作郤芮，字子公，晉之公族，文子叔虎豹食邑於郤，因以為氏，豹生芮，芮食邑於冀，又從邑氏冀，擁立晉惠公，後謀弒文公重耳，為秦人所殺。790名茲父。春秋時宋國國君，齊桓公死後，他圖謀稱霸，為楚所敗，受傷而死，在位十四年（西元前六五○－前六三七年）。791又曰繆侯、穆侯，名肸。春秋時蔡國國君，齊桓公伐蔡，虜繆侯，後獲釋歸蔡，在位二十九年（西元前六七四－前六四六年）。792名丑，春秋時虢國國君，為晉獻公所滅。793繆又作穆，亦曰秦穆姬、伯姬，春秋時晉獻公之女，申生姊，嫁為秦繆公夫人。曾為被秦俘獲的晉惠公經跣請命。794春秋晉大夫，秦饑而請粟於晉，晉乘機攻秦，慶鄭以為不義，屢次譏刺晉君，戰中又棄晉惠公而走，使晉惠公被俘，後被晉惠公殺死。795春秋時秦國良臣，子車氏之子，從秦繆公殉葬，國人作〈黃鳥〉詩以哀之。796名枝，又作支，字子桑，春秋時秦大夫。797曲沃桓叔生子萬，受韓為大夫，是為韓萬，諡曰武子。萬生賕伯，賕伯生定簡伯。798即蔡莊公。名甲午，春秋時蔡國國君，在位三十四年（西元前六四五－前六一二年）。799釐又作僖，亦曰許男業。春秋時許國國君，在位三十

上上聖人	
上中仁人	甯武子 832
上下智人	中行 801、鍼虎 811、狐偃 838、趙衰 840
中上	繇余 802、蹇叔 806、燭之武 812、內史叔興 816、卜徒父 820、禽息 824、王廖 826、晉文公 獻公子。833、夫人姜氏 841
中中	鄭叔詹 803、皇武子 807、釐負羈妻 813、曹豎侯獳 817、楚子玉 825、鬬宜申 829、成大心 834、欒悼子 839、晉李離 842
中下	燕襄公 十八世。808、梁卜招父 815、衛元咺 821、叔武 830、鍼嚴子 835、倉葛 843
下上	襄王鄭 804、晉惠公 獻公子 814、里克 819、虢射 822、宋襄公 成公子。827、齊孝公 桓公子。836
下中	曹共公 昭公子。805、惠后 809、梁伯 818、晉懷公 惠公子。828、衛成公 文公子。837、曹共公 昭公子。844
下下愚人	王子帶 810、楚成王惲 823、潘崇 831

四年。800 春秋時鄭國太子，鄭文公報鄭子之妃陳嬀所生，鄭殺之南里。801 春秋時秦國子車氏之子，著名的賢人，從秦繆公殉葬，國人

作〈黃鳥〉之詩哀之。[802]又作由余，春秋時秦國大夫，其先為晉人，逃亡入戎，出使秦國，以秦繆公賢，遂留而不反。出任上卿，佐繆公稱霸。[803]詹又作瞻，亦曰詹伯、被詹，春秋時鄭文公之弟，因諫文公禮接流亡的晉公子重耳，文公不聽，後晉文公圍鄭，叔詹以國難自殺。[804]名鄭。春秋時周天子，周惠王之子，晉文公召襄王會河陽踐土，在位三十三年（西元前六五一—前六一九年）。[805]名襄，春秋時曹國國君，因待流亡晉公子重耳無禮，重耳即位後伐曹，虜共公，後釋歸。在位三十五年（西元前六五二—前六一八年）。[806]亦曰蹇叔子，春秋時秦國賢大夫，曾哭阻秦師伐鄭，秦繆公不聽而全軍覆沒。[807]春秋鄭國卿。[808]亦稱襄伯，春秋時燕國國君，燕莊公之子，在位四十年（西元前六五七—前六一八年）。自召公至襄公十八世。[809]即陳嬀，周惠王后，襄王鄭與王子帶之母，支持王子帶作亂，逐襄王。[810]又曰太叔、太叔帶、叔帶、昭公、甘昭公、昭叔、甘公，周襄王弟，逐襄公自立，晉文公勤王而殺之。[811]又作葴虎，春秋時秦國賢人，從秦繆公殉葬，國人作〈黃鳥〉以哀之。[812]亦曰燭武，春秋時鄭大夫。秦晉圍鄭，他夜縋而出，說退秦師。[813]釐又作僖。春秋曹人，善相人，重耳流亡至於曹，勸其夫與之結交。[814]名夷吾，春秋時晉國國君。在位十四年（西元前六五〇—前六三七年）。[815]春秋時梁國太卜。[816]又曰內史興，內史叔興父，春秋時周室內史。[817]姓侯名獳，春秋時曹國君之豎（掌通內外），晉文公滅曹有疾，侯獳賄賂晉筮者，使復曹君。[818]春秋時梁國國君，周平王封秦仲子少康為梁伯，後為秦所滅。[819]姓里，本作理，又作李，亦曰里子、里季子、中大夫，春秋晉國卿。獻公死後，殺奚齊，卓子，擁立晉惠公，後為惠公所殺。[820]春秋時秦國掌龜卜者，晉乘秦饑而伐秦，卜徒父卜晉必敗。[821]名咺，食邑於元，因以為氏，春秋時衛大夫，攻逐衛成公，後為成公所殺。[822]春秋晉大夫，晉惠公之舅。[823]又曰荊成，名惲，又作頵，作髡，春秋時楚國國君，杜敖弟，弒兄自立，在位四十六年（西元前六七一—前六二六年）。為子商臣逼宮自縊。[824]春秋秦繆公賢臣，曾推薦百里奚給秦繆公。[825]即成得臣，字子玉，春秋時楚國卿，成王時因伐陳有功，令尹子文傳政於他，後在城濮與晉軍作戰中兵敗自殺。[826]亦曰內史廖、王子廖，春秋時秦穆公賢臣。[827]翟雲升云：「第六已有宋襄公，此當作宋成公，襄公子。」春秋時宋國國君，在位十七年（西元前六三六—前六二〇年）。[828]名圉，亦曰太子圉，春秋時晉國國君，晉文公返晉，晉人殺懷公。[829]字子西，春秋時楚大夫，任司馬，以謀弒楚穆王見殺。[830]又曰夷叔、衛子、衛武，春秋衛大夫，衛成公母弟，為公子歂犬所射殺。[831]春秋時楚國公族。初為成王太子商臣之傅，策劃商臣奪位後任太師，故又曰師崇。[832]名俞，亦曰甯子、甯生，春秋時衛國大夫，甯莊子之子。仕於文公，成公之時。[833]名重耳（西元前六九七—前六二八年），春秋時晉國國君，晉獻公次子，曾在外流亡十九年，即位後，以「尊王」相號召，挫敗楚國，在踐土（今河南鄭州北）會盟諸侯成為霸主。[834]又曰孫伯、大孫伯，春秋時楚國令尹，子玉之子。[835]本作鍼莊子。春秋衛大夫，代衛侯爭訟，以訟不勝見刖。[836]名昭，亦曰太子昭。春秋時齊國國君，在宋襄公支持下奪得君位，在位十年（西元前六四二—前六三三年）。[837]名速，春秋時衛國國君，成公時遷於帝丘（今河南濮陽南），在位三十五年。[838]字子犯，狐突之子，晉文公舅父，所以也作舅犯、咎犯。從文公重耳流亡，文公歸國即位，子犯任上軍之佐。[839]梁玉繩曰：「晉欒氏無悼子，此必貞子之訛。」欒貞子又稱欒枝，欒賓之孫，春秋晉國卿，晉作三軍，欒枝將下軍。[840]字子餘，謚成子，又曰孟子餘，春秋晉國卿。隨重耳在外流亡十九年，重耳即位，趙衰以首功任原大夫，亦稱原季。後任新上軍之將和中軍之佐，幫助晉文公建立霸業。[841]春秋時晉文公夫人，齊女。[842]亦曰李先生，春秋晉文公之理（掌刑獄）。過聽殺人，自拘伏劍而死。[843]春秋陽樊（今河南濟源西南）人，周天子予

上上聖人	上中仁人	上下智人	中上	中中	中下	下上	下中	下下愚人
			魏犨（畢萬子。）845			鄭子臧 846		
		衰妻 847		寺人披 848	鄭繆公蘭（文公子。）849		齊公子無詭 850	
		介子推 851	顛頡 852					
			胥臣 853					
		推母 854	賈佗 855	曹文公壽（共公子。）856	石奐 857			
							齊昭公（孝公子。）858	
		郤縠 859	董因 860	燕桓公（十九世。）861	陳繆公（宣公子。）862			
		舟之僑 863	豎頭須 864					
		荀林父 865	齊國嚴子 866	秦康公（繆公子。）867				
		先軫 868	周內史叔服 869			周頃王王臣 870		
		狼瞫 871		晉襄公（文公子。）872	陳共公（繆公子。）873			
		陽處父 874	孟明視 875	邾文公 876	魯文公 877	夏父不忌 878		
		甯嬴 879						
		臾駢 880	西气術 881	宋子哀 882		宋昭公 883		

884	周匡王班

晉國陽樊之田，陽樊人不服，晉國圍俘其民，倉葛以理服晉文公，乃出陽樊之民。844前已見本表，此重出。845韡又作韠，謚武子。亦曰武仲州，從晉文公重耳流亡，歸國後襲魏氏之後封，列為大夫。846春秋時鄭文公報鄭子之妃陳媯所生子，好聚鷸冠，文公惡而殺之。847趙衰從重耳流亡前之晉妻，生趙同、趙括、趙嬰齊，趙衰流亡中娶翟妻生趙盾，晉妻固要迎翟妻，而以趙盾為嫡嗣，晉妻三子皆下事之。848字伯楚，官勃鞮（又作勃貂、履貂、主屨者），又曰奄楚。春秋時晉獻公宦者，曾受命追捕晉文公重耳，後文公即位，寺人披求見，為文公免殺身之禍。849名蘭，春秋時鄭國國君，在位二十二年（西元前六二七—前六〇六年）。850本作無虧，亦曰武孟，春秋齊桓公之子。桓公死後，五公子爭位，無詭先立，三月見殺，無謚。851本曰介之推，亦曰子推、介推，姓王名光，春秋晉人，曾隨晉文公重耳流亡，道乏糧，曾割股以食文公，重耳即位不肯受賞，遂隱而死。852春秋晉臣，曾從晉文公流亡，晉伐曹，怒文公報恩於僖負羈而不賞功臣，文公殺之以徇於師。853姓胥，名臣，字季子，食采於臼，又曰臼季、司空季子，春秋時晉國司空，城濮之戰時為下軍佐，首先擊潰楚師右翼陳蔡之軍。854春秋時晉介子推之母。母子偕隱而死。855佗又作它、他。春秋晉公族，食邑於賈，為太師。856名壽。春秋時曹國國君，在位二十三年（西元前六一七—前五九五年）。857亦曰石孟。據《左傳》，鄭穆公立後六十餘年，臭始見《傳》，當移列鄭公孫夏下。858亦曰齊潘。據《左傳》、《史記》，昭公乃桓公子，考公弟。因衛公子開方殺孝公而立。在位二十年（西元前六三二—前六一三年）。859縠又作穀，晉文公臣，晉作三軍，郤縠將中軍。860春秋晉大夫，周太史辛有之後。861亦曰桓伯，春秋時燕國國君，在位十六年（西元前六一七—前六〇二年）。燕自召公至桓公為十九世。862又作穆公，名款，春秋時陳國國君，在位十六年（西元前六四七—前六三二年）。863春秋時號大夫，以其族適晉，參加城濮之戰，因先歸見殺。864又作里鳧須，春秋時晉文公守藏者。865春秋時晉國執政。因將中行，又為中行氏，字伯，謚桓子。又曰荀伯、中行伯、中行桓子、桓伯。866姓國，名歸父，亦曰國子，齊上卿，懿仲之子。867名罃，春秋時秦國國君，在位十二年（西元前六二〇—前六〇九年）。868又曰原軫，春秋晉國執政。初為下軍佐，後升為中軍元帥。後死於狄師。869姓叔字服。春秋時周室內史。善相人。870名王臣，又作壬臣。春秋周天子，周襄王之子，在位六年（西元前六一八—前六一三年）。871狼瞫，春秋晉人，以勇力為晉襄公車右，後死於秦師。872名驩，又作讙、歡。春秋時晉國國君，在位七年（西元前六二七—前六二一年）。873又作恭公，名朔。春秋時陳國國君，在位十八年（西元前六三一—前六一四年）。874亦曰陽子，春秋時晉襄公太傅，為狐射姑所殺。《史通》所見本在第四等。875姓百里，名視，字孟明（明又作盟），亦曰孟子、子明，春秋時秦國將領。876名蘧蒢。春秋時邾國國君，在位五十二年。877名興，春秋時魯國國君，魯僖公之子，在位十八年（西元前六二六—前六〇九年）。878不又作茀，忌又作綦，複姓夏父。春秋魯國宗伯（主掌宗廟祭祀），魯大夫夏父展之後。《左傳》作弗忌。879春秋晉國甯邑嬴姓大夫。880春秋晉臣。881複姓西乞，又作西气、西乙，名術，又作遂、秫，春秋秦將。882又曰高哀。春秋時宋國卿。883名侍，又作德，亦稱公子特。戰國時宋國國君，宋元公曾庶孫，殺景公太子而自立，在位四十七年（西元前四五〇—前四〇四年）。884名班，春秋周天子，周頃王子，

上上聖人	
上中仁人	
上下智人	鄭弦高 888；叔仲惠伯 895；宋方叔 嘉子。900；樂豫 908；董狐 913
中上	士會 885；繞朝 889；石癸 890；公孫壽 894；蕩意諸 896；公冉務人 901；卜楚丘 906；晉趙盾 哀子。911；鉏麑 918；宋伯夏 叔子。919
中中	邾子玃且 886；魯公孫敖 897；蔡文公 嚴公子。902；單襄子 909；靈輒 914；祁彌明 917
中下	齊君舍 昭公子。891；單伯 898；魯叔孫得臣 903；秦共公 康公子。907；晉成公黑臀 靈公弟。915；秦桓公
下上	胥申父 887；狐射姑 892；魯宣公 899
下中	郱歜 904；閻職 910；晉趙穿 916
下下愚人	楚繆王商臣 893；齊懿公商人 905；晉靈公夷皋 襄公子。912

鄭子良921	共公子。920	922周定王榆

在位六年（西元前六一二—前六〇七年）。885又曰隨會、范會、士季、隨季、隨武子、范武子，春秋晉大夫，曾任上軍之將，後升任中軍元帥，兼任太傅，執國政。886當補「邾文公子」四字。又稱定公，春秋邾國國君，文公元妃齊姜所生，在位四十三年。887中本作甲，春秋晉大夫，胥臣之子，任下軍佐。河曲之戰中，不肯迫秦於險，以不用命放逐於衛，立其子胥克。888春秋時鄭國商人，曾假託鄭君以十二牛犒勞秦師，使鄭國免於難，事後辭賞，舉家徙東夷，沒齒而不返。889春秋時秦大夫，有謀而不見用，為戮於秦。890姓石，名癸，字甲父。春秋鄭大夫，擁立鄭穆公。891春秋時齊國國君，即位後即為昭公弟商人所殺，無謚。892又作夜姑，食采於賈，又曰賈季，春秋晉國卿。狐偃之子，將中軍，後奔狄。893其下當有「成王子」三字。又作穆王，春秋時楚國國君，弒父自立，在位十二年（西元前六二五—前六一四年）。894春秋時宋國司城，宋公子蕩之子。895名彭生，亦曰叔彭生、叔仲，春秋魯叔孫氏之族，叔牙之孫，魯文公卒，襄仲廢嫡立庶，叔仲以為不可，而為襄仲殺。896春秋宋國司城公孫壽之子，死於宋昭公之難。897又作穆伯敖，亦曰孟穆伯，春秋時魯國大夫，慶父之子，文伯之父。898單，采地。伯，爵名。春秋時周室卿士，初，成王封幼子臻於單，單伯即其後。899名倭，又作委，亦作俀、接，春秋時魯國國君。在位十八年（西元前六〇八—前五九一年）。900方通「防」，所以又作防叔，春秋宋大夫，孔子曾祖。據《潛夫論・志氏姓》，方叔，嘉曾孫，〈表〉誤以為子。901春秋魯叔仲惠伯之宰，叔仲惠伯死難，公冉務人奉其家室奔蔡。902兩「公」字，當作「侯」。名申，春秋蔡國國君，在位二十年（西元前六一一—前五九二年）。903又曰莊叔，春秋魯大夫。僖叔牙之孫，善射。904邴歜，邴又作丙，歜又作鄹，亦作戎，齊懿公御者，因懿公刑其父，與庸知殺懿公。905名商人，春秋時齊國國君，齊桓公之子，弒齊君舍自立，在位四年（西元前六一二—前六〇九年）。906名楚丘，春秋魯掌卜大夫。907名稻，又名和、猳。春秋時秦國國君，在位五年（西元前六〇八—前六〇四年）。908春秋宋國司馬，宋戴公玄孫。909又曰單襄公、單子，名朝，春秋時周室卿士，單伯之子。910閻又作庸，職又作織。與邴歜殺懿公。911又曰趙宣子、趙孟、宣孟、趙宣，春秋時晉國執政，繼父任中軍元帥，晉靈公十四年（西元前六〇七年）避害出走，弟趙穿殺靈公，趙盾擁立成公，繼續執政。912春秋時晉國國君，生活奢侈，厚斂雕牆，彈人以取樂，濫殺無辜，在位十四年（西元前六二〇—前六〇七年）。為趙穿襲殺。913亦稱史狐，春秋晉國太史，以秉筆直書而著名。914春秋晉人，餓於首山桑下，趙盾見而食之，後以死報趙盾。915靈乃襄之誤，春秋時晉國國君，因母夢神規其臀以墨，故名。在位七年（西元前六〇六—前六〇〇年）。916春秋時晉國將軍，晉國執政趙盾之弟，以晉靈公無道而弒之。917《左傳》作提彌明。春秋時晉國力士，為保護趙盾而死。918春秋時晉國力士，奉靈公命刺殺趙盾，不忍下手，退而觸槐自殺。919孔子祖父，防叔之子。920名榮，亦單稱桓，春秋時秦國國君，在位二十七年（西元前六〇三—前五五七年）。921梁玉繩曰：「疑此乃楚子良之誤。」楚司馬子良，子文之弟，越椒之父。922名榆，又

上上聖人	
上中仁人	
上下智人	令尹子文[927]　楚蔿賈[942]　申叔時[947]　孫叔敖[954]
中上	楚嚴王穆王子。[928]　王孫滿[936]　箴尹克黃[943]　魏顆[948]　五參[955]　陳應[959]　申公申培[962]　樂伯[968]
中中	士貞子[923]　泄冶[929]　孔達[933]　王子伯廖[937]　晉解陽[949]　荀尹[950]　箕鄭[956]　公子雍[960]　秦景公桓公子。[965]　楚鄖公[969]
中下	衛穆公速[924]　逢大夫[934]　王札子[940]　魯公子歸生[944]　申舟[952]　齊惠公懿公弟。[957]　陳成公靈公子。[963]　燕宣公二十世。[966]
下上	宋文公鮑昭公弟。[930]　翟豐舒[941]　召伯[945]　毛伯[953]　少師慶[958]　士亹[961]　鄭襄公堅靈公子。[964]　衛繆公成公子。[967]
下中	鄭靈公[925]　公子歸生[931]　子公[938]　晉先穀[946]　楚子越[951]
下下愚人	陳靈公共公子。[926]　夏姬[932]　孔寧[935]　儀行父[939]

作揄、瑜、渝、褕。春秋周天子，周匡王弟，在位二十一年（西元前六〇六—前五八六年）。923又曰士渥濁，亦曰士伯、士貞伯，春秋晉卿士穆子之子。924又作繆公，名遫，又作遬，春秋時衛國國君，衛成公之子，在位十一年（西元前五九九—前五八九年）。925名夷，字子蠻，亦曰子貉，春秋時鄭國國君。靈公元年（西元前六〇五年）為鄭卿子公、子家所弒。926又曰靈侯、陳靈，名平國，春秋陳國國君通於夏姬，為其子夏徵舒所弒，在位十五年（西元前六一三—前五九九年）。927名子文，又曰鬬穀於菟。春秋楚國令尹。鬬伯比之子。西元前六六四至前六三七年任令尹。928即楚莊王，名旅，又作呂、侶，春秋楚國國君，在位時打敗晉國，成為霸主，在位二十三年（西元前六一三—前五九一年）。929又作洩冶，春秋時陳大夫，以諫靈公而被殺。930名革鮑，又稱公子鮑，春秋時宋國國君。在位二十二年（西元前六一〇—前五八九年）。931字子家。春秋時鄭國卿，與子公弒鄭靈公。932春秋鄭穆公女，初為陳大夫御叔妻，生子徵舒，與陳靈公君臣私通，後為楚所俘，給連尹襄老為妻，襄老戰死，她託詞歸鄭，從申公巫臣奔晉。933又曰莊叔，孔嬰齊之子，春秋衛大夫，衛成公使伐鄭、晉，衛人為悅於晉而縊殺之。934春秋晉大夫，敗於楚。捨二子而救趙旃。935亦曰公孫寧，與儀行父並稱孔儀，春秋陳大夫，與陳靈公，儀行父通於夏姬，夏徵舒弒靈公，奔楚。936春秋周天子宗室，或云頃王孫，或云共王五世孫。937春秋鄭大夫，不知何王子。鄭公子曼滿欲為卿，伯廖云其無德而貪，必有死禍。938又曰公子宋，春秋鄭國卿，弒鄭靈公。939春秋陳大夫，通於夏姬，後奔楚。940本為王子札（經文倒置），又作王子捷，春秋周室王子。卿士王孫蘇與召氏、毛氏爭政，使王子札殺召戴公及毛伯衛。941春秋赤狄潞子之相，為晉所殺。942薳賈又作蔿賈，字伯嬴，亦作伯盈，春秋楚大夫，孫叔敖之父。以善知人出名。943名克黃，官箴尹。春秋楚令尹子文之孫。越椒之亂，自拘於司敗，王復其所，改命曰生。944梁玉繩曰：「此必魯公孫歸父之誤也。」公孫歸父，字子家，亦曰東門子家，春秋魯大夫，魯莊公之孫。945又曰召戴公，春秋周室卿士，王孫蘇與召伯爭政，使王札子殺之。946穀又作縠，食采於彘，其上世食原故亦曰原縠、彘子，春秋晉大夫，先軫之子。晉楚邲之戰晉敗於楚，歸罪先縠而殺之，盡滅其族。947又曰申公，春秋楚國賢大夫，楚莊王滅陳為縣，申叔時諫之。948春秋時晉國將領，魏犨長庶子。曾敗秦師，獲秦力士杜回。別封於令狐，為令狐氏。949陽本作揚，又作楊，字子虎，霍（今山西霍州）人，亦曰霍光。春秋晉國壯士。950尹乃庚之誤。亦曰中行伯、中行宣子、宣伯庚宿，春秋晉國卿，荀林父之子，晉三軍中荀庚將上軍。951名椒，或作菽、荍，字伯芬，春秋楚人，令尹子文弟子良所生，滅若敖氏。952舟又作周，亦曰子舟、文無畏、申無畏，春秋楚大夫，聘於齊，為宋所殺。953又曰毛伯衛，春秋周室卿士，王孫蘇與毛伯爭政，使王札子殺之。954又曰蔿敖、孫叔、叔孫，字艾獵，春秋楚國大夫，蔿賈之子。任令尹，積極發展生產，戰勝晉國。955五通「伍」，又作午，春秋楚公族，伍奢之父。956亦曰箕鄭父，春秋晉公族，為箕大夫，以邑為氏，以作亂見殺。957名元，春秋齊國國君，齊桓公之子。在位十年（西元前六〇八—前五九九年）。958春秋楚莊王大臣。959楚莊王臣。960春秋晉襄公之弟，母為秦女，公子雍在秦。襄公死，趙盾擁立，旋又反悔，立襄公子而拒公子雍。961士亹，春秋楚大夫。楚莊王使傅太子。962當作「申公子培」。963名午，春秋陳國國君，楚莊王立。在位三十年（西元前五九八—前五六九年）。964名堅，又作臤、賢、絚，春秋鄭國國君。靈公庶弟，〈表〉誤為子，在位十八年（西元前六〇四—前五八七年）。965名石，春秋秦國國君，在位四十年（西元前五七六—前五三七年）。966春秋燕國國君，在位十五年（西元前六〇一—前五八七年）。燕自召公至宣公二十世。967即衛穆公速，已見前「中下」等，此處重出。968春秋楚國善射者。單車致

上上聖人	
上中仁人	
上下智人	曹郗時 996
中上	優孟 970；鄭公子棄疾 972；子反 977；逢丑父 983；賓媚人 984；范文子 士燮。987；臧宣叔 994；韓獻子厥 1001
中中	鍾儀 971；楚共王 嚴王子。975；晉郤克 978；辟司徒妻 981；荀罃 988；鄭賈人 992；伯宗 997；伯宗妻 999；秦醫緩 1003
中下	曹宣公盧 文公子。973；吳壽夢 中雍後，十五世。979；鄭悼公 襄公子。985；申公巫臣 990；王孫閱 998；燕昭公
下上	周簡王夷 定王子。974；魯成公 宣公子。980；齊頃公 惠公子。982；衛定公 繆公子。986；衛孫良夫 991；中叔于奚 995；宋共公瑕 文公子。1000
下中	穀陽豎 976；鄭公子班 989；曹成公負芻 宣公弟。993；屠顏賈 1002
下下愚人	

二十一世。1004

晉景公成公子。1005

桑田巫1007

程嬰1006

師，能左射馬而右射人。969與其後之鍾儀本是一人，各本誤離為二人。970春秋楚莊王樂人。971春秋楚國鄖尹，亦為樂師，成為晉囚後仍戴楚冠、奏楚樂。972名棄疾，字子良，春秋鄭穆公庶子，鄭人欲立為君，辭而不就。973名廬，又作盧，《史記》作彊，春秋曹國國君，在位十七年（西元前五九四—前五七八年）。974名夷，春秋周天子，周定王之子，在位十四年（西元前五八五—前五七二年）。975共又作恭、龔，又曰荊龔王，名審，又作葴，春秋楚國國君，年十一而立，在位三十一年（西元前五九〇—前五六〇年）。976春秋楚將子反之從者，進酒醉子反而使楚師敗於鄢軍。977名側，又曰公子側，亦曰司馬、司馬子反。楚穆王之子，共王時率軍伐鄭，兵敗自殺。978又稱郤獻子，亦曰郤子、郤伯、駒伯，春秋晉大夫。979名乘，又曰孰姑，亦單稱夢。春秋吳國國君。吳自中雍至壽夢為十八世，自周章至壽夢為十五世，諸君之名皆見於《史記．吳太伯世家》，至壽夢為君，吳始強大。在位二十五年（西元前五八五—前五六一年）。980名黑肱，肱又作股。春秋魯國國君，在位十八年（西元前五九〇—前五七三年）。981辟通壁，辟司徒乃主壁壘者。齊晉鞌之戰，齊師敗，齊侯僅以身免，辟司徒之妻問知君免父亦免，循禮而退，齊侯以其有禮，封於石窌之邑。982名無野，春秋齊國國君，在位十七年（西元前五九八—前五八二年）。983春秋齊大夫，齊晉鞌之戰中，為脫齊頃公，代君受俘。984即國佐，又曰國武子、國子，春秋齊大夫，國歸父之子，西元前五七四年齊國內亂，他殺大夫慶克，次年被齊靈公所殺。985名費，又作潰、沸、弗，春秋時鄭國國君，在位二年（西元前五八六—前五八五年）。986名臧，春秋時衛國國君，在位十二年（西元前五八八—前五七七年）。987燮又作爕，又曰范叔、文叔，春秋時晉國卿，士會之子。988字子羽，又曰知罃、知武子、知子、知伯，春秋晉國卿，荀首之子，擁立晉悼公。989班又作般，字子如，春秋鄭成公之子，因作亂而為子駟所殺。990又曰屈巫，字子靈，春秋楚大夫，屈氏別族。不詳世系，後奔晉，為邢大夫。991又曰孫桓子、孫子，春秋衛國卿，衛武公之後，目眇。992春秋時鄭國商人。993春秋時曹國國君，曾為晉厲公所虜，旋釋歸，在位二十三年（西元前五七七—前五五五年）。994名許，又曰臧孫許、臧孫，春秋時魯大夫，文仲之子，武仲之父，目眇。995中又作仲，亦曰叔孫于奚，春秋衛國守新築大夫。996郤時又作欣時、喜時、款時，字子臧，春秋時曹宣公庶子。重守節，諸侯執曹成公欲立郤時，郤時辭而奔宋。997又曰伯尊，春秋晉大夫孫伯糾之子，好直言，三郤害而殺之。998又作王孫說，春秋周室大夫。999春秋晉大夫伯宗之妻，伯宗好直言，每上朝，妻必誡之。1000名瑕，又名固，春秋宋國國君，在位十三年（西元前五八八—前五七六年）。1001名厥，號獻子，春秋晉國卿，晉作六卿，厥在一卿之位，趙氏復興，主要依靠韓厥之力。1002見於《史記》，又作屠岸賈，亦曰屠賈，春秋晉大夫，有寵於靈公，景公時為司寇，以趙盾弒靈公而族滅趙氏，後為趙氏孤兒趙武滅族。1003春秋時秦國名醫，曾為晉景公治病，曰病入膏肓，不可醫治，景公歎為良醫。1004春秋莒國國君，在位十三年（西元前五八六—前五七四年）。莒自召公至昭公為二十一世。1005名獳，又名據，春秋晉國國君，在位十九年（西元前五九九—前五八一年）。陷廁而卒。1006春秋時晉卿趙朔之友，程嬰保育趙朔滅族時的遺腹子趙武，十五年

上上聖人	
上中仁人	
上下智人	
中上	羊舌 1010　公孫杵臼 1017　劉康公 1021　單襄公 1026　苗賁皇 1030　叔嬰齊 1033　宋華元 1036　孟獻子 1040　欒正求 1041
中中	呂相 1011　郤至 1015　姚句耳 1022　呂錡 1028　養由基 1031　叔山舟 1034　匡句須 1037　鮑國 1042
中下	趙朔 盾子。1008　郤犨 1013　郤錡 1016　中行偃 1019　胥童 1023　欒書 1024　羊魚 1027　鮑嚴子牽 1029　向于 1032　鄭成公綸 1035　燕武公 二十二世。1043
下上	宋平公 成公子。1012　叔孫僑如 1018　公子偃 1020　長魚矯 1025　羊斟 1038
下中	宋蕩子 1009　晉厲公 景公子。1014　宋魚石 1039　慶克 1044
下下愚人	

國佐1046

鄭廖1048

晉解狐1045

牧中1047

後趙氏昭雪，程嬰自殺以明志。1007春秋晉國桑田（邑名）巫者，曾為晉景公治病，云其不食新麥必死，新麥收穫，景公殺之。1008又曰趙莊，亦曰莊主，春秋晉卿趙盾之子，曾為晉將下軍救鄭，為司寇屠岸賈滅族。1009宋蕩氏出於宋桓公。蕩子當為司馬蕩澤。有蕩澤、子山、唐山、山諸稱。1010衍文。1011又曰呂宣子，魏相，春秋晉國卿，魏犨之孫。1012名成，春秋宋國國君，宋共公少子（〈表〉訛為成）。在位四十四年（西元前五七五—前五三二年）。1013郄又作郤，犨又作犫、讎、州。春秋晉大夫郤克從祖弟，別采苦成，又曰苦成叔、苦成叔子，亦單稱叔，謚文子，為長魚矯所殺。1014名州蒲，又作壽曼、州滿，春秋晉國君，在位八年（西元前五八〇—前五七三年）。被弒。1015郄又作郤。亦曰郄君子，食采邑於溫，又曰溫季、溫季子、季子，又單稱季，春秋晉大夫，郤克族子，為長魚矯所殺。1016郄又作郤，春秋晉大夫，郤克之子，食采於駒，又曰駒伯、郤伯、郤子，為長魚矯所殺。1017春秋晉卿趙朔之客，為匿趙氏孤兒趙武而見殺。1018亦曰叔孫宣子、宣伯，春秋魯大夫，叔孫得臣之子。1019即荀偃。字伯游，謚獻子，又曰獻伯、中行獻子、中行、中行伯，春秋晉國卿，弒厲公。1020春秋魯宣公之子，成公庶弟，以與謀廢立見刺。1021亦曰王季子，春秋周頃王之子，周定王母弟，食采邑於劉。1022春秋鄭大夫，楚晉鄢陵戰前，隨鄭使至楚請兵禦晉，先歸，以為楚軍不整，必敗。1023童又作僮，亦曰胥之昧，春秋晉厲公寵姬之兄，受公命襲攻郤氏，劫持晉卿欒書、荀偃，為其所殺。1024又曰欒武子、欒伯，春秋晉國卿，初為下軍之佐，後升任中軍元帥，刺殺厲公，擁立悼公。1025矯又作蟜，春秋晉厲公寵臣，與郤犨爭田，攻殺郤氏。1026梁玉繩曰：「單襄子已前列第五，此必單靖公之訛。」單靖公為襄公之子，頃公之孫，周卿士。1027夷氏，名羊五，又作夷陽五，春秋晉厲公嬖大夫，參與攻殺三郤。1028又曰魏錡、厨子、厨武子，春秋晉國卿，魏犨之子，呂相之父，鄢陵之戰將上軍，被楚養由基射死。錡為相父，〈表〉敘於相後，誤也。1029本作鮑莊子牽，春秋齊大夫，鮑叔牙曾孫，為聲孟子所誣，被齊靈公刖之。1030又作苗芬皇、賁盆皇，春秋楚國鬬伯芬之子，奔晉，食邑於苗，曾以禮諫晉君。1031姓養，又曰養叔、養由，由又作游、繇，春秋楚大夫，善射，能百步穿楊。1032或云即《左・昭公二十年》之「向行」之訛。一說為春秋宋人。1033又曰子叔聲伯，春秋魯宣公母弟，惠伯叔肸之子。1034舟又作冉，春秋楚人，力士。1035名綸，又作睔，春秋鄭國國君，鄭悼公弟。在位十四年（西元前五八四—前五七一年）。1036春秋宋大夫，華叔曾孫。曾約晉楚二國在宋西門外結「弭兵之約」。1037春秋魯大夫施孝叔卜立家宰，匡句須吉，匡句須以「能讓忠良，吉孰大焉」讓與鮑國。1038又作羊羹、叔牂，春秋宋人，後奔魯。1039姓魚名石，春秋宋國左師。公子目夷曾孫，楚共王拔宋彭城以封魚石，諸侯共誅魚石而歸彭城於宋。1040又曰孟孫、孟獻伯、仲孫蔑，春秋魯三桓之一孟文伯穀之子。1041姓樂正，名求，求又作裘，春秋孟獻子之友。1042又曰鮑文子，鮑叔牙玄孫（一說曾孫）。1043春秋燕國國君，在位十九年（西元前五七三—前五五五年）。燕自召公至武公為二十二世。1044春秋齊大夫，慶封之父，通於聲子，為國佐所殺。1045春秋晉人，晉大夫祁奚仇人，祁奚請老，舉解狐嗣職，未及嗣而狐死。1046國佐即賓媚人，已見前「中上」，梁玉繩認為此必為慶佐之訛。慶佐，春秋齊國司寇，慶克之子。1047又作牧仲，春秋孟獻子之友。1048鄭乃鄧之訛，春秋楚之良臣，後伐吳，為吳所俘。

上上聖人	
上中仁人	
上下智人	
中上	晉悼公周 1049　鄭唐 1054　楚工尹襄 1057　祁奚 1060　羊舌職 1061　魏絳 1066　張老 1070　籍偃 1071　汝齊 1074　宋子罕 1081　向戌 1085　范宣子士匄。1089
中中	祁午 1050　韓亡忌 1051　銅鞮伯華 1055　魯匠慶 1062　衛柳壯 1067　吳諸樊 1076　齊晏桓子 1082　楚子囊 1086　鄭師慧 1090
中下	楊干 1052　子服佗 1053　叔梁紇 1056　秦堇父 1063　狄斯彌 1068　士鞅 1072　尹公佗 1077　庾公差 1083　公孫丁 1087　無終子嘉父 1091
下上	靈王泄心簡王子。1058　魯襄公 1064　齊靈公環頃公子。1073　衛獻公衎定公子。1079　衛殤公焱獻公弟。1092
下中	楚公子申 1059　公子壬夫 1065　鄭釐公成公子。1069　子駟 1078　孫蒯 1084　朱庶其 1088　鄭尉止 1093
下下愚人	程鄭 1075　西鉏吾 1080

[1049]又曰晉悼，名周，又作糾、雕，又曰孫周，春秋晉國國君，祖孫三代避難於周，晉人迎立悼公，在位十五年（西元前五七二－前五五八年）。[1050]春秋晉人，晉大夫祁奚之子，祁奚舉解狐嗣職，解狐死而舉午，晉侯以午為中軍尉。[1051]亡又作無。亦曰公族穆子，春秋晉公族大夫，晉卿韓厥長子。[1052]本作揚干，春秋晉悼公弟，以車亂行陣，魏絳殺其僕。[1053]又曰仲孫它，字子服，諡伯考，春秋孟獻子之子。[1054]唐下脫苟字，鄢陵之戰，唐苟為鄭成公車右而戰死。[1055]姓羊舌，名亦，字伯華，食邑於銅鞮，春秋晉大夫，羊舌職之子，叔向之兄，祁奚薦之以嗣父業。[1056]名紇，字叔梁，亦曰梁紇，春秋魯陬邑大夫，亦曰郰叔、郰叔紇，其先宋人，祖防叔遷魯，與顏氏女野合而生孔子。[1057]名襄，春秋楚國工尹。[1058]又作大心，春秋周天子，生而有頾，號頾王，在位二十七年（西元前五七一－前五四五年）。[1059]春秋楚大夫，曾與公子成率師救蔡，任右司馬，由於多受小國之賂，楚人殺之。[1060]祁又作祈。奚又作傒、徯。又曰祁黃羊、祁大夫、祁子，食邑於祁，因以為氏。春秋晉大夫。任中軍尉，以善於舉人而出名。[1061]亦曰羊職、羊殖、羊舌子，春秋晉羊舌大夫之子，叔向之父。[1062]亦曰梓慶，春秋魯國大臣。[1063]亦曰秦堇，春秋魯人，以力聞，生秦丕茲，事仲尼。[1064]名午。春秋魯國國君，成公之子，三歲而立，在位三十一年（西元前五七二－前五四二年）。[1065]又曰子辛，春秋楚穆王子，曾任右尹、令尹，楚共王殺之。[1066]絳，又作降。亦曰魏莊子，春秋晉國大夫，初任中軍司馬，後任新軍之佐。再升為下軍之將。[1067]壯又作莊，春秋衛國太史，衛君以為社稷臣，聞其卒，不釋祭服而往弔。[1068]又作狄虒彌，春秋魯人，孟獻子稱其有力如虎。[1069]名髡頑、髡原，髡又作郡、頵、惲，春秋鄭國君，在位五年（西元前五七〇－前五六六年）。為子駟所殺。[1070]亦曰張孟，春秋晉大夫，張仲十七代孫。[1071]字游，春秋晉大夫，籍談之父，晉悼公時為上軍司馬。[1072]又曰范鞅、范叔、范獻子，春秋晉國卿，士匄之子。[1073]環，又作瑗，亦曰齊環。春秋時齊國國君，在位二十八年（西元前五八一－前五五四年）。[1074]又作女齊，亦曰女叔齊、叔侯、司馬侯、司馬女叔侯，春秋晉大夫。[1075]疑鄭乃「滑」之誤，程滑，弒晉厲公，見《左傳》、〈晉世家〉。[1076]春秋吳國國君，吳王壽夢長子，在位十三年（西元前五六〇－前五四八年）。[1077]又作尹公之佗，春秋衛人，學射於庾公差，與庾公追射衛獻公，為獻公御者公孫丁射傷。[1078]名騑，又作斐，諡武子，亦曰駟騑，春秋鄭國執政，鄭穆公子，後為盜所殺。[1079]名衎，亦曰衛獻，春秋衛國國君，西元前五七六年立，立十八年奔齊，亡十二年復入，入三年（西元前五四四年）卒。[1080]西鉏，複姓，名吾。春秋宋大夫，曾任大宰。錢大昕認為，「宋之能臣，似不應列九等」。[1081]即樂喜，春秋宋國司城。[1082]即晏弱，亦曰晏子，春秋齊大夫，晏嬰之父。[1083]又作庾公之斯，字子魚，春秋衛人。[1084]春秋衛大夫孫林父之子，鄭侵衛，孫蒯獲鄭軍主師皇耳。[1085]春秋宋國執政，宋桓公曾孫。官左師，封邑在合，又稱合左師，曾約十四國諸侯在宋開「弭兵之會」。[1086]又曰楚囊，荊將軍子囊，又曰公子貞，春秋楚莊王之子，恭王之弟。[1087]春秋衛國善射者。御衛獻公出奔齊，射傷追者伊公佗。[1088]又作郲婁其、郲庶期，春秋鄭大夫，以漆與閭丘二邑叛郲歸魯。[1089]匄又作丐，亦曰宣叔，春秋晉國大臣，范文子之子。初任中軍之佐，平公時掌國政，滅欒盈族黨，制定刑書。[1090]名慧，春秋鄭國樂師。[1091]無終又作毋終，春秋山戎國名。子，爵名。嘉父乃無終國國君名。[1092]焱乃「猋」之訛。《春秋》作剽。西元前五五八年，衛人逐獻公，立殤公，立十二年（西元前五四七年）獻公復入，殤公被殺。[1093]春秋鄭人，尉氏原為鄭之別獄，尉止食采於此，遂以邑為氏，後為子產攻殺。

上上聖人	
上中仁人	范武子 1111
上下智人	魯季文子 1109　樂王鮒 1119
中上	晉邢蒯 1094　齊殖綽 1097　鄭游眅 1100　齊杞梁殖妻 1107　華州 1113　祝佗父 1118
中中	衛大叔儀 1095　公子鱄 1098　曹武公勝 成公子。1101　鄭簡公嘉 釐公子。1105　晉陽畢 1110　行人子員 1115
中下	姜戎駒支 1096　楚令尹子南 1102　觀起 1104　燕文公 二十三世。1108　魯國歸父 1114　鄭公孫夏 1117
下上	孫文子 林父。1103　福陽子 妘姓。1106　楚屈建 1112　魯臧堅 1116　宋華臣 1120
下中	衛甯喜 1099　巢牛臣 1121
下下愚人	

晉叔向1126	楚申叔豫1127	陳不占1128	楚湫舉1129	齊崔杼1130	宋伊戾1131
		申蒯1122	子朱1123	燕懿公1124 二十四世。	晉叔魚1125

1094春秋晉國勇士。1095大叔又作世叔，儀又作齊，亦曰大叔文子，春秋衛大夫，僖侯八世孫。1096又曰戎子駒支，名駒支，春秋姜戎首領。晉范宣子責之於朝，駒支辯解，賦〈青蠅〉而退。1097春秋齊將，與晉戰殖綽殿後，為晉軍所獲。1098鱄又作專，字子鮮，春秋衛定公之子，獻公母弟，出奔晉，織絇於邯鄲，終身不言衛。1099亦曰甯子，謚悼子，春秋衛大夫，甯殖之子，衛獻公殺之。1100昄本作眅，字子明，謚昭子。春秋鄭國公孫蠆之子，以奪妻見殺。1101名勝，又作滕。春秋曹國國君，在位二十七年（西元前五五四－前五二八年）。1102又曰公子追舒，春秋楚令尹。任令尹一年為楚王所殺。1103名林父，春秋衛大夫，擁立衛殤公，被封於宿。1104春秋楚臣，有寵於令尹子南，楚王殺子南，車裂觀起以徇。1105名嘉，又作喜，春秋鄭國國君，以子產為卿，在位三十六年（西元前五六五－前五三〇年）。1106福陽又作偪陽、傅陽，春秋妘姓小國。為晉所滅。福陽子被俘。1107杞梁，名殖，字梁，亦曰杞殖，春秋齊大夫，齊襲莒，被俘殺，其妻孟姜，迎喪於郊，傳說她哭夫十日，而城為之崩，遂赴淄水而死。孟姜女故事即源於此。1108春秋燕國國君，在位六年（西元前五五四－前五四九年）。燕自召公至文公為二十三世。1109春秋魯國執政，季孫氏，字行父，歷相宣、成、襄三君。1110畢原訛為罕，春秋晉大夫，教晉平公滅欒氏。1111即士富。梁玉繩認為：「武」乃「獻」之訛，他說「晉有兩范獻子，一士鞅，一士富」。《左》襄傳，士富為候奄，〈晉語〉謂之范獻子，或即其人。1112又曰子木，春秋楚令尹，屈蕩之孫，屈到之子。1113州又作舟、周，亦曰華還、華旋，春秋齊大夫。1114乃齊析歸父之誤。析歸父，字子家，謚文子，春秋齊大夫。1115行人，即外交官。名子員，春秋晉國行人。1116春秋魯臧紇之族，為齊所獲，以杙抶其傷而死。1117字子西，謚襄子，春秋鄭國卿，鄭執政子駟之子，其後為駟氏。1118春秋齊大夫，崔杼弒齊莊公，祝佗父祭於高塘，歸後復命，不脫祭服而死於崔氏。1119姓欒名王鮒，又稱欒桓子，春秋晉君之近臣。1120華元之子，魯襄公九年宋遭火災，華臣為司徒，主徒役滅火。1121春秋楚人，吳王伐楚，巢牛臣以計誘吳王而射殺之。1122春秋齊國漁官。崔杼弒莊公，蒯漁於海而後至，將死之。至門勿內，乃斷左臂以示，杼令其入，蒯拔劍呼天門而死。1123春秋晉國行人。1124春秋燕國國君，在位四年（西元前五四八－前五四五年）。燕自召公至懿公為二十四世。1125魚又作漁，亦曰叔鮒、羊舌鮒，叔向之弟，後為邢侯所殺。1126向又作糸，出於羊舌氏，名肸。亦曰叔肸，叔肸食采於楊，又曰楊肸，春秋晉大夫，羊舌職之子，平公時曾任太傅。1127春秋楚賢大夫，申叔時之孫。1128春秋齊莊公臣，赴莊公之難，聞戰鬥之聲，恐駭而死。1129又作椒舉、伍舉，春秋楚人，伍參之子，伍奢之父，子胥祖父。1130又曰崔子、崔武子，春秋齊大夫，擁立齊莊公即位，後弒之，又立齊景公，任右相。殺二太史，釋晏子，後為慶封攻滅，自縊死。1131又作惠墻伊戾，春秋宋國寺人，任太子內師而無寵，陷太子於死，平公烹之。

上上聖人	上中仁人	上下智人	中上	中中	中下	下上	下中	下下愚人
	向母[1132]		士鞅[1133]		楚康王（共王子。）[1134]	慶封[1135]		
		齊大史三人[1136]	衛右宰穀臣[1137]	蘧奄[1138]		慶嗣[1139]	吳餘祭[1140]	
				趙武（朔子。）[1141]		吳遏（壽夢子。）[1142]		
	蘧伯玉[1143]							
		南史氏[1144]	厚成子[1145]	鬷蔑[1146]		晉平公彪（悼公子。）[1147]		
	吳季札[1148]						景王貴（靈王子。）[1149]	
		陳文子[1150]	衛公子荊[1151]					
	鄭子產[1152]			鄭子皮[1153]	晉亥唐[1154]	齊陳桓子[1155]		齊嚴公光（靈公子。）[1156]
		卞嚴子[1157]	絳老人[1158]				魯昭公稠[1159]	
	晏平仲[1160]					衛襄公惡（獻公子。）[1161]		
			史趙[1162]		秦醫和[1163]			楚郟敖（康王子。）[1164]
		臧文仲[1165]	士文伯[1166]					
仲尼[1167]	太子晉[1168]				晉船人固來[1169]		晉昭公夷（平公子。）[1170]	
			鄭卑湛[1171]			曹平公（武公子。）[1172]		蔡景侯[1173]
	左丘明[1175]	宰我[1174]					燕惠公（二十五世。）[1176]	
		子貢[1177]						蔡靈侯[1178]

[1132]亦曰叔姬，叔向之母，曾預言叔虎之先必定殃國禍家。[1133]此處為「士魴」之誤，〈表〉「中下」有士鞅。[1134]名昭，又作招，春秋楚國國君，在位十五年（西元前五五九－前五四五年）。[1135]字子家，又字季，故曰慶季，春秋齊大夫，與崔杼共立齊景公，任左相，攻滅右相

崔氏，後為齊人攻敗，先奔魯，又奔吳，為楚靈王所殺。1136佚其姓名，弟兄三人皆為齊史官。崔杼弒齊莊公太史秉筆直書「崔杼弒其君」，崔杼殺之，其弟嗣書，杼又殺之，後嗣之弟又書之，杼乃捨之。1137本作右宰穀，又作穀臣，春秋衛大夫，為人明智，預知衛亂，為衛公孫免餘所殺。1138又作蔿奄，春秋楚大夫，令尹薳子馮之子，曾任司馬，奉命治理軍賦，後為公子圍所殺。1139字子息，春秋齊國慶封之族。1140亦曰句餘，又稱戴吳，春秋吳國國君。諸樊之弟，在位四年（西元前五四七—前五四四年）。為閽人弒之。1141又曰趙孟、趙文子、獻文子，春秋晉國卿，趙朔之子，景公滅趙氏，趙武為程嬰所救，後被立為趙嗣，歷任新軍、上軍之將。1142遏又作謁，即春秋吳王諸樊，已見〈表〉「中中」，此為重出。1143姓蘧，又作璩，名瑗，謚戌子，亦曰蘧玉、蘧子，春秋衛國賢大夫。1144春秋人，齊崔杼連殺二太史，聞齊太史盡死，南史氏執簡以往，聞既書而還。1145亦曰部成子、厚成庶，厚又作后，名瘠，春秋魯大夫，魯孝公子惠伯之後。1146姓鬷名蔑，又曰然明、鬷明，春秋時鄭國賢人。1147亦曰晉平，名彪，春秋晉國君，在位二十六年（西元前五五七—前五三二年）。1148又曰季子、吳季子，封於延陵，亦曰延陵季子。春秋吳王壽夢少子，著名賢人。1149名貴，又作遺，春秋周天子，周靈王之子，太子晉之弟，在位二十五年（西元前五四四—前五二〇年）。1150即陳須無，春秋齊大夫，陳完曾孫。1151亦曰南楚，春秋衛獻公之子，十五歲而攝相事，為政崇尚清靜。1152名喬，一作僑，字子產，一字子美，謚成子，亦曰公孫成子。春秋鄭國卿，著名政治家。執政期間，實行一系列改革，特別是整頓田賦，戶籍，鑄刑鼎，對各國影響很大。1153亦曰罕虎，又作軒虎。春秋鄭國卿。鄭穆公曾孫，祖父子罕，以罕為氏。父子展卒，子皮嗣位上卿。罕氏常掌國政。1154又作期唐，春秋晉平公臣，平公重而師之，寵而貴之。1155名無宇，春秋齊大夫，完五世孫，為人有力，事齊莊公，有寵。1156即齊莊公，在位六年（西元前五五三—前五四八年）。因與大夫崔杼妻私通，為崔杼所殺。1157本作卞莊子，亦曰卞嚴、管莊子，春秋卞邑大夫，以勇力聞名。1158春秋晉國絳縣一位七十三歲老人。西元前五四三年參加築城，人或問其年齡，以所過甲子日數回答，使在場人迷惑不解，而詰之於朝。1159稠又作裯、招。春秋魯國君。魯襄公之子，立二十五年被三桓逐出國境，立三十二年（西元前五四一—前五一〇年）而卒。1160姓晏，名嬰，謚平，字仲，亦曰晏子、晏平。春秋齊大夫，夷維（今山東高密）人，政治家。父晏弱死後繼任齊卿三十多年，主張輕賦稅，以禮治國。1161名惡，亦曰文祖，春秋衛國君，衛獻公子，在位九年（西元前五四三—前五三五年）。1162春秋晉太史，曾推算絳縣老人出生日數。1163春秋秦國醫學家，曾用「陰、陽、風、雨、晦、明」等六氣的相互關係說明疾病產生的原因，是後來「風、寒、暑、溼、燥、火」六淫致病說的最早雛型。1164夾本作郟，葬於郟，謂之夾敖。名麇，又作麏、卷、員，亦曰熊麇、熊郟敖，春秋楚國國君，在位四年（西元前五四四—前五四一年）。令尹公子圍縊而弒之。1165又曰臧孫、臧孫長、臧子、臧文，春秋魯國執政，歷任莊、閔、僖、文四君，曾廢除關卡，以利通商。1166名匄，字伯瑕，亦曰士匄，春秋晉大夫士弱之子。1167即孔丘。1168春秋周靈王太子，名晉，亦名超古，字喬，聰慧過人，早夭，年僅十七歲。1169固來又作固乘、古乘、固桑，吉桑，春秋晉國船工，曾諫晉平公用賢。1170名夷，春秋晉國國君，在位六年（西元前五三一—前五二六年）。1171又作裨諶，春秋鄭大夫，執政子產的重要助手，善謀而有卓識，以辭令著稱。1172名須，春秋曹國國君，在位四年（西元前五二七—前五二四年）。1173亦稱蔡景公，春秋蔡國國君，在位四十九年（西元前五九一—前五四三年）。以通太子婦而為太子所殺。1174又曰宰予，字子我，春秋魯人，孔子弟子，曾任齊臨淄大夫。1175亦稱左丘，號魯君子，剛直不阿，著有《國語》和《左氏春秋》。1176春秋燕國國君，燕武公之子，因多

上上聖人	上中仁人	上下智人	中上	中中	中下	下上	下中	下下愚人
	顏淵 1181	冉有 1182	行人子羽 1179		舟人清涓 1180		陳公子招 1183	陳哀公弱 成公子。1184
	閔子騫 1186	季路 1187	馮簡子 1185		魯謝息 1190	陳惠公 哀公孫。1191	周儋桓伯 1188	吳餘昧 餘祭弟。1192
	冉伯牛 1195	子游 1193	子大叔 1189	劉定公 1197	鄭定公 簡公子。1198	鄭孔張 1200	魯南蒯 1194	宋寺人柳 1202
	仲弓 1203	子夏 1199	衛北宮文子 1196	公孫楚 1206	燕悼公 二十六世。1207	周原伯魯 1208	莒子庚輿 1201	魯豎牛 1211
		曾子 1204	魯叔孫豹 1205	公孫黑 1210	薳啓疆 1215		晉頃公 昭公子。1209	楚靈王圍 1217
		子張 1212	狐丘子林 1213	韓宣子厥 1214	申子亹 1221		宋元公佐 平公子。1216	晉邢侯 1222
		曾皙 1218	晉趙文子 1219	魯叔孫昭子 1220				

內寵，獲罪於諸大夫，懼而奔齊，後被送歸，在位九年（西元前五四四—前五三六年）。燕自召公至惠公為二十五世。1177 複姓端木，名賜，亦曰木賜。字子貢。春秋衛人，孔子弟子。善辭令、外交、經商。1178 又曰聖侯，名般，春秋蔡國國君，蔡景侯之子，弒父自立，在位十二年（西元前五四二—前五三一年）。被楚靈王誘殺。1179 行人，外交官。子羽，複姓公孫，字子羽，名揮，春秋鄭大夫，長於辭

令。[1180]清涓，春秋晉船工，曾諫國君修政以內得大夫、外得百姓。[1181]名回，字子淵，又稱顏叔、顏生、子泉，後世稱復聖。孔子學生，春秋魯人，勤奮好學，安貧樂道，先孔子而逝，終年三十二歲。[1182]名求，字子有，又曰冉子、有子，孔子弟子，春秋魯國人。曾為魯執政季氏宰，又曾率兵打敗齊軍。[1183]名招，招又作昭、韶、苕。春秋陳成公之子，司徒。陳惠公晚年，招殺太子偃師，逼哀公自盡，擁立庶子留為國君。[1184]弱又作溺，春秋陳國國君，在位三十五年（西元前五六八－前五三四年）。因寵愛庶出少子，終釀成殺身之禍，自縊而死。[1185]春秋鄭大夫，畢公高之後，鄭國對外大事多由馮簡子決斷。[1186]姓閔，名損，字子騫，又稱閔子，春秋魯國人，孔子弟子。是孔門弟子中唯一明確主張不做官的人。[1187]姓仲，名由，字子路，又稱季子、季由、仲路。春秋卞（今山東泗水）人，孔子弟子。剛正好勇，曾任魯國執政季氏宰和衛大夫孔悝宰，六十三歲死於宮廷政變。[1188]儋又作詹，春秋周室大夫。[1189]名游吉，字太叔，又作世叔，春秋衛國上卿。[1190]春秋魯大夫孟孫家臣。[1191]名吳，春秋陳國君。太子偃師之子，偃師被殺時出奔晉，後楚平王支持其回國即位，在位二十八年（西元前五三三－前五〇六年）。[1192]又作夷末、夷昧，春秋吳國國君，西元前五三〇－前五二七年在位。[1193]姓言，名偃，字子游，又稱言游。春秋吳人，孔子弟子，以文學著稱。[1194]姓南，名蒯，春秋魯人，季氏費邑宰南遺之子。因對季平子不滿而策動費邑叛亂，失敗而奔齊。[1195]姓冉，名耕，字伯牛，又作百牛，春秋魯人。孔子弟子，為人正言危行，品德出眾，患惡疾而死。[1196]複姓北宮，名佗，字文子，春秋衛人，北宮括之子。曾相衛襄公如楚，過鄭時稱讚鄭國有禮。[1197]即劉夏，春秋周室大夫，父劉康公食采於劉，因以為姓。[1198]名寧，春秋鄭國國君，在位十六年（西元前五二九－前五一四年）。[1199]姓卜，名商，字子夏。春秋衛人，孔子弟子，以文學著稱，戰國初年曾為魏文侯師。[1200]又名公孫申，亦曰子張，鄭國執政子孔之孫，以祖父字為氏曰孔張，春秋鄭大夫。[1201]庚輿，謚共公，春秋莒國國君，著丘公之弟。虐而好劍，每鑄劍必試諸人，國人叛之，在位十年，出奔魯。[1202]寺人即閹人，柳，人名，春秋宋人，有寵於宋平公。[1203]姓冉，名雍，字仲弓，春秋魯人，冉耕宗族，孔子弟子。曾任季氏宰，荀況將其與孔子並列為大儒。[1204]姓曾名參，字子輿，尊稱曾子，春秋魯南武城（今山東費城）人，孔子弟子，著有《孝經》一書。[1205]又稱叔孫穆子、穆叔，春秋時魯國大夫，掌魯國外事。時人稱其兼備忠、信、貞、義四德。[1206]又稱游楚，字子南，亦曰子南氏，春秋鄭大夫。因與上大夫公孫黑爭奪綜吾犯之妹為妻，傷公孫黑，被執政子產放逐於吳。[1207]春秋燕國國君，在位七年（西元前五三五－前五二九年）。燕自召公至悼公為二十六世。[1208]春秋周室大夫，文王子原伯之後，本封絕滅，食采畿內。[1209]名去疾，春秋晉國君，在位時六卿強大，盡滅公室之族，瓜分十縣，公室益弱，立十四年（西元前五二五－前五一二年）而卒。[1210]字子皙，亦曰子皙氏，春秋上大夫，因與公孫楚爭奪妻室而為其所傷，欲作亂滅公孫楚宗族而被誅。[1211]春秋魯人，叔孫穆子外妻庚宗婦人所生，號「牛」，使為豎（小臣），後掌叔孫氏家政，後奔齊，被殺於關塞之外。[1212]姓顓孫，名師，字子張，亦單稱張，春秋陳人，孔子弟子。是儒家八大派代表人之一。[1213]名林，亦曰壺子、壺丘子、壺子林，春秋鄭人。一說為子產之師，一說為列子之師。[1214]姓韓，名起，春秋晉國卿，韓獻子之子。[1215]薳又作蔿，疆又作強，春秋楚大夫，曾任太宰。[1216]名佐。春秋宋國國君，在位期間詐殺群公子，導致大夫作亂，在位十五年（西元前五三一－前五一七年）。[1217]春秋楚國國君，共王子。在位十二年（西元前五四〇－前五二九年）。國內叛亂，逃亡山中自縊而死。[1218]名點，字皙，或云字子皙，皙又作哲。春秋魯人，曾參之父，與參共師孔子。[1219]當作景子。名成又曰景叔，春秋晉大夫，趙武之子。[1220]又曰叔孫婼，春秋魯大夫，叔孫豹庶子，為

上上聖人	上中仁人	上下智人	中上	中中	中下	下上	下中	下下愚人
		子賤 1223	孟鳌子 1225		1226 左史倚相		蔡平侯 景侯子。1224	雍子 1227
		南容 1228		楚薳罷 1229			樊頃子 1230	1231 楚公子比
			孟懿子 1232		申亡宇 1233		司徒醜 1234	
		公冶長 1235	1236 南宮敬叔		申亥 亡宇子。1237			觀從 1238
				吳厥由 1240			子鼂 1239	
		公西華 1241			晉籍談 1242		賓猛 1243	
		有若 1244	郯子 1245	衛史鼂 1246	子鉏商 1247			周悼王猛 景王子。1248
		漆彫啓 1249	老子 1250					
				師曠 1251	1252 周史大弢		蔡悼侯 靈侯孫。1253	
		1254 澹臺滅明		屠蒯 1255				
			南榮疇 1256					
					蜎子 1257	齊景公杵臼 嚴公弟。1258	梁丘據 1259	
		樊遲 1261		1260 子服惠伯			曹桓公 平公子。1262	
		巫馬期 1263		晉荀吳 1264				

暨牛所立，因暨牛禍亂叔孫氏而殺之。

1221 亦曰史老，春秋楚公子。1222 又曰邢伯、邢侯氏，春秋晉國大夫，父申公巫臣，原為楚大夫，後奔晉，晉與之邢邑。因與雍子爭田，殺雍子、叔魚而被處死。1223 全名宓不齊。又稱宓賤，字子賤，宓通虙，或訛為密，春秋魯人，孔子弟子。為魯使吳，卒於途中。1224名廬，春秋蔡國君，即位殺靈侯太子友，在位九年（西元前五三〇—前五二二年）。1225釐又作僖，又曰仲孫貜，春秋魯大夫。尚禮。臨終前遺囑二子孟懿子與南宮敬叔師事孔子。1226春秋楚國左史，博學通古，據說能讀《三墳》《五典》、《八索》《九丘》等古書，楚靈王稱其為「良史」。1227春秋楚人，原為楚大夫，奔晉，晉與之鄐邑，後因與邢侯爭田，納女與斷獄官叔魚，為邢侯所殺。1228南宮，複姓，名适，又作括，一名縚，又作韜，字子容，春秋魯人，孔子弟子。1229薳罷，春秋楚令尹，罷又作頗、跛，字子蕩。曾如晉涖盟，叔向稱其「敏以事君，必能養民」。1230又名樊齊，春秋周室大夫，曾與貴族單氏劉氏擁立王子猛（悼王）即位，但不久就出現王子朝之亂。1231名比，春秋楚靈王之子，與公子棄疾合謀叛亂，殺靈王太子祿，被立為楚王，旋為棄疾奪取王位，自殺而亡。1232名何忌，又稱仲孫何忌、仲孫忌、孟孫，字子嗣，春秋魯大夫，孟僖子之長子，事孔子學禮，向孔子問孝。1233又作申無宇，春秋楚國芋尹。以正顏直諫出名。1234名醜，春秋周悼王司徒，曾率王師與王子朝作戰，敗於前城。1235公治，複姓，名長，又作萇。一名芝，字子長，又作子張、子芝或子之。春秋魯人，一說為齊人。孔子弟子，孔子選以為婿。1236南宮，複姓。名說，謚敬，字叔，又曰頃叔、仲孫閱、南宮閱，春秋魯大夫，孟僖子之子，師事孔子，見《禮記・檀弓》鄭注。1237春秋楚人，申亡宇子，楚靈王逃亡，申亥因其不罪己父直言之恩而收留之，靈王死後，又以二女從死殉葬。1238春秋蔡人，蔡大夫觀起之子，楚靈王殺觀起，觀從奔吳，後策動楚國內亂，導致楚宗室骨肉相殘。1239即子朝。春秋周景王子，景王死後，他多次起兵作亂，先後趕走悼王、敬王，後奔楚，敬王乘吳破楚之機把他殺死。1240又作蹶由、蹶融。春秋吳王壽夢之子，餘昧弟。1241公西，複姓，名赤，字子華，春秋魯人，孔子弟子，曾為魯使齊。1242姓籍名談，字叔，又曰叔氏、籍父，春秋晉大夫，籍偃之子。高祖（一說九世祖）孫伯黶司晉典籍，故曰籍氏。1243又作賓孟、賓起，春秋周室王子鼂之傅，支持周景王廢太子猛（悼王）而立子鼂。景王死後，為太子黨所殺。1244字子有，亦曰有子，春秋魯人，孔子弟子。1245春秋郯國國君，不知何氏所封，魯昭十七年郯子朝魯，自言祖少昊。1246鼂又作晁，春秋衛大夫，與孔成子共同擁立衛靈公。1247名鉏商，唯見《左傳・哀公十四年》，言叔孫氏之車子鉏商獲麟。車子，有言為微者，將車之子，或言為子姓之車士。1248名猛，又曰子猛、王猛，春秋周天子，景王長庶子，太子早卒，國人立猛為王，立七月為子鼂攻殺。1249漆彫，複姓，名憑，字子開，又作子若、子修，春秋魯人，孔子弟子。1250姓李，名耳，字聃，號老子。思想家，道家學說創始人。楚國苦縣（今河南鹿邑）人，曾任周室藏書史官，著有《道德經》。1251字子野，亦曰晉野。生而無目，春秋晉國樂師，傑出音樂家，文化名人。博學多知，勇於以正言匡君。1252弢又作弢，春秋周室太史，與孔子曾論衛靈公。本書〈藝文志〉收有《周史六弢》六篇。1253名曰東國，亦單稱東，攻平侯自立，在位三年（西元前五二一—前五一九年）。1254澹臺，複姓，名滅明，字子羽，春秋魯武城人，孔子弟子。狀貌醜惡，岐掌，所以孔子有言「以貌取人，失之子羽」。1255又作杜蕢，春秋晉平公膳宰，國有喪事，平公飲酒作樂，屠蒯入諫。1256疇又作壽、幬，亦曰南榮趎，趎又作跦，庚桑楚之徒，曾與庚桑楚及老子論道。1257梁玉繩曰：「即楚人環淵，老子弟子，蜎姓（蜎、環古通）。」本書〈藝文志〉有道家《蜎子》十三篇。1258春秋齊國國君，齊莊公（諱曰嚴）之弟，在位五十八年（西元前五四七—前四九〇年）。1259據又作處。梁丘，複姓，字子猶，又作子將，春秋齊景公嬖大夫。1260又曰子服椒、子服湫、孟椒、子服子，春秋魯國卿，孟獻子之孫。1261又稱樊須，字子遲，春秋齊人，孔子弟子。曾問孔子農藝之事，孔子斥為小人。1262據《春秋》、《史記》，當為「悼公」。1263巫馬，複姓，字子期，又

上上聖人	
上中仁人	
上下智人	司馬牛 1266、子羔 1271、原憲 1275、顏路 1278、商瞿 1284、季次 1290、公良 1293、顏刻 1300
中上	公伯寮 1272、公肩子 1279、子石 1288、隰成子 1294、琴牢 1299
中中	禆竈 1267、里析 1273、梓慎 1280、申須 1285、林既 1291、北郭騷 1295
中下	孝成子 1265、齊虞人 1270、越石父 1276、栢常騫 1282、燕子干 1289、魏獻子（絳孫。）1296
下上	裔款 1277、許男 1283
下中	南宮極 1268、頓子 1274、胡子髡 1281、沈子逞 1286、陳夏齧 1292、魯季平子 1297
下下愚人	敬王丏（景王子，悼王兄。）1269、楚平王棄疾（靈王弟。）1287、費亡極 1298

曹聲公 悼公弟。1304

宋樂大心 1303

燕共公 二十七世。1302

司馬彌牟

逢於何 1301

作子旗，春秋魯人，孔子弟子。1264又曰中行穆子、中行吳、中行伯、中行繆伯，春秋晉國卿，荀偃之子。1265孝乃「老」字之訛，道家學派人物，本書〈藝文志〉有道家《老成子》十八篇。1266司馬，複姓，名犁、耕、犁耕，字子牛，春秋宋人，宋司馬桓魋之弟。孔子弟子。1267春秋鄭大夫，通曉天文、占候之學。1268春秋周室卿士，死於地震。1269亦曰東王，名匄，訛為丐，或丏，春秋周天子，悼王弟（〈表〉誤為兄），在位四十三年（西元前五一九－前四七七年）。1270虞人，掌山澤之官，春秋齊君出獵，以弓招虞人，不合禮，虞人不進。1271姓高，名柴，字子羔，春秋齊人，高傒裔孫，孔子弟子。曾為費郈宰，為父母守孝泣血三年。1272公伯，複姓，名寮，又作僚、繚、遼，亦曰伯寮，字子周，春秋魯人，孔子弟子。1273春秋鄭大夫。預知死期。1274春秋時姬姓小國國君，魯昭公二十三年為吳所敗。1275姓原名憲，字子思，亦曰原思、仲憲，春秋魯人，孔子弟子，窮而守節不失志。1276父又作甫，春秋齊人，在縲紲之中，晏子贖以為客。1277又曰艾孔，春秋齊景公嬖大夫。1278姓顏，名無繇，字路，春秋魯人，顏回之父，孔子最早的弟子，少孔子六歲。1279公肩，複姓，名定，字中，又作子中，春秋魯人（一說衛人），孔子弟子。1280春秋人，曾評論魯昭公十七年出現彗星事。1281名髡，春秋歸姓小國君。魯昭公二十三年為吳所敗。1282栢本作伯，春秋時周室史官，後去周之齊，為太卜。1283春秋許國國君，其下脫斯字。1284字子木，春秋魯人，孔子弟子，孔子之後《易》學的最早傳人。1285春秋魯大夫，曾評論魯昭公十七年出現彗星事。1286名逞，又作盈、楹，春秋姬姓小國君，魯昭公二十三年為吳所敗。1287又名熊居，或單稱居。春秋時楚國國君，靈王時曾將兵滅陳蔡，因為陳蔡公。殺靈王太子，逼走靈王，擁立公子比，旋又殺公子比而自立，在位十三年（西元前五二八－前五一六年）。1288即公孫龍，龍又作寵、礱，亦曰子石子。春秋時楚人，孔子弟子。1289又曰泯子午，春秋時燕國遊士。南見晏子於齊，言有文章，術有條理。1290複姓公皙，皙又作晢、析，名哀，又作剋、克，字季次，次又作沉，春秋齊人，孔子弟子。1291春秋齊景公時人，韋衣而朝景公，論士之勇悍。1292春秋陳大夫，夏徵舒曾孫，魯昭公二十三年為吳所獲。1293又曰公良孺，孺又作儒，亦曰良儒，字子正，春秋陳人，孔子弟子，賢而勇。常以家車五乘從孔子遊。1294疑為「縣成子」之訛，見《史記・仲尼弟子列傳》。1295北郭，複姓，春秋齊人。曾乞粟於晏子以養母，晏子見疑於齊景出奔，北郭騷自刎以白之。1296春秋晉國卿，名舒，又作荼，亦曰魏子，將軍，晉頃公時執國政，滅祁氏，羊舌氏，取其邑為十縣。1297又曰季孫、季孫意如，春秋魯國上卿季文子曾孫，掌魯政，迎魯昭公，卒於魯定公五年（西元前五〇五年）。1298亡極又作無忌，亦曰楚費，楚平王太子建少傅，使平王奪太子建婦，殺伍奢父子，後被令尹子常所殺。1299姓琴，名牢，字子開，一字張。春秋衛人，孔子弟子。1300刻又作剋，又名產，字子驕，又作子精，春秋魯人，孔子弟子。1301於又作于。春秋齊人。1302春秋燕國國君，在位五年（西元前五二八－前五二四年）。自燕召公至燕共公為二十七世。1303又作世心，春秋宋國右師，因居於桐門，所以又曰桐門右師。卑宋大夫而賤大宗，稱疾而辭公命，被逐奔曹。1304又作襄公，名野，春秋曹國國君，在位五年（西元前五一四－前五一〇年）。被弒。

上上聖人	
上中仁人	
上下智人	
中上	楚子西[1331]
中中	司馬穰苴 [1306] 楚伍奢[1312] 伍尚[1317] 魯師已[1320] 子家羈[1326] 吳孫武[1332]
中下	[1305] 司馬篤[1308] 魏戊[1311] 智徐吾[1314] 孟丙[1318] 成鱄[1321] 閻沒[1324] 汝寬[1327] 楚司馬子期[1333]
下上	楚太子建 [1313] 燕平公二十八世。 [1319] 專諸[1325] 秦哀公景公子。[1328]
下中	季公烏[1307] 公叔務人 [1310] 寺人僚相 [1315] 臧昭伯[1322] 厚昭伯[1323] 吳王闔盧 [1329]
下下愚人	吳僚餘昧子。[1309] 曹隱公通平公弟。[1316] 吳夫槩[1330]

公子闔 1334　伍子胥 1338

申包胥 1336

沈尹戌 1339

楚昭王 平王子。1335

楚郄宛 1340

徐子章禹 1337

1305春秋晉國鄔縣大夫，晉執政魏獻子分祁氏，羊舌氏之田而任之。1306姓田，名穰苴，春秋齊大夫，官司馬，故稱司馬穰苴。田完後裔，
通兵法。1307又作空馮，春秋時魯季孫宿之子，季平子庶叔父。1308篤又作督、烏，楚靈王大夫。1309又曰州于，春秋吳國國君，在位十二年
（西元前五二六—前五一五年）。後為專諸刺殺。1310務又作禹，亦曰公為，春秋魯昭公之子，戰死於齊師。1311春秋晉梗陽大夫，魏舒庶
子。1312又作五奢、伍子奢，春秋楚大夫，伍舉之子，子胥之父，任太師，傅平王太子建，費亡極讒殺之。1313亦曰王子建、楚建，字子
木。春秋楚平王太子，費亡極為其娶婦而父平王奪之，後受讒言而奔宋，為鄭所殺。1314智又作知，春秋晉國涂水大夫，知盈之孫。1315
春秋魯國寺人，魯大夫欲除季平子，使僚柤三次告於昭公。1316春秋曹國國君，名通，弒平公子聲公而立，立四年（西元前五〇九—前
五〇六年）。為聲公弟露所弒。1317又作五尚、子尚、棠君尚，春秋楚大夫伍奢子，子胥兄，後隨父死。1318或作孟丙，春秋晉國孟縣大夫。
以賢見舉。1319春秋燕國國君，在位十九年（西元前五二三—前五〇五年）。燕自召公至平公為二十八世。1320春秋魯大夫，鸜鵒來巢，師
已以周初童謠，預言禍及。1321春秋晉大夫，魏獻子任命十縣大夫，論之以為近文德。1322亦曰臧孫，名賜，春秋魯大夫，臧為之子，曾
從魯昭公出奔。1323厚又作后，亦曰后氏、郈孫，春秋魯大夫，後為孟懿子所殺。1324又作閻明，春秋魏獻子之屬大夫，與汝寬諫魏獻子
勿納賄。1325又曰鱄沒諸，春秋刺客，吳國堂邑（今江蘇六合）人，為吳公子光刺吳王僚，自己也當場被殺。1326字駒，亦曰子家駒、子
家子、子家懿伯，春秋魯大夫。1327汝又作女，亦曰叔寬、叔褒、女叔寬，魏獻子之屬大夫，女齊之子。1328又作畢公、柏公，春秋秦國
國君，在位三十六年（西元前五三六—前五〇一年）。1329盧又作閭，又曰公子光、王子光、吳子光、吳光。春秋吳國君，吳王諸樊之子，
用刺客殺吳王僚即位，在位十九年（西元前五一四—前四九六年）。與越王句踐作戰受傷死。1330夫槩，槩又作概、溉、既、摡，吳王闔
廬弟，乘兄伐楚，自立為吳王，敗奔楚，為堂谿氏。1331春秋楚平王庶弟，任令尹，先後擁立昭王、惠王。白公勝以私怨殺之。1332又稱
孫子、孫武子，春秋時傑出軍事家，齊人。字長卿，以兵法見吳王闔閭，南破楚，北威齊晉，著有《孫子兵法》十三篇。1333又曰公子
結、子期氏，春秋楚平王之子，昭王兄，子西弟，為大司馬，後為白公勝所殺。1334闔乃閭之訛，又曰公子閭、王子閭、子閭，春秋楚
昭王兄（一說弟）。昭王傳以王位，不就，擁立惠王，為白公所殺。1335亦曰楚昭，名壬，又名軫、珍，春秋楚國君，為吳所逼，徙都鄀
（今湖北宜城東南）。在位二十七年（西元前五一五—前四八九年）。1336亦曰申胥、包胥，又曰勃蘇、棼冒勃蘇，春秋楚國貴族，伍子
胥之友。吳破楚，他至秦求救，在秦宮門痛哭七晝夜。感動秦哀公出兵，楚昭王賞功，逃而不受。1337名章禹，春秋徐國國君，徐偃王
為周所滅，後封其宗子為徐子，十一世章禹為吳所滅。1338名員，字子胥，楚大夫伍奢次子，父兄為楚平王所殺，奔吳，助闔閭奪王位，
伐楚報仇，後受迫害死。1339春秋楚左司馬，亦曰左司馬戌，楚莊王曾孫，與吳戰死。1340郄又作卻，字子惡，亦曰卻氏，春秋楚國左尹，

等									
上上聖人									
上中仁人									
上下智人									
中上	江上丈人 1342	史魚 1349	公叔文子 1354	中叔圉 1360	祝佗 1363	王孫賈 1372	公父文伯母 1376	衛公子逞 1382	
中中	蔡墨 1343	楚史皇 1347	王孫由于 1352	鑢金 1359	屠羊說 1364	莫敖大心 1374	蒙穀 1378	陳逢滑 1380	司馬狗 1385
中下	衛彪傒 1344	萇弘 1353	員公辛 1356	王孫章 1365	楚石奢 1369	劉文公卷 1375	季康子 1383		
下上	鍾建 1341	鄭獻公蠆 定公子。 1348	宋景公兜欒 元公子。 1357	宋中幾 1366	齊高張 1373	滎駕鵝 1379			
下中	越王允常 夏少康後。 1345	鬬且 1350	魯定公 1358	宋昭公 1361	郲嚴公 1367	夷射姑 1370	楚囊瓦 1377	唐成公 1381	
下下愚人	衛靈公元 襄公子。 1346	南子 1351	蒯聵 1355	宋朝 1362	彌子瑕 1368	雍渠 黎且子。 1371	季桓子 1384		

為楚費亡極所譖而自殺。[1341]春秋楚大夫。楚昭王逃入雲夢澤中，鍾建負季芊以從。[1342]亦曰魚丈人，渡伍子胥過江，即覆舟自刎死江中。[1343]又曰史墨，春秋晉國太史，後為趙簡子史，他認為「社稷無常奉，君臣無常位」。[1344]傒又作奚，春秋衛大夫。[1345]又作元常，春秋越國君，句踐之父，傳說越為少康之後，封於會稽以奉禹祀，後二十餘世傳至允常。[1346]亦曰衛靈，春秋衛國君，他與夫人南子善於用人，在位四十二年（西元前五三四－前四九三年）。[1347]春秋楚大夫，敗於吳師，恥逃生，戰而死。[1348]名禹，多作虿，春秋鄭國君，在位十三年（西元前五一三－前五〇一年）。[1349]又曰史鰌，字子魚，亦曰衛魚，春秋衛賢大夫，以尸諫衛靈公，孔子讚其直如矢。[1350]春秋楚大夫。廷見令尹子常，子常問以蓄貨聚馬事，他以為子常必亡。[1351]亦曰巋夫人，宋女，衛靈公夫人，與太子蒯聵不和，聵刺殺南子不成而奔晉，後回國即位，殺南子。[1352]亦曰吳由于，春秋楚大夫，楚昭王逃入雲夢，盜擊王，由於以背受之，中肩。[1353]亦曰萇叔，春秋周室大臣劉文公所屬大夫，為周人所殺。本書〈藝文志〉有兵家《萇弘》十五篇。[1354]又曰公叔發，亦名拔，春秋衛大夫，衛獻公之孫。能舉賢任能，善於改過，聽政衛國，社稷無辱，謚「貞惠文子」。[1355]即衛莊公，春秋衛國君，衛靈公之子，在位三年（西元前四八〇－前四七八年）。戰敗逃亡而被殺。[1356]員公，應作鄖公。姓鬥，名辛，春秋楚國鄖邑大夫。曾助楚昭王逃難。[1357]名兜欒，又作頭曼，或單曰欒，亦稱宋景，春秋宋國君，西元前五一六年即位。在位四十八年。[1358]名宋，亦稱公子宋、宋父，春秋魯國國君。昭公弟，立十五年（西元前五〇九－前四九五年）而卒。[1359]春秋楚人，曾官於子期氏，楚昭入隨，吳師追索，子期欲代昭王就縛，鑢金欲脫子期，乃與隨人約無以楚王予吳。[1360]中又作仲，又曰孔文子。亦曰孔圉、文叔。春秋衛靈公時執政上卿。[1361]名杵臼，春秋宋國君，成公少子，無道，國人不附，在位九年（西元前六一九－前六一一年）。為祖母襄夫人所殺。[1362]又作公子朝、子朝，春秋宋國公子，曾仕於衛，私通於衛靈公母宣姜及夫人南子。[1363]又作祝鮀，字子魚，春秋時衛國太祝。靈公時治宗廟。[1364]春秋時楚昭王臣，從楚昭王，返國辭賞，復返屠羊之肆。[1365]翟雲升曰：「未詳，或曰〈表〉次鄖公辛之後，蓋楚王孫圉或王孫賈之訛也。」[1366]又作仲幾，字子然，春秋宋國左師，宋莊公之後。[1367]即邾莊公，名穿，春秋邾國君，悼公之子，在位三十四年，自怒而死於爐炭，以五人殉葬。[1368]彌又作迷，亦曰彌子、彭封彌子，春秋衛靈公嬖大夫。[1369]又作石渚、石子、石先生，春秋時楚昭王相，堅直廉正，不以父避法，自刎死。[1370]亦曰夷射，春秋邾國大夫。[1371]錢大昕云：「雍渠，嬖臣，似不著世系。黎且子，別一人，即齊之黎鉏，此正文而誤入注者。」梁玉繩看法同。[1372]春秋衛國賢臣，長於兵事，靈公使治兵旅，甚有功。[1373]又曰高昭子、高子，春秋齊國卿，高偃之子。[1374]敖作囂，春秋楚昭王臣。吳、楚戰柏舉，莫敖大心斷脰決腹而死。[1375]名卷，一名狄，字伯蚠，又曰劉蚠、劉子，春秋周室卿士，劉定公之子。[1376]又曰敬姜，春秋魯公父伯穆之妻。季康子從祖叔母。[1377]亦曰楚瓦，字子常，春秋楚令尹，子囊之孫。[1378]春秋楚昭王臣，昭王返郢，獻雞次之典，自棄於磨山。[1379]又曰榮成伯、榮成子，名欒，春秋魯大史，一說為聲伯之子，一說為聲伯之孫。[1380]春秋陳國人。吳師入郢，陳懷公向國人問策，逄滑以對，懷公從之。[1381]亦曰唐侯，春秋唐國君，如楚，楚令尹子常欲得其良馬，不予，留楚三年，後唐人竊馬獻子常，唐侯才得以回國。[1382]名逞，又作郢，字子南，春秋衛靈公少子，靈公欲立為太子，辭而不就。[1383]名肥，亦曰季孫，季桓子之子。執魯政。用孔子弟子冉有、子貢等人，思用孔子，孔子自衛歸魯。[1384]亦曰季孫斯、季孫，季平子之子。執魯政，受齊女樂，孔子去魯。[1385]顏師古曰：「衛宣公臣也，見《魯連子》。」梁玉繩疑為衛靈公臣「司空狗」之誤。

上上聖人	
上中仁人	
上下智人	
中上	觀射父 1390；嗚犢 1411；竇犨 1416
中中	顏讎由 1389；大夫選 1392；陳司城貞子 1395；顏燭雛 1398；郵亡卹 1403；王良 1406；柏樂 1410；陽城胥渠 1414
中下	公父文伯 1388；東野畢 1394；周舍 1404；田果 1408；行人燭過 1412
下上	秦惠公 哀公孫。1386；鄭聲公勝 獻公子。1397；趙簡子 武子孫。1405；韓悼子 宣子子。1413
下中	蔡昭侯 悼侯弟。1387；晉定公 頃公子。1391；陳懷公 惠公子。1396；滕悼公 1399；許幼 1400；莒郊公 1401；邾悼公 1407；頓子 1415；胡子 1418
下下愚人	曹靖公路 聲公子。1393；范吉射 1402；中行寅 1409；杞隱公 悼公子。1417

越句踐 允常子。1419	扁鵲 1420	燕簡公 二十九世。1422	齊國夏 1421	薛襄子 1423	杞釐公 隱公子。1424

1386春秋秦國國君。在位十年（西元前五〇〇—前四九一年）。1387又曰昭公，名申，又作甲，春秋蔡國君，遷於州來（今安徽鳳台）。在位二十八年（西元前五一八—前四一九年）。為人所殺。1388父又作甫，名歜，又曰公父歜、公父氏，春秋魯季氏支族，公父穆伯靖之子。1389又作顏濁鄒，春秋衛國賢大夫，子路之妻兄，善事親，曾以非罪入獄，子路納金以贖。1390春秋楚大夫，曾與楚昭王論天地之道及祀性。1391名午，又曰晉午，春秋晉國君，在位三十七年（西元前五一一—前四七五年）。1392選又作僎、撰，春秋衛大夫公叔文子家臣，後為衛國大夫。1393又曰竫公，名路，又作露，春秋曹國君，一說為聲公之弟。弒隱公而立，在位四年（西元前五〇五—前五〇二年）。1394畢又作稷，亦曰東野子，春秋魯定公御者，善御。1395又曰公孫貞子，春秋陳哀公之孫，父公子勝任司城，乃以司城為氏。1396名柳，又曰陳子，亦曰陳侯，春秋陳國國君，在位四年（西元前五〇五—前五〇二年），卒於吳。1397名勝，亦曰鄭勝，春秋鄭國君，在位三十八年（西元前五〇〇—前四六三年）。1398又作濁趨、濁雛，又曰顏庚，春秋梁父之大盜，學於孔子，為齊忠臣。1399名寧，春秋滕國君，滕成公之子，在位二十五年。1400又作許男，名斯，春秋許國君，許悼公之子，在位十九年。魯定公六年，鄭滅許，虜斯以歸。1401春秋莒國君著丘公之子，著丘公死，郊公不悲，國人弗順，立庚輿，郊公奔齊，庚輿暴虐，國人納郊公立。1402又曰士吉射、范昭子，春秋晉國卿，與中行氏伐公室，為韓、魏智氏所敗，奔朝歌。1403又作郵無恤、孫郵、郵亡正、郵良、王良，字子期，春秋時善御者。1404春秋晉卿趙簡子之臣，好直諫，周舍死，簡子每聽朝不悅，曰「諸大夫朝，徒聞唯唯，不聞周舍之鄂鄂」。1405又曰志父、趙孟、趙鞅，春秋晉國卿，不斷與范氏、中行氏相爭，奠定了建立趙國之基。1406又作子良、尤良、良樂，即郵亡卹，已見前。1407《補注》引張雲璈云：「悼公，莊公之父，不應列莊公後，此必隱公益也，見《春秋》經傳。」益，莊公子。1408疑為「田卑」之訛。1409中行寅，又曰荀寅、中行文子。春秋晉國卿，與范氏伐公室，為韓、魏、知氏所敗，奔朝歌。1410亦曰伯樂氏，《補注》引梁玉繩曰：「王良、柏樂本四小字，誤為大字，三名一人，班雙注以定其疑耳！郵無卹見《左傳》，字子良，故亦稱郵良。《孟子》、《秦策》稱王良，〈晉語〉稱伯樂，本書敘傳稱良樂。」1411春秋晉大夫，傳為少康七十世孫。1412趙簡子直臣。1413悼又作貞，名須，諡平子。春秋晉國卿，徙居平陽（今山西臨汾西南）。1414姓陽城，名胥渠，春秋晉隱士。1415春秋姬姓小國君，名牂，又作牄。1416春秋晉大夫，或曰與鳴犢為一人。1417名乞，春秋杞國君，杞悼公子之子，立七月為弟釐公過弒之。〈表〉自杞題公以下十一君並缺。1418名豹，春秋歸姓小國君，為楚所滅。1419句踐，又稱菼執，春秋越國君，為父報仇而戰敗吳王闔廬，旋又被闔閭所敗，臥薪嘗膽終滅吳國，在位三十三年（西元前四九七—前四六五年）。1420姓秦名越人，又名少齊，春秋渤海鄚人，著名醫生，精通內、外、婦、兒、五官各科，曾行醫各國，名聞天下。1421又曰國惠子，春秋齊國卿，國佐之孫。1422名款，又稱北燕伯，春秋末燕國國君，在位為十二年（西元前五〇四—前四九三年）。燕自召公至簡公為二十九

上上聖人	
上中仁人	
上下智人	范蠡 1432；葉公子高 1453
中上	大夫種 1427；后庸 1434；諸稽到 1438；苦成 1442；皋如 1446；計然 1452
中中	董安于 1425；田饒 1428；仇汜 1433；榮聲期 1435；楚芋尹文 1443；隰斯彌 1451；市南熊宜僚 1454
中下	嚴先生 1431；秦悼公 惠公弟。1440；燕獻公 三十世。1447；楚白公勝 1455；屈固 1459
下上	桑掩胥 1426；魯哀公 1436；齊晏孺子 1441；高昭子 1448；楚惠王章 昭王子。1456
下中	小邾子 1429；齊悼公陽生 1439；鮑牧 1445；田恆 陳乞子。1449；諸御鞅 1457；衛太叔遺
下下愚人	曹伯陽 為宋所滅。1430；公孫彊 1437；田乞 完六世孫。1444；齊簡公壬 1450；子我 1458；子行 1460

1461

世。1423子本作公，訛為子，又曰薛伯定，春秋薛國君。1424名過，又作遂。杞隱公之弟（〈表〉誤「弟」為「子」）。弒隱公自立，在位十九年。1425安又作闞，又作董闞安于，春秋趙簡子家臣，縊死，祀於趙氏廟。1426春秋齊人，齊吳之戰，國書將中軍，桑掩胥為御。1427又曰文仲，字少禽，春秋越國大夫，楚國郢（今湖北江陵）人。曾獻計句踐，得免亡國，助句踐滅吳復仇，吳亡後，句踐聽讒言，賜文種自殺。1428或作陳饒。1429春秋郳國之別封，故曰小郳，其君曰小郳婁、小郳婁子、小朱子。1430又曰曹伯，春秋曹國國君，靖公之子，在位十五年（西元前五〇一—前四八七年）。為宋滅而絕祀。1431本作莊生。陶朱公之友，春秋楚國智士。1432范蠡字少伯，又曰子范子、范公、范伯、范生，春秋末楚國宛（今河南南陽）人，政治家，越國大夫，與句踐相謀二十餘年，滅吳國。後辭越至齊，改名鴟夷子皮，又至陶（今山東定陶），稱陶朱公，以經商致富。1433汜又作氾，亦稱機子，魯之恭士。1434后又作洩、曳、謀、泄、舌，春秋越國大夫。1435又作榮啓期、榮啓、榮期。行年九十，以三樂（為人，為男，長壽）自寬。1436亦曰出公，名將，又作蔣，春秋魯國君，定公之子，敗於三桓，奔衛，如鄒，復入越，立二十七年（西元前四九四—前四六七年）而卒。1437亦曰司城彊，彊又作強，春秋曹野人，以獻白雁而獲寵於曹伯，為司城而聽政，說曹伯背晉犯宋，宋遂滅曹。1438本為諸稽郢，訛為到，又曰拓稽，又作諸鞅、稽郢，春秋越大夫。1439名陽生，又曰公子陽生，春秋魯國君，景公之子，田乞立，在位四年（西元前四八八—前四八五年）。齊人弒之。1440春秋秦國國君，惠公之子（〈表〉誤為弟）。在位十四年（西元前四九〇—前四七七年）。1441名荼，又作舍，春秋齊國君，景公之子，在位一年（西元前四八九年）。為田乞所殺。1442又作車成，春秋越大夫，助越王句踐復吳仇。1443初為楚之驅逐獵物者，後楚王任其為江南令而大治。1444又稱陳乞僖子、陳子、釐子，春秋齊大夫，陳桓子之子，以小斗入、大斗出方法爭取民心，宗族益強。1445亦曰鮑子，春秋齊大夫，為齊悼公所殺。1446又作句如，亦曰大夫睾，渠如處，春秋越大夫。1447春秋末戰國初燕國國君，在位二十八年（西元前四九二—前四六五年）。燕自召公至獻公為三十世。1448《補注》引梁玉繩曰：「高昭子，即高張，已見前。此陳昭子之訛，故與田恆上下相連，非重出也，陳昭子，乞之子，恆之兄，見《左傳》，名莊。」1449名恆，又作常。亦曰田成子、陳成子，春秋齊國大臣，陳乞之子，殺齊簡公，擁立齊平公，盡殺公族強者，從此齊國由陳氏專權。1450名壬，春秋齊國國君，悼公之子，在位四年（西元前四八四—前四八一年）。被田恆弒殺。1451春秋齊大夫，為人機智，知田成子將奪齊國政，而佯裝不知，以避禍害。1452姓辛，名研，字子文，又作計倪、峇研，春秋癸丘（今河南民權）濮上人。號漁父，范蠡師之，不肯自顯，天下莫如，故曰計然。一說計然乃范蠡所著名篇。1453姓沈，名諸梁，字子高，食采於葉，而稱葉公。春秋楚左司馬沈尹成之子，任楚司馬，令尹。1454僚又作遼，亦曰市南宜僚、市南子。姓熊，名宜僚，居於市南，因以為號。春秋勇士，鬻熊之後。1455亦曰王孫、王孫勝。春秋楚大夫，楚平王孫，父太子建被陷害出走，勝隨伍子胥奔吳，後被召回任巢大夫，號白公，西元前四七九年作亂，殺令尹，被擊敗，自縊。1456亦曰獻惠王，名章，春秋末戰國初楚國君，在位五十七年（西元前四八八—前四三二年）。1457名鞅，為諸御之官，故名御鞅，春秋齊國大夫，田氏之族。1458又名監止，又作闞止，春秋齊簡公寵臣，在與田氏爭權中為其所殺。1459又曰薳固，鍼尹固，春秋楚惠王從者，史誤「薳」為「屈」。1460即陳逆，春秋陳成子之宗。1461又曰太叔僖

上上聖人	
上中仁人	朱張 1482、少連 1489
上下智人	達巷黨人 1475
中上	儀封人 1472、長沮 1478、桀溺 1485、丈人 1491、何蕢 1494
中中	大陸子方 1462、嚴善 1466、魯太師 1468、公明賈 1473、陳亢 1479、子服景伯 1486、林放 1492
中下	檀弓 1467、公儀中子 1471、皐魚 1476、顏亡父 1483、顏隃倫 1490、顏夷 1495
下上	申鳴 1463、孔文子 1464、太叔疾 1469、陳轅頗 1474、蔡成公 昭公子。1480、齊平公驁 簡公子。1487、厥黨童子 1493
下中	衛出公輒 1465、渾良夫 1470、孔悝 1477、石气 1481、狐黶 1484、衛簡公蒯瞶 1488、原壤 1496、叔孫武叔 1497
下下愚人	

楚狂接輿 [1498]
陳司敗 [1499]
陳子禽 [1504]
陳棄疾 [1500]
工尹商陽 [1505]
革子成 [1501]
衛公孫朝 [1502]
尾生晦 [1506]
衛侯起 [1503]
石國 [1507]

子，春秋衛大夫叔疾之弟，衛侯逐而奔晉。[1462]即東郭賈，齊簡公寵臣闞止之臣，陳成子滅闞止，陳氏族人助東郭賈脫身，後奔衛。[1463]春秋楚昭王臣，勇而孝，殺白公以父死自刎。[1464]「南文子」之訛，文子之父郢，字子南，故為南氏。[1465]亦曰孝公，名輒，春秋衛國君，衛靈公之孫，蒯聵之子，立十二年出奔，亡四年復入為君，九年而後卒，凡立二十餘年。[1466]本為莊善，又作壯之善、壯義之，春秋楚人，死白公之難。[1467]姓檀，名弓，春秋魯人，善於禮。[1468]春秋魯國樂師之長，孔子曾與其談樂理。[1469]又曰世叔齊，謚悼子，春秋衛大夫，出奔宋，後歸衛而死。[1470]春秋衛大夫孔悝之豎，通於孔悝之母。助蒯聵逐衛出公而奪君位。[1471]中又作仲。姓公儀，名中子。春秋魯之同姓。[1472]春秋儀地主管典守封疆之官吏。[1473]公明，複姓，名賈，春秋衛人。[1474]春秋陳大夫，轅濤塗玄孫，任司徒，以餘賦自鑄大器，國人逐而奔鄭。[1475]達巷黨（五百家為黨）某人。一說即項橐。[1476]春秋賢人，因有事親、事君、交友三失，哭於道旁，立稿而死。[1477]亦曰孔叔、叔悝，春秋衛大夫。母為太子蒯聵之姊，後擁立蒯聵。[1478]又作長且。春秋楚隱士。[1479]名亢，字子禽，春秋陳人，孔子弟子，小孔子四十歲。[1480]又曰成侯，名朔，春秋蔡國君，在位十九年（西元前四九〇—前四七二年）。[1481]气又作乞，春秋衛太子蒯聵之黨。[1482]朱又作侏，字子弓，一說字子輿，周逸民，事跡無考。[1483]又作顏無父，善御。[1484]狐又作壺、盂、于、孟、黶，即孟黶，壺狐字通。[1485]春秋楚隱士，與長沮耦耕於野，孔子師徒問路，桀溺勸其隱居避世。[1486]又曰子服何、子服伯子、子景伯，春秋魯大夫，孔子弟子。[1487]名驁，又作敬、驚，春秋末戰國初齊國君。齊簡公之弟（〈表〉誤為子），在位時政歸田氏，在位二十五年（西元前四八〇—前四五六年）。[1488]當為衛莊公，已見前「下下」，此為重出。[1489]周逸民。東夷人。善居喪，孔子評曰「降志辱身，言中倫，行中慮」。[1490]又作顏淪，春秋善御者。[1491]春秋楚隱士，謂孔子「四體不勤，五穀不分」。招待子路食宿。[1492]字子丘，春秋魯人，孔子弟子，曾向孔子問禮。[1493]厥又作闕，春秋魯國某童。[1494]何本作荷，蕢又作臾，春秋衛國荷蕢（挑擔）者。主張隱居，以孔子積極從政為見識卑陋。[1495]春秋能御馬者。[1496]春秋魯人，孔子故舊。[1497]又曰叔孫州仇、叔孫，春秋魯國國卿，叔孫成子之子。好稱人過，曾詆毀孔子，子貢謂其不自量力。[1498]姓陸，名通，字接輿，輿又作與，春秋楚隱士，佯狂不仕，時人謂之楚狂、狂接與。[1499]春秋齊大夫（一說乃陳國司敗之官，主掌刑獄），曾向孔子請教魯昭公是否知禮，並據周禮認為昭公娶同姓之女吳孟子為不知禮。[1500]陳或作陵，春秋楚人。[1501]顏師古曰：「即棘子成也。」春秋衛大夫。主張以本質論人，不必文采。[1502]春秋衛大夫。曾向子貢請教。[1503]又稱公子起，春秋衛國君，衛靈公之子，莊公之弟，衛侯起元年被逐奔齊。[1504]即陳亢。[1505]名商陽，春秋楚國工尹，善射。仁而不忍傷人，追吳師，每射一人，掩其目。[1506]即微生畝，顏師古曰：「晦，古畝（亩）字。」春秋魯武城人，曾問孔子何以忙忙碌碌。[1507]國，毛本作圃是。春秋衛大夫，石惡從子，逐衛君奔齊。

上上聖人	
上中仁人	
上下智人	孟之反1511　大連1519　顏丁1528　顏柳1533　周豊1536　采桑羽1541
中上	師襄子1512　師己1520　賓牟賈1524　公肩瑕1529　衛視夷1537　史留1545
中中	陽膚1508　尾生高1513　申棖1517　師冕1521　鄭戴勝之1525　南郭惠子1530　姑布子卿1534　宋子韋1538　公輸般1542　離朱1546
中下	齊禽敖1514　餓者1518　陳子亢1522　陳尊己1531　秦厲共公悼公子。1539
下上	周元王赤敬王子。1509　晉出公定公子。1515　公之魚1526　宋桓魋1535　匡人1540　貞定王元王子。1544
下中	互鄉童子1516　茀肸1523　公山不狃1532　杞愍公釐公子。1543
下下愚人	陽虎1510　陳愍公為楚所滅。1527

樂正子春 1547

豫讓 1548

青荓子 1552

陳太宰喜 1549

鄭共公丑

杞釐公 1550

吳王夫差 1551

1508 春秋魯武城（今山東費縣）人，曾子弟子。孟氏任其為士師（法官）。1509 名赤，又名仁。戰國時周天子，在位八年（西元前四七六－前四六九年）。1510 姓陽，名虎，字貨，又曰陽貨，春秋魯季孫氏家臣。挾季桓子據陽關（今山東泰安南）而掌國政，西元前五〇二年欲除三桓，被擊敗，次年奔齊，後奔晉，為趙鞅家臣。1511 又曰孟之側，字反。春秋魯孟氏支族。1512 亦曰師襄，又曰師堂、師堂子、師堂子京，春秋衛國樂師。1513 又作微生高，複姓微生，名高，魯人。1514 亦作黔敖，敖又作熬、傲，春秋齊人，齊大饑，敖為食於路以食餓者。1515 名鑿，又作錯，戰國時晉國國君，在位二十三年（西元前四七四－前四五二年）。受晉四卿攻擊而奔齊，死於道。1516 春秋魯互鄉一童。學而進步，得孔子接見。1517 棖又作黨、儻、堂、棠、繚、續、績、繢，字周。亦字續。春秋魯人，孔子弟子。1518 佚名，春秋齊人，不受嗟來之食餓死。1519 周代東夷之子，與少連並稱二連。孔子曰：「少連、大連善居喪，三日不怠，三月不解，期悲哀，三年憂。」（《禮記・雜記下》）1520 師乙之訛。〈表〉第五已有魯師己。此蓋《禮・樂記》之師乙。1521 春秋魯國樂師，目盲。1522 春秋齊大夫子車之弟，孔子弟子。1523 又作佛肸，春秋晉中牟（今河南鶴壁西）宰。趙簡子攻打范中行，佛肸據中牟抗拒。1524 唯見《禮記・樂記》。曾侍坐於孔子，孔子與之講樂，當為孔子弟子。1525 鄭當為「宋」之訛。1526 春秋魯大夫，曾阻止魯執政季康子欲召孔子而用之事。1527 又作湣公，名周，又名越，春秋陳國末代君主，陳懷公之子。在位二十三年（西元前五〇一－前四七九年）。為楚所滅，陳絕祀。1528 魯人，善居喪。1529 瑕又作假，春秋魯人。1530 梁玉繩曰：「《墨子》言子貢之齊，因南郭惠子以見田常，則惠子齊大夫，南郭其氏也。」1531 當為春秋人。陳乾昔之子，乾昔死，遺囑尊己以二妾殉葬，尊己不從。1532 狃又作蹂，亦曰弗擾，複姓公山，字子泄，春秋季氏費邑宰。據費而叛，召孔子，孔子未去。1533 名辛，又作幸。字子柳，春秋魯人，孔子弟子。1534 姑布，複姓。字子卿，春秋鄭人，善相人，曾相孔子及趙襄子。1535 又曰向魋、桓司馬，向戌孫（一說曾孫）。春秋宋國司馬。1536 春秋魯國賢人，魯哀公曾向其訪問何以得民之道。1537 當為式夷，式又訛為戎。1538 姓子，名韋，亦曰司星子韋、司馬子韋，宋景公太史。1539 又作刺龔公，刺又作利，亦曰厲公，戰國時秦國國君。在位三十四年（西元前四七六－前四四三年）。1540 又曰匡簡子，孔子適陳過匡（宋邑），匡人誤以為陽虎而圍困之。1541「羽」乃「女」之訛。采桑女，見《列女傳》，或疑采桑羽即采桑戶。1542 號公輸，名般。般又作班、斑、盤，亦曰公般、魯班、班輸，春秋魯國工匠。1543 又作湣公，名維，春秋杞國君，在位十六年，為弟哀公閼路所弒。1544 亦曰貞王、定王，名介，又名應，戰國時周天子，在位二十八年（西元前四六八－前四四一年）。1545 留本作畱，周壽昌曰：「即史籀也。〈藝文志〉周宣王太史。」1546 朱又作珠，即《孟子》之離婁。亦曰離子。1547 樂正乃以官為姓，曾參弟子。儒家八派，樂正氏乃子春，代表曾參之孝治學派。1548 亦曰豫子，晉人，春秋戰國間刺客，一再謀刺趙襄子，終未成功伏劍死。1549 喜乃嚭之省文。春秋陳國太宰。博聞強記，善於辭令。1550 釐當作哀。杞哀公名閼路，春秋杞國君，杞愍公之弟，弒兄自立，在位十年。1551 春秋末吳國國君，吳王闔廬之子。拒吳子胥之諫，為越王句踐戰敗而自殺。在位二十三年（西元前四九五－前四七三年）。1552 青荓又作青蓱、清洴，刺客豫讓之友，自殺於汾水梁下。

上上聖人						
上中仁人						
上下智人	石讎 1555	子服子 1562	惠子 1567	公房皮 1573		
中上	趙襄子 簡子子。1560	知過 1564	鮑焦 1568	墨翟 1571	禽屈釐 1574	
中中	吳行人儀 1554	鄭駟魁纍 1556	燕考公桓 三十一世。1566	魏桓子 獻子曾孫。1572	韓康子 貞子子。1577	高赫 1581
中下	哀公弟。1553	晉定公 昭公子。1557	田襄子 悼子子。1578			
下上	晉哀公忌 1561	智伯 1565	齊宣公 平公子。1569	蔡元侯 聲侯子。1575	衛悼公 出公叔子。1579	
下中	鄭哀公易 聲公子。1558	蔡聲侯產 成侯子。1563	蔡侯齊 為楚所滅。1570	杞簡公春 為楚所滅。1576	思王叔襲 定王子。1580	
下下愚人	太宰嚭 1559					

我子1582

原過1583

魯悼公 出公子。1584

衛敬公 悼公子。1585

周考哲王 嵬 思王弟。1586

田俅子1587

任章1588

1553戰國時鄭國君，鄭聲公之子，在位三十一年（西元前四五四—前四二四年）。1554春秋吳國外交官。1555又作石雠。惟見《說苑・敬慎》。1556惟見《左傳・哀公二十七年》，晉士。晉荀瑤圍鄭，鄭人俘之，閉其口而死。1557此當作晉懿公、哀公子。晉定公，見前八等表中，此乃重出。1558易又作錫，戰國時鄭國君，在位八年（西元前四六二—前四五五年）。1559又曰帛喜、白喜，字子餘，楚大夫伯州犁之孫，出亡奔吳，以功任太宰。吳破越，他受越賂，許和，譖殺伍子胥。1560名無恤，亦曰趙孟、襄主、襄王、趙王，戰國時晉卿，聯合韓、魏滅智氏，三分其地。1561晉昭公之孫，梁玉繩曰「哀公忌乃懿公驕之父，忌早死，未立，哀公之號，蓋懿公追謚之。」1562《補注》引梁玉繩曰：「子服它生椒，椒生回，回生何，表獨缺回一代，此必回也。」錢大昕曰：「魯繆公臣有子服厲伯，見《論衡・非韓篇》。〈藝文志〉有子晚子，「晚」、「服」字形亦相似。」1563名產，戰國時蔡國君，在位十五年（西元前四七一—前四五七年）。1564又作知果、輔果，春秋晉大夫，知氏之族，因斷知智氏之宗滅而別族於太史為輔氏，及智氏亡，惟輔果在。1565即荀瑤，亦作搖、繇，又曰智襄子，戰國時晉國國卿。韓、趙、魏滅智伯而三分其地，趙襄子漆其頭為飲器。1566公下誤增桓字。戰國初期燕國君。《史記・燕召公世家》作「孝公」，在位十五年（西元前四六四—前四五〇年）。燕自召公至孝公為三十一世。1567即惠叔蘭，春秋衛國司寇，衛靈公之孫。1568亦曰鮑子，春秋人，衣蔽膚見，挈畚持蔬，非難當世。1569名積，又名就幣，戰國時齊國國君。在位五十一年（西元前四五五—前四〇五年）。1570名齊，戰國時蔡國末代君主，蔡元侯之子，在位四年（西元前四五〇—前四四七年）。為楚惠王滅。1571即墨子，戰國初傑出思想家，墨家學派的創始人，魯人。有《墨子》一書傳世。1572又曰魏桓，名駒，戰國時晉國卿，與韓康子，趙襄子共滅知伯而分其地。1573梁玉繩曰：「《廣韻注》，楚公子房之後。或云《御覽》八百二十八引《尸子》有宋公斂皮，疑是此人，「房」字訛。」1574即禽滑釐，滑又作骨，釐又作氂、黎。戰國人，墨翟弟子。1575戰國時蔡國國君，在位六年（西元前四五六—前四五一年）。1576名春，戰國時杞國末代君主。立一年，楚惠王四十四年（西元前四四五年）滅杞。1577亦曰韓康、韓王，名虎，戰國時晉國卿，韓悼（又作貞）子之子，與趙襄子、魏桓子共滅知伯而分其地。1578名班，又作盤、塈，戰國初齊國相。田常（成子）之子。1579名黔，又作虔，亦作黚，戰國時衛國國君，衛出公叔父（〈表〉誤為子）在位五年（西元前四五五—前四五一年）。1580名叔襲，戰國時周天子，定王子。定王崩，長子哀王去疾立，立三月弟叔襲殺之自立，立五月，為少弟嵬攻殺。1581赫又作赦，訛為共，戰國初趙襄子之臣。1582戰國時人，墨翟弟子。1583戰國初趙襄子之臣，以霍泰山神之朱書告趙襄子，襄子使主霍泰山祠祀。1584名寧，又名曼，單稱悼。戰國時魯國君。魯哀公之子，哀公亦名出公。悼公在位三十七年（西元前四六六—前四三〇年）。1585名費，又作弗，戰國時衛國君，在位十九年（西元前四五〇—前四三二年）。1586戰國時周天子，嵬又作隗。殺兄自立，在位十五年（西元前四四〇—前四二六年）。1587又作田鳩，戰國齊人，墨翟弟子，曾

上上聖人	
上中仁人	
上下智人	段干木 1600；田子方 1606；甯越 1608；1613 太史屠黍；翟黃 1618
中上	隨巢子 1592；胡非子 1596；魏文侯 桓子孫。1601；李克 1609；魏成子 1614；躬吾君 1619
中中	中山武公 周桓公子。1589；韓武子 康子子。1594；公季成 1599；司馬庚 1603；司馬喜 1607；司馬期 1620
中下	燕成公 三十二世。1590；秦躁公 厲公子。1595；1604 趙獻侯 襄子兄孫。；趙桓子 襄子弟。1610；楚簡王 惠王子。1615；燕愍公 三十三世。
下上	西周桓公 考王弟。1591；魯元公 悼公子。1597；周威公 桓公子。1602；東周惠公 威公子。1612；秦靈公 懷公孫。1617
下中	秦懷公 躁公子。1593；衛懷公 敬公弟。1598；周威烈王 考王子。1605；鄭幽公 共公子。1611；宋昭公 景公子。1616；晉幽公 懿公子。1621
下下愚人	

任座1623

牛畜1624

1625趙公中達

1622

樂陽1626

見秦惠王。1588戰國時魏桓子之相。知伯索地於魏桓子，任章諫其予之，以驕知伯，終滅知氏。1589中山，古鮮虞國，姬姓。1590亦曰成侯，名載，戰國時燕國君，在位十六年（西元前四四九－前四三四年）。燕自召公至成公三十二世。1591名揭，戰國時周考王弟，考王封之於河南。1592一說隨巢為複姓，一說姓隨名巢。戰國人，墨翟弟子。1593戰國時秦國君，躁公之弟（〈表〉誤為子）。在位四年（西元前四二八－前四二五年）。自殺。1594名啓章，戰國時晉國卿，在位十六年（西元前四二四－前四〇九年）。1595躁又作趮，戰國時秦國君，在位十四年（西元前四四二－前四二九年）。1596胡非，複姓，戰國人，墨翟弟子。1597名嘉，戰國時魯國君，在位二十一年（西元前四二八－前四〇八年）。1598名亹，戰國時衛國國君，弒衛昭公而立，立十一年為公子穨所弒。1599又曰季成、季成子、魏成子、公孫季成、樓季，戰國魏文侯母弟，薦卜子夏等為文侯師，文侯任以為相。1600戰國初魏國學者。學於子夏。文侯優禮之。每過其門，必伏軾致敬。1601名斯，戰國時魏國建立者，周威烈王時列於諸侯，任李悝為相，樂羊、吳起為將，進行改革，使魏國成為戰國初期的強國。1602名灶，戰國時西周桓公之子。1603庾又作唐，戰國時秦大夫，諫秦君攻魏文侯。1604名浣，又名起，曰趙獻子，追尊獻侯。戰國時趙國君趙烈侯之父，趙襄子兄伯魯之孫。1605又曰周威王，名午。戰國時周天子，周考哲王之弟，在位二十四年（西元前四二五－前四〇二年）。1606名無擇，或單稱方，戰國人。學於子貢，魏文侯師之。1607喜又作熹，臏足於宋，三相中山。1608或曰甯子，戰國中牟（今河南中牟）人，學十五歲而周威公師之。1609又作里克、季充，戰國人，子夏弟子。一說李克即李悝。1610名嘉，逐趙獻侯，自立於代，一年而逐。1611名己，戰國時鄭國國君。幽公元年（西元前四二三年）韓武子伐鄭殺之。1612名班，亦作子班，又名根。戰國時，西周威公之孫（〈表〉誤為子），惠公少子，封於鞏（今河南鞏縣），號東周惠公。1613又作屠餘，晉出公太史。1614「成」疑作「文」。魏文子相襄王，表誤列文侯時。1615名中，又作仲，戰國時楚國君，在位二十四年（西元前四三一－前四〇八年）。1616名得，或稱公子特，戰國時宋國君，宋元公曾庶孫，攻殺景公太子而自立，在位四十七年（西元前四五〇－前四〇四年）。1617又作肅靈公，戰國時秦國國君，在位十年（西元前四二四－前四一五年）。1618名黃，本作璜。又名觸，戰國時魏文侯上卿。善於舉賢任能，又有自知之明。1619躬本作番，訛為躬。戰國時番吾縣長官。1620又作司馬子期、司馬子綦，戰國時人，說楚王伐中山。1621名柳，戰國時晉國君，幽公時國勢衰，晉獨有曲沃、絳，晉君反朝三晉之軍，在位十年（西元前四三七－前四二七年）。為人所殺。1622愍又作湣，戰國時燕國君，在位三十一年（西元前四三三－前四〇三年）。燕自召公至愍公為三十三世。1623戰國時魏國大夫，敢於直言，曾面指魏文侯為不肖之君。1624戰國趙人，侍趙烈侯以仁義，約以王道，烈侯任以為師。1625又作公仲連，亦曰公仲，戰國趙烈侯相國。勸烈侯以節儉。1626又作樂羊，戰國時魏將，子孫世代為將，樂毅即其後代。

上上聖人	
上中仁人	子思[1646]
上下智人	李悝[1627]　趙倉堂[1632]　屈侯鮒[1636]　西門豹[1637]　公儀休[1641]　泄柳[1649]　申詳[1652]
中上	荀訢[1629]　徐越[1634]　魯穆公 元公子。[1642]　費惠公[1650]　顏敢[1655]　王慎[1656]　長息[1660]
中中	田大公和[1626]　秦簡公 厲公子。[1633]　韓景侯虔 武侯子。[1638]　孫子[1644]　南宮邊[1647]　列子[1653]
中下	趙烈侯 獻侯子。[1631]　燕釐公 三十四世。[1639]　秦惠公 簡公子。[1643]　趙武公 烈侯弟。[1651]　韓烈侯 景侯子。[1659]
下上	衛慎公 敬公子。[1630]　晉列侯 幽公子。[1645]　宋悼公 昭公子。[1654]　楚悼王 聲王子。[1657]
下中	楚聲王 簡王子。[1635]　元安王驕 威烈王子。[1640]　鄭繻公駘[1648]
下下愚人	鄭相駟子陽[1658]

齊康公 為田氏所滅。1662		吳起 1664	魏武侯 文侯子。1663	公明高 1661

1627李悝（約西元前四五五—前三九五年），戰國傑出的政治家，魏文侯時任相國，進行了一系列改革，著有《法經》一書。1628名和，又曰田和、和子，亦曰齊太公、齊太王，戰國時齊國君，立二年卒。1629又作欣，戰國趙人，諫趙烈侯選賢任能，烈侯任為中尉。1630名積，戰國時衛國國君，弒懷公而立，在位四十二年（西元前四一四—前三七三年）。1631又作列侯，亦曰趙烈子，名籍，戰國時趙國國君，烈侯六年，周室封為列侯，在位九年（西元前四〇八—前四〇〇年）。1632倉又作蒼，堂又作唐、溪，戰國時魏武侯之傅。1633名悼子，戰國時秦國君，秦懷公之子，靈公季父（《表》誤為厲公子），在位十五年（西元前四一四—前四〇〇年）。1634戰國趙人，趙烈侯任為內史。1635名當，戰國時楚國君，在位六年（西元前四〇七—前四〇二年）。為盜所殺。1636屈侯，複姓，名鮒，又作附，戰國時魏之賢人，翟璜舉為文侯子之傅。1637西門，複姓，名豹。戰國時著名政治家，魏文侯時任鄴（今河北臨漳西南）令，以破除迷信、光修水利、發展農業、政績卓著出名。1638亦曰景子，又作處。韓列為諸侯，徙陽翟（今河南禹縣）。在位九年（西元前四〇八—前四〇〇年）。1639戰國時燕國君，在位三十年（西元前四〇二—前三七三年）。燕自召公至釐公為三十四世。1640名駘，又作驕，戰國時周天子，在位二十六年（西元前四〇一—前三七六年）。1641亦曰公儀子，戰國魯博士，後任魯相。奉法循理，百官自正。1642穆又作繆，名顯，又名衍、不衍，戰國魯國君。在位三十一年（西元前四〇七—前三七七年）。1643戰國時秦國國君，王先謙曰：「此又一惠公。」在位十三年（西元前三九九—前三八七年）。1644此是道家。《藝文志》道家有《孫子》十六篇，六國時人。梁玉繩曰：「見《莊子・達生篇》，名休。」1645本為烈公，或列公，亦曰烈成公，名止，戰國時晉君。立十九年，韓、趙、魏正式為諸侯，在位二十七年（西元前四一九—前三九三年）。1646姓孔，名伋，字子思，孔子之孫，伯魚之子。曾參弟子，今存《中庸》相傳為其所作。1647又曰南宮邊子，魯穆公時人，論齊魯盛衰，以為在賢。1648繚又作繻，戰國時鄭國君，鄭幽公之子，在位二十七年（西元前四二二—前三九六年）見弒。1649亦曰子柳，魯穆公時賢人。1650戰國人。師子思，友顏般，役使王順、長息。1651戰國時趙國君，在位十三年（西元前三九九—前三八七年）。1652又作申祥。戰國時陳人，孔子弟子，顓孫張之子，子游之婿。1653名禦寇，圄寇，戰國鄭人，道家，主張虛無，一切聽任自然。本書《藝文志》有《列子》八篇。1654名購由，戰國宋國君，在位八年（西元前四〇三—前三九六年）。1655又作顏般，費惠公之友。1656又作王順，與公明高弟子長息侍奉費惠公。1657亦曰楚悼，名疑，又名類。戰國時楚國君，在位二十一年（西元前四〇一—前三八一年）。1658名駟，字子陽，戰國時鄭國鄭相，為鄭君所殺，其黨共弒鄭君。1659又作列侯，名取，戰國時韓國國君，在位十三年（西元前三九九—前三八七年）。1660公明高弟子，曾請教公明高舜何以號泣於天。1661公明，複姓，名高，戰國時人，曾子弟子。1662名貸，姜姓齊國末代君主，齊宣公之子。西元前四〇四年立，立十七年（西元前三八八年）遷居海濱，立二十六年（西元前三七九年）卒，田氏代之。1663又作武王，亦曰魏王，名擊，戰國時

上上聖人	
上中仁人	孟子[1685]
上下智人	
中上	嚴仲子[1665] 聶政[1668] 聶政姊[1671] 孟勝[1676] 徐弱[1679] 白圭[1683] 鄒忌[1686] 孫臏[1690]
中中	陽成君[1672] 大監突[1677] 徐子[1682] 齊威王 田桓侯子。[1687]
中下	韓文侯[1666] 趙敬侯 烈侯子。[1669] 魏惠王 武王子。[1673] 齊桓侯 和侯子。[1680] 趙成侯 敬侯子。[1688] 燕桓公 三十五世。[1692]
下上	韓相俠絫[1667] 宋休公 悼公子。[1670] 晉孝公 列公子。[1674] 秦出公 惠公子。[1678] 楚肅王 悼王子。[1684] 韓懿侯 哀侯子。[1691] 魯共公 繆公子。[1693]
下中	韓哀侯 文侯子。[1675] 周夷烈王 喜
下下愚人	鄭康公乙 為韓所滅。[1681] 晉靖公任 伯 為韓魏所滅。[1689]

元安王子。[1694]

章子[1695]

魏國君，在位十六年（西元前三八六－前三七一年）。[1664]戰國衛左氏（今山東曹縣）人，傑出政治家，軍事家，初為魯將，後至魏任西河郡守，後至楚任令尹，實行變法，悼王死後，為楚貴族射殺。[1665]姓嚴，名遂，字仲子，戰國濮陽（今河南濮陽）人，韓國大臣，用聶政刺殺與之有仇的韓相俠累。[1666]戰國時韓國君，韓列侯之子，在位十年（西元前三八六－前三七七年）。[1667]絫又作累、傫、傀、廆，戰國時韓國大臣，韓烈侯叔父，任相國時與嚴仲子爭權結仇，為嚴仲子刺客聶政刺殺。[1668]戰國刺客，韓國軹（今河南濟源）人，為嚴仲子刺殺韓相俠累。自殺死。[1669]名章，戰國時趙國君，西元前三八六年始都邯鄲，十一年與韓、魏滅晉而分其地，在位十二年（西元前三八六－前三七五年）。[1670]名田，戰國時宋國君，在位二十三年（西元前三九五－前三七三年）。[1671]姓聶名嫈，聶政行刺韓相俠累後為不禍姊，自抉面而死，嫈為成弟之名，大哭認弟且死於弟屍之下。[1672]成又作城，戰國楚封君。吳起之難，陽成君出奔，墨家為其守國死者百八十三人。[1673]又稱梁惠王，名罃，嬰、瑩，戰國時魏國君，遷都大梁（今河南開封西北），開鑿鴻溝。在位五十二年（西元前三七〇－前三一九年）。[1674]亦曰桓公，名傾，又作頎，戰國時晉國君，在位十五年（西元前三九二－前三七八年）。[1675]又曰韓哀、寒哀，戰國時韓國君。二年滅鄭，因徙都鄭，並改號曰鄭。立六年（西元前三七六－前三七一年），為韓嚴所殺。[1676]亦曰孟子，戰國墨家學者，為陽成君而死，其弟子死者百八十三人（《呂氏春秋．上德》）。[1677]又曰監突。監，官名。故曰大監。秦大夫，諫秦獻公杜絕私情，賞罰公道（《呂氏春秋．當賞》）。[1678]亦曰出子、少主、小主，戰國時秦國君，立二年（西元前三八六－前三八五年），為庶長改所殺。[1679]戰國時墨家學者孟勝弟子，與師俱為楚陽成君而死（《呂氏春秋．上德》）。[1680]名午，亦曰田午、田侯午、田桓侯、桓公、幽公，戰國時齊國君，田和之子，在位十八年（西元前三七四－前三五七年）。[1681]名乙，戰國時鄭國末代君主，鄭幽公之弟，在位二十一年（西元前三九五－前三七五年）為韓所滅，鄭絕祀。[1682]〈魏策〉為「外黃徐子」，〈藝文志〉儒家有《徐子》四十二篇。[1683]圭又作珪，名丹，亦曰丹圭，戰國魏人，是水利家。又魏文侯時有周人白圭，是大商人。[1684]名臧，戰國時楚國君，楚悼王之子，在位十一年（西元前三八〇－前三七〇年）。[1685]姓孟名軻，字子居，戰國鄒（今山東鄒縣）人，著名思想家，孔子之孫孔伋門人。其言行思想記載在《孟子》一書中。[1686]亦曰鄒子、騶忌子，號成侯，又曰成侯卿，戰國政治家，齊威王時任相國，諫威王納諫任賢，革新政治，使齊國漸強。[1687]名因、因齊，又名牟，戰國時齊國君。田桓侯子，任騶忌為相，田忌、孫臏為將，大敗魏軍，設立稷下學宮，招納賢才，在位三十六年（西元前三七八－前三四三年）。[1688]名種，又名偃。戰國時趙國君，在位二十五年（西元前三七四－前三五〇年）。[1689]又作靜公，名任伯，又名俱，亦作俱酒，戰國末代晉君，晉孝公之子。在位二年（西元前三七七－前三七六年）為韓、魏滅，晉絕祀。[1690]臏又作髕，亦曰孫子，戰國傑出軍事家。龐涓任魏將，忌其才，騙其至魏而臏之，後至齊為軍師，兩次敗魏軍，生擒龐涓，有《孫臏兵法》一書出土。[1691]又作莊侯，名若，戰國時韓國君，在位十二年（西元前三七〇－前三五九年）。[1692]戰國時萁國君，在位十一年（西元前三七二－前三六二年）。萁自召公至桓公為三十五世。[1693]名奮，戰國時魯國君，在位二十二年（西元前三七六－前三五五年）。[1694]名喜，戰國時周天

上上聖人	
上中仁人	
上下智人	趙良 1705
中上	田忌 1696；太史儋 1701；商鞅 1706；申子 1708；屈宜咎 1716；鐸椒 1720
中中	大成午 1699；甘龍 1709；杜摯 1711；子桑子 1714；被雍 1717；昭奚恤 1721
中下	秦獻公 靈公子。1698；趙肅侯 成侯子。1702；秦孝公 獻公子。1704；韓昭侯 懿侯子。1710；燕文公 桓公子，三十六世。1712；安陵纏 1718
下上	龐涓 1697；宋辟公 休公子。1700；衛聲公 慎公子。1703；楚唐蔑 1707；衛成公 聲公子。1713；楚宣王 肅王子。1719
下中	周顯聖王 扁 夷烈王子。1715；宋剔成君
下下愚人	

辟公子。[1722]

鄭敖子華[1723]

江乙[1724]

蘇秦[1725]

沈尹華[1726]

張儀[1727]

魯康公[1728]

子，在位七年（西元前三七五－前三六九年）。[1695]亦曰匡章、匡子，戰國齊人，孟子弟子。一說非。[1696]亦曰田期、田期思、田臣思、徐州子期。戰國齊將，西元前三五三年和西元前三四一年分別在桂陵、馬陵兩次率軍大敗魏軍，生擒魏將龐涓。[1697]亦曰龐子，戰國時魏國大將。曾與孫臏同學兵法於鬼谷子，忌臏才而刑之，後為孫臏打敗而自殺。[1698]亦曰元獻公，元王，名連，又名師隰，戰國時秦國君，止人殉葬，在位二十三年（西元前三八四－前三六二年）。[1699]成又作戊、郕，午又作牛，戰國時趙相。[1700]又曰宋桓侯，名辟兵，亦曰辟公兵，戰國時宋國君，在位三年（西元前三七二－前三七〇年）。[1701]名儋，戰國時周太史。[1702]名語，戰國時趙國君，在位二十四年（西元前三四九－前三二六年）。[1703]名訓，又作馴，亦曰聖公馳，戰國時衛國君，在位十一年（西元前三七二－前三六二年）。[1704]名渠梁，亦曰秦孝、平王、秦王，戰國時秦國君，用商鞅變法，使秦國強大，在位二十四年（西元前三六一－前三三八年）。[1705]戰國時秦宗室貴戚，反對商鞅變法者。[1706]複姓公孫，名鞅，又曰商鞅、衛鞅，衛人，戰國著名政治家，秦孝公用其變法，壯大了秦國，孝公死後，被車裂。[1707]又作唐眛、唐明，亦曰唐子，戰國時楚將，與秦戰，兵敗被殺。[1708]名不害，戰國時鄭國京（今河南滎陽）人，政治家，韓昭侯時相韓，執政十五年，法家先驅。著有《申子》一書。[1709]戰國時秦大夫，曾極力反對商鞅變法。[1710]又曰昭僖侯、昭釐、鄭釐侯、昭王、韓王，名武，戰國時韓國君，用申不害相韓，國內以治，在位二十六年（西元前三五八－前三三三年）。[1711]戰國時秦大夫，曾極力反對商鞅變法。[1712]又稱文侯，戰國時燕國君，在位期間接受蘇秦遊說，為六國縱長，在位二十九年（西元前三六一－前三三三年）。燕自召公至文公為三十六世。[1713]亦曰成侯，名速，又作遬，又名不世，戰國時衛國君，立十六年，衛貶號曰侯，在位二十九年（西元前三六一－前三三三年）。[1714]姓桑名戶，戶又作扈、雽、雩，亦曰子桑伯子，魯隱士。[1715]又作顯王，名扁，戰國時周天子，周夷烈王之弟（〈表〉誤為子）。在位四十八年（西元前三六八－前三二一年）。[1716]咎又作臼，戰國時楚大夫，韓昭侯時韓國大旱而作高門，屈宜咎譏之。[1717]《補注》引翟雲升云：即《吳越春秋．夫差內傳》之「被離」。[1718]纏又作纏、壇，即楚安陵君壇。以色美而得幸於楚宣王。言願從殉楚王，王封之三百戶。[1719]亦曰荊肅王，名良夫，戰國時楚國君，楚肅王之弟（〈表〉誤為子）。在位三十年（西元前三六九－前三四〇年）。[1720]戰國楚人，曾為楚威王大傅，吳起之子期以《左傳》傳鐸椒。椒取而為《鐸氏微》。[1721]亦曰昭子，楚之大族。恤為戰國楚之名將。[1722]名盱，封於易城，因以為號。訛為剔成，戰國時宋國君，在位四十一年（西元前三六九－前三二九年）。弟偃取代，剔成君奔齊。[1723]鄭又作莫、鄭，名章，戰國楚大夫，官莫敖。諫楚威王選用賢才。[1724]乙又作乞，亦曰江尹，戰國時魏人。宦於楚宣王，善辯而多謀。[1725]字季子，戰國時東周洛陽（今河南洛陽）人，縱橫家，曾師鬼谷子，居於趙，封武安君。後入齊為相，因爭寵而被車裂。[1726]戰國楚人，楚成王曾學書於華。[1727]戰國縱橫家，魏貴族之後，與蘇秦同師鬼谷子，以遊說而著名，曾任秦相，以連橫策說六國服秦，後入魏為相。[1728]名屯，又作毛，戰國時魯國君，魯共公之子，在位九年（西元前三五二－前三四四年）。

上上聖人	
上中仁人	
上下智人	
中上	史舉 1731；閭丘光 1733；閭丘卬 1744；顏歜 1748；王升 1754
中中	馮赫 1732；淳于髡 1734；昆辯 1737；司馬錯 1740；犀首 1743；公中用 1745；史起 1749；蕩疑 1750
中下	齊宣王辟彊 威王子。1729；靖郭君 1736；於陵中子 1739；秦惠王 孝王子。1741；魏襄王 惠王子。1746；韓宣王 昭王子。1751
下上	魯景公 康公子。1735；唐尚 1738；楚威王 1742；衛平公 成公子。1747；衛嗣君 平公子。1752
下中	嚴蹻 1730；慎靚王 顯王子。1753
下下愚人	

越王無疆 句踐十世。為楚所滅。[1759]	魯平公 景公子。[1758]	燕易王 三十七世。[1757]	魏哀王 襄王子。[1756]	尹文子 [1755]
				番君 [1760]

[1729]亦曰陳侯、田侯，名辟彊，戰國時齊國君，在位十九年（西元前三四二—前三二四年）。[1730]嚴本作莊，避諱改。戰國時有二莊蹻，其一又名莊豪，楚莊王後，威王時為將軍，滅夜郎，至滇池，後在滇稱王，其二是西元前三〇一年曾乘楚兵敗而率眾起義者。[1731]戰國時楚人，上蔡監門。甘茂曾事之，學百家之術。[1732]赫又作郝，戰國楚人。曾勸楚王勿納惠施。[1733]光乃先之訛，先即先生，戰國時齊社山人。[1734]戰國齊國謀士，以博學著稱，齊威王時被任為大夫，曾受命使趙。[1735]名匽，又作偃，戰國時魯國國君，在位二十九年（西元前三四三—前三一五年）。[1736]即田嬰，齊威王少子，宣王庶弟，封於薛，又曰薛公，曾任齊相國。有子四十人，孟嘗君嗣位。[1737]又作劇貌辯、齊貌辯，戰國齊靖郭君門客。為靖郭君說齊王。[1738]戰國時史官。羞於為史。[1739]字子終，又曰田仲、陳仲，齊國貴族。恥食不義之祿而避居於陵，號於陵中子。[1740]亦曰馬錯，戰國人。原為秦之客卿，爵為左更，伐蜀而定之。[1741]亦曰惠文君、惠文王、文王，名駟，戰國時秦國君，在位二十七年（西元前三三七—前三一一年）。[1742]亦曰荊威王、郢威王，名熊商，戰國時楚國君，楚宣王子，在位十一年（西元前三三九—前三二九年）。[1743]即公孫衍、公孫子，戰國時魏陰晉人，為秦大良造。一說犀首為號，一說為武官名。[1744]戰國齊人，善辯。年十八道遮齊宣王求仕，宣王載歸而用之。[1745]亦曰公仲，韓公仲韓朋、韓明、韓侈、公仲侈、公仲馮、韓馮，戰國韓之公族。[1746]名嗣，或說又名赫，稱公子赫，戰國時魏國君，在位十六年（西元前三三四—前三一九年）。[1747]當作衛平侯，戰國時衛國君，在位八年（西元前三三二—前三二五年）。[1748]又作顏斶，戰國時齊隱士，與齊宣王亢禮，不為利祿所動，進諫而退。[1749]戰國時魏襄王時任鄴令，民歌為鄴聖令史公。[1750]顏師古曰：「即薄疑也。」薄疑，戰國人，曾仕於趙、魏。勸衛嗣君以王者富民，無重稅。[1751]又曰宣惠王，亦曰鄭宣王，戰國時韓國君，在位二十一年（西元前三三二—前三一二年）。[1752]又稱孝襄侯，戰國時衛國君，立五年衛貶曰君，在位四十二年（西元前三二四—前二八三年）。[1753]又曰慎王、靜王、順王，亦單稱順，名定，戰國時周天子，在位六年（西元前三二〇—前三一五年）。[1754]又作王鬥，〈齊策〉有王鬥先生。[1755]尹文，複姓，戰國時哲學家，宋尹學派代表人物。提倡「接萬物以別宥為始」，主張「禁攻寢兵」，反對諸侯兼併戰爭。[1756]戰國時魏國君。在位二十三年（西元前三一八—前二九六年）。[1757]戰國時燕國君，燕文公之子，在位十二年（西元前三三二—前三二一年）。[1758]名旅，又作叔，戰國時魯國君，在位二十年。[1759]疆又作彊，戰國時越國君，句踐七世孫（〈表〉訛為十）。楚威王殺之，越亡，諸族子或王或君，濱於海，朝服於楚。[1760]未詳。疑即〈趙世家〉的「番吾君」。

上上聖人	
上中仁人	屈原 1770　漁父 1782
上下智人	昭廷 1777　樗里子 1794
中上	唐易子 1761　如耳 1765　西周武公 1767　陳軫 1775　占尹 1778　應豎 1783　秦武王 惠王子。1787　任鄙 1795　公羊子 1796
中中	韓襄王 宣王子。1762　蘇代 1768　蘇厲 1773　宋遺 1779　上官大夫 1784　烏獲 1788　軋子 1789　聚之 1792　沈子 1797
中下	周昭文君 1763　赧王延 慎靚王子。1766　馬犯 1774　周景 1776　令尹子椒 1780　子蘭 1785　孟說 1790　戚子 1798　根牟子 1800
下上	燕王噲 三十八世。1764　子之 1769　楚懷王 威王子。1771　靳尚 1781　魏昭王 哀王子。1786　魯愍公 平公子。1793　楚頃襄王
下中	趙武靈王 肅侯子。1791　李兌 1799　田不禮 1801
下下愚人	夫人鄭袖 1772

懷王子。[1802]	穀梁子[1804]	肥義[1803]

[1761]見《韓子・外儲說右》。[1762]名倉，戰國時韓國君，在位十六年（西元前三一一—前二九六年）。[1763]名杰，梁玉繩曰：「昭文是東周君，則必東周惠公子也。」[1764]又曰子噲、燕噲，戰國時燕國君，燕易王之子，曾與楚、三晉攻秦，不勝，燕相子之權重，國事皆推子之，導致了內亂，齊乘機攻之，在位七年（西元前三二〇—前三一四年）。燕自召公至燕噲王為三十八世。[1765]又作茹耳，戰國時魏大夫。曾任韓相，遊說諸侯以抗秦。[1766]又曰王赧，名延，一作誕，戰國末代周天子，在位五十九年（西元前三一四—前二五六年），寄居西周，西周為秦所滅，周代遂亡。[1767]戰國時西周君，西周惠公之子。[1768]戰國時縱橫家，東周洛陽（今河南洛陽）人，蘇秦之弟，齊湣王時遊說齊、燕之間，說燕王聯秦伐齊。[1769]戰國時燕大臣，任相辦事決斷，善於督核群臣，燕王噲讓位子之，不久太子平起兵叛亂，齊乘機攻燕，子之被殺。[1770]名平，字原，號靈均，又名正則，戰國楚人，詩人，政治家，曾任左徒等職，輔懷王參政，後受譖流放，投江死，有著作〈離騷〉、〈九歌〉、〈九章〉等。[1771]名槐，戰國時楚國君，曾攻滅越國，設郡江東，後為秦、齊戰敗，失去漢中等地，在位三十年（西元前三二八—前二九九年）。入秦被扣，死於秦。[1772]戰國時楚懷王寵姬。惑君誤國。[1773]戰國時縱橫家蘇秦之弟，亦學縱橫術，因燕質子求見齊王，委質為齊臣。[1774]戰國時西周君之臣，曾說梁王出兵城周。[1775]戰國時遊說之士，與張儀俱事秦惠王，後奔楚，遊魏，返秦，出策敗韓、魏二國。[1776]景當為冣，亦作最、聚，西周武公之子，秦攻周，周最說秦勿攻。[1777]翟雲升認為：「疑〈楚策〉昭過之訛。」[1778]錢大昕曰：「當是〈楚辭〉之太卜詹尹，『占』、『詹』古字通。」[1779]楚懷王時勇士。[1780]當作「司馬子椒」。唯見《新序・節士》。[1781]戰國時楚大夫，後被張旄所刺。[1782]戰國時楚漁翁，曾勸屈原委順從俗，以求自全。[1783]疑即〈周策〉之「陽豎」。[1784]戰國時楚大夫，與屈原同列。在懷王和頃襄王時短屈原。[1785]即令尹子蘭，梁玉繩曰：「當在下下。」[1786]名遬，又名彤，戰國時魏國君，在位十九年（西元前二九五—前二七七年）。[1787]亦曰悼武王、武烈王，名蕩，戰國時秦國國君，武王時秦初置丞相，有力而好戲，在位四年（西元前三一〇—前三〇七年），舉鼎絕臏而死。[1788]戰國時秦力士，傳說能舉千均，武王寵用之。[1789]即夾子。「軋」乃「夾」的假借字。[1790]戰國時秦力士。秦武王與舉龍鼎，絕臏而死，孟說被族。[1791]亦曰趙靈，名雍，自號主父，戰國趙國君，胡服騎射，國勢大盛，在位二十七年（西元前三二五—前二九九年）。傳位於子，後餓死於沙丘宮。[1792]耴即「鄹」字，耴子即鄹子。[1793]又作文公，愍又作閔、緡，名賈，戰國魯國君，在位二十三年（西元前二九五—前二七三年）。[1794]名疾，亦曰樗里疾。戰國時秦國大臣，秦惠王異母弟。武王時與甘茂為左右丞相，多智慧，秦人諺曰：「力則任鄙，智則樗里。」[1795]戰國時秦之力士。[1796]名高，齊人，子夏弟子，口授《春秋經》微言大義，至漢景帝時其玄孫公羊壽與齊人胡毋子都著錄成書，即《春秋公羊傳》。[1797]又曰子沈子，戰國時魯人。善於《春秋經》、《公羊傳》多引其言。[1798]「戚」疑為「臧」之訛。臧子見〈宋策〉。[1799]號奉陽君，戰國時趙國司寇，平定公子章之亂，兵圍趙武靈王，將其餓死沙丘宮。[1800]梁玉繩曰《廣韵注》：根牟子，古賢者，著書。出自《風俗通》。[1801]田又作佃，禮又作禋，戰國趙武靈王子安陽君相，助安陽君作亂被殺。[1802]又曰襄王、頃王，亦曰傾襄，名橫，戰國時楚國君，在位三十六年（西元前二九八—前二六三年）。[1803]其先封於肥糸，因以為氏。戰

上上聖人	
上中仁人	
上下智人	甘茂1815　滕文公1820　公孫丑1833
中上	萬章1808　告子1811　薛居州1816　樂正子1821　高子1828　仲梁子1830　孔穿 子思玄孫。1835　王歜1837　燕昭王 三十九世，噲子。1843
中中	北宮子1805　魯子1812　公扈子1817　尸子1822　捷子1826　鄒衍1829　田駢1831　惠盎1834　王孫賈1836　宋玉1838　嚴辛1840　范睢1844
中下	申子1806　慎子1809　嚴周1813　惠施1818　公孫龍1819　魏公子牟1827　狐爰1832　唐勒1839　景瑳1841
下上	衛懷君 嗣君子。1810　齊襄王 愍王子。1823　燕惠王 四十世，昭王子。1842
下中	代君章1807　齊愍王 宣王子。1814　淖齒1824　騎劫1845
下下愚人	宋君偃 為齊所滅。1825

國時趙國賢人。趙武靈王以為相國，支持趙武靈王胡服騎射，死於沙丘之難。1804名赤，亦作喜、嘉、叔、俶、真，字元始。魯人，子

夏弟子，作《春秋穀梁傳》。1805又作子北宮子，傳《春秋》。1806已見前中上，此為重出。1807名章，又稱公子章，戰國時趙武靈王太子，廢為代安陽君，作亂被殺。1808姓萬，名章。又曰萬子，戰國時魯人，孟子弟子。1809即慎到（西元前三九五—前三一五年），戰國時法家，趙人，曾遊說稷下，主張「棄知去己」、「任法而不任賢」，兼講「勢」治，有《慎子》一書。佚亡，今本乃託名之作。1810戰國時衛國國君，在位三十一年（西元前二八二—前二五二年），朝魏，魏囚殺之。1811姓告，名勝，又曰子勝，戰國人。孟子弟子。1812傳《春秋》者。《公羊傳・莊公三年》引其言。1813嚴本為莊，諱曰嚴。字子休，又曰莊子、莊叟，戰國蒙（今河南商丘）人（西元前三六九—前二八六年）。著名道家哲學家，有《莊子》一書傳世。1814名地，又名遂，戰國時齊國君，曾聯韓魏而攻秦楚。一度與秦昭王並稱東西帝。後被燕打敗，逃亡途中自殺，在位四十年（西元前三二三—前二八四年）。1815戰國下蔡人。曾學百家術，時人譽為非常之士，事秦惠王。秦武王時任左丞相，後奔齊，至楚，卒於魏。1816戰國時賢士。1817《公羊傳・昭公三十一年》：「公扈子者，邾婁之父兄也。習乎邾婁之故。」亦善《春秋》者。1818戰國宋人（西元前三六五—前三一〇年），名家人物。善辯，與莊周善，曾任魏相，其「合同異」、「偏為萬物說」，具有樸素的辨證法因素。1819字子秉，趙人（約西元前三二〇—前二五〇年）。戰國時哲學家，名家代表人物，善為堅白異同之辯，著名論題有「離堅白」、「白馬非馬」等，著有《公孫龍子》一書。1820戰國時滕國國君。曾與孟子論道（見《孟子・滕文公》）。1821樂正，複姓。名克，戰國時人，孟子弟子。樂正子春之後。1822名佼。戰國學者，晉人，商鞅曾師之，鞅死而入蜀，卒，葬蜀。1823名法章，戰國齊國君，在位十九年（西元前二八三—前二六五年）。1824淖又作卓、悼、踔，戰國時楚公族，齊王孫賈刺殺之。1825又曰宋康王、宋獻王，戰國時宋國君，剔成君之弟，殺兄自立，出師滅滕，自稱王。在位四十餘年，為齊攻滅，出奔至魏，死於魏國。1826又作接子，戰國學者，齊人，學黃老之術。1827戰國魏國賢公子（約西元前三六〇—前二八〇年），因封於中山，亦曰中山公子牟。與公孫龍友善，主張「任欲而行」，不加節制，荀子視為禽獸行。1828戰國時齊人，孟子弟子。1829戰國哲學家，齊人（約西元前三〇五—前二四〇年），「五德終始」及陰陽五行學派代表人物。1830戰國時魯人，《韓非子・顯學》謂儒分為八，仲梁之儒為之一。1831亦曰陳駢，又名廣，戰國哲學家，齊人，彭蒙弟子，曾遊稷下，號天口駢。賜列第，為上大夫，主張「貴齊」、「齊以萬物為首」，著有《田子》二十五篇，今佚。1832又作狐援、狐咺，戰國齊人，負郭而居，議論持正，齊湣王斬之於檀衢。1833姓公孫，名丑，戰國齊人，孟子弟子。1834又作惠孟，戰國宋人。惠施之族，善辯，曾說宋康王以孔墨之道。1835戰國魯人，孔子之後，子思玄孫，父孔箕。孔穿字子高，終年五十一歲。1836戰國時齊湣王侍臣，年十五，與市人殺淖齒，為湣王復仇。1837歜又作蠋，戰國時齊人，燕軍入齊，聞王歜賢，封萬家，王歜自殺以拒之。1838戰國楚人，著名辭賦家，屈原弟子，侍傾襄王，〈藝文志〉著錄其賦十六篇，多亡佚，流傳作品有〈九辯〉等。1839戰國時楚國辭賦家，與宋玉同時，〈藝文志〉收錄其賦四篇，今皆亡佚。1840本作莊辛，楚莊王之後。封陽陵君。1841亦作景差，戰國楚辭賦家，與宋玉、唐勒同時。1842戰國時燕君，在位七年（西元前二七八—前二七二年）。為燕相公孫操弒殺。1843名職，戰國時燕國君，原流亡於韓，後回國即位，招賢納才，以樂毅為上將軍，壯大燕國，攻齊七十餘城，在位三十三年（西元前三一一—前二七九年）。1844雎又作睢、且，字叔，戰國魏人，家貧有辯才，入秦更名張祿，曾為秦提出「遠交近攻」策略，拜相國，封為應侯。1845戰國時燕將，燕惠王與樂毅有隙而排斥之，使騎劫代之，劫率兵攻齊，為齊田單打敗，騎劫死。

上上聖人									
上中仁人	魯仲連 1871	藺相如 1878							
上下智人	樂毅 1848	廉頗 1861	虞卿 1868						
中上	郭隗 1851	白起 1852	田單 1855	趙奢 1857	縮高 1860	公孫弘 1864	侯嬴 1874	平原君 1879	
中中	蘇不釋 1846	葉陽君 1849	涇陽君 1853	安陸君 1858	唐睢 1862	孟嘗君 1865	魏公子 1869	朱亥 1875	春申君 1880
中下	秦昭襄王 武王弟。1847	穰侯 1854	趙惠文王 武靈王弟。1856	陳筮 1863	雍門周 1866	范座 1870	左師觸龍 1876	龐煖 1882	
下上	韓釐王 襄王子。1850	魏安釐王 昭王子。1859	燕武成王 惠王子。1867	趙孝成王 惠文王子。1872	燕孝王 四十二世，武成王子。1881				
下中	趙括 1873	韓王安 為秦所滅。1877							
下下愚人									

1846乃蔡澤之訛。蔡澤，戰國秦大臣，燕人，多智謀善辯，繼范雎為相，封剛成君。1847名稷，一作側。戰國時秦國君。秦武王異母弟，親政後用范雎為相，拓地建功，在位五十六年（西元前三〇六－前二五一年）。1848戰國時燕將，中山國靈壽（屬河北）人。樂羊後裔，賢而善兵，任燕上將軍，曾率軍下齊七十餘城，後以猜忌奔趙。1849本作華陽君，訛華為葉，又號新城君，名芈戎，秦昭王母宣太后之同父弟。1850名咎，又曰鄭王、韓咎、公子咎，戰國時韓國君，在位二十三年（西元前二九五－前二七三年）。1851戰國時燕國謀士，昭王曾為他築黃金臺並敬以為師，後樂毅等因此而至燕。1852又曰公孫起，戰國秦將（西元前？－前二五七年），郿（今陝西眉縣）人，善用兵，攻取韓、魏、趙、楚七十餘城，攻克楚都郢，長平之戰，坑趙卒四十萬，後自殺。1853亦曰涇陽，名市，亦稱公子市，秦昭王同母弟，封於宛。1854即魏冉，戰國秦大臣，楚人，秦昭王母宣太后之異父弟，昭王時任將軍、相國，封於穰（今河南鄧州南）。專橫獨斷，後被罷免，死於定陶。1855戰國齊之名將，臨淄（今山東淄博）人。曾用反間計使燕王免名將樂毅，夜用火牛陣破燕軍，收復齊失地，後任齊相國。1856又曰惠王、文王、趙惠，名何，戰國時趙國君，趙武靈王少子（〈表〉訛為弟）。以母孟姚見愛而立為君，在位三十三年（西元前二九八－前二六六年）。1857號馬服君。戰國時趙將。初任田部吏，以敢執法出名。西元前二七〇年曾大破秦兵。1858本作安陵君，訛陵為陸。戰國時魏之封君，秦王曾以五百里地易安陵，安陵君不許。1859名圉，戰國時魏國君，魏昭王之子，在位三十四年（西元前二七六－前二四三年）。1860戰國安陵人，其子為秦守管（今河南鄭縣），魏攻管不下，欲脅縮高以攻，高刎頸而死。1861戰國時趙國名將，曾任趙相國，曾多次打敗齊、魏等大國，悼襄王時因不得志而奔魏，居大梁，後老死於壽春。1862雎又作睢、且，亦曰唐侯，秦王尊稱先生，戰國魏人，魏安僖王三十一年，齊楚攻魏，唐雎以九十餘歲高齡見秦昭王說以救魏。1863筮又作筌，亦作荼，又作苓。戰國時韓僖王時人，說秦穰侯出兵救韓。1864弘又作宏，戰國齊人，孟嘗君門客。1865即田文。戰國齊國貴族。一度為秦相，後齊湣王任為相，曾聯合韓魏而敗秦楚，西元前二九四年因齊內亂而奔魏，任魏相，門下有食客數千人。1866姓雍門（齊之西門），亦曰雍門子、雍門子周、雍門司馬，善辯琴，以琴見孟嘗君。1867戰國時燕國國君，在位十四年（西元前二七一－前二五八年）。燕自召公至武成王為四十一世，〈表〉缺「四十一世」四字。1868又作虞慶、吳慶，戰國時趙國卿，主張以趙為主，合縱擊秦。後離趙，困於梁，著有《虞氏春秋》。後亡佚。1869名無忌（西元前？－前二四三年），戰國時魏貴族，魏安僖王之弟，有食客三千人，曾任相國，上將軍等職。1870戰國時魏相。1871又曰魯連。戰國齊人，有名辯士。1872名丹，戰國時趙國國君，在位二十一年（西元前二六五－前二四五年）。1873又曰馬服子（西元前？－前二六〇年），戰國趙將，只會紙上談兵，西元前二六〇年中秦計，使四十萬趙軍敗於秦而被坑殺。1874戰國魏人，初為守門小吏，七十歲為信陵君客。獻計信陵君竊符救趙。1875戰國時魏之力士，為魏公子信陵君所用，以四十斤鐵椎殺魏將晉鄙。1876戰國時趙國大臣，官左師，曾冒死說太后，以少子長安君為質於齊，使齊出兵救趙。1877名安，戰國時韓國末代君主，立九年（西元前二三八－前二三〇年）為秦滅，以其地為穎川郡，韓亡。1878戰國時趙國大臣，曾奉命帶和氏璧入秦，不辱使命，完璧歸趙，西元前二七九年隨趙王至澠池見秦王，申張趙國之威，因功拜為上卿，位在大將軍廉頗之上。1879名趙勝（西元前？－前二五一年），趙國貴族，惠文王之子，封於東武（今山東武成）。號平原君。任趙相，有食客數千。西元前二九五年，秦圍趙邯鄲，他領軍堅守三年，後獲救。1880名黃歇（西元前？－前二三八年），戰國楚國貴族，任左徒，後任令尹，封於吳，號春申君，有食客三千，曾派兵救趙攻秦，又滅魯，後為幽王所殺。1881

上上聖人	
上中仁人	孫卿 1892
上下智人	朱英 1885；王翦 1895
中上	毛遂 1883；蒙恬 1886；韓非 1905；燕將渠 1909
中中	秦孝文王 昭襄王子。 1884；華陽夫人 1889；秦嚴襄王 文王子。 1893；呂不韋 1902；淳于越 1906
中下	楚考烈王 頃襄王子。 1890；韓桓惠王 釐王子。 1896；衛元君 懷君弟。 1899；秦始皇 1907
下上	李園 1888；魯頃公 為楚所滅。 1891；魏景湣王 安釐王子。 1897；趙悼襄王 孝成王子。 1900
下中	趙王遷 為秦所滅。 1887；楚幽王 考烈王子。 1894；燕栗腹 1901；劇辛 1904；代王嘉 為秦所滅。 1908
下下愚人	楚王負芻 為秦所滅。 1898；燕王喜 為秦所滅。 1903

李牧 1910

魏王假

戰國時燕國君，在位三年（西元前二五七—前二五五年）。燕自召公至孝王為四十二世。1882 媛又作援、煥，亦曰龐子，戰國時趙將。1883 戰國趙人，平原君門下食客，西元前二五七年秦圍趙邯鄲，平原君選人至楚救趙，毛遂自薦從行，並促使楚王同意出兵救趙。1884 名杜，又名式，戰國時秦國君，初封安國君，五十三歲即君位，在位一年（西元前二五〇年）。1885 戰國津觀人，遊於楚，相春申君，說楚遷都壽春，後李園謀殺春申君，朱英事先出策而春申君不聽，春申君遂為李園所害。1886 秦名將（西元前？—前二一〇年），其先齊人，祖鷔及父武均為秦名將，恬曾為內史，秦統一後，他率兵三十萬擊匈奴，收復河南地並築長城，後為趙高陷害死。1887 又曰幽繆王、湣王、幽愍、幽王，名遷，戰國時趙國末代君主，悼襄王子，素無行，在位八年（西元前二三五—前二二八年）。為秦所滅。1888 戰國趙人，進妹於楚相春申君，懷子後又進於楚王，殺春申君，楚幽王即位，盡滅其家。1889 亦曰華陽后、華陽太后，戰國時秦孝文王后，孝文王為太子時甚得寵，無子，以公子異人（莊襄王）為子。1890 又曰楚考、烈王，名元，又作完。戰國時楚國君，楚頃襄王子，在位二十五年（西元前二六二—前二三八年）。1891 頃亦作傾，名讎，又作讐，戰國時魯國末代君，湣公之子，立二十四年（西元前二七二—前二四九年），楚滅魯，頃公遷於卞邑為家人，魯絕祀。1892 姓荀，音轉為孫，名況，又稱荀子，戰國趙人（約西元前三一三—前二三八年），儒家，曾三為稷下祭酒，後之楚任蘭陵令。有《荀子》一書三十二篇傳世。1893 本為莊襄王，初名異人，後更名楚，亦曰子楚。戰國時秦國君，秦孝文王之子（〈表〉脫一「孝」字），在位三年（西元前二四九—前二四七年）。1894 名悍，又作悼、捍、擇。戰國時楚國君。在位十年（西元前二三七—前二二八年）。1895 戰國時秦名將，周靈王太子晉後裔，頻陽（今陝西富平）人，始皇師之，曰王將軍，在秦統一過程中立功甚巨。1896 又曰悼惠王，戰國時韓國君，在位三十四年（西元前二七二—前二三九年）。1897 名增，又名午，戰國時魏國君，在位十五年（西元前二四二—前二二八年）。1898 戰國時楚國末代君主，在位五年（西元前二二七—前二二三年），為秦所滅，楚絕祀。1899 戰國時衛國君，〈表〉云懷君弟，《史記・衛康叔世家》云嗣君之弟，立十四年，衛徙野王，在位二十三年（西元前二五二—前二三〇年）。1900 亦曰襄王，或訛作卓襄王，名偃，戰國時趙國君，在位九年（西元前二四四—前二三六年）。1901 戰國末期燕將，乘趙國長平之戰，策謀燕王喜出兵攻趙，結果大敗，為趙將廉頗所殺。1902 戰國末秦相（西元前？—前二三五年），衛濮陽（今河南濮陽）人，助莊襄王取王位，拜相封侯，食邑十萬戶，曾集賓客編《呂氏春秋》一書。1903 名喜，戰國時燕國末代君主，燕孝王之子。徙居遼東，在位三十三年（西元前二五四—前二二二年），秦滅燕，擄喜。燕自召公至喜凡四十三世。1904 戰國時燕將，趙人（西元前？—前二四二年），與趙將龐煖友善，燕王喜曾遣其攻趙，為龐煖所俘而死。1905 戰國時韓國貴族（約西元前二八〇—前二三三年），荀況弟子，法家代表人物，曾建議韓王變法圖強，未被採納，後至秦，為李斯害死，有著作《韓非子》五十五篇。1906 秦博士。齊人，主張分封制，反對單一的郡縣制。1907 名政（西元前二五九—前二一〇年），秦王朝的建立者，十三歲稱王，呂不韋執政，親政後十年間統一中國，建立了大一統的中央集權國家。1908 戰國時趙悼王之子，趙亡後，趙亡臣擁立嘉為王，王代六歲（西元前二二七—前二二二年），為秦所滅。1909 一說名將渠，一說名渠，戰國時燕大夫。曾以燕相身分解趙之圍。1910 戰國末趙國名將（西元前？—前二二八年），長期駐守趙北邊，威震匈

上上聖人	
上中仁人	
上下智人	孔襄 孔鮒弟子。1930
中上	欒閒 1914　高漸離 1915
中中	燕太子丹 1912　鞠武 1916　荊軻 1920　樊於期 1923　孔鮒 孔穿孫。1927
中下	李斯 1913　秦武陽 1917　項梁 1921　秦子嬰 1925　項羽 1928　陳勝 1931　吳廣 1933
下上	衛君角 為秦所滅。1924　董翳 1929　司馬欣 1932
下中	秦二世胡亥 1919
下下愚人	為秦所滅。1911　齊王建 為秦所滅。1918　趙高 1922　閻樂 1926

奴，後率軍反攻秦軍，大獲全勝，因趙王中秦反間計，李牧被殺。1911名假，又作瑕、歇，戰國時魏國末代君主，景湣王之子，在位三年（西元前二二七—前二二五年），為秦所滅，魏亡。1912燕王喜太子，曾在秦作人質，後逃歸，覓刺客刺秦王，西元前二二七年派荊軻入秦刺秦王失敗，次年逃奔遼東，被燕王喜斬首獻秦。1913秦著名政治家，楚上蔡人（西元前？—前二〇八年），初為秦小吏，後任廷尉、丞相，秦國各項政治制度，多出李斯之手，秦始皇死後，為趙高陷害，被滅族。1914閒亦作間，燕名將樂毅之子，封昌國君。1915戰國燕人，刺客荊軻之友，長於擊筑。荊軻入秦行刺，他在易水為之送行，燕亡後隱姓埋名，繼荊軻再次行刺秦始皇，失敗被殺。1916姓鞠，又作鞫，戰國末年燕太子傅。1917武又作舞，戰國燕人，年十三殺人，號以為勇，助荊軻刺秦王，至陛下而變色。1918戰國時齊國末代君

主，齊襄王子，在位四十四年（西元前二六四—前二二一年），為秦所滅。1919秦始皇少子，趙高、李斯矯詔立，在位四年（西元前二一○—前二○七年），被丞相趙高逼殺。1920又稱荊卿、慶卿，戰國刺客，衛人（西元前？—前二二七年），衛亡入燕，被太子丹尊為上卿，西元前二二七年以使者身分入秦行刺秦始皇，失敗被殺。1921秦末起義將領（西元前？—前二○八年）。楚名將項燕之子，項羽叔父，秦二世元年（西元前二○九年）九月於會稽起兵反秦，次年在定陶敗於秦軍陣亡死。1922秦宦官（西元前？—前二○七年），原趙國貴族，後入秦宮，任中車府令，兼行符璽令事，與丞相李斯在秦始皇死後逼始皇長子扶蘇自殺，立二世胡亥，後又殺李斯，任丞相，後又殺二世，立子嬰為王，旋被子嬰殺死。1923戰國末秦將，叛逃至燕，荊軻謀刺秦王時建議以其頭獻秦王，以取信於秦王而行刺，樊於期自殺獻頭。1924衛國末代君主，衛元君之子，西元前二二九年立為君，立二十一年（西元前二二一年）秦併天下，君角被廢為庶人，衛亡。1925（西元前？—前二○六年）秦始皇之弟（此本《史記．李斯列傳》，〈秦始皇本紀〉以為二世兄子）趙高殺二世皇帝，立子嬰為秦王，立四十六日降漢，項羽殺之。1926秦相趙高女婿，逼秦二世自殺。1927字子甲（約西元前二六四—前二○八年），秦朝名儒，陳勝起兵，他攜禮器投奔，任博士，後病故。1928名籍，字羽（西元前二三二—前二○二年），秦末起義領袖，楚國貴族，項梁之姪。在鉅鹿全殲秦軍主力，秦亡後自封西楚霸王，分封諸侯，楚漢戰爭失敗後自殺身亡。1929又作董翳，秦朝將領，後降項羽，被封為翟王，楚漢戰爭中自殺。1930名騰，字子襄，魯人，孔鮒之弟（〈表〉誤為弟子）。漢惠帝時任博士，遷長沙太傅。1931字涉（西元前？—前二○八年），秦末農民起義領袖，陽城（今河南登封）人，起義後稱陳王，後為秦軍戰敗，為車夫莊賈所殺。1932早年為秦櫟陽獄椽，與項梁有舊，秦末降項羽，封塞王，楚漢戰爭中自殺。1933字叔（西元前？—前二○八年），秦末農民起義領袖，陽夏（今河南太康）人，與陳勝共同起兵反秦。後進攻滎陽，為部下田臧所殺。

【研　析】〈古今人表〉是《漢書》中比較獨特的一篇，該篇按時代先後，搜羅遠古至秦末傳說人物與歷史人物，按一定標準分為上上至下下九個等級，在類型上屬於《漢書》獨創性的篇目。該篇以「古今人」立表，卻不見一個漢朝人。唐代史學家劉知幾從歷史編纂學的立場出發，予以批評。他認為按該篇「不知剪截」，與斷代史著作不類，就其內容看，只需將所列人物「善惡相從，先後為次」，歸類即可，根本無需列表。清代以研究夏商周歷史著名、人稱「馬三代」的馬驌，針對表中所列人物不準確、不全面加以批評，稱該篇所列「甲乙紛錯」、「記載不悉」。

關於古代歷史的編纂方法，劉知幾以前並無系統的說法，劉知幾在其《史通》中歸納總結出「六體」、「二家」，將《漢書》歸入斷代史、紀傳體，復持其標準，對《漢書》此篇予以指摘，本非持平之論。至於篇中傳說人物與歷史人物不分，不準確、不全面，將傳說人物歷史化、歷史人物神迷化，原本就是漢代，特別是東漢的時代風尚，如能同情地予以理解，也應不成為〈古今人表〉的弊病。至於表中不列「今」人，即漢朝人，或以為此表尚未完成。其實表序中即已明確地說，所列人物乃「究極經傳」，即以見於儒家經典，及相關闡述著作的人物為收羅評判對象，並非要臧否今人。清代錢大昕在《廿二史考異》中說：「今人不可表，表古人以為今人之鑒，俾知貴賤止乎一時，賢否著乎萬世。失德者，雖貴必黜，修善者，雖賤猶榮，後有作者，繼此而表之，雖百世可知也。觀孟堅序但云『究極經傳』、『總備古今之略要』，初不云褒貶當代，則知此表首尾完具。」錢氏的評斷中肯準確。

錢氏「今人不可表」，更是平實之論。班固撰《漢書》，自然要按漢代政治需要評斷人物，但人物的歷史地位，並非現實的政治或道德標準可以決定的，如果按〈古今人表〉所確立的標準，一一對號入座，則漢朝政治的合法性都會成為問題。現實中的帝王常被歌頌為聖人，但〈古今人表〉所列聖人，周公、孔子以後渺不可見，漢代誰又可以入列其中？功高千古的秦始皇在表中被列為中下等，曾受其指麾的王翦則位居「上下智人」之列，若仿此將漢武帝列為中下即第六等，而將衛青列入上下即第三等，大概我們今天也就見不到《漢書》了。這篇帶著強烈歷史感與歷史評判標準的篇目，按錢大昕的話說，是借評判古人，給今人立一個標準，歷史的「古」與現實的「今」，在超越現實政治道德標準上相結合，歷史本身也就變得有了意義，這或許也是此篇以「古今」為名的意義。

〈古今人表〉在序中，引用孔子的話語，說明將人分為等第是可行的，而分等標準即是仁、智、善、惡，以此作為評判「人」的最高價值標準，而不是生前地位、功績。仁、智者居上三等，既仁且智、對百姓有大貢獻者，則是聖人；中三等善多於惡，下三等惡多於善，最下等則是惡人。至於具體人物在表中的位置，仍要受作者所在時代主流價值觀念的影響。如表中將孔子列為聖人，孔門後學也多在智人之列，而其他學派學者的位置則大大地靠後，大智者老子列於中上，莊子可以說是透徹人生的智者，卻列於中下第六等。這當然是儒學獨尊影響的結果，也可以說表中排列人物以仁、智、善、惡為標準，而關於仁、智、善、惡的具體內涵，則以儒家的說法為準。時代不同，人物評價的標準也會變化，我們現在當然可以按某種標準對表中人物的等級予以重新排列，但這並不能作為指責〈古今人表〉的理據。

以後歷代正史，也再沒出現過〈古今人表〉類似的篇卷，其在史學上的影響有限。但其將人物分出等第的辦法，影響到魏晉九品中正制的設立，只不過後者是以父祖官爵、自身才能與品行為標準，將現實中的人分為一品至九品九個等級，作為選官任官的依據。當然九品中正制下的人們，沒有誰敢以聖人自居，一品只好空缺，而如果評為八等、九等，則等同於政治上判了死刑，七等便基本上成了最低一級。這顯然是受了〈古今人表〉分等的影響。

◎新譯禮記讀本

姜義華／注譯　黃俊郎／校閱

禮治是先秦儒家的重要主張，《禮記》一書則是儒家論禮的文獻總彙。它的重點並不是在教人當如何行禮，而在如何認識、理解禮的真義，並確保禮能得到各方面的遵行。對於了解儒家禮學與禮治的理論，以及探討中國古代的婚姻禮儀、家族體制、社會習俗等，都具有非常高的參考及研究價值。本書先以題解分析各篇原委、要點，再以章旨提綱挈領，並輔以詳明的注釋及切合原文的語譯，期能幫助讀者對於古代典章制度、社會生活規範以及禮的真精神，有更深層的認識。

◎新譯荀子讀本

王忠林／注譯

荀子與孟子同為儒家之正宗，特別是他繼承孔子關於禮的學說，完善了儒家的禮治理論。不過因漢唐以來的學者大都揚孟而抑荀，致使荀子其人其書千百年來不被重視；迄清之世，注家漸多，《荀子》一書方能嶄露光芒，廣為流布，其中思想亦方能得到顯揚。只是其書因年代久遠，偽誤脫落，在所難免，且先哲之遺辭深奧，更難理解，故本書兼採諸家之注釋，取捨折衷，以求淺明易解，透過語譯，加上書前詳盡之「導讀」，期使讀者對《荀子》有整體之瞭解。

◎新譯新序讀本

葉幼明／注譯　黃沛榮／校閱

《新序》是劉向所編撰的一部類書性質的歷史故事集。全書對人君之立身處世提出了一系列重要原則，尤其特別強調寬惠養民、舉賢任能，即使在今日仍相當值得借鑑。本書搜羅歷來版本，相互參校，擇善而從，再加以詳明的注譯，並輯佚文於全書後以供參考，俾使讀者更能識其全貌。

◎新譯張載文選

張金泉／注譯

張載是北宋著名哲學家，他所創立的學派被稱為關學，和周敦頤的濂學、二程的洛學、朱熹的閩學並列為理學四大派。張載一生追求終極真理，成果卓著，他所提出的氣一元論的哲學體系、對立統一規律的學說、變化氣質的理論等，在中國哲學史上占有重要地位。本書對其代表作《正蒙》作了全文譯注評析，對其他著作則選取重要部分加以譯注，幫助讀者了解張載其人其書。

◎新譯近思錄

張京華／注譯

國學大師錢穆說：「後人治宋代理學，無不首讀《近思錄》。」《近思錄》是宋代大儒朱熹為重建儒學道統，而與呂祖謙共同編訂的著作，依次輯錄北宋著名道學家周敦頤、程顥、程頤、張載四人的有關言論與事蹟，並反映朱、呂二人自己的思想，是宋代理學思想的精華錄。在宋元明清時期，它是影響最大、最廣的入門性學術著作，重要性可見一斑。本書注譯詳盡，剖析精到，是您親近宋代理學的最佳導引。

◎新譯傳習錄

李生龍／注譯

王陽明不但是明代一位文韜武略兼備的人物，更是最具代表性的思想家。他所提倡以「尊德行」、「致良知」、「知行合一」為核心的心學，在中國、日本、韓國以及東南亞國家都有重要而深遠的影響。《傳習錄》一書則是由其弟子輯錄整理陽明之論學語及論學書簡而成，是研究王陽明哲學思想及心學發展的重要著作。本書不僅注譯詳贍精當，對於王陽明的心學亦頗多闡發，能幫助讀者深入了解王陽明的為人、心靈轉折與思想精華。

◎新譯尚書讀本

郭建勳／注譯

《尚書》即「上古之書」之意，為中國最早的史書。書中涉及中國原始社會末期到春秋時期的歷史，記敘其間的歷史事件和政治、社會制度，甚至有天文地理介紹，內容豐富廣泛。它同時也是中國散文史上最早的文本之一。雖然它的內容古奧難懂，但透過本書準確、簡練而流暢的注譯解析，讓您閱讀《尚書》一點都不困難。

三民網路書店 會員

獨享好康 大放送

通關密碼：A5365

憑通關密碼
登入就送100元e-coupon。
（使用方式請參閱三民網路書店之公告）

生日快樂
生日當月送購書禮金200元。
（使用方式請參閱三民網路書店之公告）

好康多多
購書享3%~6%紅利積點。
消費滿250元超商取書免運費。
電子報通知優惠及新書訊息。

三民網路書店
http://www.sanmin.com.tw
超過百萬種繁、簡體書、外文書5折起